普通高等教育"十一五"国家级规划教材

新编21世纪档案学系列教材

外国档案管理学

第二版

Foreign Archives Management

黄霄羽　主编

中国人民大学出版社
·北京·

主编简介

黄霄羽，管理学博士，中国人民大学信息资源管理学院教授、博士生导师。主要从事档案学基础理论、国外档案管理及档案社会化服务研究。全国优秀博士学位论文奖获得者、教育部新世纪优秀人才、2015年度中国人文社科最有影响力青年学者，加拿大UBC访问学者。所获奖励包括：北京市优秀教学成果二等奖、中国人民大学优秀教学成果一等奖、中国人民大学优秀科研成果、中国档案学会档案学优秀成果一等奖等。主持或参与国家社会科学基金项目（含重大）4项、省部级项目6项。发表学术论文160余篇，出版学术著作7部，主编教材6部（其中一部被评为北京市高等教育精品教材）。代表作有《魂系历史主义——西方档案学支柱理论发展研究》《档案社会化服务研究》《文件、信息商业化服务机构建设研究》《社会转型期档案利用政策研究》《档案社会化服务概念解读》《文件生命周期理论在电子文件时代的修正与发展》《国外档案利用服务社会化的理论认识和实践特点》等。

内容简介

《外国档案管理学》（第二版）是教育部"十一五"普通高等教育本科国家级规划教材《外国档案管理学》的修订版，是中国人民大学信息资源管理学院档案学专业本科生课程"外国档案事业史"的参考教材。教材将外国档案管理学分为管理对象、管理理论、管理流程、管理机制、管理学史和国际档案合作六大部分，框架结构体系完整且逻辑严密。此版还增加了外国电子文件管理的丰富内容，展示了外国电子文件及其归档、鉴定、整理、著录的特点，补充了外国数字档案馆和电子文件管理法规的新进展。教材在全国同类教材中处于领先地位，是全国众多高校档案专业本科生学习外国档案管理课程一致选择的教材，也是学界公认的外国档案管理研究领域的重要成果。

第二版前言

本书第一版为2008年5月出版的教育部普通高等教育“十一五”国家级规划教材《外国档案管理学》，在全国高校档案专业教学中广为使用并颇受好评。考虑到《外国档案管理学》已经出版了八年，为更全面、更及时地吸纳并展示外国档案管理的新成果，我们对其进行了修订。

《外国档案管理学》（第二版）在继承第一版的研究视角和章节体例基础上，侧重在教材的研究内容方面进行补充和创新。修改和创新的部分主要集中在两大方面：

一方面，在继承第一版内容框架的基础上，全面补充了外国档案管理从对象、理论、流程、机制、学史到国际档案合作等部分的最新发展内容。重点包括：

第一章：外国档案的新价值。

第三章：来源观的新发展。

第五章：外国档案收集的实践新做法。

第六章：外国档案鉴定理论的新观点。

第七章：外国档案整理实践的新变化。

第八章：外国档案检索的新做法和外国档案著录规则的新发展。

第九章：外国档案利用实践的新发展、限制利用的新趋势、休闲利用观的新特点、社交媒体在档案利用服务中的新应用。

第十一章：外国文件管理机构的新发展——商业性文件中心。

第十四章：外国档案教育的新发展和外国档案人员的新角色。

第十五章：外国档案学者的新代表。

第十六章：国际档案理事会的新变化、国际档案大会的新内容、国际档案界的新项目。

另一方面，针对电子文件发展的新形势，第二版集中增加了外国电子文件管理的相关内容，重点包括：

第二章：增加了第四节“外国电子文件的定义、类型和特点”。

第五章：增加了第四节“外国电子文件归档”。

第六章：增加了第四节“外国电子文件鉴定的理论与方法”。

第七章：增加了第三节“外国电子文件整理”。

第八章：增加了第四节“外国电子文件著录的特点和准则”。

第十二章：增加了第四节“外国数字档案馆的含义、类型、特点和功能”。

第十三章：增加了第五节“外国电子文件管理法规”。

第二版修订是由黄霄羽执笔完成的，全书由黄霄羽统审定稿。中国人民大学信息资源管理学院2015级硕士生李涵和马钰荟参与了资料整理加工和参考文献补充。第二版的出版得到了中国人民大学出版社潘宇编审的大力支持，策划编辑宋义平也付出了辛勤的劳动。在此感谢对第二版修订和出版做出贡献的所有人！书中的疏漏和不当之处敬请读者批评指正！

主　编

2016年5月8日

第一版前言

《外国档案管理学》是根据教育部普通高等教育“十一五”国家级教材规划而编写的一本教材。进入21世纪以来，在社会发展和科学技术的推动下，国外档案事业的发展尤为迅速。这种迅猛发展在档案、档案管理理论和实践、档案事业管理、档案管理机构、档案法规、档案教育、档案人员、档案学、国际档案合作等方面均有明显的表现。如何以全面而又新颖的研究框架来包含和体现上述方面的迅猛发展，是富有挑战性的一件事情。我们在充分参考外国档案事业研究领域同类教材的基础上，本着“继承和发展并重”的指导思想，确定了本教材的名称——《外国档案管理学》，并精心规划了本教材的研究框架和写作思路。

“档案管理学”是国内外高校档案专业普遍设立的专业课程之一，尽管它在各国的教学内容不尽相同，但从范围上看一般归纳为两种类型：一是包含档案、档案工作基础知识以及档案管理基本原理、方法的广义型内容；二是专门针对档案管理的狭义型内容。本教材立足第一种类型，沿用了“档案管理学”这一档案界普遍接受的概念，全面研究外国档案管理学的丰富内容。

依据档案管理学的研究内容，结合国外的现实情况，本教材系统构建了“外国档案管理学”的整体框架。这一框架把“外国档案管理学”分为管理对象、管理理论、管理流程、管理机制、管理学史、国际档案合作等若干部分。本教材的设想是尊重档案管理活动以及档案事业发展的规律，在了解管理对象、探讨管理理论、梳理管理流程、把握管理机制的基础上，明确管理学史，掌握国际档案合作的发展历史和成就。

本教材的研究框架也基于课程内容建设的需要。国内外高校的档案专业通常把有关外国档案管理的课程设计为一门内容集中的课程，一般不会细分为多门课程。因此，作为外国档案管理课程的配套教材，本教材的设想是尽力容纳外国档案管理学的丰富内容，以各个部分的逻辑关联为基础保持框架体系的完整性。

根据研究框架的需要，本教材设计了六篇十六章的结构，章节安排也考虑了统一性，在外国档案管理学的整体框架中，管理对象、管理理论、管理流程、管理机制、管理学史和国际档案合作各个部分的具体内容有着较为一致的章节安排，这样做的目的是便于读者清晰地掌握外国档案管理学各个子系统的发展历史和现实特色。

本教材的主要内容包括六大部分。“管理对象篇”阐述了把档案和文件统一视为档案管理对象的理由，介绍了外国档案载体和种类从古至今的演变历程，探讨了档案和文件的定义和价值。“管理理论篇”阐述了来源原则和文件生命周期理论成为档案管理理论两大支柱的理由，揭示了两大支柱理论的发展历程、基本内容、理论意义和实践价值，并且探讨了两大理论在电子时代遭遇的挑战和应对举措。“管理流程篇”以档案管理的主要环节为基础，总结了外国档案收集、鉴定、整理、检索和利用从古至今的发展历程，探讨了外国档案收集、鉴定、整理、检索和利用各环节的现实进展和普遍特色。“管理机制篇”以档案管理活动的保障条件为基础，总结了外国档案事业管理、文件管理机构、档案管理机构、档案法规、档案教育和档案人员的发展历程，揭示了外国档案管理机制各个组成部分的现实特点。“管理学史篇”揭示了外国档案学的发展历程与主要成果。“国际档案合作篇”总结了国际档案合作的发展历程与主要成就。我们认为，这六大部分具有内在的逻辑关联，虽各自成篇，却相辅相成。

本教材的第一章、第十章第一节由韩玉梅执笔，其余部分由黄霄羽执笔。全书由黄霄羽统审定稿。中国人民大学信息资源管理学院2006级硕士生陈艳和2007级硕士生陈香、祝米莉和张杰参与了部分写作资料的收集和参考文献的补充。中国人民大学出版社的潘宇女士为本书的出版和质量保证提供了大力支持并付出了辛勤劳动，在此谨致谢忱！书中的粗浅和疏漏之处，谨望得到广大读者的批评指正。

黄霄羽

2008年1月18日

目　　录

第一篇　管理对象篇

第二篇　管理理论篇

第三篇　管理流程篇

第四篇 管理机制篇

第五篇 管理学史篇

第六篇　国际档案合作篇

第一篇

管理对象篇

任何一项管理活动都有着客观存在的管理对象，对象是活动的基础。只有对管理对象形成了较为系统和深刻的理论认识，管理活动才能发展、上升成为管理专业。档案管理的发展同样如此。档案一经产生就意味着档案管理有了明确的管理对象，人们对档案这一客观事物的认识在档案管理活动中不断加深，最终形成了档案定义、属性、特征和价值诸多方面的系统认识，并从理论高度总结出档案管理的原理、原则和方法。至此，档案管理跳出了经验管理的模式，发展、上升为一项专业。

档案起源的历史相当悠久，可以上溯到奴隶社会。对内行政管理和对外交往的需求促使统治阶级一开始就把档案视为维护政权的“利器”。从奴隶社会一直到近代，人们对档案管理对象的认识基本固定在“档案”这一概念上。法国档案工作改革之后，近代档案管理实践的发展导致了鉴定环节的产生，对档案的鉴定和挑选推动档案界逐步提出了“文件”这一概念。20 世纪初以来机关文件数量急剧膨胀的现实促使档案界高度关注档案形成整体过程及其阶段性，进一步强调“文件”概念并区分了“现行文件、半现行文件、非现行文件”等阶段性称谓。从现代起，“档案”与“文件”成为档案管理专业论述中出现频率最高的两个概念。国外有的档案学者甚至提出，文件和档案都是现代档案管理的对象。

实际上，文件和档案属于同一事物。它们都是特定的社会组织和个人在其社会活动中直接形成的原始记录物。从古至今，人们用“档案”来统一称呼这种原始记录物。但近现代以来由于鉴定活动的开展，档案界认识到在理论上有必要明确档案的属概念，才能更好地突出原始记录物中具有长久价值的那一部分。而且，档案界认识到这种原始记录物的形成还具有过程性和阶段性特点，用不同称谓区分不同阶段，更利于这种原始记录物的有效管理。因此，“文件”概念的提出及其深入研究恰恰证明了档案专业对其管理对象的认识在不断深化。换言之，“文件”与“档案”只是近现代之后档案界所作的一种概念区分，二者并无实体上的差异。这正是本篇将“档案”与“文件”统一视为档案管理对象的理由所在。

本篇包括两章：外国档案、外国文件。

第一章

外国档案

【本章要点】

- 说明外国档案的起源和发现。
- 解释外文“档案”的词源。
- 介绍外国档案载体形态的演变，总结档案载体的变革及其对档案管理的影响。
- 介绍外国档案种类的划分。
- 明确外国档案的定义，阐述外国档案的价值。

【关键词】

档案
石刻档案
泥板档案
纸草档案
羊皮纸档案
棕榈叶档案
蜡板档案
金属档案
桦树皮档案
木简档案
新型档案
公共档案
私人档案
专门档案
经济档案
科技档案
文学艺术档案
医疗档案
人事档案
照片档案
录音档案
声像档案
口述档案
缩微档案
电子文件
档案定义
档案价值

第一节
外国档案的萌生与词源

档案（archives）是档案工作的物质基础、档案管理的基本对象和档案学研究的基本概念，档案的起源、演变和发展与人类社会文明的发祥和进步程度密切相关，反映了人类记忆的发展脉络和水平。考察档案的起源和发展进程，了解档案的词源，对科学管理档案具有重要意义。

一、档案的起源

人类社会何时何地有了档案？这历来是一个众说纷纭的问题。要搞清这个问题，需要借助考古学、文字学、历史文献学、社会学、民俗学等相关学科的研究成果，对有关历史资料进行充分查证、分析和研究才能完成。中外档案学者对档案起源问题的认识有相同点也有差别。

我国档案界关于档案起源的观点归纳起来大致有三种：一是认为早在原始社会，人们以原始记事方法形成的记录，如结绳、刻契、编贝、结珠等就是档案；二是认为在国家出现之前的原始社会后期，人们发明了文字并用之记录社会活动，保存下来的文字记录就是档案；三是认为进入奴隶社会才开始有了档案，因为文字的产生和国家的出现是档案起源的两个必备条件，只有当国家出现后需要用文书作为内部行政管理和对外交往的工具，才产生了档案。

与我国相比，国外档案学者尽管没有把档案起源作为一个专门的理论问题加以研究，但他们大多也认为档案的产生是与国家密不可分的。例如，意大利早期档案学者皮斯多莱兹在研究欧洲档案史的专著中提出，档案有着十分悠久的历史渊源，它的发展是与各国社会及政治组织的形成相并行的。又如，苏联莫斯科历史档案学院（现为俄罗斯国立人文大学历史档案学院）编写的教材《古代世界的档案和档案工作》指出，档案作为国家组织和文化的因素之一，应从产生国家和文献的那个结构，即奴隶制结构开始进行研究。此外，《苏联大百科全书》中的“档案”条目指出，苏联最古老的档案发现于外高加索的乌拉图奴隶制国家，内容是乌拉图国王治理政治和经济的措施的记录。这些材料表明，国外档案学者把档案起源的时间大致确定在人类第一个阶级社会——奴隶社会。关于档案起源的地点，他们依据考古发掘的材料，大多认为是在古代东方奴隶制国家。

古代东方（Orient）是对古代亚洲、非洲东北部各奴隶制国家的总称。它是一个兼有地理和历史含义的概念。就地理含义而言，它包括两河流域（幼发拉底河与底格里斯河）、尼罗河流域、印度河和恒河流域、黄河流域曾经出现过的国家，其中既有至今沿用其名的埃及、印度等国家，也有今天不复存在的苏美尔、巴比伦、亚述和赫梯等国家，还有民族含义已有较大演变的巴勒斯坦、叙利亚和波斯（今伊朗）等国家。就历史含义而言，它是指人类文明的发祥地，四大文明古国都包含其中。这些地区的多数国家被后来兴起的古罗马帝国占领或吞并。

古代东方大约是在公元前 4000 年到公元前 2000 年初，因青铜器的使用和农业灌溉的发展，跨入阶级社会，形成了奴隶制国家，它们是最早的文明古国。随着国家的形成，为了管理农业、组织商业活动和应付战争等多种需要，国家开始要求集中管理权，并要求有文字记录作为内部行政管理和对外交往的工具。而这一时期，古代东方已经出现了文字，主要包括象形文字和楔形文字两大体系。它们都是由象形符号演变和发展而来。如前所述，文字的产生、阶级和国家的出现，是档案起源的两个必备条件。前者为档案的产生提供了可能性，后者则提供了迫切需要。古代东方作为人类文明的发祥地，应当是最早产生文字和国家的地方，因此被看做档案的发源地也是顺理成章的。

二、档案的发现

（一）考古与档案的发现

档案起源于人类第一个阶级社会——奴隶社会。但这个社会距今已相当久远，何以证明呢？史料表明，最早的档案主要是通过考古方式发现的。考古是人们了解古代档案和档案工作的窗口。早在 1472 年，一位名叫彼得洛·瓦勒的意大利商人将在中东经商时得到的古代波斯波利斯王宫遗址出土的泥板档案的拓片带回欧洲，欧洲一些历史学家对这些拓片产生了浓厚的兴趣，从此西方国家陆续前往中东发掘古代文字遗物。但真正引发考古发掘档案热潮的还是 18、19 世纪之交“罗塞达石碑”（Rosetta Stone）的发现以及碑文的成功解译。1798 年至 1799 年间，拿破仑派遣军队远征埃及。对于拿破仑而言，埃及这个遥远的国家不仅有重要的军事价值，更是一个有着数千年文明的神秘国度。他希望在远征的同时，也对埃及文化进行研究。因此，他带了一支由 167 名学者组成的随军考察团，这是世界上第一支大型考古队。学者们发掘出大量古代遗物，包括士兵博卡在罗塞达城附近挖战壕时发现的一块刻有三种文字的石碑。

不过，对碑文进行研究并作出重大贡献的却是一位此前从未踏上过埃及土地的法国语言学家和历史学家——让·弗朗索瓦·商博良（Jean François Champollion）。他花费了 14 年时间研究罗塞达石碑所记录的古埃及象形文字，最终于 1822 年成功地解译了其内容，得知这是公元前 196 年埃及祭司为法老托勒密五世立的一块歌功颂德碑。罗塞达碑文的成功解译，使西方学者们相信古代东方国家一定埋藏着丰富的文字遗物。因此整个 19 世纪成了考古盛行的时期，英国、法国、德国、荷兰、意大利、美国等国家纷纷派出考古队前往东方进行发掘，从而不仅使大量古代历史文物（包括档案）重现于世，还发现了相当一批不同类型的古代档案库。

（二）古代档案的发掘

从 19 世纪开始，对古代东方国家进行的考古发掘一直持续到今天，而发掘地点则由集中在古埃及和古代两河流域扩展到世界许多地区。

有关古埃及比较重要的发现是 1885 年在开罗以南发现的泰尔·埃尔·阿玛尔那（Tel el Amarna）档案库，这是由古埃及第十八王朝法老阿蒙霍特普四世（Amenhotep Ⅳ）建立的，时间大约在公元前 14 世纪。档案库中发掘出约 360 块泥板档案，其中主要是与两河流域一些国家的往来文书。

在古代两河流域比较重要的发现有四处：一是 19 世纪中期英国考古队在尼尼微（Ninive）古城（今伊拉克摩苏尔附近）遗址发现了古代亚述国王亚述巴尼拔（Ashurbanipal）（公元前 668—前 627 年在位）的档案图书馆，从中发掘出约 25 000 块泥板档案，包括法典、王室经济报表、天文观测记录以及医学、数学和文学类著作。二是 1877 年法国考古队在拉伽什（Lagash）古城（今伊拉克首都巴格达附近）遗址发现了一个神庙档案库，从中发掘出约 50 000 块泥板档案。三是意大利考古队从 1964 年起在埃勃拉（Ebla）古城（今叙利亚阿勒坡附近）遗址发现了一座王宫档案库，从中发掘出 16 500 多块泥板档案。这些泥板档案上的文字多为楔形文字。四是在死海（Dead Sea）的重大考古发现。死海位于约旦和巴勒斯坦之间。1947 年在死海西岸一带发现了 2 000 年前的有关古犹太教和早期基督教的许多纸草卷轴、羊皮纸卷、铜板文书等珍贵史料，它们被统称为“死海文书”或“死海卷轴”。

此外，在其他地区进行的考古也有重大发现。但出土档案在时间上大大晚于古埃及和古代两河流域。例如，日本从 1928 年起开始发掘平城京（属日本奈良时代，公元 710—784 年）都城遗址（位于奈良盆地北部），从中发现了记录商业活动的木简，内容包括乡里郡国名称、户主姓名、货物名称和数量、日期等，是早期的经济档案。

又如，考古人员 1961 年在罗马尼亚境内发掘出温查文明的塔尔塔里遗址，从中发现了三块刻有图形的泥板，图形近似于两河流域苏美尔的早期象形文字。但有学者认为，从时间及地理位置看，这三块泥板的图形，似乎不可能受苏美尔的影响，有可能是当地产生的。

再如，1933 年苏联考古学家主持发掘了穆格山城堡遗址（位于今塔吉克斯坦境内），最重要的发现是 81 件文书档案，分别书写在皮革、木片以及我国唐代生产的薄纸上，其中有 8 件用汉字书写。内容分来往信札、账目、契约、婚约等。这批档案的时间大约为公元 8 世纪前 25 年。

上述考古活动发掘出来的大量档案记录了古代东方各奴隶制国家的政治、经济、文化和历史，有力地证明了古代东方是人类文明的发源地，也是最早产生档案和档案工作的地方。

从国外档案的起源和发现过程可以看出，档案是人类历史发展到一定阶段的产物，其形成经历了一个相当长的历史过程。它以社会生产的发展、人类交往的扩大和文字的发明为基础，产生于原始公社向奴隶制过渡的时期。随着生产力的提高，阶级和国家的雏形逐渐产生，出于社会管理的需要，人们使用文书记录和传递信息，而文字的出现又为文书记录提供了工具。同时，各种社会实践活动的继续和发展，需要人们留存有价值的文字信息，以资凭证和查考，因此而保存起来的文书就成为档案。

三、外文“档案”的词源

据考证，外文“档案”一词最早源自古希腊文 αρχειου。希腊文字是在借鉴腓尼基文字的基础上创造出来的。腓尼基（Phoenicia）是公元前 2000 年起在地中海东岸建立的若干城邦的总称，东连叙利亚，西临地中海，南邻巴勒斯坦，北接小亚细亚，是黎巴嫩山和地中海之间的一个狭长地带。其最初的文字也是象形文字，后来大约在公元前 13 世纪依据两河流域楔形文字和埃及象形文字，首创了字母文字。当时腓尼基人以航海和经商著称于世，他们在地中海沿岸经商过程中把字母文字传播到希腊，希腊人增加了元音字母，从而创造了希腊字母。

古希腊多将官署机构设在神庙内。公元前 7 世纪梭伦改革时期，元老院是最高的立法和行政机构，不仅需要监督法令的执行，而且肩负保存公务文件的职责。因元老院设在战神阿瑞斯（Ares）神庙内，由此衍生出 αρχειου 一词，意思是“官署所在地”，后来演变为专指档案机构及其保存的档案文件。

古罗马是西方奴隶社会文化发展的顶峰，其文化是对古希腊文化的继承和发展。一个典型例子就是罗马的拉丁字母基本是由希腊字母改革发展而成。因此，希腊文的 αρχειου 在拉丁文中演变为 archivum。古希腊和古罗马文化后来对欧洲文明产生了深远影响，表现之一是西方国家的语言基本上是从希腊文和罗马的拉丁文发展而来的，希腊文成为斯拉夫语系的发端，而拉丁文成为英语、法语、德语、意大利语、荷兰语、西班牙语等拉丁语系的起源。这种渊源关系使不少西方语种中的“档案”一词具有共同的词根，发音也十分接近。

以国际档案理事会最新修订的《档案术语词典》为例，档案一词分别表述为：英语——Archives；法语——Des Archives；德语——Archiv；意大利语——Archivio；西班牙语——Archivo；荷兰语——Archief；俄语——Архив。由此看出，希腊文发端的语系中，档案的词根皆为“арх”；而在拉丁文发端的语系中，共同词根则为“arch”。相同的词根、相近的拼写形式和相似的发音，使外文“档案”一词具有比较明显的国际通用性，这就为西方档案界的学术研讨和业务交流提供了有利条件。

从外文“档案”词源的演变过程来看，最早的“档案”由于是与“官署”密切关联而衍生的一个概念，表明档案从奴隶社会起源时就被视为一种“权力”的象征，具有很高的地位。时至今日，词根“arch”仍然具有“为首的，主要的，总的”的含义。这表明国外在对档案性质和价值的认识上，是将其视为维护政权的一种有力工具。

此外，外文“档案”一词具有多义性的特点。国际档案理事会最新修订的《档案术语词典》对“档案”含义的解释就有三种：一是“档案”，即由个人或组织在处理事务中形成或接收、积累的，并因其具有持续价值而保存的文献；二是“档案馆”，即负责挑选、收集、保护和提供利用档案的机构；三是“档案库房”，即用来保管和利用档案的建筑或建筑物的一部分。

第二节 外国档案载体形态和类型的演变

在数千年的人类文明发展史中，由于社会生活日新月异，档案的形态、类型和名称不断地发生变化。考察档案形态和类型的演变，了解档案载体的变革和门类的丰富性，对科学管理档案具有重要意义。

一、纸张使用之前的古代档案

众所周知，今天人们接触到的大多是以纸张为载体的档案。但在纸张出现之前，古代档案在人类历史上曾经扮演了重要角色。古代档案是一个综合概念，从载体分，古代档案的制成材料五花八门，包括岩石、泥板、纸草、金属、兽皮、树叶、树皮和木板等。这是因为当时生产力水平极为低下，人们只能就地取材。考古证实，古代东方奴隶制国家以及后来的古希腊和古罗马，主要出现过九种载体形式的档案。

（一）石刻档案

这是一种刻写在岩石（包括石块、石板和石柱）上的档案。因为各个地方均有岩石存在，因此石刻档案分布很广。它质地坚硬，抗侵蚀性强，经历数千年仍有存留，所在地以古埃及和两河流域居多。最为著名的有：

1. 巴勒莫石刻

埃及最古老的纪年石刻档案，只出土了 6 块残片，碑上用象形文字记录着埃及古王国时代前王朝至第五王朝（约公元前 4000—前 2420 年）的法老名单和法老们外出征战的经过，以及尼罗河水位的标记。因 1877 年保存在意大利西西里岛的巴勒莫（Palermo）国家考古博物馆而得名，是研究古埃及早期历史的重要史料。

2. 梅腾自传

刻写在梅腾墓室里的象形文字铭文，属于古埃及国家成立后最初几世纪的传记性石刻档案。梅腾是古埃及的贵族，生于第三王朝末到第四王朝初（公元前27世纪左右）。该铭文记述了梅腾的公职生涯，列举了他一生接受法老赐予的财产。这是一份研究古埃及国家机关的组织和财产结构的重要史料。现藏于柏林博物馆。

3.《汉谟拉比法典》

古巴比伦王国第六个国王汉谟拉比在位（公元前1792—前1750年）时刻写的一部成文法典，原文刻写在一个圆锥形黑色玄武岩石柱上，该石柱高2.25米，上部有71厘米高的浮雕，表示太阳神沙玛什端坐在神台将权杖授予国王汉谟拉比的情形。浮雕下面是用楔形文字刻的法典正文，所用语言为古巴比伦方言，共有282条，发现时已有35条被磨损，无法辨认。后来在两河流域北部的古代亚述首都尼尼微遗址发现了一份完整的汉谟拉比法典泥板副本，才补全了石刻中的缺损部分。

法典由前言、条文和结尾三部分组成，前言表明国王对诸城之神的虔诚和众神对他统一王权的信任。结尾部分是对国王歌功颂德和对企图破坏法典者的诅咒。条文则是案例汇总，内容涉及诉讼、司法、财产、兵役、商业、婚姻、租赁、雇佣、奴隶买卖和处罚等各种社会生活。《汉谟拉比法典》于1901年被法国考古队在古代埃兰首都苏萨（Susa，今伊朗境内，现名舒什）发现，现保存在法国卢浮宫博物馆，是至今收藏的最古老最完整的奴隶制法典，在历史学界和档案界都具有极高价值。

4. 罗塞达石碑

1798—1799年间由远征埃及的法国军队发现，内容是公元前196年埃及祭司对法老托勒密五世的歌功颂德。碑文用三种文字——僧侣体象形文字、俗体象形文字和古希腊文字刻成。1801年法军退出埃及以后，该石碑被英国人占有，现存英国伦敦博物馆。

5. 墨西哥石碑

在墨西哥发现的西半球最早的楔形文字石刻档案，是2006年世界考古学最重大的发现之一。石板上的图案和雕刻品的次序说明它们是一种古老的语言，而不是宗教方面的圣像画或装饰品，但目前尚无可用来进行对照研究的文字样本，其内容无法解读。

（二）泥板档案

这是一种刻写在泥板上的档案，主要出现在两河流域。由于两河流域的土质黏性较强，当地居民苏美尔（Sumer）人从公元前3000年左右开始将黏土用水调匀制成泥板，然后在湿软状态下的泥板上刻写文字，每一笔画都是一端粗而深另一端细而浅，状如木楔，楔形文字由此得名。苏美尔人根据文件的保存期限进行不同处理，短期保存的放在太阳下晒干，长期保存的就用火焙干。

泥板档案的大小不等，短则几厘米、长则数米。形状以长方形或正方形为主，但不同内容可能对应不同形状，例如土地买卖文件大多采用圆形泥板，法律文件大多采用正方形泥板，神庙契据大多采用圆锥形泥板，战功文件大多采用圆筒形泥板，等等。泥板档案的使用时间延续了大约 3 000 年，使用范围从两河流域扩展到非洲的埃及、欧洲的希腊等广大地区。据统计，目前出土的泥板档案已超过 1 000 000 块。它们散存在世界许多国家的博物馆中，受到各国史学界的重视。较为集中的有（以出土地点命名）：

拉伽什泥板。约 50 000 块，19 世纪以来由法国等国的考古人员在两河流域古代苏美尔的拉伽什城（现属伊拉克）陆续发现，属公元前 3000 年左右的档案。

西帕尔泥板。共有 20 000 多块，1893—1894 年出土于古城西帕尔（现属伊拉克）太阳神庙的遗址，属神庙档案库的收藏物。

哈图萨什泥板。共有 20 000 多块，1905—1907 年在古代赫梯国首都哈图萨什（现土耳其境内）遗址中被发掘出，属公元前 15—前 13 世纪的档案。

埃勃拉泥板。共有 16 000 多块，1975 年由意大利考古队在叙利亚北部古代埃勃拉王国王宫档案库遗址中挖掘出土，是 4 400 年前的文字记录。

（三）纸草档案

这是一种以纸草为载体的档案。纸草（papyrus）是古埃及发明的一种书写材料，原料来自生长在尼罗河畔沼泽地带的水生植物——莎草。莎草是一种多年生草本植物，多生于潮湿地区或河边沙地。其叶为线形，有光泽，花穗为褐色。纸草的制作方法是将切割成片的茎秆去皮，并用其自身分泌出的黏汁连接成薄片，然后压平磨光即可书写。纸草档案多以卷轴形式保存，即由若干张纸草粘接而成，长度可达数十米。纸草因轻便、易于书写等优点逐渐成为各国广泛使用的档案书写材料，使用时间从奴隶社会一直延续到封建社会，大约有 4 000 年；使用范围从最初的埃及扩散到两河流域、希腊和罗马等地。至今，许多欧洲国家的档案馆都收藏有纸草档案。考古发掘出来的古代纸草档案（卷轴形的称纸草卷）多为房地产契据、合同书、财产清单、公务决议、公私通信及古典作品等。19 世纪以来出土的闻名于世的纸草档案有：

1. 哈里斯大纸草

因 1855 年由英国人哈里斯（Harris）在底比斯附近的一个墓室中发现而得名，它记述了公元前 12 世纪埃及的社会经济关系，是迄今发现的最长最大的古埃及纸草档案。它是古埃及法老拉美西斯四世（Rameses Ⅳ）对其父功绩的追记，文中详尽地列举了拉美西斯三世（Rameses Ⅲ）给予各神庙的一切赠品。它由 79 张纸草粘接而成，长约 40 米，宽 1 米，呈卷轴形。现保存在伦敦大英博物馆。

2. 莱丁纸草

又称伊浦味陈词，是迄今发现的最古老的纸草档案，发掘于埃及孟菲斯附近的一座古墓，记载了公元前 1750 年左右埃及中王朝末期的一次奴隶起义。伊浦味是古埃及的贵族，他将目睹的起义情景写进了陈词。现存荷兰莱丁博物馆。

3. 都灵纸草

因保存在意大利都灵博物馆而得名，是古埃及第 19 王朝的王室档案，由 16

片纸草粘贴而成，载有前 18 个王朝法老的名单及在位时间，但文件有许多缺损。它对研究确定埃及的编年次序有重要意义。

（四）羊皮纸档案

这是一种以加工过的兽皮作为载体的档案。因最早是用羊皮加工而成，故名为羊皮纸（parchment），但其原料不仅仅限于羊皮，还包括小牛皮。通常把卷轴形状的羊皮纸档案称为羊皮纸卷。据传说，古希腊的帕加马（Pergamon）王国最先发明和使用兽皮作为书写材料，进而成了羊皮纸贸易的集散地。公元前 2 世纪左右，古希腊开始使用羊皮纸；到公元 4 世纪，羊皮纸成为古罗马通用的书写材料。

后来，羊皮纸多被用来记录重要文件和法典，这一做法进而传到欧洲各国。法国和俄罗斯藏有 7 世纪的羊皮纸档案；原南斯拉夫藏有 1022 年的羊皮纸档案；英国从 1199 年起把重要文件以全本或节录形式抄写在羊皮纸上，作为副本保存。英国在 13 世纪曾进行百户大普查，形成了“百户羊皮纸卷”，一直保存至今。美国也沿袭了这一传统，其国家档案馆有三份被视为“镇馆之宝”的历史档案——《独立宣言》（Declaration of Independence）、第一部《美利坚合众国宪法》（Constitution of the United States）和《权利法案》（Bill of Rights），原稿均写在羊皮纸上。

（五）棕榈叶档案

这是一种以棕榈叶作为书写材料的档案。棕榈是主要生长在热带地区的一种常绿乔木，茎呈圆柱形，没有分枝；叶子大并有长叶柄；掌状深裂，裂片呈披针形；花为黄色。以古代印度为代表的南亚诸国将棕榈叶加工制成书写材料。因古印度是一个佛教国家，棕榈叶多被用于书写佛经。梵文中称棕榈为 pattra，音译“贝多罗”，因此我国多称棕榈叶为“贝叶”，称书写在棕榈叶上的佛经为“贝叶经”。我国西藏、青海、云南等地的著名佛寺中就收藏有贝叶经，异常珍贵。在印度、缅甸、日本等亚洲国家，以及德国的官方和私人收藏机构中，都保存有棕榈叶档案。

（六）蜡板档案

这是一种以涂蜡木板或象牙板作为书写材料的档案。尽管考古发掘证明，早在公元前 13 世纪古代两河流域已开始使用蜡板作为书写材料，但广泛使用蜡板的还是后来的古罗马。古罗马人在木板表面涂上一层薄蜡，蜡板的一侧打有孔洞，可将若干块蜡板缚系在一起。因蜡板容易腐化，遇热又容易融化，耐久性较差，因此主要用来书写临时性文件。相当长的一段时间内，纸草档案、羊皮纸档案和蜡板档案在古罗马并用。意大利至今还收藏有 127 块蜡板档案，是 1875 年意大利考古队在罗马帝国的庞培城发现的。

（七）金属档案

这是一种由铅板、铜板、金片等金属作为书写材料的档案。古希腊曾用铅板书写信件。古罗马有“十二铜表法”之说，就是将民法刻写在 12 个铜表上加以公布，时间约为公元前 450 年。1983 年，罗马尼亚的考古学家在黑海培雷桑岛上的一个古代居民点遗址，发现了一封火柴盒大小的铅片书信，这封书信用古希腊文字书写，属公元前 6 世纪下半叶的金属文字遗物。20 世纪 80 年代初，斯里兰卡的考古人员在该国进行考古发掘时，发现了一份刻写在金片上的档案，共 7 片，重达 2 000 克，属 1 500 年以前的档案。1947 年考古人员在死海西岸一个岩洞中也发现了铜板文书。

（八）桦树皮档案

这是一种用桦树皮做书写材料的档案。桦树是双子叶植物的一种，属落叶乔木或灌木，树皮有白色、灰色、黄色或黑色。桦树皮坚固耐用，而且本身含有可以防虫蛀的保护剂——桦树油，世界上许多国家都收藏有这种档案。桦树皮必须经过加工才可用于书写，其尺寸大小和保管方法，类似于棕榈叶档案。印度收藏有公元 450 年的桦树皮档案，即“婆罗门手稿”。俄罗斯收藏有几百卷 11—15 世纪的桦树皮档案，内容包括书信、控告状、账目等，出土于古代罗斯城诺夫戈洛德。美国藏有印第安人拉德瓦尔族在 1849 年送交总统的白桦树皮请愿书，内容是请求准许他们从苏比利湖迁徙到别处。

（九）木简档案

木简档案是写在长木片上的一种古代档案。在日本、越南等国均有发现。

上述九种类型的档案各有特点。泥板档案和纸草档案是奴隶社会使用时间最长、范围最广的两种古代档案；石刻档案虽然分布广泛，但由于比较笨重，后来被更加轻便的材料所取代；棕榈叶档案和桦树皮档案的地域色彩比较浓厚；金属档案的数量较少且分布较小；等等。尽管这些档案在不同国家的使用各有侧重，但在纸质档案一统天下之前，它们是并存的。

二、纸质档案的出现——档案载体的第一次变革

如果说奴隶社会的档案在载体上的一大特点是多种材料并存，那么到封建社会，档案的载体形式开始出现统一的趋向。引起这一变化的主要原因是中国造纸术的发明及其传播。随着造纸技术的逐步西传，西方国家从奴隶社会沿袭下来的纸草、羊皮纸等档案载体逐渐被纸张所取代，档案的载体材料趋向统一。毫不夸大地说，纸张的发明和传播引发了档案载体的第一次变革，由此对整个档案事业系统产生了重大而深远的影响。

（一）中国造纸技术的发明和西传

众所周知，造纸术是中国的四大发明之一。纸张的出现和使用是人类文明的重要标志，对人类社会具有重大意义。中国从秦汉以来就开始探索造纸技术，但最早制造出植物纤维纸是在东汉时期。在植物纤维纸出现之前，中国的档案载体材料也是五花八门，包括甲骨、金石、竹木和丝帛等。随着社会生产力水平的提高和物质文化生活的发展，上述载体材料，或因为过于笨重，或因为过于昂贵，越来越不能适应人们的需要。为此，人们希望能制造出一种既轻便又廉价的书写材料，来充当档案的载体。在这种需求的推动下，经过长期摸索和反复实践，东汉的蔡伦率领手下工匠发明了植物纤维造纸技术。他也因此而名垂青史。

蔡伦（？—121 年）是东汉时期的一名宦官，在汉和帝在位期间担任尚书令，主管皇家工场。他总结了民间积累的造纸经验，在工匠们的共同努力下，以廉价且易得的树皮、麻头、破布和旧渔网等为原料，制造出了植物纤维纸。制作过程大体如下：首先把原料切碎加以浸泡，在水煮过程中使原料里的纤维分离出来变成纸浆。然后捶打纸浆，加入黏汁，泡在水中使之成为浆液状的薄片。最后将薄片一张一张地均匀捞出，铺平在细帘上晒干，就成了纸。这是世界上第一次采用专门技术、有目的地制造植物纤维纸。尽管这种造纸技术十分原始，但其工序符合科学原理。制造出来的植物纤维纸不仅重量轻、便于携带，而且因原料价廉易得而具有经济实用的突出优点。

东汉和帝元兴元年，即公元 105 年，蔡伦把制成的纸进献给皇帝，受到皇帝嘉许。后来这种纸被称为“蔡侯纸”。植物纤维纸的出现是人类历史上书写材料的一次重大变革，蔡伦发明的造纸技术后来不断改进，纸的品质不断提高，种类不断增加，为我国文化的发展作出了重大贡献。更为重要的是，中国的造纸技术逐步向西方传播，进一步推动了世界文明的发展。

植物纤维纸在中国诞生和使用之时，欧洲国家还在沿用纸草和羊皮纸。从公元 3 世纪起，中国的造纸技术开始西传。这一过程持续了 1 700 多年，传播的路线大致为东亚—西亚—北非—欧洲—美洲—大洋洲。最早是向周边国家传播，首先传入的是越南和朝鲜这些曾为中国“藩属国”的国家。7 世纪初期（610 年），朝鲜和尚昙徵将造纸技术引入日本。8 世纪中叶（751 年），当时的唐朝与阿拉伯的大食国（Tazi，今伊朗）交战，唐军战败后不少士兵被俘。因被俘士兵中有造纸工匠，造纸技术得以传播到阿拉伯国家。到 10 世纪之时，阿拉伯国家开始普遍用纸，并将造纸技术进一步西传到北非的埃及（900 年）和欧洲。12 世纪中期（1150 年）西班牙开设了欧洲的第一家造纸厂，1186 年造纸技术传入法国，1494 年传入德国，1576 年传入俄国。到 16 世纪欧洲已普遍使用纸张。17 世纪末期（1690 年），造纸技术传入美洲。最后直到 19 世纪中期（1868 年）才传入大洋洲的澳大利亚。在造纸技术的西传过程中，各国根据本国条件对造纸技术继续加以改进，因此造纸技术得以不断完善。

（二）档案载体第一次变革的深远影响

造纸技术的发明及其传播是对人类文明的巨大贡献，对世界各国的档案和档案工作也产生了巨大影响。纸张的出现可被看成封建社会时期档案载体的第一次大变革，之所以称为第一次变革，是因为后来现当代时期新型材料的出现引发了档案载体的第二次变革。第一次变革始于中国，之后逐渐由东向西传播，最终形成了纸张载体一统天下的格局。

纸张的出现和使用对档案、档案管理、档案机构、档案人员以及档案学理论都产生了重大而深远的影响。

1. 对档案自身的影响

纸张的发明和应用，既推动了档案的载体材料趋向统一，又导致了档案数量的急剧增加。

纸张的出现逐渐改变了多种档案载体形式交叉、并存的原有格局，使纸张载体"一枝独秀"，纸张档案一统天下，最终占据了统治地位。东西方国家概莫能外，明显的例子就是中国的竹木和丝帛，西方的纸草和羊皮纸，都在纸张被采用后逐步退出了档案载体的历史舞台。纸张材料一统天下的原因包括三点：一是植物纤维纸的原料来源广泛，经济实用；二是植物纤维纸的质地柔韧光洁，轻便耐用；三是植物纤维纸便于书写和印刷，可以大量生产和复制。为此，与以前各种材料相比，纸张作为档案载体的优势显得十分突出。

此外，纸张的出现使书写方式更为容易，特别是后来雕版印刷术和活字印刷术的相继问世，进一步推动了造纸业和印刷业的发展，档案的复制手段也由手工抄写变为印刷，从而大大促进了档案数量的增长。这一点后来在西方各国也有明显表现。例如据法国统计，在造纸技术传入（1186 年）的前后，1180—1223 年间该国每年产生文件约 2 500 件，而到了 1285—1314 年间，每年产生的文件增加到 15 000 件。又如，罗马教廷在造纸技术传入意大利之前的 1243—1254 年 12 年间，每年平均形成文件 730 件；1276 年造纸技术传入意大利之后，1294—1303 年 10 年间每年平均形成文件 50 000 件左右。显而易见，档案数量的增幅之大十分惊人。

2. 对档案管理的影响

纸张的产生和应用导致档案数量急剧膨胀，使档案管理活动变得更加丰富和复杂。

一方面，一些新的档案管理环节开始产生，比较典型的是档案鉴定、统计和保护。大量产生的档案对保存空间形成了巨大压力，为了挑选其中有价值的部分加以保存，就推动了档案鉴定的出现；同时，档案数量的增长也要求对档案的收集、整理、保管等情况进行登记和揭示，这样就有了档案统计的必要。此外，大量产生的档案需要良好的保管环境和条件，这就推动了保护技术的出现。

另一方面，一些原有的档案管理环节得到了进一步丰富和发展，比较典型的有档案收集、整理和编目。档案的增多扩大了档案的形成领域，也相应增加了档案的收集渠道；档案的增多也加大了了解档案内容的难度，因此要求制定出更加系统的整理和分类标准及方法。同样，档案的增多也加大了查找档案的难度，因此要求编制更加完备的检索工具。这样一来，封建社会时期的档案管理活动较之纸张使用之前有了明显的进步。

3. 对档案机构、档案人员和档案学理论的影响

纸张使用所导致的档案数量急剧膨胀的结果也对档案机构、档案人员和档案学理论的发展产生了深远影响。

首先，档案数量的大幅增长推动了档案机构类型的进一步丰富。档案自身数量的增长与其保管机构数量的增长是成正比的。随着档案的增多，封建国家建立的档案保管机构也相应增加，除了国王档案馆等传统类型之外，还出现了庄园主档案馆、教会档案馆、城市档案馆、行会档案馆、银行档案馆、公证档案馆、机关档案馆和殖民地档案馆等多种新的类型。

其次，档案数量的大幅增长推动了档案人员的专职化。奴隶社会档案机构的收藏品由于具有混合性特点，既有档案，也有图书或其他实物，导致档案人员与图书管理人员的界限不够清晰、明确。随着档案数量的增加，封建社会逐渐出现了专职的档案人员，不再兼负图书管理的职责。

最后，档案数量的大幅增长推动了档案学理论的萌芽。档案数量的增多是档案学理论萌芽的基础条件，档案增多带来的档案机构增加、档案管理活动发展、档案人员专职化等从不同方面推动了档案学理论的萌芽，进而为档案专业的独立奠定了基础。

三、新型档案的出现——档案载体的第二次变革

封建社会时期纸张的发明引发了档案载体的第一次变革，结果使得五花八门的档案载体最终为纸张一统天下。现当代时期又发生了档案载体的第二次变革，其标志就是新型档案的出现。与第一次变革恰好相反，第二次变革打破了纸质载体一统天下的格局，再次进入档案载体多元化的新时期。

（一）新型档案的含义及类型

新型档案（new-type archives）是一个综合概念，一般是指除传统纸质载体以外的各种材料制成的档案，包括照片档案、影片档案、录音磁带档案、缩微胶片档案、计算机磁带、磁盘和光盘档案等。单就新型载体的出现时间来看，可以往前推到近代。最早的标志是 1828 年第一张静止照片的出现。1877 年以后人们又陆续发明了唱片和录音胶片。但照相、录音和缩微技术真正应用于档案领域，出现不同于纸质载体的各种音像档案和缩微档案，还是从现代开始的。

新型档案是现当代科学技术应用于档案领域的产物。20 世纪以来，照相、录音和缩微技术得到了长足发展，而且 20 世纪 60 年代计算机技术的出现和普及，使机读档案开始产生；到 90 年代，计算机技术的进一步发展及其与网络技

术的结合，使“机读档案”（machine-readable archives）的概念被更先进的“电子文件”（electronic records）取代。

新型档案与传统纸质档案的主要区别体现在制成材料的新型化。新型材料主要是化学合成材料和磁性材料，包括胶片、胶卷、胶带、合成纸、磁带、磁盘、光盘等。这些材料与纸张已有本质差别，即便是合成纸也不例外。合成纸是 20 世纪 80 年代由日本科学家发明的，原料不再是传统的植物纤维，而是以聚丙烯为主的化学产品。尽管它的外观与植物纤维纸类似，但比传统纸张具有更多的优点：一是不沾灰尘、不掉纸粉，外观平整光滑；二是韧性大、耐冲击、不怕折；三是耐光照、耐冷热；四是不怕受潮、水浸，不怕油脂、酸碱和有机溶剂的侵蚀。因此，合成纸既能用于书写和印刷，也能用于制作包装材料。

（二）新型档案的特点

现代科技的发展使新型档案的门类越来越多，尽管从数量上看，目前新型档案并未占据完全的优势地位，但这并不妨碍新型档案成为国际档案界普遍关注的热点问题。1988 年在法国巴黎举行的第十一届国际档案大会就选择了“新型档案材料”作为中心议题，集中讨论了新型档案与纸质档案的区别及其带给档案工作的重大影响。

概括起来，新型档案的特点主要表现在五个方面：

第一，信息的非人工识读性。从古代的石刻、泥板、纸草、羊皮纸到纸质档案，它们使用的均是可以人工识读的记录符号。人们可直接读出档案中的信息并理解其含义，无须任何中介物。相比之下，新型档案记录的信息大多无法直接识读，需要借助一种中间工具。例如，音像档案需要借助音像设备来解读，缩微档案需要借助还原设备来解读；而更典型的当属电子文件，它使用了人工无法识读的数字代码来记录信息，只有通过计算机特定程序解码，才能还原成人工识读的内容。

第二，信息存储的高密度性。与纸质档案相比，新型档案记录信息的存储密度大大提高。缩微胶片的优越性就在于以很小体积的胶片可以记录非常多的信息，而电子介质的存储密度则更大。一张 3.5 英寸高密度软盘可存储大约 700 000 个汉字，应用信息压缩技术，光盘存储图像文件的能力可增加数倍甚至更多。这样一来，一个档案馆的“浩瀚馆藏”可能只需若干张光盘就能解决存储问题。

第三，信息与载体的可分离性。纸质档案记录的信息与纸张载体是不可分离的，但新型档案的各种载体就像容器一样，盛放的信息可以随时流动。录音磁带记录的信息内容可以不断更新，电子文件记录的信息内容更是没有固定的物理位置，既可以改变在硬盘上的存址，也可以从硬盘拷入软盘、磁带或光盘，还可以在软盘、磁带或光盘之间转移，更可以通过网络在全球流动。载体对于新型档案而言只不过是一个暂时的“栖身之地”。

第四，载体的脆弱性和保管费用的高昂性。与纸张相比，新型档案的载体由于其物理和化学特性，质地相对脆弱，要求更严格的保管环境和条件。例如彩色影片或照片容易褪色，硝酸胶片易于老化，电子文件使用的磁盘和光盘的保存寿命只有20年左右，等等。正因为新型档案对保管环境、设备和条件要求较高，保管费用相应高于纸质档案。

第五，对技术和系统的依赖性。作为现代科技发展的产物，新型档案对技术和系统的依赖性十分明显。最典型的就是电子文件，它从生成、管理到利用，都必须借助于计算机系统（包括硬件、操作系统和软件）才能完成。离开了计算机技术和系统，电子文件的形成、管理和利用均无从谈起。

（三）档案载体第二次变革的重大影响

各种新型载体的档案作为现代科技发展与档案工作相结合的产物，形成了档案载体多元化的新格局。这是档案载体材料的第二次变革，如同第一次变革一样，它对档案、档案工作、档案馆、档案人员以及档案学理论也产生了重大而深远的影响。

1. 对档案自身的影响

对档案自身而言，新型档案的出现意味着档案类型的大大丰富。随着载体材料的更新，音像档案、缩微档案、机读档案乃至电子文件都开始加入到档案“家族”中来，使得档案的“队伍”更加壮大。但由于电子文件与纸质档案在生成、管理和利用方式上的不同特点，当前档案界对电子文件能否具备档案的“原始性”尚存在争议。

2. 对档案管理的影响

对档案工作而言，新型档案的出现意味着各管理环节都增加了复杂性和相当难度，使之面临一系列新的挑战。由于新型档案与纸质档案存在不同特点，在其收集、整理、保管、鉴定和提供利用等诸多环节上都会面临一些新的难题。

在收集上的难题是，新型档案应当由综合性档案馆接收还是应建立专门档案馆进行收集？有的国家主张仍然将新型档案移交到综合性档案馆，以保持馆藏门类和载体的综合性特点；有的国家则认为应建立专门档案馆接收新型档案，以保证新型档案得到更有针对性的保管。

在整理上的难题是，新型档案是否都有实体整理的必要？整理原则是否仍然遵循来源原则？新型档案，特别是电子文件所具有的信息与载体的可分离性特点使有的档案学者提出了“逻辑整理”的新概念，还有的学者一度认为电子文件的整理无须遵循来源原则。但到目前为止，国际档案界一致坚持来源原则仍然适用于电子文件的整理，只不过电子文件的“来源”需要更加概念化和抽象化。

在保管上的难题是，新型档案如何解决保管的长久性和安全性问题？与纸张相比，新型档案的载体材料更加脆弱，相应需要更严格的保管条件。各国都需要从技术角度探索实现新型档案长久保管的有效方法，也需要探索保障新型档案实体安全和信息安全的有效措施。

在鉴定上的难题是，怎样制定新型档案的鉴定标准？新型档案的鉴定不仅包括内容鉴定，还包括技术鉴定，因此其鉴定标准需要全面制定。此外，有的国家的档案学者提出了“宏观鉴定”的思想，力图更好地适应电子文件的鉴定。

在提供利用上的难题是，怎样解决新型档案利用中的信息安全问题？作为现代科技的产物，新型档案的利用发生了很大变化，利用速度和效率都有了很大提高。但利用中的信息安全成为了困扰各国档案界的一大难题。

以上难题的存在，无疑增大了新型档案的管理难度。

3. 对档案馆、档案人员及档案学理论的影响

对档案馆而言，新型档案的出现使档案馆的存在形式和职能均受到了冲击。纸质档案时代，档案馆都是实实在在的保管机构，其库房和设备都是看得见摸得着的。但由于新型档案，特别是电子文件的出现，其归档方式既有“实体归档”，又有“逻辑归档”，因此未来档案馆有可能以“虚拟”形式存在，转变为一种档案信息控制中心。

对档案人员而言，新型档案的出现意味着档案人员的综合素质需要不断提高，职业形象和理念也需要重新塑造。新型档案是现代科技发展的产物，有着不同于纸质档案的诸多新特点。档案人员要想更好地了解新型档案并进行有效的管理，就必须不断提高自身的综合素质，这必然促使档案人员进一步完善自身的知识结构，不断接受继续教育或在职培训。此外，未来的档案人员也需要打破“被动的档案保管员”的职业形象，树立前端控制的全新理念，成为一种“社会记忆的积极塑造者”。

对档案学理论而言，新型档案的出现意味着档案学理论需要不断变革和完善。新型档案对传统的档案学理论带来了一系列冲击，诸如档案的定义是否需要更新，来源原则如何指导电子文件的整理，文件双重价值理论能否继续适用于电子文件的鉴定，等等。实践证明，国外档案学者面对新型档案的挑战，或者提出了全新的理论观点，或者对现有档案学理论进行着不断的调整和修正。

当前，档案载体的第二次变革仍在进行之中。尽管新型档案的出现使纸质档案一统天下的局面被打破，但这并不意味着完全无纸时代即将来临。纸质档案与各种新型档案并存，仍是现当代档案的主要特点。即使当前信息社会中，档案载体的电子化或者说无纸化色彩日益浓厚，但还没有一个国家能够做到完全用电子文件取代纸质档案。据法国统计，直到20世纪90年代工商业活动中使用的档案文件，只有5%左右是电子形式，95%仍为纸张。发达国家尚且如此，发展中国家就更不用说。这种并存的局面将会持续相当长的一段时间。

四、档案类型的演变

（一）古代档案的类型

古代（主要指奴隶社会和封建社会时期）档案的类型划分具有不同标准，前文已从载体角度评述了古代档案的类型。如果从内容角度划分，古代档案主要包

括六种类型。

1. 宗教档案

宗教档案在奴隶社会最为常见，因为奴隶主往往借助宗教意识和诸神崇拜来巩固和维护政权。古埃及和两河流域的宗教档案多记录祭祀活动，包括祝愿死者阴福长存的祝词、祈祷文、请愿书和驱魔避邪的符咒，等等。古代印度宗教档案的内容多为佛教典籍，著名的《吠陀经》（*Veda*）就是一部集颂词、祷文和咒语于一体的宗教文集。古希腊和罗马的宗教祭祀活动更是形成了大量档案，最典型的就是"预言书"。

2. 皇权王位档案

记载国王权位及其继承情况的档案在各奴隶制国家也十分常见，比较有代表性的当属古埃及。如前文提到的巴勒莫石刻就记载了古埃及第五王朝各位法老的名字，表明对其王位的认可。又如著名的"都灵纸草"，是用古埃及僧侣体象形文字书写的，记录了古埃及早期六个王朝共 52 位法老的名字和第十二王朝 7 位法老的名字以及他们在位的时间。

3. 经济档案

记录生产和经济活动的档案在两河流域比较典型。如马里（Mali）王国发现的档案中就有农业生产、赋税缴纳和财产报表等内容；乌尔（Ur）古城发现的档案也有木工、陶器、铁器和纺织等作坊使用劳力的记载；拉伽什古城的档案多为宫廷和寺庙经济的管理记录。此外，上述古埃及的哈里斯纸草也有关于经济活动的记载。

4. 军事和外交档案

奴隶社会各国相互征战或签约结盟等军事外交活动十分频繁，这自然在档案内容中有所反映。概括起来，这些档案主要分为三类：一是统治者外出征战的经过及战功记录；二是各国缔结的和约；三是外交文书和函件。古罗马还有专门的军事外交祭司档案收藏机构。

5. 法典档案

奴隶制国家都特别重视法典的颁布，大多将法典刻写在神庙的墙壁或台座上。最为著名的是古巴比伦的《汉谟拉比法典》，其内容从司法诉讼、商业租赁、奴隶买卖到婚姻家庭无所不包，为后人研究其国家社会史和法权史提供了珍贵史料。此外，亚述法典、赫梯法典和古罗马的"十二铜表法"也都具有重要的法学和历史研究价值。

6. 科学文化档案

古埃及、两河流域、希腊和罗马都有大量反映科学文化内容的档案。如埃及纸草档案中有关于数学、医学和天文知识的记载，表明埃及人已经懂得十进位法、等差级数、方程式和圆周率等，掌握了心脏与血液循环的关系并应用于制作木乃伊。文学作品在埃及和两河流域均有发现，较著名的有埃及的《遇难船的故事》和巴比伦的史诗《吉尔伽美什》等。希腊化时代的亚历山大档案图书馆也保存了一些著名哲学家和文学家的手稿。

（二）近现代档案的分类

近现代档案是与古代档案相对而言的，主要指英国近代资产阶级革命以后形成和积累的各种类型的档案。近现代档案是一个泛指概念，包含许多具体的档案门类。国外档案学者一般对近现代档案的分类采用三种划分标准——所有权、形成领域和载体形态，因此档案相应地分为公共档案与私人档案、综合管理性档案与专业（专门）性档案、传统性（纸质）档案与非传统性（新型）档案。这三种划分标准与文件分类的标准基本通用，可以参阅第二章文件分类的相关内容。

1. 从所有权角度划分——公共档案与私人档案

公共档案（public archives）是公共文件的转化物。它是所有公共机构，包括政府及其所属各部门和各机构在履行其法定职能的过程中形成和积累的各种档案。公共档案是一个国家全部档案的主体和核心部分。公共档案的所有权不能转移，也不能进行任何交易。

私人档案（private archives）也称私有档案或非公共档案，是一切私立机构以及家族、家庭和个人活动中形成的档案。私人档案是国家全部档案的补充部分。私人档案属私有财产，私人机构或个人、家庭和家族对其档案的所有权受国家法律保护。然而，私人档案的所有权是可以变更或转移的，换言之，私人档案的所有权可以通过捐赠、遗赠、交易、交换等方式发生变更，私人档案只是通过协议方式寄存在公共档案机构，不会改变其所有权。尽管私人档案因所有权的私有性导致所有者有权对其进行处置，但具有国家保存意义和价值的私人档案会受到国家法律的保护。私人档案的出售或出境，必须按法律规定申报本国政府相关部门批准；具有国家保存价值的私人档案一旦出售，国家享有优先购买权，等等。有关这些方面的内容，各国在档案法规中都有明文规定。

2. 从形成领域角度划分——综合管理性档案与专业（专门）性档案

（1）综合管理性档案

综合管理性档案是综合管理性文件的转化物，是反映一个国家各个历史时期的各种内政、外交、经济、军事、科技等决策活动的公务档案的总称。其特点、功能和类型继承了综合管理性文件的衣钵，详细内容参阅第二章第二节中的“文件类型”。

（2）专业（专门）性档案

专业（专门）性档案同样也是专业（专门）性文件的转化物，其主要门类包括经济档案、科技档案、文学艺术档案、医疗档案、人事档案、宗教档案、司法诉讼档案、地质档案、气象档案、水文档案、测绘档案，等等。国外比较有特色的主要是经济档案、科技档案、文学艺术档案、医疗档案和人事档案。

经济档案（business archives）是近代资本主义经济发展的产物。19 世纪末 20 世纪初，随着资本主义向垄断阶段发展，在德国、瑞士和荷兰等欧洲国家开始出现了垄断企业。垄断企业为了生产管理和销售等方面的需要，逐渐建立了经济档案馆负责收集和保存经济档案。经济档案馆成为企业档案馆的前身，其保存的经济档案也成为企业档案的主体部分。对于经济档案，国外也有“商业档案”的类似称谓。

科技档案（scientific and technical archives）是记录和反映科技、生产活动的档案总称。它形成于科技、生产领域，是科技和生产活动及成果的原始记录，具有多样性、成套性和现实性等特点。苏联把科技档案作为单独的门类，设立专门的科技档案馆加以保存。这一传统在目前的俄罗斯仍得以保留。在欧美国家，科技档案并未成为单独的档案门类，一般包含在经济档案或企业档案之中。

文学艺术档案（literature and art archives）是人们从事文学艺术创作和实践活动的原始记录，是文艺工作者辛勤劳动的结晶。文学艺术档案的范围很广，包括文学、戏剧、音乐、舞蹈、美术等众多门类活动中产生的档案。苏联 1941 年建立了文学档案馆（1954 年改称文学艺术档案馆）专门保存文学艺术档案。目前的俄罗斯延续了这一做法。民主德国的艺术科学院也分别设有文学、戏剧史、音乐和美术四个中央级档案馆。这些情况表明，文学艺术档案在国外是一种重要的专业（专门）性档案。

医疗档案（medical archives）是医疗机构和医务工作者医疗实践活动的原始记录。尽管早在中世纪国外已开始保存病案，英国圣巴德洛迈医院建立了世界上第一个病案室，但医疗档案大量积累并成为一种专业门类，还是近现代医疗科学和医疗事业发展的结果。医疗档案的数量、内容和类型因为医学科学的发展而变得日益丰富。在国外，医疗档案是一种重要而又较为特殊的专业（专门）性档案。因为其内容往往有涉及病人隐私的部分，所以医疗档案的管理和利用需十分严格和慎重。

人事档案（personnel archives）大多是指国家机构、社会组织在人事活动中形成的，记述和反映人员经历、德才水平和工作表现的，保存备查的文字、表格及其他各种形式的原始记录。在国外，某些专业部门形成的公民状况档案、健康状况档案、财产和收入档案、刑事和犯罪处理案卷、基本统计文件等涉及个人秘密的档案也被视为人事档案的组成部分。国外对人事档案相当重视，大多设有专职人事机构来保管现职人员的人事档案，设有专门档案机构来保管非现职人员的人事档案。人事档案与私人档案是一组容易混淆的概念，二者的根本区别在于，人事档案是归国家或机构所有和管理的档案；而私人档案归个人所有，其管理方式也由所有者自行决定。

3. 从载体角度划分——传统性（纸质）档案与非传统性（新型）档案

（1）传统性（纸质）档案

传统性档案（traditional archives）是指以纸张为载体的档案，亦称纸质档案。纸张在世界各国的使用时间虽有先后，但总体上说已有千余年的历史，而且至今仍然是档案载体的主要形式。传统性档案至今仍在大量产生和应用的主要原因是它具有诸多优点（特点）。

传统性档案直观易读，没有形成和利用方面的制约条件。它可以直接形成，也可以直接阅读利用，不像新型档案那样必须借助一定的工具或设备才能生成或利用。

传统性档案制作成本低廉，制作方式简便易行。这一优点正是纸张取代各种古代档案载体的原因。

传统性档案格式区别明显、原始标记清晰。不同文种具有不同的法定或规范格式，例如命令、簿册、信件等都有特定的格式，便于人们区别并判断它们的不同功能。而且，纸质档案上的原始标记（例如签署、印章、字体、字号、手迹等）都比较清晰，一旦删改，都很容易留下痕迹，便于人们区别并判断档案的真伪。一言以蔽之，传统性档案的原始性和真实性较易保障。

当然，纸质档案也有其不足的一面。尤其是面对新型载体档案的冲击，它数量庞大、信息容量有限、占用储存空间大等弱点就凸显出来。因此，近现代以来随着科学技术的发展及其在各领域的广泛应用，纸张作为档案载体“一统天下”的格局被打破了，现代以来逐渐演变形成了新型档案与纸质档案“分庭抗礼”之势。

（2）非传统性（新型）档案

非传统性档案（non-traditional archives）是指用新型载体制成的档案。如前所述，新型载体主要是指化学合成材料和磁性材料，包括胶片、胶卷、胶带、磁带、磁盘、光盘以及合成纸。新型档案已形成为一个综合性概念，门类不断丰富，国外比较常见的新型档案主要有照片档案、录音档案、声像档案、口述档案、缩微档案和电子文件。

照片档案（photographic archives）是用摄影方法留下的原始记录。1828 年，法国人涅普斯拍下第一张照片，到 1839 年他与达盖尔合作研制成功了摄影技术。从此，摄影技术逐渐进入社会生活的各个领域并得到广泛应用。摄影技术的发明和传播，为全面并形象地记录人们的社会活动提供了便利条件。社会生活的方方面面不仅可以留下文字记载，同时还可以留下生动的形象记录。这种形象记录就是照片档案。一套完整的照片档案应当由底片、照片和文字说明组成。照片档案如果没有文字说明，其记录的信息就缺乏确定性。照片档案已成为国外档案馆馆藏的重要组成部分。

录音档案（sound recording archives）是一种用录音方法记录人们社会活动所形成的原始记录。录音技术于 1877 年由美国人托马斯·爱迪生发明。起初是唱盘（或称唱片）录音，随后又发明了录音胶片。20 世纪 50 年代以后广泛使用了录音带、磁带和磁盘等。由于录音技术的进步，录音档案的内容已涉及国家和个人活动的所有方面，录音档案的数量也日益增多。欧洲档案学者早在 20 世纪 30 年代就提出建立专门的录音档案收藏机构。苏联也在 30 年代设立了专门的录音档案馆。德国档案学者在 1988 年召开的第十一届国际档案大会上指出，如果音像档案不能像图书馆的藏书、博物馆的文物一样留传给后代，从科学和道义上讲都是不合理的，安全保管这些材料是档案工作者的职责。这表明录音档案是国外新型档案家族中的重要一员。

声像档案（audio-visual archives）主要是用胶片或磁带等化学合成材料记录

影视内容的档案，可以说是电影档案和电视档案的统称。这种档案以音像并茂为主要标志，在听到声音的同时也能看到影像。众所周知，电影发明于19世纪80年代，起初为无声黑白电影，20世纪30年代有声电影和彩色电影才出现。随着电影技术的发展，又出现了宽银幕电影、立体电影、全息立体电影等；随着电视技术的发展，又增加了电视档案。声像档案的内容十分丰富，既有政治性的——记录一个国家、政府及其重要政治人物的各种活动；又有文艺性的——用于对人们进行文化教育和宣传；还有新闻报道性的——用于记录和报道社会生活各个领域的新闻事件；最后还有科普性的——用于宣传科学知识等。国外对声像档案的保管和利用十分重视，欧美国家大多设立有专门的保管机构。

口述档案（oral history）是国外20世纪70年代前后开始出现的一种新型档案，从载体类型上看，大多也属于用录音或录像的方式记录下来的声像档案。口述档案也称口述历史，是对有代表性的人士进行面对面访谈的记录。在当代，口述档案受到世界各国特别是非洲发展中国家的普遍重视。1996年在北京召开的第十三届国际档案大会上，尼日利亚的档案学者在其报告中指出，对第三世界国家来说，口头传说是它们的档案。这些传说不仅是人们对其非凡历史的口头叙述，而且还是社会准则和社会观念的一种保存手段。非洲大多数国家的口述档案为正确处理土地纠纷，了解结婚、离婚、继承权等习俗提供了材料。口述档案使得包括以往社会准则和所有重要事件在内的社会记忆得以保存。不少国家的政府和学者都认为口述档案如同书面档案一样重要，都是一个国家文化遗产的重要组成部分。尼日利亚档案法中还专门规定了限制口述档案出境的内容。尽管口述档案的名称不是针对载体形态的特征划分的，但它应当属于声像档案的范畴。

缩微档案（archival microform）是国外非常普遍的一种新型档案。它是用缩微照相技术把各种档案拍摄在缩微胶卷和缩微平片等载体上而形成的一种微型化档案，可以代替纸张档案发挥某些作用。最早把文件拍摄成缩微副本进行传递的是法国。1870年普法战争期间，巴黎被普鲁士军队围困，法国政府为了使巴黎与外界取得联系，指挥部队作战，曾把文件拍摄成缩微胶卷，用信鸽进行传递。第二次世界大战期间，美国战地邮政部门曾把从欧洲发往美国的文件和信件拍摄成缩微胶卷空运到美国，然后复原成纸张文件。1894年成立的美国犹他州家谱学会，从1938年开始用缩微胶卷收集家谱档案，并修建了保存缩微胶片的现代化盐湖城档案洞库。该学会在100多个国家和地区设有缩微技术站，专门制作家谱档案的缩微副本，收藏有数万卷缩微胶片副本。日本国家档案馆已把1945年前的政府档案拍摄成一套缩微安全副本。

缩微技术从20世纪50年代开始，已为世界各国档案馆普遍使用，充分显示了其优越性。缩微技术的应用实践逐渐突破了传统档案理论的局限，缩微档案被纳入了档案范畴，甚至得到了法律认可，与其他载体档案具有同等的法律效力。

当然，国外档案馆主要是运用缩微技术拍摄档案的缩微副本。缩微副本的作用包括：

第一，用做安全副本。许多国家将珍本档案和严重变质的档案复制成缩微安全副本，从而提高其安全性。俄罗斯各档案馆都有计划地为珍贵档案和易毁档案拍摄缩微副本。

第二，用做流通副本。目前许多国家的档案馆都备有缩微阅读机，对孤本档案只借阅缩微副本，以达到保护原件的目的。

第三，用做补充性副本。许多国家，尤其是第三世界国家，从别国复制了大批与本国历史有关的缩微档案副本，运回本国作为档案保存。这是为了弥补正本文件缺失的不足，以达到充实馆藏的目的。

第四，用做比较副本。有些国家在修复纸质文件时，特别是修复遭到严重损毁的文件时，修复前先将原文件复制一套缩微副本，以利于进行对比；或者应利用者要求，使其能看到原件复制前的情况。

第五，用做出售副本。许多国家直接出售缩微副本，不过一般不以营利为目的。

由上可见，缩微副本对档案原件而言具有安全性、保护性、替代性、便于保存和利用等诸多优点，因而被各国广泛采用。更有甚者，有些国家的政府和大型企业为了节省保管费用和保存空间，直接使用缩微胶片代替文件，并作为原件保存。例如，美国国家档案馆把1945—1949年的哥伦比亚特区建筑许可证拍摄成一套缩微胶片后，将原件全部销毁。

电子文件（electronic records）是国外当前最为热门的一种新型文件。20世纪90年代之前国外大多称之为“机读档案”，从90年代起，北美国家率先采用了“电子文件”的称谓。

机读档案是20世纪六七十年代随着计算机技术的应用而形成的新型档案。尽管西方各国在其定义表述上略有差别，但对其基本含义的认识大致相同。比如英国认为它是指“用数码录制在磁盘、磁带、穿孔卡片等载体上的，按不同于档案的来源原则进行整理，并只能通过机器提供利用的档案”。法国认为是“以任何形式或载体出现，由数据处理形成的文件”。苏联认为是“计算机产生的文件”。当然，这些定义虽然初步揭示了机读档案“由计算机生成和读取”“用数码记录信息内容”这两点共性，但它们的清晰程度远远比不上后来国际档案理事会给予机读档案的规范定义。按照国际档案理事会的解释，机读档案指的是“通常以代码形式记录于磁带、磁盘或穿孔卡片等载体上的档案，其内容只能借助机器来阅读”。这表明，机读档案是计算机技术应用的产物，是由计算机存储并借助计算机读取和处理的档案，载体以磁性材料为主，包括磁带、磁盘等。

20世纪90年代起北美档案界放弃“机读档案”而改用“电子文件”的提法，这并非简单地改变称谓，而是认识到电子文件与机读档案已有显著区别。机读档案面对的主要是以纸质环境和手工管理模式为主的档案工作，计算机多被当做提高信息处理速度的工具。因此，机读档案大多是在纸质文件输入和输出处理过程中的文件转换形式，只不过是纸质档案的一种辅助形式，并未取得与纸质档案相抗衡的专业地位。到90年代，信息技术的发展使电子环境已经具备，此时档案工作的计算机管理模式占据了主导地位，文件的所有操作大多以计算机为平台。电子文件不再是纸质档案的辅助形式，相反上升为一种并存形式，甚至有可能取代纸质档案成为主导形式。

国外之所以尚未普遍接受“电子档案”的提法，原因主要是电子文件的真实性和原始性尚无根本的保障；另外，电子文件的长久保管还存在一些技术障碍。因此，国际档案界正在合力攻关，以期解决这些难题。

第三节
外国档案的定义和价值

一、档案的定义

档案起源于奴隶社会时期，人类保存档案的历史也同样久远。但是，世界各国把档案作为一个客观事物进行理论探讨，逐步形成关于档案的概念并阐述档案的定义，却是近代的事情。近代法国档案工作改革才推动了档案学的正式形成。

在档案学理论研究中，基本术语体系的确立，是档案学发展和成熟的重要表现。档案这一术语在整个档案学术语体系中是一个最基本、最重要的概念，是档案学一切论述的出发点。因此，许多国家的档案理论工作者在研究术语概念时，很自然地会从探索档案的定义起步，力图给档案提出一个确切的定义，以揭示档案的本质属性。下面分时期列举一些国家近代以来提出的有代表性的档案定义，并对这些定义进行评析。

（一）19世纪中期至末期提出的档案定义

1. 德国的档案定义

从现有资料看，德国是最早为档案下定义的国家。该国早期档案学者艾哈德在其1834年出版的《对于档案科学的建立和组织的理想》一书中为档案下的定义是：一宗档案一般是一种业务执行过程中发生的、已经结束的、可作为历史情况证据的书面报道的收集品。艾哈德的定义是在19世纪上半叶德国档案界就档案馆性质与地位的争论中逐渐形成的。用艾哈德的话说，他的定义可以使档案馆与图书馆划清界限。图书馆的收藏品不是直接从业务渠道上获得的；而档案馆的档案则是直接从业务渠道上获得的，并且是在业务进行过程中还要使用的。

2. 荷兰的档案定义

1898年荷兰三位档案学者萨穆·缪勒（Samuel Muller）、约翰·斐斯（Johan Feith）和罗伯特·福罗英（Robert Fruin）合著的《档案整理与编目手册》

[*Manual for the Arrangement and Description of Archives*，简称《荷兰手册》(*Dutch Manual*)] 出版。他们在书中提出了既是“全宗”又是“档案”的定义。书中写道，一个档案全宗是下列各种文件的整体，这些文件是一个行政单位或它的一个行政人员所正式受理的或产生的，并经指定由该单位或行政人员保管的书面文件、图片和印刷品。荷兰档案学者认为这个定义非常重要，因为它是以后一切叙述的基础。

（二）20 世纪以来提出的档案定义

1. 英国的档案定义

英国提出的代表性档案定义主要有两种。

一是英国档案学者希拉里·詹金逊（Hilary Jenkinson）在其 1922 年出版的《档案管理手册》(*A Manual for Archive Administration*) 一书中为档案所下的定义：档案是在某种公私管理或行政事务（无论是公开的还是不公开的）过程中拟制或使用的，并构成该事务过程的一部分的，事后由该事务的负责人或其合伙继承者加以保存以备查考的文件。这个定义表明，档案是一些不再经常使用的公私文件，当它们被选出来另行存放的时候，就转变为档案了。

二是英国档案学者迈克尔·库克（Michael Cook）在其 1977 年出版的《档案管理》(*Archives Administration*) 一书中为档案所下的定义：档案是文件的一个特殊部分，它是在经过现行阶段之后经过鉴定认为可供研究之用而被挑选出来的，或者至少是由于有研究价值而被一个档案馆保存起来的文件。这个定义明确指出了档案是文件的一个特殊部分，从而继承和发展了他的前辈詹金逊提出的档案是由文件转化而来的思想。迈克尔·库克还进一步阐明了档案与手稿的区别在于，手稿属个人文献，虽有研究价值，但不具备档案和文件所具有的根本特性——为了处理事务而产生和为了处理事务而保存。

2. 意大利的档案定义

意大利档案学者欧根尼奥·卡萨诺瓦（Angenio casanova）在其 1928 年出版的《档案学》(*Archivistica*) 一书中为档案所下的定义是：档案是某一机构或个人在其活动过程中所产生的，并由该机构或个人为实现其政治、法律或文化上的目的而收藏和保存的文件的系统积累物。

3. 德国的档案定义

德国档案学者阿道夫·布伦内克（Adolf Brenneke）在 20 世纪 40 年代给达莱姆档案学和历史学进修学院学生授课时为档案所下的定义是：档案是某一自然人或法人在其法律性或事务性活动中产生的，并作为以往活动的查考资料和证据存放在特定场所永久保存的文件和文献的总和。1946 年布伦内克逝世后，他的学生将其讲稿整理成书，以《档案学——欧洲档案工作的理论与历史》为名于 1953 年在民主德国莱比锡出版，1970 年在联邦德国慕尼黑再版。这部著作在各个国家广为流传，受到很高评价。

4. 美国的档案定义

美国提出的代表性档案定义主要有两种。

一个是美国档案学者西奥多·谢伦伯格（Theodore R. Schellenberg）在其1956年出版的《现代档案——原则与技术》（*Modern Archives*：*Principles and Techniques*）一书中提出的档案定义。他在书中指出，档案是经过鉴定，值得永久保存以供查考和研究之用，业已藏入或者选出准备藏入某一档案机构的任何公私机构的文件。谢伦伯格认为，档案的实质特性与文件之所以形成和之所以保存有关。因此他给档案下定义时，先给文件下了定义，用以说明档案与文件的关系。

另一个是1975年出版的《美国大百科全书》为档案所下的定义。《美国大百科全书》认为，档案是在执行法律和处理各种事务中产生或收到的，具有永久保存价值的，已经进行整理分类的包括文件、簿册、地图、录音和其他材料的各种记录物。这是一个集体创作的定义，与谢伦伯格的定义有明显的不同之处，谢伦伯格在定义中指出了文件的形成者——任何公私机构，而大百科全书中只指出了文件的形成原因——执行法律和处理各种事务中产生或收到的，未指出形成机构。

5. 法国的档案定义

法国提出的代表性档案定义主要有两种。

一个是该国1970年出版的《档案学手册》一书中为档案下的定义：档案是任何一个行政机关、任何自然人或法人，在其活动过程中形成的、必然联系在一起的、任何性质的、有永久保存价值的文件。

另一个是法国1979年颁布的《法兰西共和国档案法》给档案所下的定义，这个定义对《档案学手册》的档案定义作了修改，指出档案是任何自然人或法人，任何官方的或私人的部门或机构在自身活动中产生或收到的文件的总和，不论这些文件的形成日期、形式和载体材料是什么。可见，后一个定义较前一个定义更为明确。

6. 苏联的档案定义

苏联的档案定义多见于较具权威性的辞书中。

1968年出版的《简明档案术语词典》中提出，档案是机关、个人、家庭、家族活动中形成的文件材料。这部词典指出，档案材料就是档案馆（室）中保存的文件材料。

1982年出版的《社会主义国家档案术语词典》中把档案材料改为档案文件，指出档案文件就是档案馆（室）中保存的文件。

1983年重新颁布的《苏联国家标准：文书工作和档案工作的术语和定义》中明确规定，用“档案文件”作为国家标准术语，停止使用“档案材料”用语。

7. 俄罗斯的档案定义

俄罗斯于1993年颁布了《俄罗斯联邦档案全宗和档案馆法》。该法认为档案是对档案文件的总称。档案文件是指对社会，同样也是对所有者具有价值因而被收藏或纳入收藏范围的文件。

8. 联合国教育科学文化组织的档案定义

1979年联合国教育科学文化组织（以下简称“联合国教科文组织”）与国际档案理事会共同制定了“文件与档案管理规划”（RAMP）。经过两次档案专家会议的讨论，最终确定了档案的工作定义——档案是指因具有永久价值而且必须保存起来的某个机构或组织的所有非现行文件（现行工作中不再需要或不再使用的文件）。

9. 国际档案理事会的档案定义

国际档案理事会最新修订的《档案术语词典》对档案所下的定义是：档案是由个人或组织在处理事务中形成或接收、积累的，并因其具有持续价值而保存的文献。

（三）21世纪以来提出的档案定义

1. 美国的档案定义

美国档案工作者协会2005年主持编纂的《档案与文件术语词汇表》为档案所下的定义是：个人、家庭或组织（公共或私人）在活动过程中形成或收到的，并因其包含的信息具有长久价值或能够作为形成者工作或职责证据而保存起来的资料，特别是那些运用来源原则、原有顺序原则和集中管理原则进行保管的资料、永久文件。

2. 加拿大的档案定义

加拿大不列颠哥伦比亚大学图书馆、档案与情报学院2006年编写的《档案术语词汇》规定，档案是行政机构或个人在事务处理中形成或收到的文件整体，有时等同于“全宗”。

3. 英国的档案定义

英国和爱尔兰档案与文件协会给“档案”下的定义是：个人和组织在日常生活和工作中所产生的永久保存的文件，是有关过去发生事情独一无二的重要信息源，其范围包括中世纪的特许状到书信、日记、文件和笔记，以及照片、胶片和计算机磁盘等。

4. 澳大利亚的档案定义

澳大利亚昆士兰州档案馆2010年主编的《档案与文件术语手册》中提出，档案是被鉴定为具有持久保存价值的文件，传统意义上的档案是指那些不再具有现行价值而有永久保存价值的文件。

（四）档案定义评析

对上述档案定义进行评析，可以得出以下四点看法。

第一，国外档案学者从19世纪中期开始研究并提出档案定义，直到19世纪末，他们提出的档案定义只是针对公务活动中形成的有价值的公务文件，私人档案尚未纳入档案的范畴。当时对档案术语的研究还处在起步阶段。

第二，进入20世纪以后，档案术语研究有很大发展，私人档案普遍受到关注。档案界定的范围已经扩大到私人档案。比如，英国档案学者詹金逊在其档案定义中首先亮出了“私”字，指出档案是公私管理活动中形成的有价值的文件。意大利的档案定义中使用了“某一机构或个人”。德国的档案定义中使用了“自然人和法人”。美国档案学者谢伦伯格在其档案定义中明确指出档案的形成者是“任何公私机构”。法国在1979年颁布的《档案法》中十分具体地指出，档案的形成者是任何自然人和法人、任何官方的和私人的部门或机构。这些定义都表明，进入20世纪以后，各国普遍把私人档案纳入了档案定义的范围，视私人档案为国家全部档案的组成部分。

第三，大部分档案定义都是以文件定义为前提。英国、美国、苏联等在为档案下定义时，都首先为文件下定义，指出什么是文件，进而说明档案只是文件的特殊部分，是由具有永久保存价值的那部分文件转化而来的。这表明了档案与文件具有密切关系。

第四，各国档案定义的构成要素基本相同。定义中都包含了档案的形成者（来源）和形成原因，也就是说档案必须是机关、组织和个人活动过程中为达到某种目的而形成的。定义中还包含了档案的保存价值和保存场所，确切地说，档案必须是经过鉴定确认有价值的并收藏在档案馆或特定场所以备查用的。档案的这种保存价值可以是公务上的，也可以是文化上的；可以是证据性的，也可以是情报性的。

可见，档案定义是档案形成特点及其自身价值的反映，为档案下定义的目的之一在于揭示档案的内涵和外延，让人们认识档案是什么；目的之二在于揭示档案的本质属性，让人们明确档案不同于其他文献，具有自身独特的属性和价值。

二、档案的价值

档案的价值体现在很多方面。不同历史时期、不同国家的档案学者对档案价值的论述尽管不尽一致，但对档案价值的认识具有鲜明的时代烙印，而且具有不断深化的特点和趋势。

（一）政权武器

从古代起，各国都高度重视档案。奴隶制时期，古罗马的统治者西塞罗（Marcus Tullius Cicero）在公元前63年任执政官时，曾把档案比作“插入鞘中的剑”，把档案视为巩固其统治的一种武器。欧洲封建社会时期，16世纪的德国档案学者亚克伯·冯·拉明根（Jakob Rammingen）指出，“档案是保持主管职权及一切权利、利益和财产的文字根据，也是君主的心脏、安慰和护卫”。17世纪的意大利档案学者巴尔萨塔·波尼法西奥（Balaasare Bonifacio）在其1632年出版的《论档案馆》一书中强调，“档案是用来保护法律的”，把档案看做维护法律尊严的工具。18世纪，德国档案学者菲利普·艾恩斯特·斯皮斯在其1777年出版的《论档案》一书中指出，“档案是珍宝，是国家的胸甲和灵魂”。

以上观点和论述表明，从奴隶社会到 18 世纪后半期，无论是各国的统治者还是档案学者，在看待档案的价值时，只把档案看做维护政权和特权的一种特殊武器。这是因为，档案从产生起就是一种国家行政管理和政治统治的重要工具，统治者和档案学者强调档案的行政价值和政治属性自然是顺理成章的。

（二）历史记录和文化遗产

近代法国资产阶级革命中进行的档案工作改革对近代档案事业产生了重大而深远的影响。开放原则的实施推动了档案馆性质的变化，也导致了档案价值的扩展。人们开始认识到档案在历史、文化等其他领域的作用。

从 19 世纪 30 年代起，档案作为历史研究的史料源泉的价值，已开始得到承认。这一时期，德国的档案学者如冯·麦登等已开始在他们的著作中谈论档案的文化作用。他们认为有些档案几乎全都是被科学研究所利用。此外，人们对档案馆性质的认识也发生了变化，档案馆的建立不仅是为了维护政权和统治的需要，也开始包含历史和文化因素。例如 1838 年英国公共档案馆的建立，一方面是出于实际需要的考虑，另一方面也是为了满足文化上的需要。

20 世纪是档案学和档案事业迅速发展的时期，特别是第二次世界大战以后，这种发展更为迅速，人们对档案价值的认识和研究更加深入和全面。不仅档案界在深入探讨档案的作用和价值，而且政界、学术界也在从不同视角看待档案的作用和价值，并提出了不少颇有新意的见解。

例如在档案界，英国档案学者詹金逊提出，档案的作用在于它的公正性和真实性，历史研究已变得大大依赖于档案了。法国档案学者布莱邦（Charles Braibant）把保存档案的档案馆看做是历史研究的粮仓、机关的助手、研究者的史料供应者，认为档案代表了人类社会文化遗产的根本部分。美国档案学者认为，档案馆馆藏的绝大部分尽管是白纸黑字之类的东西，可是它们的价值是不能用任何数量的金钱加以衡量的，因为它们过去创造了历史，而现在又成了历史的见证。正因为如此，美国国家档案馆才是“无价宝库”。加拿大档案学者亚瑟·多蒂（Arthur Doughty）指出，在所有国家财富中，档案是最珍贵的。

在政界，美国第 19 任总统拉瑟福德·伯查德·海斯（Rutherford Birchard Hayes）对档案作用的评价较富代表性。他指出，政府的案卷不论从它的全部价值来看，还是从它的历史重要性来看，都是国家最宝贵的珍藏。

在史学界，由于档案与历史的密切关系，历史学者对档案的历史和文化价值认识尤为深刻。美国史学工作者提出，对过去文物的关心，是衡量一个国家文明水平的最好尺度，而这类文物在重要性方面居首位的就是档案。

（三）社会记忆

20 世纪 90 年代，联合国教科文组织与国际档案理事会共同制定了以拯救档案史料为主要内容的“世界记忆工程”，并响亮地提出了档案是人类的共同记忆的重要论点。1992 年在加拿大蒙特利尔召开的第十二届国际档案大会上，加拿大就提出了“社会记忆”的观点，倡导把档案视为一个机构、个人、国家乃至社会的记忆。后来，1996 年在北京召开的第十三届国际档案大会进一步深化了这种认识。尼日利亚档案代表埃思在发言中指出，档案是一个国家的共同记忆，是集体经验的体现，是同一文化传统下在不同文化环境中的不同表现。档案既是政府成长和职能运行的反映，也是国家发展的见证。一个没有档案的国家，必然是一个没有记忆的国家，一个没有智慧、没有身份的国家，一个患有记忆缺失症的国家。因此，档案享有与文化同等的价值。如果说未被忘却的唯有文化，那么未被丢弃的唯有档案。这正如一位意大利档案学者所说，保存档案是人类生而固有的需要。这种需要虽然为无知者所轻视，但是永远不能把它压制下去。

从“政权武器”“历史记录和文化遗产”到“社会记忆”，这表明国外对档案价值的理解和认识在不断深化，认识的高度也在不断提升。档案是一个国家、民族和社会成长和发展的真实历史记录，数千年来人类保存档案的活动经久不衰，其原因就在于档案具有无可替代的重要作用和价值，档案承载着一个民族的历史，也见证着文明的血脉。

（四）支持身份认同

加拿大档案学者特里·库克总结了档案的四个范式——证据、记忆、认同和社区，认为当前正处于第三个范式。该范式以认同为核心，说明档案正从支持历史文化遗产转变为支持身份认同和社会正义。2012 年在澳大利亚布里斯班召开的第 17 届国际档案大会上，“身份认同”正是分议题之一，受到全球档案界的广泛关注。

荷兰档案学者埃里克·凯特拉从集体记忆的社会框架入手，阐述了集体记忆与身份认同，以及档案与这二者的关系，从而构成了档案、集体记忆和身份认同的相互关联。一方面，档案是构建集体记忆的基础元素。2011 年联合国教科文组织第 36 届大会发布的《档案共同宣言》对档案与集体记忆的关联有清晰的阐述——“档案守护并服务于个人和团体的记忆”，可见档案对于建立个人与集体记忆，了解过去、记录现在并指导未来十分重要。另一方面，集体记忆与身份认同天然相连，身份认同追求确认个体或集体在社会上的身份感、地位感和归属感，参与确认过程的有主体的信仰、价值观、情感、利益，以及公众舆论、通行规则、他者评价等多种要素，而集体记忆则是这一确认过程中影响重大、不可或缺的要素，常常复合上述诸多要素而存在，成为当代身份认同最重要的心理基础。把上述两个方面对接起来即可发现档案对于身份认同的重要作用。

目前，身份认同在国际档案领域的主要议题有两个：一是档案对于社会发展和变革中公民身份认同的独特价值，二是档案事业变革中档案工作者的职业身份认同。档案不仅凭借其原始信息提供某个时刻或整个时期的集体记忆或群体故事，还以证件形式提供组织和个人的身份凭证，帮助人们维护自身权利。从“集体记忆”到“身份认同”，表明国外对档案价值的理解和认识不断深化，符合档案“可持续性”的发展规律。

（五）维护社会公平正义

国际档案学术界从20世纪70年代开始研究档案与社会公平正义的关系，但整体进展缓慢。21世纪以来，研究进展明显加快，南非档案学者维恩·哈里斯（Verne Harris）是“档案与社会正义”研究领域的权威学者，他在《档案与正义：南非的视角》一书中提倡“档案追寻正义，档案工作是反对种族隔离压迫斗争的一个重要组成部分，为正义而记忆”。美国档案学者兰达尔·吉莫森（Randall C. Jimerson）在2009年出版的专著《档案权力：记忆、责任和社会正义》中指出档案维护社会公平正义的途径是“通过监督社会与政治领导为其行为负责，记录弱势社会群体和培育民族与社群认同等方式来维护社会正义”。英国档案学者华莱士（Wallace David）和邓巴（Dunbar Anthony）开始从理论向现实层面突破，倡导公民首先应具有获取和利用档案的权利，发掘被遗忘的文化记忆，并借助档案途径恢复被遗忘和排斥的社会记忆，显示公平和传递公正。

近年来国外召开的档案工作者年会的议题把档案与社会公平正义放在重要位置。如美国档案工作者协会2008年年会以“档案职业道德和社会公平——我们的职业责任是什么?”为讨论主题，号召所有档案工作者关注社会公平，积极讨论档案职业道德观念的转变。该协会2012年年会讨论的主题是“道德追求——探索档案和社会公平的关系”，提出维护社会公平应是档案工作者的重要目标。加拿大档案工作者协会2012年年会以“档案为社会公平服务——档案的潜在功能”为讨论主题，提出档案人员应从服务社会公平的角度出发，重新审视和鉴定先前被忽视的档案馆藏。

由上可见，档案具有维护社会公平和正义的重要价值，国外档案学界倡导将档案与社会正义密切关联，推动公民利用档案的权利公平、机会公平和规则公平，提高档案机构维护社会公众权益的影响力，有利于促进整个社会的进步与发展。

【思考题】

1. 简述外国档案起源的时间和地点。
2. 简述纸张出现之前的古代档案。
3. 简述档案载体的第一次变革及其影响。
4. 简述新型档案的含义。
5. 简述新型档案的特点。
6. 简述档案载体第二次变革的重大影响。
7. 简述外国古代档案的类型。
8. 简述外国档案定义的特点。
9. 综述近现代档案的种类。
10. 综述档案的价值。

第二章
外国文件

【本章要点】

- 明确外国文件定义的类型及其特点。
- 分析外国文件定义的构成要素。
- 阐述外国文件的基本属性、功能，说明外国文件的类型。
- 以文件管理的对象——文件为基础，阐述文件与档案的关系以及文件管理与档案管理的关系。
- 阐述外国电子文件的含义和特点。

【关键词】

文件
文件定义
文件属性
文件功能
文件类型
公共文件
私人文件
政务文件
专门文件
文件管理
电子文件
档案
档案管理

第一节 外国文件定义

文件（records）定义是档案学的基础性理论问题之一，它回答“文件是什么”“文件由谁产生及因何产生”“文件有何特点和作用”等基本问题。国外把文件视为文件管理的物质对象，在开展文件管理理论研究和实践活动时，都要首先明确文件的定义。

一、文件定义的类型

文件定义源于人们对文件的认识。文件是世界范围内普遍存在的客观事物，尽管不同国家基于不同的需要和角度，所界定的文件定义在表述上不尽相同；但形形色色的文件定义从类型区分上还是具有明显的共性的，包括狭义和广义两种。

（一）狭义型的文件定义

狭义型的文件定义也可称为专指型的定义，因为这种定义专指公共文件，把文件的形成者仅仅界定为“政府部门”或“公共机构”。

专指型的文件定义多见于各国的文件管理法规或档案法规中。比较典型的一是美国《联邦文件管理法》（1976 年修订）规定：“文件是指美国政府各机关根据联邦法律或在开展公务活动中产生或接收的，或者由机关（或其合法的继承者）作为政府的组织、职能、方针、决议、程序、工作或其他活动等证据，或者其本身有情报价值而进行保存或适于保存的，包括各种形式和特点的簿册、证件、地图、照片、机读材料和其他公文材料。”

二是《加拿大内阁关于开放公共文件的指示》（1978 年）规定：“公共文件，指通信文件、工作文摘或其他文件、地图、图样、照片、影片、缩微胶卷、录音磁带或其他各种形式或制成材料的文件。包括：由各个政府部门或机关建立或收到的或专门保存的；包含涉及组织、职能、管理规则，或者涉及政府部门或机关活动的情报，或包括过去、现在和将来对加拿大政府有一定价值的其他材料，但不包括只为参考而收集的和保存的业务资料、库存的出版物或印刷资料，或图书馆和博物馆的材料。”

三是《马来西亚国家档案法》（1971 年）规定：“公共文件是指任何公共机构在进行公务活动中或者任何官员、工作人员在完成公务活动中正式收到的或产生的文件、证件、记录、登记册、印刷材料、账簿、地图、图样、图表、照片、缩微胶片、影片、录音带等。”

此外，荷兰、澳大利亚、斯里兰卡和非洲诸国的文件或档案法规中的文件定义也都专指公共机关的公共文件。

狭义型的文件定义主要具有三个特点：其一，它们强调文件形成机关的“公共性质”以及机构活动的“公务性质”，严格地将私人文件排除在外。其二，它们强调文件的“法律效力”或“行政效力”，使定义具有法律约束力。其三，它们基于贯彻执行的需要，表述往往十分直观、明确，通俗易懂。

（二）广义型的文件定义

广义型的文件定义也可称为泛指型的定义，因为这种定义将文件的形成者广泛地界定为“一切机构、组织和个人”。换言之，广义的文件包括一切公私文件。

20世纪70年代中期以来，西方档案界对文件的认识开始出现广义化的倾向，因此界定的文件定义从专指型逐步向泛指型转变。这种广义定义多见于档案学论著或词典中。

苏联档案学者多尔吉赫和鲁捷尔松在《苏联档案工作理论与实践》（1980年）中把文件定义为“用文字、图表、照相、录音或其他方法把客观事物及人类思维活动的信息固定在任何载体上的产物”。

阿根廷档案学者路易斯·比阿萨利在《档案管理技术实用手册》（1982年）中指出，“从广义上说，凡是用文字或图形记载下来的，不论是遗嘱、签署过的合同、书籍、信函，还是照片、图表，也不论用于书写、绘画的是什么载体材料，任何一件用来阐明某个问题的凭证或物证，以及一切可以证实某个历史事件的文字、公文、铭文、陈述等，都是文件。”

英国档案学者迈克尔·库克在《档案信息管理》（*The Management of Information from Archives*）（1986年）中指出，“文件是一个行政系统所产生的信息材料，它们包括来源于机构外部的数据，但主要的还是一种内部信息材料。”

国际档案理事会主持编纂的《档案术语词典》（1984年）规定文件是“一个机关、团体、组织或个人，在履行其法定职责或处理事务中所形成、收到并保存的信息记录，不论其形式和载体如何”。

到20世纪90年代，一些西方国家甚至在档案法规中也开始采用泛指型的文件定义，比较典型的是缅甸《国家文件和档案法》（1990年）的规定：“文件是指任何政府部门或任何其他组织或任何个人，书写、编纂或收到的文件，包括题铭档案、羊皮和棕榈树叶文献、手稿及打印稿，以及用机械、电子等手段产生的文字、声音和图像记录。”

进入21世纪，国际标准化组织也认同了对文件定义的广义理解。如2001年制定的文件管理国际标准ISO 15489将文件界定为“机构或个人为履行法定义务或处理事务而形成、接收和妥善保存的具有证据价值和情报价值的信息”。国际档案理事会主持编纂的《多语种档案术语》中文版中，把文件定义为“国家机构、社会组织或个人在履行其法定职责或处理事务中形成的各种形式的信息记录”。

广义型的文件定义主要具有三个特点：其一，它们所界定文件形成者的范围比狭义型定义广泛得多，不再只针对公共机构，而是将一切公私机构与个人尽数包括；其二，它们对文件类型和载体的揭示比狭义型定义更加抽象，不再一一列举，而是大多采用高度概括的手法，以“不管其形式、载体和记录方式如何”加以归纳；其三，它们大多采用“信息”或“信息记录”作为文件定义的属概念，着力突出文件的信息属性。

国外从20世纪80年代以来共同接受泛指型文件定义的事实表明，国际档案界普遍形成了一种广义的文件观，即把文件看成是所有的社会成员在其实践活动中直接形成和使用的信息记录，无论载体形式和记录方式如何。这种广义的文件观带动了国际档案界对文件与档案相互关系认识的变化。

二、文件定义的构成要素

按照《现代汉语词典》的解释，定义是“对于一种事物的本质特征或一个概念的内涵和外延的确切而简要的说明”。文件定义旨在揭示文件由谁形成、因何产生、有何作用、范围何在等问题，因此文件定义的构成要素主要包括四个方面。

（一）文件的形成者和形成目的

文件的形成者，指的是产生、接收文件的特定机构、组织和个人。文件的形成目的，指的是产生和接收文件的原因。文件的形成者和形成目的，是构成文件定义的最基本的要素。

国外众多的文件定义，无论是狭义型还是广义型，都无一例外地指明了文件的形成者和形成目的。狭义型的文件定义，一般把文件的形成者仅仅界定为“政府部门”“公共机构”或“公共官员”；形成目的是“开展公务活动”或“履行法定职责”。如美国、加拿大、澳大利亚、马来西亚、非洲诸国的文件和档案法规就是如此规定的。广义型的文件定义，其形成者不再局限于特定的范畴，而是涵盖了一切“机构、组织和个人”；形成目的大多是“履行法律职能”或“处理公私事务”。

之所以说文件的形成者和形成目的是构成文件定义的最基本要素，是因为外国的文件定义首先揭示的就是这一要素。狭义型和广义型的文件定义均不例外，所不同的只是对形成者范围的界定有大有小。事实上，随着社会的发展，产生和接收文件者已不仅仅限于政府部门和公共机构，大量的文件是由非公共机构和个人在其社会活动中形成的，这些记录材料同样属于文件的范畴。因此，广义型的文件定义更准确地反映了文件形成者和形成目的的现实。从这一现实出发，在今后的文件和档案法规中，广义型定义有可能会被普遍采用。

（二）文件的价值

文件的价值，通俗地说就是文件“有何作用”。马克思曾说过，“价值”这个普遍的概念是从人们对待满足他们需要的外界物的关系中产生的。这表明，价值是客体对主体需要的满足。因此，文件的价值就是客体——“文件”对主体——“利用者”需要的满足。

文件的价值从不同角度可能会有不同区分。当前国际档案界普遍接受了美国档案学者谢伦伯格的经典论述。谢伦伯格在其代表作《现代档案——原则与技术》一书中指出：“成为公共档案的文件有两种类型的价值：对于原机构的原始价值，对于其他机构和非政府使用者的从属价值。”这里的“原始价值”（primary value）和“从属价值”（secondary value）主要是从服务对象的角度加以区分的。

国外的文件定义，一般都或多或少地指明了文件的价值因素，但是大多强调的是文件的原始价值，而较少指明从属价值，只是通过对文件形成者和形成目的的揭示来间接地反映出文件的从属价值。

虽然“文件价值”不像“文件的形成者和形成目的”那样为所有的定义所纳入，但这并不妨碍它成为文件定义的构成要素之一，因为文件如实地记录了政府机构、组织和个人进行社会活动的全过程。对其形成机关来说，它可以具有记事和办事工具的现行功能，可以作为机构职能和工作活动的证据，还可以充当机构决策的依据。这样一来，文件对其形成机构的原始价值便成为机构积累和保存文件的直接动力。除了对原机关的原始价值之外，文件中记载的各种信息，也可以为其他机构和个人所利用，发挥其情报或参考作用，因此文件定义中又必然需要揭示出文件的从属价值。事实上，这两种价值形态在文件的生命过程中存在有规律的转化，这种转化导致了文件向档案的转化。这一点将在本章第三节展开论述。

（三）文件的特点

文件作为某一机构、组织和个人进行社会活动的记录工具，本身具有很多特点。近年来科技的发展、社会结构的扁平化、部门分工的细化、机构设置的复杂化等因素都使得文件的数量、类型、内容和载体发生了重大变化。这就要求文件定义应当或多或少，或直接或间接地反映出文件的特点。

文件是特定形成者开展社会活动的产物，社会活动的丰富和复杂导致文件在数量上具有不断增长、不断积累的特点。第二次世界大战以来，文件数量的增长速度更是惊人，如20世纪70年代苏联年均产生文件1 000亿件；美国第二次世界大战之后文件的年增长率高达20%～25%。西方国家对广义型文件定义的认同实际上体现了文件具有数量庞大的特点。

文件的类型也在不断增多。除传统的政务文件之外，大量的专业或专门文件，如会计文件、司法文件、诉讼文件、艺术文件、科技文件、地质文件、测绘文件等也源源不断地产生。不少国家的文件定义已经反映了这种客观现实。

文件的内容也在不断丰富。广泛的形成者、复杂的社会活动、多种多样的类型，都导致文件的内容非常丰富，用“包罗万象”来形容并不夸张。

文件的载体是指文件的“制成材料”。国外文件的载体相当丰富，从古代的石板、泥板、木板、蜡板、纸草、羊皮纸、棕榈叶到近代的纸张，再发展到当代的胶片、磁带、磁盘、磁鼓、光盘，等等。国外的文件定义都体现了文件载体的特点，不同的只是表述形式。有的采用“列举式”，以列举出的诸多文件种类，来展示文件的物质形态和记录方式；但后来更多采用“概括式”，以“不管其物质形式和特征如何”一句带过，从而反映出文件载体丰富多样的特点。载体的变化与科技的发展密不可分。从“列举式”发展到“概括式”，表明当代文件具有载体多元化的特点。这也正是科学技术迅猛发展的结果。

尽管国外的文件定义对文件数量、类型、内容和载体特点的揭示有详有略，但文件的特点是文件定义不可或缺的构成要素。因为只有包含了这一要素，文件定义才会完整，对文件内涵的揭示才会更加清晰。

（四）文件的属概念

在逻辑学上，下定义的基本方法是运用“种差＋属概念”。种差主要是概念本质特征的反映，是概念内涵的基本体现；属概念则是概念外延的一种体现，是被定义概念上属的类别范围。国外的文件定义，无论采用何种表述形式，最终都要落实到特定的属概念上，否则无法准确地揭示出文件是什么。事实证明，文件的属概念的确是文件定义的构成要素之一。

从以上列举的国外文件定义来看，国外文件定义的属概念主要包括三种：一是“文件材料或材料”，二是“记录”，三是“信息或信息记录”。狭义型的文件定义大多采用前两种属概念，广义型的文件定义一般采用最后一种属概念。属概念定位的变化实质上反映出国外对文件属性认识的深化。国外在早期把文件视为“材料”或“记录”的一种，表明他们承认文件的记录属性或知识属性，把文件看做形成者社会活动的记录工具。后来国外更多地把文件归属于“信息或信息记录”的范畴，表明他们强调文件的信息属性，这也是信息社会发展的必然结果。

第二节 外国文件的基本功能和类型

明确了文件的定义，需要进一步了解的是文件的基本功能和类型。

一、文件的基本功能

按照《现代汉语词典》的解释，功能是指“事物或方法所发挥的有利的作用”。这一概念比“作用”的概括性更为宏观。文件的功能是指文件在社会活动中发挥的实际效力，具有一定的综合性和整体性。一般而言，文件的基本功能是由文件的基本属性决定的。

（一）文件的基本属性

本章第一节中诸多国外文件定义的阐释表明，文件是特定的形成者在特定的社会实践活动中直接形成的记录或信息记录。通过对文件定义构成要素的分析，可以看出文件的基本属性主要包括两个方面：

一是记录性。文件是政府机关、社会组织和个人等在丰富的社会实践活动中产生的，以其具体内容反映形成者的特定活动，具有很强的记录属性。包罗万象的内容使得文件成为一种传递信息和存储知识的载体和工具。

二是原始性。图书、报刊、文献、资料等都是记载知识的载体，也都具有明显的记录属性。但文件最初是作为行政管理或社会沟通的办事工具，为了处理特定事务的需要直接产生的，不是事后编写或随意收集的材料，因而具有原始性的特点。社会上的信息资料种类繁杂，具有记录性或原始性的材料也并不少见。但文件正是以兼具原始性和记录性于一身的特点，区别于其他信息资料。由文件转化而来的档案也继承了这一特点，同时具备原始性和记录性，二者不可割裂。

（二）文件的基本功能

兼具记录性和原始性于一体的文件，衍生出两个方面的基本功能。

首先，文件的记录性导致文件具有传递信息和存储知识的基本功能。外国诸多文件定义对“形成目的”的揭示表明，文件产生的原因大多是“开展公务活动”“履行法定职能”或“处理公私事务”。这说明文件是国家和社会管理的办事工具，起着上传下达、规范公众行为、调节社会秩序的作用。既然是一种管理工具，文件的基本功能即是传递管理信息，为行政管理和社会沟通服务。在传递信息的同时，文件也凭借自身记录的丰富内容成为存储知识的载体。

其次，文件的原始性导致文件具有管理凭证和工作依据的基本功能。文件反映了制发机关的意图，具有重要的现行效用，受文单位都要以此作为工作的依据。文件由于直接产生于形成者的管理活动之中，忠实地记录了管理活动过程的原貌，因而成为管理活动中不可替代的原始凭证。

二、文件的类型

外国的文件定义对文件类型的描述不尽一致。狭义型的文件定义大多采用列举的手法进行描述，包括“簿册、账簿、合同、证件、公函、地图、图样、图表、照片、影片、录音带、录像带、机读材料、缩微胶卷、缩微胶片、通信文件、工作文摘、登记册、印刷材料”等。广义型的文件定义一般采用概括的手法加以归纳，把“用文字、图表、照相、录音、录像等方法形成或用机械、电子手段产生的一切信息记录”都涵盖在文件的范围之内。无论是直观的列举，还是抽象的概括，都表明文件的范围十分广泛。严格地说，外国对文件类型的揭示尚有逻辑标准不一致的局限，因此需要按照一定的分类标准对文件的类型进行较为科学的划分。

（一）按照文件的所有权进行分类

根据文件的归属权或所有权，文件可以区分为公共文件与私人文件两大类。本章第一节列举的文件定义中，狭义型的文件就等同于公共文件；广义型的文件则是公共文件与私人文件的集合体。

公共文件（public records）是政府部门或公共机构在履行法定职责或处理业务职能过程中直接产生的文件统称，是公共机构开展公务活动的记录。按照国际档案理事会最新修订的《档案术语词典》的解释，公共文件一是指公共事务性的法定文件，二是指向公众开放提供查阅的文件。国际档案文件管理协会编辑的《通用术语词汇表》（2000 年）规定公共文件是指“由任一公务员、官员、董事会、委员会、机关、机构、行政区、组织或其他政府部门形成或收到的，与公共事务有关或者由一个机关作为行为证据或由于内部信息而保存的任何文件、手写或印刷书籍、公文或图画、地图或设计图，照片或缩微胶片，录音带或类似装置”。这些代表性定义明确地揭示出公共文件的基本特性——由政府机关或公共机构形成；归政府机关或公共机构所有；产生于公务活动之中；记录和反映公务活动。

私人文件（private records）与公共文件相对立，是除公共机构之外的私人机构、团体、组织、家庭、家族和个人在其社会实践活动中形成的文件统称。按照国际档案理事会最新修订的《档案术语词典》的解释，私人文件是指“非官方性质的机关、团体、组织所形成的或非官方来源的文件”。国际档案文件管理协会编辑的《通用术语词汇表》规定，私人文件通常用于“指代私人部门（企业）形成的文件”。法国是世界上私人文件管理最具成效的国家之一，他们认为，凡是不由国家提供经费的单位和个人形成的文件，甚至政府人员在非公务活动中形成的文件都属于私人文件。通常包括：个人的信函和日记；个人奖惩记录；房屋购买契约等与经济活动相关的个人文件；等等。可以看出，私人文件的基本特性包括：由私立机构、私人团体、家庭、家族或个人形成；归私立机构、私人团体、家庭、家族或个人所有；产生于非公务活动之中；记录和反映私人事务或活动。

（二）按照文件的形成领域进行分类

根据文件形成的领域，文件可以区分为综合管理性文件与专业（专门）性文件两大类。综合管理性文件一般是记录一个国家各个历史时期的政务决策、行政管理、对外交往等公务或政务活动的文件统称。专业（专门）性文件一般是指负有特定职能的专业部门在其专业职责或专门活动中形成的文件统称。

综合管理性文件一般也称公务文件或政务文件，其主要特点是文件反映的职能具有较为明显的行政管理色彩，是政务活动的综合性记录。它包含规范类文件、领导指导类文件、报请类文件、知照类文件、证明类文件和会议文件，等等。具体的文种在世界各国大致相同，包括宪章、公约、条约、协定、法令、法案、命令、决定、决议、规定、章程、指示、公告、通告、通报、通知、公证书、公函、合同、会议纪要等。

专业（专门）性文件是社会分工发展的产物，是专业部门职能专业化和专门化的结果。其主要特点是文件记录和反映的职能具有较为明显的专业特点。其主要门类包括：经济文件、科技文件、医疗文件、人事文件、司法诉讼文件、地质文件、气象文件、水文文件，等等。

（三）按照文件的载体进行分类

如本章第一节所述，外国文件的载体相当丰富，从古代的石板、泥板、木板、蜡板、纸草、羊皮纸、棕榈叶到近代的纸张，再发展到当代的胶片、磁带、磁盘、磁鼓、光盘等。纸张的发明，使得古代五花八门的文件载体陆续退出了历史舞台；科学技术的发展，又打破了纸质文件一统天下的格局，出现了文件载体再次多元化的新局面。

根据文件的载体，文件可以区分为纸质文件与新型载体文件两大类。纸质文件无须多言，新型载体包括照片、影片、录音带、录像带、磁带、磁盘、光盘等等。当前最为热门的新型文件当属电子文件，国际档案文件管理协会编辑的《通用术语词汇表》规定，电子文件是指“储存在电子载体上、容易读取或修改的文件”。定义十分简洁，但不难看出电子文件具有容易被修改的弱点，这对文件的凭证价值以及文件转化为档案长久保管无疑是不利的。正因如此，电子文件的真实性和长久保管成为当前国际档案界重点研究并着力解决的重要课题。

第三节
文件与档案的关系

一、文件——文件管理的对象

如篇首语所述，文件是档案管理实践和理论发展到一定程度提出的新概念。20 世纪初以来，文件数量的急剧膨胀促使档案界认识到了对机关产生文件实行有效管理的重要性和迫切性。20 世纪 40 年代，美国最早提出了文件管理（records management）概念并使之发展成为一项专门的管理活动，负责对进馆前的文件进行有效的保管、利用和处置。从此之后，各国纷纷接受了文件管理的概念并展开了文件管理活动。到目前为止，各国对文件管理含义的表述尽管繁简各异，但基本取得了一致认识。

（一）文件管理的含义

1. 美国

美国是开创文件管理新纪元的国家。它对文件管理含义的认识有三种代表性观点。

第一种是美国历史学界的宏观定义。美国历史学界历来有参与文件和档案管理研究的传统。他们认为文件管理指的是“一种将现代文明必不可少的档案文件有选择地削减至易于管理的比率的活动。为了研究的目的，既要永远保存那些具有长远文化价值的文件，又不损害材料实质上的完整性”。

第二种是美国《联邦文件管理法》的法规定义。该法认为文件管理指的是“与涉及文件产生、保管、利用、处置等有关的计划、管理、指导、组织、训练、发展等的管理活动”。

第三种是美国档案界通行的详细定义。美国国家档案与文件署认为文件管理指的是“对文件从产生到最后销毁，或为永久保存而移交到档案馆的生命过程的控制活动，包括保证文件的有效利用，防止工作中产生和使用一些不重要的便条式的文件，改善文件的整理和收集方式，在文件中心为文件提供专门的管理和廉价的存储，确保日常工作中使用时不再对文件进行专门处理”。

2. 英国

英国也是对文件管理研究较多的国家之一。它对文件管理含义的认识集中表现在英国档案学者迈克尔·库克的专著《档案管理》中。库克认为文件管理是一项范围十分广泛的活动，包括文件的产生、整理、销毁以及向文件中心和档案馆移交等工作。其主要职能是控制文件转化为档案的过程，即收集、处理和保管过期文件，并从中鉴定具有潜在价值的文件，作为档案永久保存。根据这些认识，他把“文件管理”定义为“与在文件产生、保存、利用和处置方面实现经济和有效管理有关的总的管理领域”。英国《文献术语词典》将文件管理定义为：“保证文件的使用、保存和处置高效和经济的活动以及挑选那些具有价值的文件永久保存的活动。”

3. 阿根廷

阿根廷也是对文件管理有着较深研究的国家之一。它对文件管理含义的认识集中体现在阿根廷档案学者路易斯·比阿萨利的专著《档案管理技术实用手册》中。他认为文件管理指的是“那些为使文件能按一定方法得到系统有序管理，从而正常运转，进行服务与发挥作用的必要人类活动”。说得具体一点，文件管理就是出于内部需要对任何一个生产单位或行政管理单位的文件在文件合法保存期内进行的直接控制，包括在文件运转和处理过程中对文件的保护，以及由此而引申出来的对整个系统的维护，对设备、器材、人员的管理等。

4. 澳大利亚

澳大利亚也是对文件管理有着较深研究的国家之一。澳大利亚国家档案馆认为文件管理是指“为了系统而有效地控制文件的生成、接受、维护、利用以及处置，包括获取和维护有关业务活动的证据和信息并将它们用文件的形式加以处理的过程”。

5. 国际档案界

目前，文件管理的含义在国际档案界已形成了一致认识，最典型的表现就是国际档案理事会最新修订的《档案术语词典》对文件管理给予了规范定义。该词典规定，文件管理是指“负责有效和系统地控制文件的形成、保管、利用以及处置的管理”。此外，国际档案文件管理协会编辑的《通用术语词汇表》也规定，文件管理是指“对文件从形成或接收，经过处理、分类、组织、保管、检索到最终处置的整个过程进行的系统控制”。

国际档案理事会主持编纂的《多语种档案术语》中文版对“文件管理”的定义是：“对文件在其生命周期中的系统化和行政性的控制，它保障文件在生成、使用、处理、控制、维护和处置过程中的高效与经济。”

（二）文件管理的必要性

文件管理之所以产生，并成为档案管理实践和档案学研究的重要组成部分之一，主要基于四个方面的原因。

第一，文件数量的急剧增长和类型的大量增加，推动了文件管理的产生。20世纪中叶以来，文件每年都以超过百万立方米的数量飞速增长。其原因不仅是人类社会活动日益丰富和国家管理职能日益复杂，更重要的是科学技术获得了前所未有的发展。现代科学技术在档案领域的应用导致文件记录、复制和公布的手段日益丰富和先进。这样一来，文件的数量急剧膨胀，文件的类型也日趋丰富。仅从载体形态上看，就出现了照片、影片、缩微胶片、磁带、磁盘、光盘等各种新型载体。这就推动着档案界的视野从馆藏档案管理向前延伸至机关的文件管理，包括纸质文件和新型文件的管理。

第二，文件制作和保存条件问题的有效解决，加速了文件管理产生的迫切性。制作和保存文件所需的人员、场地和设备等问题，是机关文件管理活动中必须考虑的重要内容。尽管文件在进馆前的每一阶段都存在人员、场地和设备问题，但不同的是这些问题可能在某一阶段相对更加突出，以至于必须采取措施加以解决。从文件的形成规律看，文件在制作和承办阶段，是机关履行职能必不可少的，自然应当由机关各职能部门负责管理。这时的人员、场地和设备问题尚不突出。一旦某项事情办理完毕，文件的现行作用随之结束而转入半现行阶段，管理文件所需要的经费、人员、场地、设备等问题便凸显出来。在不少国家，由于办公地租金昂贵以及传统习惯等因素，机关内一般不设专门的文件管理机构和人员。这样就使大量半现行文件滞留在职能部门，形成了沉重负担。因此，如何摆脱上述负担就成为引发文件管理的迫切需求。

第三，合理解决文件处置问题的需求。文件在其运动过程中被选择和淘汰是不可避免的。档案馆只接收和保管具有永久价值的非现行文件，这类文件一般只占文件总数的5%～15%。这说明大多数文件最终会被销毁。因此，如何及时处置文件——销毁已无价值文件、选择有永久价值的文件进馆保存，是文件管理的重要内容。

第四，文件全程管理实现经济和高效的要求，推动了文件管理的产生。在一个机关中，文件管理水平的高低会直接影响其工作运转。如果文件的制作、保存和处置达不到经济和有效的要求，那么机关就可能受到以下问题的困扰：文件制作失控导致数量过度膨胀，文件保存的成本过高导致机关难以承受，文件利用率很低导致保管费用与利用效果不成比例，等等。因此，制订一个完善的文件管理计划，使文件的全程管理经济而有效，对机关而言尤为必要和迫切。

（三）文件管理的目标

文件管理的目标包括三个方面。

首先，对文件的形成进行有效的控制。这种控制的内容主要是监督文件的合理产生，防止出现不必要的文件。通常机关最重要的文件是涉及来源、发展和主要职能及活动的文件，这些文件必须保存。然而现实情况下，机关的重要决策往往是口头形式的。美国档案学者谢伦伯格曾经说过，电话是“掠夺历史”的祸首。因此，控制文件形成的重要内容之一是确保文件的合理生成。另外，对文件的有效控制还包括防止不必要文件的产生。随着打字、复印技术和电子技术的发展，文件生成变得特别方便和简单，如果不加以有效控制，不必要的文件可能就会大量生成，造成文件数量的膨胀，影响机关的工作效率。

其次，对文件进行妥善的保管。妥善保管的前提是要求对文件进行适当的整理，整理依据通常是机关制定的分类方案。如果整理不当，可能就意味着文件的丢失。此外，妥善保管的内容还包括选择恰当的保管场所，通常利用频率高的文件需要遵循“就近保存”的原则；其他失去了现行作用的文件应从费用昂贵的办公室转移到费用低廉的文件中心。但是无论文件保存在何处，都应当是安全的。

最后，对文件进行恰当的处置。处置的内容包括机关对文件划定保管期限，也包括筛选具有永久价值的文件移交到档案馆永久保存，还包括销毁期满文件或没有永久价值的文件。

以上关于文件管理含义、必要性和目标的阐述表明，国外对文件管理的对象有着特定理解，指的是特定组织和个人形成的、进入档案馆保存之前的原始记录物。以下探讨文件与档案以及文件管理与档案管理的关系，均以此为立足点。

二、文件与档案的关系

文件与档案的密切关系表现为：现行文件是档案的前身，档案是特殊的文件，现行文件与档案属于同一事物在不同运动阶段上价值形态变化的体现。

（一）现行文件是档案的前身

如本章第一节所述，各国档案法规或档案学论著中对档案定义的表述说明国外档案界对档案的源头已取得共识，即现行文件是档案的前身。

以《法兰西共和国档案法》（1979 年）为例，它的第一条规定：“任何自然人或法人，任何国家机关或组织，或任何私人机构或部门，在自身活动中产生或收到的文件整体，不管其形成日期、形式和制成材料如何，都是档案。”这里将文件视为档案的前身。其他国家档案法规中的档案定义也类似于法国。再如，

1982 年苏联出版的《社会主义国家档案术语词典》中把档案定义为“保存于档案馆的文件”。这一定义简单明了，说明只有文件进入档案馆保存后才能转化为档案。

（二）档案是特殊的文件

虽然现行文件是档案的前身，但并非所有的文件都能转化为档案，档案只是特殊的文件。各国档案法规和档案学论著或辞书中关于档案是特殊的文件，提出了四条理由：

第一，档案是具有长期或永久价值的文件。许多国家的档案法规中都已明确规定了这一点。如原南斯拉夫规定，“档案是对历史、科学、文化、艺术和社会其他各个方面具有重要价值的文件”。匈牙利强调“档案是从经济、社会、政治、法律、国防、科学、技术、文化等观点看都具有重要历史价值的文件”。马来西亚认为“公共档案是具有全国意义或历史价值的文件”。以色列则重视档案的“史料价值”。扎伊尔指出档案是具有“历史、科学、文化价值的文件”。原捷克斯洛伐克进一步强调档案“从历史、政治、经济或文化意义上讲具有永久的文献价值”。

各国档案学者在他们的论著中也提出了类似的理由。如英国档案学者詹金逊认为档案可以用于“不时查考”。意大利档案学者卡萨诺瓦声称档案可以实现“政治、法律或文化上的目的”。德国档案学者布伦内克指出档案可以作为“以往活动之查考资料和证据”。美国档案学者谢伦伯格强调“档案可以供查考和研究之用”。英国档案学者迈克尔·库克的思想与谢伦伯格基本相同，认为档案具有“研究价值”。阿根廷档案学者路易斯·比阿萨利指出档案可以实现“行政管理、司法、科学或文化的目的”。国际档案理事会强调了档案的“永久价值”。

无论是具体描述档案的历史、经济、科学、文化等方面的价值，还是直接用“永久价值”来概括，都必须承认档案只是具有长期和永久价值的那部分文件。

第二，档案是由特定场所永久保存的文件。一些国家的档案法规明确指出，档案是由特定场所永久保存的文件。如原南斯拉夫规定，档案是“在国家档案馆永久保存的文件”。马来西亚把“移交到国家档案馆永久保存”看成是构成档案的一个条件。这一观点，在各国档案学者的论著中也有类似的表述。

强调档案必须是由特定场所永久保存的文件，是国外档案理论和实践的一个重要特点。许多国家不仅认为档案具有查考利用价值，而且还强调这种价值的永久性，他们认为档案馆保存的应当是具有重要价值或永久价值的文件。因此，文件进馆后永久保存被看成是构成档案的重要条件之一。

第三，档案是有机联系的文件整体。文件是在各种活动中日积月累地逐份产生的，其自然积累的状态是分散的、凌乱的。国外档案界强调“档案是文件的整体”这一指导思想，在于说明这个整体是经过鉴定、整理和分类而构成一定系统并集中保存起来的文件，它反映了机关或个人的活动过程。档案不是一份份孤立的文件，而是具有内在联系的文件整体。从这个意义上说，档案是文件的有机组合。

第四，档案是非现行文件。国外认为从文件的生命阶段来看，档案是已丧失现行和半现行作用的文件，进馆保存意味着档案成为非现行文件。

（三）现行文件与档案属于同一事物在不同运动阶段上价值形态变化的体现

文件与档案的相同点表现为：文件与档案记录的内容相同；文件与档案的载体形态和记录手段相同；文件与档案具有共同的本质属性——原始性和记录性的有机统一。这三点共性表明，文件和档案属于同一事物。

二者的差异表现为它们的价值形态不同。文件阶段的价值形态主要表现为对形成机关的第一价值；而档案阶段的价值形态主要表现为对机关之外的社会各界利用者的第二价值。这种价值形态的差异导致了文件和档案在服务对象、保管场所等方面相应有别。

三、文件管理与档案管理的关系

文件与档案的密切关系表明文件管理与档案管理必然存在紧密联系，这种联系主要表现为五个方面。

第一，现行文件管理是档案管理的前提。美国档案学者谢伦伯格早在 20 世纪中期就指明了文件管理和档案管理的联系，认为档案管理方法的发展过程在很大程度上是同现行文件的管理密切联系在一起的，档案人员在对公共文件进行整理、编目、鉴定和提供利用过程中所遇到的全部问题，都可溯源至各政府机关对这些文件的处理方式。这表明，他把机关的现行文件管理视为档案管理的源头。正是因为档案是由文件转化而来，因此文件的质量直接决定着档案的质量，文件管理的好坏也直接决定着档案管理的成败。

第二，档案管理是文件管理的延伸和发展。现行文件转化为档案并不意味着文件管理的终结，相反，档案管理作为文件管理的延伸和发展形式，继续发挥着重要作用。

第三，文件管理和档案管理是一个统一的系统工程。美国档案学者詹姆斯·罗兹（James Rhodes）曾经指出，当我们在发展文件和档案管理各分支活动的同时，绝不能忘记每一分支活动都是一项更大业务活动的组成部分，这项业务活动的目标就是有序、简捷而经济地管理人类文明发展的记录。这表明，文件管理和档案管理都是“管理人类文明发展的记录”这项业务活动的组成部分，二者是一个统一的系统工程。

第四，档案部门和人员的参与，是文件管理质量的重要保证。国外档案部门和人员参与文件管理的现象十分普遍，这是因为国外机关内大多未设类似于中国机关档案室的专职文件管理机构，现行文件多由制作人或承办人自行保管，半现行文件往往送到文件中心保存。而文件中心大多属于档案系统，其工作人员由档案馆负责提供。这种做法可以使机关的现行文件和半现行文件在进馆之前得到档案部门和人员的有效控制，确保文件管理的质量，为档案管理奠定良好的基础。

第五，文件管理人员与档案管理人员之间存在着相互依存、相互促进而又各自独立的关系。国外要求档案部门和人员参与文件管理，并不意味着档案人员可以取代文件管理人员。相反，档案人员与文件管理人员之间的关系是相互依存和相互促进的。正如詹姆斯·罗兹所说，档案工作者和文件管理人员的联系将继续下去，因为它是一种建立在相互依赖、相互促进基础上的天然联系。文件管理人员与档案人员只有通过密切配合，才能使文件管理更加完善、更富有成效，进而使后来的档案管理“更上一层楼”。

总之，文件管理与档案管理之间存在着紧密联系，这是由文件与档案的密切关系决定的。文件管理与档案管理之间的紧密联系，正是文件管理成为档案管理实践和档案理论研究的重要组成部分的根本原因。

第四节 外国电子文件的定义、类型和特点

一、电子文件的定义

当前国外对电子文件（electronic records）所下的定义多种多样。例如《美国联邦管理法规》（1992 年）的定义是：“电子文件包括数字的、图形的及文本的信息，它可以记录在计算机能够阅读的任何一种介质上，并且符合文件的规定”；国际档案理事会《档案术语词典》（1995 年）的定义是：“电子文件是通常以代码形式记录于载体，如磁盘、磁带或穿孔卡/带之上的文件/档案，它的内容只能通过机器来利用，并根据来源原则来组织安排”；国际档案理事会电子文件委员会（1997 年）的定义是：“一种通过数字计算机进行操作、传递或处理的文件”；美国档案工作者协会主编的《档案、文件术语词汇表》（2005 年）的定义是：“已经获取和固定在自动化系统中存储和操作的数据或信息，并需要用系统来使其能被理解”；澳大利亚国家档案馆《文件管理术语词表》的定义是：“通过电子设备形成、传送和维护的文件，通常是指存储在磁性或光学计算机媒介上的电子形式的文件”。

这些定义共同揭示了电子文件的基本特征：依赖计算机生成和读取，以代码形式记录信息；符合文件的属性要求，表明电子文件是文件的一种类型。

二、电子文件的类型

依据不同分类标准，电子文件可分为不同的类型。

（一）按信息表现形式分类

根据电子文件信息内容的表现形式进行划分，可分为文本文件、数据文件、图形文件、图像文件、影像文件、声音文件等。

文本文件（text）是指使用文字处理软件生成的，由字、词、数字或符号表达的文件。数据文件（data）是指在事务处理系统中单独承担文件职责，或作为文件的重要组成部分出现的数据库数据对象。图形文件（graphic）是指根据一定算法绘制的图表、曲线图。图像文件（image）是指使用数字设备采集或制作的画面。影像文件（video）是指使用视频捕获设备录入的数字影像或使用动画软件生成的二维、三维动画等各种动态画面。声音文件（audio）是指用音频设备录入或用编曲软件生成的文件。

（二）按功能分类

根据电子文件的功能进行划分，可分为主文件、支持性文件、辅助性和工具性文件等。

主文件是指表达作者意图、行使职能的文件。支持性文件主要是指生成和运行主文件的软件，如文字处理软件。辅助性和工具性文件主要是指在制作、查找主文件过程中起辅助、工具作用的文件。

（三）按生成方式分类

根据电子文件的生成方式进行划分，可分为计算机系统中直接生成的原始文件和将纸质或其他载体（如胶片）文件重新录入生成的转换文件。

三、电子文件的特点

电子文件的特点可概括为：

内容信息的非人工识读性。即电子文件使用非人工可识读的符号或数字代码记录内容信息。

系统依赖性。即电子文件的生成、运行、管理和维护都必须借助计算机系统才能实现。

内容信息与特定载体之间的可分离性。即电子文件可在不同载体上同时存在或相互转换，可改变在硬盘上的存址，可从一个软盘存入另一个软盘。

内容信息的易变性。即电子文件由于内容信息与载体的可分离性，导致人们对其删改更加便利容易，而且系统本身的不稳定性也会导致文件的内容信息发生变化。

内容信息存储的高密度性。即随着计算机技术的发展，电子文字可实现海量存储。

多种信息媒体的集成性。即电子文件可将文字、图形、图像、影像、声音等各种信息形式有机组合。

内容信息的可操作性。即电子文件的存在状态可发生改变。

【思考题】

1. 简述外国文件定义的类型及各自特点。
2. 简述外国文件定义的构成要素。
3. 简述外国文件的基本属性。
4. 简述外国文件的基本功能。
5. 简述文件管理的含义。
6. 简述文件管理的必要性。
7. 简述文件管理的目标。
8. 简述文件与档案的关系。
9. 简述文件管理与档案管理的关系。
10. 综述外国文件的类型。
11. 综述电子文件的类型和特点。

第二篇

管理理论篇

理论是科学的生命和灵魂，没有理论，科学就不能成立。档案学也是如此。从世界范围来看，尽管档案与档案工作的历史如同人类文明史一样悠久，但档案学从16世纪才在欧洲萌芽，直到19世纪末20世纪初才正式形成。这是因为，学科的萌芽与形成都需要相应的条件。只有当学科的研究对象复杂到一定程度，不进行系统的研究就无法认识清楚并实施有效的管理和控制时，学科才会萌芽，全面系统的理论研究才会出现；而且只有这种研究形成了相对独立、完整的体系和成熟、可靠的理论学说时，学科才能真正形成并且自立于科学之林。

档案学理论主要包括两个层面：一是对档案及档案管理活动的基本理论性认识，例如档案的定义、本质、种类、作用、价值及其规律，档案管理活动的性质、规律，档案和档案管理的历史发展进程及规律等；二是档案管理的基本理论，即关于档案管理总体性、宏观性问题和档案管理基本方法、原则的理论总结。本篇主要介绍第二个层面，即档案管理的基本理论问题。在档案管理理论中，来源原则和文件生命周期理论是两大支柱理论，因为它们确立了档案管理的基本原理、原则和方法，对档案学具有基础性的支撑作用。

来源原则是外国档案学的支柱理论之一。它源自档案管理的第一线，是对馆藏档案整理和分类实践经验的科学总结；它划清了档案学与其他学科的界限，体现并维护了档案的本质属性，确立了档案专业的理论基础和方法原则，对档案学具有基础性的支撑意义，是档案学理论的中坚力量。来源原则的确立是档案学真正形成的标志。

文件生命周期理论也是外国档案学的支柱理论之一。它是一个从宏观角度分析、研究文件与档案管理问题的理论，全面、科学地揭示了从文件到档案的运动过程和规律，提出了对文件和档案进行控制和管理的有效方法，从而使档案专业在更大的范围内找到了自身的立足之本。因此，文件生命周期理论的提出被认为是外国档案学从古典走向现代、从诞生走向成熟的重要标志。

本篇包括两章：来源原则、文件生命周期理论。

第三章

支柱理论之一：来源原则

【本章要点】

- 说明事由原则在法国国家档案馆的应用及生存危机，介绍来源原则产生的专业背景。
- 阐述来源原则从起源、形成、理论论证、普遍认可、灵活运用、部分修正到丰富的发展历程。
- 阐述来源原则的基本内容。
- 总结来源原则的理论意义和实践价值。
- 辨析电子时代来源原则遭受的冲击，总结来源原则重新发现的实质——新来源观。
- 阐述来源观的演变和影响。

【关键词】

来源原则
事由原则
卡缪—多努分类法
尊重全宗原则
登记室原则
全宗
档案组合
文件组合
自由来源原则
新来源观
元数据

来源原则（principle of provenance）是当前世界各国公认的档案专业的核心理论。它的名称源自“来源”（provenance）在档案学术语中的特定含义。国际档案理事会最新修订的《档案术语词典》将“来源”规定为“向文件中心或档案馆移交文件之前，在事务活动过程中形成、保管以及利用文件的组织或个人”。显然，来源就是通常所说的档案形成者，包括机关、组织和个人。《档案术语词典》将“来源原则”解释为“同一来源的档案，不应与其他任何来源的档案相混淆的基本原则”。可见，来源原则指的就是档案馆按照档案的来源进行整理和分类，要求保持同一来源的档案不可分散、不同来源的档案不得混淆的整理原则。

第一节 来源原则产生的专业背景

来源原则的产生有着深刻的历史背景。近代法国档案工作改革中建立的综合性档案馆在性质和特点上与以前存在的档案馆库相比发生了根本性的变化，致使过去长期沿用的档案整理原则——事由原则面对馆藏来源多样化的特点难以适应。来源原则正是在事由原则爆发生存危机之际登上了历史舞台。

一、事由原则在法国国家档案馆的应用

来源原则起源于近代法国，是在逐步否定事由原则（principle of pertinence）的过程中产生的。事由原则是指按照档案的主题内容进行整理的原则，从 16 世纪后期以来逐步形成并得到理论论证，直到 19 世纪中期之前在档案整理领域长期占据着统治地位。"事由"通常是指一件事情的原委，在公文用语中特指公文的主要内容。事由原则的产生是欧洲国家档案管理实践发展到一定程度的结果。

1789 年的法国档案工作改革揭开了世界近代档案史的序幕。其改革最重要的成果之一是法国国家档案馆的建立。按照法国 1790 年颁布的《国家档案馆条例》的规定，国家档案馆除保存国民议会的文件外，还集中保管国家机关和地方机关的公共文件。这标志着世界上第一次出现了真正意义上的国家档案馆。法国国家档案馆一改古代档案馆库的附属性、封闭性、馆藏来源单一性等特点，成为独立性、开放性、馆藏来源多样化的综合性档案馆。其馆藏档案的范围不再是单一机关的档案，也不仅是一类事由的选集，而是扩展到众多机关的全部档案。馆藏来源的多样化使得其馆藏结构发生了变化，档案的数量大大增加，内容也日益繁杂。当时法国国家档案馆的首要任务就是对大量馆藏档案进行有效整理。

法国国家档案馆成立初期，第一任馆长阿曼·卡缪（A. G. Camus）和第二任馆长皮埃尔·多努（Pierre Daunou）在馆藏整理和分类上沿用了事由原则。他们制定了以事由为分类依据的整理方案。起初，卡缪把馆藏档案分为四大类。多努于 1804 年接任馆长之后，鉴于档案内容不断丰富的现实，他又增加了 20 个主题类别，使整理方案中的类别一共增加到 24 类，并综合概括为立法文件、行政文件、历史文件、地形测量文件、财产文件和司法文件六大部分。从而形成了这样一种分类体系：

第一大类　立法文件

A类：1789—1800年颁布的法律和法令；

B类：选举和投票结果；

C类：制宪会议等各种政治会议的记录和附件；

D类：国民议会各委员会文件。

第二大类　行政文件

E类：御前会议文件；

F类：一般行政文件；

G类：财政机关和其他特种行政机关文件；

H类：省级和地方行政机关文件。

第三大类　历史文件

J类：王室档案（即宪典宝库的档案）；

K类：历史文献；

L类：教会文件；

M类：编年史文献。

第四大类　地形测量文件

N类：地图和图纸。

第五大类　财产文件

P类：巴黎审计院文件；

Q类：封建领地地契文件；

R类：诸侯文件；

S类：被取缔宗教团体的财产文件；

T类：被查封的私人和非宗教团体的文件。

第六大类　司法文件

U类：巴黎高等法院的案卷摘录和副本；

V类：掌玺大臣办公厅、最高管理局和巴黎城市委员会文件；

W类：革命法庭文件；

X类：巴黎高等法院文件；

Y类：巴黎桥头堡监狱和各省高等法院的文件；

Z类：特种审判机关（如军事法庭、财务法庭等）文件。

从上述分类体系可以看出，除了宪典宝库、巴黎高等法院等少数几个机关的文件相对集中以外，其他来自相同机关的文件都分散保存在不同类别下。因为每一大类下的小类大多是按照档案主题层层划分的，结果使得同一机关的档案进馆后往往被层层分割，分散归属在不同的主题类别之下。这就是后人所说的“卡缪—多努分类法”。

二、事由原则的生存危机

法国国家档案馆成立初期在馆藏档案的整理和分类上采用的“卡缪—多努分类法”属于一种典型的事由原则。卡缪和多努之所以在档案整理上沿用事由原则，原因是多方面的。他们受 16 世纪以来欧洲档案界传统整理思想的影响，仍然将事由视为档案整理和分类的基本依据。并且，他们曾受过图书馆学教育，未能辨清档案与图书的本质区别，以为针对图书的主题分类法也能同样适用于档案分类。更重要的是，他们没有及时认清国家档案馆从国民议会档案馆改名后馆藏来源扩大的实质性变化，没有及时把握综合性档案馆首先需要尊重来源因素的变化，主观地认为事由原则更有利于满足研究者从内容角度查找档案的需要。

“卡缪—多努分类法”在法国国家档案馆应用了 50 余年，除了极少数几个机关的档案未被拆散外，其他来自同一机关的档案进馆后大都分散保存在不同主题类别之下。这种整理方法的弊端在实践中逐渐暴露出来。

首先，面对不断增多的移交机关，档案馆按照主题对档案进行分类，往往会使同一机关的档案分割得七零八落，无法保持一个机关档案的整体联系。

其次，面对内容日益繁杂的档案，档案馆主题类别的设定和归纳变得非常困难。即使从 4 类增加到 24 类，“卡缪—多努分类法”也难以完全概括馆藏档案的所有内容，“无类可归”和“无以归类”的现象大量存在。

最后，面对利用者的查找需求，事由分类法也无法提供特别的便利。因为一份多主题文件具有多种归类的可能，利用者往往不知道查找的途径，或者在预想的主题类别中根本找不到希望查找的档案。这些弊端在国家档案馆造成了极大的混乱，并且混乱程度随着馆藏数量的增长日益加剧。

因此，法国档案界开始对整理方法进行反思并认识到事由原则的严重弊端，转而寻求一种更科学的整理方法与原则。与事由原则截然相反的“尊重全宗原则”就是在这一背景下于法国诞生，成为来源原则的起源。

第二节 来源原则的发展历程

来源原则从产生到完善经历了长期的发展过程。继法国之后，德国、荷兰、英国、美国、苏联等绝大多数国家都普遍接受了这一原则。各国在接受来源原则的过程中大多根据本国国情对其灵活地阐释、运用和发展，并将其塑造为自认为合理可行的模式，以便更好地适应并指导本国的档案管理实践。

一、起源——法国的“尊重全宗原则”

如前所述，法国在实践中逐步认识到卡缪—多努分类法的严重弊端，努力寻求一种更科学的整理原则。这一努力到 1841 年初见成效。这一年法国内政部以 14 号通令的形式发布了《关于各部和各地区档案整理与分类的指示》，首次提出了一种全新的档案整理原则——“尊重全宗原则”（principle of respect des fonds）。

尊重全宗原则的要点包括：第一，来源于一个特定机构（包括行政机关、公司、家庭、个人等）的所有档案组成一个全宗；第二，全宗内的文件按主题类别整理；第三，主题类下的文件按照年代、地区或字母顺序排列；第四，同一全宗的文件不得与其他全宗的文件混淆在一起。这是法国第一次根据档案的来源提出“全宗”的概念和“尊重全宗”的思想，改变了过去将同一形成者的档案按照主题拆散归类的做法，指明整理档案首先必须保持其来源联系。

尊重全宗原则的提出具有里程碑意义。它与事由原则相对立，主张档案馆整理馆藏档案首先区分来源以保持同一来源档案的整体联系，反对用事由标准割裂来源联系。它所强调的“尊重全宗”第一次闪现了尊重档案本质属性的理性光芒。因为档案作为社会组织和个人实践活动历史原貌的记录，其形成过程充满着有机联系，档案与形成者之间的来源联系是其中最独特、最本质的一种。档案整理只有保持来源联系，才能真正体现档案有别于图书和其他相近事物的独有属性，才能真正跳出图书分类的樊篱。

尊重全宗原则之所以成为来源原则的起源，不仅是因为它将档案的来源作为组建全宗的标准，尊重全宗实质就是尊重来源。更重要的是因为它开始具备来源原则的核心思想——同一来源的档案不可分散，不同来源的档案不得混淆。

二、形成——德国的“登记室原则”

在继承法国尊重全宗原则的基础上，德国提出了“登记室原则”（principle of registry），标志着来源原则的正式形成。

德国提出登记室原则也是基于事由原则的严重危机。1815 年德意志联邦的成立使原来的普鲁士国家机密档案馆变成综合性国家档案馆，馆藏来源相应扩大为各国家机关。原有的事由整理方法割裂了档案与形成者的来源联系，造成了档案管理的混乱局面。后来，德国受法国的启发，在 1881 年发布的《国家机密档案馆档案整理条例》中明确地提出了与尊重全宗原则核心思想一致的登记室原则。

登记室原则的主要内容包括两层含义：一是国家机密档案馆整理馆藏首先按照来源分类，保持档案与形成机关的来源联系；二是档案馆还要保留档案在形成机关业务过程中的原始顺序和整理标记。其中第一层含义与尊重全宗原则是完全一致的，第二层含义则进一步体现了保持历史联系及原貌的历史主义思想。

登记室原则的重要意义在于，它不仅仅是对尊重全宗原则的简单继承，更多的是一种发展和创新。尽管它与尊重全宗原则一样，都具备了来源原则的核心思想，但它更多地融入了历史主义和发展思想，更明确地要求档案整理原原本本地体现档案形成的历史过程和有机联系。它才是来源原则思想的完全体现，是来源原则正式形成的标志。

三、理论论证——《荷兰手册》的贡献

虽然来源原则最早在法、德两国起源和形成，但最早对这一原则进行理论论证的是荷兰档案学者。他们不仅阐述了来源原则的理论基础，而且使这一原则真正走上了国际化传播的道路。

1898 年，荷兰三位档案学者萨穆·缪勒、约翰·斐斯和罗伯特·福罗英出版了专著《档案整理与编目手册》，即《荷兰手册》。三位学者通过科学阐释全宗的定义、性质以及全宗内档案整理系统的特点，层层递进，完成了对来源原则的严密论证。首先，他们指出档案全宗的定义是指一个行政单位或它的一个行政人员正式受理或产生的，并由该单位或该人员保管的书写文件、图片和印刷品的整体，以此作为论证全宗整体性的基础。其次，他们论证了全宗的有机整体性，指出一个全宗是一个活的有机体，按照已定规则形成、成长和变化，因此，一个完整的全宗应当独立保存，同一全宗档案不可分散。最后，他们进一步论证了全宗内的档案整理系统必须以全宗原来的编制为基础，这种编制主要指的是全宗形成机关内部组织机构的编制。因为机关的文书人员往往根据档案的承办部门或形成过程来进行整理，他们为档案建立的原始整理顺序往往更能反映机关职能和业务的特点。

《荷兰手册》的重要贡献之一是奠定了来源原则的理论基础。一方面，它提出的“全宗是一个有机整体”的核心观点，是对全宗原则和登记室原则的有力继承，贯穿了来源原则“尊重来源、尊重全宗完整性”的核心思想。另一方面，它提出“全宗内的档案整理系统必须以形成机关内部组织机构的编制为基础”的又一核心观点，与登记室原则一脉相承，是对档案形成过程历史原貌和有机联系的有力坚持。因此，它使来源原则的两个理论内核——尊重全宗和尊重原有次序——基本成熟，最终瓦解了事由原则的统治地位。

《荷兰手册》的重要贡献之二是推动了来源原则的广泛传播。手册出版后陆续译成德文（1905 年）、意大利文（1908 年）、法文（1910 年）、保加利亚文（1912 年）、俄文（1925 年）、英文（1940 年）、中文（1959 年）、葡萄牙文（1960 年）等多种文字，在全世界产生了很大影响，使来源原则逐渐传播到世界各国，后来得到国际档案界的公认，成为档案专业的最基本原则。可以说，是《荷兰手册》推动来源原则走上了国际化传播的道路。

四、普遍认可——布鲁塞尔大会

来源原则在 20 世纪初开始得到普遍认可。随着《荷兰手册》的出版和翻译，世界各国逐步认识、了解了来源原则，开始普遍认可它在档案管理中的重要指导意义，为后来的具体应用奠定了基础。普遍认可来源原则的起点是一次国际档案会议。

1910 年，图书与档案人员国际大会在比利时首都布鲁塞尔召开。来自英国、法国、德国、俄国、荷兰、西班牙、比利时、美国、加拿大等 23 个国家的 500 多名代表出席了会议，其中有 120 多名档案人员。与会的档案人员讨论了档案立法、档案库房结构、档案保管与修复、案卷目录编制、私人档案保护和档案人员职业教育等当时各国共同关注的诸多专业问题。大会取得了两项重要成果：一是促使各国档案人员开始认识国际合作的重要意义，从而奏响了国际档案合作的和谐之音；二是对《荷兰手册》进行了长时间讨论，确立了手册的核心思想是来源原则，并宣布这一原则是档案专业人员的基本原则。

布鲁塞尔大会的意义在于，它不仅是档案领域开展国际合作的起点，而且是来源原则得以确立的标志。各国档案代表第一次在国际会议上肯定了来源原则对事由原则的取代，并且公认来源原则在档案专业中居于核心地位，为后来来源原则的广泛传播、运用和发展拉开了序幕，创造了有利的国际环境。

五、灵活运用——英国和美国的"组合"思想

来源原则与全宗概念密不可分。全宗是法国首创的一个概念，法文表述为"fond"。它的基本含义是指一个特定机构、组织或个人形成的全部档案。归结起来，来源原则的核心思想实质上就是确立全宗并保持全宗的完整性。换言之，由同一来源档案组成的全宗不仅是档案馆馆藏档案整理和分类的基本单元，也是馆藏档案的基本保管单位。然而，"fond"一词在英文中并没有对应词汇，这就存在英语国家如何表述全宗概念和体现来源思想的问题。事实证明，英国和美国成功地解决了这一问题，它们提出的"组合"思想不仅是对来源原则的继承，而且是一种灵活运用。

英国接受来源原则集中反映在英国著名档案学者詹金逊 1922 年出版的代表作《档案管理手册》中。詹金逊在公共档案馆任职多年，他撰写的《档案管理手册》体现了当时英国档案管理理论与实践的最高水平。詹金逊在专著中接受了《荷兰手册》的全宗思想，强调必须保持全宗的完整性，强调档案整理必须反映形成机关的原始组织结构和文件保管体系。但他没有机械照搬荷兰的全宗概念，而是根据本国语言习惯和专业实际，首创了一个"archive group"（即档案组合）概念来对应法语"fond"一词。

詹金逊的"组合"思想集中表现为对档案组合含义和特征的系统论述。一方

面，詹金逊指出档案组合是指一个自身结构完备的行政机构在活动中形成的文件整体。这一概念与《荷兰手册》的全宗概念基本相同，都强调来源的同一性。但档案组合更加突出了形成机关的独立性，因为自身结构完备的含义是机关无须借助外界职权独立地开展各项业务活动。与全宗相比，档案组合具有较明显的实践操作性，有助于判定全宗的形成机关。另一方面，詹金逊特别强调档案组合具有完整性，指出这一有机整体不能割裂。这表明档案组合同样充分体现了来源原则的思想精华。可见，詹金逊的“组合”思想是来源原则与英国档案管理实践有机结合的体现，是对来源原则的灵活运用。

尽管来源原则早在1909年就开始传入美国，但直到1934年美国国家档案馆成立后，这一原则才真正付诸实施。在英国影响下，美国也提出了具有本国特色的“组合”思想来灵活运用来源原则。1941年，美国国家档案馆正式启用了“record group”（即文件组合）概念作为馆藏档案整理和分类的基本单元。这一概念显然也是法文“fond”的对应词，它的含义是指以文件来源为基础，结合考虑机关行政管理史、文件复杂性和文件数量等因素而组建起来的具有组织和职能相关性的文件整体。

从上述含义不难看出，“文件组合”首先考虑来源因素，无疑继承了来源原则的基本精神。但它对其他因素的结合考虑，则是适应美国档案管理现实需要对来源原则的一种调整和灵活运用。因为在美国，现代政府机关内部组织机构和职能频繁变动，现代文件数量庞大而且内容繁杂，这些特点使得文件组合仅仅考虑来源尚显不够，还必须考虑机关和文件的自身特点等因素。因此美国文件组合既可以是一个独立机关的档案整体，也可以是一个大型机关内部组织机构的档案整体，还可以是若干机关的档案汇集。

英美“组合”思想均以来源原则为基础，因为它们都强调档案组合或文件组合必须保持来源的同一性。但它们也有区别，英国更多地要求机关的独立性和职能稳定性，相对比较机械；而美国更多地尊重现代机关复杂且职能变动的特点，尊重现代文件庞杂的特点，相对更加灵活。

六、部分修正——德国的“自由来源原则”

来源原则在传播过程中也受到了质疑。这主要是因为产生于19世纪的来源原则面对20世纪现代机关和现代文件的新特点，难免会有不完全适应的地方。如果说美国的组合思想还是对来源原则的一种调整，那么德国档案学者阿道夫·布伦内克提出的“自由来源原则”则是对来源原则的一种修正。

布伦内克在1946年完成的代表作《档案学——欧洲档案工作的理论与历史》（1953年）中集中阐述了自由来源原则的基本思想。促使他重新思考来源原则的原因主要有两点。一是20世纪30年代以来，欧洲一些档案学者对德国的登记室原则提出了批评。他们认为严格保持登记室整理的原始顺序未必完全适宜，因为这种顺序可能是混乱和不实用的。布伦内克的重新思考就是质疑登记室原则思潮的延续。二是30年代以来档案专业实践发生了变化，人们社会活动的丰富和发展不仅使档案的数量膨胀、内容更加丰富，而且使档案的形成领域逐步扩大、档案的门类不断增多，出现了土地档案、建筑档案、科研档案、产品档案、设备档案等一些专业或专门档案。与政务档案相比，专业或专门档案的形成过程具有不同特点，往往不再是以同一形成者为核心，而是以同一项工程、同一种产品、同一项科研课题为核心形成的。这些变化促使布伦内克开始重新思考来源原则对专业或专门档案的适用性问题。

布伦内克主要从三个方面阐述了自由来源原则的基本内容。首先，他指出自由来源原则早已离开了原有的登记室原则，不再是一种具体的分类规范，而上升为一种总则。其次，他指出一个档案集合是一个有机整体，强调这种“档案体”的实质是有机联系。最后，他指出来源思想并不是只保持固定的来源，而应把来源和事由配合成一种相当的比例关系，建立一种两者之间的综合体，在这种意义上可以把来源原则解释成在来源共同性基础上的事由共同性。最后一点构成了自由来源原则的核心思想。

自由来源原则具有一定的进步意义。一方面，自由来源原则在整理上给予了档案人员更大的活动空间，使他们可以灵活地调整全宗内不合理的整理体系。另一方面，自由来源原则仍然坚持把来源原则视为一种总的原则，强调保持档案内在的有机联系。只不过在具体整理时可以兼顾来源和事由两种因素，在不同情况下有所侧重。只有当来源联系不占主导地位的情况下，才灵活地提出档案整理可以遵照事由标准组建保管单元。这扩展了来源原则的适用范围，使档案整理的灵活性更大。后来的实践证明，自由来源原则对专业或专门档案，特别是某一大型活动或项目形成的档案的整理具有很强的现实指导意义。

但自由来源原则也存在一定局限。布伦内克提出保持来源与事由之间的比例关系的观点显得过于模糊，不易理解和实施。而且，他对来源和事由标准的自由选择甚至可能会导致对来源原则实质的偏离。也许正是为了避免这种偏离，布伦内克才会强调来源始终都是前提和基础。总之，自由来源原则只能看成是对来源原则的部分修正和发展，而非一种否定和革新。

七、丰富和发展——苏联的体系化的全宗理论

20世纪六七十年代，苏联逐步构建了一套较为完整的体系化全宗理论，使来源原则得到了丰富和发展。尽管苏联没有机械照搬欧洲国家的来源概念，却保留了来源原则的实质，即尊重全宗，强调全宗不可分散，保持全宗内文件的历史联系和逻辑联系。

苏联对来源原则的丰富和发展可以概括为三个方面：

第一，根据时代发展及时丰富和发展全宗定义。苏联早期规定全宗是指机关或个人活动过程中有机形成的档案总和；到70年代根据现代机关职能活动日益丰富、档案门类日益增加、档案管理方法日益复杂等专业实践的变化，转而将全

宗视为泛指概念，定义为彼此具有历史联系和（或）逻辑联系的交由国家保管的文件综合体。

第二，创造性地提出了“文件全宗”概念。传统的全宗概念大多是针对档案馆保管的档案提出的，苏联首创“文件全宗”作为档案全宗的源头，已经从运动、发展的视角来考察文件与档案的辩证关系，注重对文件全宗的各个组成部分给予针对性的有效管理，充分体现了对文件运动过程和规律的尊重。

第三，构建了一个由国家档案全宗统辖的全宗概念体系，并以此为基础提出了一套完整的全宗理论。苏联构建的全宗体系分为国家档案全宗、全宗属概念、全宗种概念三个互相统辖的层次，其中全宗种概念又包括机关全宗、个人全宗、联合全宗、档案汇集、科技文件综合体等若干类型。苏联通过建立层次分明的全宗概念体系并明确规定每一种概念的定义，清晰地展示了全宗理论的层次性和整体联系，加强了来源原则的实践操作色彩。可见，苏联的全宗理论是对来源原则的创造性发展。

第三节 来源原则的基本内容

来源原则在不同国家表现的模式尽管略有差别，但这并不妨碍各国对来源原则核心思想或者说基本内容的理解和认同。我们认为，来源原则的基本内容可以归纳为三个基本点，即尊重来源、尊重全宗的完整性、尊重全宗内的原始整理体系。

一、尊重来源

“尊重来源”是来源原则的第一层内容，含义是指档案馆首先应按照来源标准整理档案，保持档案与其形成者之间的来源联系。

档案作为特定机关、组织或个人在社会实践活动中直接形成的产物，在产生和处理过程中会形成多方面的历史联系，诸如来源联系、时间联系、内容联系和形式联系，等等。其中档案与形成者之间的来源联系是首要联系，也是最根本的联系，因为只有在明确档案形成者的前提下，揭示档案的内容、时间和形式联系才有意义，才能全面深刻地反映形成者的活动原貌。假如割裂来源联系，其他联系的科学性就无法保证。

来源原则之所以取代了事由原则，最根本的原因就是它认识到并承认了来源联系的首要地位，因此要求对进馆档案首先按照来源而不是内容区分全宗。实践证明，馆藏来源众多的档案馆只有首先划清来源的界限，才能将档案与其特定形成者及其活动对应起来，确保档案作为原始记录这一本质属性。可见，在档案管理中尊重来源、保持来源联系是档案本质属性的必然要求。

二、尊重全宗的完整性

“尊重全宗的完整性”是来源原则的第二层内容，含义是指一个全宗是一个有机整体，整理档案必须维护全宗的完整性，做到同一全宗的档案不可分散，不同全宗的档案不得混淆。

来源原则以尊重来源为基础，又进一步提出了尊重来源的实现途径——全宗。来源原则指出，同一来源的档案组成一个全宗，全宗是特定机构和个人活动中形成的档案整体，这一整体具有内在的有机联系。整理档案必须尊重全宗的独立性和维护全宗的完整性。这就要求，在档案馆内每一个全宗都应独立保存，同一全宗的档案不能分散和割裂，不同全宗的档案也不能混杂在一起。如果做不到这一点，档案与其特定形成者之间的来源联系势必遭到破坏，不仅档案形成的本来面目无法恢复和保持，档案所记录的历史事实的真实面貌也难以维护。

三、尊重全宗内的原始整理体系

“尊重全宗内的原始整理体系”是来源原则的第三层内容，是指全宗内的档案整理必须充分利用原有的整理基础，尊重全宗在形成机关获得的原始整理顺序和方法，不宜轻易打乱重整。

一般来说，全宗在形成机关都经过一定的整理，形成了较为固定的原始整理顺序和标记。这种原始整理体系也是全宗有机整体性的一个重要表现，尊重这一体系同样也是尊重全宗完整性的重要体现。来源原则对全宗内原始整理体系的认识经历了一个深化过程，起初法国尊重全宗原则还要求打破这一体系，对全宗内的档案重新按照内容整理；后来德国登记室原则提出了尊重原有次序的思想，成为来源原则尊重和维护全宗内原始整理体系的开端。实践证明，形成机关的文书和档案人员对档案的形成过程和特点最为了解，他们构建的原始整理体系才能最大限度地揭示档案形成的历史联系和历史原貌。因此档案馆对全宗内档案的整理应充分利用原有基础，这样不仅可以避免重复劳动，而且有利于保留档案形成和整理的本来面目，更好地实现档案作为社会实践活动原始记录的功能。可见，尊重全宗的原始整理体系同样是档案本质属性的必然要求。

综上所述，来源原则的三个基本点是紧密联系、层层递进的。尊重来源是基础，尊重全宗和尊重全宗内的原始整理体系都是尊重来源的重要体现和延伸。

第四节
来源原则的理论意义和实践价值

来源原则从 20 世纪初起就被国际档案界公认为档案专业的基本原则，它的生命力在世界各国普遍接受和丰富发展的过程中得到了充分验证。中外档案学者对来源原则一致给予了高度评价，认为它不仅具有重要的理论指导意义，而且具有深刻的实践应用价值。

一、国外档案学者对来源原则的评价

国外学者评价来源原则的代表性观点包括 20 世纪 40 年代德国档案学者布伦内克、50 年代美国档案学者谢伦伯格、70 年代法国档案学者米歇尔·迪香（Michael Duchein）提出的看法。

布伦内克认为，来源原则是用历史发展的思想来考虑全宗的分类。他指出："我们今天已经确信，如果我们在编列（即整理）时适应机关的组织，就更能最好地为每个部门的研究者和利用者服务。"因此，"来源原则具有三重的意义：作为编列的原则，作为档案馆组织的原则，作为研究的原则"。

谢伦伯格认为，来源原则受到了美国历史学家和档案人员的重视，被他们看做是档案分类中的至善原则和一切原则中的最高原则。他总结了来源原则的三个优点——"就文件的整理工作反映文件的来源和产生过程来说，来源原则保护了文件的完整；……来源原则有助于说明文件的重要性；……来源原则在文件的整理、编目和提供利用方面为档案工作者提供了既经济又切实可行的指导方针"。

相比之下，米歇尔·迪香对来源原则的评价更为全面和客观。他旗帜鲜明地肯定了来源原则的核心地位，指出"自从 19 世纪下半叶以来，来源原则已成为所有档案原则中最基本的原则。正是这个原则的应用，使档案工作者一方面与图书管理者，另一方面与文献工作者有了最明显的区别"。同时，他十分客观地看待对来源原则的不同理解甚至批评，认为世界各国虽然对来源原则的含义有着稍微不同的理解，但都承认它是档案理论与实践的基础；对来源原则虽然有一些批评，但这些批评并不涉及原则本身，而只涉及这一原则如何应用的问题。因此，他确信来源原则是档案管理工作中一个永恒的信条，不会受到根本的挑战。

二、来源原则的理论意义和实践价值

结合上述学者的评价，我们认为，来源原则的理论意义和实践价值主要可以概括为三个方面。

第一，来源原则从历史主义思路出发，充分体现了档案形成的历史联系，为档案馆馆藏的实体整理和分类提供了合理的客观依据。

历史主义是人类认识事物和把握世界的一种方法，主要是依据事物的现实存在状态对事物进行划分，实质是对真实的客观事物的一种直接认定。来源原则就是历史主义方法运用于档案实体管理的具体体现，因为它从实实在在的档案形成过程和特点出发，认清了档案与其形成者之间的来源联系在档案诸多历史联系中的首要地位，从而以这种根本联系作为馆藏档案整理和分类的依据。

来源原则在实施具体整理时，将源自同一形成者的档案组成一个全宗，并以全宗作为档案实体整理和分类的基本单元，一个全宗就是一个客观的类。这不仅为馆藏实体分类确立了真实可靠的立足点，避免了逻辑主义分类方法具有的种种局限，而且为人们提供了清晰的指导思路和基本的客观性类别单位——全宗，使原本异常复杂的档案实体分类变得十分简单易行。

第二，来源原则有力地维护和保持了档案的本质属性，成为档案整理与分类中的至善原则。

来源原则的核心思想就是强调同一全宗的档案不能分散，不同全宗的档案不得混淆。这一思想既是档案本质属性的必然要求，也是其管理的必然结果。我们知道，档案作为特定机关、组织和个人社会实践活动的历史记录，其本质属性就是原始记录性；并且原始性与记录性是有机统一的，不能割裂。这是因为，档案一方面是形成者在其社会实践活动中直接产生的，不是事后编写或另外加工处理而成的，因此具有明显的原始性；另一方面又是形成者社会实践活动的记录材料，因此又具有很强的记录性。只有将原始性与记录性有机地统一，才能将档案与文物、图书、资料等相近事物真正区别开来，才能找到档案固有的特征和性质。

来源原则规定同一全宗的档案不得分散，其实质就是保证了档案与其形成者之间对应关系的唯一确定性。档案作为特定形成者活动的直接产物，只有将同一形成者的档案集中保存，才能全面、真实地反映该形成者活动的历史原貌，否则就会破坏档案形成过程和特点的客观真实性。因为既然档案是一种原始的历史记录，那么按照档案形成的本来面目去管理它们，才是对历史的忠实反映和有力维护。可见，来源原则遵循了档案本质属性的要求，从根本上找到了使档案管理不同于图书和资料管理的独特方法，因此成为档案专业的最基本原则。

符合档案本质属性要求的来源原则受到了国外档案学者的推崇，被认为是档案整理与分类中的至善原则。因为这一原则表现出多方面的优点，既有利于保护档案的完整性，又有助于说明档案的重要性，还可以为档案的整理、编目和利用提供经济可行的指导方针。因此，来源原则才会在世界各国广为传播和应用。尽管它在实践发展中可能会遭到质疑和批评，但这些批评只是涉及来源原则的运用，并未涉及原则本身。可以说，只要档案的本质属性不变，来源原则的核心地位就不会发生根本动摇。

第三，来源原则既不是一种纯观念性的抽象信条，也不是一种纯实践性的操作经验，而是兼具理论性和实践性的管理思想和原则。

因为来源原则是基于档案实体管理的需要产生的，从一开始就表现出明显的实践操作性。首先，全宗是一个内涵与外延都很明确的概念，组建标准也很确定，因此全宗本身在实践中很容易界定和把握。其次，全宗不容分散和混淆的原则在实践中也很容易操作和实施。可见，全宗的确定和全宗思想的贯彻都具有充分的实践基础，这就决定了来源原则不是一种纯观念性的抽象信条。

同样，来源原则也不是一种纯实践性的操作经验。来源原则的价值不仅仅是在实践中组建成一个个实实在在的全宗就万事大吉了。相反，来源原则的核心思想已经超越了全宗这一层次，贯穿到上位的更高层次或下属的更深层次。因为它强调的历史主义思想，一方面导致了国家档案全宗、全宗群等概念的提出；另一方面又使得各国对全宗内的档案分类大多采用“机构”或“年度”等历史性标准而较少采用“问题”等逻辑标准。因此，来源原则已经成为指导上自国家档案宏观管理、下至全宗内档案微观分类的一种理论原则。不仅如此，来源原则的核心思想还超越了档案整理这一环节，扩展到保管、编目、利用、统计等诸多领域，成为档案管理的一种指导思想。

总之，来源原则既有实践价值又有理论乃至思想价值。它在为档案管理实践提供切实可行的指导并大量解决具体管理问题的同时，也在思想理论层面澄清了档案应怎样管理、为什么只能这样管理的基本认识，为档案专业和档案学奠定了理性基础，成为档案学理论的一大支柱。

第五节 电子时代来源原则的“重新发现”

来源原则从20世纪初被公认为档案专业的基本原则起直到六七十年代，得到的评价大多是肯定性的，档案界几乎没有人质疑它在档案管理上的指导意义。但从20世纪六七十年代开始，由于信息技术革命对档案工作的巨大影响，来源原则也一度受到冲击。

一、来源原则遭受冲击

20世纪中叶以来，随着计算机技术和通信技术的发展和普遍应用，西方国家开始步入信息革命时代。现代信息技术的发展对档案工作产生了巨大影响，其中对档案载体类型最明显的影响就是计算机的应用导致了机读档案的大量产生。对这样一种新型档案材料，西方各国尽管在定义表述上略有差别，但对其基本含义的认识大致相同。按照国际档案理事会的解释，机读档案指的是“通常以代码形式记录于磁带、磁盘或穿孔卡片等载体上的档案，其内容只能借助机器来阅读”。这表明，机读档案是计算机技术应用的产物，是由计算机存储并借助计算机读取和处理的档案，载体以磁性材料为主，包括磁带、磁盘等。

20世纪六七十年代，信息技术的发展，特别是机读档案的出现使来源原则真正受到了冲击。这种冲击主要表现为在理论上对来源原则的适用性和核心地位产生了争议，北美档案界率先发出了质疑甚至是否定的声音。具体表现在两个方面。

其一，北美一些档案学者认为来源原则对机读档案不再适用。他们的理由主要是，机读档案与传统的纸质档案相比具有不同特点，档案人员可以借助计算机对机读档案大范围地进行信息处理，关注的重点也是其信息内容。这样一来，机读档案的整理、鉴定和著录只需考虑档案的信息内容即可，无须过多关注档案的来源。因此，来源原则在机读档案的管理上发挥的作用要小得多。有的学者甚至提出来源原则只适用于纸质档案。

其二，北美一些档案学者开始质疑来源原则在档案专业中的核心地位。他们认为，计算机在档案领域的应用是一场革命，它为档案工作带来了极大便利，使档案工作增添了现代化和信息化色彩。这样一来，档案工作的重点和档案人员的职责必然会发生重大变化。档案工作的重点应当从实体管理向信息利用转移，从来源整理向信息检索转移；档案人员的角色定位应当从保管员向计算机专业人员或信息管理人员发展，档案人员的首要职责应当是提供档案的信息利用而非实体管理。他们据此质疑来源原则能否继续充当档案专业的基本原则，因为这一原则是档案实体管理的指导原则。有的学者认为来源原则的作用不仅有限，而且只是临时的；有的学者甚至提出来源原则已经过时。

二、来源原则的重新发现

对来源原则的质疑到20世纪80年代中期发生了变化，北美档案界开始重新认识来源原则的核心地位。这种变化的起点是1985年美国档案学者理查德·莱特（Richard Lytle）和戴维·比尔曼（David Bearman）在加拿大档案工作者协会会刊《档案》（*Archivaria*）上发表了著名论文《来源原则的力量》（The Power of Provenance）。文章的主要思想是呼吁通过了解文件形成者职能和文件格式来提高来源原则检索信息内容的能力，建议档案人员不要局限于对档案主题内容的关注，而应重视对文件形成者和文件格式的研究，通过了解文件形成的背景知识来理解文件的信息内容，从而建立起一种反映机构职能、组织结构以及其他特征的来源索引。这种来源索引优于传统的主题索引。

在这篇论文的带动下，到20世纪90年代，欧美档案界越来越多地认可来源原则在现代文件，特别是电子文件管理中的重要价值和指导意义。这一时期，“电子文件”的称谓开始取代“机读档案”。外国档案学者普遍认为了解电子信息形成和使用的背景信息对电子文件管理至关重要，因为实践证明电子文件对来源原则仍有很强的依赖性。一方面，电子文件的巨量信息使得描述文件的主题内容难度相当大；另一方面，电子文件的数据单元可以不留痕迹地随时组合和拆分。这种虚拟性使掌握数据单元的来源信息显得尤为必要。假如不了解电子文件的生成过程和背景信息，别说无法对其进行整理和著录，就是理解其内容也无从谈起。因此他们得出了这样一种结论——无论是现在还是将来，电子文件的管理以及应对电子时代赋予档案管理的诸多挑战不能抛弃来源原则，相反只能更多地依赖来源原则。这就是所谓的“来源原则的重新发现”（rediscovery of provenance）。

三、来源原则重新发现的实质——新来源观

电子文件时代来源原则的重新发现并非是对传统来源原则的简单重复，相反，它蕴涵着丰富的辩证色彩，可以说是一种透过现代信息技术发展和文件载体更新的表象，更加深入地把握档案专业基本理论和核心原则的辩证回归。因为这种“重新发现”的实质是一种“新来源观”。

进入电子文件时代，传统的实体来源概念受到了挑战。传统的来源一般是指文件的形成者，往往是一种实实在在、看得见摸得着的机构、组织或个人。当前，来源概念的含义引起了争议，原因主要来自两个方面：一是社会结构的巨大变化导致了现代组织机构频繁而剧烈的变动，由此造成按照机构来源划分全宗面临前所未有的困难；二是电子文件形成的方式和特点与纸质文件有很大区别，突破了一个实体机关与文件群体唯一对应的传统模式。这是因为，计算机与远程通信手段的结合，关系数据库的普遍使用以及超国界网络的出现，使得不同机构使用共同的数据资源和共同参与形成一批数据不仅成为可能，而且成为日益增多的事实。这样一来，档案数据往往源于各种不同结构组织体，单一来源的概念发生了改变。运用传统的机构来源概念来解释电子时代的档案实践很可能就会有力不从心之感。

中外档案学者提出从新的视角对来源概念赋予新的含义。加拿大档案学者特里·库克（Terry Cook）就是“新来源观”的倡导者。他认为电子时代档案来源的概念需要重新考虑、酝酿和定义，这种来源不仅指文件的形成机关，而且包括其形成目的、形成活动、过程、处理程序和职能范围等。因此档案人员的关注焦点不应仅仅是原始文件形成机关这种实体来源，还应包括变动、临时甚至虚拟机关中文件形成者的职能和业务活动这种概念来源。我国也有学者提出，电子文件在计算机中进行虚拟整理，结果将使全宗由实体状态转变为由计算机程序的逻辑链连接的虚拟状态。这表明电子文件时代来源原则的外在形式——全宗，发生了“形态的异化”。这种思想与国外的“新来源观”基本一致。

新来源观主张的概念来源尽管不像传统的实体来源那样直观和明确，但它绝不是一种飘忽不定的主观意识，而是有着特定内容的客观实在。概括而言，它的

含义应当是指文件的形成过程和背景，即文件是由谁、在什么条件下、运用哪些数据、为了何种目的、采用怎样的结构形成等方面的综合背景信息。这些来源信息正是了解、管理和利用电子文件的关键所在。因为电子文件的形成者往往不再单一，形成过程也相当复杂，但无论它们是某一机构独立产生的，还是由来自若干机构的数据组合而成的，只要掌握它们的形成过程和背景，把这些来源信息随同文件信息内容一同保留下来，就可以寻根溯源，了解该文件的原委始末。可见，电子文件的管理和利用都必须借助而不是背离来源原则。

新来源观的创新点集中表现在对“来源”概念含义的拓展。它不再局限于把“来源”单一地理解为直观、明确、实实在在的文件形成机关，同时也把相对抽象的文件形成过程视为“来源”的表现形式，从而更好地适应了电子文件的特点要求。目前国内外档案界较多地采用“元数据”（metadata）概念来指代电子文件生成的来源信息。元数据最初是在计算机数据库管理领域中使用的专业术语，美国档案学者戴维·比尔曼于 20 世纪 90 年代最早将其引入电子文件管理领域。元数据是电子文件生成、管理和利用的关键，它作为描述电子文件生成、运转、处理、储存、检索、传递和利用过程的数据集合，既能在文件形成过程中自动抽取，又能在文件利用过程中动态产生，还可以由文件管理系统按功能软件同步生成。一句话，它都是与文件形成、保管和利用全过程相关的原始信息的忠实记录，一经形成就被封装起来，只能被写入和读取，无法改动和删除。比尔曼曾经形象地将文件与元数据的关系比喻为信的内容与信封，在他看来，文件就是用元数据封装起来的对象，元数据加上文件内容就构成了具有证据性的文件。因此，元数据不仅能有效地保证电子文件的可读性和可理解性，而且可以真正充当电子文件原始性和证据性的有力保障。

元数据的引入有力地解决了传统的机关来源难以适应电子文件特点的矛盾。面对电子文件形成者不再单一、形成过程相对复杂的特点，新来源观巧妙地将机关来源拓展为文件形成过程来源，但“文件形成过程”这一概念相对比较宏观和抽象，往往具有难以捉摸的局限。相比之下，元数据的最大优势是可以具体化，因为它的含义、结构和内容都可以给出明确的规定，因而易于理解和掌握。只要在电子文件生成、管理和利用的全过程中始终注重掌握元数据，并将其与文件的内容信息一同保留下来，就能够了解文件形成的来龙去脉，从而保持文件形成的历史联系。因此，元数据同样可以成为来源思想的实现途径，符合来源原则的基本要求。

总之，新来源观是来源原则面对电子文件的新特点和新挑战而做出的自我适应和自我发展。它使来源原则在电子文件时代具有更加广泛的实践意义，因为来源信息对于电子文件的检索、鉴定和整理以及确认电子文件的证据价值都具有重要作用。它证明了来源原则不会因为电子文件的出现而被抛弃，相反，来源原则在电子文件时代仍然是档案专业的基本理论和核心原则。只有坚持这一原则，档案人员才能找到应对当前乃至未来档案管理面临的诸多挑战的有效方法和根本途径。

第六节 来源观的演变特点和影响

一、来源观演变的三个阶段

（一）实体来源观

19世纪后期，来源原则起源于尊重全宗原则，形成于登记室原则，在《荷兰手册》得到论证。无论是法国、德国，还是荷兰，学界对“来源”的理解都是实体概念，意指档案形成机关。《荷兰手册》指出，“一个档案全宗是下列各种文件的整体，这些文件便是一个行政单位或它的一个行政人员所正式受理或产生的，并经指定由该单位或该行政人员保管的书写文件、图片和印刷品”，显然来源就具化为产生文件的行政单位或人员。《荷兰手册》还指出全宗内的档案整理系统“必须以档案全宗原来的编制为基础”，这种编制是指全宗形成机关内部组织机构的编制，即在形成机关建立的原始整理顺序。可见，《荷兰手册》将“来源”与“原始顺序”紧密捆绑。

对《荷兰手册》倡导的“实体来源观”，20世纪欧美档案学者提出质疑。代表性观点来自瑞典学者彼得·霍斯曼（Peter Horsman）和加拿大学者黛布拉·巴利（Debra Barr）。前者认为将来源理解为形成机构将模糊文件的原始顺序和行政部门的职能，转而倡导在形成机关与原始顺序之间建立一种分离，这种分离可能表现为逻辑顺序。在他看来，档案全宗可能是一种概念上而非实体上的整体，界定来源需要立足文件内容而非形成机构。后者认为，《荷兰手册》过于注重文件的实体来源和全宗的实体整理，反而模糊了文件形成、利用及积累的历史。在她看来，来源应理解为一种抽象化概念而非实体概念，尊重来源意味着尊重文件形成的众多联系。

（二）概念来源观

如果说欧美档案学者对“实体来源观”的上述质疑已开启了来源从实体到概念的转变，那么意大利档案界的学术争论进一步表明了“概念来源观”的兴起。

意大利档案界曾掀起对来源理解的学术争论。一派以学者乔治·琴瑟提（Giorgio Cencetti）为代表。他支持“实体来源观”，认为档案来源就是其形成者，强调尊重档案形成的原始顺序。另一派以学者克劳迪奥·帕昂（Claudio Pavone）和菲利普·瓦伦蒂（Filippo Valenti）为代表。他们反对“实体来源观”，主张更概念化地理解来源。如帕昂认为应区分“形成机构”与“档案形成”，来源不是指向形成机构，而是指向形成机构组织自身记忆的方式，这种解释较抽象。瓦伦蒂则认为原始顺序并不直接反映文件形成者的生命和活动，因为档案人员很少会在由琴瑟提设想的理想型档案馆工作，他们面对的“全宗”往往是在从现行文件到保管员手中和档案馆库房中的历史文件的运转过程中形成的，理解来源需考虑整个运转过程。

对来源作概念化理解的国外代表学者当属加拿大的特里·库克（Terry Cook），在他所处的时代，现代官僚机构和行政管理体制发生变化，信息技术对档案工作的影响日益明显。20 世纪后期，国外档案界开始将来源描述成一种众多联系的混合物，库克倾向于将这种混合物理解为“知识结构”。库克认为，“电子时代档案来源的概念需要重新考虑、酝酿和定义，它不仅指文件的形成机关，更包括其形成目的、形成活动、过程、处理程序和职能范围等”。他针对电子文件的生成特点，正视现代社会文件形成过程涉及的部门众多、结构不再稳定、文件保管体制不再是集中式的现实，提出“来源将是概念化的、虚拟的和多方面的，而不是单一级别的、结构性的、直接与一个行政机构相联系的”，在这种情况下，他提出档案人员的关注焦点应当是“从以等级结构中原始文件产生部门为中心的实体来源转变为变动、临时甚至‘虚拟’的机构中文件形成者的职能和业务活动为重点的概念来源”。

“概念来源观”即“新来源观”的“最大变化就在于提出了一种适应电子文件特点的新的‘来源’概念——文件的形成过程和背景”。换言之，概念来源观与实体来源观的差异就是不再将来源理解为实实在在的文件形成机构，而是相对抽象的文件形成过程和背景。

（三）社会历史环境来源观

“概念来源观”界定来源尽管更概念化，但仍坚持将其定位于档案文件与其形成者的联系，仍把文件形成作为理解来源的关键点或前提。20 世纪末 21 世纪初以来，更多欧美档案学者认为档案文件的形成有其过程，来源既有形成者的因素，也包括社会环境以及文件运动过程的各种变化和影响。他们论述的来源观更加宏观和抽象，尽管表述各异，但可统称为“社会历史环境来源观”。

1. 社会来源观（societal provenance）

提出“社会来源观”的代表学者有加拿大的汤姆·奈史密斯（Tom Nesmith）和美国的乔伊·瓦尔（Joel Wurl）。

奈史密斯给来源的定义是包含特定文件或文件有机体产生、传递、背景化和解释的社会和技术过程，需要全面考虑文件或文件有机体的实体、特征和保存历史。并且，他强调理解来源需要从文件形成者扩展到社会环境，指出人们是为特定目的在社会环境中形成并归档文件，社会环境必然影响文件形成者的假设、价值观、思想及愿望等，也会影响文件的记录方式、动机和内容。因此，来源的分析应考虑文件形成的社会环境。

瓦尔指出文件形成者并非一种孤立存在，相反是社会的组成部分。他将形成者的集合特点描述为“集体附属的社会结构”和“集体意识”，认为这种结构或意识对文件形成和保管具有深远影响。

2. 社会团体来源观（community provenance）或集体记忆来源观（collective memory provenance）

提出“社会团体来源观”的代表学者是美国的简妮特·爱丽丝·巴斯提安（Jeanette Allis Bastian），提出“集体记忆来源观”的代表学者是荷兰的埃里克·凯特拉（Eric Ketelaar）。

巴斯提安主张将来源扩展，建议档案工作者接受“背景即社会团体，社会团体即背景”的理念。她认为作为来源的社会团体是指社会团体与其形成文件之间的动态协同，在社会团体内，文件不仅与记录者相关，还与社会团体及其每一成员相关。在她看来，文件的主题甚至也可归入共同形成者的范围。

凯特拉认为集体记忆对文件产生具有影响。他指出文件与集体记忆的相互关系表现为，研究特定环境的集体记忆需要研究大量相关文件，文件既是集体记忆的直接来源，又是集体记忆的影响结果。

3. 文件运动过程来源观（lifetime provenance）

一些欧美档案学者主张来源不仅指向文件最初形成的社会环境，也需要立足文件运动过程来分析。

加拿大学者劳拉·米勒（Laura Millar）认为对来源的理解应扩展到关注形成者历史、文件历史及文件的保管历史。囊括三种历史的著录将包含以下信息——文件如何得到利用、被谁利用、何时利用，文件变化的信息也会包含其中。

英国学者杰弗里·杨（Geoffrey Yeo）用实例论证了概念化全宗和实体化档案汇集的存在：概念化全宗是指来自特定形成者的全部文件；实体化的档案汇集是基于保管方便而组建，形成者可能相关，也可能不相关。他认为概念化全宗和实体化档案汇集都需尊重并通过档案著录来呈现。

美国学者海瑟·比蒂（Heather Beattie）提出了类似观点，她认为文件的保管历史会影响对文件的最终解释，进馆文件与最初形成时不同，复杂的编辑和审查会使原始文件发生变化，行使这些功能的正是文件在传递过程中不同的保管者。

4. 第二来源观（secondary provenance）

加拿大学者劳瑞·波多斯基·诺德兰德（Lori Podolski Nordland）提出“第二来源”这一概念来描述文件在不同时间被解释、再解释及呈现的方式。他举例说，19 世纪的一份名为“Ac ko mok ki”的地图每一次基于人种和地理研究目的出版或放到网站上时，都会被解释或复制，这就相当于其重新形成或者说其来源发生变化。为此，档案人员工作的结果可能导致文件来源的变化，因为档案人员工作的实质通常就是解释和呈现文件。在他看来，文件的“第一来源”指向最初的形成者，第二来源就指向利用者和档案人员。

一些学者也认同档案人员对文件形成的作用。加拿大学者汤姆·奈史密斯指出档案人员对文件形成的贡献甚至超过文件形成者。加拿大学者詹妮弗·道格拉斯（Jennifer Douglas）认为数字化时代催生了“再形成”（recontextualization）

概念，档案人员需要挑选特定文件，开展数字化修补，在机构背景下呈现文件，这些职能强化了档案人员对文件形成的作用。

二、来源观演变的特点

梳理来源观的演变过程可知，19—21世纪来源观的发展变化有其自身特点。因为来源是学者们探讨的核心概念，他们对其的理解和认识表现出概念内涵日趋抽象、外延边界日益模糊的特点。

（一）来源概念内涵日趋抽象

所谓内涵日趋抽象，是指学者们对来源的理解从具体变得抽象，从单一变得复杂，从静态变得动态。

“实体来源观”对来源的界定简单、明确，对应文件形成机关。形成机关是客观存在的对象，实实在在；实体来源观支持的原始顺序也是一种客观存在，在实践中可以应用。实体来源观将来源指向单一、具体的客观事物，内涵直观、具体，便于在档案实体整理中操作。

“概念来源观”针对档案实践变化和电子文件特点，要求将来源视为相对复杂的“形成背景”，从单一的形成机关转变为形成目的、形成活动、过程、处理程序和职能范围等，主张“来源是概念化、虚拟和多方面的，而不是单一级别、结构性、直接与一个行政机构相联系的”。显然，概念来源观将来源从形成机关这一客观事物转而指向文件形成的过程、背景和活动，内涵更加复杂和抽象。

“社会历史环境来源观”对来源的理解和界定更加多元，有的理解为“社会环境”，有的理解为“社会团体”，有的理解为“集体记忆”，有的理解为“文件运动过程”，还有的将文件利用者和档案人员视为“第二来源”。这些认识从不同角度界定来源，比实体来源观和概念来源观还要扩展和复杂。因为实体来源观和概念来源观的共性是对来源理解的基点均是文件形成，尚未脱离文件本身；但“社会历史环境来源观”对来源理解的基点多已脱离文件自身，变为更复杂、抽象的社会环境。即使是“文件运动过程来源观”，看似立足文件，实际上也要求从更宏观的生命过程来全面看待文件来源。

从实体来源观到概念来源观，再到社会历史环境来源观，笔者发现学者们对来源的理解从静态向动态转变。如实体来源观强调的文件形成机关是静态的，到概念来源观引入“文件形成过程”，已有了动态因素；相比之下，社会历史环境来源观更突出来源的动态理解和把握，最典型的就是文件运动过程来源观，几位学者旗帜鲜明地主张从文件运动过程来界定来源，不仅关注文件形成，还要关注文件保管及文件在运动过程中的所有变化。第二来源观主张将文件利用者和档案人员纳入来源范围，也表明他们认识到来源不是一成不变的静态事物，而是会发生变化的动态事物。

（二）来源概念外延边界日益模糊

所谓外延边界日益模糊，是指学者们提出来源概念的外延从边界清晰变得模糊。

实体来源观界定的来源是指文件形成机关，这一客观事物看得见、摸得着，边界清晰。专业内部易于理解，便于操作；专业外部也不存在认识困难。

概念来源观界定的来源是指文件形成过程和背景，与形成机关相比，这种来源边界的清晰度有所降低，但好在仍约束在“文件形成”范围内，不致难以理解和操作；而且通过“元数据”的引入，概念来源依然具有相对清晰的边界，可操作和执行。

社会历史环境来源观主张的来源五花八门，无论是社会环境、社会团体，还是集体记忆，概念在变得宏观和抽象的同时都会带来边界模糊的特点，如何把握和操作就变成业内人士的一大难题。即使将来源界定为文件运动过程，或增加第二来源概念，也同样会导致来源概念边界不清的问题。

三、来源观演变的积极影响与潜在风险

通过对近期来源观演变特点的分析可以发现，国外档案界在理论上的探索和创新具有积极影响，值得鼓励；但理论研究的趋势也显现出一定的潜在风险，值得警惕。

（一）来源观演变的积极影响

来源观的演变本身是档案学理论不断发展和进步的例证，从实体来源观到概念来源观，再到社会历史环境来源观，表明中外档案界在不断探索来源的适应性和来源原则的适用性，这是在理论研究上的探索和创新，具有积极影响，值得鼓励和支持。

实体来源观在 20 世纪遭到学界质疑的事实表明，将来源理解为单一、静态的文件形成机关难以适应档案实践的新变化和电子文件的新特点。概念来源观转而提出，不再将来源与机关实体对应，而是更加概念化地理解，将来源界定为相对复杂、抽象的文件形成目的、过程和背景。进入 21 世纪，社会环境的剧变、科学技术的进步、专业实践的复杂、思想观念的提升、全球化意识的普及，诸多因素交织在一起，为档案学理论研究提供了更加活跃的氛围，也促使欧美档案学者提出更加多元的来源观。尽管观点各异，但他们的研究具有两个基调：一是让来源更扩展——从文件自身向社会环境扩展，从文件形成向整个运动过程扩展，从文件形成者向文件利用者和档案人员扩展，以此凸显文件与社会的紧密联系、文件的整体运动以及文件接受的复杂影响。他们希望扩展后的来源能更好地适应数字技术的挑战，促使档案的社会价值得到更好的实现。二是让来源更动态——从静止的文件形成机关转向动态的文件形成过程，从局部的文件形成过程转向整

体的文件运动过程，以此突出文件来源的变化。他们希望动态的来源能更准确地吻合文件整体运动过程，更全面地包容文件在运动过程中接受的多种影响。这些探索必要而且可贵，对来源原则自身的发展、对档案学理论的进步都具有积极意义。

（二）来源观演变的潜在风险

如前所述，来源观演变表现出对来源边界的规定日益模糊的特点。从文件形成机关到文件形成过程和背景，来源边界的清晰度有所降低；再看社会历史环境来源观主张的社会环境来源、社会团体来源、集体记忆来源、文件运动过程来源或是第二来源，都存在概念边界较为模糊的问题，在实践中不易操作和把握。尽管这些观点只是一家之言，但国外学界的研究趋势表明，如果让来源的理解和界定继续走扩展、宏观、抽象的道路，将会导致来源概念丧失清晰边界、变得难以捉摸、无法在实践中操作的风险。

每一概念有其逻辑上的外延，只有边界清晰才能保持自身的独立性，才能保证概念内涵的明确性，不致与其他概念混淆。来源不仅是来源原则的核心概念，而且是档案学科和档案专业的基本概念，地位举足轻重。对来源的理解和界定不仅关系到来源原则的科学性和适用性，更关系到档案学科和档案专业的独立性、科学性和适用性。因此，学界需要对来源观的演变高度关注，警惕理论研究中的潜在风险，避免走上研究歧路，引致理论危机甚至学科危机。

四、来源观演变的启示——核心概念宜立边界，支柱理论方护根基

来源原则之所以成为档案学的支柱理论，是因为它能划清档案学与其他学科的界限，体现并维护档案的本质属性，确立档案专业的理论基础和方法原则，对档案学起着基础性的支撑作用。前已提及，来源是来源原则的核心概念，也是档案学科和档案专业的基本概念。对来源的理解和界定必须立足并维护档案的本质属性，才能保证来源原则的支柱地位，发挥支撑和守护而非动摇和颠覆档案学和档案专业根基的应有作用。

（一）立足档案本质属性确定核心概念的边界

中外档案界对档案的本质属性具有共识——特定形成者业务活动的原始历史记录。笔者曾将来源原则的基本思想概括为“尊重来源、尊重全宗的完整性和尊重全宗内档案的原始整理体系”。尊重来源并按来源组成全宗，就是承认档案与其形成者的直接对应关系，承认这种对应关系具有唯一性。同时，尊重全宗的独立性与完整性，就是承认只有将同一形成者的档案单独并完整保存，才能客观、真实地记录形成者活动过程的历史原貌。因此，来源原则从根本上揭示了档案不同于图书、情报、资料等相近事物的本质属性——原始的历史记录，找到了档案

形成的本质联系——来源联系，找到了档案管理不同于图书、情报、资料管理的独特方法——用历史主义方法来区分档案来源并组建全宗进行管理。这意味着档案专业找到了自己的立身之本。换言之，来源原则对档案本质属性的维护，昭示出档案专业的根本使命并非像图书、情报和资料工作是为有效利用信息提供方便，而是通过管理档案忠实地记录并维护历史原貌，以维系人类社会的时空整体性与统一性。

来源观的演变，表明学界对“来源”的认识与时俱进、不断深化，积极意义需肯定。但来源的外延边界不断扩大，从文件形成扩展到社会环境、社会团体或集体记忆，不禁令笔者担忧这些新来源如何体现并维护档案的本质属性。如果脱离文件形成这一关键源头，档案的原始性如何体现？维护历史原貌又从何谈起？实体来源观和概念来源观将来源定位于“文件形成”较为科学，概念来源观将来源指向相对抽象的“形成过程和背景”虽具有进步意义，但基于实体管理需要，还应当用易于理解和操作的“元数据”来指代电子文件的来源。因为元数据的最大优势是可以具体化，因为它的含义、结构和内容都可以给出明确的规定，因而易于理解和掌握。只要在电子文件生成、管理和利用的全过程中始终注重掌握元数据，并将其与文件的内容信息一同保留下来，就能够了解文件形成的来龙去脉，从而保持文件形成的历史联系。因此，元数据同样可以成为来源思想的实现途径，符合来源原则的基本要求。当前电子文件实践已证明元数据的重要性，也表明概念来源观的基本观点还是立足维护档案的本质属性。尽管近期欧美学者提出的社会历史环境来源观在理论上具有一定的探索勇气，但如果偏离档案的本质属性，就只会是昙花一现。

（二）强化支柱理论对档案学科和专业的支撑

基于来源原则的支柱地位，来源观的发展演变具有格外重要的意义。如上所述，当前剧烈的社会变革使档案专业正在遭受前所未有的巨大挑战。有人甚至对档案专业的发展前景产生悲观态度，要么担心它因信息技术的冲击逐渐衰亡，要么顾虑它难逃被信息专业兼容的命运。社会功能是决定档案专业命运的根本。档案的本质属性决定了其自身的独特价值是图书、资料和其他信息资源难以替代的，也决定了档案专业的宗旨是保存和延续人类最真实、原始的社会记忆。这种功能是其他专业无法取代的。面对信息技术以及其他因素的冲击，如果我们忽视档案的独特性，把它混同于其他信息，人们就很容易对档案专业的存在价值产生怀疑，也很容易对档案专业的发展方向做出错误的判断。

来源观的演变是一种理论探索，但这种理论探索的前提应是强化支柱理论对档案学科和专业的支撑，而非产生动摇甚至颠覆的反效果。社会历史环境来源观更多强调社会环境、社会团体、集体记忆、利用者和档案人员对文件形成的作用，第二来源观更是直接把利用者和档案人员也视为文件来源，这样就会破坏文件形成的客观性和原始性，增加文件形成的人为干预和主观色彩。试想，建立在这些“来源”基础上的支柱理论如何支撑档案专业“保存和延续人类最真实、原始的社会记忆”的基本功能？可见，来源概念一旦无法守护档案学和档案专业的根基，来源原则的支柱地位就岌岌可危。

综上，笔者认为来源观的演变体现了中外学界的理论探索和深化，来源概念可以并需要扩展，但扩展不能没有边界；对来源的界定宜定位于“文件形成”，宜具化为可操作的表现形式；变化环境下需要强化来源原则对档案学科和专业的支撑作用，而非相反。

【思考题】

1. 简述事由原则在法国国家档案馆的应用及生存危机。
2. 简述尊重全宗原则。
3. 简述登记室原则。
4. 简述《荷兰手册》对来源原则的论证。
5. 简述来源原则的普遍认可。
6. 简述来源原则的灵活运用。
7. 简述来源原则的部分修正。
8. 简述来源原则的丰富和发展。
9. 简述各国学者对来源原则的评价。
10. 简述来源原则遭受冲击的表现。
11. 综述来源原则的基本内容。
12. 综述来源原则的理论意义和实践价值。
13. 综述新来源观。
14. 综述来源观的演变特点和影响。

第四章

支柱理论之二：文件生命周期理论

【本章要点】

- 分析文件生命周期理论产生的专业背景。
- 介绍文件生命周期理论的得名，总结其形成和发展过程。
- 阐述文件生命周期理论的基本内容。
- 依据文件生命周期理论盛行的表现，总结其理论意义和实践价值。
- 探讨文件生命周期理论在电子时代面临的挑战，提出该理论在电子时代的修正设想，总结其在电子时代的指导价值。
- 阐述外国电子文件归档。

【关键词】

文件生命周期理论
文件管理
文件中心
文件连续体理论
电子文件、归档

文件生命周期理论（theory of records' life cycle）是在20世纪文件数量急剧增长的专业背景下提出的。它从20世纪四五十年代外国档案学者对文件中心的理论解释起步，后来研究范围逐渐扩大到文件的整个运动过程以及对这一过程的全面管理，成为外国档案学理论的重要支柱之一。正如国外档案学者评价的那样，文件生命周期理论的形成意味着现代档案学的成熟，因为它不仅扩展了档案学的研究对象——从“历史档案”扩展为“现代文件”，而且改进了档案学的研究方法——从简单、静止的方法变成系统、动态的方法。它把从现行文件到历史档案的发展看成是一个整体运动过程，着力研究这一整体运动过程的特点和发展规律，试图使文件的整个生命过程都得到全面控制，从而实现文档管理的高效化。

第一节 文件生命周期理论产生的专业背景

文件生命周期理论的产生有着特定的专业背景。20 世纪 30 年代以来，文件数量的急剧膨胀，文件管理活动日趋专门化，导致一种新型的文件管理机构——文件中心得以出现和传播。国外档案学者从思考文件中心的理论基础起步，逐步提出了文件生命周期理论。

一、基本因素——文件数量的急剧增长

20 世纪是人类社会大变革和大发展的时代。这种大变革和大发展的一个重要表现就是现代政府机关产生的文件数量出现了急剧增长的势头。

随着世界人口增长速度的加快，各国政府职能不断扩大，管理活动不断增加，各种管理机构也相应大量产生。正如美国档案学者谢伦伯格所说，文件数量的增长“同 18 世纪中叶以来世界人口的增长极为一致。如果用图形描绘有史以来人口增长的情况，就能看到经历若干世纪其上升度几乎是难以察觉的一条接近于水平的线，而在过去的一个半世纪内突然急转直上”。由于人口的增长，又使政府活动的扩大成为必要。进入 20 世纪，世界各国政府的职能都在扩大，特别是两次世界大战和 20 世纪 30 年代经济危机的爆发使政府的职责显得更加重要。为了履行不断扩大的政府职能，各国必然要增设管理机构，因而政府各部门和其他机构的增加成为各国的普遍现象。行政机构的扩大、部门的增多、机构的重叠，导致作为政府机关的管理工具和活动记录的文件大量增加。

随着科学技术的迅猛发展，现代化的办公设备、记录工具和复制手段大量应用于文件的制作领域，也使得文件的数量急剧增加。正如谢伦伯格所说，“由于文件的制作终于采用了现代化的工艺方法，在过去的几十年中它就按几何级数而不是按算术级数向上增长”。美国的一组统计数据可以为谢伦伯格的结论提供佐证。“美国国家档案馆于 1934 年在华盛顿成立时，就保管了 100 万立方米的联邦文件，随后每年以 6 万立方米的速度增长。到 30 年代末，文件的年增长量也上升到 16 万立方米；到 1943 年文件的年增长量高达 60 万立方米。”

二、推动因素——文件管理的出现及其专门化

文件管理指的是对进馆前的文件进行管理和控制。美国是世界上开创文件管理新纪元的国家，也就是说它最早萌生了文件管理的思想，使之上升为一种专门管理活动，并成为档案管理实践和档案学研究的组成部分。美国最早出现文件管

理的原因主要有两点。

首先是基于 30 年代以来文件数量急剧膨胀的现实。1934 年成立的美国国家档案馆一开始就面临文件数量剧增的巨大压力，几乎达到了难以承受的地步。这迫使美国档案界开始思考缓解档案馆压力的措施，由此萌发了文件管理的思想，即要求对馆藏档案的源头——机关产生的现行文件进行有效的管理和控制。1941 年，美国国家档案馆率先设立了“文件管理项目”（Records Management Program），用以监督指导各政府机关现行文件的立卷、归档和移交工作。1946 年，联邦政府颁布的第 9784 号行政命令规定所有政府机关都必须实施文件管理项目，并规定由国家档案馆行使指导文件管理的职权。1950 年，联邦政府颁布了最初的《联邦文件管理法》，更是为文件管理提供了法律保障。从此以后，文件管理上升为一种专门化的管理活动，目的是帮助机关应付文件的“雪崩”现象，使文件在进入国家档案馆之前就得到有效的控制，从而确保馆藏档案的质量。

其次是基于档案工作实践和理论研究的现实特点。与欧洲国家相比，美国建国以及国家档案馆的成立时间相对较晚，因此档案管理的对象及方法更具有现代特点。这促使一些档案学者开始认识到以《荷兰手册》、詹金逊等为代表的古典档案学派的某些局限。例如玛格丽特·克诺斯·诺顿（Margaret Cross Norton）提出了与詹金逊截然相反的观点，认为任何机关不再可能保存其活动中产生的全部文件。档案工作的重点已由保管文件转变为挑选适合保管的文件。又如，菲利普·布鲁克斯（Philip Brooks）也直率地批评了詹金逊所谓的档案人员可以不承担参与机关文件管理的义务的观点，认为这种观点会导致为数众多的文件在档案人员接手保管之前，得不到良好处理，甚至发生丢失现象。后来，谢伦伯格更进一步地在其代表作《现代档案——原则与技术》中把文件管理作为档案工作和档案学研究的重要组成部分进行系统论述。这些都说明，美国档案界克服了古典档案学派片面关注馆藏档案的局限，从本国文件和档案的管理实际出发，把实践管理对象和理论研究对象均向前延伸至馆藏档案的源头——机关产生的现行文件，从而为文件生命周期理论的产生创造了有利的实践和理论环境。

三、直接因素——文件中心的建立

文件中心（records center）是有别于欧洲一些国家登记室的一种新型文件管理机构，多属档案系统。登记室大多是机关的内部文件管理机构，文件中心往往独立于机关之外。文件中心建立的目的是使机关内大量已不常使用却未到销毁或移交年限的文件得到合理、有效的保管和处置。它一经产生，不仅很快在美国普及，而且成为其他国家效仿的范例。外国档案学者正是为了挖掘文件中心的理论根源，走上了一条探索文件运动过程及其规律的研究道路，从而直接促成了文件生命周期理论的提出。

以上三个背景因素都是档案实践和理论研究的对象从古典档案向现代文件转变的重要表现，它们之间有着密切联系。文件数量的急剧增长是导致文件管理活动出现和专门化的基本动因，文件中心的建立则是文件管理活动实现专门化的重要标志。一言以蔽之，文件生命周期理论是文件管理实践活动不断发展的必然产物。

第二节 文件生命周期理论的形成和发展

一、文件生命周期理论的得名

文件生命周期理论的得名源自“文件生命周期”概念的提出。据查证，“文件生命周期”这一概念是由美国档案学者菲利普·布鲁克斯最早提出的。他在向美国档案工作者协会1940年年会提交的论文《为保存而进行的文件挑选》（The Selection of Records for Preservation）中首次使用了“life cycle of records”的提法。后来不同国家、不同语种对这一概念也采用了类似的表述形式。比如英国习惯表述为“life stages of records”（文件生命阶段）、西班牙语的表述为“ciclo vital de los documentos”（文件生命周期）。

无论是英文中的cycle，还是西班牙文中的ciclo，翻译成中文都有“周期”的含义。“周期”是一个时间衡度概念，一般强调物体再度回归到同一初始状态所经历的时间。外国档案学者研究文件运动引入“周期”这一概念，目的正是强调文件运动的一种时间跨度，表明文件具有从最初形成到最终归宿的整体运动过程。

美国档案学者对文件生命周期概念的含义阐释得比较透彻。布鲁克斯认为，文件生命周期意味着“文件最初由形成者产生、保管和频繁利用；然后由于文件的偶尔作用或潜在价值送到机关外的文件中心保存一定时期；最后当文件的业务价值完全丧失后，具有档案价值的文件就被挑选出来移交到档案馆，其他的一概销毁”。到20世纪80年代，詹姆斯·罗兹对文件生命周期的含义作了更精确的阐述——“从文件的产生，经过履行组织职能的工具进行活动和工作的阶段，一直到其现实效用的消失，或者当其全部使用目的已经达到时对其进行销毁，或者因其具有永久保存的价值，而把它们作为档案赋予新的使命的整个周期。”国际档案理事会以美国学者的解释为基础，对文件生命周期提出了相对简洁、明确的定义——“文件从其产生或接受至最后处置的生命跨度”。可见，文件生命周期是一个十分形象的概念，指的是文件从产生直至因丧失作用而被销毁或者是因具有长远历史价值而被档案馆永久保存的整体运动过程。

由此而冠名的文件生命周期理论是研究文件从最初形成到最终销毁或永久保

存的整个运动过程、研究文件属性与管理者主体行为之间关系的一种理论，是对文件运动过程和规律的客观描述和科学抽象；是指导从现行文件到档案全过程管理的基本理论，因而成为现代档案学理论的支柱之一。

二、文件生命周期理论的形成和发展

文件生命周期理论的产生与文件中心的出现有着特定的联系。文件中心是20世纪40年代出现的一种新型文件管理机构，最早起源于美国。由于社会实践活动日益丰富和复杂，文件数量增长很快，各国档案馆都感觉到相当大的压力。第二次世界大战期间，美国军事机关形成的文件急剧增加。迫于机关储存空间和经费的巨大压力，海军部于1941年率先设置了造价低廉的临时库房，集中保存大量已不常使用却又必须保存一段时间的文件。海军部建立文件中心的成功经验逐渐推广到美国联邦政府其他机构，后来被众多国家纷纷效仿。这种现象引起了西方档案界的普遍关注，引发了对文件中心的理论思考。

1950年，英国伦敦大学教授罗吉尔·艾利斯（Roger Ellis）在第一届国际档案大会上提出了文件运动的“三阶段论”，认为文件的三个阶段——现行阶段、暂时保存阶段和永久保存阶段——正好与文件的保管场所——办公室、文件中心和档案馆是相吻合和相对应的。他的观点得到许多学者的赞同，并被广泛引用。后来，曾任英国公共档案馆馆长的马勃斯（Mabbs）在1974年出版的专著《文件中心的组织》（*The Organization of Intermediate Records Storage*）中吸收了艾利斯的观点，对文件中心与文件运动阶段的对应关系作了进一步系统论述。这种由文件中心的理论解释而衍生出的文件阶段的划分，就成为文件生命周期理论的研究起点。然而，由于对文件的不同理解，文件生命周期理论在很长一段时间内未能引起西方档案界的足够重视。

20世纪80年代，西方档案界对文件生命周期理论的研究日趋完整和系统，并发表了一些颇有深度的论著。最典型的代表人物就是阿根廷档案学者曼努埃尔·巴斯克斯（Manuel Vazquez）。他出版的两部专著《文件的选择》（1982年）和《文件生命周期研究》（1987年），可算是全面系统论述文件生命周期理论的代表作。他深入探讨了文件的价值属性与运动阶段、保管场所和管理方式之间的关系，认为研究文件生命周期理论的意义不仅仅是为文件中心提供理论基础，更重要的是为了发现文件从一个阶段向另一个阶段过渡的内在原因，从而掌握文件运动每个阶段所包括的期限，避免用毫无区别的尺度去概括各种文件现象。这表明巴斯克斯力图运用文件生命周期理论，透过文件运动过程及阶段性的表象来把握文件运动阶段划分的根本原因。此后，欧美各国档案学者不再将文件生命周期理论简单地视为文件中心的理论基础，而是将研究视野拓展、延伸到文件的整个运动过程以及这一过程的全面管理，从而深入挖掘文件运动的客观规律，为各国文件管理实践提供有力的理论指导。

第三节 文件生命周期理论的基本内容

外国档案学者对文件运动过程及其特点变化所作的论述尽管纷繁复杂，但从中提炼出来的核心思想却是基本相同的。这些相同的核心思想就构成了文件生命周期理论的基本内容，主要可概括为三点：第一，文件从形成到销毁或永久保存，是一个完整的运动过程；第二，由于文件价值形态的变化，这一完整过程可划分为若干阶段；第三，文件在每一阶段因其特定的价值形态而与服务对象、保存场所、管理形式之间存在一种内在的对应关系。它们也可称为文件生命周期理论的三个基本点。

一、基本点之一：文件从形成到销毁或永久保存是一个完整的运动过程

这一基本点包括两层含义。首先，这里的文件是一个广义概念。目前中外档案界提出的文件定义多种多样，归纳起来有狭义和广义之分。狭义的文件特指现行文件，即正在承办或现行处理的文件。当文件办理完毕或是针对的活动结束后，文件使命即告结束并转化为档案。狭义文件观的特点是强调文件与档案是不同性质的事物，是并列的同一层次的概念。而文件生命周期理论则认为文件是一个广义概念，泛指人类社会实践活动中直接产生和使用的一切信息记录，无论其载体形式和记录方式如何。与狭义文件观相反，文件生命周期理论把文件视为一个集合概念，强调现行文件和历史档案都只是广义文件运动过程中某一特定阶段的代称，都是广义文件的组成部分。

其次，文件运动现象如同生命现象一样，从其最初产生到获得最终归宿是一个完整的运动过程。文件生命周期理论从运动的角度出发，指出文件的生命过程往往是文件最初由形成者产生、保管和频繁利用；然后由于文件对形成者的偶尔作用或潜在历史价值被送到机关内部的档案室或机关外的文件中心保存一定时期；最后当文件的现行业务价值完全丧失后，除具有档案价值的文件移交到档案馆永久保存外，其他的一概销毁。而且这一发展过程是连续统一的，所谓现行文件和历史档案只是同一事物的不同运动阶段。

二、基本点之二：文件的完整运动过程由于价值形态的变化分为若干阶段

这一基本点包括三层含义。首先，文件的整体运动过程具有阶段性特征。文

件生命周期理论认为，文件从形成到销毁或永久保存的整体运动过程并非一成不变，相反呈现出明显的阶段性变化。中外基于国情和文档管理体制的差异或观察问题的不同角度，对文件运动过程的阶段划分略有区别——有的从文件运动形态的角度分为现行、半现行和非现行三个阶段；有的从文件保存场所的角度分为在承办单位存留、在中间档案馆存留和在总档案馆永久保存三个阶段；有的从文件运转流程的角度分为文件的产生办理、现行利用、过渡保存和历史保管四个阶段；有的从文件管理程序的角度分为文件的形成、使用与维护、鉴定和选择、档案管理四个阶段等。尽管分法不同，但都反映出文件运动过程具有阶段性这一客观事实。

其次，文件运动过程的各阶段具有不同特点。如将文件的运动过程统一划分为现行、半现行和非现行三个阶段，则各阶段各有其特点。现行阶段的特点是文件对机关的现行作用最为突出，机关需要频繁利用，一般保存在机关内部，服务对象以本机关为主。半现行阶段的特点是文件的现行作用开始衰退，利用率也逐渐降低，但服务对象仍以机关为主，此时需有一个场所来检验文件是否具有长远历史价值，过早销毁或向档案馆移交都不太合适。非现行阶段的特点是文件对机关的作用基本丧失，其中大多数因没有历史价值而被销毁，少数具有长远价值则需要永久保存，此时服务对象由机关扩展到社会各界，保存场所也转移至档案馆。

最后，引起文件阶段性变化的根本原因是文件价值形态的规律性变化。一般来说，文件的价值就是客体（文件）对主体（利用者，包括形成者和非形成者）需要的满足。美国著名档案学者谢伦伯格阐述的“双重价值”颇具经典性，他认为文件有两种价值：一是具有对形成机关的原始价值；二是具有对其他机关和个人利用者的从属价值，也统称档案价值。这两种价值形态主要是从利用者角度区分的，貌似简单，实质却相当深刻。我国多对应称为第一价值和第二价值。这两种价值形态在文件运动过程中的变化具有规律性，文件从产生起首先具有第一价值，然后才有第二价值；并且第一价值逐步减弱，第二价值逐步显现。

前述现行、半现行和非现行三个阶段的文件价值变化过程是第一价值最为旺盛、第一价值逐渐衰退、第一价值丧失/第二价值显现。文件作为形成机关实践活动中产生的各种原始记录，起初对机关的行政管理工作具有全方位的现行效用，是机关工作的工具、凭据。后来随着文件针对的业务活动的办理结束，文件的现行效用逐渐消失并进入半现行阶段。但此时文件对机关的参考作用依然存在。直到最后，绝大部分半现行文件因为第一价值退化而彻底丧失现行作用，只有一小部分文件逐渐显现出长远的历史价值，成为非现行文件。文件的价值形态变化贯穿于文件的整个运动过程，它是决定各阶段文件不同特点的最根本因素，决定文件的阶段划分。

三、基本点之三：文件在每一阶段因其特定的价值形态而与服务对象、保存场所和管理形式之间存在一种内在的对应关系

这一基本点包括两层含义。首先，文件在每一个阶段的特定价值形态对应于相应不同的服务对象、保存场所和管理方式。第一价值决定了文件必然以形成机关为首要服务对象，当第一价值旺盛时，为了满足机关频繁的利用需求，文件适宜保存在机关内部，机关也愿意为此花费人、财物、资源。但随着第一价值逐渐衰减，机关的利用需要逐渐淡化，此时机关便感到自行保管半现行文件的沉重负担，但半现行文件残留的第一价值使机关希望能有一种既能满足自身利用需求又能检验文件是否具有第二价值的保管机构。国外的文件中心和我国的档案室都是这种过渡性机构。最终，第一价值丧失又没有第二价值的文件被销毁，而显现出第二价值的文件则会冲破机关的狭小范围，转而为社会各界服务，在更大范围发挥作用。所以应将其作为档案保存在档案馆。

其次，上述各阶段文件服务对象、保管场所和管理方式等方面的变化只不过是文件运动不同阶段的外在表现，只有价值形态的变化才是其内在决定因素。因为现行文件由机关保存而档案由档案馆保存、现行文件为机关服务而档案为社会服务、现行文件由业务或文书人员管理而档案由档案人员管理等现象，都不足以揭示现行文件与档案的根本区别，它们的根本区别在于现行文件是记述和传达现行信息的工具，而档案是一种历史记录。这种区别就是由价值形态的变化决定的。因此，文件生命周期理论通过揭示各阶段文件价值形态与服务对象、保存场所、管理形式的对应关系，找到了文件的连续运动过程发生阶段性变化的根本原因，从而为文件的阶段划分提供了科学依据。

第四节 文件生命周期理论的理论意义和实践价值

一、文件生命周期理论盛行的表现

实践证明，文件生命周期理论在从萌芽到完善的发展过程中逐步得到了西方国家的普遍认可和推崇。

20 世纪 70 年代以来，西方各国档案学者都在不断深入研究文件的生命周期及其运动规律，并在论著中提出了有关文件定义、文件生命周期概念、文件价值

形态、文件运动阶段划分等方面的研究见解，取得了许多研究成果。除了英国学者艾利斯和马勃斯、美国学者布鲁克斯和罗兹、阿根廷学者巴斯克斯和安娜·施蕾歇、加拿大学者卡罗尔·库蒂尔（Carol Couture）的研究外，法国档案局主持编写的《档案学手册》（1970 年）、英国学者迈克尔·库克的专著《档案管理》（1977 年）、阿根廷学者达诺迪的专著《档案整理与分类导论》（1982 年）、意大利学者埃利奥·洛多里尼的专著《档案学原则与问题》（1993 年）、日本学者作山宗久的专著《文件生命周期》（1995 年）等也都研究了文件运动过程、文件阶段划分、文件管理系统设计等相关内容。这些档案学者遍及欧洲、美洲乃至亚洲，他们的深入研究使文件生命周期理论的内容进一步丰富、体系进一步成熟。

此外，文件生命周期理论在国际档案理事会营造的有利氛围中进一步得到了普遍认可。国际档案理事会从 1950 年成立以来对文件管理给予了高度重视，历年举行的国际档案大会和国际档案圆桌会议中有不少届都开展了文件管理理论与实践研究，取得的研究成果促进了文件生命周期理论的发展和完善。特别是从 1979 年开始，国际档案理事会与联合国教科文组织共同主持开展了“文件与档案管理规划”（Records and Archives Management Program，RAMP）的大规模调研活动。这一调研活动的开展，表明国际档案界充分认识到了文件和档案的整体联系，普遍认可了文件管理与档案管理的整体性、联系性和连续性。国际档案理事会与联合国教科文组织组织出版的调研报告中有不少还专门论述了文件生命周期理论及其对文件管理实践的指导意义，如美国学者詹姆斯·罗兹的调研报告《档案管理与文件管理在国家信息系统中的作用》就是其中之一。时至今日，国际档案理事会主持的“文件与档案管理规划”调研活动仍在继续，它充分表明文件生命周期理论的思想在国际档案界已深入人心。

二、文件生命周期理论的理论意义和实践价值

外国档案学者十分推崇文件生命周期理论，将其与来源原则并称为现代档案学的基本理论，将其视为档案人员参与现行文件管理的理论依据。他们认为，文件生命周期理论是现代档案学成熟的重要标志，具有里程碑意义。文件生命周期理论的重要意义可主要概括为以下三个方面。

第一，文件生命周期理论准确地揭示了文件运动的整体性和内在联系，为文件的全过程管理奠定了理论基础。

文件生命周期理论表明，文件从最初产生到最终销毁或移交档案馆永久保存是一个连续发展的完整运动过程，这一整体过程尽管由于文件价值形态的变化表现出明显的阶段性特征，但各阶段之间存在紧密联系。这种联系表现在三个方面：一是各阶段文件的内容完全相同，从现行文件过渡到档案，记录的内容没有变化；二是各阶段文件的物质形态完全相同，从现行文件过渡到档案，物质载体和记录手段也没有变化；三是各阶段文件的基本属性相同，从现行文件过渡到档案，始终是一种原始性的信息记录。以上三点共同性表明，各阶段文件虽具有各

自不同的价值形态，对社会具有不同的具体作用，但这只不过是同一事物的不同发展阶段，就像人的一生分幼年、少年、青年、中年和老年等几个不同生命阶段一样。

文件生命周期理论正是通过准确揭示文件的整体运动过程及其内在联系，启示人们必须尊重这种整体性与内在联系，对文件的完整运动过程实施全面和系统的管理，以使各阶段的文件都得到恰当有效的控制。因此，文件生命周期理论为文件的全过程管理奠定了坚实的理论基础。

第二，文件生命周期理论准确地揭示了文件运动的阶段变化，为文件的阶段式管理提供了实践原则。

文件生命周期理论在强调文件运动整体联系的同时，也准确地揭示了文件整体运动过程的阶段性变化，指明各阶段的文件由于价值形态的变化而导致了服务对象、保管场所和管理方式等方面表现出明显的差异。它要求人们必须尊重各阶段文件的区别，针对价值形态的变化，对文件整体运动过程实施阶段式管理，从而为各阶段文件找到最适宜的保管场所和管理方法。中外文件管理实践已充分证明了文件生命周期理论的科学性，特别是国外近几十年非常盛行的文件中心就是文件生命周期理论应用的最佳例证。

在文件经历的现行、半现行和非现行三个阶段中，现行文件由机关内部保存，由制作或承办人员负责管理；非现行文件中显现出第二价值的部分移交到档案馆永久保存，由档案人员妥善保管，已经成为中外的共同做法。只有对半现行文件的管理，中外似乎略有区别。我国大多是设立机关档案室作为保管机构，由机关档案人员负责管理；而国外大多数国家效仿美国建立了文件中心或类似机构。机关档案室与文件中心确有一定区别，前者往往是机关内部机构，而后者往往独立于机关之外，多隶属于档案系统。

但实际上，机关档案室与文件中心的性质和基本功能没有根本区别。从文件运动规律看，半现行文件尽管因第一价值逐渐衰退使形成机关对其利用逐步减少，但因第二价值尚未得到检验又不宜过早销毁或移交到档案馆。此时需要一种具备两种基本功能的过渡性保管机构，一方面继续发挥半现行文件的第一价值，为机关服务；另一方面又检验文件是否具有第二价值，为移交档案馆做好准备。显然，机关档案室与文件中心都具备上述两种基本功能，都是介于机关与档案馆之间的过渡性机构。而且这种性质与功能不会因为一个设在机关内一个设在机关外就发生改变。文件中心之所以独立于机关之外，主要是因为美国机关没有内设文档管理机构的传统，花费大量人力、物力资源保管利用率较低的半现行文件被机关视为浪费，经济实用的文件中心恰好满足了机关低成本、高效率的需要，因此文件中心才能在美国普及并在全球推广。

文件生命周期理论通过揭示文件运动阶段性的客观存在，启示人们针对文件的不同特点对其分阶段管理是一种必然结果。而且各国在同一阶段文件的管理上，即使保管机构的名称、设置形式、隶属关系等方面千差万别，但其性质和基本功能始终是“万变不离其宗”。因此，文件生命周期理论为文件的阶段式管理奠定了坚实的理论基础。

第三，文件生命周期理论准确地揭示了文件运动过程的前后衔接和各阶段的相互影响，为实现从现行文件到档案的一体化管理，为档案部门或人员对文件进行前端控制提供了理论依据和实践指导。

文件生命周期理论表明，从现行文件到档案是一个连续统一、前后衔接的运动过程。它要求必须把从现行文件到档案的管理看成是一个系统工程，采取统一的工作制度、程序和方法来控制各有特点却始终相互关联和前后衔接的整体过程。换言之，就是不能再将现行文件管理与档案管理视为各自独立、互不关联的两个系统，而应使这两个管理系统，从组织制度、管理方式到工作程序都实现真正的交融和统一。只有这样，才能实现从现行文件到档案的一体化管理。特别需要指出的是，仅仅着眼于现行和半现行阶段的一体化管理还不够全面，只有对文件从机关到档案室（或文件中心）直至档案馆的运转流程实现全面控制和统一管理，才是真正具备了一体化管理的科学含义。

文件生命周期理论还表明，现行文件的管理质量直接决定着档案管理的成败。它要求档案部门或人员必须积极进行文件的前端控制，从而确保档案自身及管理质量，避免重复劳动。进一步而言，档案部门或人员对文件实行前端控制，本身就是现行文件和档案一体化管理的实现途径和重要体现，可以消除因现行文件管理不善而导致档案部门得不到完整档案的弊端，也可以避免因现行文件管理质量低劣而导致档案人员重新整理的不必要浪费。特别是当前电子文件不断涌现，强调档案部门或人员实行文件的前端控制有着特别重要的意义。因为电子文件具有“载体无形化”特征，假如档案部门或人员不及时予以有效控制，文件可能就会“转瞬即逝”，造成档案馆根本得不到档案而出现馆藏枯竭的严重后果。

文件生命周期理论正是通过揭示文件运动过程的前后衔接和相互影响，启示人们重视对文件从产生直至最终进馆的全方位管理，促使档案部门或人员大胆地发挥对现行文件管理的正面影响，确保档案管理的延续性和科学性。因此，文件生命周期理论为从现行文件到档案的一体化管理、为档案部门或人员对文件进行前端控制提供了有力的理论支持和实践指导。

第五节
电子时代文件生命周期理论受到挑战及修正

一、文件生命周期理论面临的挑战

电子文件对文件生命周期理论提出的挑战主要包括三个方面。

首先，中外档案界认为电子文件的生命周期需要有新的理解。加拿大档案学者凯瑟琳·贝利（Catherine Bailey）认为，传统文件的运动阶段大多顺向前进，但相当一部分电子文件在特殊情况下可能做逆向运动；并且传统文件运动阶段的界限比较清晰、容易区分，但电子文件往往可能会同时处于不同的运动阶段，难以划清各阶段的界限。这些变化使得套用传统文件的生命周期概念来处理电子文件的方法就很难行得通。澳大利亚档案学者弗兰克·阿普沃德（Frank Upward）也指出，纸质文件从生成到处置的直线式运动过程已难以适用于电子文件。

其次，中外档案界对电子文件生命周期的阶段划分也提出了不同看法。国际档案理事会电子文件委员会在 1997 年制定的《电子文件管理指南》中把电子文件的生命周期划分为设计、形成和维护三个阶段。其中，设计阶段是指电子文件管理信息系统的设计、开发和安装阶段；形成阶段是指每一份电子文件在电子环境中产生出来的过程；维护阶段是指对于形成后的电子文件的技术维护和保管。这一划分方法与文件生命周期理论的原有划分方法有了很大区别。它借鉴的是计算机技术中“软件生命周期”的分法。而且，它划分的着眼点不再是文件本身，而是电子文件管理信息系统本身；划分的依据不再是文件内在价值形态的变化，而是电子文件管理活动的先后流程。

最后，中外档案界还认为文件生命周期理论揭示的文件各阶段特定价值与相关因素的对应关系不再适用于电子文件。比较典型的例证就是美国匹兹堡大学针对失去现行效用的电子文件的保管问题，提出了“分布式保管”的方案。匹兹堡方案认为，由于电子文件的运动阶段及其具体划分与传统纸质文件相比发生了诸多变化，传统文件各阶段的对应关系不再适用于电子文件，为此进入档案阶段的电子文件无须移交到档案馆集中保管，相反应仍然由形成机关继续保管。

二、文件生命周期理论在电子时代的补充和发展——文件连续体理论

文件生命周期理论除了在基本内容上遭到质疑之外，其自身的专业地位也受到了一定冲击，主要表现为以澳大利亚档案学者为代表的研究者提出了一种名称全新的“文件连续体理论”（records continuum），试图以此取代文件生命周期理论的专业地位。

文件连续体理论的发展历经半个多世纪，澳大利亚是其形成、发展和壮大的主阵地。文件连续体理论的发展历程可分为三个阶段。

第一是文件连续体思想的萌芽阶段（20 世纪五六十年代）。1958 年至 1966 年间，连续体方法首先由澳大利亚国家档案馆的专家提出。澳大利亚图书馆协会下属的档案部从 50 年代起在政府机构开展“文件削减运动”，档案学者伊恩·迈克莱恩（Iran Maclean）指出，文件管理者才是真正的档案工作者，档案学应该朝着对记录信息特色、文件保管系统和分类过程方面的研究发展。他的观点引发了对档案管理与文件管理连续性问题的探索。该阶段的主要贡献一是首创“连

续体”术语。澳大利亚没有沿用“生命周期”概念，而是创新性地提出了“连续体”术语。二是开始重视档案管理与文件管理的连续关系。正如伊恩·迈克莱恩所说，澳大利亚现在出现了一种转变，即从传统意义上的英国或欧洲档案机构的“文化”取向转变为现在的“文件管理连续体”，目的是强调行政效率和文件的安全保管。这表明澳大利亚档案学者开始关注文件管理与档案管理的关联性，意识到将来可能会发生管理范式的转移。

第二是文件连续体理论的初步成型阶段（20 世纪 80 年代）。在加拿大档案工作者协会 1985 年年会上，加拿大档案学者杰伊·阿瑟顿（Jay Atherton）详细论述了连续体概念。他把文件的整个运动过程分为生成/接收、分类、鉴定、保管与利用四个阶段，认为所有阶段都相互关联，文件管理者与档案工作者在不同程度上都必须介入文件的全过程管理。他还特别强调指出，生命周期中所描述的文件运动阶段事实上在档案管理与文件管理中都会不断再现和重复，因此传统的生命周期理论将文件管理与档案管理划分出明显的界限具有致命的弱点。他的观点推动了澳大利亚档案界对文件、档案管理科学模式的进一步探索。该阶段的主要进步表现为提出了较为成型的核心观点，强化了文件管理的动态性、阶段性以及文档管理的关联性等。

第三是连续体思想及模式的建立与应用阶段（20 世纪 90 年代）。澳大利亚档案学者弗兰克·阿普沃德构建了文件连续体模式，提出了文件连续体管理的思想方法。其核心观点主要体现在两篇论文《构建文件连续体之一：后保管原则和特色》（Structuring the Records Continuum part one：Post-Custodial Principle and Properties，1996 年）和《构建文件连续体之二：结构化理论和文件保管》（Structuring the Records Continuum part two：Structuration Theory and Record-keeping，1997 年）中。当然，文件连续体理论并非专属于阿普沃德或者澳大利亚档案界。澳大利亚档案学者苏·迈克米希（Sue Mckemmish）和英国档案学者萨拉齐·弗林（Sarach Flynn）也对连续体理论的发展作出了重要贡献。2000 年，阿普沃德对连续体模型又进行了深层改造，提出了新的文件连续体模型，将其标榜为“指导网络时代文件管理实践的理论”。直至这一阶段，文件连续体理论才算基本成熟。

文件连续体理论的主要内容是构建了一个多维坐标体系来描述文件的运动过程。这一多维坐标体系包括四个坐标轴——文件保管形式轴、价值表现轴、业务活动轴和形成者轴。其中文件保管形式轴是核心轴，因为它的变化带动了其他坐标轴的相应变化。文件连续体理论通过描述文件保管形式轴上四个坐标的变化引发形成者轴、业务活动轴和价值表现轴上特定坐标的相应变化，揭示出文件的四维运动过程。第一维是单份文件，此时文件对应的形成者是某一具体的个人，反映的业务活动是某一具体的行为，表现出的价值形式为具体行为的轨迹。第二维是案卷，即一组文件的集合，此时文件对应的形成者是机构内部的一个部门，反映的业务活动是包含若干行为的某一活动，表现出的价值形式为活动的凭证。第三维是全宗，即一个机构所有案卷的集合，此时文件对应的形成者是一个特定机构，反映的业务活动是包含若干活动的某一职能，表现出的价值形式为机构记忆。第四维是全宗集合，即所有全宗的集合，此时文件对应的形成者是整个社会，反映的业务活动是社会的意志，表现出的价值形式为社会记忆。

文件连续体理论是文件生命周期理论在电子文件时代的补充和发展。这是因为，文件连续体理论选择全新的研究角度、运用全新的研究方法，深入揭示电子文件的连续运动过程，展现电子文件各阶段相互关联、相互影响和相互转化的可能性，从而更好地适应了电子文件的运动特点，使文件生命周期理论得以进一步完善。具体而言，文件连续体理论的进步之处可以归结为四点。

第一，文件生命周期理论的研究视角集中在文件自身，考察的是文件实体从形成直至销毁或永久保存的运动过程及规律；而文件连续体理论选取的独特研究视角是文件保管形式与业务活动和业务环境的互动，考察的是文件从最小保管单位直到组成最大保管单位的运动过程和规律。

第二，文件生命周期理论主要运用平面的、单维的研究方法，这种直线式的方法对描述电子文件运动的复杂状态很可能会有力不从心之感；而文件连续体理论将文件置于一个多元时空范围，转而运用立体的、多维的研究方法，全方位地考察文件运动过程及规律，可以很好地解决上述难题。

第三，文件生命周期理论偏重于强调文件运动的阶段性，主张划清各阶段的界限，实行阶段式管理，相应使得文件管理与档案管理的界限十分清晰。相比之下，文件连续体理论更多地突出文件运动的连续性和整体性，将文件视为一个无须明确划分阶段的连续统一体，这准确地揭示了电子文件各阶段界限日趋模糊、联系却越发明显的运动特点，因而适用范围更广、生命力更强。

第四，文件生命周期理论偏重于强调各阶段文件的价值形态与保管场所、管理方式的对应关系，面对电子文件的自身特点以及阶段界限日益模糊的现实，文件生命周期理论自然受到挑战；而文件连续体理论不再要求相关因素的机械对应，从而更好地顺应了电子文件时代的发展要求。

三、文件生命周期理论在电子时代的修正

尽管文件连续体理论的进步意义不容否认，但目前国际档案界对它能否取代文件生命周期理论尚存在意见分歧。我们认为，文件生命周期理论作为对文件运动过程及规律的科学揭示，在本质上仍然适用于电子文件。只要对文件生命周期理论的基本内容进行部分调整和修正，这一理论完全能够从容应对电子文件的挑战。

如前所述，文件生命周期理论的基本内容可以概括为三点：文件从其形成到销毁或永久保存是一个整体运动过程；文件的整体运动过程由于文件价值形态的变化可划分为若干阶段；不同阶段的文件与服务对象、保存场所和管理方式之间存在内在的对应关系。上述分析表明，电子文件对文件生命周期理论基本内容的挑战主要集中在文件的阶段性以及各阶段相关因素的对应关系上。因此，针对电

子文件的运动特点，可以将文件生命周期理论原有的三个基本点进行调整和补充。

首先，文件运动的整体性保持不变。尽管电子文件的运动特点与传统纸质文件已有一些区别，但从宏观角度来看，电子文件与传统纸质文件同样都存在一个从“生”到“死”的生命过程，确切地说是都有一个从生成直至销毁或永久保存的运动过程。这种生命过程绝不会因为文件记录载体和方式的不同而发生改变。因此，文件生命周期理论原有的第一个基本点可以调整为“电子文件从形成到销毁或永久保存同样是一个完整的运动过程，而且这一过程应纳入统一的电子文件管理系统之中”。

其次，文件运动的阶段性特点发生变化。与纸质文件相比，电子文件的运动特点更加复杂——既可能做逆向运动，也可能同时拥有不同的阶段形式，各阶段之间的界限趋于模糊。因此，从文件运动的阶段性来说，文件生命周期理论原有的第二个基本点可以修正为“电子文件的完整运动过程依据电子文件价值形态的变化也可以分为若干阶段，但不同阶段之间没有明确的界限，处于后阶段的电子文件具有向前阶段转化的可能”。

最后，各阶段文件的价值形态与相关因素的对应关系也发生了一些变化。由于电子文件的不同特点，文件价值与服务对象、保管场所和管理方式等方面的对应关系的确发生了一定变化，但这些对应关系只是部分变化，并非全部消失。出于对技术、设备和系统的依赖性，也由于信息内容与载体的可分离性，可能不应当再强求电子文件与保管场所的对应。尽管从理论上讲档案馆是进入档案阶段的电子文件的最佳保管场所，却往往会受到一些实践条件的制约，因而对电子文件与其保管场所对应关系的提法不宜过于绝对。因此，文件生命周期理论原有的第三个基本点可以修正为“电子文件在每一阶段因特定的价值形态仍然具有不同的服务对象和管理方式，但电子文件的阶段性与其保管场所的对应关系已经弱化，甚至可能丧失”。

此外，针对电子文件的特点，文件生命周期理论还需要补充第四个基本点，“对电子文件运动过程应当进一步加强全程管理和前端控制，起点需要延伸到电子文件管理系统的设计之中”。这样补充是因为全程管理和前端控制的思想对于电子文件管理而言显得格外重要，远远超过了对传统纸质文件的意义。

总之，文件生命周期理论在电子文件时代的修正和发展具有十分重要的意义，这是为了更好地适应电子文件的运动特点、更准确地揭示出电子文件的运动过程及规律，进一步增强文件生命周期理论自身在电子文件时代的适用性和生命力。

四、文件生命周期理论在电子时代的指导价值

文件生命周期理论不仅为文件的分阶段管理和全过程管理奠定了理论基础，而且为档案部门或人员对文件进行前端控制提供了理论依据。进入电子文件时

代，文件生命周期理论的全过程管理思想和前端控制思想表现得尤为突出，而且两者实现了有机结合与协调统一。这也正是文件生命周期理论对电子文件管理指导价值的集中反映。

尽管电子文件与纸质文件相比有很多不同特点，但它同样也有着自身的生命周期。国际档案界将电子文件的生命周期划分为设计、形成和维护三个基本阶段，这种划分的着眼点不再是文件价值形态的变化，而是电子文件从孕育、生成到存在的整体过程。因此，电子文件的全过程管理显得更为重要。文件生命周期理论的整体性和联系性思想仍然可以充当电子文件全过程管理的理论基础。

同时，电子文件也需要前端控制。经过慎重考虑，国际档案界确定档案部门及其人员对电子文件生命周期的适当干预时机是在电子文件管理系统的设计阶段，主张在电子文件生成之前就采取行动，设计出功能合理的文件管理系统作为管理电子文件的前提。之所以需要在系统设计阶段进行前端控制，主要基于以下三个原因：第一，是确保电子文件真实可靠性的需要。电子文件管理系统必须设定采集文件形成过程和背景信息的功能，才能支持文件的证据性和真实性。第二，是确保电子文件完整归档的需要。电子文件的流动性使其很容易被形成者删除，只有在系统设计阶段就事先确定归档范围、采集时间和方式，才能保证归档电子文件的完整性。第三，是确保电子文件安全利用的需要。系统设计阶段只有对利用权限事先采取一定的控制措施，才能确保电子文件的信息安全。

总之，文件生命周期理论的全过程管理思想和前端控制思想对电子文件同样是适用的，并且这两种思想在电子文件管理上实现了和谐的统一。一方面，文件生命周期理论表明必须从档案管理的角度，在电子文件管理的源头进行有效的前端控制，这意味着档案部门及其人员介入电子文件生命周期的时机比纸质文件可能还要更早。另一方面，文件生命周期理论也表明对电子文件的前端控制不能只停留在系统设计阶段，还应包括后续的形成和维护阶段。换句话说，就是对电子文件整个运行过程都必须进行严密控制。只有在电子文件的整个生命过程中始终贯彻全程管理的思想，才能真正确保电子文件的确实生成、合理运转、安全保管和有效利用。正如加拿大著名档案学者特里·库克所说，在电子环境中，如果档案人员不积极介入文件的形成和保管过程，文件将很可能不存在，或至少不可能被鉴定、保存、编目和提供利用。

【思考题】

1. 简述文件生命周期理论产生的基本因素。
2. 简述文件生命周期理论产生的推动因素。
3. 简述文件生命周期理论产生的直接因素。
4. 简述文件生命周期理论的含义。
5. 简述文件生命周期理论的形成和发展。
6. 简述文件生命周期理论盛行的表现。
7. 简述文件生命周期理论面临的挑战。

8. 简述文件连续体理论。
9. 简述文件生命周期理论在电子时代的修正和发展。
10. 简述文件生命周期理论在电子时代的指导价值。
11. 综述文件生命周期理论的基本内容。
12. 综述文件生命周期理论的理论意义和实践价值。

第三篇

管理流程篇

流程一般是指工业品生产中，从原料到制成品各项工序安排的程序。流程具有顺序的特点，也包含了各项程序的内在关联。档案管理虽然不是生产档案的过程，却具有从最初收集到最终提供利用的活动过程。这种管理过程包含了依次进行的各项环节，各项环节之间也具有紧密的内在关联。因此，档案管理具有自身的管理流程。

档案收集是档案管理的起始环节。档案收集是档案机构获得和积累档案的一种手段，是把分散在各社会组织或个人手中的档案及散失在国内外的档案，通过例行的接收制度和专门的征集办法，分别集中到档案机构的活动。档案收集具有重要意义，档案部门只有通过收集才能获得和积累具体的管理对象；此外，档案收集也是保存、保护并延续社会记忆的重要手段，是传承社会历史文化的重要途径。

档案鉴定是档案管理的关键性环节。档案鉴定是依据一定标准，鉴别和判定档案的价值，挑选具有永久价值的档案移交档案馆妥善保存，剔除没有保存价值的档案予以处理。可见，档案鉴定包括鉴定档案价值和鉴定后的处置两方面内容。档案鉴定是决定档案存毁命运的手段，受到各国的高度重视。

档案整理是档案管理的核心环节。档案整理是对办理完毕的、具有保存价值的文件进行组织与排列，使之系统化、条理化的过程。档案整理具有重要意义，它是实现档案有序化的基本手段，也是实现档案价值的基本手段，因此成为档案实体管理的基础。同时，档案整理是统领档案管理诸环节的“核心”，它是检验档案收集和鉴定质量的基本手段，为保管、检索和提供利用等后续环节提供必要的基础。此外，档案整理还是档案专业的基点，专业特色最为突出。

档案检索也是档案管理的重要环节。档案检索是指对档案信息进行系统存储并根据需要进行查找的工作。它是档案整理成果的体现，也是档案部门开展利用服务的必要准备。

档案利用是档案管理的终极目标。档案利用是指档案机构依托所保管的档案，采取一定的方式方法向档案利用者提供档案及其信息，满足利用者的不同需求，为社会各项事业服务。档案利用具有重要意义，它是实现档案价值的基本手段，是满足档案利用者广泛需求的基本途径，也是档案管理的最终目的。档案利用是档案、档案机构和档案管理存在价值的重要证明，也是塑造档案部门社会形象的最佳手段。

上述环节具有紧密的内在关联，它们共同组成了档案管理的流程，也体现了档案管理的一定顺序。档案收集、鉴定、整理和检索是档案管理的基础性环节，档案利用则是档案管理的目标性环节。档案收集、鉴定、整理和检索制约着档案利用的开展，档案利用则检验档案管理基础性环节的质量。

本篇包括五章：外国档案收集、外国档案鉴定、外国档案整理、外国档案检索、外国档案利用。

第五章

外国档案收集

【本章要点】

- 说明外国档案收集的含义和意义。
- 总结外国档案收集从古至今的发展历程及各主要阶段特点。
- 介绍代表性国家档案收集的现实做法，阐述外国档案收集制度的内容。
- 说明外国档案馆藏的含义和要求，明确外国档案馆藏建设的内容。
- 阐述外国电子文件归档。

【关键词】

档案收集
档案接收
档案移交
档案征集
档案馆藏
电子文件
归档

第一节 外国档案收集的发展历程

一、档案收集的含义

档案收集（archival acquisition）是档案机构获得和积累档案的一种手段，指的是接收与征集档案及有关文献资料的活动。具体而言，档案收集是指将分散形成或保存在社会组织或个人手中的档案及散失在国内外的档案，通过例行的接收制度和专门的征集办法，分别集中到档案机构的活动。很明显，档案的收集包括档案的接收和征集两方面。接收是指档案机构按照有关法律法规将各机关具有档案价值的文件接收进馆的过程；征集则是指以捐赠或购买的方式，从档案机构之外的渠道鉴别并收集历史文件的过程。这两种方式是档案机构获得档案的主要途径。

国外档案界对档案收集的含义有着明确的规定。国际档案理事会最新修订的《档案术语词典》规定了档案收集的概念及其含义，收集（acquisition）的含义是“文件中心或档案馆按照法定程序接收，或是通过寄存、购买、捐赠或遗赠的方式增加馆藏的活动过程”。显然，这一概念包含了接收和征集两方面的含义。由于接收是一种依法例行的制度，涉及文件形成机关和档案机构两端，对于档案部门而言这项活动被称为“接收”（accession），对于形成机关而言这项活动则被称为“移交”（transfer），因此，《档案术语词典》分别界定了“接收”“移交”的专门术语及其含义。接收指的是正式接收馆藏的活动；移交指的是改变文件或档案实体保管场所的行为，档案的所有权可以变化，也可以不变化。《档案术语词典》还界定了“补充”（accrual）这一术语，表示对已有馆藏的进一步补充。

北美国家对档案收集的术语界定及含义解释与国际档案理事会略有差别。美国档案工作者协会主编的《档案与文件术语词汇表》（2005 年）较为严格地区分了“接收”和“征集”两个概念。接收是指“档案机构接收文件材料的实体和所有权的活动”，也可指代“档案机构接收的材料”。征集（acquisition）是指“以捐赠或购买的方式，从档案机构之外的渠道鉴别并收集历史文件的过程”。加拿大不列颠哥伦比亚大学图书馆、档案和情报学院编写的《档案术语词汇》（2006 年）与美国的规定基本相同，只是含义解释相对简练。“接收”被解释为“正式接受馆藏的过程”。“征集”被解释为“对档案馆或文件中心馆藏的补充”。北美国家的术语解释无论繁简，都表明档案收集包含接收和征集两个方面。

事实上，档案收集的实质就是集中档案，即把分散保存在各机关或个人手中的档案向档案机构集中的过程。这里说的“集中”并不是简单地将档案集合在一起，中间还要对档案进行挑选和鉴别。在不同历史时期，档案收集的范围、程序和特点不尽相同，总体来说，档案收集经历了一个逐步自觉化和规范化的过程。

二、档案收集的意义

档案收集的意义可以从两方面来理解。一方面，对于档案部门而言，收集是档案管理活动或者说管理流程的起始环节。它不仅使档案管理获得具体的对象和物质基础，并且直接影响着档案管理的后续环节，可以说是“牵一发而动全身”。可见，档案收集是档案管理工作的基础性环节，十分重要而且很关键。另一方面，从社会视角来看，各机关、组织或个人形成的档案都是其活动的原始记录，它们共同构成了社会的历史和记忆。档案收集则是保存、保护并延续社会记忆的重要手段，只有将社会全体成员的档案集中起来保存和保护，才能避免档案的散失和遗漏，才能完整地反映国家、民族乃至社会的历史发展原貌。可见，档案收集是传承社会历史文化的一种手段。总之，不管是对档案部门还是对整个社会，档案收集都具有重要的意义。

正是因为档案收集具有重要意义，所以各国对这项活动都十分重视，不仅在档案法规中明确规定档案接收或移交的范围和程序，而且积极开展征集工作，尽力使具有保存价值的历史档案或私人档案得到集中保管。

三、档案收集的发展进程及特点

（一）奴隶社会时期：混合收藏

档案和档案工作起源于古代东方奴隶制国家，由于社会生产力水平的低下和科技的落后，档案管理各环节都只是萌生了一些简单的方法和手段，尚未形成系统、科学的制度。档案收集也不例外。和整理、检索、利用等环节不同的是，在史料中有关奴隶社会时期档案收集的记载非常少。这正说明奴隶社会档案收集根本没有形成明确的制度。

从古代东方奴隶制国家存在过的各种档案库包括法老档案库、宰相档案库、神庙档案库、王宫档案库、私人档案库等来分析，它们都是为所有者收藏档案，并不存在实质意义上的移交或接收行为。而且，这些机构的收藏品复杂而多样，包括档案、图书、印章、钱币以及其他贵重物品等。

古希腊和古罗马是奴隶制发展到高峰的阶段，档案机构的类型虽然更加丰富，出现了城邦档案库、王国档案图书馆、预言书档案库、贵族档案库、平民档案库、国家档案库、皇帝档案库等多种档案机构，但它们也大多是为各自的形成者收藏档案，保存范围同样较为庞杂，包括档案、图书、军旗、钱币以及其他珍宝等。但是，与古代东方奴隶制国家相比，古希腊和古罗马在档案收藏范围上有了较为确切的规定。例如，古希腊的城邦档案库主要收藏议会和国民大会公布的法律正本或副本；议会和国民大会的记录；可公开的刑事诉讼档案；国家收支账目；等等。再如，古罗马的国家档案库负责收藏和保管公民议会、元老院、执政官、监察官、审判官和财政官形成的档案；到恺撒执政时期成立了皇帝档案库，档案库的收藏范围包括元老院会议和官员选举的记录；各种人事名单（官员、陪审官、外国使节等）和户籍名册；各省总督的行政报告和汇报；各省机关的行政文件及收藏品；等等。此外，皇帝档案库还负责保存国家财宝。

奴隶社会的档案收集具有两个简单的特点。首先，这一时期的档案收集具有混合收藏的明显特征，收集对象不只是档案，还包括图书、印章、钱币、军旗等其他物品。这也说明，奴隶社会起源的档案管理尚未形成明确的专业界限，因为其收集的对象界限不够分明。其次，这一时期的档案收集具有分散收藏的明显特征。各档案机构都只是收藏和保管特定所有者的档案，从整个国家来看属于一种分散式的收藏。不过到古罗马，由于皇帝档案库的建立，整个国家的档案开始出现了集中的趋势。

（二）封建社会时期：相对集中

封建社会档案收集的主要变化是，从中期以后档案收集表现出相对集中的特点。档案收集的相对集中主要体现在两方面：一是保管档案的场所相对固定，甚至出现了专门的档案建筑，这为档案收集的相对集中提供了物质保障。二是国王档案馆和教会档案馆逐步集中并统一保管其档案，这是档案收集相对集中出现的信号。

封建社会初期的档案机构主要有庄园档案馆和教会档案馆两种类型，庄园档案馆保管档案的场所比较分散，有的是阁楼，有的是地下室，有的是密室。教会档案馆的情况类似，既有保存在教堂的，也有保存在主教住所的。保管档案的装具也多种多样，既有箱子，也有口袋，还有橱柜。档案保存地点的分散显然不利于档案收集的集中开展。

到了封建社会中期，随着各国君主专制政权的建立，王权逐步得到巩固和加强。作为王权巩固和加强的产物，欧洲各国从 13 世纪起纷纷建立了国王档案馆，这正是一种集中保管国家和王室档案的机构，它为档案的集中收集和保管创造了条件。英国和法国等国家都为国王档案馆设立了固定的保存场所。此外，西班牙、德国和沙皇俄国也都修建了专门的国王档案馆。

然而，王权的扩张和加强意味着教会权力的削弱。为了与君权对抗和维护自己的统治，教会同样需要集中收集和保管档案。为此，从 16 世纪起，罗马教皇将各教会组织分散保存的档案逐渐集中起来，最终在 1612 年教皇保罗五世下令成立了梵蒂冈秘密档案馆。它成为延续至今、规模最大的教会档案机构。

（三）近代时期：规范性收集的出现

世界档案事业史的近代时期是以 1789 年法国档案工作改革为起点的，因为这场改革使档案工作上升为国家的一项独立的事业。法国档案工作改革也引发了档案收集的重大变革——从奴隶社会的混合收藏，经过封建社会的相对集中，逐渐向规范性、自觉性的收集转变。

法国档案工作改革主要是通过颁布法规条例来实施改革措施的。1790 年 9 月 12 日颁布的《国家档案馆条例》规定，国家档案馆的收集范围包括国民议会的文件，以及国家机关和地方机关的公共文件。1794 年 6 月 25 日颁布的《穑月七日档案法》也规定，国家档案馆的收集范围包括历届国民议会和中央机关的文件、立法文件、选举文件、财产文件、外交文件、人口统计文件等。这些法规条例的规定标志着档案收集的逐步规范和系统化。后来，在法国的带动下，欧洲各国先后开展了档案工作改革，并采取了与法国类似的改革措施。这些国家的档案法规条例也大多明确规定了档案馆的收集对象和范围。

档案法规条例对档案收集范围的规定，是规范性、制度性、自觉性档案收集开始形成的标志。这些法规条例是档案收集的依据和保障，表明档案收集开始被确定为一项规范、系统、科学的制度，需要档案部门有意识地自觉开展。档案收集不能再像古代那样随意。可见，近代是规范性档案收集出现的起点。

（四）现当代时期：依法收集

世界档案事业史的现代时期是以 1918 年的苏俄档案工作改革为起点的，因为这场改革确立了资本主义与社会主义档案事业并立、现代档案事业逐步走向成熟和完善的格局。在档案收集上，苏俄档案工作改革延续了法国档案工作改革的传统，通过颁布《列宁档案法令》开创了档案依法收集的新局面。

《列宁档案法令》颁布于1918年，是世界上第一部社会主义性质的档案大法。《列宁档案法令》明确规定了档案的移交制度，具体内容是：十月革命前的档案全部归入国家档案全宗，分级集中到国家档案馆保存；苏维埃机关的档案在机关档案室保存一定时期，经鉴定后再向国家档案馆分级集中移交。由于是档案大法，《列宁档案法令》对档案收集的规定略显简明扼要，但这种移交制度的规定比近代法国更加清晰和明确。

依法收集是现当代时期档案收集的基本特点，各国都在档案法规条例中规定了机关向文件中心或档案馆移交文件或档案的制度，也规定了档案馆征集馆藏的制度。换言之，档案的接收（移交）和征集制度在各国档案法规中都得到了明确的规定。这一点可参阅第十三章第四节。

第二节 外国档案收集制度

一、代表性国家档案收集的现实做法

（一）欧洲国家

1. 法国

收集和移交是档案管理活动最基本的环节，法国对此十分重视，实行了国家档案馆向政府机关派驻代表负责收集工作的制度。

自20世纪50年代以来，法国国家档案馆开始向政府各部派驻由保管员（经过资格认证有一定级别的档案人员）担任的代表，负责收集各部的文件并做好向国家档案馆移交的一系列准备工作。代表们的具体工作程序是：第一，向派驻单位的有关人员做宣传和解释工作，要求他们认识档案的价值，配合做好收集工作。第二，与有关人员协商后，组织进行文件的挑选和分类整理，并拟定文件的保管期限。第三，与派驻单位共同编写移交文件的说明清单，内容包括案卷目录和每份文件的基本情况等，以此作为移交证明。第四，负责组织移交工作，把文件按程序规定向现代档案城移交。第五，对现代档案城保存期限已满的文件，与现代档案城工作人员协商后定期进行调整，把具有永久价值的文件送到国家档案馆保存。

省档案馆对省级机关档案的收集采取了上述类似的方法。按照档案法规定，中央和地方国家机关都必须无偿向档案馆移交档案，不同的是中央机关的保存期一般为 30 年，省级机关的保存期多为 5 年。

为了有效地进行私人档案的收集，法国 1949 年成立了档案收集委员会，任务是收集私有性质的档案。该委员会因经费有限，采取的收集形式主要是捐赠，购买和复制只是辅助手段。为了加强对私人档案的监督和管理，1979 年颁布的《法兰西共和国档案法》规定国家对私人档案有强行登记权。继承私人档案需缴纳遗产税，如继承人将档案赠予档案馆，可免交遗产税。这些规定都为私人档案的征集创造了有利条件，可最大限度地丰富馆藏，防止档案资源的散失。

2. 俄罗斯

根据档案法规定，国家权力机关、行政机关、组织和企业活动中形成的档案文件，以及由非国家机关、组织和企业移交的档案文件，均由国家档案馆收集并保存。俄罗斯联邦档案全宗里国有部分的正本文件，一律不得由博物馆、图书馆、社会团体和宗教团体的档案馆、私人档案馆接收保管。俄罗斯联邦档案全宗里非国有部分的文件出售时，国家享有优先购买权。与苏联时期[①]一样，俄罗斯联邦档案全宗的文件，在移交国家保管之前，均由机关档案室保存。苏联档案法曾规定了档案在机关保存的最长期限，加盟共和国及其以上的机关一般为 15 年，边疆区、州和市级机关一般为 5 年。涉及特殊内容的档案和特殊载体档案的保管期限各不相同。俄罗斯基本沿用了苏联的规定，各级机关按规定期限定期向档案馆移交档案。与苏联时期相同，俄罗斯把国家拥有的档案视为一个整体，统称为“俄罗斯联邦档案全宗”。俄罗斯联邦档案全宗是指反映俄罗斯联邦各族人民物质和精神生活的，具有历史、科学、社会、经济、政治和文化意义的全部文件的总和。其包括俄罗斯版图内的所有档案全宗和档案文件，不管其来源、载体类别、保管地点和所有制形式如何。

3. 意大利

意大利国家档案馆的档案来源主要包括四个方面：现行中央和地方机关定期移交来的文件材料；撤销机关的文件材料；档案馆通过购买、赠送或寄存等多种手段征集来的档案史料；按制度没收的私人档案或私人自愿寄存的档案史料。其中第一种是最重要的收集渠道。根据档案法规定，意大利所有国家机关必须把保存期满 40 年的档案定期向国家档案馆移交，涉及征兵和复员的档案满 70 年后移交，公证文件的移交期限则为 100 年。

按照档案法规定，档案移交机关在档案移交之前，必须由机关进行整理和鉴定。机关编制的档案目录应随档案一同移交，档案馆原则上不再重新整理和编目。但大多数情况下，国家档案馆不得不重新进行编目。

---

① 苏俄（1917—1922），档案机构为“俄罗斯苏维埃联邦社会主义共和国教育人民委员部档案管理总局”；苏联（1922—1991），档案机构为“苏联档案管理总局”；俄罗斯（1991 年至今），档案机构改为“国家档案局”。——编者注

意大利档案收集的范围包括四个方面。

一是公共档案。意大利国家档案馆最重要的收集渠道是现行中央的地方机关定期移交的文件。在公共档案的收集移交方面，各级国家档案馆主要负责收集中央机关和地方机关形成的文件。各档案馆与应向档案馆移交文件的国家机关保持经常联系，在各机关中建立由三人（机关两人，档案馆一人）组成的任期三年的监督委员会。该委员会对文件的收集实行监督，负责编制目录等各种检索工具，监督向档案馆移交文件制度的执行。

二是私有档案。意大利通过立法和政策监督的形式对私有档案进行收集，确保本国珍贵的档案文化遗产的完整和安全。意大利非常重视私有档案的收集，1939年，意大利在其档案法令中规定一切公务档案和有关公共利益的私有档案都归属国家监督，并在全国专门设立9个用以监督私有档案的机构，这是西方国家第一次把对私有档案的监督管理写进档案法规。1963年颁布的关于国家管理机构和管理人员的法令，把私有档案的管理纳入档案法，从而加强了政府对国家文化财富的收集和保护。

三是历史档案。意大利很珍惜本国悠久的文化传统和历史遗产，保存着众多历史档案，如著名画家的油画、羊皮纸档案等，并采用各种手段和方式收集，力求保留不同历史时期的档案。意大利文化遗产保护部设有专门机构，负责古城和历史文化遗产资料收集、整理、登记工作，为每座古城、著名古建筑建立档案。对那些被宣布具有历史价值的私人档案馆，同样进行规范和保护。

四是特色档案。在特色档案方面，意大利比较关注民间档案的收集。如意大利有名的“日记档案馆”和“旅游档案馆”就十分注重收集日记、回忆录、信件和旅客留言等来保存普通百姓的人生经历与感受。这些特色档案如同一部部生动的历史教科书，有助于人们从另一种角度观察和分析历史。

4. 西班牙

西班牙规定现行政府机关的文件必须定期向国家行政总档案馆移交。这个档案馆属于中间性档案馆，馆藏中具有国家历史意义的、需永久保存的档案在该馆保存一定时间后必须移交给国家历史档案馆。西班牙政府规定，具有历史价值的永久档案在行政总档案馆保管25年后即可转交到国家历史档案馆。

5. 德国

德国联邦档案馆十分重视档案收集，不仅遵照法律及时接收政府机关的档案，还注重征集各种有价值的民间档案。档案馆经常主动开展征集工作，档案人员注意从各种报刊和广告中获取有关信息，一旦发现线索，就主动联系。搬运档案的费用全部由档案馆承担。档案馆还对接收或征集的档案进行编目，并主动向档案移交机关或个人提供检索工具，保证利用方便。这样一来，收集工作就十分顺利。

德国档案馆征集档案的方式包括：一是开展档案社会宣传。如柏林市档案馆每月举办一次学术讲座，邀请一些亲身经历过重大事件的著名人士、地方志专家、史学教授在档案馆讲解本地历史事件、名人掌故。在档案馆开放日，任何人都可持身份证件参观档案馆库房和目录室。

二是购买。如曼海姆市档案馆购买了 20 000 多幅与城市历史有关的图片。迪伦市档案馆从旧货市场购买了一批反映地方历史的古钱币。档案馆购买档案的经费支出既有财政拨款，也有社会资助。

三是捐赠或寄存。如在曼海姆市，档案馆鼓励民众捐赠档案，如一部 1907 年拍摄的反映该市历史展览的老电影，就是由市民捐赠给档案馆的。市民也可签订寄存协议委托档案馆代管档案，如果市民到期想取回档案，需向档案馆支付一定的保管成本费。

四是主动拍摄照片形成档案。档案馆主动将城市建设的历史面貌用照片形式记录下来，作为档案保存，这是迪伦市档案馆的经验。迪伦市在二战期间毁于轰炸，战后重建，为延续城市文明，主要依靠的是老照片。档案馆主动将城市街道、建筑拍摄存档，形成大量的城市建设照片，记录城市变化的历史，这项工作在迪伦市档案馆坚持了数十年，成效明显。

6. 北欧诸国

北欧诸国档案馆的接收工作大多是有章可循的。

冰岛政府规定，各机关的档案从形成起满 30 年就应向档案馆移交。中央机关、受国家资助的文化团体，其档案向国家档案馆移交；地方机关的档案，则移交到所在地区的档案馆，如果该地区没有设立地方档案馆，地方机关可直接向国家档案馆移交期满档案。

瑞典政府在 1961 年颁布的《档案总条例》中规定，中央机关向国家档案馆移交档案材料的期限由双方协商决定；地方机关必须把 100 年以前的档案移交给地方档案馆，每 10 年移交一次。

丹麦国家档案馆成立初期，政府要求各机关把办理完毕满 3 年的档案移交给国家档案馆，这是当时世界上最短的移交期限，被称为“丹麦制度”。目前，丹麦政府对档案移交期限重新作出规定，各机关必须把形成期满 30 年的档案向国家档案馆或地方档案馆移交，每 5 年移交一次，移交的运输费用由机关自行承担。

芬兰对档案的移交期限没有明确规定，各机关根据实际情况自行决定。有的机关把年满 10 年的档案就向档案馆移交，有的机关要求档案在机关保存 50 年之后才可向档案馆移交。

（二）美洲国家

1. 美国

美国联邦档案系统对接收工作规定有一套较完整的程序。

第一，联邦档案系统确定了文件接收的主要来源，包括总统及总统办公室、内阁各部、独立的政府部门、立法机构和司法部门形成的半现行文件和档案，均应按规定向联邦文件中心或国家档案馆移交。

第二，联邦政府机构在移交文件前，必须完成一系列准备工作。准备工作包括：建立一套案卷调查统计表，注明文件的类别、数量、保管期限、整理方式、处理意见等；遵照国家档案与文件署的规定，填写文件处理申请表，内容包括文件基本情况介绍、处理意见和理由等；向有关主管部门和国家档案与文件署报送文件处理申请表，根据其审批意见进行处置。

第三，联邦政府机构文件和档案的正式移交始于获得国家档案与文件署审批之后。向联邦文件中心移交半现行文件，文件的所有权仍属于形成机关；向国家档案馆移交具有永久保存价值的档案，意味着档案所有权发生转移。联邦文件中心接收文件有其特殊考虑：保存期限过短的文件不宜接收，满足保密或人事特殊需要的文件不宜过早接收，每盒文件的月利用率不超过一次才可接收，保管费用低于原机关才予接收。国家档案馆接收文件必须是形成期满 30 年，由国家档案与文件署确定具有永久或历史价值的文件。对这类文件的鉴定极为严格，因此数量很少，大约只占文件总量的 3%。

第四，为了对接收工作进行有效控制，在接收过程中往往要形成一些书面文件。一种是交接表，包含了文件的接收号、排架号、文件盒数量、移交机关的名称、地址和电话、移交日期和处置期限等；另一种是存址指南，上有接收号、文件系列标题、年代和文件盒的存址等。这两种表主要有三个作用：一可充当文件交接的收据；二为移交机关提供借阅指引和说明，方便文件的快速存取和借阅；三能有效控制文件的接收和处置，保证接收的质量。

美国许多州档案馆和民间档案机构都效仿联邦档案系统开展接收工作，因为这种接收的特色是可对文件从形成到移交实施全过程、程序化的控制管理，从而保证进馆文件的质量。严格的登记和审核制度是实现程序化控制的保障。

近年来，美国民间推崇“大档案”的理念，其中一个原则就是保管记录全社会历史的所有私立机构和私人档案。私立机构档案包括社会组织和商业机构的章程、会议记录、制度、函件、规划计划、财务报表等，私人档案主要是个人和家庭的信件、日记、照片、声像资料等。这些档案大多通过捐赠的途径收集，也有一些依靠购买的方式获得。

2. 加拿大

加拿大国家档案馆根据有关法规，把公共文件作为其接收和保管的主要对象。公共文件是指政府各部和其他机关形成、收到或保存的，包含涉及组织、职能、管理规则，或者涉及各部和机关活动的情报，或包括过去、现在和将来对加拿大政府有一定价值的各种形式和载体的文件材料。国家档案馆负责审核各机关的文件登记表，从机关接收具有永久保存价值的公共文件。其接收程序与美国类似。

20 世纪 70 年代，加拿大正式提出“总体档案”这一新概念来指导公共档案馆系统的馆藏建设和管理。总体档案的政策要求是：“在加拿大境内，通过收集官方行政文件和相关的私人文件、企业文件，来记录历史发展和社会各阶层、各方面的活动面貌。”换言之，公共档案馆收集保管所有档案（包括公共档案和私人档案）的活动被看成“总体档案”政策的内容和要求，各级公共档案馆都要收集、保存各种载体的公私档案并提供利用。总体档案政策对加拿大档案全面、全方位的收集产生了深远影响。

3. 拉美诸国

拉美诸国十分重视档案收集，大多在档案法规中明文规定档案接收的范围和程序。乌拉圭、秘鲁、智利、危地马拉和巴拿马等国规定，国家档案馆负责接收所有国家机关，包括外交、国防、总参谋部、立法和司法机关的档案；乌拉圭和智利甚至规定地方政府机关的档案也必须向国家档案馆移交；但也有巴西、玻利维亚等一些国家规定外交、国防和内政等要害部门的档案由各部自行保管。有了法律依据，一些拉美国家的档案收集工作很有成效，较为典型的要数阿根廷和乌拉圭。

阿根廷 1961 年颁布的第一部档案法规定阿根廷中央政府机关、国有企业、事业单位和社会团体的文件材料，已满 30 年并具有永久保存价值的，均应移交给国家档案馆保存。

乌拉圭 1941 年颁布的有关条例规定，1900 年以前的档案文件均应移交国家总档案馆。各现行机关不仅严格遵守这一规定，自觉把具有永久价值的档案移交到总档案馆，甚至不拘泥于上述时间界限，把上一年或当年办理完毕，具有永久价值的文件也交给总档案馆。为了进一步做好收集工作，乌拉圭还通过一项法律，宣布禁止出口有历史价值的文件；对收集公共或私人档案成绩卓著者，经政府批准，国家总档案馆可授予其荣誉称号。因此，乌拉圭国家总档案馆的馆藏完整、丰富，保存了自 1705 年至今的所有重要档案。

但是，由于多种原因，拉美一些国家的档案收集工作无法正常开展或受到很大限制。有的国家是因为经费和技术困难，无力开展正常的收集工作。如玻利维亚迁都之后，存于原首都各政府机关的公务档案一直没有向国家档案馆移交，造成大量文件的散失。有的国家是因为馆库容量小和条件差，只能接收部分机关的档案。如巴拿马国家档案馆因库房容量太小只能暂时接收政府行政管理与司法部的档案，停止接收其余机关的文件。有的国家是因为库容紧张和经费拮据，私人档案很难收集进馆，甚至私人捐赠的档案也无法接收。如智利全国天主教会曾决定把全部宗教文件移交给国家档案馆，交换条件是索取一套缩微复制件。但档案馆因库房和经费紧张，只好婉言谢绝。有的国家是有法不依或执法不严，国家对档案收集的规定没有得到很好的贯彻执行。如巴西虽然颁布有《建立国家档案体系的法令》和《国家档案馆条例》等多项法规，要求国家公务档案必须集中保存、统一管理和定期移交，但一些政府机关对此置若罔闻，给收集工作带来很大困难。

（三）亚洲国家

1. 日本

日本国立公文书馆公文书科专门负责档案收集。公文书科下又设有三股一室：收集保管股主要负责接收与收集国家行政档案并进行妥善保管；编目股负责档案的整理和分类，编制档案目录和索引；借阅股负责档案阅览、陈列和其他利用工作，并对利用情况进行统计；档案业务研究室负责制定鉴定、分类等专业标准，编纂和出版档案资料，以及开展馆际交流。通过这三股一室的明确分工，国立公文书馆井然有序地开展档案管理工作。

根据 1980 年 12 月 25 日实施的《部间联络委员会协议》，国立公文书馆根据下列规定接收各政府机构所产生的公文：形成后年满 30 年需永久保管的文件移交到国立公文书馆；定期保管的文件在期满 1 年内向公文书馆移交。

2. 韩国

作为韩国官方的档案机构，政府记录保存所接收中央和地方政府机构所形成的档案文件。其接收范围具体包括：永久和准永久档案，由总统签署或与总统有关的档案，需要保存的机密文件和具有历史价值的文件。这些档案的接收时间略有差异。永久和准永久档案在产生满 6 年后就可移交；总统文件每半年向记录保存所提交一次目录，总统任期结束后就把文件移交；机密文件在保密期结束后移交进馆；具有历史价值的文件可根据需要随时移交。文件移交的具体办法是：先由形成机关每年定期向记录保存所报告文件移交数量，然后由保存所制订移交计划，并通知各机关根据移交计划进行移交工作。

3. 印度

印度中央政府规定，政府机关（立法和最高司法机关除外）满 25 年的文件，都必须向国家档案馆移交，移交时必须编制文件保管期限表和移交清单，注明移交机关名称、文件起止期限和案卷基本情况。各邦档案馆自行规定档案的接收时间和接收范围。

4. 巴基斯坦

巴基斯坦于 1984 年颁布了第一部档案法。根据法令规定，各机关的文件办理完毕 1 年以后，就可以向各级文件中心移交。移交机关必须同时划定文件保管期限：A 级文件指必须永久保存的文件，在文件中心保存 4 年以后可移交到档案馆；B 级和 C 级文件指必须长期保存的文件，在文件中心保存 4 年以后须重新鉴定，或升为 A 级，或降为 D 级；D 级文件指必须销毁的文件，销毁权由馆长掌握。各省文件中心保存的大量文件，都是按照上述移交规定向同级档案馆移交。

5. 马来西亚

马来西亚的档案管理活动严格按照国家档案法进行。凡是已满 20 年并具有永久保存价值的公共文件，按档案法规定都必须移交到国家档案馆保存，但如果文件涉密，主管档案工作的文化艺术旅游部长有权阻止它们向国家档案馆移交。此外，馆长也有权推迟某些档案的移交时间。

6. 新加坡

新加坡建国时间不长，加上长期受殖民统治，独立前的文字史料多数反映殖民历史，关于新加坡自身历史的记载为数不多。为弥补早期历史档案的不足，新加坡成立了专门的机构——口述历史中心，有意识地开展了收集口述资料的工作。他们认为，现代人因事务繁忙，许多人都未将其个人经历记录下来，传给后代。因此，通过访谈录音，记录民众的回忆，就能保存许多的历史资料。同时，口述历史也有特别价值，它将历史人物的声音记录下来，让人能从他们的记忆中产生一种参与感，切身感受历史事件的现场气氛。

现在口述历史中心共设有两个录音室，专门用于录音访谈。有些受访者由于各种原因不能来馆录音，档案馆人员就上门录制。中心将访谈录音整理成文稿，有的印刷出版，有的制成视听材料，进行广泛传播。新加坡收集口述档案的主要程序是：编制口述历史计划大纲，按政治、经济、文化、教育、艺术、名人等专题分成若干类目，然后按不同问题找有关人员进行访谈录音，编辑加工成录音资料，之后将访谈内容打印成文稿，最后修正文稿。

（四）非洲国家

非洲一些国家在法规中对档案馆接收文件的范围和要求作出了明确规定。

1. 阿尔及利亚

阿尔及利亚 1977 年颁布了《国家档案法令》，规定国家档案馆应当接收全部文件的正本。中央机关和国营商业、工业公司形成的文件，25 年以后向国家档案馆移交；私人文件，如果在国家政治、社会或文化生活中具有重要作用，应当在个人死后半年内移交国家档案馆。省级机关和市镇机关形成的文件，满 25 年后也应当向同级档案馆移交。法令还对私人档案的接收和保管作出了规定，鼓励私人把具有历史价值的文件自愿寄存在档案馆内。

2. 坦桑尼亚

坦桑尼亚 1965 年颁布的国家档案法也规定了国家档案馆接收文件的范围和权限。独立前殖民当局和独立后中央机关形成的档案文件，均属国家档案馆的接收范围；另外一些半政府机关，如广播公司、高等院校、市场委员会和职业团体，也必须向档案馆移交文件。档案法规定国家档案馆馆长或由他授权的任何官员，都有权检查尚未移交的公共档案，有权从中挑选应当移交的部分。除特殊情况外，凡被认为应当移交的档案，都必须在本单位保存 20 年后向国家档案馆移交。

3. 刚果（金）

刚果（金）1989 年颁布的《建立国家档案馆的法令》也规定，政府各部和公共机关保存的 30 年以前的文件，包括 30 年以内但已不再使用的文件，必须移交国家档案馆保存。当政府某一机构或某一公共机关被撤销时，其有关文件除非有接替继任单位接管外，都必须全部移交国家档案馆保存。凡拥有或占有 30 年以前的档案的任何私立机构和个人有责任向国家档案馆书面报告其档案。国家档案馆对具有国家意义和民族价值的档案，可以行使优先购买权。

4. 加纳

加纳的档案立法把加纳政府机关形成的文件分为 A、B、C 三类。其中只有 C 类具有永久的保存价值，必须按规定手续在满 5 年后移交给国家档案馆。其他两类文件往往不属于国家档案馆的收集范围。另外，凡是公共档案监督委员会常设委员会命令向国家档案馆移交的文件，政府机关都必须按照命令进行移交。

（五）大洋洲国家

澳大利亚各档案馆均依照档案法规接收档案。以新南威尔士州档案馆为例，该馆80%以上的馆藏文件就来自澳大利亚政府文件中心。文件中心接收文件的手续十分简单。文件中心首先向文件形成机关提供定制的文件盒，要求机关填写盒内文件登记表。清点核对之后，文件中心派车到形成机关装运文件，当天把文件入库、上架，并在文件登记表上注明排架位置代号。文件中心在文件形成的25年左右，依据法律进行鉴定，凡涉及联邦政府重要政策、决议以及人权、出生证、死亡证等方面的材料移交档案馆永久保管，其他全部销毁。最终，能进入档案馆永久保存的文件仅占全部文件的10%，这些文件被档案馆接收后还要进行一次鉴定，经过淘汰，真正作为永久保存的档案占全部文件的5%左右。在没有建立文件中心的州，各机关向档案馆移交文件的手续也与新南威尔士州类似。

此外，澳大利亚档案馆也注重收集与公民个人有关的档案。如国家档案馆大量征集记载个人资料和家族历史的私人档案，反映城市历史和建筑艺术的图稿，甚至还征集各种宣传单、海报、信函、小报等，馆藏结构十分丰富。近年，随着更多关于国家记忆和历史反思的专题档案展览活动的举办，澳大利亚国家档案馆和各州档案馆大量征集口述档案，以录音转文字的形式实现大规模收集，旨在从更多角度还原历史原貌。

二、档案收集制度的内容

从以上代表性国家档案收集的现实做法可以看出，国外已形成了明确的档案收集制度。各国档案法规条例是档案收集的依据，尽管具体条款不尽一致，但在档案收集制度上包含了大致相同的内容。这些内容包括收集范围、收集时间、收集程序和方法三个方面。

（一）收集范围

各国档案法规都严格地规定了档案收集的范围。总体而言，这种范围会依据档案馆的级别和类型有所区别。中央级或联邦级的国家档案馆一般接收中央机关或联邦机构的档案，地方档案馆一般接收相应级别机关的档案。特定类型的档案馆，如专门档案馆，也会在档案法规中找到特定的接收范围。

目前各国档案收集的范围表现出两个特点。一是全面化和综合化，这主要体现在收集档案的门类和载体上。各国国家档案馆作为保存档案的综合性机构，在馆藏门类上尽量注重全面和丰富，从政治、经济、军事、外交档案到文化、科技、宗教、卫生档案等无所不包；在馆藏载体上也注重多样化，从古代的石刻、羊皮、金属载体，到近现代的纸张，再到当代新型的胶片、磁带、磁盘、光盘等应有尽有。同时，为了进一步扩大收集范围，一些国家还规定公共档案馆不仅接收公共档案，还可接收私人档案。例如加拿大《联邦档案法》规定，所有公共档案馆都必须同时收集公共档案和私人档案。二是精简和优化，这主要体现在进馆比例上。近年来，国外一些档案馆缩小了接收比例，目的是实现馆藏的精简和优化，提高馆藏质量。例如，美国和加拿大国家档案馆都把进馆比例从5%减少到3%。

（二）收集时间

各国档案法规都明确地规定了档案收集的时间，即接收或移交时间。这种时间的规定在各国不尽相同，从数年到数十年甚至百年不等。总体而言，收集时间也会因文件形成机关级别的高低以及文件内容和类型的不同而存在差别。对于征集活动来说，时间的规定不会也无法固定，各档案馆根据需要自行确定征集的时间。

（三）收集程序和方法

各国档案法规都涉及档案收集程序和方法的内容，只是具体条款详略有别。有的国家规定得十分细致、具体；有的国家则留出了较大的空间。总体而言，档案收集的程序和方法在不同国家和地区，在不同级别的档案馆，共性较为明显。

国外档案收集的方式具有较为明显的主动色彩。由于接收长期以来被规定为一项例行的制度，如果把移交档案看成是文件形成机关的义务，档案馆的收集方式容易陷于被动等待。但是，国外档案馆的收集方式一直以来具有较为积极、主动的特点。例如，法国就形成了由档案馆派驻代表前往机关协助收集的制度，这种做法就体现了主动收集的特点。另外，国外对档案征集也十分重视，采取的方式更加主动。比如，加拿大国家档案馆设立有专门的征集处，负责开展档案的征集活动。再如，苏联的档案法规规定，凡是政界、科技界、文化界等具有国家意义的人物，各档案馆都要采取劝说捐献或购买的方式，对其档案进行跟踪征集。为此，苏联中央国家国民经济档案馆设有专项经费，由专人采用发信和登门洽谈的办法跟踪征集国民经济各部门著名人物的档案。

第三节
外国档案馆藏

一、档案馆藏的含义

档案馆藏（archival holdings）是指档案机构所保存的全部档案。国外对这一术语有着明确的解释。国际档案理事会最新修订的《档案术语词典》规定，档案馆藏是指“文件中心、档案馆或手稿库保管的文献总和”。美国档案工作者协会主持编纂的《档案人员、文件管理人员和手稿管理人员术语手册》指出，档案馆藏是“存储在文件中心或其他库房的所有文件”。加拿大不列颠哥伦比亚大学图书馆、档案和情报学院编写的《档案术语词汇》也把档案馆藏解释为“档案库房保管的文件总体”。这些规定基本相同，表明档案馆藏一般是指各国档案机构所收藏和保存的全部档案，也包括相关的资料、图书和实物等。档案是馆藏的主体，其他的则是馆藏的补充。

二、档案馆藏的要求

馆藏是一个档案机构开展基础工作和服务工作的物质基础。具备丰富的馆藏才能开展利用服务，才能实现保存档案的价值，才能发挥档案机构的功能。国外档案机构在馆藏建设中虽然没有提出明确的原则和要求，但注重馆藏的丰富和优化是各国档案馆藏建设的共同做法，也是普遍特点。一般而言，国外档案馆藏建设都要考虑所藏档案的数量、质量、成分和结构四个因素，尽力满足“数量充足、质量优化、成分丰富、结构合理、内容特色”的要求。

（一）数量充足

档案机构的馆藏必须有一定量的积累。如果馆藏数量不足，将直接导致档案机构信息匮乏，难以满足利用的需求。但也应注意适度，数量过多，既会给档案机构有限的空间造成压力，也有可能导致滥竽充数、同类重复现象的发生。

（二）质量优化

馆藏在一定量的积累之后，注意力应更多地投向馆藏质量。质量有形式和内容之分。形式上的质量是要注重馆藏档案门类和载体的多样性。内容上的质量是要保证档案信息的真实性和可靠性。档案作为原生态信息，可资凭证和查考是其基本功能，因此档案机构都会重视馆藏质量的优化。各国大多通过严格的鉴定来实现这一点。

（三）成分丰富

国外档案馆藏的种类一般丰富而充实，既收集有反映政府机关活动的普通档案，还收集有各领域的专门档案。既要收集社会团体、组织的档案，还要征集著名人士的私人档案，如手稿、家谱、信件等。在内容方面，要全面收集反映经济、政治、科学、文化等各方面的宏观材料和微观材料。在文件载体方面，既收集纸质档案，还应包括各种特殊载体档案，如泥板档案、棕榈叶档案等；还要收集现代新型载体档案，诸如照片、缩微胶片、软盘、磁盘、光盘等。同时，档案机构还应收集与馆藏相关的材料，与档案相辅相成、互相补充。

（四）结构合理

这是指馆藏档案与其他材料的数量比例要合理，各类型档案之间的比例也要合理。国外档案机构的馆藏以档案为主，其他材料只是辅助品。各类型档案之间的比例也应注意适当并突出特色，避免与其他档案机构的馆藏雷同重复。

（五）内容特色

指每个档案馆的库藏档案与资料，均应具有地方特色、文化特色、人物特色、历史事件特色、时代特色、民族特色等。据此各级综合性档案馆，应结合本地区的历史、自然风貌、物产、著名事件和人物、民俗、宗教信仰、名胜古迹、民间艺术、名特优新产品等方面的情况，积极收集相关的档案资料；各种专门档案馆和部门档案馆，应当将有关专业活动或本专业、本部门形成的档案，及时接收入馆，使馆藏具有明显的专业（专门）性特点。

例如，美国比较注重跟进技术发展，及时关注社交媒体文件的归档。美国国家档案与文件署 2011 年 10 月 20 日发布了《Web 2.0 背景下社交媒体平台文件管理指南》，对社交媒体平台产生文件的管理提供总体指导。北卡罗来莱纳州政府也对社交媒体档案实施归档，开发了社交媒体归档平台，该系统是世界上首个提供社交媒体数据以及元数据存档的公共平台。

加拿大比较注重家谱档案的收集保存。国家档案馆中保存有浩如烟海的“家谱档案”，对于宗谱研究具有重要价值；近些年来特别重视“土著居民”档案的收集保存，用以维护土著居民的权利。

韩国比较注重总统档案的收集保存，近年建成的总统档案馆收藏了从首任总统李承晚到第 17 任总统李明博的历届总统档案，其中包括大量文件、视频资料等。

三、档案馆藏建设的内容

各国档案馆的馆藏建设主要包括两方面的内容：规定馆藏范围；确定馆藏来源。

（一）规定馆藏范围

档案机构的馆藏范围，实质上是指一个档案机构收藏哪些方面的档案，即馆藏结构和成分。规定馆藏范围，对于每个国家的档案机构都十分重要，因为这有利于保护国家的档案财富，有利于保证合理有效地利用档案。

1. 有代表性的各国规定

各国国家档案馆的馆藏范围，一般是由档案法规或者由国家授权档案当局来规定的。

在英国，《公共档案法》明确规定国家档案馆接收英国政府各部和其他公共机关的档案，以及英格兰和威尔士各法院的档案，但不包括苏格兰地方政府的档案。

在美国，《联邦档案法》只规定了国家档案馆的馆藏范围。所有联邦机关，包括国防部和外交部的档案，必须移交国家档案馆。而各州档案馆的馆藏范围则由各州自行规定。

在日本，国立公文书馆章程规定，日本国立公文书馆的馆藏范围包括：内阁官房保存的宪法、条约、法律及政策法令的原件；各省厅需要永久保存的档案（国防、外交及人事档案除外）；古代文献史料和图书。

在缅甸，1990 年颁布的《国家文件和档案法》规定政府部门拥有的文件自形成之日起满 12 年，并且已丧失行政效用时，应该移交到国家档案馆；如果政府部门愿意，也可在此期限之前移交。

在马来西亚，档案法规定马来西亚国家档案馆的收藏范围包括公共机关形成的保管期限在 25 年以上的档案，以及通过购买、捐赠的方式集中到档案馆的具有全国意义或历史价值的所有公共文件和非公共文件，其中包括图表、照片、缩微胶片、影片和录音文件等。

在印度尼西亚，国家档案管理基本法则规定，中央国家档案馆的馆藏范围包括中央国家机关和中央政府机构的非现行档案，以及私人机构或个人的档案。印度尼西亚把档案划分为现行和非现行两种。现行档案是指在进行各种活动和处理事务时仍要直接使用的文件，由形成单位保存；非现行档案是指不再直接使用的文件，属国家档案馆的收藏范围。

在巴基斯坦，1984 年颁布的第一部档案法规定，巴基斯坦国家档案馆的收藏范围包括：除国防和外交以外的各政府机关和部门产生的“一类”档案；著名人物的私人手稿；全国非政府机构的档案以及政府机构出版的十种公报和新闻通报等。

在阿尔及利亚，国家档案法规定阿尔及利亚中央档案馆负责接收保管具有全国意义的各种档案，以及宪法、国家宪章、国际条约和国际协定的原件；从外国档案馆及其他机构收集来的或者通过购买、捐赠等方式集中来的原件和复制件。

在塞内加尔，1981 年颁布的档案法规定，凡自然人或法人在其公私活动中产生和收到的文件，不管其性质、形成日期、形式和制成材料如何，都是档案，而其中具有全国意义的，均属于国家档案馆的收藏范围。

在巴西，国家档案馆的工作是由馆长负责的。历届馆长在上任之后都要总结以往的经验，制定新的规章条例。政府机关产生的档案文件，需要永久保存的，都必须向国家档案馆移交。法律、决议和命令等文件，在公布 5 年后，原件要移交到档案馆；其他文件应在问题处理完毕 10 年后移交；债务契约的原件、重要的外交文书以及其他的保密文件，可以在 15 年后移交。

2. 各国馆藏范围的共同特点

各国档案馆的馆藏范围具有两点共性：

一是馆藏范围具有综合性特点。尽管各国档案馆的馆藏范围因为档案馆的级别和类型有别而存在差异，但一般具有综合性特点，馆藏的门类和载体都较为多样化。

二是馆藏范围具有法定性特点。各国的馆藏范围大多以法规形式确定，不能随意变更。

（二）确定馆藏来源

这是指确定档案机构获取和积累档案的途径和方式，确保馆藏档案得到源源不断的补充，从而达到丰富馆藏的目的。概括而言，各国档案馆丰富馆藏的途径包括例行接收和专门征集两个方面。

1. 例行接收

接收档案，是各国档案馆丰富馆藏的最基本和最重要的途径，也是馆藏来源的传统方式。每个档案馆都必须遵照档案法规为其规定的馆藏范围接收档案。这种接收制度有助于划清档案馆与图书馆的界限。美国档案学者谢伦伯格说过，档案馆是接收机构，而图书馆是搜集机构。因为任何一个档案馆，无论是政府的或是私人的，都是从特定机构接收档案来保存的。而图书馆往往是通过购买的方式来积累馆藏的。可见，档案馆例行的接收制度决定了其馆藏来源的基本途径。

各国的档案法规都把档案的接收和移交看做是一个统一的过程。移交是针对档案形成机关而言的，接收是针对档案馆来说的。在移交和接收时，文件形成机关与档案馆需要履行必要的交接和登记手续。各国都规定了档案交接、验收和清点制度。交接双方要在移交目录或交接清单上签字，注明日期。对不同类型的档案，如手稿、地图、照片、录音带和光盘，要分别登记交接表册，以利于保管。

档案的移交和接收一般采用直接和间接两种方式。直接方式，是指由文件形成机关直接向档案馆移交，或者说由档案馆直接从机关接收。间接方式，是指由文件中心向档案馆移交，或者说由档案馆从文件中心接收。一般来说，这两种方式在各国是并用的，只不过有的国家如俄罗斯、法国等，以直接方式为主；有的国家如美国、加拿大等，则以间接方式为主。

大多数国家都规定了交接档案应遵守的原则。较具普遍性的原则有二：第一，保持档案全宗完整性的原则。一个机关形成的档案是一个有机整体，不得拆散移交给两个或两个以上档案馆保存；在一个档案馆内也不得将不同机关的档案混合在一起保管。案卷脱离了它的群体，就会失去固有的价值。在全宗内部，也要保证档案的完整。比如照片、录音文件，一旦与其文字说明分离，就失去了它的完整性，降低了它应有的价值，甚至会造成难以弥补的损失。第二，坚持档案优化原则，防止重份文件和不应进馆的文件混入档案馆。

2. 专门征集

征集也是丰富档案馆馆藏的重要方式，指的是从档案机构正规接收渠道之外获得馆藏档案的活动。各国档案征集的方式主要包括交换、购买、租借、捐赠、遗赠、寄存等，这些方式都是并行采用的。

（1）交换（exchange）

交换是一种重要的征集方式，其范围涉及国内外各个历史时期、各种机构和人物、一切种类和类型的档案，以复制件为主。这种方式对发展中国家具有特别重要的意义。其原因有很多，一是大多数发展中国家独立前形成的档案，绝大部分落入了原宗主国的档案馆。第二次世界大战结束获得独立后，发展中国家为了补充现有的馆藏，便要求宗主国归还档案或者通过复制手段积累馆藏。二是战争、自然灾害和人为灾害等因素使档案原件遭到破坏或丢失，需要交换复制件。三是由于政治和经济危机，档案被转移到他国，但事后没有归还，需要交换。四是由于国家主权和领土状况的改变，导致这些领土上产生的档案归属了另一个国家，需要交换。五是由于利用需求的变化，促使许多国家之间需要交换本国用户感兴趣的档案史料。这些原因使交换成为各国丰富和补充馆藏的一种重要形式。

（2）购买（purchase）

购买也是一种重要的征集方式。购买档案的情况大致有两种：一是本来属于国家所有的档案，由于种种原因而散失或落入本国或外国的社团或个人手中，国家为了收回这部分档案可以采用购买方式。如美国，在第一次世界大战之前开始每年拨款购买档案，重点是购买历任总统的档案。因为在罗斯福之前的各位总统，在离任时都把在任期间形成的档案连同接受的赠品作为私人财产运出白宫，自行处理。但考虑到总统档案特殊而重要的价值，美国政府只得花重金购买它们。

另一种情况是归个人或集团所有的档案，包括私有企业的档案，国家享有优先购买权。因为档案不同于其他私有财产，档案是整个国家历史文化遗产的重要组成部分，所以许多国家在档案法规中明确规定，国家档案部门对私人企业和个人出售的档案，享有优先购买权，只有在国家不收购时，才允许向他人出售。法国就是最好的典型。

（3）租借（lease）

一些国家如斯里兰卡、阿尔及利亚等国的档案法规还规定，档案馆可以采用签订租借协议的办法来征集档案，补充馆藏。如果档案馆需要查询某个档案馆（无论是本国还是外国的）保存的某类（某些）档案，可以采用租借的办法，把原件租借回来，进行复制后再归还。

（4）捐赠（donation）、遗赠（bequest）和寄存（deposit）

各国都鼓励各种集团、企业和个人，尤其是名人向国家档案馆捐赠或在国家档案馆寄存档案。法国、阿尔及利亚、马来西亚、黎巴嫩等国在档案法规中规定，按照自愿原则鼓励向档案馆捐赠和遗赠档案，或者在档案馆寄存档案，鼓励档案拥有者允许档案馆复制他们的具有国家意义或民族价值的档案。

国际档案理事会最新修订的《档案术语词典》把“捐赠”界定为“无须给予金钱报酬而获得新增馆藏”，把“遗赠”解释为“根据最终遗言或遗嘱而转移档案文件的保管权和所有权”，把“寄存”规定为“法定所有权未转移的文件在档案馆中的保管”。这三种形式的共同点在于都需要遵照书面契约或协议来实施。捐赠、遗赠往往遵守的是“捐赠契约”（deed of gift），这是一种规定通过转让所有权向档案机构捐赠文件材料的法律文书；寄存往往遵守的是“寄存协议”（agreement of deposit），这是一种规定将历史材料寄存在档案机构进行实体保管但所有权不变的法律文书。

捐赠、遗赠与寄存的本质区别在于档案所有权的变化。捐赠意味着原拥有者对档案和文件的所有权发生转移，由个人占有转为公共所有，而且这种转移是无偿的。遗赠是按照遗言或遗嘱进行的，可以是无偿的，也可以是有偿的，捐赠和遗赠都意味着档案的所有权发生了转移。而寄存只意味着档案保管地点的改变，并不涉及所有权的转移。

第四节 外国电子文件归档

一、电子文件归档的定义和含义

国外档案界对“电子文件归档”有着明确解释。国际标准 ISO/TR 18492“电子文件信息的长期保存”（Long-term Preservation of Electronic Document-based Information）规定，电子文件归档是指“在一个独立的物理空间或逻辑空间内存储电子信息，用以保护信息不丢失、不被篡改和不退化”。美国国际文件管理者与指导者协会下的国际标准发展委员会（ARMA International Standards Development Committee）主编的《文件与信息管理术语词汇表》（*Glossary of Records and Information Management Terms*）将电子文件归档的含义解释为：第一层含义指“在电子存储和检索系统中，对数字记录或数字化文档进行的获取、标引和存储”；第二层含义指“使用计算机系统将文件提交给官方登记处，如向官方登记处缴税后的单据”。

上述定义和含义基本相同，表明电子文件归档就是将具有档案价值的电子文件由形成部门向档案机构移交的过程，标志着电子文件管理责任由文件生成部门向档案机构正式转移。相比纸质文件，电子文件的归档更为复杂。

二、国外电子文件归档的遵循理念和原则

“前端控制”是国外电子文件归档需要遵循的指导理念。它是指以文件生命周期理论为理论基础，对文件从生成到归档的整个过程进行统一规划、统一要求，把可以预先设定的监控功能和档案管理功能嵌入各业务系统，对文件、档案管理流程进行重组，并在文件形成和维护阶段进行有效监督，从而实现对文件的

超前控制。早在 1996 年，法国档案学者诺加雷为第 13 届国际档案大会所做的主报告就指出，档案工作者要重新考虑他们在文件生命周期中进行干预的时机，甚至要重新思考这种生命周期。相比纸质文件，电子文件的归档需要实行前端控制，档案部门对于电子文件归档的介入要向前延伸，不仅要提前到电子文件的生成阶段，甚至在电子文件管理系统设计阶段就应考虑归档需求。

电子文件归档需要遵循格式规范、齐全完整及真实有效的原则。首先，对于归档电子文件的格式要求，各国的做法不同。北欧国家一般使用电子文件脱离原来生成文件时的软硬件环境，将文件转换成一种标准格式保管；挪威承担了北欧国家共同的“电子文件管理工具”（TEAM）项目的开发，该软件工具包括 ORACLE 数据库文档以开展方式存储，舍弃原数据库复杂的索引结构等；澳大利亚国家档案馆要求凡获准向档案馆移交的电子文件，其数据和元数据必须满足规定的物理格式标准和逻辑格式标准。其次，归档的电子文件应齐全完整，不仅包括文件本身，还要将电子文件的支持软件和管理数据一并收集。最后，归档电子文件应真实有效，如文本文件应是最后定稿，图形文件如经更改，应将最新版本及应更改记录予以归档，各种文件的草稿、定稿根据需要决定是否归档。有条件的机构采用电子文件签署、时间戳等技术，以便确认电子文件的有效性和证据性。

总体来说，电子文件在机构内部的归档已逐渐形成普遍做法，但向档案馆的移交才刚刚开始。主要原因有两点：第一，电子文件形成的时间还不算长，向档案馆移交的问题尚不迫切；第二，因为系统或格式等问题，档案馆尚不具备多来源机构形成的众多类型的电子文件的保管条件和要求。当前，根据国外新闻查知，一些发达国家的国家档案馆就接收电子文件提出了本国的“时间表”，如英国是 2017 年，美国是 2019 年。

三、国外典型国家的电子文件归档的实践做法

各国电子文件归档的实践做法主要包括两种：逻辑归档和物理归档。逻辑归档（logical filing）是指在计算机网络上进行，不改变原存储方式和位置而实现的电子文件向档案部门移交的过程。也就是说，文件形成部门仅仅将存储电子文件的逻辑地址通知档案部门，使得档案部门能通过网络直接查阅该电子文件，逻辑归档后的档案信息可全部在网络中显示和检索利用，电子文件生成在什么位置，归档后的物理位置仍保持不变。物理归档（physical filing）是指把计算机及网络上的电子文件集中传输至独立的或可脱机保存的载体上，向档案部门移交的过程。物理归档的方式又可区分为以网络传输方式归档和以介质传递方式归档两种。网络归档是指将电子文件通过网络直接传输到档案部门，或加工后传输到档案部门规定的地址，并存储在档案部门本地载体上的过程，也称为在线式归档（on-line filing）；介质归档是指将电子文件存储在一定的介质上移交给档案部门，也称为卸载式归档（off-filing），介质包括光盘、磁带、移动硬盘及 U 盘等。

（一）英国

英国国家档案馆颁布了《电子文件管理、鉴定和保护指南》，对电子文件向公共档案馆移交的问题进行了规定。英国公共档案馆要求，各部门的文件管理人员在向档案馆移交文件之前，应向英国公共档案馆的有关部门咨询。选择移交文件的格式和载体之后，各部门须制订详细的文件移交计划，对移交文件的各步骤进行说明，确保文件移交顺利。该计划要对所需资源、移交时机、时间和对该机关可能造成的影响进行说明，并且移交计划须取得系统管理人员、文件管理人员、案卷室的用户和移交人员的一致认可。

向档案馆移交电子文件的步骤大体如下：第一，记录文件结构，并迁移至移交介质上。第二，将文件转换成所选择的移交格式，并尽可能保存文件的元数据。第三，将格式转换的电子文件拷贝到移交介质上，尽可能保持文件的结构。第四，对已完成文件的拷贝，并已移交到公共档案馆的磁带和磁盘须进行整理，整理时不得造成介质或信息损坏或丢失。第五，不管是移交到公共档案馆还是内部使用，文件的检索工具都必须保留。如果这些文件要移交到公共档案馆，移交人员要向档案馆的有关部门咨询检索工具的形式和内容。第六，上述所有步骤都必须登记和记录，确保有完整的审核程序，并满足电子信息的法律接受性和证据性的有关要求。

（二）美国

美国在20世纪80年代后期开始研究电子文件管理问题，明确管理规范和要求。其中，在电子文件接收问题上，推行集中统一管理，具体做法是将各机关电子文件统一拷贝至一种载体上，在接收各机关电子文件时，不考虑网络程序，不依靠系统环境，不需要专用设备，仅仅将电子信息按统一要求复制一套接收进馆。

随着美国迈入信息社会，加之政府行为的广泛性和多样性，美国国家档案与文件署发现其所管理的电子文件不仅数量与日俱增，而且种类日益丰富，除数据文件、数据库外，还有电子邮件、地理空间数据、数字影像等，电子文件管理变得越来越复杂和困难，这些压力和挑战促使NARA于1998年提出电子文件档案馆（ERA）方案，2007年NARA首次使用ERA系统，2011年完成了ERA基本的系统建设和数据准备，2011年9月ERA与IBM建立合作，标志着ERA开发阶段结束，开始进入运营和维护阶段。

（三）加拿大

关于电子文件的归档，加拿大国家档案图书馆正在建立“可信数字仓储”（Trusted Digital Repository，TDR）保存其数字档案馆藏。LAC2008年制定《数字保存方针》，明确了其数字保存的方向和策略，是针对数字保存的一个总体框架，阐述了LAC在数字保存中的职责、数字保存的范围、挑战、原则、各利益相关者的角色和职责，并提出了 LAC 和其他负责数字文献遗产相关机构的合作设想，还规定了鉴定、接收、利用数字档案的原则。LAC 目前正在进行 TDR 建设，涉及一整套业务和技术服务，旨在提供一个可靠的、灵活的、整合的数字保存基础架构。

(四) 澳大利亚

1995 年 3 月，澳大利亚档案馆出版了小册子《管理电子文件——我们共同的责任》。该手册制定了澳大利亚电子文件的归档策略，主要内容是除个别情况外，由联邦机构产生的电子文件不应由国家档案馆集中保存，而应分散保存在文件产生的联邦机构内，这种归档方式被称为“电子文件的分布式保管”（distributed custody）。

2002 年 3 月，澳大利亚调整了电子文件归档的新政策，规定档案馆应保存所有具有档案价值的文件，不管其载体形式如何，这就意味着机关必须将具有档案价值的电子文件移交档案馆统一保管。同时，澳大利亚国家档案馆实施名为“A to R（Agency to Research）Digital Preservation Project”的项目，研究如何将机关的电子文件恰当接收进馆，同时保证档案馆对电子文件的永久保管，以便为利用者服务。可见，澳大利亚电子文件保管策略之所以发生改变，由分散变为集中，是因为目前大多数国家越来越多地认同档案馆仍然是保存具有永久价值电子文件的最佳场所。

【思考题】

1. 简述档案收集的含义和意义。
2. 简述奴隶社会外国档案收集的特点。
3. 简述封建社会外国档案收集的特点。
4. 简述近代档案收集的特点。
5. 简述现当代档案收集的特点。
6. 简述档案馆藏的含义和要求。
7. 简述档案征集的主要方式。
8. 综述外国档案收集制度的内容。
9. 综述外国档案馆藏建设的内容。
10. 综述外国典型国家电子文件归档的实践做法。

第六章

外国档案鉴定

【本章要点】

- 说明外国档案鉴定的含义和内容。
- 总结外国档案鉴定从古至今的发展历程及各主要阶段的特点。
- 辨析不同时期外国档案鉴定理论的主要观点。
- 阐述外国档案鉴定理论的基本内容和发展规律。
- 揭示外国档案鉴定的组织、程序、依据、标准、制度和目标等方面的特点。
- 阐述外国电子文件鉴定。

【关键词】

档案鉴定
档案处置
年龄鉴定论
行政官员决定论
职能鉴定论
文件双重价值论
利用决定论
社会分析与职能鉴定论
文献战略
宏观鉴定战略
档案价值
鉴定原则
鉴定标准
禁毁年限
馆藏优化

第一节 外国档案鉴定的发展历程

一、档案鉴定的含义和内容

档案鉴定（archival appraisal）是档案管理的重要环节之一，是指依据一定的标准，鉴别和判定档案的价值，挑选具有永久价值的档案移交档案馆妥善保存，剔除没有保存价值的档案予以处理。由于它是决定档案存毁命运的重要手段，因而受到各国的高度重视。

国外对档案鉴定含义的认识基本一致。国际档案理事会最新修订的《档案术语词典》对“档案鉴定”的解释是，“一项文件管理/档案管理的基本职能，以文件的现行行政、法律和财务作用，文件的证据和情报价值，文件的排列和状况，以及与其他文件的关系为基础，决定如何对其进行处置”。美国档案工作者协会主编的《档案、文件术语词汇表》（2005 年）规定，档案鉴定有两层含义：一是指“辨别一份档案材料是否具有足够价值被收集的过程”；二是指“基于法律要求和文件当前以及长远的有用性，来判断文件应被保留时间长度的过程”。加拿大不列颠哥伦比亚大学图书馆、档案和情报学院编写的《档案术语词汇》也把“鉴定”扼要地解释为“为持续保存目的而评估文件价值的过程”。InterPARES 国际项目的术语数据库将“鉴定”界定为“为了判断文件保存的时间和状态而评估文件价值的过程”。这些代表性定义无论繁简，都指明了档案鉴定是一项鉴别和评估文件价值的工作环节。

从国外对档案鉴定含义的揭示中可以看出，档案鉴定的内容包括两个方面：一是依据一定的标准，鉴别和评估文件的价值；二是对鉴别后的文件进行处理。国外档案术语词汇表一般采用“处置”（disposition 或 disposal）这一术语来表达档案鉴定后的存毁选择。《档案术语词典》对“处置”（disposal）的解释是“经过鉴定并根据法规、制度或行政程序的规定，对保存期满的非现行文件所采取的处理行动。行动包括移交档案馆或销毁”。美国档案工作者协会主编的《档案与文件术语词汇表》（2005 年）规定，“处置”（disposal）是指“把文件尤其是非流通文件转移为最终状态，或是销毁或是移交给档案馆”。文件管理者与指导者协会的《文件与信息管理术语词汇表》（2007 年）中对“处置”（disposition）的解释是“对文件采取的最后一项管理行动，包括销毁、转移到另一单位或是永久保存”。加拿大不列颠哥伦比亚大学图书馆、档案和情报学院编写的《档案术语词汇》（2006 年）也把“处置”（disposition）简要解释为“鉴定后档案文件的归宿”。InterPARES 国际项目的术语数据库将“处置”（disposition）定义为“通过鉴定来确定文件最终被销毁或是移交给档案馆”。这些代表性定义表明，处置是档案鉴定的内容之一，它决定了鉴定后文件或档案的归宿。

二、档案鉴定的发展进程及特点

（一）奴隶社会时期：档案鉴定尚未出现

奴隶社会时期尚未出现档案鉴定，换言之，鉴定理论和实践均是一片空白。其原因主要有三个方面。一是由于档案数量相对较少，鉴定和销毁档案的迫切性尚不突出。二是档案属于奴隶主的私有财产，它们的存毁取决于所有者的利益和意愿。对于档案，统治者更多的是希望保存而非销毁。三是不同所有者的档案由所有者自行保存，档案鉴定不可能形成统一的标准，更谈不上建立科学的制度。奴隶社会时期档案鉴定的空白表明，鉴定是档案工作发展到一定阶段的产物。

（二）封建社会时期：档案鉴定萌芽

如果说奴隶社会时期的档案鉴定尚属空白，那么到封建社会时期，特别是中期以后，档案鉴定开始萌芽。

14 世纪欧洲的一些自治城市出现了淘汰公文的做法，根据意大利档案学者皮斯多莱兹在其专著《欧洲档案史》中的概要介绍，这种做法一般是成立一个特别委员会，用来审阅庞杂的档案文件，将其中有价值的文件加以保存，把无用的或重复的文件进行淘汰。今天看来，尽管这种做法还没有真正具备档案鉴定的含义，但它标志着当时欧洲国家开始认识到区分有用文件和无用文件的必要性。

出现上述做法的一个重要原因是中国的造纸技术传入欧洲并得到普遍应用，带来的一个后果就是档案数量急剧膨胀，对保管空间造成了很大压力，致使淘汰档案文件的必要性日益突出。然而，由于封建社会档案文件的所有者同样形形色色且互无联系，淘汰公文的做法还无法成为一项制度普遍推广。正规的档案鉴定还是从近代法国档案工作改革才开始形成的。

（三）近代时期：档案鉴定形成

近代是档案鉴定的形成时期。在法国档案工作改革的推动下，近代开始出现了正规的鉴定活动，提出了粗线条的鉴定规章。

法国档案工作改革是出现正规档案鉴定的开端。《穑月七日档案法》规定，巴黎和各主要行政区中心设立档案清理处，负责清理接管的旧政权档案。为便于清理，当时把档案分为四大类：有用文件、历史文件、无用文件和封建文件。前两类应予保留，后两类应予销毁。

继法国之后，欧洲其他一些国家也相继颁布了有关档案鉴定的简单法规。1832 年，奥地利为防止出现过度销毁档案文件的现象，颁布了《关于剔除和销毁登记室和档案馆无用案卷的规章》（*Regulations Regarding the Elimination and Destruction of Useless Files in Registries and Archives*）。但规章对禁止销毁的案卷范围以及制定和实施销毁措施的机关均未作具体规定。1833 年，德国颁布档案鉴定规章要求由行政机关决定档案文件的鉴定和销毁事宜；俄国在 1830—1860 年发布的关于档案鉴定的法令中也作了类似的规定。

总之，近代时期欧洲国家的档案鉴定法规主要有两个共同特点：一是内容都十分笼统，属于粗线条规章；二是大多规定由行政机关及其人员自行决定档案的鉴定和销毁，排斥档案部门或人员在鉴定上的作用和积极性。

（四）现当代时期：档案鉴定成熟和完善

进入 20 世纪，文件数量的增长十分迅速。档案的粗线条鉴定已难以适应客观需要，各国开始研究并制定更为详细的鉴定原则和标准，总结出系统性的鉴定理论。1901 年，德国国家机密档案馆馆长迈斯奈尔（Messnel）提出了一套档案鉴定理论体系，这是国外提出系统性鉴定理论和标准的开端。从此之后，欧美国家提出了不尽相同的鉴定理论观点，使现当代时期档案鉴定的理论与原则逐步成熟和完善。各国的档案鉴定制度与方法也在实践中发展得更加科学和健全。本章第二节和第三节将分别专门介绍国外档案鉴定理论和实践方法的发展现状及特点。

第二节
外国档案鉴定理论及其发展规律

档案鉴定理论是各国档案工作者和档案学者依据长期积累的鉴定实践经验，对档案价值规律和档案鉴定原则及标准理论进行的科学总结，对鉴定实践具有普遍的指导意义。各国由于历史和文化背景存在差异，对档案价值认识的角度也不尽一致，因此各国的档案鉴定理论的内容及其提出的鉴定原则和标准一般都具有鲜明的本国特色。另外，由于档案价值及鉴定本身的复杂性，尽管各种鉴定理论各有其理论角度和论述方法，却没有哪种理论观点在鉴定理论中占据主导地位。

一、档案鉴定理论的主要观点

（一）德国：20 世纪初的“年龄鉴定论”

1901 年，德国档案学者迈斯奈尔提出了“年龄鉴定论”。他在担任德国国家机密档案馆馆长期间，根据多年的实践经验，总结出了一套较为系统的档案鉴定理论，由六条一般原则和七条具体标准组成。

迈斯奈尔提出的六条一般原则分别是：第一，决定必须尽可能当机立断。暂时保留的决定很可能就意味着永久保存。第二，必须避免过激行动。既不要过于谨慎地保存，也不要过于随便地抛弃。第三，不要以过于抽象的概念作为价值标准。第四，高龄案卷应当受到尊重。凡 16 世纪以前的案卷不允许销毁。第五，供某种暂时目的所使用的案卷，一旦目的达到，都要销毁。第六，关于一个永久性机构成立经过的案卷一般应保存。

迈斯奈尔提出了七条具体标准，其中前两条针对案卷内容，后五条针对案卷来源。第一，关于国家不动产权利的案卷，无论形式如何，都要永远保存。反之，关于行政机关不动产权利的案卷，只选择有特殊意义或有历史意义的部分加以保存。第二，关于私人权利或非国家级公共权利的案卷，一般只保留有重大意义的部分、有助于认识典型事件经过或重要权利的部分，以及有关某些特殊人物的部分。第三，每一个机关都应特别重视有关机关自身行政任务的案卷，如人事、机构设置、区域和业务的划分等案卷。第四，综合性案卷主要在中央机关保存，下级机关综合性案卷的价值则应视其活动评定。第五，中级机关的案卷，只要涉及本机关的行政，而非上下级机关之间的承转，都要保存。第六，下级机关的特殊案卷，只要是本机关行政活动的产物都是重要的。第七，法院的诉讼案卷，只有从中能看出持久的权利和制度的部分才加以保存。

迈斯奈尔在近代档案鉴定理论上作出了开创性贡献。首先，他第一次提出了“高龄案卷应当受到尊重”的思想，完全改变了过去各国销毁古老文件、保留近期文件的习惯做法，带动各国相继确定档案的“禁毁年限”，使年代久远、数量较少、价值珍贵的历史档案得以妥善存留。他建议的禁毁年限是16世纪。后来，许多国家也大都选择本国历史上具有重大意义且此前所存档案为数不多的年份作为禁毁年限。例如，英国是1660年，法国是1830年，美国是1861年。这种“颠覆传统”的年龄鉴定论具有划时代的作用，意义重大，影响深远。

其次，他第一次系统地提出了一系列档案鉴定原则与标准，构建了一个鉴定理论体系，完全改变了近代时期各国对档案鉴定进行粗线条简单规定的传统做法，在理论和实践上均是一次重大的突破。

最后，他第一次提出了档案来源是最重要的鉴定标准之一，强调不能把档案视为零散材料孤立地进行价值评判，而应以档案固有的行政关系为背景进行鉴定，全面考虑形成机关在政府结构中的地位，以及机关职能与上下级单位职能的关系。他的观点是对来源原则在鉴定领域适用性的首次肯定。

（二）英国：20世纪20年代的“行政官员决定论”

这种鉴定观的代表人物是英国档案学者詹金逊。他在1922年出版的代表作《档案管理手册》中系统地阐述了自己的鉴定思想，核心观点就是档案人员不宜参与文件的鉴定和销毁，鉴定应由行政官员自行决定。

詹金逊从正反两方面论证了这一鉴定思想。一方面，他认为文件证据的神圣性是行政官员决定鉴定的基础，因为文件是行政管理无意识的副产品，是行政活动和事务处理的原始证据，不能允许后来的加工整理者进行人为干预，否则文件的原始证据性就会遭到损害。因此，文件的鉴定应由产生它的行政官员负责。另一方面，他认为档案人员参与文件鉴定至少会带来两种负面后果：一是档案人员在鉴定中的个人判断会玷污档案作为原始证据的神圣性；二是档案人员的干预也会妨碍档案保存目的的实现，不利于满足历史学家或其他研究者对档案的利用需求。因此，档案的鉴定和销毁不宜由档案人员参与。

詹金逊的鉴定理论固然有其正确与合理的一面。因为档案文件既不是档案人员形成的，也不为档案人员所用，其价值判定及存毁自然不能由档案人员单独决定，而应主要由档案文件的形成者和利用者决定。但他将档案人员排除在鉴定工作之外，也有明显的局限性。这是因为：第一，行政官员由于缺乏客观的历史文化意识，若由其单独自行决定档案的存毁，往往不利于维护档案的原始证据性。行政官员难免会出于个人目的而刻意剔除、销毁于己不利甚至编造于己有利的文件。第二，排斥档案人员参与鉴定也不利于保证档案的总体质量，因为行政官员不易准确把握销毁的“度”，既容易销毁过多，也容易销毁过少。第三，排斥档案人员参与鉴定也不利于档案价值的充分发现与实现，因为行政官员站在一个机关的立场，难以从社会总体需求的角度去全面判断档案的历史文化价值。因此，詹金逊的鉴定思想是一种古典鉴定观，现在看来已经过时。

（三）波兰：20 世纪 30 年代的“职能鉴定论”

职能鉴定论是波兰档案学者卡林斯基（Gustaw Kalenski）在借鉴德国学者迈斯奈尔鉴定理论的基础上提出的。他在 1934 年发表的论文《文件的选择》中提出，应按照文件形成机关在政府机构体系中的地位和职能的重要性，来确定档案文件的价值及保管期限。说得具体一点，就是卡林斯基认为档案文件的价值大小和保管期限的长短与其形成机关的地位高低和职能重要性总体上成正比。据此，他把档案文件分为两大类：一类是最高行政机关的文件，一般应永久保存；另一类是低级机关的文件，只需保存一定时期后就可以销毁。此外，卡林斯基还提出了鉴定单份文件的具体标准，即所谓的一般标准、法律标准、行政标准、历史标准、地理标准、替代标准和典型性标准等。

职能鉴定论的进步意义在于进一步发展了迈斯奈尔的来源鉴定思想，因为它不仅强调档案价值的鉴定与形成机关的地位和职能直接相关，而且找到了二者之间的对应关系，即形成机关地位越高、职能越重要，档案文件的价值相应就越大。后来经过实践检验，这一结论虽有一定的科学性和普遍性，但其局限性与片面性也很明显。因为不具体分析文件的内在价值，而仅从其形成机关的外在角度去鉴定难免有肤浅、粗放之嫌；而仅以机关的地位级别来决定其档案文件的存毁和划定档案文件的保管期限则更有片面和武断之嫌。事实上，高级别机关的文件未必都有保存价值，低级别机关的文件也未必没有保存价值。档案文件的价值特别是历史文化价值绝不能仅仅由其形成机关的级别地位来决定，而应进行全面深入的具体分析。

（四）美国：20 世纪 50 年代的“文件双重价值论”

“文件双重价值论”是由美国档案学者谢伦伯格提出的。他在其 1956 年出版的代表作《现代档案——原则与技术》中系统地阐述了这一鉴定理论。谢伦伯格认为，公共文件具有两种不同的价值：一是对原形成机关的第一价值；二是对其他机关和个人利用者的第二价值。具体来说，第一价值分别体现为行政管理价值、法律价值、财务价值和科技价值；第二价值包括证据价值和情报价值。其中，形成机关的行政官员对鉴定第一价值负主要责任；而鉴定第二价值则应主要由档案部门及其工作人员来完成。

与詹金逊和卡林斯基的鉴定理论相比，谢伦伯格的文件双重价值论具有明显的进步与深刻之处。首先，谢伦伯格不再像詹金逊那样反对档案人员参与价值鉴定，而大力主张档案部门及其人员积极参与鉴定工作。这种鉴定观的进步与深刻之处表现在它不仅避免了鉴定的片面性，有利于全面发现档案的历史价值；而且深刻地反映了历史档案与现行文件的密切联系，为从机关文件到档案馆档案的一体化管理提供了有力的保证。这也正是谢伦伯格的现代鉴定观取代詹金逊的古典鉴定观的根本原因。其次，谢伦伯格不再像卡林斯基那样把鉴定标准的重心只放在形成机关的地位和职能等外在特征上，而主张从文件自身属性与利用者需求的关系角度来判断档案文件的价值。这种鉴定观的理论贡献，一是确认了档案价值是档案文件客体满足利用者主体需求的关系，真正揭示了价值的实质；二是把档案价值根据不同需求主体区分为两种形态，使认识更加深入。后来欧美档案学者正是依据文件双重价值形态的转化提出了文件生命周期理论。谢伦伯格也由于在档案鉴定理论上的重要贡献而被誉为“美国档案鉴定理论之父”。

（五）美国：20 世纪六七十年代的“利用决定论”

这种鉴定观是谢伦伯格之后的一些美国档案学者提出的，代表人物主要有梅尔·菲斯本（Mayor Fishbein）、梅纳德·布里奇弗德（Maynard Brichford）和埃尔西·芬奇（Elsie Freeman Finch）等。他们的核心观点是将学者特别是历史学家的实际利用和预期利用视为鉴定档案的最重要标准，鼓吹第二价值决定档案的根本性质。他们有的主张“编史工作的最新趋势是判断文件价值的首要标准”；有的提出“鉴定既要考虑文献资源的长远利用，又要考虑学者的潜在需求”；有的更进一步指出“了解用户为什么和怎样接近档案将提供鉴定文件的新标准”。总之，这种鉴定观坚持一切从利用者的角度出发，突出强调学者的需求是判断文件价值的决定性标准。

尽管利用决定论的倡导者们希望通过关注利用者的需求来增强社会公众的档案意识，具有一定的积极意义与合理性，但这种鉴定观的局限性是不容否认的，而且很可能带来严重后果。因为一方面，利用决定论会使鉴定过程带有很大的随意性、片段性和非协调性。档案人员如果与学术市场联系得过于紧密，就必然导致馆藏档案只限于满足狭隘的学术研究需要，无法广泛地反映人类社会生活的方方面面。另一方面，利用决定论实际上破坏了文件在其形成者业务活动中形成的有机联系，完全忽视了形成者延续机构记忆的需要。它使鉴定标准脱离了文件及其形成者本身，从而削弱了文件来源的重要地位，损害了文件在社会记忆中的真正价值。正因为如此，利用决定论后来遭到了美国档案学者的批评和否定。

（六）欧美国家：20 世纪八九十年代的“宏观鉴定论”

1. 德国：“社会分析与职能鉴定论”

“社会分析与职能鉴定论”（Social Analysis and Functional Appraisal）是德国档案学者汉斯·布姆斯（Hans Booms）最早提出的。早在 20 世纪 60 年代末

70 年代初，他就指出档案价值应当是社会自身价值的反映，既不取决于詹金逊所说的行政官员，也不取决于谢伦伯格所说的历史学家，而是取决于人民大众。布姆斯起初认为社会公共舆论是鉴定档案价值的重要标准，但后来认识到这一标准太过抽象而且不切实际，就对其鉴定理论作了改进。

到 90 年代初，布姆斯的“社会分析与职能鉴定论”基本成熟。他的核心观点是主张档案应体现文件产生时期的社会价值，但这种社会价值最好不是直接通过研究社会公共舆论来确定，而是间接通过了解重要文件形成者的职能来判断。这样一来，档案人员在鉴定时需要对文件形成者特别是其职能进行全面分析。只有这样，才能用明确的文件形成者职能来体现复杂的社会价值，也才能使鉴定标准相对简单明确而且具有可操作性。因此，“社会分析与职能鉴定论”的理论核心就是以文件形成者职能来体现社会价值。

2. 美国：“文献战略”

“文献战略”（Documentation Strategy）是美国档案学者海伦·塞穆尔斯（Helen Samuels）于 20 世纪 80 年代中期提出的。她针对传统鉴定方法存在的不足，要求改变传统鉴定过多关注文件形成机关的组织结构和文件的外在形式的做法，转而围绕某一正在进行的主题、业务活动或地域制定鉴定方案，特点就是要求以文件的主题作为主要鉴定标准。这一鉴定理论就是“文献战略”。文献战略提出后，北美档案界对此产生争议。不少学者认为文献战略的不足在于缺少确定主题的适当方法，适用范围较窄。

后来塞穆尔斯也认识到文献战略的不足，到 20 世纪 90 年代初，她将“机构职能分析”的观点引入了文献战略，使这一鉴定理论相对完善。调整后的文献战略指出，鉴定的起点不再是检验具体文件，而是分析文件产生的背景，特别是现代社会中机关频繁变动的现实。只有将鉴定的着眼点从形成机关的组织结构转向机关的职能，才能准确地判断档案文件的价值。因此，“文献战略”的核心思想也是依据文件形成机关的职能来判断档案的价值。

3. 加拿大：“宏观鉴定战略”

“宏观鉴定战略”（Macro-appraisal Strategy）是加拿大档案学者特里·库克于 20 世纪 80 年代末提出的。库克同样认为传统的鉴定理论需要革新，主张档案人员在鉴定前需要了解整个社会的运行方式和文件的形成过程，通过鉴定来准确反映社会发展趋势与文件形成者及其职能的有机联系。为此他提出了“宏观鉴定战略”。这一鉴定理论不再局限于传统理论中的价值标准，提出应全面考虑社会结构、文件形成过程、文件形成者及其职能等多种因素。它使鉴定的重点由根据研究目的判定文件价值转变为根据文件形成者的职能和结构来鉴定文件形成背景或文件来源的重要性。这一思想到 1991 年在加拿大国家档案馆得到实施，表现形式就是“新宏观鉴定接收战略”。

宏观鉴定接收战略的基本思想就是，档案应体现文件形成的相互联系，档案价值取决于社会结构，通过社会职能得以体现。为此，加拿大国家档案馆的鉴定方法是以文件有机联系为基础、以文件来源为中心，分析和鉴定文件形成机关的职能、计划、活动和业务的重要性。这样一来，鉴定的着眼点不再是单份文件的内容或价值，而是生成文件的政府职能、任务或活动。这种鉴定观显然更加宏观，它超越了传统理论对文件内容的关注，转变为对文件通过其形成机关职能、计划、业务、活动等所表现出来的“宏观联系”的关注。因此，“宏观鉴定战略”的核心思想同样是依据文件形成机关的职能对档案文件进行宏观鉴定。

4. 荷兰：“宏观鉴定方法”

荷兰的PIVOT是基于缩短移交时间而开展的档案鉴定项目。该项目主要依据文件形成背景和所属部门职能鉴定文件，这是一种典型的宏观职能鉴定方法：以文件来源机构为核心，综合分析文件形成背景、职能性质、内容等特点，系统地开展鉴定。这种鉴定方法包含两部分：“三方咨询”与“民众评价”。

“三方咨询”作为保管方案制定的起点，对档案鉴定起决定作用。“三方”即指政府机构专家、文件管理者及档案专家，他们可从国家战略利益、机构利益及国家档案事业整体利益出发，对需鉴定文件作“同时空”的咨询式、研讨式的裁决。这种咨询鉴定模式，可全面兼顾延续维护社会记忆、满足国家战略利益、考量机构职能利益和顾及社会潜在利用者。“民众评价”即鉴定者要考虑和参考民众的意见与建议。这是在宏观鉴定思想下挖掘社会档案潜在利用群体、满足社会利用需求及发挥档案社会记忆功能的重要途径，也是对三方咨询方案的有力补充。

荷兰的宏观鉴定方法通过增加鉴定主体，力图有效保持社会记忆的延续，维持鉴定多方利益的平衡，为维护宏观鉴定的社会价值起到了重要作用。

5. 澳大利亚：“宏观鉴定方法”

1996年澳大利亚颁布了关于文件管理的标准AS4390，该标准推荐职能鉴定作为文件鉴定的方法。尽管职能鉴定是宏观鉴定的核心，但两者还是存在较大差异。以职能鉴定为核心的宏观鉴定理论并不能满足澳大利亚鉴定工作的需要，为此，澳大利亚档案工作者重新挖掘宏观鉴定的潜力，提出了宏观鉴定方法。

澳大利亚的宏观鉴定方法包括两个阶段：职能分析和利益相关者评估。

第一阶段是职能分析，即根据9项数据来研究和判定职能列表中所有职能的相对重要性。1999年，国家档案馆发布了一份政府职能列表Australian Governments Interactive Functions Thesaurus（AGIFT），这是一个包含了澳大利亚联邦级、州级和地方级政府所有职能的三级分类体系。而9项数据包括政府每年的财政预算书、部长的级别、Roy Morgan的民意调查、公共事件信息服务中心、Parlinfo数据库的Hansard文件全文记录、Parlinfo数据库的草案和意见书、Parlinfo数据库的期刊索引、Parlinfo多媒体数据库和财政部每年的预算讲演。二者相结合构成第一阶段的鉴定。

第二阶段是由利益相关者对第一阶段的成果进行评价。利益相关者包括四个群体：政府机构成员；协会成员，如历史学家、家谱学家和档案馆国家办公室咨询论坛的成员；档案学者和文件保管专家；国家档案馆的成员。最终，项目组会根据这些评价作出回应和调整。

澳大利亚档案宏观鉴定方法分别从文件的形成背景与形成机关的基本职能，政府的实际管理，文件的国家战略意义、社会发展意义、社会记忆功能的延续、民众的利用需求等进行全方位的考虑，避免了仅从机关本身和业务活动出发鉴定的片面性。

6. 宏观鉴定论的共同点

上述鉴定理论具有两个明显的共同点。

首先，它们都把档案鉴定提升到更广阔的社会背景之下，都认为档案价值与社会发展密切相关。它们都不再局限于将档案价值单纯理解为文件客体对利用者主体需求的满足，而是将档案价值与社会的运行方式、发展动态紧密联系起来，视档案价值为社会自身价值的反映。因此它们都属于一种广泛的社会鉴定观。

其次，它们都超越了传统鉴定理论中的价值标准，转而强调职能鉴定标准。它们规定的鉴定着眼点都不再是具体文件，也不再是文件的内容，而都是文件形成者的职能、任务或活动。它们都认为文件形成者的职能就是社会宏观职能的最佳体现。因此它们都属于一种宏观的职能鉴定观。

这两个共同点是上述三种鉴定理论的深刻与独到之处，也反映了现代社会生活联系日益紧密且呈一体化的宏观趋势。但不足之处在于这种宏观鉴定在现实操作层难以具体化，要将其具体化为可操作的鉴定标准难度极大，容易造成浮泛、粗放的鉴定结果。

二、档案鉴定理论的基本内容

尽管各国档案鉴定理论的论述角度与具体内容不尽相同，但它们还是存在一定的共性。这些共性主要表现在各国档案鉴定理论通常需要涵盖三个方面的基本内容，即对档案价值的认识、对鉴定原则的规定和鉴定标准的制定。

(一) 对档案价值的认识

各国档案鉴定理论对档案价值的认识基本达成了共识，即大多认为档案价值是由两个方面的基本因素构成：一是档案自身的特点，包括其内容、来源、形式等方面的特点；二是社会对档案的客观利用需求。换句话说，档案价值就是档案满足利用者需求的一种关系及其程度。

这两种因素各有特点，对档案价值的影响也各不相同。档案自身的内容、来源和形式特点具有明显的确定性和稳定性，一经产生就不再改变，因此是档案价值的基础。而社会对档案的利用需求具有很强的不确定性和不稳定性，始终处在不断的发展变化之中，因此成为档案价值的主要决定因素。这也就决定了档案鉴定的着眼点从表面上看是档案自身，实际上却是社会需求。因为鉴定的实质就是人们根据社会需求的变化去判断和预测档案价值与社会需求之间的吻合程度。

这两种因素在决定档案价值的过程中也是相互作用和相互依存的。档案客体是档案价值的物质承载，假如离开档案自身，档案价值只能是一种空谈。同样，社会需求是档案价值实现的前提条件，假如脱离社会需求，档案价值也就无从谈起。因此在鉴定时，必须综合考虑这两种因素，才能使鉴定具有科学性和全面性。

（二）对鉴定原则的规定

档案鉴定原则是根据档案价值的发展规律总结和提炼出来的一种工作原则，对鉴定实际工作具有普遍指导意义。从历史发展看，各国档案鉴定理论对鉴定原则的规定表现出日趋宏观的特点。其中，以苏联的理论概括最为典型。

苏联提出了档案鉴定的四项基本原则。第一是历史主义原则，它要求鉴定者把档案视为一定历史时期的产物，不仅从今天，还要从明天的角度来评判档案价值。第二是党性原则，它与历史主义原则有着不可分割的联系，要求在评判档案价值时确定档案的阶级本质，以便从劳动阶级的利益出发，来理解档案的内容和意义。第三是全面性原则，它是最复杂的一项原则，要求从各个不同方面来研究档案的内容，考虑影响档案价值的一切因素，包括语言、载体、文件上的花纹和标记等。第四是系统性原则，它在鉴定中应用最为广泛，要求不能孤立看待档案价值，而应将档案放在具有有机联系的文件群体中进行价值评判。

深入分析苏联的档案鉴定原则，不难看出这些鉴定原则实际上确立了档案鉴定的三个基本观点：全面的观点、历史的观点和发展的观点。

全面的观点要求全面分析档案的内容、来源和形式等各种因素以及档案文件之间的有机联系，全面预测社会多层次、多角度和多方面对档案的利用需求，并促使上述两方面有机结合。历史的观点是因为档案的本质就是历史记录，所以要求必须结合档案形成的历史环境和历史条件来分析其价值，不能超越时代界限，从现在的角度去看待过去的档案，这样才能维护历史的本来面目。发展的观点要求尊重档案价值的发展特点和规律，用发展的眼光来衡量档案价值，既要看到档案当前的作用，也要看到它对未来可能具有的作用。这三个基本观点在档案鉴定中相辅相成，缺一不可。

（三）鉴定标准的制定

与鉴定原则相比，鉴定标准是确保鉴定工作质量的具体手段，也可以看成是对鉴定原则的具体化，因此更具操作性。从历史发展看，各国档案鉴定理论大多包含了这一基本内容，并对鉴定标准进行了明确规定。尽管各国考虑的角度或侧重点不完全一致，但鉴定标准还是具有一定的客观性。概括起来，国外档案鉴定理论制定的鉴定标准主要涉及以下五个方面。

第一是档案的来源标准。这里的来源通常是指档案的形成者，形成者在社会上或机关中的地位、作用和职能直接影响甚至决定着档案的价值。因此，职能标准可包含在来源标准之中。假如档案的来源不明确，档案的作用和意义就很难确定。在鉴定工作中，来源标准的运用具有层次性，它在上至整个国家下至机关内部都可以发挥影响力。从国家范围来讲，来源标准通常就是国家各级档案馆确定收集范围的基本依据。对于某一特定机关来说，区分不同来源就是鉴定工作的首要步骤。本机关的档案通常需要重点保存，外机关的来文价值就需要根据来文机关的地位、职能以及与本机关的关系再作具体判定。具体到机关内部，不同的撰写者和制发机构也会对档案价值产生不同影响。主要职能部门或人员形成的档案往往比一般事务部门或人员的档案价值相对要高。

第二是档案的内容标准。社会对档案的需求集中反映在对档案内容的需求上，因此内容标准是档案鉴定最重要的依据。一般而言，鉴定时主要应依据档案内容的重要性、真实性、客观性、独特性、时效性等因素进行价值判断。具体来说，档案记录事实的重要程度越高、典型性越突出、真实与客观程度越高，档案的价值就越大；档案内容越新颖独特，或者是越富有本机关特色，档案的价值也就越大。此外，档案内容的时效性也会影响档案价值的大小。

第三是档案的形式特征标准。档案的形式特征通常是指档案的名称、形成时间、载体形态和记录方式等。这些形式特征在某种情况下可能会对档案价值产生一定影响。确切地说，档案的名称（即通常所指的文种）具有特定的性能和用途，往往在一定程度上反映了档案价值的大小。诸如决定、决议、指示、条例等文种具有较大价值，而诸如通知、简报等处理一般事务的文种价值较低。档案的形成时间是历史的标志，时间越久远的档案无论其内容重要与否，大多具有相对较高的历史价值。档案的价值还与其历史环境密切相关，重要历史时期产生的档案通常价值较大。档案在撰稿、印制的过程中往往会形成各种稿本，包括草稿、定稿、正本、副本、底图和蓝图等。不同的稿本在行政效用和凭证作用上存在区别。一般来说，正本的行政价值最大，而定稿的凭证价值最大，一般被认为是纯粹意义上的档案。另外，档案的外形特点，诸如档案的载体材料、记录方式以及档案上的字体、笔迹和图案等标记或印记，也会影响档案价值的高低。档案因此可能具有文物价值、艺术价值或纪念价值等。

第四是相对价值标准。相对价值是指被鉴定的档案与其他档案相比较而存在的价值，在一定情况下，某些档案的保存价值可以相对提升或降低。档案馆（室）之所以需要运用相对价值标准，主要是为了有效地控制馆（室）藏档案的质量和数量。一般来说，判断相对价值的高低主要依据档案群体的完整程度。因为档案具有明显的群体性，档案个体只有放在与其紧密联系的群体中才能称得上是严格意义的档案，也才能真正实现档案的价值。档案鉴定虽然都是针对单份文件或案卷个体，但实际上还必须考虑档案群体的数量和完整程度。现实中的一般规律是档案个体的价值大小与其群体数量和完整程度成反比。也就是说，某一全宗的档案数量越多，完整程度越高，档案个体的价值相对降低；相反，全宗的档案数量越少，完整程度越低，档案个体的价值相对提高。因此，根据这一规律，档案鉴定不能只着眼于档案个体本身，还应综合考虑档案全宗的完整程度。

第五是效益标准。这是近些年来欧美档案学者提出的一个新的具有实用性的鉴定标准。对这一标准的理论认同和实践接受经历了一个发展过程。早在 20 世纪40年代，美国档案学者波尔就指出保管费用是档案鉴定的三要素之一。当时他的这种观点遭到理论界的批评，被认为过于实用。到60年代以后，情况发生了变化。美国档案界开始接受并倡导注重效益的鉴定标准。如档案学者布里奇弗德提出档案鉴定应考虑保存和处置的费用；档案学者菲利普认为严格而实用的费用核算是所有例行鉴定工作的必要条件，价值必须同费用放在一起权衡。后来，欧洲国家也接受了鉴定的效益标准。英国档案学者迈克尔·库克指出，鉴定中必须考虑的一个因素就是费用—价值率。效益标准的提出和接受，反映出人们不再局限于从档案客体和社会需求两方面寻求依据，是鉴定标准日趋实用化的重要表现。我国近年来也提出了效益标准，认为鉴定档案价值必须考虑投入产出比，只有当档案发挥的作用可能超过因保存它所付出的代价才判定它有保存价值。同时认为这种效益包括经济效益和社会效益两个方面，鉴定时必须两种效益并重。

与前四种比较成熟的鉴定标准相比，效益标准还存在一定的争议。客观地说，效益标准固然有其道理，但偏颇之处也很明显。第一，它与档案自身价值和社会需求不是一个逻辑层面的问题，不能相提并论。第二，这种“算账”性的做法在现实中较难实现，档案的未来价值效益在被保存前很难预知，只有保存后才可能知道，而知道了其效益后再与保管费用作比较则已经太迟。第三，档案的价值效益与保管费用性质不同，二者在本质上不具有可比性。

三、档案鉴定理论的发展规律

深入分析各国档案鉴定理论对档案价值和鉴定标准认识的发展，可以发现以下两点规律性特征。

（一）对档案价值的认识具有从片面到全面、从狭隘到科学的特征

对档案价值的认识和揭示是各国档案鉴定理论的基本内容之一。档案鉴定理论的发展表明，各国学者在不同时期提出的鉴定观都包含了对档案价值的认识和揭示，而且他们对档案价值的认识经历了一个不断深化和提高的螺旋式上升过程。

“行政官员决定论”把档案价值界定为文件对形成机关行政官员的作用，也就是谢伦伯格所说的“第一价值”。“职能鉴定论”也把档案价值理解为形成机关地位高低和职能大小的对应表现，强调的同样只是文件的第一价值。这说明，詹金逊和卡林斯基对档案价值的认识和揭示是较为片面的，这也正是他们鉴定观的重要局限。“双重价值论”对文件价值的认识开始从片面走向全面，不仅包含了第一价值，还兼顾了第二价值。这种全面、准确的鉴定观使谢伦伯格超越了前人。而“利用决定论”对价值的认识跳到了另一个极端，暴露出过于强调第二价值而忽视第一价值的局限，也是一种片面的鉴定观。“宏观鉴定论”从较为宏观的视角将档案价值提升为社会价值，实际上不仅包括第一价值，而且包含第二价值。可以说，宏观鉴定论继承了双重价值论的精华，并且推动鉴定理论拓展了一

个更广泛的研究视野。

鉴定观的发展进程显示出各国档案学者对价值的认识具有从片面走向全面，从狭隘走向科学的规律性特征。这不仅符合人们的认识规律，也是由文件和档案的运动规律决定的。因为文件从作为形成机关行政管理和业务运转的管理工具到转变为人类社会实践活动的历史记录——档案，导致其变化的根本因素还是文件内在价值形态的转化。随着学者们对文件和档案运动过程和规律认识的深化，他们对档案价值的揭示必然会更加全面和科学。

（二）对鉴定标准的规定具有从微观到宏观、从具体到相对抽象的特征

对鉴定标准的规定也是各国档案鉴定理论的基本内容之一。各国档案鉴定理论的发展表明，各国学者对鉴定标准的规定虽不完全一致，但总体遵循了从微观到宏观、从具体到相对抽象的发展规律。

在对鉴定标准的规定上，"年龄鉴定论"提出的是档案的形成时间，"行政官员决定论"提出的是档案的来源，"职能鉴定论"提出的是档案的来源和职能，"双重价值论"提出的是档案的内容属性，"利用决定论"提出的是用户的需求。可见，这些鉴定标准都是比较具体、微观的。相比之下，"宏观鉴定论"使鉴定标准发生了较大的转折，它们不再采用时间、来源、职能、内容或用户之类的具体标准，而是改用更加宏观且相对抽象的"文件形成机关的社会职能"标准。确切地说，它们使鉴定标准脱离了文件的具体内容，上升为文件形成者的宏观职能，从而使鉴定方式和方法从分散变为集中、由个别变为系统。鉴定人员无须陷入审阅文件具体内容的繁杂工作之中，也不再为主观预测未来利用需求倍感惶恐和苦恼，相反在鉴定时只需依据文件形成的社会机制和文件生成的有机联系，系统地分析文件形成者的职能在社会中的独特性。

上述鉴定观对鉴定标准规定的变化显示出了从微观走向宏观、从具体走向相对抽象的规律性特征，这是适应信息时代特别是电子时代发展需要的。信息时代的来临，文件数量的大幅增长使档案鉴定的迫切性更加突出，工作量也大大增加。电子文件的大量涌现对传统的档案鉴定理论与方法更是带来了前所未有的冲击和挑战。

与以前的鉴定理论相比，宏观鉴定论具有更加宏观和超前的特点。一方面，它们把鉴定的对象从文件自身转向文件形成者，使鉴定方式和方法从具体变为宏观、由复杂变为简捷。鉴定人员不再受文件数量庞大、内容繁杂等特点的困扰，在鉴定时只需以宏观的眼光审视文件形成者及其职能的社会分工。另一方面，它们把鉴定的执行时间从文件形成之后转向形成之时甚至形成之前，使鉴定方式和方法从滞后变为超前、由固定变为灵活机动。鉴定人员既能摆脱对文件实体的依赖，无须等到文件形成之后才进行鉴定；又能打破时空限制，根据需要随时随地进行鉴定。可见，宏观鉴定论的优势在于更好地适应了电子文件的特点，使鉴定不再依赖于文件实体、不再局限于内容标准，并且实现了鉴定时间的前移，从而

更有利于满足信息可流动而且易变动的电子文件的鉴定需求。

第三节 外国档案鉴定的实践方法及其特点

20 世纪以来，由于档案鉴定理论的内容不断丰富和发展，各国档案鉴定的实践方法也在不断进步和完善，具体表现为各国档案鉴定在组织、程序、依据、制度和方法等方面都形成了鲜明的特色。由于各国对档案鉴定一致的高度重视，国外档案鉴定的实践方法表现出一些共同特点。

一、档案鉴定的组织——严密

国外档案鉴定的组织十分严密，大多设有专门的鉴定领导或指导机构，并且制定有鉴定的指导性法规和章程，为鉴定的实施提供有效的组织保证。比较典型的国家主要有美国和俄罗斯。

美国联邦档案机构——国家档案与文件署是联邦系统开展文件和档案鉴定的领导机构，负责组织和指导整个联邦系统文件和档案鉴定的实施。国家档案与文件署遵循《联邦文件管理法》和《联邦档案法》，制定了鉴定的一系列指导性法规和章程，如《联邦文件处置手册》《永久性文件鉴定指南》等。此外，国家档案与文件署还设立了专门的鉴定小组，负责制定和修改鉴定指南和标准，并审批文件形成机关报送的文件处置申请表。在国家档案与文件署及其鉴定小组的指导和组织下，整个联邦档案系统的鉴定工作井然有序地展开。各州乃至其他机构的文件和档案鉴定工作也仿照联邦档案机构的模式开展。

俄罗斯的档案鉴定组织保留了苏联的传统做法。俄罗斯设立有档案鉴定委员会和档案评审委员会负责组织档案鉴定工作，二者的职责各有分工。鉴定委员会在各机关和各级各类国家档案馆设立，是低级的初审机构，负责组织具体的鉴定工作；评审委员会在档案事业行政管理机构中设立，是高级的复审机构，负责对文件的挑选和销毁实施监督。俄罗斯国家档案局下设中央评审委员会，它是掌握档案鉴定终审权的最高机构。

韩国设立了专门机构——档案鉴定室负责组织鉴定。鉴定室的主要职责是对接收进馆的全部档案进行综合评价：第一，评价档案的保存价值，如历史价值、现实使用价值、凭证价值等；第二，研究公开范围，依据保密级别、个人隐私、形成机关就是否公开、载体状况等进行分类，根据完好、普通或有损坏确认权限设定；第三，确认输录决定，如是否输入计算机、光盘或进行缩微，选择整体输录、部分输录还是不输录，等等。

非洲诸国也有专门的人员和机构来负责档案的鉴定和销毁。例如，阿尔及利亚专设监督委员会负责鉴定和销毁档案，其成员包括国家档案局和省档案馆的代表，该委员会有权提出鉴定和销毁意见，国家档案局局长享有最后审批权。坦桑尼亚的档案法规定，鉴定和销毁档案的终审权由主管档案工作的国家文化青年部部长掌握。

二、档案鉴定的程序——严格

国外档案鉴定的程序十分严格，大多表现出分阶段进行的共同特点。国外根据文件的运动阶段，在文件进入档案馆之前就要求完成鉴定工作。在具体的鉴定程序中，一般注重严守两个把关性环节。比较典型的国家主要有美国、英国和俄罗斯。

美国的档案鉴定工作一般分为两个阶段——初级鉴定和终极鉴定，每个阶段都有着严格的程序。初级鉴定由文件形成机关和文件中心组织开展，文件形成机关在文件现行效用结束后就对其进行价值鉴定。程序包括：首先，对所有文件制作《文件调查统计表》，根据国家档案与文件署制定的《永久性文件鉴定指南》，对全部文件进行价值鉴定，挑选出符合《永久性文件鉴定指南》要求的永久性文件，填写《向国家档案馆移交文件申请表》，将该表和相应的《文件调查统计表》一并报送国家档案与文件署审批。其次，根据国家档案与文件署制定的《联邦文件处理手册》和《通用文件保管期限表》，对非永久性文件进行价值鉴定，确定需暂时保存的文件及具体保管期限，提出对无保存价值文件的销毁意见，填写《文件处置申请表》，将《文件处置申请表》和相应的《文件调查统计表》报送国家档案与文件署审批。最后，按照国家档案与文件署的审批结果制定文件处置方案，对文件实施处置——具有永久价值的文件移交给国家档案馆；难以确定价值和保管期限的文件移交给文件中心，待保存一定时间后再作鉴定处理；将保管期限在 6 年以上的半现行文件移交文件中心保存，期满后再作鉴定处理；将保管期限在 6 年以下的文件留在形成机关保存，期满后予以销毁；将已确定不再具有任何价值的文件即时销毁。文件中心的鉴定程序与形成机关大致相似。此外，终极鉴定由国家档案与文件署组织开展。它在档案鉴定上履行两方面职能：一是制定和修改鉴定标准、鉴定指南等；二是审批文件形成机关和文件中心提交的移交申请和处置申请。其中，第二项职能是其经常性的鉴定工作。美国档案与文件署鉴定的对象主要是文件形成机关和文件中心提交的《文件移交申请表》《文件处置申请表》和相应的《文件调查统计表》，只有在极少数特殊情况下，鉴定人员才抽查具体文件。具体程序是，鉴定小组成员在认真分析的基础上，对形成机关和文件中心提出的各种申请表作出“批准、不批准、修改调整、暂不授权处置”等鉴定结论，并形成鉴定报告。鉴定报告和申请表经国家档案与文件署署长签批后，再送还文件形成机关和文件中心加以执行。

英国的档案鉴定程序与美国类似，也分初审和复审两个阶段进行。初审是在文件失去现行效用 5 年后，由形成机关的文件管理人员进行鉴定。初审阶段主要鉴定文件的行政价值，有留存价值的就送到海斯文件中心。复审是在文件失去现行效用 25 年后，由文件中心的工作人员会同形成机关的文件管理人员鉴定。复审阶段主要是评价文件的研究价值，目标是挑选出需要由国家档案馆永久保存的文件，无价值的文件就进行销毁。

俄罗斯的档案鉴定程序分为三个阶段进行。第一阶段是在文件形成过程中由机关文书处理部门进行初步评价，划定文件的保管期限。这些保管期限均被标注在文件一览表和案卷目录中。第二阶段是由机关档案室的鉴定人员按照文件保管期限，挑出已满临时保存期限的案卷予以销毁，挑选出需要移交国家档案馆保存的文件。这一阶段的鉴定要求从研究机关主要部门的文件开始，而在每个部门范围内，则从研究综合性和领导性文件开始。第三阶段是馆藏流动的档案馆将具有永久价值的文件移交给馆藏固定的档案馆永久保存。

非洲喀麦隆的鉴定程序也有严格的法律规定。喀麦隆《国家档案与图书组织法》规定，未经文件所属部门负责人和国家档案与图书管理局局长的双重批准，任何人无权销毁文件。鉴定工作可在文件移交之时或之后进行。国家档案馆销毁文件，必须出具文件清单，上报国家档案与图书管理局，局长和文件形成部门负责人双方确认并同意后，销毁工作方可进行。省档案馆上报的销毁文件清单，还需再得到国家档案高级委员会的批准。如此严格的审批程序，有利于保证馆藏档案的质量。

三、档案鉴定的依据——操作性强

国外档案鉴定的依据主要是文件保管期限表或文件处置表，是指标明文件保管期限的综合性表册，内容可能包含文件在现行机关的保管期限、在文件中心的保存期限，以及文件处置的具体规定。国外的文件保管期限表或处置表尽管形式不尽相同，却具有明显的共性特征——规定清晰明确，操作性强。比较典型的有美国和英国。

美国联邦档案系统采用的文件保管期限表主要有两种类型，一种是通用文件保管期限表，另一种是机关专用文件保管期限表。机关专用文件保管期限表是对通用文件保管期限表的补充。无论哪种类型的文件保管期限表，通常都是由形成机关拟定，需要送交国家档案与文件署审查，该署签批后，最后报经一个专门的文件检查委员会批准，就可以成为一个法律文件充当档案鉴定的依据。文件保管期限表一般每 10 年修订一次。美国的文件保管期限表一般规定得十分具体而详细，保管期限划分得很细，包括 1 个月、3 个月、6 个月、1 年、2 年、3 年、4 年、5 年、6 年、7 年、10 年、15 年、25 年、56 年、75 年、100 年、永久等十几个等级。这样就使文件保管期限表具有较好的可操作性。

英国采用的档案鉴定依据在初审阶段和复审阶段略有差异。初审的鉴定依据一般是由国家档案局批准的文件处置表，该表以文件系列为单位，确定了每一系列文件的保管期限和处置方法。文件处置表将文件首先分为永久保存、不定期保存、定期保存、销毁四大类，永久文件将直接移交国家档案馆；不定期保存主要适用于那些一时难以确定其保管期限的文件；定期保存的文件都会标明文件在形成机关保存的具体期限以及在文件中心保存的具体期限，期限规定的详细程度与美国类似；销毁文件则按规定程序进行。复审的鉴定依据是国家档案馆制定的《公共文件永久保存的选择标准》，该标准主要针对鉴定文件的研究价值而不是规定文件的具体期限，挑选出的文件将转为国家档案馆保存的永久文件。

四、档案鉴定的标准——全面

国外档案鉴定的标准大多规定得较为全面。欧美档案学者指出，档案鉴定的标准一般包括三个方面：一是独一性，二是可用性，三是重要性。独一性主要是指文件是否独一无二；可用性主要是指文件的内容能够为利用者读取；重要性则包含了文件的形成时间、来源、内容、形式等因素。还有一些学者主张把费用也视为鉴定的重要标准之一。在具体的档案鉴定实践中，鉴定标准更为全面、复杂，比较典型的有美国和俄罗斯。

美国的档案鉴定标准非常全面，国家档案与文件署通常按照以下标准来鉴定文件是否具有档案价值，需要永久保存。这些标准都不是孤立的，必须综合考虑。它们包括：第一，文件的时间跨度，是指文件总体所体现的时间长度。第二，文件的来源，指的是文件形成机关的职能和活动以及文件形成的业务背景。第三，文件的独特性。第四，文件的可用性，指的是文件能否被切实利用，技术因素对文件的可用性有无影响，文件的物理状态对文件的可用性有无影响，等等。第五，文件内容的重要性。第六，文件内容的完整性。第七，文件内容的关联性。第八，文件的保存费用。第九，文件的数量。

俄罗斯的档案鉴定标准沿用了苏联的规定。俄罗斯将鉴定标准区分为基本标准和辅助标准。基本标准包括文件内容的重要性、文件来源的重要性、文件情报的重复性以及文件的形成时间和地点。文件内容的重要性取决于文件所记录的人物、事件、活动、现象、事实等重要程度、完备程度和新颖程度。文件来源的重要性取决于文件形成机关或作者的声望和作用。文件情报的重复性包括形式上的重复和分析综合性的重复。文件的形成时间和地点在鉴定中也具有重要意义。此外，辅助标准包括文件的手迹、文件的法律效力、文件的外部特点、文件的语言特点、文件的物理状况等。尽管基本标准与辅助标准的重要程度存在差别，但它们共同体现了俄罗斯鉴定标准的全面性特点。

五、档案鉴定的制度——明确

国外档案鉴定的制度十分明确，尽管特点不尽一致，但目的都是确保鉴定的有效实行。

比如，俄罗斯采用的是统一管理制，其特点是在联邦档案管理总局设有中央评审委员会，充当全国档案鉴定工作的业务指导中心。在各个政府机关和各个基层国家档案馆内设有鉴定委员会负责文件的初审，在各个档案事业管理机关和各个高层国家档案馆内设有评审委员会负责文件的复审，这样就在全国范围内组成了完整的档案鉴定机构网，分工较为明确。又如，法国实行的是派驻代表制，即由法国国家档案馆向政府各部派驻代表，帮助政府各部开展鉴定并做好向国家档案馆移交文件的准备。再如，美国实行的是中心领导制，国家档案与文件署成为联邦档案鉴定的领导中心，负责组织美国联邦政府机关开展文件鉴定。该署通过直接承担终极鉴定的职责，有效确保了档案进馆的质量。还如，英国实行的是授权制，由国家档案馆授权政府机关按规定期限对自己产生的文件进行初审。

此外，国外档案鉴定制度的共同特点之一还表现为各国的销毁制度十分明确而严格。由德国档案学者迈斯奈尔提出的“年龄鉴定论”衍生出的禁毁年限在大多数国家已有明确规定。如英国规定为 1660 年，法国规定为 1830 年，意大利规定为 1870 年，美国规定为 1861 年，等等。上述禁毁年限的明确规定，有利于这些国家妥善保管和保护古老档案。

国外档案销毁制度十分严格，大多规定最高档案当局或其负责人掌握销毁的审批权。一些国家规定最高档案当局负责审批档案的销毁，比如美国由国家档案与文件署审批；印度规定不经国家档案馆的同意，任何人无权销毁档案；俄罗斯则由联邦档案管理总局下的中央评审委员会充当档案销毁终审权的最高机构。还有很多国家规定最高档案负责人掌握档案销毁的终审权，比如英国由国家档案馆馆长负责审批档案的销毁；马来西亚规定，未经国家档案馆馆长批准，任何机构和人员都无权销毁档案；阿尔及利亚规定国家档案局局长拥有档案销毁的终审权；喀麦隆规定，未经文件所属部门负责人和国家档案与图书管理局局长的双重批准，任何人无权销毁档案。然而，意大利、坦桑尼亚等国家则把档案销毁的终审权交由全国档案事业的上级主管机关负责人。意大利规定，需要销毁的文件清单经国家档案总局局长审批后再提交给文化遗产和环境保护部部长，部长同意后才能正式销毁；坦桑尼亚档案法则规定，档案销毁的终审权由主管档案工作的国家文化青年部部长掌握。

各国销毁档案的方式大体相同。无密级的文件一般出售给造纸厂回收用作造纸原料；有密级的文件则区分密级分别加以焚烧、粉碎或化浆。近年由于环保观念的盛行，大多数国家放弃了焚烧的销毁方式，采用了技术含量更高的销毁方式。国外档案销毁也实施了监销制度，特别是交由商业化的销毁公司进行销毁时，监销制度更为严格。

六、档案鉴定的目标——优化

国外重视档案鉴定，并在组织、程序、标准、制度等方面进行严格规定，最终目标是实现馆藏的优化。优化馆藏在文件数量势如潮涌的今天，显得更加必要和急迫。优化馆藏不仅是国外档案界关注的重要理论问题，也是实践部门已然实施的专业行为。

（一）档案馆藏优化的含义及提出背景

档案馆藏优化是指馆藏量与信息量的最佳比例关系，即在最低限度馆藏量的情况下，包容最大限度的必要信息量，又称“比例鉴定法”。

档案优化问题的提出，主要是基于第二次世界大战以后许多国家都面临的现代文件数量膨胀的现实。随着社会进步和科技发展，不断增多的管理机构在其名目繁多的活动中对各种记录载体、记录手段和复制技术的应用，使现代文件的数量日益膨胀。尽管各国采取了若干文件“节育”的措施，但不断增高的文山仍然使各国不堪重负。自20世纪中叶以来，各国文件的增长速度惊人，下列一些国家的统计数据就明显反映了这一点。英国公共档案馆20世纪70年代每年接收的文件堆起来厚度都超过160公里；法国进入20世纪80年代每年产生的文件高达2 470亿页，重达120吨。苏联也有统计，自20世纪70年代以来，每年产生的文件多达1 000亿份，至少可以组成10亿个案卷。这些数据尽管统计单位不尽一致，但共同体现了20世纪特别是20世纪中叶之后，文件产量的高速增长。进入21世纪，电子文件的出现，进一步加剧了文件数量的膨胀。

然而，海量文件中真正作为档案永久保存的数量却很小。根据国际档案理事会20世纪70年代的调查统计，英国作为档案永久保存的文件只占文件总量的2%～5%；美国和民主德国为5%；苏联和原南斯拉夫均为10%；奥地利、印度和荷兰为10%～20%；芬兰、瑞典等北欧国家为20%～30%；法国为25%～30%。进入21世纪，文件数量的进一步膨胀促使各国进一步减小了文件进馆的比例。目前，英国、美国和加拿大等国家都把比例缩小为3%，其他国家一般也不超过15%～20%。

文件数量的高度膨胀，促使各国开始探索如何有效地控制馆藏数量，并使之与馆藏信息量达到最佳比例关系。档案馆藏优化就是在这种背景下提出的，自20世纪60年代以来，它已成为国际档案界普遍关注的重点课题之一。

（二）档案馆藏优化的实现途径

馆藏优化的途径主要有两种：一种是限制和减少向档案馆移交文件的机关；另一种是限制和减少向档案馆移交的档案文件。以俄罗斯为代表的国家较多采用前一种方法，而以美国为代表的国家较多采用后一种方法。但其实，这两种方法往往是同时采用的，目前在实践中运用得已经较为成熟。

1. 选样法

选样法是限制和减少向档案馆移交文件的主要方法。文件不必要也不可能全部保存，已经成为国外档案界的共识，因此选样法被视为档案馆藏优化的实现途径之一。它是指从文件中选出一部分样品，作为该类文件的代表保存起来，利用者可以通过样品来了解该类文件的概貌和主要内容。

国外常见的选样方法分为两大类：一类是统计选样，它建立在数学的基础上，所抽选的样品能够确切代表全部文件；另一类是目的选样，又叫档案选样，它的设计是为了对整个文件组合提供一种特定的看法，可以为了保存具有特殊历史意义的个别文件，或者可以为了满足档案人员的其他目标。后一类样品的选择可以建立在统计的基础上，也可以不建立在统计的基础上。

统计选样法也叫数学选样法，是针对减少文件的数量又保持文件的主要特点而设计的。这种选样法最适用于大量的同类型文件。采用统计选样法时，应当确定样品所占的百分比。统计选样法又可分为两种：随机选样和系统选样。随机选样法指的是每个文件单元都有机会被选出来作为样品代表该类文件，要求样品保证一定数量，使样品的价值充分体现该类文件的总体价值。系统选样法是按照某种规则抽取样品的方法。包括按年份、字顺、编号或地区选样，甚至还可轮流选样。具体而言，按年份选样就是指每隔一定时期把一个年份的文件留下来；按字顺选样就是指在按字母顺序排列的文件中把某些字母的文件留下来；按编号选样适用于按号码顺序排列的文件，可每隔若干号码把一个号码的文件选出加以保留；按地区选样就是指从一个国家不同地区的文件中选出样品加以保留；轮流选样是按照一种预先制订的计划由职能相同的机关分别保留不同年份的文件。

目的选样是另一类选样方法。在许多情况下，统计未必可靠，而以只记载某种活动的文件代表文件整体更为可取。这就要求鉴定者按照所要达到的目的挑选样品，而非简单地运用数学公式。这是一种较为传统的选样方法，一般按照一个特定主题或人物选取样品，把与该主题或人物相关的文件挑选出来加以保留。

除了统计选样和目的选样以外，挑选典型材料或者挑选例外材料加以保留，也都属于选样活动的范畴。据报道，美国国家档案馆就保存有大约 4 000 卷例外案卷。

2. 限制档案移交机关

在现实生活中，文件形成机关数量众多，它们在职能、权限和活动范围等方面存在一定差别，各自形成的文件具有的价值也不尽相同。为此，限制和减少档案移交机关也成为各国优化档案馆藏的途径之一。采用这种优化方法的典型国家是俄罗斯。

俄罗斯沿用了苏联的这种优化方法。苏联把文件形成机关分为三类：第一类机关是重要的全宗构成者，属于必须向国家档案馆移交档案文件的机关。第二类机关具有职能或任务雷同的特点，属于有选择性地向国家档案馆移交档案文件的机关。换言之，国家档案馆只从同类机关中有选择地接收一两个机关的档案，或者从同类机关的所有档案中选择接收一定类型的文件。第三类机关大部分为辅助性和服务性机关，其文件已完全包含在上级机关之中，这类机关属于不向国家档案馆移交档案文件的机关。通过对移交机关的选择分类，俄罗斯较好地实现了优化档案馆藏的目的。

第四节
外国电子文件鉴定的理论与方法

一、电子文件鉴定的含义

电子文件鉴定是指根据有关规定鉴别电子文件的档案价值，确定其保管期限，删除、销毁已积累的但无保存价值的电子文件。鉴定是电子文件管理中的一项十分重要的工作。凯瑟琳·加沃尔在《电子文件引起的理论困惑》一文中说："鉴定是全部档案工作职能中最具有生命力的一种职能。档案馆应把它们的重点放到电子文件的鉴定和收集政策的制定上。通过这样的加工，使文件的价值得到识别。"特里·库克在《电子文件与纸质文件观念：后保管及后现代主义社会里信息与档案管理中面临的一场革命》一文中对鉴定在后现代档案管理中的地位进行了评价："我所提倡的后保管鉴定法（以职能活动为依据的宏观鉴定）和后保管著录法（描述多个立档单位职能关系），体现了后现代主义倾向。"电子文件鉴定工作是电子文件管理过程的重要环节，其重要性是不言而喻的。

二、电子文件鉴定理论基础

随着数字技术以及互联网的快速发展，在线信息不断增多，也使得电子文件的数量日渐多于纸质文件。且电子文件信息所依附的技术环境，使传统纸质文件的鉴定理论与方法无法满足电子文件鉴定的需要。各国也开始探索新的鉴定理论。20世纪80年代，技术鉴定思想开始萌芽，技术验证成为电子文件鉴定的第一个步骤。1984年，法国档案学者哈罗尔德·瑙格勒首次明确提出电子文件双重鉴定的思想，认为机读文件（电子文件）的鉴定包括文件所含信息的鉴定（内容鉴定）和文件技术状况的鉴定（技术鉴定）。80年代末90年代初，职能鉴定法（或宏观职能鉴定法）受到推崇，这种更具全局性的方法适用于电子文件的鉴定，加拿大著名档案学者特里·库克重申和扩展了宏观职能鉴定理论的内容，通过确定职能活动的重要性评估电子文件的价值；美国著名电子文件研究专家戴维·比尔曼从职能鉴定的角度，主张从产生该文件的职能活动而不是根据电子文件的内容来进行鉴定；20世纪90年代中期以后，电子文件鉴定工作更加重视技术鉴定的纳入、信息重复性问题、文件之间的联系等，不仅重视对永久保存的电子文件的鉴定工作，而且重视对定期保存的电子文件的鉴定和销毁工作。

三、电子文件鉴定的内容

电子文件鉴定包括内容鉴定和技术鉴定。内容鉴定就是判断文件所含内容信息的有用程度，有多长时间的保存价值；技术鉴定就是判断文件的技术状况是否可以保证电子文件的价值实现。前者是鉴定工作的核心，后者是其他工作顺利开展的保障。

电子文件的内容鉴定基本与纸质文件相同，包括鉴定保存价值，划定保管期限；鉴定电子文件的内容是否齐全、真实、完整、准确；划定使用范围，根据文件内容划定使用范围，如有保密内容应确定密级；销毁鉴定，对保管期已满或失效的电子文件进行鉴定，找出无保管价值的文件。

电子文件的技术鉴定包括硬件技术鉴定和软件技术鉴定。电子文件的硬件方面的鉴定主要是对载体、网络连接等状态的检测。载体质量的好坏直接关系到储存信息的质量；网络连接若出现问题会造成被打开的文件受到损坏。电子文件软件方面的技术鉴定比较复杂，主要包括可读性鉴定、可靠性鉴定、完整性鉴定、无病毒鉴定和载体状况鉴定。可读性鉴定是确保电子文件能够准确识读，不致丢失和出现误码、错码的技术保障；可靠性鉴定是指在鉴定时保证有关电子文件的背景信息和元数据的安全，不易被修改破坏；完整性鉴定首先是保证同一项目中所有的电子文件收集齐全，其次还要保证有关该份文件的辅助信息即有关元数据不被遗漏；无病毒鉴定是指对接收进馆的电子文件使用杀毒软件进行检查并消除病毒；载体状况鉴定就是对载体质量和性能进行检测，检查其是否发生物理损坏或变形。

四、电子文件鉴定的方法

1. 内容鉴定法

内容鉴定法主要应用于美国，又称“直接鉴定法”，就是从微观角度逐份审阅文章的内容，确保其保管期限。但随着电子文件的迅猛增长，逐件鉴定文件价值的内容鉴定法变得不切实际，来不及鉴定的电子文件可能会丢失或积压。为了解决这个问题，1990 年美国政府采用了“选留法”，政府将电子文件鉴定工作交给电子文件中心来做，可以统一制定或授权的形式分别制定鉴定标准。“选留法”在一定程度上缓解了档案馆鉴定的压力，同时可以充分发挥电子文件中心中专业人员较多的优势，因地制宜，有针对性地制定鉴定标准。但此种鉴定方法存在由于鉴定标准不统一而造成的一系列问题，于是一些学者提出以职能为基础的方法对电子文件进行鉴定。

2. 职能鉴定法

加拿大、德国、荷兰和澳大利亚等国采取职能鉴定法进行电子文件的鉴定。正如前文所讲，职能鉴定法“以文件前后历史联系为基础，以文件的来源为中心”，尤其是现代电子文件环境下的“智能鉴定”，其所关注的重点是文件形成机构的职能、规划、所参与进行的活动及活动的有机联系和其业务活动的重要性，其所面对的不是单份的文件内容，有效地化解了人们面对电子文件的惊人数量无法逐件逐页阅读的尴尬处境。若将职能鉴定法与办公自动化系统结合起来，更能提高电子文件鉴定工作的效率。

3. 其他鉴定方法

除了内容鉴定法和职能鉴定法，国外档案学者还探索了其他鉴定方法。国外比较注重将信息技术运用于需要长期保存的电子文件的鉴定。英国档案学者迈克尔·库克强调现代档案管理应注重对文件管理的审查跟踪，应对所有文件开展价值鉴定；美国档案学者里根·摩尔（Reagan Moore）提出基于数据网格技术的数字文件长期保存策略，其中包括建立一种集成化的规则数据系统；加拿大档案学者特里·伊斯特伍德以科学活动过程中形成的电子文件为例，设计了一种针对长期保存电子文件的鉴定模式；美国学者玛丽亚·爱斯特瓦（Maria Esteva）以一家慈善机构为例，研究了其电子文件的形成过程，并设计了一种综合借鉴文本挖掘、社会网络分析和可视化技术的鉴定方法。

五、电子文件鉴定的特点

1. 多维性

电子文件鉴定工作相对于传统文件鉴定而言更加复杂。首先，其鉴定范围的拓宽，使得电子文件鉴定不仅要鉴定其内容上的有用性，还要对其文件属性、文件技术状况进行鉴定。其次，电子文件的鉴定工作不像传统文件那样只是在文件运行的一个节点进行，而是在电子文件管理的许多环节都存在，这就使得电子文件鉴定与多项工作相联系，内容上有很多交叉的地方。

2. 连续性

电子文件鉴定工作不是一朝一夕完成的，而是需要在整个文件运行过程中连续地开展。从文件的形成、归档到存储、开放、利用、销毁的整个过程，每一个环节都有鉴定的身影。电子文件的多次鉴定也是纸质文件所不具有的一大特点。

3. 分散性

电子文件鉴定需要多方承担，而不是由档案工作人员独立完成。电子文件归档前的鉴定工作主要是由文件形成部门承担，归档后电子文件鉴定工作主要是由档案工作者承担。同时，电子文件鉴定还要会同技术人员、信息管理人员共同来完成。在电子文件鉴定过程中，合作是主要的鉴定手段。

4. 风险性

电子文件鉴定工作的内容比传统文件鉴定更加复杂，这也就是说，鉴定过程中出现意外的概率也远远高于传统文件的鉴定，电子文件的鉴定具有一定的风险。如果不采取慎重仔细的态度从事鉴定工作的话，很可能对电子文件造成极大的损害。

六、多角度的电子文件鉴定观

国外学者从多个角度来探讨档案的鉴定工作，形成了如下几种鉴定观点：

技术角度的自动鉴定观。20 世纪 90 年代初，美国学者戴维·比尔曼提出自动鉴定的思想，他认为数字化环境中，档案工作者的鉴定对象不是文件和档案，而是形成文件和档案的业务和职能。它需要在文件与档案管理系统设计之时就完成，即档案工作者参与系统的设计，提出其功能需求，将鉴定方案嵌入管理系统，文件与档案在系统中就能依据技术完成自动鉴定。这种鉴定观是从技术角度出发，在技术支持下有较高的适用性。

法律角度的取证鉴定观。该鉴定观源自以 InterPARES 为代表的文件身份鉴定学派的观点。这一学派强调从证据价值出发，认为不仅要鉴定电子文件的价值，还要鉴定它的真实性。也就是说，以法律中判断事物是否为证据的方法来考察电子文件是否可信以及是否可以作为证据这种鉴定观在确保电子文件的真实性、完整性等档案本质属性方面具有较大优势，它借鉴法学和计算机等领域的成果，充分发挥电子文件的证据价值，进而确保了组织与个人的合规性与可问责性。

社会角度的参与鉴定观。参与鉴定观是一种自上而下的鉴定观，想要说明利用档案的意义更在于一种身份认同、公平正义，甚至捍卫人权。一是对档案的界定相对宽泛，如在此前很多并未视为档案的东西如实物、复制件等都被视为档案。二是实现不同主体的参与鉴定。不仅官方的档案可以由公众参与著录、标签，还鼓励社区建档，由社区成员来鉴定和整理其社区内形成的档案。这种观点是基于社会不同主体不同方面的活动和历史的记录之上的。它从宏观上将鉴定拓展至官方机构以外，将可以参与鉴定的主体范围扩大，甚至融合了社区档案鉴定这样的微观鉴定。

七、电子文件鉴定工作发生的变化

1. 鉴定时机发生了变化

传统鉴定工作是在文件办理完毕、归档之前进行的。而电子文件的鉴定时机提前了。根据前端控制和全程管理的原则，在电子文件管理系统设计开发时，发文机构就要在文档中心的指导下，根据本单位涉及文件的职能和类型制定保管期限表。这个保管期限表从宏观到中观对本单位所有可能发生的文件进行职能鉴定，确定每种职能文件的保管期限。在微观上，对每份具体的电子文件的鉴定发生在文件草拟阶段。草拟者根据预先制定的保管期限表，确定一份具体的电子文件的保管期限和到期时间，该预先制定的保管期限可以更改，但一旦文件签发，这个保管期限就不能更改。这样，每份文件具体保管多长时间，由电子文件的形成者和形成机关确定。这样就实现了文件鉴定与制作的同步，既省时又省力。

2. 鉴定功能的拓展

鉴定功能的拓展，是指对文件价值以及保管期限进行判定时，还需要鉴定如隐私、开放程度等其他方面。随着数字化程度的深入，公共文件和档案需要更多地对外开放，文件和档案的公开与保护成为鉴定的重要课题。电子文件在新技术环境中，具有商业、政治价值等新价值的同时，也产生了新的信息风险，这意味着电子文件的鉴定功能要随之拓展，它要求档案工作者对电子文件及其职能、形成流程、活动，以及可能产生的利用后果都要理解并能够提供解决对策。

3. 鉴定范围从国家到社会

移动互联网的发展，社会人权、民主、公平以及正义等概念在档案理论与实践中的渗透，使鉴定对象也发生着变化。以前，在鉴定这个问题上，大多数学者关注国家机构和社会主流机构的文件与档案，后来的其他学者尽管将私人部门的文件与档案纳入研究的范畴，但是相关研究较少。随着边缘群体或社区，以及个人权利关注度的提升，相关研究与实践正在引起诸多学者的关注。例如，社区档案馆纷纷成立，网络平台为个人保存文件及档案数量的增加等，都在一定程度上说明电子文件的鉴定对象正逐渐从以国家机构形成的文件为主，到覆盖其他社会组织乃至个人所形成的文件。此外，鉴定范围的变化不仅体现为档案形成主体的多元，还包括形式的多元，各类数字形式的文本、图片、视频、音频乃至多媒体形式的文件也被纳入鉴定范围中。

4. 鉴定主体更加多元

鉴定范围的变化使电子文件的鉴定主体变得日趋多元化。自档案鉴定开始起就有关于谁来鉴定的思考，主要观点认为应当是形成者或者档案工作者。其中，学者詹金逊从行政管理的角度出发，以证据价值为基础，认为形成者应当履行鉴定的责任，档案工作者则承担保管员的角色。学者谢伦伯格则认为，档案完成了对形成者的价值，应作为情报价值的载体保存，因而档案工作者要主动承担鉴定责任，在涉及社会学、历史学、经济学等内容时，可以向学者咨询。随着数字世界的到来，涉及主体涵盖了形成者、所有者、保管者、档案工作者、用户等相互区别且相互交叉的主体，这使得文件的所有权与管理权更加复杂。同时，随着鉴定范围拓宽到社区档案、个人档案等，主体的特点也变得与以往不同，在这样的背景下，需要重新考虑谁来鉴定、怎样鉴定等问题。

【思考题】

1. 简述档案鉴定的含义和内容。
2. 简述近代外国档案鉴定的形成。
3. 简述德国档案学者迈斯奈尔的鉴定理论及贡献。
4. 简述行政官员决定论。
5. 简述职能鉴定论。
6. 简述双重价值论。
7. 简述利用决定论。

8. 简述档案鉴定理论的发展规律。
9. 简述外国档案鉴定组织的特点。
10. 简述外国档案鉴定程序的特点。
11. 简述外国档案鉴定依据的特点。
12. 简述外国档案鉴定标准的特点。
13. 简述外国档案鉴定制度的特点。
14. 综述宏观鉴定论的表现形式及共同特点。
15. 综述档案鉴定理论的基本内容。
16. 综述外国档案馆藏优化的含义及实现途径。

第七章

外国档案整理

【本章要点】

- 说明外国档案整理的含义、内容和意义。
- 总结外国档案整理从古至今的发展历程及各主要阶段的特点。
- 评析代表性国家档案整理实践的现实做法。
- 总结外国档案整理实践的共同特点。
- 说明外国电子文件整理的实践做法及特点。

【关键词】

档案整理　　事由原则
档案分类　　来源原则
杜威十进位分类法　　电子文件整理

第一节 外国档案整理的发展历程

一、档案整理的含义和内容

档案整理（archival arrangement）是档案管理的重要环节之一，指的是对办理完毕的、具有保存价值的文件进行组织与排列，使之系统化、条理化的过程。档案整理经常与档案分类（archival classification）相关联，二者在含义上有近似甚至相互包容的特点。有的国家出于语言习惯，如俄罗斯普遍采用“分类”来指代对文件进行组织和排列的过程；而有的国家，如美国把分类与整理区分，指代不同情况。美国档案学者谢伦伯格把在机关内整理现行文件的活动称为“分类”，把在国家档案馆整理档案的活动称为“整理”。他指出，分类是有条不紊地管理现行文件的基本环节，是指文件管理人员将现行文件按其所涉及的问题分别归类；整理是指档案工作者遵照来源原则对档案馆的全部文件，包括文件组合、分组合、文件系列等进行的整理、排列和上架。

国际档案理事会最新修订的《档案术语词典》把"整理"（arrangement）的含义解释为："按照公认的档案原则，尤其是来源原则对文件进行分析和整理的智能和实体操作及其结果。整理可以根据需要在以下任何级别上展开：档案库房、汇集、全宗或组合、分组合、系列、分系列、案卷保管单位元和文件。操作过程通常包括装箱、编号、上架等，从而对档案馆藏进行实体控制。"把"分类"（classification）的含义解释为："识别文件之间关系的任何方法；分类方案中根据逻辑构成的惯例、方法和程序规则对文件进行系统鉴定和整理。"从上述解释可以看出，分类是指文件在机关保存期间按分类方案进行的组织和排列，而整理是文件进馆后由档案人员进行的系统化和条理化工作。

美国档案工作者协会术语词典对"整理"和"分类"的解释较为简练。美国档案工作者协会主编的《档案与文件术语词典》（2005 年）对整理的解释包括两层含义：第一层是指遵照来源原则和原有顺序原则组织档案材料的过程，目的是保持文件的有机联系，对文件建立起实体和内容管理；第二层是指在档案汇集内对文件的组织并形成结果。加拿大不列颠哥伦比亚大学图书馆、档案和情报学院编写的《档案术语词汇》规定，整理是"在全宗内识别档案文件并确定其归属的过程"；分类是"根据一定方法、程序或者计划、方案惯例对文件进行系统化的组织，形成不同组别和类别"。国际文件管理者与指导者协会中的国际标准发展委员会 2007 年主编的《文件与信息管理术语词汇表》中对整理的定义是："实现全宗内文件的组织和排序，按照来源或原始顺序组织材料的过程，旨在保护它们的背景信息，实现对档案的物理或智能控制。"尽管美国和加拿大对整理和分类的解释表述不尽相同，但区分两个术语并用于不同情况的做法与国际档案理事会是基本一致的。

其他国家的档案学者对整理或分类的含义、特点和内容也有一些阐述，这些阐述的侧重点存在差别。例如，美国的档案学者强调了整理的特点，特别是实体整理的实质。他们认为实体整理的实质在于赋予文件、案卷、系列一个恰当的位置，而且这种位置都是唯一的。又如，俄罗斯的档案学者强调了分类的级别。他们认为，分类的第一个级别是指对俄罗斯联邦全部档案的划分，以决定国家档案馆网的设置；分类的第二个级别是指一个档案馆内所有档案的划分，以确定每个档案全宗的存放位置；分类的第三个级别是指每个档案全宗内文件的分类，以决定全宗内案卷的排列顺序。再如，阿根廷的档案学者把整理称为"类分"，将其定义为：根据文件的类别、性质、载体以及文件的内容进行排列和安排的行为与结果。这种解释更接近于国际档案理事会和北美国家对"分类"的理解。

总之，国外对档案整理和分类含义的把握具有普遍性，对整理和分类内容的理解也具有共性。整理和分类的目的是使文件从零散无序的状态变成井然有序的状态，便于保管和利用。

二、档案整理的意义

档案整理的重要意义可以归结为以下三点。

首先，档案整理是档案实体管理的基础。整理是实现档案有序化的基本手段。数量浩繁的档案，如果缺乏科学的整理，就只能处于杂乱无序的状态，查找起来就如同“大海捞针”一样困难。此外，整理也是实现档案价值的基本手段。文件形成的特殊性在于，零散文件之间具有特定的有机联系。如果不把这些联系揭示并系统组合起来，就有可能影响档案价值的实现甚至导致档案价值的丧失。可见，档案的系统整理，是构建档案实体秩序状态的基本手段，是档案实体管理的基础。国外档案学者对整理实质的阐述，也表明他们认识到整理是赋予档案实体秩序的重要手段。

其次，档案整理是统领档案管理诸环节的“核心”。档案管理活动包括收集、鉴定、整理、保管、检索、利用等诸多业务环节，这些环节具有密切的内在联系。其中，档案整理对其他环节具有统领作用，对档案管理的良性运行和协调发展起着关键性作用。档案整理是检验档案收集质量的基本手段，通过系统化整理很容易看出收集环节中的问题或不足，促使改善和提高收集质量。档案整理也是为鉴定、检索、保管和利用提供基本单位和完整体系的基本手段。因为这些后续环节都是在获得系统整理和编目后的档案基础上开展的。特别是档案保管、档案检索和档案利用，面对零乱无序的档案，只能是一筹莫展。可见，档案整理是档案管理诸环节的“核心”和“统帅”，对档案管理的总体优化具有决定性的作用和影响。目前，由于科学技术的发展和电子文件的出现，国外档案界对整理理论与实践的变革日趋关注，这也证明档案整理始终是档案管理的核心环节。

最后，档案整理是档案专业的基点。尽管档案管理的各个环节都很重要，都有着明显的专业特色，但相比之下，档案整理是专业特色最为突出的管理环节。遵照来源原则组建全宗是档案整理与图书整理、情报整理、资料整理的最大不同。如果说在其他环节上，档案管理与图书、情报、资料的管理具有很大的相似性，那么只有整理环节的区别才能真正划清档案与图书、情报、资料等专业的界限。可见，档案整理是档案专业的基本立足点，是档案专业特色的根本体现。这也正是来源原则成为档案学支柱理论的根本原因。

三、档案整理的发展进程及特点

（一）奴隶社会时期：档案整理萌芽

奴隶社会时期古代东方已经萌生了简单的档案整理和分类。从古代两河流域苏美尔地区的拉伽什、乌尔、埃勃拉等城邦中神庙档案库和王宫档案库遗址发掘出的公元前2000年左右的泥板档案，大多分类排放，井然有序。

较为典型的是亚述国王亚述巴尼拔的档案图书馆将馆藏分为七大类：历史类（国王传记和名录等）；地理类（城市、乡村、河流、山川的名录以及地区物产统计表册等）；法律类（法典）；商业交易类（商业契约、销售账簿等）；税收贡物类（税收簿、贡物清单等）；神话传说类（颂词、祷文等）；科学类。每一类泥板档案都单独存放。

此外，古埃及也对档案进行了粗略的整理和分类，如爱得夫神庙档案库就用22个箱子专门保存宗教档案，用12个箱子专门保存天文档案，并在墙上刻写了档案目录，注明了各箱档案的内容。

与古代东方国家相比，古罗马的档案整理和分类有了进一步的发展，出现了“二元主义”分类方法。这是指古罗马人将文件按照时间顺序进行收存登记，原件发给收文者并由其保存，发文者只保存所发文件的誊录簿，这就形成了收文和发文誊录簿各为一类的二元主义分类法。尽管这种分类方法使收文和发文脱节，难以反映同一事件的全貌和体现文件之间的历史联系，但它仍然一直延续到封建社会。到了罗马帝国时期，皇帝档案库采用了馆藏分类与内部机构设置一致的方法，其馆藏档案分为皇帝诏令、奏章、来往文书和内务文件四大类，分别设置四个相应部门加以保管。这种方法尽管出现了机构分类法思想的萌芽，比简单的二元主义略有进步，但还是缺乏比较系统的整理和分类标准。

（二）封建社会时期：档案整理初步发展

档案整理和分类在封建社会时期的发展是比较明显的，经历了一个从实践上升到理论高度的阶段式跃进过程。

在封建社会初期，除了沿用古罗马的“二元主义”分类法之外，欧洲一些王国根据档案内容的机密和重要程度，将档案分为“闭式文件”和“开式文件”两大类。闭式文件是指内容机密或涉及人事任命的重要档案，需要加盖特殊印记，密封保存，利用时必须要按照规定制度启封。开式文件是指一般性内容和可以公开的文件，无须盖印封存。这种整理和分类方法相对比较简单。

到了封建社会中期，中国造纸术的传入使欧洲各国档案数量急剧增长，过去简单的分类方法已经无法适应档案管理的需要，“二元主义”分类法逐渐遭到淘汰。当时出现的一些新型档案馆已经开始采用了新的分类标准。例如，城市档案馆按照城市的各个部门来划分档案的类别，每一类内再按照年代或地区进行整理，这被看做是后来通用的“机构—年代”分类的雏形。又如，国王档案馆开始将档案的事由（即主题或内容）演变成整理和分类的重要标准之一，这在英国表现得比较典型。14世纪20年代，时任英国管卷大臣的威廉·斯蒂普顿主教采用地区和事由相结合的标准，将国王档案馆的档案划分为24大类。尽管英国的整理和分类标准存在同一级别标准不一致的逻辑缺陷，但事由原则后来在许多国家得到普遍应用，并在相当长一段时间内占据统治地位。

在封建社会后期，欧洲各国采用的整理和分类方法更是五花八门，既有同时按照业务部门和时间来分的，也有同时根据地区和事由来分的。这些方法中还没有哪一种方法占据绝对上风，大多存在同一分类级别标准不一致的局限。后来随着档案学理论的萌芽，德国和意大利的一些档案学者开始系统研究档案的整理和分类并使之上升到理论高度。当时影响较大的理论观点主要有四种。

一是德国档案学者拉明根在 1571 年出版的专著《综合报告——怎样才算一个完美的登记室》中提出的事由分类法，要求将档案分为君主、外交和臣民三大类。二是意大利档案学者波尼法西奥在 1632 年出版的专著《论档案馆》中提出的系统分类法，要求将档案按照地区—事由—时间的先后顺序来系统分类。三是德国档案学者木尔茨提出的实用归类分类法，要求运用综合归纳的方法概括出档案分类的一般性类别。他在 1692 年出版的专著《办公厅和档案馆的权力》中提出，档案的分类可以归纳为教会的、政治的、司法的、国库的，等等。这种思想实质上是事由原则的表现。四是德国档案学者坤特提出的合理演绎分类法，要求运用纯逻辑推理的方法预先拟定一个适用各种档案的具体类别。他在 1783 年出版的专著《论总档案馆的建立》中提出了制定一个适用于各个机关档案分类的通用标准分类法的设想，在德国档案界引起了强烈反响。后来他的同胞，档案学者克里斯多夫、斯皮斯和弗里德利希分别在各自的专著《实用古文书学》（1799 年）、《论档案》（1799 年）和《见习档案员手册》（1800 年）中肯定并进一步发展了坤特的设想。他们一致认为要预先制定一个包罗万象的系统分类方案，使之适用于一切时代和一切行政机关的档案分类，并在全国各档案馆通用。然而实践证明，通用分类法在当时的条件下行不通。

（三）近代时期：档案整理发生变革

近代时期档案整理和分类的重大变革是其遵循的指导原则发生了变化——从遵循事由原则转变为遵循来源原则，并逐步确立了来源原则的统治地位。

1. 事由原则的一度沿用——卡缪—多努分类法和杜威十进位分类法

封建社会以来，事由原则一直是欧洲各国档案整理和分类遵循的指导原则。其主要特点是要求依据档案的内容或主题进行馆藏的第一层整理和分类。前文提到的拉明根、波尼法西奥以及其他早期档案学者们提出的事由分类法、系统分类法、实用归纳法、合理演绎法等，都属于事由原则的表现形式。直到法国档案工作改革初期，馆藏档案的整理和分类仍然一度沿用了事由原则。比较典型的是法国国家档案馆成立后 50 年间采用的“卡缪—多努分类法”。由于第三章第一节对卡缪—多努分类法的内容和局限已做评述，这里就不再赘述。

与欧洲国家类似，美国也经历了一个来源原则逐步取代事由原则的过程。在 1909 年来源原则的思想传入之前，美国在档案整理和分类上主要借用一种图书分类法——杜威十进位分类法（Dewey Decimal System）。这种分类法由美国图书馆学家马维尔·杜威（Marvell Dewey）于 1873 年设计，从 1876 年起被图书馆界广为采纳。在这种分类体系中，杜威把图书所涉及的知识分为十个大类，每一个大类分为十个部类，每一个部类再分为十个属类，属类下还可以依次再细分。每一个级别的十个类都用 0 到 9 的阿拉伯数字表示。大类是百位数，部类是十位数，属类是个位数，再细分时就加小数点。杜威设计的十个大类是：

000 总类

100 哲学

200 宗教

300 社会科学

400 语言学

500 自然科学

600 应用技术

700 美术

800 文学

900 历史地理

从以上大类不难看出，十进位分类法是以学科或者说知识门类作为分类标准的。19 世纪后期，美国开始将杜威十进位分类法引进档案整理和分类中。最早的例子是美国俄亥俄铁路公司于 1898 年在十进位分类法的基础上设计了一套铁路系统的档案整理方案，名为“铁路卷宗分类法”。这套方法后来被许多铁路公司和其他企业采用。1910 年，美国国务院开始采用杜威十进位分类法。1912 年，当时的美国塔夫托节约和效率委员会建议引入十进位分类法整理档案。从此，杜威十进位分类法得以在政府机关广泛采用。

杜威十进位分类法是以学科为分类依据的，借用到档案分类中必然会以档案的内容或主题作为分类标准。因此它属于一种事由分类法。就在美国一些机关广泛采用杜威十进位分类法的同时，一些美国学者受欧洲影响，开始将来源原则介绍到本国。既是历史学家又是档案学者的列兰德（Leland）在美国历史协会下设的公共档案委员会的 1909 年年会上，主张档案的整理和分类应采用来源原则。此后，美国档案界更多地认同了来源原则，以杜威十进位分类法为代表的事由原则逐步被取而代之。但来源原则真正在美国采用，还是在 1934 年国家档案馆成立之后。

2. 来源原则的起源、形成、论证和确立

详细内容可参阅第三章第二节。

（四）现当代时期：档案整理的成熟与完善

现当代时期档案整理和分类的实践经验更加丰富，理论体系日渐成熟与完善。

在理论上，来源原则在全世界范围内得到了普遍传播。有的国家根据国情和档案实践的发展对来源原则进行了灵活运用；有的国家还进一步修正发展了来源原则，以便让它更好地指导整理实践。电子文件的出现，更是引发了国外档案界对来源原则的反思，提出了以“新来源观”为代表的理论观点。这表明，档案整理理论在现当代时期走向成熟和完善。详细内容可参阅第三章第二、三、四、五节。

在实践上，国外普遍遵循来源原则进行档案整理，各国的档案整理和分类实践各有特色。由于内容较为丰富，本章第二节将专门评述代表性国家档案整理的现实特色。

第二节 外国档案整理实践的现实做法和共同特点

一、代表性国家档案整理的现实做法

（一）欧洲国家

1. 英国

英国在档案整理上采用“档案组合”作为馆藏整理和分类的基本单元。一般来说，政府一个部的档案算是一个档案组合。每个组合可按该部的组织机构或职能范围分为若干分组合，个别的也可按地理或行政区划分分组合。分组合由若干案卷组成，案卷一般装入卷夹、放入卷盒内。每个案卷包括若干单份文件。这样，所有馆藏档案通过档案组合、分组合、案卷、文件等若干层次，可以实现有序的分类和整理。

为了便于分类和编目，档案馆在做标识符号时，多用缩写字母来表示档案组合，其他的依次用阿拉伯数字表示。如海军部档案组合，第三分组合，第七卷，第四号文件，可表示为“ADM3/7/4”。

2. 法国

法国中央和地方国家档案馆都遵照来源原则进行整理。全宗是分类的基本单元。全宗内组立好的案卷均装入标准的文件盒内，盒上标有全宗顺序号、类号、盒号和案卷号等。每个文件盒均按时间顺序排放在档案架上。

3. 俄罗斯

与苏联时期相同，俄罗斯把国家拥有的档案看成一个整体，统称为“俄罗斯联邦档案全宗”。俄罗斯联邦档案全宗是指反映俄罗斯联邦各族人民物质和精神生活的，具有历史、科学、社会、经济、政治和文化意义的全部文件的总和。其成分包括俄罗斯版图内的所有档案和文件，不管它们的来源、载体类别、保管地点和所有制形式如何。俄罗斯联邦档案全宗文件的分类按三个层次进行：第一层是整个俄罗斯联邦档案全宗内文件的分类，它决定国家档案馆网的构成；第二层是档案馆内文件的分类，它决定档案全宗的划分；第三层是档案全宗内文件的分类，它决定每个全宗内文件的整理。

俄罗斯档案馆馆藏的第一层分类是区分全宗。档案全宗是指具有历史或逻辑联系的全部档案文件的总和。它包括机关档案全宗、个人档案全宗、联合档案全宗、档案汇集和科技文件综合体等诸多类型。全宗内的文件分类一般是按照特定的分类方案进行，分类特征是制定分类方案的基础。俄罗斯通用的分类特征主要有组织机构特征、年代特征、问题特征、名称特征、形成者特征、通信者特征和地区特征等，其中最常用的特征是组织机构特征和年代特征。档案馆在分类方案中往往结合使用上述特征，来确定全宗内文件的大类、属类、小类和细目。全宗内最小的分类单位就是案卷。所有的案卷都由文书人员负责整理立卷，年末或下一年初向机关档案室移交，按文件在机关的存留期限保管。保管期满后由档案室按规定程序向有关档案馆移交。档案馆对接收的档案不再进行整理，只按全宗归类、上架排放。

4. 德国

德国联邦档案馆遵照来源原则整理档案。其馆藏档案分若干全宗，政府各部的所有档案按部组成全宗，每个全宗又按该部的组织机构把文件分为若干个系列，每个系列包括若干个案卷。每个系列内，案卷按照分类方案上的顺序排列，案卷内的文件则按文件的自然积累顺序排列。

德国机关常用的整理和分类方法是机构—问题分类法，不区分年度组卷。联邦各部委都有一本在档案馆帮助下编制的立卷类目。该立卷类目类似我国企业档案分类法，比较详尽，包含类目号、向档案室移交年限、在机关保存年限等内容。机关档案人员按立卷类目中的类目号赋予电子案卷归档号，归档号与类目号对应，归档号体现了文件形成时的内在联系，并被保持到档案室（文件中心）直到档案馆，不再另编案卷号。

5. 西班牙

西班牙档案馆整理档案遵照来源原则，一个机关的所有文件组成一个全宗，全宗内的文件则按组织机构、年度或问题细分为若干小类。档案在库房的排列也严格遵守分类方案，以便查找。

（二）美洲国家

1. 美国

美国档案馆馆藏整理遵照来源原则，按库房、文件组合、分组合、系列、案卷和单份文件等各层次组织排列档案、文件和手稿。

馆藏整理的基础是机关的文件整理。联邦档案机构要求机关在向文件中心或档案馆移交文件之前必须完成基本的清理、组卷、登记、分类、排序、著录和编制简单检索工具等项工作，档案馆基本上依据机关的整理体系进行管理。联邦机构的文件立卷标准虽各有不同，但基本目标都是使文件易于保管、检索和利用，因此它们大多根据职能活动确立分类和立卷标准。具体来说，机关文件的分类标准主要有内容标准、形成者标准、时间标准、文种标准、文件顺序号标准等，机关根据实际需要结合使用。机关文件归档均以文件类为单位。

馆藏档案整理以尊重形成机关的归档整理体系为前提。自20世纪60年代以来，美国档案馆大多沿用五级档案整理原则。这五个级别分别是库房、文件组合、系列、案卷和单份文件。库房一级的整理，主要是对库房内所有档案做大范围的粗略分类。有点类似于我国的全宗群。文件组合是档案馆内整理和分类的基本单元，类似于全宗。它是以文件来源为基础并特别考虑到有关机关、团体或组织的行政管理史、文件复杂性和数量而组建起来的，组织上和职能上相关的文件综合体。文件组合内可划分若干分组合，通常某一部级政府机构的文件组成一个文件组合，其下属单位的文件组成分组合。系列是指由于同属一个特定题目或职能，来源于同一活动或具有某种联系而作为一个单元整理而成的若干案卷。系列的划分相当复杂，有时一个文件组合内会有若干个系列。案卷是通过立卷组合在一起的单份文件集合体。单份文件可按照时间、字母顺序或互相结合立卷。

遵照上述五个层次，档案部门具体实施整理程序。首先，对机关移交来的已经过较好整理的文件进行全面检查，看文件组合的划分和案卷的组成是否合理、规范；其次，对文件进行装订，因为在机关和文件中心，文件均不装订。档案部门要按统一标准，把文件装订成册，装入卷盒或卷夹。

2. 加拿大

加拿大国家档案馆整理档案遵循来源原则，采用了“档案全宗”作为整理和分类的基本单元。构成全宗的行政单位可以是独立的政府机关，也可以是较大政府机关的组成部分。例如，国家档案馆中外交部、财政部、国防部和科学委员会分别形成各自的档案全宗；印第安人和北方事务部因其组织多次变动，该部的工作主要分为三块：印第安人事务管理、公园管理和北方地区管理，该部的档案相应分为三个全宗。

另外，为了方便管理，国家档案馆往往把行政上虽无关联、历史上也无连续性的较小单位的档案合在一起，组成一个档案全宗，这主要是基于文件数量的考虑。这种形式有点类似于我国的全宗补充形式——汇集全宗。

3. 拉美诸国

拉美诸国档案整理大多根据本国实际情况和需要来进行。但由于缺乏较高理论水平的指导，致使不少国家档案整理实践中存在一些突出问题。

从整体来看，拉美诸国因受欧美国家的影响，大多数档案馆均以来源原则作为档案整理的基本原则，按全宗或文件组合为单位进行分类组合。文件分类的具体方法包括字顺分类法、数序分类法、尾数结合编码标识分类法、地区分类法、日期时序分类法、等级分类法、十进位分类法和题材分类法等。不同国家根据馆藏档案的特点，结合文件内容和形式的特点，灵活选用上述分类方法。

然而，也有一些拉美国家出于节约装具或使文件堆放整齐等多种考虑，在整理中采用了以文件外形为分类标准的办法。如乌拉圭国家档案馆就把馆藏档案分成“书本式文件”“匣装文件”和“卷宗”三大类；秘鲁国家档案馆的做法也与乌拉圭相似；巴西国家档案馆把地图专门抽出来单独存放。这些国家的整理方法因破坏了档案全宗的完整性和割裂了全宗内文件的有机联系而受到一些档案学者的抨击。档案工作的实践发展也证明了这些方法的局限性。

（三）亚洲和非洲国家

1. 日本

国立公文书馆的档案整理由馆长授权编目股负责。根据馆长批准的整理和分类方案，编目股对各省、厅移交的档案主要按来源原则进行整理和分类。各省厅的档案单独整理，并充分尊重机关原有的分类方案和整理基础。公文书馆所藏档案，都必须编制目录和索引，以便检索和查询。对档案的整理不拘泥于形式，案卷封皮和档号比较简单，主要精力投放在开发利用上，以方便检索。

2. 印度

印度议会于1993年通过了《公共文件法》，规定对公共文件要进行整理。受英国影响，印度大多数档案馆按来源原则整理档案。整理后的档案要编制案卷目录和文件目录。案卷目录以移交清单为基础，内容包括移交清单项目和案卷的标题和内容。这是印度档案馆最主要的检索工具。文件目录与英国国家档案馆的“编年提要”类似，详细登记每一份文件的情况，包括发文日期和地点、作者、发往地点、内容提要、类型、页数和附件等。这种详细目录是计算机数据处理的基础，很受档案馆的重视。

3. 非洲诸国

非洲诸国要属阿尔及利亚和刚果（金）在档案整理上较富特色。这两个国家虽然原是法国、英国的殖民地，档案管理体制和档案机构设置都受法国、英国的影响很深。但在档案整理和保管上，它们均接受了苏联的原则和方法。阿尔及利亚在《国家档案法令》中规定建立“国家档案全宗”，由政党、国家组织、立法、司法和行政机关、国营公司、企事业单位、私立机构和个人产生或收到的文件及材料组成，不论这些文件现存何处、属何年代。国家档案馆对接收文件实行按全宗整理和加工。移交文件必须附三份移交清单，标明全宗构成者名称、文件性质、捆号、各捆的最早日期和保管期限。刚果（金）也依法建立了国家档案全宗，由国家档案馆按全宗对接收文件进行整理和分类。

此外，尼日利亚国家档案馆中保存的文件按照来源原则进行整理。每一个文件序列都有一个包含序列内文件各项特征的索引。这个索引是利用者查找文件时最有价值的查找工具，在阅览室中可以利用这份索引。

非洲其他国家，或按英国传统，或学法国模式，对馆藏档案进行整理和分类。

二、国外档案整理实践的共同特点

从以上代表性国家档案整理的现实做法中，可以简要归纳出国外档案整理实践的一些共同特点。

第一，普遍遵循来源原则开展馆藏档案整理。这表明，来源原则因为科学地揭示了档案的形成特点和规律，成为指导各国开展档案整理的基本原则。

第二，普遍分层次开展档案整理。档案整理是对文件进行组织和排列，使之系统化和条理化的活动，由于文件在其运动过程中需要经过机关保存、文件中心或档案馆保存的不同阶段，因此档案整理需要区分层次或级别来进行。尽管不同国家由于国情和档案实践的差异，在整理层次上有多有少，但分层次进行档案整理是各国的普遍特点。比较典型的是俄罗斯和美国，它们分别明确规定了档案整理的具体层次，相应形成了不同级别的整理和保管单元。无论是俄罗斯的联邦档案全宗—类—案卷—文件，还是美国的库房—文件组合—分组合—系列—案卷—文件，都表明国外的档案整理依次展开，井然有序。

第三，允许档案整理具有一定的灵活性。现当代时期，来源原则在各国普遍传播的过程中，被各国根据国情和档案实践的具体特点灵活地运用。英国的档案组合、美国的文件组合，苏联以及俄罗斯的全宗，都体现了对来源原则的灵活运用甚至是丰富发展。在实践上，一些国家也在遵循来源原则的前提下，允许档案整理具有一定的灵活性。加拿大根据机构规模和档案数量的特点，灵活划分全宗和组建汇集全宗的做法，就是档案整理灵活性的典型表现。

第三节 外国电子文件整理

一、电子文件整理的含义和内容

国外没有提出电子文件整理的明确定义，其含义与本章第一节的解释相似，但更强调对档案实施智能而非实体的控制。电子文件通过整理实现有序化，是电子文件保管、检索和提供利用的前提。

电子文件整理的内容是为电子文件建立相关数据库并存入文件数据。数据库（data base）是目前国内外广泛流行的数据管理技术，组建电子文件信息数据库的意义是可集中、统一地管理电子文件内容及相关信息，并通过标引建立档案信息的有序结构，经过整理，构成电子文件信息数据库内有序的虚拟状态，形成存取电子文件的“文件库”，保持电子文件信息之间的有机联系。在组建电子文件信息数据的过程中应注意：第一，保护电子文件的内容信息、背景信息和结构信息，确保电子文件的档案价值；第二，保证电子文件的数据拥有较高的质量水平，为电子文件的检索和利用奠定基础。

二、电子文件整理的特点

第一，“新来源观”指导电子文件整理。来源原则在自诞生以来的一个半世纪中，对档案工作的健康发展以及档案学科的建立产生了全方位、多方面的深刻影响，不论是在理论上还是在实践上，来源原则都是指导各国档案整理和分类的首要原则。电子文件的出现使得来源原则再次成为档案学界关注的理论热点，引发了国外档案界对来源原则的反思，提出了以“新来源观”为代表的理论观点。详细内容可参阅第三章。

第二，“虚拟性”贯穿电子文件整理。在电子文件产生后，国外档案界提出“虚拟整理”这一概念，相对传统的“实体整理”，是指一种能摆脱档案实体排列，而仅仅使用一套符号及符号语法逻辑来记录和揭示档案之间历史联系的行为。“虚拟整理”依托的是计算机信息技术，因为电子文件是以二进制数字代码的形式存储于电子载体上的，其非人工识读性、信息与载体的可分离性等特点使之失去了传统意义上的“实体”概念。电子文件中的内容信息不再具有固定的物理位置，也不再对原记录载体“从一而终”，它可根据需要随时扩展、缩小或改变其存储空间。总之，电子文件的特征决定了对其的整理存在虚拟性，表现为一种更为抽象的信息整理，电子文件和档案信息的有序化属于智能控制的范畴，故有序化并非物理位置的有序化，而是逻辑上的有序，表现为使内容信息具备一定规则排序、检索和输出的能力。

虚拟整理对档案历史联系的整理不再受档案的保管期限、密级、载体种类甚至文件材料的开本等非历史因素的影响，使文件在历史联系的链条上应放在什么地方就放在什么地方。更方便的是，虚拟整理创造了多项历史联系记录系统，因为档案文件之间的历史联系是复杂的，是由多种历史要素构成的，具有多种联系的特征，按照不同历史要素整理可获得不同的系统。传统档案的整理由于受到技术环境的约束，必须采用实体整理，结果就是只能从诸多要素中选取一个最主要的因素作为档案整理的根据，生成一种记录档案历史联系的记录系统，与之相比，虚拟整理则可按多种根据进行，当然首先考虑来源原则，其次还有事由、年代等历史联系，在计算机内同时构成多个以不同历史要素为根据而生成的记录系统，以此全面和完整地记录档案的历史联系。

第三，有机联系保障电子文件整理。美国档案学者谢伦伯格说过：“从一个档案组合中抽出来的单独一份文件本身所能告诉我们的，并不会比脱离了某种已经绝迹的不知名的古动物整副骨骼的一块骨头所能告诉我们的更多一些。”电子文件与所有其他各种类型的文件一样，是适应交流、传递、处理、储存、利用信息的需要，在人类的社会活动中自然产生的，文件与形成它的社会活动之间存在着一种共生而有对应的关系。文件之间的联系是多方面的，有来源、内容、通信者、文种、地区、时间等方面的联系，文件的这种有机联系，要求对归档保存的电子文件信息进行整理，使之有序化，构建特定的结构，形成有机的整体，通过结构实现文件信息系统的功能。

三、电子文件整理的实践做法

电子文件整理的方式包括电子文件标引、文件档号的划分与确定两个方面。

电子文件标引与传统载体档案文件的标引相比，最大不同点在于电子文件标引既是电子文件信息的整理，使之有序化，也是在建立电子文件检索系统。传统档案管理是先对档案文件实体进行整理，然后在为之建立检索系统，前者的整理属于实体控制，后者属于智能控制。在电子文件整理过程中，实体控制仅仅指的是对脱机保存的电子文件信息的光盘、磁带、磁盘的管理，信息的整序本身就是智能控制，是通过标引完成的。所谓标引，就是对文件的内容进行主题分析，将表达这种主题的自然语言转换成档案信息处理语言，使之成为检索标识的过程，或者说，它是用统一的人工语言，按照一定的方法和规则，对文本中具有检索意义的主题内容进行分析、描述和记录，使文件具有统一的检索标识的过程。档号标引、分类标引和主题标引三位一体，从不同角度维护了文件之间的有机联系，正是“虚拟整理”的体现。

档号是全宗号、案卷目录号、案卷号和件（页）号的总称。电子文件的全宗实际上是虚拟的，并不一定具有实体组织，其可划分为主体全宗和客体全宗，所谓主体全宗是由一个相对独立的主体单位或个人，在其执行社会职责的活动中形成的文件有机整体；所谓客体全宗是人们在围绕着具有相当规模而又相对完整、独立的客观事物而开展的社会活动过程中形成的档案有机整体。案卷目录号由电子文件形成机关的档案室在编制全宗内分类方案时确定，各文件形成机关情况不同，全宗内分类方案也不同，因此案卷目录号也不一致。案卷号和件（页）号是一个案卷目录内独立案卷的编号及其案卷内文件编号，可由立卷人员在立卷过程中具体确定。

（一）德国的电子文件整理

德国电子文件整理主要特点如下：

一是坚持来源原则，对电子文件进行组卷。德国的电子文件整理继承了在本章第二节中提到的传统整理方法，即电子文件要通过逻辑或物理的方法组成案卷，立卷类目决定着如何组卷，案卷有揭示案卷内容的案卷题名，案卷包含有关一项工作的全部文件。

二是先建电子案卷，再往里存入电子文件。DOMEA 扩展标准《电子文件的归档与不归档的区分和价值鉴定》指出，开始一项业务工作时，首先根据立卷类目建立电子案卷（预立卷），新建立的电子案卷从电子立卷类目表和保管期限表上自动接收预定义的元数据。在这一步中根据立卷类目中的规定，事先区分该案卷归档和不归档的范围，确定该案卷在机关保管年限（最多不超过 10 年），确定在向机关档案室移交前在文书处理部门的保存年限（3 年）。过了移交年限的电子档案自动迁移到区分归档和不归档范围的磁盘分区，凡是有“销毁”标记的电子档案可以删除，案卷目录则要保留。如果没有现成可利用的元数据，那么在预立卷时，赋予该电子案卷所需要的元数据项目。其次，办理完毕的电子文件装入电子案卷。当电子文件在公文处理系统中处理完毕后，把它归入电子案卷。因为电子案卷在建立时已定义了向档案室移交的年限，文件形成一定时间后，电子案卷及其卷内文件自动向档案室移交。如果这中间插入了新的电子文件，重新装盒，向档案室移交的年限也要重新计算。在实际工作中也可以把电子案卷向档案室移交的年限定为不限期，直到文件处理完毕，一次性向档案室移交。

（二）英国的电子文件整理

英国国家档案馆在电子文件管理方面开展了大量研究工作，取得了丰硕成果，其中包括制定《电子文件指南》《电子文件管理办法》及《电子文件管理标准》等，其中首推《电子文件管理指南》。该指南由方针政策、技术要求、管理办法和组织保证等方面的内容组成。其涉及电子文件整理的主要内容是：各单位的文件管理制度应有利于按其职能或其他方式对电子文件归类组合，有利于必要时及时结卷及建立新卷以反映其业务活动所发生的变化。

（三）美国的电子文件整理

美国国防部《DoD5015.2-STD 电子文件管理软件应用系统设计标准》（简称“美国国防部《电子文件管理标准》”）实质上是一个电子文件管理标准，目前最新版本是 2007 年颁布的。该标准是国防部在各个环节实施文件管理的指南，不仅在国防部各部门广泛使用，也在联邦各政府机构广泛使用，美国国家档案与文件署（NARA）2008 年专门发布了联邦政府机构采用该标准的批文，要求全美各联邦机构统一采用。该标准目前在国际领域具有重大影响。

该标准对电子文件的整理强调电子文件元数据分类应更加详细和全面，通过对电子文件实体文件级、案卷级和类别级的区分，突出电子文件整理的整体性。同时，该标准在微观上特别强调了对电子文件生命周期的全程管理，从前端的电子文件生成到最后文件归档及文件销毁，对每一步骤的管理和操作都做出了明确规定，并以电子文件归档为界限，将电子文件的相关信息进行整合形成新的元数据，然后通过文件、案卷、类别三个级次对电子文件进行分级整理，从而实现了对电子文件在其整个生命周期以内的全程管控，使电子文件管理更具有操作性，更符合电子文件管理生命周期理论的要求，从而体现了其科学性。

（四）澳大利亚的电子文件整理

2004 年，澳大利亚国家档案馆发布了《数字文件管理指南》，为澳大利亚政府机构在形成、管理和保存电子文件方面提供了全面指导。该指南运用文件连续体理论将文件的创建、捕获、组织和档案管理等步骤，通过一系列的国际与国家标准联系起来，形成了一套完备的国家电子文件管理体系。

其中，关于电子文件整理方面的标准有：《文件管理分类工具纵览》，该标准对澳大利亚联邦机构如何制定分类工具以支持文件管理流程提出了建议；《澳大利亚联邦机构功能主题词表制定指南》，该标准对澳大利亚联邦机构如何制定功能主题词表以支持文件管理流程提出了建议；《澳大利亚联邦机构电子文件管理元数据标准》，该标准规定了澳大利亚国家档案馆在澳大利亚联邦机构使用电子文件管理系统时应该捕获的元数据；《澳大利亚政府执行手册：澳大利亚政府定位服务元数据》，该标准列出了澳大利亚政府执行政府定位服务（AGLS）元数据的需求，为负责协调机构政策和网络信息服务的人员提供了实用建议和指导。

【思考题】

1. 简述档案整理的含义和内容。
2. 简述档案整理的意义。
3. 简述奴隶社会外国档案整理的特点。
4. 简述封建社会外国档案整理的特点。
5. 简述近代档案整理的变革。
6. 简述美国档案整理的层次。
7. 简述外国档案整理实践的共同特点。

第八章

外国档案检索

【本章要点】

- 说明外国档案检索的含义和内容。
- 总结外国档案编目和检索从古至今的发展历程及各主要阶段的特点。
- 概述外国档案检索工具及其体系，说明外国档案检索工具的编制原则。
- 分析外国档案检索工具的类型及特点。
- 评述外国档案自动化检索系统的发展过程，总结其特点。

【关键词】

档案检索	分类目录
档案编目	指南
档案著录	索引
档案标引	档案自动化检索系统
检索工具	档案著录规则
案卷目录	电子文件著录

第一节 外国档案检索的发展历程

一、档案检索的含义和内容

档案检索（archival retrieval）是档案管理的重要环节之一，是指对档案信息进行系统存储并根据需要进行查找的工作。其中，档案信息存储是将档案中具有检索意义的特征标识出来，加以编排，形成检索工具或档案信息数据库的过程；档案信息查找则是利用检索工具或数据库实际搜取所需档案的过程。这两部分内容是密切关联、不可分割的，存储是查找的前提，查找则是存储的目的。

既然检索的全过程是由档案存储和档案查找两部分构成的，存储阶段和查找阶段都有着各自特定的内容。存储阶段的主要内容包括著录标引和组织检索工具，著录标引指的是对档案的内容和形式特征进行分析、选择和记录，有时还需要将反映档案主题的概念借助检索语言转换成规范化的检索标识。组织检索工具指的是将著录标引后形成的条目系统排列，组成各种检索工具，或输入计算机，建立数据库。查找阶段的主要内容包括确定查找内容和开展查找操作。确定查找内容指的是对利用者的检索要求进行分析，确定利用者所需档案的实质内容，形成概念，并借助检索语言将概念转换成规范化的检索标识。查找操作指的是档案人员把利用者需求的检索标识编目与存储在检索工具或数据库中的检索标识进行相符性比较，查找出符合利用者需求的条目。

国外对档案检索含义和内容的认识经历了一个发展过程。早期国外大多把档案检索理解和规定为"编目"（description）。编目的历史源头可以追溯到奴隶社会时期，古代东方奴隶制国家就开始编制简单的档案目录。但对档案编目首先进行理论阐述的当数近代荷兰三位学者缪勒、斐斯和福罗英出版的《档案整理与编目手册》。他们在书中对编目的含义、原则和具体方法都作了扼要论述。由于该书是档案学理论的代表性成果，到 20 世纪 50 年代被翻译成多种文字在不同国家出版，这种强大的国际影响使得国外普遍接受了"编目"的概念，并在理论上对编目的含义和内容根据实际情况提出了繁简不等的表述。

美国著名档案学者谢伦伯格在其代表作《现代档案——原则与技术》中指出，档案编目的内容包括两方面，一是揭示文件的信息内容，二是分析文件的结构或形式特征。这种认识实质上就是把编目等同于档案检索过程中存储阶段的著录。后来，美国档案界在参考谢伦伯格观点的基础上，对档案编目的含义作了广义的解释。他们认为，档案编目就是为编制检索工具所进行的各项工作，就是通过编制档案检索工具达到对馆藏进行智能控制的过程。档案编目必须能够提供三个方面的信息：文件的基本情况、文件的内容和文件的存放位置。

加拿大著名档案学者休·泰勒（Hugh Taylor）在其代表作《档案材料的整理和编目》（*The Arrangement and Description of Archival Materials*）中也指出，档案编目就是提供信息，就是编制各种检索工具。他更多地强调了编目的意义，他认为，编目就是控制，没有精确的编目就不可能进行有效的利用。编目不充分，就会把有价值的材料长期打入"冷宫"。因此，编目的目的一是使档案工作者控制档案，二是使利用者通过检索工具能够查找到所需档案。

国际档案理事会最新修订的《档案术语词典》中把"description"解释为"著录"或"编目"，其含义是指为便于控制和查阅馆藏档案而进行的制备检索工具或相关文献的工作。这种规定实质上更多的是"著录"的含义和内容。

自 20 世纪 80 年代以来，随着计算机技术的发展，自动化检索技术在图书、档案和情报领域的应用越来越广。国外的术语词汇中同时出现了“检索”（access）词条，这在北美国家以及国际档案理事会的术语规范中都可见到。

美国档案工作者协会主持编纂的《档案人员、文件管理人员和手稿管理人员术语手册》中规定，“检索”是指“存储信息的工具，如索引、目录和计算机”。加拿大不列颠哥伦比亚大学图书馆、档案和情报学院编写的《档案术语词汇》也把“检索”解释为“将数据存入计算机系统中并加以检索的方法”。国际档案理事会最新修订的《档案术语词典》对“检索”的界定是“在自动化数据处理中，将数据存入存储器中并从中取出的方法”。从这些代表性的解释中可以看出，国外对“检索”的理解更多地倾向于与自动化管理和计算机挂钩，更多体现了现代化、信息化的内容和色彩。

总之，国外对档案检索的理解和界定，从早期的“档案编目或著录”发展到当前“编目或著录”与“检索”并存。这也鲜明地体现了信息社会对档案工作的巨大影响。

二、档案编目和检索的发展进程及特点

（一）奴隶社会时期：档案编目简单

为了便于档案的保管，古代东方奴隶制国家开始对档案进行简单的编目。比如，两河流域的拉伽什城邦将小泥板拴在存放档案的木筐或泥罐等装具上，作为标签之用。这种泥板标签多呈弧形，一面平整而另一面凸起，凸起的一面刻有文字，标明装具中档案的内容和时间；古巴比伦王国也把每块泥板档案上的第一句话或第一个词作为标识符号刻写在泥板边上。又如，古埃及爱得夫神庙也将档案目录刻在墙壁上。再如，古印度的著名宗教档案汇集《吠陀经》也编有索引，一般按照首字顺序排列。

古罗马的档案编目获得了发展，罗马人按照时间顺序誊录发文副本而形成的发文誊录簿，可以说是现代档案检索工具的萌芽。

（二）封建社会时期：档案编目相对完备

与奴隶社会的简单编目相比，封建社会，特别是封建社会中期以后档案编目有了明显进步。编目的方法相对完备，登记的项目更加齐全，而且出现了比较正规的书本式目录。

欧洲各国中档案编目开展较早、做得较好的主要有意大利、法国和英国。意大利那不勒斯王国档案馆从 1284 年开始编制档案目录，登记的项目包括档案文件标题、文种、日期等，从而创造了早期较完备的编目方法。法国进一步完善了那不勒斯的编目方法并应用于国王档案馆——宪典宝库。继 1318 年皮埃尔·迪特勒斯编出了法国第一本财产法规和登记簿目录之后，1348 年约翰·戈布尔和

1371 年热纳尔·蒙达哥又编出了第二本和第三本目录。这些目录大多按字母顺序排列。英国也开展了类似的编目工作，先是 1323 年管卷大臣斯蒂普顿在对国王档案馆的档案进行分类的基础上编出了较为详细的案卷目录，后是 1601 年拉巴德主管国王档案馆期间又为馆藏全部档案编制了索引。

（三）近代时期：档案编目变革

近代是档案事业的变革时期，档案编目也相应发生了变革。这种变革在实践和理论上都有明显体现，编目的实践变革以法国为典型，编目的理论变革以荷兰为代表。

法国档案工作改革使法国档案编目的实践取得了很大的进展，主要表现为法国国家档案馆为了适应档案开放的需要，加强了编目工作，并编制出了不同类型的检索工具。其中包括：1811 年馆长多努主持编制的《帝国档案馆系统目录》，这是一本档案馆指南；1867 年编制的《简要总目录》，这是一本文件指南，列举了馆藏文件的卷册、盒及其他案卷单元；1871 年出版的《国家档案馆所藏全宗的简要目录和编目方法》，这也是一本文件指南，介绍了法国大革命前各类文件的来源和主题；1891 年出版的《国家档案简略》是一本全宗指南，介绍了法国国家档案馆所藏 39 大类档案全宗的概况。可见，近代法国编制的各类检索工具，丰富了档案编目的内容，也为公众查用档案提供了方便。

1898 年荷兰学者撰写的《档案整理与编目手册》阐述了档案编目的原则和要求，这是第一次在理论上对档案编目进行的系统论述。手册明确提出，档案编目是档案整理成果的反映，编目的原则是编目必须与档案整理分类相一致、与编号相统一，编目的具体要求包括“档案全宗的目录必须大体上和全宗原来的编制取得一致”，以及“在目录的各主要类目开端的地方，应该加以注释，扼要地说明产生该类目的部门或行政人员的历史和职能”，等等。这些阐述虽然简练，却框定了档案编目的基本原则和方法，对后世影响很大。

（四）现当代时期：档案编目和检索走向成熟

现当代是档案事业的成熟和完善时期，各国档案编目和检索的实践和理论发展也更加成熟和完善。理论上的发展主要表现为相关著作的大量出版，国际档案界以及不少发达国家致力于档案著录规则的研究和制定，这些内容可以参阅本章第三节。实践上的发展在代表性国家的档案编目中也有明显体现。这里仅选取一些代表性国家，介绍其档案编目和检索的发展现状及特点。

1. 英国

英国公共档案馆主要编制有三种检索工具：一是档案馆指南，介绍馆藏档案的基本情况；二是案卷目录，说明卷内文件的特点、内容、数量和完整程度等；三是编年摘要，对中世纪档案文件作概要介绍，说明文件的日期、形式和内容，有的还摘录原文，编年摘要是英国特有的检索工具。

2. 法国

法国比较常见的检索工具包括案卷目录、索引和指南。案卷目录分概括性和分析性两种，后者是在前者的基础上编制而成的，内容较前者更为详细，对卷内文件的内容和数量都有详细介绍。索引编制也有两种方法：一是按照分析原则，直接按文件内容进行编制；二是依据情报原则，在原有细目资料基础上编制，以求反映馆藏档案的真实情况。指南是相对较晚出现的一种检索工具，其类型较多，既有介绍档案馆的大型指南，如《法国国家档案馆指南》；也有专题指南，如《旧制度司法全宗指南》《国家档案馆美术史料档案指南》等。编制指南的工程十分艰巨，法国各级档案馆为此投入了大量人力和物力，编制出特色各异的指南为广大用户服务。总体而言，法国对档案编目和检索工作的重视程度在世界各国中是比较突出的。

3. 德国

德国档案机构编制的检索工具主要有库藏目录、分析目录、案卷目录和档案馆指南等几种类型。库藏目录一般不对外公布；分析目录是一种专题检索工具；案卷目录包括综合性、专题性和分析性三种；档案馆指南主要说明各类档案的名称、起止日期、数量和存放地点等。

4. 北欧诸国

北欧诸国档案馆编制的检索工具主要有两种类型：一是常规性的检索工具，包括档案馆指南、索引等；二是详细的检索工具，如案卷目录、档案登记册等。

5. 美国和加拿大

美国和加拿大近年来在档案自动化检索系统建设上，在档案著录规则的研究、制定和实施上均取得了较为突出的进展，详细内容参阅本章第二节、第三节。

6. 印度

印度的档案编目受英国影响很深，整理后的档案均编制案卷目录和文件目录。案卷目录以移交清单为基础，内容包括移交清单项目和案卷的标题和内容。这是印度档案馆最主要的检索工具。文件目录与英国公共档案馆的“编年提要”类似，详细登记每一份文件的情况，包括发文日期和地点、作者、发往地点、内容提要、类型、页数和附件等。这种详细目录是计算机数据处理的基础，很受档案馆的重视。

7. 澳大利亚

澳大利亚国家档案馆基本上按照美国国家档案馆的方法对档案进行分类和编目，这也体现了美国学者谢伦伯格在澳大利亚讲学产生的重要影响。各州档案馆对公共档案一般都进行整理和编目。新南威尔士州档案馆成立有专门的档案委员会，负责编制馆藏档案目录，包括卡片式和书本式两种。塔斯马尼亚州档案馆也编有较完整的馆藏公共档案目录。

第二节 外国档案检索工具及系统

一、档案检索工具概述

（一）档案检索工具及其体系划分

对档案检索工具的界定，国际档案界已达成了共识。国际档案理事会最新修订的《档案术语词典》中规定，检索工具（finding aids）是指由文件形成者、文件中心、档案馆或手稿储存处制作、出版或未出版的手册或电子形式的描述性工具。目的是建立起对文件/档案实体的管理与智能控制。基本的检索工具包括本地、地区或国家著录数据库，指南、馆藏目录、登记簿、存放登记、案卷目录、专题目录、档案架（卷、盒）目录、索引、一览表、电子文件及软件编集等。从此定义不难看出，检索工具是多种多样的，往往构成了一个较为复杂的体系。

档案检索工具体系包括一系列在功能上相互联系、相互补充，可供多方面、多角度、多层次检索的检索工具。各国对此的理解和认识各有侧重，仅以英国和苏联为例。英国档案学者强调这一体系内检索工具的相互联系，认为档案检索工具体系是由若干种具有相互联系的检索工具共同构成的一个整体；苏联将其收入了国家标准，在《文书工作与档案工作术语》中规定，档案检索工具体系是为保证档案文件和回溯性文件信息的安全保管和检索，而按统一的逻辑方法和科学方法编制的互有联系的统计文件、检索工具以及机械化和自动化信息检索系统的总称。相比之下，苏联的定义更加具体和规范。

档案检索工具既然多种多样，档案检索工具体系的划分自然存在不同标准，包括范围、功能、制作方式、检索手段、检索语言等。每一种划分标准下可以相应分出多种类型。

第一，从范围分，档案检索工具可以分为全国性的、馆际性的、档案馆的、档案全宗的、全宗中某一类档案的和案卷级的。

第二，从功能分，美国和俄罗斯提出了基本相似的划分方法，美国档案学者戴维·格雷西把检索工具划分为供内部管理使用的、供馆内查考的和公布出来供馆外使用的三种。美国档案学者谢伦伯格认为档案检索工具有两大类：一是按来源编制的，即按文件的历史联系编制的，可称为典藏性检索工具，如文件组合登记单、案卷目录等；二是按主题编制的，即根据文件的逻辑联系编制的，可称为非典藏性检索工具，如专题目录、分类目录等。俄罗斯档案学者则认为，检索工具可分为两大类：一类是统计性检索工具，如接收登记簿、全宗单、全宗名册、全宗卡片目录、存放位置索引等；另一类是情报（或信息）性检索工具，如案卷目录、卡片目录、指南等。

第三，从制作方式分，档案检索工具可以分为书本式的、卡片式的、缩微式的和电子形式的。

第四，从检索手段分，档案检索工具可以分为手工式的和自动化的。

第五，从检索语言分，档案检索工具可以分为自然语言的和人工语言的。自然语言用于传统性检索工具，人工语言是计算机检索使用的程序语言。

（二）档案检索工具的编制原则和方法

各国编制档案检索工具存在共同遵守的原则，主要有两点。

首先，各种档案检索工具的功能应当全面并相互补充。档案检索工具是一个体系，各种检索工具都不可能是“万能”的，不可能同时满足不同的检索需要，因此档案检索工具的编制必须注重功能的全面性：管理性和提供利用性的档案检索工具，典藏性和非典藏性的档案检索工具，统计性和情报性的档案检索工具都必须具备，不可偏废。并且，各种检索工具的功能还应注重互补，平行或重复编制实质是一种浪费。

其次，检索工具的编制要以满足利用者需求为出发点。英美档案学者认为，一个档案馆设置哪些检索工具，著录的级次和深度如何，归根结底要取决于利用者的需求。因此，除公开出版的指南以外，档案馆还应有供利用者自行查找的检索工具，而不是完全由档案人员代为检索。英国档案学者迈克尔·库克提出，理想的模式是所有检索工具都可以让利用者自行查找，甚至包括那些其原件尚未开放的检索工具，只是需要在检索工具中注明利用该档案的特殊条件。可见，国外档案馆无论在检索系统的设计上，还是在档案检索工具的具体编制上，都强调从利用者的需求出发。这种原则是基于对档案检索工具作用的正确认识。

检索工具的编制方法，各国不尽相同，或者说多种多样，但共同的方法有两种：直接编制法和间接编制法。

直接编制法，是根据档案文件即一次性文件信息编制检索工具。在著录条目中直接转述著录单元的内容，尽量详细介绍文件正文，必要时作出注释和翻译，使用户通过这种检索工具可获得大部分一次性文件信息，因而一般不再需要查看原文件。

间接编制法，是根据加工好的著录资料，即二次性文件信息进行编制。在检索工具的著录条目中可以直接使用二次性文件信息，因而著录条目比较简明、扼要，只能为利用者提供检索线索，引导利用者查阅档案文件。

二、档案检索工具的类型及特点

档案检索工具分为传统性检索工具和自动化检索系统两大类。当前，随着信息技术的发展，国外自动化检索系统发展十分迅速。即便如此，传统性档案检索工具仍然起着重要的甚至是不可替代的作用。它集档案的统计、控制、保管和查寻等作用于一体。传统性档案检索工具的种类很多，使用最普遍的有四种：案卷目录、分类目录、指南和索引。

（一）案卷目录（file list）

案卷目录也称档案目录，是档案馆最基本的统计性和管理性文件，同时也是一种最常用的档案检索工具。案卷目录是按文件之间的历史联系编制的，在案卷目录内，每个案卷形成一个条目。案卷目录由文件形成机关编制。如果文件形成机关未曾编制或是机关编制的目录不符合要求，才由档案馆对不符合要求的目录进行加工和完善。

俄罗斯、法国和美国在案卷目录编制上较富代表性。

俄罗斯档案学者认为，案卷目录具有重要职能，既能保证案卷的统计，又能固定全宗内各案卷的顺序，还可揭示案卷的内容和成分。因此，各档案馆都十分重视案卷目录。俄罗斯的案卷目录统一采用书本式目录的形式编制，具体内容包括两个部分：案卷一览表和辅助检索工具。案卷一览表中的著录条目包括案卷顺序号、案卷标题、卷内文件起止日期、张数、备注等；辅助检索工具一般包括扉页、序言、略语表、索引、编号对照表、目次等。在各国的国家档案馆，案卷目录一般都是一式两份，其中一份是库存本，另一份提供利用。

法国国家档案馆的案卷目录一般分为两种：提要性的目录和分析性的目录。提要性的案卷目录以卷盒为单位概要地著录每个案卷的内容和起止日期，如“442（卷盒顺序号）—法国驻阿尔及利亚海军人员登记册，1903—1906 年”就是一份提要性案卷目录的名称。分析性的案卷目录是在提要性目录完成后编制的，它详细著录一类案卷或文件，甚至对重要文件逐件进行分析。

美国编制的案卷目录与俄罗斯和法国存在差异。美国档案的整理级别大多是文件组合—分组合—系列—案卷—文件，案卷目录往往没有定位在案卷层次，却多以系列为单位进行编制，所以确切地说，是一种“系列目录”。美国的许多档案馆和手稿管理部门均拥有这种系列目录。在美国出版的一些档案著作中，系列目录也被称为“档案目录”或“登记册”。例如，美国国家档案馆称“档案目录”，国会图书馆则称为“登记册”。

美国档案工作者协会下属的检索工具委员会规定了系列目录的标准结构，包括四个部分：前言——说明该机构编制检索工具的方针；序言——概要说明文件组合或手稿汇集的内容、来源和研究程度，以及限制利用的规定；机关史——说明文件组合或手稿汇集内文件的起止时间，以及机关存在历史中发生的主要事件和背景资料；系列著录——这部分是目录的主体，要说明文件组合或手稿汇集的实际整理情况，依次列出每一个系列的标题、文件起止日期、数量、载体类型、整理情况及存在问题等。

（二）分类目录（classifying catalog）

分类目录，一般是由各种卡片汇集成的一种自成体系的目录系统。它著录文件的内容、作者、时间、形成地点等基本要素。分类目录因多采用卡片形式，往往又被称为档案卡片目录。分类目录的作用不同于案卷目录，它只限于使利用者能够迅速查找到所需要的档案信息和档案文件。分类目录包含的信息量往往也大于案卷目录，它可以涉及不同全宗甚至不同档案馆的档案情况，这种作用是案卷目录不能替代的。国外档案馆均编有分类目录。

分类目录可以从不同角度划分为不同的种类。按逻辑结构原则，可以编制综合性分类目录、主题目录、专题目录等；按字顺结构原则，可以编制人名、地名卡片目录；按时间结构原则，可以编制年代卡片目录；等等。每一种分类目录都有自己的分类方案。

分类目录的编制有着较为固定的程序和方法。首先是制定分类目录的结构方案或分类大纲，依次列出分类级别（大类、小类等）；其次是挑选应著录的档案文件或二次性文件信息，进行著录，填写卡片；最后是确定分类目录的类型和编制方法，并将填好的卡片进行排列，安放指引卡。在编制方法上，一般采用演绎和推理的方法。

（三）指南（guide）

指南是一种典型的介绍性检索工具公开出版物，通常是书本式的。其作用是为利用者提供查找档案的线索。借助它，利用者可以不受时间、地点的限制，随时了解档案馆馆藏情况和利用所需要的基本信息。因此，这种检索工具深受研究人员的欢迎，几乎世界各国档案馆都编制有指南，宣传和报道馆藏档案。

对指南的定义，美国和苏联的理解比较清晰。美国档案学者认为，指南是一种对全部馆藏进行简单描述的，以文件组合、系列、专题文件汇集为单位揭示各种馆藏之间关系的检索工具，也是档案馆最重要的一种对外发行的检索工具。它体现文件组合和馆藏的内部结构。苏联档案学者则认为，指南是一种按分类顺序评述或简要报道各个档案全宗的检索工具。其作用在于介绍馆藏全宗成分和内容，为利用者提供检索信息。

各国编制指南的实践已经十分成熟，也取得了丰富的成果。美国国家档案馆从 1937 年起，已经出版了六种版本的档案馆指南。英国国家档案馆按照馆藏档案时间顺序也编制了三卷档案馆指南。苏联出版了为数众多的多类型档案馆指南，有单个档案馆的、跨档案馆的、几个档案馆联合的、全国所有档案馆的等多种指南。意大利出版了多卷本《意大利国家档案馆指南大全》。不仅如此，在国际档案理事会的推动下，各国档案馆还参与编制了多卷本非洲、拉丁美洲和亚洲档案史料指南。所有这些指南均为公开出版物，在全世界发行，对推动世界范围内档案的收集和利用起了很大作用。

指南的类型十分丰富，根据指南所介绍档案的范围，各国编制的指南主要可分为三种类型：全宗指南、专题指南和档案馆指南。全宗指南，是揭示档案馆内所有、部分或单一全宗基本情况的手册，其内容通常包括全宗及其形成者的历史概况、全宗内档案的整理、保管情况，以及档案内容和成分介绍。专题指南，一般是介绍和报道档案馆中反映某一特定题目档案的检索工具。这种指南可以专题卡片目录为基础来编制。档案馆指南，是介绍一个或多个档案馆馆藏情况的一种公开出版物，也是各国档案馆普遍采用的一种集宣传和检索于一体的检索工具，受到各国和国际档案界的高度重视。

编制档案馆指南在各国相当普遍，其结构和体例，各国相差无几。一般包括六部分：第一，前言，说明指南的任务和意义。第二，指南总目录。第三，导言，介绍档案馆名称、地址、电话、开放时间、来馆路线、公共交通和停车设施、工作人员姓名及专门职责、档案馆简史、供利用者使用的主要设备、保密规定、版权限制、检索设备和检索工具的布置与使用说明、出版物目录等。第四，馆藏档案内容和成分介绍，这是档案馆指南的主体和核心部分，全面揭示馆藏各个全宗和全宗群之间的相互关系。第五，附录，包括指南结构方案、利用者须知、利用规则等。第六，索引，有综合索引和单项索引之分。综合性索引，是把指南中提到的人名、地名、概念等按字顺编成一个索引；单项索引则是把上述内容分开单独编索引，这种索引附在指南后，是指南的检索工具。

（四）索引（index）

索引是各国档案馆较为常用的一种便捷的指引性检索工具。它简洁地揭示档案文件中所提到的人物、地点和主题，指引利用者迅速地查到所需要的资料。索引有不同的类型，可以是书本式的，也可以是卡片式的；可以是独立的，也可以是辅助性的。各国编制的档案馆指南一般都附有索引，方便利用者检索指南中提到的人名、地名、事件等。

索引主要分为人名索引、地名索引和主题索引三种。

人名索引是揭示档案中或检索工具中所提及的人物并指明其出处的一种检索工具。通常分为简式和详式两种。简式人名索引只标引人物的姓名和指引材料。详式人名索引中，除包含简式索引的内容外，还必须标明人物的曾用名、身份、职业、职务以及政治、社会、党派等有关情况。

地名索引是揭示档案或检索工具中所涉及的地名并指明出处的一种检索工具。它便于利用者了解反映某一地区各方面情况的档案材料。地名索引一般按地名的字顺排列。

主题索引是揭示档案或检索工具中提到的主要事物、概念的一种检索工具。它所收录的内容是经过挑选的，只收录对阐明和研究全宗文件有价值的事物和概念，并视需要对其作详简不一的诠释。

三、档案自动化检索系统及特点

（一）档案自动化检索系统的含义

档案自动化检索系统，主要是指利用计算机技术对所需要的信息进行检索的非手工检索系统。它一般由两个主要部分组成，一是计算机及其软件，二是档案数据和二次性文献。计算机检索的一般过程是，档案人员将有关文件的著录条目（即二次文献）输入计算机，一旦有检索需要时，再把检索提问（通常是检索表达式）输入计算机，由计算机进行匹配，最后输出命中的档案条目。

（二）档案自动化检索系统的创建与发展

西方国家档案部门使用计算机技术编制档案检索工具，起步于 20 世纪 60 年代初。起初是借助计算机的处理功能，编制可立即打印出来的索引，目前已发展到各种自动化检索系统。

1. 国际档案理事会对档案自动化检索系统创建和发展的推动

国际档案理事会对于推动国外档案自动化检索系统的创建、发展和应用起到了重要作用。从 20 世纪 60 年代中期起，国际档案理事会除了组织出版刊物和专著介绍应用计算机技术的实践经验和构想外，主要是通过历届国际档案大会不断推进各国档案自动化检索系统的建设和发展。1964 年第五届国际档案大会在布鲁塞尔举行，大会把办公自动化和电子技术列入议程，倡导各国采用计算机来提高档案检索效率。当时美国和加拿大对此给予了积极响应。这次大会后，美国国家档案馆以国会图书馆的自动化系统为基础，开始研制适用于档案编目、检索和管理的自动化系统。1974 年，美国国家档案馆研制的 SPINDEX Ⅱ 系统正式投入使用。与此同时，加拿大国家档案馆也开始探索创建计算机检索系统。1965 年，加拿大尝试对内阁总理的档案实现计算机检索，建立了案卷级的检索工具。到 20 世纪 60 年代末，其他国家如联邦德国、挪威、比利时等也开始致力于创建档案自动化检索系统。

20 世纪 70 年代，国际档案界对应用计算机技术更加重视。时任国际档案理事会秘书长的鲍梯埃呼吁各国档案同行尽快行动起来，加快档案自动化检索系统的建设。1972 年，国际档案理事会计算机技术委员会成立。1976 年，第八届国际档案大会在华盛顿召开，大会提出档案部门要加强对机读档案的管理和检索。

2. 各国档案自动化检索系统的建立和发展

20 世纪 80 年代，国际档案理事会的努力在英国、法国、苏联、罗马尼亚等国家见到了成效。这些国家开始研制并应用档案计算机检索。1981 年，美、英、法、意、加等 11 个国家的档案部门采用联合国教科文组织开发的微电脑应用软件 ISIS 加工文档，取得了很好的效果。

20 世纪 80 年代，法国国家档案馆在巴黎建立了三个终端和四个数据库——公证材料数据库、议会数据库、受勋人员数据库和 19 世纪行政机关数据库。另外还与图书馆和博物馆共同建立了一个 1940 年以前的艺术品数据库。

英国公共档案馆的丘园新馆在 20 世纪 80 年代使用了 PROMPT 借阅管理系统，在查询室设有四个终端，其中三个供利用者使用，一个供库房使用。利用者把索阅的档案分类号输入计算机，该指令便可直接告诉库房，由库房的终端打印出一式两联的借阅单，一联随文件传递到借阅台，一联放在文件原来的位置上。

文件到达借阅台，利用者便可听到携带的呼叫器发出的声音，即可到借阅台领取。文件用完归入库房后，计算机立即予以登记，同时进行借阅统计。

苏联在1991年解体前已建立了三个全国性档案自动化检索系统。一是以中央全宗卡片目录为基础的自动化检索系统，它可以提供全国所有档案全宗的存放地及一切必要信息；二是“十月革命档案”专题自动化检索系统，它集中了全国200多个档案馆收藏的有关十月革命档案的信息；三是“建筑古迹档案”专题自动化检索系统，它收录了莫斯科和圣彼得堡从17世纪到20世纪初期建筑古迹的110 000多份档案的信息。这三个全国性的档案自动化检索系统可以为利用者查询到保存在不同城市的不同档案馆中的档案信息。

20世纪80年代，一些国家甚至开始出现了小规模的档案计算机网络系统。例如，英国公共档案馆和英国档案工作者协会合作开发了PROSPEC-SA计算机网络系统；美国建立了SPINDEX用户网络，实现了信息交流和互惠。1985年，美国还组织了“全国地区档案网络组织会议”，促使一些地区档案馆的计算机检索系统加入了全国联机网络，有的甚至还加入了美国国会图书馆开发的国际性情报检索系统——RLIN。

由上可见，20世纪80年代是国外档案自动化检索系统建设和发展的重要时期，许多国家已经建立了可供多种用户查询的联网自动化检索系统。由于这种系统对文档著录和术语控制的要求十分严格，法国等一些国家开始制定文档著录标准、分级主题表以及若干相关规章制度。加拿大等国家还制定了专有名词权审定规则，从而保证了著录和使用术语的标准化。

从20世纪90年代开始，随着信息技术的进一步发展，计算机“芯片”的存储和处理功能更是呈几何级数增长，互联网的应用也更为广泛。档案馆上网相当普遍，电子文件的产生也相当普遍。进入21世纪，由于信息技术的高度发展和网络的广泛应用，国外档案自动化检索系统建设又有了长足的发展。其中以美国国家档案馆NARA的两个档案自动化检索系统最具代表性。

美国国家档案馆为了方便用户的检索，开发了一系列基于网络的数据库，如检索NARA电子文件的档案数据库检索系统（Access to Archival Database，AAD)、检索NARA非电子文件的档案研究目录系统（Archives Research Catalog，ARC)。

美国国家档案馆的AAD检索系统是在美国“电子文件档案馆项目”（Electronic Records Archives Program）的支持下建设和发展起来的第一个公开性、可利用的检索系统，目的是最大限度地方便公众获取重要的证据信息。AAD主要用于检索NARA所保管的电子文件，它借助现代数字技术对档案实体进行具体著录，甚至辅以影像背景、语言文字和音乐等方式对其进行抽象的表现，并为需要这些资源的用户提供基于网络的直接访问或调用。用户在浏览器地址输入AAD的网址后，即可进入AAD检索页面。利用AAD，用户可以做到三点：在线检索20多个美国联邦机构所产生的5 000万份涵盖多个主题的电子文件；检索用户所需要的含有特殊信息的文件；帮助用户更好地理解文件的重要背景信息，包括代码列表、NARA 的档案工作者所提供的说明性注释，以及关于一些类别和文件的相关文献。

美国国家档案馆的 ARC 检索系统是 NARA 网站提供的检索工具之一，其前身是 NAIL（NARA Archival Information Locator），功能主要是对 NARA 及所辖各机构的馆藏信息进行检索。NARA 下辖 2 个国家档案馆、15 个联邦文件中心、13 个地区档案馆、11 个总统图书馆，由于它对这些下属机构有严密的监控权和管理权，这些机构的档案信息都可集中在 ARC 中。ARC 将“所存机构”作为检索途径，限定所检索档案信息的存放机构。事实上，这些机构都有各自独立的网站，它们与 NARA 网站不仅在形式上采用超链接互联，更通过 ARC 实现了内容上的整合。ARC 在检索时可以通过一个检索途径涵盖若干个著录项，前端检索途径十分简捷，复杂的检索匹配过程均由后端系统完成，最大限度方便利用者的同时也大大提高了检全率和检准率。

ARC 在原有检索功能的基础上，又增加了一些新的功能。这些功能包括：通配符检索，这大大提高了检全率；检索结果排序，这使检索结果可以按相关年度、日期、形成者、所存机构、所属全宗等不同方法进行排序，方便了对检索结果的阅读和理解；检索结果的超媒体链接，可链接到全文、照片、录音、录像，可链接到文件形成者及文件中涉及的人名、地名、机构名，还可以看出每份档案在各个著录级别的著录情况等；可直接检索档案内容中涉及的组织机构名、人名和时间。

除美国外，其他国家的档案自动化检索系统也在不断丰富和完善。

1995 年，俄罗斯联邦档案局发布《俄罗斯联邦档案信息化发展纲要》，其中包括“档案检索语言保障”。当前，俄罗斯已开发的公共数据库有“共产国际档案”“胜利（1941—1945）”“俄罗斯档案指南”等。其中“俄罗斯档案指南”是覆盖全俄档案馆藏目录信息的大型网络数据库，已经收录了 10 万个全宗，可为检索俄罗斯联邦全宗档案提供一站式服务。

加拿大魁北克省档案馆的 SAPHIR 系统自 20 世纪 70 年代末以来已经过三代改进，目前已发展到 SAPHIRⅢ，该系统不仅能编制纸质档案目录和缩微胶片目录，而且能进行联机检索。

非洲的科特迪瓦国家档案馆采用法国研制的 MISTRAI 系统，对由文献目录组成的数据库进行回溯性检索。尽管该馆引进了自动化设备进行管理和检索，但受经费所限，上述系统的终端显示器每周只使用 1～2 小时，用批处理检索方式集中答复一周的查询要求。

韩国国家档案馆采用日立动态内容归档平台 HCAP（Hitachi Content Archive Platform）的储存系统架构，其中包括全文检索功能。韩国的电子档案管理系统加强了检索和统计功能，可随时随地提供快捷方便的检索服务和档案的应用服务。而且其通过一个可进行远距离传输与检索的全国计算机网络系统，应用计算机进行信息自动控制和档案编目检索。此外，国家档案门户网站提供多元性档案检索和方便的网上阅览服务系统。国家档案馆借助无线射频识别技术系统，只需输入想要查找的档案的编目标签号码，通过档案室、档案架之间的天线传导，便可使工作人员快速找寻到该档案所在的位置。

澳大利亚国家档案馆网站为用户提供的检索服务包括基础检索、高级检索、人名检索、照片检索等。其中“基础检索”主要以“关键词”和“时间”为检索项，由于检索信息过于宽泛，因而可以将其理解为一种较低层次的模糊检索；而“高级检索”则涉及对联邦组成机构或个人（即档案形成者）、机构职能或个人职务、机构或个人所形成的全宗等具体的描述。检索时，用户可以根据已有信息缩小查找范围或直接定位所要查找的内容，有较高的查全率和查准率。这两项检索方式作为澳大利亚国家档案馆网站查询、利用服务功能实现的主要途径，为国际档案界开展网络环境下电子档案著录与检索提供了实践经验。此外，澳大利亚国家档案馆网站还根据自身的实际情况，开发了一些专题检索。在“人名检索”中，用户可以根据已知家庭姓氏，结合所要查询档案的具体类型，如军队类、战犯类、外交类、艺术科技类等，搜索更为详尽的人物、事件信息记录。同时，澳大利亚档案馆通过采购达姆施特公司的 DFT 扫描仪，逐步对现存的 16 毫米胶片和 35 毫米胶片进行数字化处理，为用户提供了较有特色的“照片检索”方式。利用者如果对于所要检索的照片信息掌握得较少，还可以通过已设定的主题，如体育、科技、工业、交通、国防等浏览该网站所提供的图片信息，从而在较短的时间内获得直观的原始图像资料。

总之，档案自动化检索系统从创建到目前迅猛发展，经历了一个较长的发展过程。每个阶段的发展特点不同，20 世纪 60 年代起步时多为单机检索，80 年代开始出现网络检索，90 年代后进入大发展时期，许多国家已经拥有检索功能齐全、强大的档案自动化联网检索系统。到了 21 世纪，档案自动化检索系统的信息化、网络化特点已经相当突出，很多过去难以想象的功能都借助高度发展的信息技术得以实现。

（三）档案自动化检索系统的特点

档案自动化检索系统在检索方法、检索性能上具有与手工检索工具不同的特点。它借助计算机技术的发展，检索效率大大提高，为利用者提供了更大的便利。档案自动化检索系统主要具有以下五个特点。

一是检索速度快。计算机检索比手工检索的速度大为提高，可以大大减少利用者的等待时间。特别是按专题批量查找档案时，其快速检索功能表现得更为显著。

二是检索途径多元化。计算机具有一次输入、多次输出、多样化输出的功能，凡输入计算机的每一个检索项均可以成为检索入口。计算机不仅可以按著录项目进行单项检索，还可以把若干项目结合起来进行组合检索。比如，把文件的责任者、主题词、时间 3 个项目结合起来进行检索，可以获得满足这 3 个检索条件的文件。计算机不仅可以对著录项目进行检索，还可以利用光盘、缩微复制技术或对计算机生成的电子文件进行全文检索。

三是检索效果好。使用质量较好的软件时，计算机检索的查全率和查准率都可高于手工检索。

四是检索灵活方便。网络化的计算机应用系统可以为分散的、远距离的利用者提供快速的联机检索，实现档案的异地查询和档案信息资源的共享。

五是对计算机检索系统的依赖性强。计算机检索必须运用计算机及检索软件进行，软件中没有设计检索方法，计算机不能进行检索。检索软件和检索系统设计的合理与否，也直接影响到检全率和检准率。

第三节 外国档案著录规则

一、档案著录概述

档案著录（archival description）是指在编制档案目录时，对档案的内容和形式特征进行分析、选择和记录的过程。内容特征就是指对档案主题的揭示，包括档案的分类号、主题词、摘要等；形式特征，主要包括档案的题名、责任者、形成时间、地点、档号、文种、载体等。

档案著录是编制档案目录和开展档案检索的基础。为了建立、健全档案目录体系，开展档案的报道与交流，实现档案检索的自动化，必须推进档案著录的标准化。因此，各国都制定有档案著录规则。国际档案理事会也制定了一套国际标准，作为档案著录的国际性、规范性依据。

本节重点选择国际档案理事会制定的著录规则，以及美国、加拿大、英国几个典型国家的档案著录规则进行介绍。

二、国际性档案著录规则

在联合国教科文组织的支持下，国际档案理事会于 1990 年成立了著录标准特别委员会，旨在制定一套国际通用的档案著录标准。1994 年，国际档案理事会通过其下属刊物《护门神》(*Janus*) 公布了《国际档案著录标准（总则）》(第一版)。这是档案著录的第一个国际标准。后来著录委员会根据档案工作的实际情况不断补充和修改，目前已出版了第二版。

《国际档案著录标准（总则）》规定其制定的目的是确保各国形成统一合理的著录，方便档案信息的检索和交换，最终能够实现数据资源的全球共享。《国际档案著录标准（总则）》采用了多级著录的原则和方法，多级著录应当遵循来源原则，采用从一般到具体层层递进的著录层次。这种著录方式展示了各级著录之间的关系，既能从全宗级的著录入手，进而纵览全宗级以下各级著录；也可以从低级次的著录入手，上溯到上级著录甚至全宗级著录。这种由多级著录方式形成的检索工具就如同一幅详尽的地图，指引着利用者从主干道进入支路，最后到达其目的地；也可从孤立的某地回溯到它所属的支路或主干道，从而确定其位置。

《国际档案著录标准（总则）》规定的较大的著录项目主要包括六个：一是特征说明项（明确著录对象）；二是背景信息项（著录对象的来源和保管情况）；三是内容和结构项（著录对象的主题内容和组织情况）；四是检索和利用条件项（著录对象和利用信息）；五是相关材料项（与著录对象有重要联系的信息）；六是附注项（不适用其他项的特殊信息）。这六个著录大项中可容纳 26 个著录元素，其中有一部分是国际交换所不可或缺的，分别为档号、题名、著录对象的形成时间和接收时间、著录对象的数量、著录级别。这样就大大提高了著录标准的国际性、通用性和规范性。

《国际档案著录标准（总则）》具有三个特点：

一是著录原则的科学性。它的制定是基于档案学公认的基本原则，即建立在档案的来源原则、尊重全宗原则和档案实体分级别管理原则的基础之上的，根据档案学的基本原则，该规则建立了从总到分的档案多级著录原则，实现了档案的多级著录。

二是实践应用的广泛性。它是根据档案学基本原则建立的，这些档案学的基本原则在全世界又是作为共同的科学理论被贯彻在档案实践之中的，因此采用该规则建立起来的检索工具，其数据在结构上具有广泛的一致性。它一经制定颁布，就在全世界范围内得到广泛应用，如美洲、欧洲、亚洲以及非洲等地的国家都普遍采用它，以至于它的应用范围是所有档案国际标准中最广的。

三是作用地位的引领性。它在档案著录中具有对其他档案著录标准制定的引领性，这一作用地位的确立是由它是作为其他国际档案著录标准制定的基础所决定的。如国际档案理事会颁布的国际标准《团体、个人与家族档案规范记录著录标准》［ISAAR（CPF）］就是以它为基础而制定的，而当今在国际档案领域中的档案著录的最佳实践——《档案置标著录》（EAD），更是以它为基础制定的，由此，现在以它为中心，形成了一个完整集成的档案著录标准体系，如《国际档案职能著录标准》《国际档案机构著录标准》《档案背景信息置标著录标准》（EAC）等。

三、美国的档案著录规则

美国制定的代表性档案著录规则主要有两种，一是美国档案著录规则，二是档案编码著录标准。

（一）美国档案著录规则

美国档案著录规则的英文名为*Archives, personal papers, and manuscripts: a catalogue manual for archival repositories, historical societies, and manual libraries*，即《档案、个人文件和手稿：档案馆、历史协会和手稿图书馆的编目手册》。最初由美国档案著录专家斯蒂文·汉森（Steven L. Hensen）在1983年编写出版，至今已经是第二版。它是美国乃至国际档案界最有影响的档案著录规则之一。

美国档案著录规则充分考虑了档案著录的本质特点，反映了档案著录工作的真正要求，因此被美国档案工作者协会采纳为美国档案界的著录标准，并由美国档案工作者协会的档案信息交换委员会负责维护。

美国档案著录规则为了体现档案著录的专业特色，强调在著录中遵循四条原则。一是来源原则。规则强调档案著录中来源的重要性，要求档案著录应该直接与档案形成的目的和职能相联系。具体体现为通过扩展附注项来突出档案著录对来源原则的遵循。二是尊重全宗原则。规则把档案著录的重点首先放在全宗级的著录上，便于从整体把握全宗内的文件和案卷的价值。三是上下文著录原则。规则不苛求档案著录只限于严格照录已有的特征信息，相反，把档案的上下文关联作为著录的信息源，进行符合档案内容实际的著录。四是多级著录原则。规则要求实行多级著录，以体现档案著录之间的多维联系，具体通过提供多级著录结构来实现，而且每一级次的著录格式都是统一的。

美国档案著录规则的总体结构分为两部分：档案特征信息的著录和检索点的选取。第一部分主要包括著录总则、题名和责任者项、稿本项、日期项、载体形态和附注项。其中，著录总则主要界定了著录规则的范围、信息源、标识符、著录详简级次、著录语种与稿本等。第二部分主要包括检索点与统一题名。具体分为选择检索点、个人标目、地理名称、团体标目、统一题名等。

（二）档案编码著录标准（EAD）

档案编码著录标准的英文名称是*Encoded Archives Description*（EAD）。1993年，美国加州大学伯克利分校图书馆首先开始发展这项标准，称为“伯克利检索工具计划”。该计划的目标是开发出一种非专属的编码标准，可用于机读处理由各种机构（如档案馆、图书馆、博物馆、手稿库等）产生的目录、登录簿、索引等，并且为发展网络化的档案馆藏资源体系提供信息著录的手段。

1995年7月，密歇根大学设立了“班特利图书馆研究计划”。该计划的7位档案专家将伯克利计划的成果重新命名为“档案编码著录标准”，并初步形成新模式的设计原则。美国档案工作者协会1995年年会讨论了班特利计划拟定的EAD设计原则，并成立了EAD工作小组。到1995年12月，美国档案工作者协会编制了EAD应用指南。

四、加拿大的档案著录规则

早在 20 世纪 70 年代，加拿大有关部门就对本国档案工作发展情况做过调查，发现全国缺乏统一的档案著录标准。这种缺乏严重地制约了加拿大档案自动化检索系统的建设和发展。为此，加拿大在国家档案机构与专业协会的资助下着手制定档案著录标准。

1983 年 11 月，加拿大档案人员管理局获得经费资助，建立了一个工作小组，负责研究与制定档案著录规则。该小组于 1985 年 12 月发表了一篇题为《面向著录标准》（Toward Descriptive Standards）的报告。在此报告的基础上，加拿大档案人员协会成立了专门的"著录标准规划委员会"，负责规划与协调加拿大档案著录标准的研究和制定。

1993 年，著录标准规划委员会完成了加拿大的《档案著录规则》（*Rules for Archival Description*，RAD）。该规则主要由四部分组成，分别是：一般著录规则（general rules for description）；多媒体全宗（multiple media fonds）；文本文件（textual records）；图形数据（graphic materials）。RAD 的制定基于来源原则，要求能够识别档案来源，明确其形成时间、数量和实体特征；也要求提供行政管理信息和档案的内容。

RAD 主要应用多层级著录的原则来著录档案。多层级著录指的是根据产生档案的管理组织的架构（外部架构）以及档案编排的方式（内部架构）来进行著录。RAD 使用的六个著录层级分别是全宗（fonds）、分全宗（sub-fonds）、系列（series）、分系列（sub-series）、案卷（file）、件（item）。每个层级都是其上位层级中的一部分，上下层级间可以相互参照。

RAD 的著录项目很多，常用的项目主要有：题名（title）、日期（date）、实体规格（extent）、行政历史（administrative history）、传记概略（biographical sketch），以及其他信息：保管历史（custodial history）、范围与内容（scope and content）、提供题名来源（source of supplied title）、实体著录（physical description）、编排注（arrangement note）、限制（restrictions）、补充（accruals）、连接要素（linking element）等。

五、英国的档案著录规则

英国对档案著录规则的制定始于 20 世纪 80 年代中期，主要由英国档案工作者协会主持和负责。后来到 1984 年，著名档案著录专家迈克尔·库克主持的一项研究计划接续了这一工作。该计划由利物浦大学执行，得到大英图书馆研究与发展部和英国档案工作者协会的经费赞助。该计划于 1986 年完成一份报告，称为《档案著录手册》（*Manual of Archival Description*，MAD，又称 MAD1）。

第一版的《档案著录手册》（MAD1）完成后，从 1987 年到 1989 年间，迈克尔·库克在英国档案工作者协会所属的十个地区分别举办研讨会，说明有关该手册的详细内容。后来到 1989 年，迈克尔·库克与另一位档案学者玛格丽特·波罗克特以第一版为基础，共同编写出版了《档案著录手册》（第二版，MAD2）。

英国档案著录规则由以下五个部分组成：

第一部分：档案著录性质（the nature of an archival description）。内容包括档案、档案编排、检索工具系统的功能、著录的层次与深度、多层次规则、其他档案著录方面等。

第二部分：档案著录数据结构（the data structure of an archival description）。内容包括数据结构目的、数据项表如何组成、数据项表摘要、一般规则、特殊规则等。

第三部分：建议著录格式（recommended description formats）。内容包括宏观（macro）与微观（micro）著录、段落、模式摘要、管理全宗标目、全宗著录、分全宗著录、类著录、项目著录、组合著录等。

第四部分：档案著录举例（typology of archival descriptions）。举出诸多档案著录的案例，来自各档案馆的实际编目。

第五部分：特殊格式（special formats）。内容包括简介、地契、信件、照片、绘图档案、建筑档案、声音档案、影片与录像带档案、机读档案等的著录格式。

六、澳大利亚的档案著录规则

澳大利亚国家档案馆以国际上较为通用的《档案置标著录》（EAD）和《国际档案著录标准》［ISDA（G）］为基础，分别制定数据库结构标准、档案信息内容标准、档案结构形式标准等，以此限定档案著录各元素的具体含义，力图推进档案著录的标准化进程。

为实现网络环境下档案信息资源在深度和广度双层面的开发与利用，国家档案馆采用多级著录的方式，纵向上从文件级到全宗级呈现梯度发展趋势；横向上则主要表现在每一级别项目的相对完整性与科学性。

其中文件著录与全宗著录有以下不同：在题名方面，文件级主要是对文件内容加以概括，而全宗级则需完成对整个全宗的描述；二者的“时间项”都包含三个时间，不同之处在于全宗级需要对该全宗进行时间段的界定；在对全宗相关信息表述时，全宗级更加详细，除对该全宗相关情况进行简要介绍外，还对与之相关的全宗，特别是全宗控制符的范围、全宗内所涉机构与个人等作出解释；而剩余的物理形态、控制号、保存地点和可获取情况等著录项虽有相似之处，但全宗级的著录要比文件级的著录更具概括性，更注重宏观性的表达。这种对档案著录层次性、结构性把握的做法，有利于用户从不同著录级别中更快查找到所需的档案信息，实现用户需求和档案馆网站所提供服务的无缝对接，为档案馆日后服务功能的进一步拓展奠定了良好的基础。国家档案馆对照片档案进行著录时，除采用文字说明的形式对照片的相关信息，包括题名、时间、条码、全宗号和控制符号等进行基本信息的著录外，用户在浏览、查看和利用这些照片时，还可根据自身知识背景为照片添加标签注释。这无形中调动了用户的积极性与主动性，有助于档案馆与用户间形成持续的良性互动。

第四节 外国电子文件著录的特点和准则

一、电子文件著录的特点

（一）全要素

对于电子文件而言，需要描述的对象包括文件三要素：内容、结构和背景。同时，因为电子文件具有系统依赖性的特点，因此文件管理系统是著录中不可或缺的内容，对文件管理系统的著录不仅包括文件生成时所在的系统，还应包括文件管理、利用、保存、迁移后所在的所有系统。对于同一份文件的著录可能分散地保存在不同地点，应保证针对相同文件的著录之间建立联系。电子文件著录全要素的特点决定了著录的信息源不仅是文件内容本身，还包括生成、管理电子文件的活动。

（二）全过程

著录将贯穿于电子文件的整个生命周期，包括文件编制、处理、归档、迁移、利用等全过程。在这个意义上而言，著录信息是与文件同步形成的，著录的时间不再是一个点，而是一个段。其中相当多的内容在文件形成时即已完成，如文件的生成系统、形成者、编制目的，等等。著录的全过程性与电子文件系统开发的全过程原则相吻合。

（三）综合性

这里的综合性是指著录手段的综合性。电子文件既然是在电子环境下生成的，对于电子文件的著录也应在系统中进行。由于计算机技术和文件、档案工作都是不断趋于成熟与完善的，因此，在电子文件管理的初始阶段，人工著录的手段是电子文件著录的主导方式；随着自动化程度的加深，人工直接著录的方式将逐渐演变为系统自动著录和人工控制相结合，其中主要的自动化技术是元数据技术。

（四）多级性

电子文件著录的多级性是由电子文件之间具有有机联系的特点决定的，文件及档案工作者根据电子文件之间的有机联系，对文件进行分类，从全宗、大类、属类、小类、案卷直至单份文件，呈现出多个级别、多个层次。针对不同级别的文件集合和文件，著录结果是不同的，但是各级著录之间的有机联系应始终予以维护。在完善的电子文件检索系统中，应能展现各级著录的层次结构，并提供通畅的导航。

二、电子文件著录的准则

电子文件著录的准则包括：

（一）兼容性原则

每个标准都最大限度地采用相应的国际标准。如在数据值的著录上，引用时间、国家代码等多个标准，并强调各著录标准与相应国家标准的结合使用。数据交换标准遵循 XML 规则，使其独立于计算机软硬件，具有较好的自说明性、向后兼容性和可读性，便于数据移植、交换和长久保存，有利于实现档案信息资源共享和交换。

（二）系统性原则

从宏观上来看，层次分明。从文件形成者到档案保管机构，从职能活动到所产生档案，从智力控制到机器实现，均有具体著录标准，动态地将它们相互关联，形成一个完整的档案著录系统；从微观上来看，每个标准皆由前言、介绍、术语、引用标准、结构、内容、著录规则、适用范围和实例等部分组成，自成体系，是一个个结构良好的子系统。依据国际档案著录标准体系，档案著录不易发生语义或语法理解的偏差。

（三）动态性原则

整个标准体系密切关注实践和理论发展，以其严谨的科学精神，定期或不定期地进行修订。国际档案著录标准体系是一个开放性系统，具有良好的可扩展性，每一个标准从其设计、起草到定稿，都一直处于不断完善之中，具有较好的动态性。如文件连续体理论的运用，由 SGML 至 XML 的变迁，由 DTD 至 Schema 的发展都体现了动态性原则。

（四）注重利用需求原则

为确保档案著录标准满足用户利用需求和检索效率，著录项的设置和检索点的选择均是面向用户的，将档案工作者的信息服务职责充分体现在著录系统之中。各标准中著录规则的应用方式，所产生的著录条目和检索点可满足用户多途径检索利用需要，确保了用户对档案著录信息的准确理解。著录标准体系的建设以档案信息资源全球共享乃至全部信息资源共享为目标，为实现用户无须考虑信息资源实体地点的“一站式”智能查询提供了可能。

【思考题】

1. 简述档案检索的含义和内容。
2. 简述奴隶社会外国档案编目的特点。
3. 简述封建社会外国档案编目的特点。
4. 简述近代外国档案编目的变革。
5. 简述现当代档案编目和检索的进展。
6. 简述外国档案检索工具及其体系划分。
7. 简述外国档案检索工具的编制原则和方法。
8. 简述外国档案自动化检索系统的特点。
9. 综述外国档案检索工具的类型。
10. 综述外国档案著录规则。
11. 综述电子文件著录的特点和准则。

第九章

外国档案利用

【本章要点】

- 说明外国档案利用的含义和意义。
- 总结外国档案利用从古至今的发展历程及各主要阶段的特点。
- 评述外国档案利用的现实做法。
- 总结外国档案利用的总体特点。
- 阐述外国档案利用理论。
- 明确外国档案利用服务的含义、对象及形式。

【关键词】

档案利用	实际利用
档案开放	普遍利用
档案开放原则	休闲利用
档案限制利用	参考服务
封闭期	借阅服务
封闭期制度	信息服务
学术利用	社交媒体

第一节 外国档案利用的发展历程

一、档案利用的含义

档案利用自古有之，是档案管理流程中历史悠久的环节之一。档案利用一般是指档案机构依托所保管的档案，采取一定的方式方法向档案利用者提供档案及其信息，满足利用者的不同需求，为社会各项事业服务。档案利用作为连接档案保管者和利用者的一项活动，从不同视角来看具有不同的含义和侧重点。从利用者的角度而言，档案利用意味着利用者实施利用的行为、活动和过程；从保管者的角度来看，档案利用意味着保管者提供利用服务的行为、活动和过程。换言之，对于利用者而言，档案利用的侧重点是“利用”（use）；而从档案机构而言，档案利用的侧重点是“服务”（service）。

正因如此，国外对档案利用含义的认识和解释就包含了利用和服务两个方面。国际档案理事会最新修订的《档案术语词典》界定了两个术语——“利用”（access）和“参考服务”（reference service）。“利用”指的是“查找、利用或研究文件/信息的权利、机会和手段”；“参考服务”指的是“帮助用户利用档案材料的各项工作，包括提供文件/档案信息或内容，提供借阅，提供副本或复制件”。显然，这两个术语分别是从利用者和档案机构角度出发而界定的。国际档案理事会制定的《档案利用原则手册》（2012 年）将“利用”界定为：依据法律授权和检索工具查阅文件、档案的可行性。

北美国家在术语表中对“利用”和“参考服务”的解释与国际档案理事会基本一致。美国档案工作者协会主持编纂的《档案人员、文件管理人员和手稿管理人员术语手册》中规定，利用是指“利用文件的许可和手段”；参考服务是指“提供有关档案馆馆藏信息，使研究者利用馆藏，并提供复制、副本或外借的职能”。

加拿大不列颠哥伦比亚大学图书馆、档案和情报学院编写的《档案术语词汇》也把“利用”解释为“查找、咨询或接触文件/信息的权利或机会”；把“参考服务”解释为“帮助公众利用档案的各种活动”。这些代表性术语解释均证明了档案利用是一个包含利用者利用档案和档案机构提供档案利用服务的广义概念。

二、档案利用的意义

档案利用是档案管理的重要环节之一，其重要意义主要表现在三个方面。

首先，对于档案来说，档案利用是实现其价值或者说发挥其作用的基本手段。从奴隶社会起，世界上任何地区、任何国家保存档案的直接原因，是档案的价值或者说有用性。法国档案学者米歇尔·迪香指出，从古埃及、苏美尔、中国和印度这样一些古老的文明地区开始保管书写品起，直到现代人类对档案的科学保管，其原因就在于档案的有用性和可利用性。档案是人类社会活动的历史记录，是前人劳动和智慧的结晶。它记载着无数的成功和失败。因此，档案可以成为人们获取知识、借鉴经验、寻根溯源、开展工作和活动必不可少的信息源。但档案的价值不会自然而然地实现，需要借助利用和服务活动，档案才能发挥其作用和展现其价值。如果没有利用和服务活动，档案就可能永远沉睡在档案机构内，无人问津。

其次，对于档案用户和社会大众而言，档案利用是满足其广泛利用需求的基本途径。档案是人类社会活动的原始记录，内容包罗万象，对于行政管理、生产建设、学术研究、文化发展等方面都有着重要的凭证和参考价值。档案用户无论出于何种利用目的，都必须借助利用和服务活动来满足其利用需求。然而档案利用从古至今经历了一个从封闭到开放的过程。在古代，档案利用只是一种少数人才能享有的特权，近代之后才逐渐转变为社会公众普遍拥有的一种权利。换言之，在相当长的一段时间内，社会大众是被排除在档案利用的大门之外的，即使存在利用档案的要求，也只能“望洋兴叹”。可以说，档案利用对于用户而言是接触、查找和利用档案的一种宝贵的权利，一种难得的机会。

最后，对于档案机构而言，档案利用是自身工作的最终目的，是自身存在价值的重要证明，也是塑造自身社会形象的最佳手段。档案利用对于档案机构具有特别重要的意义，档案的价值决定了档案的保存理由，但档案机构并非仅仅为了保管而保管，国外档案学者已经指出利用才是档案机构所有工作的最终目标，他们采用了“bottom line”（底线，终极目标）这一提法来形容档案利用在档案管理中的重要地位，收集、保管、鉴定、检索等各项环节的存在最终都是为了满足社会各界利用档案的需求。此外，档案机构只有通过利用才能把自身与社会有机地连接起来，向社会证明自身存在的意义和价值，才能塑造良好的社会形象，赢得社会大众的广泛认同。

正因为档案利用具有重要意义，各国才会高度重视这一环节，在理论上深入展开研究，探索保持积极利用与合理限制之间的平衡；在实践上大力尝试服务举措，努力提高档案利用服务的质量。

三、档案利用的发展进程及特点

（一）奴隶社会时期：阶级性和特权性的档案利用

奴隶社会时期的档案利用具有很强的阶级性特点，利用对象往往局限于统治阶级或档案所有者。它不是今天意义上所说的为社会公众提供的档案利用，只是少数人享有的一种特权，因此属于一种封闭性利用。古代奴隶主阶级已经深深认识到档案的作用，将其视为巩固统治地位、维护阶级利益的重要工具，因此利用档案的首要目的是更好地进行阶级统治和国家管理。但由于档案形成领域的广泛性和内容的丰富性，档案也可以在学术研究等其他方面发挥作用。概括起来，奴隶社会时期档案利用主要集中在三个方面。

1. 用于处理国内事务

这里所说的处理国内事务，包括巩固政权、为统治者歌功颂德、征收赋税、审理民事纠纷等。古埃及在这一方面比较典型。例如，法老塞提一世曾在神庙墙壁上铭文，为自己歌功颂德，并刻上长子的名字和雕像以提高威信。塞提一世死后，继位的次子拉美西斯二世换上了自己的名字和雕像，以此达到巩固政权的目的。又如，伊浦味陈词记载了奴隶主阶级依据档案向奴隶征收赋税的情景，如果不能缴清税款，奴隶就会遭到关押或毒打。这反映出档案充当了维护统治阶级利益的“武器”。再如，埃及麦斯墓室里的诉讼铭文记录了其寡母借助档案维护儿子的财产权，打赢了财产纠纷官司的经过。此外，古希腊和罗马更是把档案视为压迫和剥削奴隶阶级的有力工具，罗马一位执政官西塞罗曾把国家档案库里保存的元老院决议说成是“插入鞘中的剑”，认为“总督的一切命令和公告”就是要使奴隶们手无寸铁。可见，维护统治阶级的利益，巩固奴隶主政权是奴隶制时期档案利用的首要目的。

2. 用于外交事务

古埃及、巴比伦和赫梯等国家均在周边小国建立有类似于今天驻外使团或间谍机构的外交机构，任务是搜集情报，分析所在国的对外政策，以达到协调外交关系或扩充势力范围的目的。在与其他国家签订条约或发生争端时，均以外交档案作为查考资料或凭证。同样，古罗马还设有一种专门保存军事外交文件的军事外交祭司团档案库，当与其他国家发生军事和外交纠纷时，统治者就会查阅相关文件，为宣战或采取其他解决措施提供依据。

3. 用于科学、历史和文化研究

档案由于包含了丰富的科学文化和历史知识，在古代东方国家备受研究者重视。古巴比伦的天文记录、埃及的数学和医学档案，都成为积累和传承科学知识的工具。更为典型的是利用档案编纂历史著作，这种行为从古埃及、两河流域到古罗马都十分普遍。如埃及祭司马涅托利用神庙保存的档案编写了一部《埃及史》，以纪年体的形式把古埃及史分为古王国、中王国和新王国三个历史时期。巴比伦祭司贝罗苏斯也利用神庙档案编写了巴比伦史。利用档案修史在古罗马更加盛行。著名史学家塔西陀（Publius Cornelius Tacitus）借助共和国末期到帝国初期的大量文献写出了历史著作，另一位著名政治家和作家加图（Marcus Porcius Cato）也广泛利用官方文件写出了历史著作《起源》。此外，曾经担任执政官的西塞罗和历史学家利维（Titus Livius）也都利用档案写出了重要著作。

（二）封建社会时期：档案利用从封闭向开放过渡

封建社会时期的档案利用基本延续了奴隶社会的特点。一方面，档案利用的性质和特点没有发生根本变化，同样具有很强的阶级性和特权性，利用对象也限于统治阶级或档案所有者。档案利用仍然是一种封闭性利用。另一方面，利用档案的首要目的尽管仍然是巩固统治地位、维护统治阶级的利益，但档案发挥作用的领域也有所扩大，包括行政管理、经济生产、外交事务、科学研究、文化教育等。

不过到了封建社会后期，档案利用开始从封闭向开放过渡。这种变化主要出现在欧洲文艺复兴运动（The Renaissance）时期。欧洲文艺复兴运动是指欧洲（中心是意大利）从 14 世纪到 16 世纪文化和思想发展的潮流，尽管名义上是复兴被遗忘的希腊和罗马文化，实际上文艺复兴运动是欧洲资本主义文化思想的萌芽，是新兴的资本主义生产关系的产物。文艺复兴运动的主要思想特征是人文主义，提倡以人为本位、反对以神为本位的宗教思想。当时文学家所注重描写的是活生生的人，美术家所描绘的是普通人物和自然景色，宗教故事画也富有人间情趣。

随着文艺复兴运动的兴起和发展，历史学家们对原始档案文献产生了浓厚的兴趣，他们呼吁打开档案馆的大门，为历史研究提供利用。面对历史学界的强烈呼声，在档案人员的推动下，少数档案馆开始允许历史学家利用馆藏档案。但这些历史学家必须得到特别许可，而且利用档案得出的研究成果一般不允许公开发表。档案馆真正面向社会公众开放，是到了近代法国档案工作改革之后才实现的。

（三）近代时期：档案利用的重大变革

近代档案利用的重大变革是法国首创的档案开放原则逐渐被世界各国普遍接受，这不仅使利用的性质发生了根本变化，而且延伸影响到档案馆乃至整个档案事业性质的根本变化。

1. 档案开放原则的提出

档案开放原则是法国档案工作改革的重要成果。1790 年颁布的法国国家档案馆条例规定，国家档案馆每周对外开放三天，法国公民可以前来免费查用档案。1794 年颁布的《穑月七日档案法》进一步明确规定法国所有公共档案馆实行开放原则。档案开放原则是法国《人权宣言》的思想在档案领域的鲜明体现。作为法国资产阶级大革命指导纲领的《人权宣言》，以“自由、平等、博爱”为旗帜，宣扬“在权利方面，人们生来而且始终是自由平等的”思想。在这种思想的指导下，档案被视为国家的公共财富，任何公民都享有利用档案的平等权利。因此，档案开放原则被誉为“档案的人权宣言”。

2. 档案开放原则的实施和传播

在法国档案工作改革的影响下，欧洲国家逐渐接受并实行了档案开放原则。比利时、荷兰、意大利、英国等一系列国家都在档案法规中明确规定公共档案馆向社会公众开放。凡属国家的档案，都可以向公民免费提供利用。尽管允许社会公众利用档案，但由于社会档案意识的薄弱，近代时期前来档案馆的利用者人数并不多，而且主要局限在历史学家的范围。这是因为整个 19 世纪被称作“历史的世纪”，历史研究相当活跃，呈现出一派繁荣景象。档案与历史的密切关系，使得真正懂得档案价值的以历史学家居多。虽然他们在社会公众中只占很小的比例，但他们对推动档案开放原则的传播作出了重大贡献。特别是一些历史学家还对档案开放原则给予较深刻的理论阐述，最典型的当数法国历史学家郎格鲁。他于 1898 年在《历史研究导论》上发表文章，指出档案开放原则的意义在于不仅改变了档案馆的性质，使档案馆从机密机构变成了公开机构；而且开创了档案利用的崭新时代，使利用从单一的行政利用扩大到科学利用。应当说，历史学家们促进档案利用从封闭走向开放的推动作用是从封建社会后期贯穿下来的。此后，档案开放原则逐步发展成为世界各国普遍遵循的一条基本原则。

3. 档案开放原则的意义和影响

档案开放原则的提出和实施，具有重大意义和深远影响。

就利用工作本身而言，它改变了利用的性质和特点。一方面，从根本上改变了古代时期档案利用的封闭性质，使利用从少数人享有的一种特权转变为普通公民享有的一种权利。另一方面，它既拓展了利用者的范围，又丰富了利用的目的，还增加了利用的类型。

此外，档案开放原则的深远影响还波及档案人员、档案馆乃至整个档案事业的性质变化。档案人员从古代的“特权保护人”变成了近现代面向大众的服务人员。档案馆从古代的封闭机构变成了近现代的开放机构，从政权的“武器库”变成了科学研究的“粮仓”。档案事业也真正转变成为一项独立的科学文化事业。可以说，档案开放原则所确立的为社会公众服务的宗旨是区别古代档案库与近现代档案馆、区别古代档案工作与近现代档案事业的根本标志之一。

（四）现当代时期：档案利用趋于成熟和完善

现当代时期档案利用进入成熟和完善时期，各国在推行开放原则的过程中逐步实行了限制利用的做法并确立了其理论依据，对利用的类型及各自特点进行了理论概括，树立了利用服务的思想并不断完善服务形式。这表明，外国档案利用实践更加丰富，档案利用理论和原则更加成熟和完善。由于内容较为丰富，本章第二节将专门评述外国档案利用的现实做法及总体特点，第三节将专门评述外国档案利用理论的发展。

第二节
外国档案利用的现实做法及总体特点

一、代表性国家档案利用的现实做法

（一）英国

按照英国档案法规定，凡满 30 年的公共档案和满 100 年的私人档案，均向公众开放。英国各档案馆普遍重视开放档案，采取接待查询、提供阅览、举办展览、组织参观和出版档案目录等多种形式积极为用户服务。原公共档案馆的利用服务最具代表性。后来组建的国家档案馆的丘园新馆设有宽敞明亮的阅览大厅，可供用户查阅纸质档案和缩微胶卷。室内配有计算机，用户把阅览证号码、座位号和所需文件的代号输入计算机，计算机可很快显示有关信息，如果文件可供借阅，15 分钟之内文件就可送到用户手中。

公众有利用国家档案馆所藏的庞大信息资源的权利，任何年满 18 岁的成年人，以及年满 14 岁的未成年人（需要由成人陪伴）都可前来借阅。外国利用者一般也不受特别限制。国家档案馆为利用者提供了方位图，引导他们如何利用馆藏以及检索工具，帮助其找到所需的档案。利用者需出具证件，如护照、驾照或身份证等进行登记。国家档案馆还附设有历史书店、咖啡屋以及展览馆，展览馆的展品都是国家档案馆的珍品。

国家档案馆的网站为国内外利用者提供了关于原公共档案馆和皇家历史手稿委员会的详细信息，用户可以与它们联系并进行咨询。由于历史原因，英国各档案馆保存了不少具有世界意义的档案。国内外用户通过电话、信函或电子邮件等方式向档案馆查询所需档案，档案馆都予以认真答复。档案馆还普遍出版档案馆指南和有关目录，向公众介绍馆藏档案的内容、形式和数量，方便利用。另外，档案馆注重与社会各界密切联系，经常举办档案展览或接待公众参观，提高自己的知名度和公众的档案意识。

如经常同博物馆一起，开设专题研究或展览，吸引广大民众，激发他们对档案的兴趣。档案馆还利用面具和鬼脸以及声、光、电等技术手段吸引公众前来休闲，任意浏览、参观、阅览、购书和上网。

2013 年 5 月，英国国家档案馆出台了档案服务认证相关标准。该标准由英国文件与档案协会、英格兰艺术文员会、威尔士档案与文件委员会、苏格兰档案理事会等共同制定，目标主体是公共和私人档案机构。英国希望借助统一的标准，促进档案服务的发展和完善。另外，英国还大力倡导“档案志愿者”（Archive Volunteer）服务，以适应新时代的发展需要。国家档案馆充分借助网络吸纳志愿者，以社交媒体为服务平台，征集网民参与公布档案内容。

（二）法国

法国目前档案的开放和利用，是以 1979 年颁布的《法兰西共和国档案法》为法律依据的。该法规定，入馆前已供自由查阅的文件进馆后继续无限制开放；馆藏档案除有特殊限制外，一律在满 30 年后向公众开放；国家安全和国防、司法、人事、医疗等文件的封闭期分别为 60 年、100 年、120 年、150 年。

法国档案馆采取多种形式为广大利用者提供服务，这些服务形式包括：在档案馆内设立环境舒适的阅览室，提供阅览、咨询和自动化检索服务；定期或不定期出版档案检索工具和文件汇编；在档案馆内设立永久性陈列室，接待用户参观；举办档案展览、报告会和座谈会、开展学术交流；为利用者提供复制件，开展缩微复制服务；档案馆办理邮寄、电话、传真和网络咨询等多种业务，有效地提供远距离服务等。值得指出的是，把中学历史课开设在档案馆是法国的首创。国家档案馆专门设立了中学生教育处，定期组织中学生到档案馆边看档案实物，边上历史课。为历史教育增添了感性内容，增强了学生学习历史的兴趣。

法国公民和外国利用者在档案馆会受到同等对待，他们在利用档案时不需要专门的介绍信，只要出示身份证或护照就可在开馆时间内免费查阅所要文件。档案馆提供复制件和缩微服务要收取适当费用，但并不以营利为目的。

法国档案馆在选址时，充分考虑了公众利用的便利性。另外，档案馆还非常注重宣传，不仅借助常规的出版折页宣传品，还积极引进新技术，如将交互式屏幕置于公共场所，在车站等地设通往档案馆的明显标志。

（三）俄罗斯

《俄罗斯联邦档案全宗和档案馆法》对档案的利用和开放作出了明确的规定。俄罗斯联邦档案全宗含有国家机密或受法律保护秘密的国有文件，自形成之日起满 30 年，可以提供利用。个别档案需要延长封闭期，需由国家档案部门报请俄罗斯联邦最高当局批准。涉及公民个人生活信息的档案文件以及会对公民生命和住所安全造成威胁的档案文件，自形成之日起满 75 年，才可提供利用；早于这个期限开放这类文件，必须得到公民本人或其继承人的同意。

到俄罗斯档案馆去利用档案，必须遵守《阅览室查用档案的规则》。该规则对档案利用的有关规定，与苏联相比，有了一定的变化。首先，苏联规定凡保存在国家档案馆的文件均可向本国利用者提供利用；而俄罗斯实行了档案封闭期制度，凡含有政治、军事和商业机密内容的档案文件，自形成之日起满 30 年才可提供利用，涉及国家重要利益的文件，封闭期更长。其次，苏联规定外国利用者按互惠条件或专门协议在专设阅览室查用，不能直接进入档案馆；俄罗斯则规定本国利用者必须提交指派单位签批的正式介绍信或个人的书面申请，外国利用者必须提交指派单位或接待机构签批的专门信函，经档案部门审查批准后，本国和外国利用者均可得到档案馆颁发的借阅证，凭此证就可进入档案馆查用文件。

《阅览室查用档案的规则》对档案利用手续、办法和注意事项也作了明确规定。利用者进入阅览室首先要登记。查找档案目录后就可填写利用申请单，从填交申请单到利用者拿到所需文件，一般不超过 4 天。利用者阅读档案时不得折角、画线或做标记，也不能转借他人或带出阅览室，必须在闭室前 20 分钟把所借档案如数归还。利用者每次可借阅的档案，不得超过 15 卷。利用者摘录档案必须得到档案馆的允许，如要公开发表或引用时必须注明其出处，利用档案撰写的出版物，必须赠送档案馆一份。档案馆还可以为利用者提供有偿服务，服务项目包括复制、专题查寻、编制主题索引等。

此外，俄罗斯各档案馆积极采取各种措施促进档案的利用：一是举办档案展览，如 2012 年俄罗斯联邦安全局和国家档案馆在国家展览厅举行了为期一个月的国家安全历史档案展览。二是借助档案对青少年进行爱国教育，培养青少年的档案利用意识，如俄罗斯联邦鞑靼斯坦共和国历史政治文献中央国家档案馆等机构在向青少年传授档案知识方面成绩尤为突出，得到前总统梅德韦杰夫的表彰。

（四）德国

德国大多数档案馆实行 30 年封闭期的制度，即文件从产生之日起满 30 年即可向公众开放；个别档案馆规定的档案封闭期长达 40 年。各档案馆多把提供利用看成是档案工作的根本目的，为此它们广泛开展各种利用活动为社会公众服务。档案馆设立舒适的阅览室，在室内配备复印机、缩微品阅读器等各种设备，便于用户利用；档案馆定期出版刊物，介绍馆藏、公布档案和资料目录，向利用者提供档案信息，档案馆还经常举办档案展览，向社会宣传档案馆及馆藏档案，增强社会档案意识。

（五）意大利

意大利各级国家档案馆的档案全部对外开放。中外利用者可以自己查找目录、填写借阅单，手续非常简便。各级档案馆都编印有档案馆指南和档案全宗介绍等工具书，向社会广为散发。为了更广泛发挥档案的作用，增进社会公众对档案和档案馆的了解，各级档案馆还经常在国内外举办档案展览，档案馆内大多设有专门的展览大厅。

意大利的档案开放程度较高。其档案法规定，档案自形成起满 40 年可向社会开放，利用者年满 18 岁，不论国籍和身份，持有效证件即可到档案馆办理阅览证。档案馆除周日和公共假期闭馆外，每周开放 6 天，每天开放时间为上午 9：00至下午 17：30—19：00 不等；服务手段多样，有电邮、电话、信函等。较高的开放程度使得意大利国家档案馆长期拥有众多的用户，如罗马国家档案馆目前的年均接待利用者超过 15 000 人次。意大利档案馆还十分注重营造文化氛围，注重拓展档案的教育和文化功能，各档案馆长期举办各种专题展览，宣传档案工作。此外，档案馆往往选择古老的教堂作为馆址，它们大多设计精美，外观造型雄浑，常会吸引人们驻足观看；室内壁画和雕塑色彩瑰丽夺目，人物栩栩如生，可谓美不胜收，走进档案馆，人们仿佛步入文化与艺术的殿堂，阅档者也接受了文化与艺术的熏陶。

（六）西班牙

西班牙政府规定，非现行档案满 25 年就可以向社会开放，人事档案和医疗档案的封闭期要长于 25 年。在西班牙，档案开放有一定范围，涉及个人隐私、侦破案件和国家重要机密的文件一般不向公众开放。

西班牙规定，本国公民利用档案必须持身份证，外国利用者则必须出示护照。档案馆要求利用者填写两种卡片：一是研究课题卡片，二是借阅档案卡片。这些卡片都要定期集中，以便档案馆统计利用情况。为方便用户了解馆藏档案，各档案馆都编制档案登记册、档案馆指南和研究者指南等，并定期举办档案展览。

西班牙政府为了促进档案信息资源的开发利用，1978 年成立了全国档案资料信息中心。该中心下的“档案馆文件编制登记信息部”负责对全国各档案馆的文件目录进行登记，并将之输入文化部的计算机网络中，方便用户查询。

（七）北欧各国

北欧各国大多在档案立法中明文规定了档案的开放期限。如丹麦规定，一般公务性档案满 50 年就可向公众开放；私人档案的封闭期则为 80 年。芬兰档案法规定，档案的封闭期为 25～40 年，最长的封闭期不超过 50 年，但属于国家核心机密、外交和军事等方面的档案不向社会开放。冰岛规定，档案从形成之日起满 40 年，必须向公众开放。瑞典对档案开放期限的规定，在北欧各国中是最为灵活的。瑞典颁布了《信息自由法令》，确立了“公民可以利用公共档案文件”的原则。该法令规定，公民有权利用政府文件，不受年代限制；凡列入开放范围的档案，社会公众、专家和学者均可利用。如果受到无理限制，利用者可以向法院提出申诉。瑞典政府要求办理完毕的档案进馆后，一般就可向公众开放；但是档案开放的范围在瑞典同样是有限制的，政府为此颁布了保密法，规定凡涉及国家主权、国家安全、政府财政收入、货币发行情况和个人隐私等方面的档案，都不得向社会开放。

北欧各国的档案利用十分活跃，档案人员均把开发档案信息资源当作档案工作的重点之一，积极主动地为社会服务。为此，北欧各国主要从以下三方面开展利用工作：首先，各国档案馆都设立了宽敞明亮、环境舒适的阅览室，室内配有阅览桌、缩微品阅读器、机读设备、复印设备等各种设施，方便用户查阅档案。其次，各国档案馆都注意运用科学的管理方法，提高档案的调取速度，如瑞典国家档案馆规定 15 分钟内必须把档案提供给来馆查阅的用户。最后，各国档案馆都重视档案资料的编辑出版。如丹麦要求档案人员必须每周抽出两天来从事史料研究和编辑出版工作。北欧各国编辑出版的档案资料主要有三种类型：一是与历史研究相结合，编辑出版史料汇编；二是便于用户了解馆藏信息，出版档案馆指南、专题指南和其他检索工具；三是根据馆藏材料，出版历史故事丛书或手册，加强对中小学生的历史教育。

（八）美国

美国对档案的开放和利用水平较高，这与美国人长期以来重视效益的观念有关。大多数美国人认为，档案如不利用，就失去了存在的价值和意义。档案利用不仅是档案管理的一项业务环节，更是档案部门维持其地位和声誉、检验档案工作经济效益和社会效益的客观依据。当前，美国的开放和利用主要从以下七个方面进行。

第一，扩大文件开放利用的范围，降低文件的密级。美国联邦政府形成的大部分重要文件都有密级限制。美国政府 1966 年颁布的《信息自由权法》，对公民利用档案的权利重新作了规定，促使档案进一步开放，扩大了社会利用档案的范围。1972 年发布的 11652 号总统行政命令规定档案的封闭期由过去的 50 年缩短为 30 年；1978 年又要求政府机构对形成期满 20 年的机密文件进行解密检查，尽可能向公众开放。

第二，公开档案目录，方便用户使用检索工具。档案馆常用的检索工具有档案指南、文件组合登记说明和案卷目录，它们都向用户开放。档案馆还可根据研究需要，向用户免费提供一系列馆藏专题文件和专门文件的目录。

第三，公众利用档案手续十分简便。凡年满 14 周岁的公民，持有身份证明，即可办理为期三年的利用证，在有效期内可出入档案馆阅览室。外国利用者也没有特别的限制。国家档案馆提供利用的形式主要有三种，分别是阅览服务、书面和口头查询服务、销售文件副本。

第四，设立研究顾问，帮助用户查档。档案馆为每一位有需要的用户指派一名研究顾问，帮助分析用户利用计划的可行性，推荐查找档案的线索，并为用户预订所需文件，使用户在查档过程中始终能得到有效的帮助。

第五，高数量地出售文件副本，方便用户开发利用馆藏资源。用户只需付少许成本费，就可购买或复制文件副本。档案馆内各阅览室、出版物供应部和大厅售货部都可为用户提供文件副本或缩微复制品。

第六，为用户利用档案创造便利的条件。他们在档案馆大楼内专门设置读者利用楼，并分配有不同的功能和内容：第一层为读者接待室；第二层为纸质文件利用室；第三层为建筑图纸阅览室和小型图书馆；第四层为电影与声像阅览室、缩微品阅览室；第五层为照片阅览室及部分设备用房；第六层为电子文件阅读室及保密文件阅读室。

第七，档案馆辅以配套的服务设施，为用户着想十分周到。一是到国家档案馆老馆的利用者如果需要继续到新馆利用，有专车免费接送；二是设有读者存包处，为读者免费寄存箱包；三是设有读者接待室、小卖部和复印部，为利用者专用；四是设有餐厅，为利用者提供自选快餐服务。

（九）加拿大

加拿大国家档案馆的开放和利用，主要以 1978 年颁布的《加拿大内阁关于开放公共文件的指示》为法律依据。它规定，移交到国家档案馆的已满 30 年无特殊限制的任何公共文件，都可以向公众开放；不足 30 年的公共文件，除有特殊限制外，也可以有条件地向公众提供利用。加拿大的档案利用限制有以下四种形式：一是查询限制，主要是对私人档案一般限制查询，国家档案馆必须遵守收集时与捐赠者达成的协议。二是复制限制与著作权限制，馆藏档案的复制可能受到捐赠人设立的限制，并且会受到著作权法的限制。三是保护档案实体的限制，假如档案实体状态恶化，档案会退出流通，这时只能查阅这些档案的复制品。四是未立卷归档的档案。这部分档案一般要等待若干年才会进入流通阶段。

国家档案馆提供利用的对象范围很广，从政府机关、学术研究人员到普通利用者，都可以前来阅览室查阅档案。对外国利用者也没有任何特别限制，他们同本国公民一样只需到档案馆办理读者阅览证，阅览证的有效期一般为两年。提供利用的形式也很多，既有传统的室内阅读服务，也有较新的电话查询、复制档案、提供缩微品、电子邮件等多种形式。为了方便用户了解和利用馆藏档案，国家档案馆编制和出版了大量完备的检索工具，包括档案目录、档案馆指南等。在档案目录中，概括介绍馆藏档案分类，每一全宗的文件内容、标题和编号。国家档案馆已公布了 30 余种按时间顺序排列的档案目录，帮助用户迅速查找所需档案。

随着计算机网络技术的发展，在线咨询者迅速增加，现场访问量正在稳定地减少。为适应新环境，给更多人提供服务，国家档案馆从 2012 年 2 月开始通过数字化方式为公众提供服务。另外，国家档案馆还运用新技术，通过新途径（如视频会议等方式）与用户互动。

（十）拉美诸国

拉美诸国相当重视档案的利用和开放，认为这是收集、鉴定、整理和保管档案的最终目的。为此，拉美诸国为促进档案的利用和开放作出了积极的努力，特点表现在三个方面。

第一，拉美诸国的档案馆大多规定档案可以向公众开放，特别是对历史档案的利用基本上不加限制。如危地马拉、巴拉圭、巴拿马、秘鲁、智利等国家都规定利用历史档案不受限制；哥伦比亚甚至还规定历史档案的开放没有年代限制。但对现行机关档案，有些国家规定了利用对象的范围，如玻利维亚要求现行机关档案主要向政府官员和研究者开放。至于外国利用者的利用手续，拉美诸国的审批比较严格，有的国家如哥伦比亚，还要求由外交部拟定具体细则。

第二，拉美诸国提供利用的主要形式包括室内阅览服务、复制服务、咨询服务、开辟陈列室和开放馆内图书室等。拉美诸国档案馆一般设立有阅览室，接待前来阅档的用户；有些国家诸如哥伦比亚、秘鲁、哥斯达黎加和危地马拉等还在阅览室配备复制设备，供用户使用；大多数国家在馆内专门设立了免费为用户提供咨询服务的机构；开辟馆内陈列室，定期举办档案展览，也是不少国家的习惯做法；许多档案馆还设有图书室，向用户开放室内收藏的与档案相关的图书资料。通过积极开展上述利用形式，拉美诸国的档案利用工作很受好评。

第三，尽管经济状况普遍不佳，但拉美诸国尽可能投入人力和财力编制出版检索工具和汇编公布档案文件，方便用户了解和利用馆藏。拉美诸国档案馆编辑出版的检索工具主要有两种类型：一是馆藏目录，二是专题目录和索引。

编制出版馆藏目录是一项相当耗费资金和人力的工作。拉美诸国从本国实际出发，有的编制出版了馆藏总目录，如秘鲁国家总档案馆和智利的部分地方档案馆都出版了其馆藏总目录，但这种情况只限于少数国家。大多数国家的档案馆因诸多条件限制只能编制出版部分馆藏目录，如哥斯达黎加国家档案馆出版的是《部分馆藏档案编年目录》和《字顺目录》；智利国家档案馆出版的是《部分馆藏全宗目录》；哥伦比亚出版的是《殖民时期档案文件混编目录》；巴西国家档案馆则出版了《馆藏历史档案目录》；等等。

编辑专题目录和索引是定题、定向为用户提供信息的服务方式，拉美诸国也广为采用。如哥伦比亚编有《陆军和海军文件目录》；秘鲁出版了《利马和卡亚奥公证文书索引》及《财政部历史档案文件：敕旨、敕令、法令、判决与公告目录》；厄瓜多尔出版了《立法文件总目和索引》；等等。

汇编公布档案文件也是在拉美诸国受到普遍重视的一项工作。不少国家如阿根廷、秘鲁、危地马拉和哥伦比亚等的国家档案馆，都在各自的档案通讯杂志上公布未曾公开过的重要档案。如秘鲁《全国档案杂志》曾公布了决定拉美独立战争胜利的关键性战役“阿亚库乔战役”的文件汇集，对史学研究具有重大价值。此外，拉美诸国还出版了不少专门性档案文件汇编，如哥斯达黎加就出版了《公证文书汇编》，将 17 世纪初至 19 世纪末的公证文件全部收入其中。

（十一）日本

日本国立公文书馆的提供利用工作，主要依据《国立公文书馆利用规则》进行。该规则对公文书馆开展利用工作的内容、开馆日期和时间、利用对象和利用手续等都作了明确规定。公文书馆可提供阅览、复制、参考调查、外借和展览等多种利用形式。其馆藏档案一般可对外开放，但馆长有权限制对捐赠档案和涉及个人隐私档案的利用，有权规定对珍贵档案和容易损坏的档案提供复制件。公文书馆除节假日外，每天开馆，如有意外不能开放，必须提前通告。前来公文书馆的利用者，凡年满 20 岁，为学术研究或调查目的来查阅档案，都可在申请后领取阅览证；外国利用者必须持有关介绍信，方可入馆查阅档案。如果需要复制档案，必须得到馆长批准，公文书馆要收取一定费用。外借档案也必须征得馆长同意，外借期限不超过一个月。公文书馆还可根据需要举办馆内外展览，也可向举办学术研究和社会教育的展览出借档案文件，向电视台和出版物提供照片的复制件。

在著名学者的协助下，日本国立公文书馆于 1992 年成立了一个“目录数据调查委员会”，为重要的历史档案建立数据库，供利用者使用。国立公文书馆每年出版两种刊物：一是《国立公文书馆报》，主要介绍馆藏和国外档案工作最新动态；二是《国立公文书馆年报》，主要介绍本财政年度内该馆的活动情况。

日本的档案馆都设有展览厅和讲习所，而且规模可观。档案馆定期举办馆藏各类历史及珍贵档案的展览会，发放宣传刊物，请专家进行古文书档案的阅读解析讲座，每年免费举办数次历史、传统文化的演讲会，等等。档案馆还承担以档案利用和调查研究为目的的各种咨询活动。通过这些手段，把档案展示给公众，让其加深对档案馆性质和作用的理解，普及档案知识并增强全民档案意识。

（十二）韩国

保存所的档案实行对外开放。从原则上讲，所有文件都可加以利用，但机密文件或涉及国家安全的文件在利用时必须经过严格的审批程序，人事文件或财产文件只向有关人员开放。机关利用档案必须先正式通知记录保存所，个人用户必须首先提交申请表。根据韩国档案法规定，档案馆所存 A 级档案，满 25 年后可向社会开放；机密档案和涉及国家安全的档案可适当延长其封闭期。一般情况下，来馆利用者必须持有政府机关介绍信，并填写利用申请表；国外利用者需要提前 6 周办理申请手续。复制档案要收取适当费用。档案馆为方便利用，还把部分档案装订成册，放在阅览室供自由查阅。

为了对档案史料进行有效的调查、收集和编纂出版，韩国国家档案馆专门成立了国史编纂委员会。其中一个部门名为史料编纂部，下设针对不同历史时期的编纂处。如古代和近代历史编纂处以及现代历史编纂处公布了许多对韩国史研究有价值的史料。国史编纂委员会正大力加强历史文件的档案收集，进一步深化与其他国家的专业合作交流，尤其注重发展与韩国有着密切的历史文化交往关系的中国、日本和俄罗斯档案界的合作关系。

韩国档案部门还积极开展多种活动，在民众中普及档案意识，2008 年 8 月韩国国家记录院和韩国电信签订了 2008 年度的广播通信融合公共服务企业共同示范协议，主要内容是提供网上阅览国家档案服务，使得国民接收国家记录院提供的新一代媒体信息服务 IPTV（网络电视），使人们可不受时间、空间的限制，收看各种关于档案的宣传节目。

（十三）东南亚国家

在马来西亚，档案开放利用较严格，必须遵守法律规定。只有经过一定整理，并已移交到档案馆的档案，才可按照规定手续向公众提供利用。如果尚处在承办过程中，任何文件都不能列入开放范围。未经馆长的书面批准，任何人无权公布或复制馆藏档案，任何人也无权携带公共档案出境。

新加坡的档案提供利用基本上实现了计算机管理，方便利用者查阅。国家档案馆对一些早已在社会上失传，但为大众所喜欢、有欣赏价值的文化艺术作品和珍贵的历史资料进行批量的再复制，并对外提供有偿服务，在丰富和活跃公共文化生活的同时，也为档案馆带来了可观的经济效益。新加坡的档案网站建设相当完善，开设网上展览，方便公众足不出户观看档案馆藏。如国家档案馆网上展览内容包含五大部分：一是“歌颂友谊”，介绍新加坡同其他国家的历史往来；二是“历史征程”，介绍有关新加坡的历史事实；三是“虚拟馆藏”，将国家档案馆的馆藏在网上展览；四是“风中颜色”，讲述新加坡地理建筑的风雨历程和人文变迁；五是“人才无限”，介绍新加坡艺术、商业、教育、科学技术领域精英的成功故事。

（十四）南亚国家

印度档案开放的规定是，国家档案馆已满 30 年的非机密文件均可向公众开放。任何学者都可利用国家档案馆的档案，利用要遵守 1997 年颁布的《公共文件规则》。利用者要填写一张档案利用申请表格，并说明利用目的。

巴基斯坦档案法规定，档案馆所存的非密级档案，满 25 年后可向社会开放，机密档案和涉及国家安全的档案可适当延长封闭期。一般情况下，来馆利用者必须持有政府机关介绍信，并填写利用申请表，国外利用者需要提前 6 周办理申请手续。复制档案要收取适当费用。档案馆为方便利用，还把部分档案装订成册，放在阅览室供自由查阅。在巴基斯坦，除档案馆外，其他组织也可以不同形式开放其档案资源。例如，巴基斯坦人权委员会 2012 年启动了其网上档案馆，馆藏主要包括与巴基斯坦人权问题与民主发展相关的剪报、文档、数据等。目前，人权委员会网上档案馆免费提供其 2006 年 1 月至今形成的超过 60 万份档案的电子版本，更早形成的档案仍在陆续整理上传。该网上档案馆是目前唯一能专门提供巴基斯坦人权与民主相关档案资料的网络数据库。

（十五）非洲诸国

非洲诸国的档案法规对档案利用和开放也有明确规定。

阿尔及利亚的《国家档案法令》专门规定了档案开放和利用的范围和时间。国家和地方档案馆保存的原始文献，25 年后才可提供自由利用；但刑事诉讼案卷、涉及人物私生活的文件，以及一些特别机密的档案，必须在 50 年甚至更长时间后才能公开利用。

喀麦隆国家档案与图书组织法规定，保存期已达 25 年的馆藏文件可供自由查阅；军事文件、外交文件和人事案卷的开放期限为 70 年；涉及机密的文件，必须经共和国总统批准，才能决定其开放时间。

尼日利亚对利用者和利用步骤也有规定。到档案馆利用档案者必须年满 18 岁，大学生必须持有教授的介绍信。一般利用者需要向档案馆说明查阅意图、研究题目、所需档案的性质，并详细说明个人情况，包括姓名、职业和工作单位等，在得到馆长或其指定负责人的批准后才可进馆利用。已满 50 年的档案可自由查阅，不足 50 年的档案必须经馆长特别许可后才能借阅。具有历史意义的档案只有得到部长批准后，才可以携带出境，违者罚款。如果要得到咨询服务，必须提前三天提出申请，并且要注明申请人的职业或专业、住址以及进行咨询的特定目的。海外学者提交申请，需注明本人的个人情况以及研究课题。此外，尼日利亚还特别规定，研究者查阅档案后发表的著作，至少要免费赠送国家档案馆一份。对于不遵守这一规定者，终止其继续查阅档案的权利。

刚果（金）1978 年颁布的国家档案法对档案利用的规定较为宽松。公共档案从其产生之时起，原则上即可提供利用，无时间限制。但对一些特殊性质的档案，如特别机密档案、刑事诉讼档案和涉及个人私生活的档案等，必须在移交档案馆满 50 年甚至更长时间才能提供利用。

加纳国家档案馆规定，馆藏档案在满 30 年封闭期并履行解密手续后，可以向持有该馆所发阅览证的研究者提供利用。无阅览证者不得查阅档案。档案文件仅供在馆内查阅，不外借。由此可见，加纳的档案开放利用工作相对滞后，利用者在利用档案时要受到一些人为的阻碍，普通公民利用档案的权利往往得不到保证。

由上可见，非洲诸国对档案开放和利用的时间、范围和步骤规定略有差别，但其共性在于都重视特殊性质档案的特殊利用。这样做的好处是尊重档案的价值，更好地维护国家安全和个人切身利益。

（十六）澳大利亚

澳大利亚各级各类档案馆依据档案法的有关规定，严格依法开放档案。档案法中对档案的开放利用实行封闭期制度，确定档案的保密时限。如新南威尔士州规定，未满 50 年的档案在未征得机关和档案委员会同意之前，一律不得对外开放。封闭期满的档案，经鉴定后可向社会公众开放。档案一旦开放，任何人都可以公开利用，外国人持有效护照也可以利用。在澳大利亚的档案法律、法规和行政规章中对档案的利用和封闭有着具体的规定。在他们看来，封闭是执法，开放也是执法，不按时向公众开放应开放的档案是违法行为。如果档案馆不将保存的档案提供利用，利用者可以依据《信息自由法》提起上诉。

澳大利亚档案馆强调“满足人的不同需求、满足不同人的需求”的公共服务理念，其利用服务主要体现在三方面：第一，档案观念开放，即档案应该为每个人服务。第二，档案馆和档案馆藏开放践行的是“开放是原则，不开放是例外”。澳大利亚信息自由改革法案及国家档案馆修正案规定档案年满 20 年后必须开放。第三，档案业务环节开放透明，档案工作诸多环节都要向社会公开，接受公众监督。

澳大利亚在做好档案开放工作的同时，还从方便档案利用者的角度出发，努力开展利用服务。如由于馆藏数量增加，馆库需要扩建，一些档案馆由市区迁往郊外。这时档案馆仍把公众利用部设在市区，而只将档案库房设在郊外。公众利用基本上是事先预约的，第二天库房管理人员将前一天预约的档案，从市郊的库房送到市区的公众利用部。这样就大大减少了档案馆的迁移对公众利用带来的不便影响。在提供利用的手段上，公众可在公共阅档室、开架阅览室查看档案。公众利用档案需要办理借阅证，研究人员在接待处填写两张申请表格后即可获得借阅证。两张申请表格为身份说明，其中一张表格需由填写人员亲笔签名。利用者查档限制主要有两方面。第一，利用者若需查阅封闭期内的档案，必须得到有关当局的书面认可，公共档案馆的封闭期根据内容而定，如档案中涉及私人事务则须封闭 100 年。第二，若档案材料容易破损，则查档者不得利用。各档案馆除接待利用者查询外，还出版档案指南和举办档案展览等。

另外，澳大利亚国家档案馆出于充分尊重信息时代人们获取信息的习惯和提高服务效率的考虑，在对有限资金进行调配的基础上，加快了照片、部分公众有强烈利用需求的档案的数字化工作，建立档案检索浏览系统，供利用者检索利用和开展网站利用。现代化技术得到了充分应用，档案查询更便捷高效。同时，档案馆面向社会，通过走进社区、学校等开展档案方面的演讲，开展送档上门服务等活动，进一步拓展了档案公共服务的范围，工作更富实效。因为重视社会教育效果，档案馆内专门成立了教育部门，通过举办“国家记忆”基本陈列展和其他档案展览等开展社会教育，在展览时充分利用布展技术和光电技术增强可看性和可回味性；并适当地设置互动环节，引导公众在互动中了解国家历史，增进认同感。

同时，澳大利亚档案馆积极利用计算机技术提供远程的联网服务，最大限度地为利用者提供方便。如昆士兰州档案馆就采用了网络技术和手段。馆内自行研制开发了档案利用软件，通过互联网向公众展示馆藏资料，便于公众查询和借阅。

澳大利亚国家档案馆网站充分体现了服务的特点。首先，服务涉及面广，信息含量丰富，包括文件检索数据库中著录的 9 000 个澳大利亚政府机构创建的 770 万多份文件的目录，以及照片检索数据库中收录的超过 22 万幅照片。其次，服务层次深，公共服务周到齐全。国家档案馆网站信息发布功能非常完善，信息发布面广、及时、有价值，信息发布形式多样。在互动方面，网站更多地关注用户需求，实现服务提供者和用户之间的交流。再次，业务详略得当，重点突出馆藏特色。最后，服务理念是以人为本，网站的人性化服务特色突出地表现在网页设计方面。国家档案馆网站设计风格清新，制作技术精良，页面主体以图片为主，形象生动地注明本站热点，并快速指向具体内容。网站还注重对用户类型的区分，提供针对学生、教师、商人、专家、志愿者、求职者等不同用户的精细化服务。

二、外国档案利用的总体特点

现当代国外档案利用的总体特点主要表现在五个方面。

第一，国外档案利用的需求从时间上逐步向近期转移，从范围上看进一步拓宽。当前，利用者的兴趣越来越多地集中在当代的重大事件和人物上。据英国、法国和俄罗斯等国的统计，来档案馆查阅 20 世纪档案的利用者已占总人数的一半以上，不少利用者的申请已涉及 20 世纪七八十年代的档案，甚至更近。这种现象导致了各国对封闭期制度的改革，也出现了现行文件利用的热潮。利用者的研究领域由历史拓展到政治、经济、文化和宗教等多方面，利用目的也包括学术研究、工作决策甚至个人爱好。西方国家普遍有利用家谱和族谱档案的流行风气，很多人将档案利用视为休闲方式之一，因此当前国际档案界提出了“休闲利用”的新概念，并在 2000 年第十四届国际档案大会上作了专题研讨。

第二，国外普遍将利用与开放纳入了法制轨道，借助立法来确保利用与开放的实行。自从近代法国档案改革中首创开放原则并在《穑月七日档案法》中明确规定以来，各国的档案法规都设有利用与开放的专门条款，有的国家还制定了专门的利用法规或条例。这些条款对档案的开放期限、范围、服务对象，对利用者的权利和违法行为的处罚都有明确规定。这是当今各国档案工作法制化的必然要求和结果。以美国和加拿大为例，它们均制定了《信息自由法》，将利用联邦政府的档案视为公民的一种民主权利。很多国家也都制定有类似法规，为利用与开放提供强有力的法律保障。

第三，国外把政府机关和社会民众均视为服务对象的主体。国外大多将档案馆看做是政府决策的辅助机构之一，政府机关自然是档案馆的主要服务对象。但由于《信息自由法》的广泛颁布，民主观念在西方国家深入人心，因此普通公民被视为档案馆服务的主体。例如，美国树立了联邦档案“民有、民治、民用”的观念，采取一切措施为用户服务。目前国家档案馆接待用户的年龄降低到 14 岁，用户查阅档案全是免费的。此外，很多国家特别注重满足家谱、族谱档案的利用需求。据统计，利用者中绝大多数是家谱、族谱学者或是对家谱、族谱档案感兴趣的人士，他们出于研究、兴趣或解决切身利益的需要，经常到档案馆查用档案，因此成为档案馆的主要服务对象。一个典型例子是美国华盛顿旧馆就专门开辟了家谱、族谱档案利用室，利用者很多，经常需要预约。

第四，利用形式丰富多样。当前各国积极开展多种利用形式，包括在馆内设立环境舒适的阅览室、配备各种设施方便用户阅览、咨询和检索；定期编制和出版各种检索工具（档案馆指南、案卷目录、专题目录等），方便用户迅速而准确地查询档案；提供各种复制服务，只收取成本费用；在馆内设陈列室、介绍馆藏和接待用户参观；在馆内外举办档案展览、报告会或座谈会，增强社会档案意识；编辑出版档案资料，有的是定期出版文件汇编，有的是公布档案史料。除这些共同形式外，一些国家的利用工作各有独特之处。例如，法国、俄罗斯和北欧五国利用档案开展历史教育——法国国家档案馆下设“中学生教育处”，定期组织学生到档案馆上历史课；俄罗斯档案馆在电视节目中开办“历史课堂”；北欧借助档案出版历史丛书。再如，美国国家档案馆为每一个有需要的用户指定研究顾问，帮助用户分析利用计划的可行性、推荐查找档案的线索、为用户预订所需文件，使用户在利用过程中始终得到有效的服务。

第五，国外特别注重在提供利用的手段上引入高科技技术，提高服务效率和质量。发达国家一贯注重将各种高新技术应用在利用工作中，比如借助计算机提供各种途径的检索服务；用电话、传真和电子邮件满足用户的咨询要求；设置触摸屏向用户展示档案馆的机构设置和馆藏等内容。特别是近年来网络技术的发展和运用更为档案利用提供了便利手段。欧美国家大多在互联网上开通了主页，实现了网络化的服务，使档案馆得以提供异地利用和实现全球开放。然而，国外在享受高新技术带来的便利的同时，也面临一定的障碍，导致利用理论与实践中出现一些新问题。例如，新技术的使用可能会给普通利用者增加难度，他们如果缺乏必要的帮助和指导，就会产生“无从下手”的困惑。又如，新技术的使用使档案馆的费用增大，这些费用由档案部门承担还是转嫁到用户身上，是一个有争议的问题。再如，电子文件利用中的权益问题（隐私权、公布权）、真实性保障问题，都是利用中的新课题。国外档案利用者的需求从时间上逐步向近期转移，从范围上进一步拓宽。当前，利用者越来越多地关注当代的重大事件与人物，不少利用者的申请已涉及 20 世纪 80 年代的档案，甚至更近。这种现象导致了各国对封闭期制度的改革，也出现了现行文件利用的热潮。

第三节 外国档案利用理论

一、档案开放原则

如本章第一节所述，档案开放原则是近代法国档案工作改革的重要成果，标志着档案利用从封闭转变为开放，档案利用从少数人的特权转变为社会大众的权利。自近代以来，档案开放原则在各国得到了普遍应用。

档案开放原则是档案利用理论的重要组成部分，详细内容可以参阅本章第一节，此处不再赘述。

二、档案限制利用

各国在普遍实行档案开放原则的同时也意识到，并非所有的档案一经形成都适宜开放。特别是一些性质和内容特殊的档案，如果不加限制地随意开放，很可能会造成严重的不良后果。这就导致了限制利用现象的产生。国外对档案限制利用进行了理论阐述，包括限制利用的含义、必要性、依据以及限制利用的档案类型。

（一）档案限制利用的含义和必要性

国外档案界对档案限制利用作出了术语界定。国际档案理事会最新修订的《档案术语词典》把“限制利用”（restricted access）的含义规定为“通过规定利用日期或总体上拒绝利用的一般或特定条例，对查阅文件/档案、个人文件或特定类型信息作出的限制”。北美国家在术语表中对“限制利用”也有相似的解释。美国档案工作者协会编写的《档案人员、文件管理人员和手稿管理人员术语手册》规定，“限制利用”是指“对文件利用的限制，限制由法律、机构或文件捐赠者规定”。加拿大不列颠哥伦比亚大学图书馆、档案和情报学院编写的《档案术语词汇》也把“限制利用”解释为“对档案文件利用的限制，限制是由行政机构、保管文件的机关或官员规定”。从这些代表性术语解释可以看出，限制利用是指国家法律、档案行政管理机关或文件保管机关等规定档案文件在一定时间范围内拒绝或限制向公众开放。需要指出的是，限制利用的对象不是统治者或档案所有者，而是社会上的普通利用者。

限制利用的必要性主要来自两个方面。一方面，从档案的内容来看，对于涉及国家安全、政治事件、经济活动或个人隐私等多方面机密的档案，需要为其规定保密期限。如果不加限制地利用，很有可能造成损失。另一方面，从档案的作用来看，无论是作为形成者的活动记录和管理工具，还是作为国家的文化财富，档案的利用都必须以维护档案形成者和国家的权益为前提。因此除形成者和统治者之外的普通利用者往往会成为被限制利用的对象。

当今世界任何国家的档案馆，只要实行档案开放原则，其所藏全部档案都必然划分为开放利用部分和限制利用部分。

（二）档案限制利用的依据

档案限制利用的依据是封闭期制度。封闭期制度是随着档案开放原则的实施由国家法律规定的一种保护档案、维护国家和个人权利的制度。

1. 封闭期制度的提出

封闭期制度是与开放原则相对应的。在古代，不管是奴隶社会时期，还是封建社会时期，档案都禁锢于密室，只为统治者和所有者服务，社会公众无法接近，因此也就不存在封闭期的规定。法国在大革命中成立了第一个向公众开放的国家档案馆。之后在19世纪，欧洲各国也相继成立了这种性质的档案馆。既然档案馆向社会公众开放，就意味着公众有权进馆查用档案。但档案作为社会组织和个人实践活动的原始记录，其内容可能有着需要保密与否的差别。于是，档案开放原则的实施和运用，向各国提出了一个严肃问题——档案文件自形成之日起需要经过多长时间才能向社会公众开放？档案封闭期制度就在这种背景条件下应运而生。

2. 封闭期制度的内容

封闭期制度的核心是封闭期。封闭期指的是由法律规定的文件从形成到开放利用的期限，也即档案的保密时限或档案保护期。不同性质和不同内容的档案有着长短不同的封闭期。处在封闭期内的档案文件限制向公众开放。早期封闭期的规定大致有三种：第一种是50～60年；第二种是100年以上；第三种是无限期封闭。可见，早期对封闭期时限的规定比较长。

20世纪以来，档案的封闭期在逐渐缩短。从60年代开始，大多数国家实行了以30年为起点的包括一般封闭期和特殊封闭期的封闭期制度。特殊封闭期是针对某些特殊性质或门类的档案，时间一般在50年甚至100年以上；一般封闭期多针对一般性档案，大多数国家将其规定为30年左右。

一般封闭期的长短因国而异。据统计以25～30年居多，但也有长达80年的。列举如下：

25年：美国、西班牙、匈牙利、挪威、新西兰、博茨瓦纳、赞比亚；

30年：英国、法国、德国、俄罗斯、奥地利、罗马尼亚、阿根廷、巴拿马、哥斯达黎加、日本、印度、斯里兰卡、塞内加尔、南非、津巴布韦、澳大利亚；

35年：瑞士；

40年：意大利；

50年：荷兰、丹麦、尼日利亚；

60年：毛里求斯；

80 年：梵蒂冈秘密档案馆。

3. 封闭期制度的意义

封闭期制度的确立对档案形成机关和档案馆双方均有好处。既有利于维护档案形成机关的利益，可以消除机关因档案无限制开放给机关造成负面影响的顾虑，从而确保馆藏来源渠道畅通，又为档案馆的馆藏规定了明确的开放时间，确保档案真正开放的最终实现。

封闭期制度对于档案馆具有特别重要的意义。具体表现为：

第一，确保馆藏档案的最终开放。为馆藏档案规定一个限制利用的时间限度，可以确保馆藏档案最终真正向社会公众开放。

第二，确保用户的公正研究和利用。对馆藏封闭一段时间，有利于用户对档案进行客观公正的研究。因为文件形成机关或人员，尤其是军事和外交机关人员一旦发现他们形成的文件将很快被提供给历史或其他学术研究之用，就会抱着非常谨慎的态度来拟制文件，甚至可能只写于己、于当局有利的内容。

第三，确保馆藏档案来源渠道畅通。封闭期制度为各类档案规定适度的封闭期，有利于档案馆与档案形成机关之间保持信任关系，有利于馆藏档案源源不断地进馆。

第四，确保档案馆的中立立场。档案馆只是封闭期制度的执行者，这有利于档案馆在用户与文件形成机关之间保持中立，实现保护隐私与合理利用的有机平衡。

（三）限制利用的档案类型

国外规定需要限制利用的档案类型尽管不完全一致，但可以综合概括为六大类。

1. 与国家安全和社会稳定有关的档案

包括涉及国家政治、经济、国防、外交等方面重大政策或是关乎社会秩序的档案，这类档案大多规定有严格的密级，不经解密是不能向公众开放的。

各国法律中对这一类档案的限制规定也是有差别的。

美国《信息自由权法》规定，为了国防和外交政策利益需要保密的文件，按行政命令经过特殊审定具有不同密级——机密、秘密、绝密。

俄罗斯规定，内容涉及国家特别重要利益的文件需要保密。

法国规定，国防部和外交部的文件，共和国总统和主要领导人的文件，与国家安全政策、财政、金融及外贸谈判政策有关的文件，需要保密。

阿尔及利亚规定，与国家内政、国防、外交利益直接相关的文件需要保密。

意大利规定，有关国家内政、外交的文件为保密文件。

巴西规定，关于国界划分的文件需要保密。

哥伦比亚规定，由外交委员会规定机密文件。

丹麦规定，军事文件、反间谍文件及其会议记录需要保密。

英国规定，在《行政保密法令》中列出的文件需要保密。

德国规定，不受公共档案法制约的档案，司法、外交、军事档案需要保密。

瑞典规定，与国家安全、外国和国际组织的关系、中央财政政策、金融政策、王国贸易政策、国家或共同体经济利益有关的文件需要保密。

2. 与个人隐私有关的档案

涉及公民个人及家庭生活秘密的档案，包括个人婚姻状况、健康状况、财产状况、职业经历、宗教信仰、犯罪记录以及家庭名誉等内容的档案，一般也要限制利用。

自18世纪末法国大革命以来，大多数国家都宣布公民权包括尊重与公民私人和家庭生活有关的秘密，如通信秘密、家庭生活不受侵犯、政治和宗教信仰等。美国颁布的《隐私法》规定，隐私权是指人们在人身、家庭、文件和财产安全方面不受无端搜查和侵占的权利。个人隐私权要优先于信息自由利用权，后者要服从于前者。有关个人隐私的文件，没有征得当事人同意，不能用于其他目的。政府不应公布直接侵犯个人隐私的文件，如在公共医院接受治疗的个人医疗文件，政府雇员的人事案卷等。加拿大法律规定，允许加拿大公民利用联邦机构保存的有关其自身情况的文件，可以对文件的利用提出限制要求。另外，英国、法国、澳大利亚等国也颁布了保护个人隐私权的法律。

与个人隐私有关、需要限制利用的文件主要有：

（1）公民状况（出生、婚姻、死亡等）文件

例如，出生证需要封闭100年，丹麦甚至规定永久不能传播。而婚姻档案在德国被列为敏感性档案，封闭期为80年。

（2）健康状况文件

主要指来自医生或医院，以及社会安全部门的文件。对这些文件，多数国家规定封闭期为当事人出生后80～100年，法国则为150年。而巴西规定，凡与当事人精神状况有关的文件永远不能公开。

（3）财产和收入文件

在西方国家，有关个人财产和收入的文件受到普遍保护，并严防泄露。法律规定，税务官员、律师和银行雇员有保护这类秘密的职业义务。法国规定，税务机关的案卷需保密60年。

（4）刑事和犯罪处理案卷

除判决书可以利用外，司法处理案卷、调查取证案卷等，封闭期在50～100年之间。

（5）职业活动的文件

西方普遍认为，个人的职业活动，尤其是与雇主相关联的情况，属于私人生活的一部分。因此，公务员和政府雇员的个人案卷要封闭70～100年，法国的人事案卷封闭120年。

（6）政策、哲学、宗教观点的文件

各国普遍承认，公民有保护其政治、哲学和宗教观点的权利。这些文件至少在当事人在世期间不能提供自由利用。

（7）基本统计文件

这是政府部门在人口普查、经济调查以及各种调查中形成的关于公民各方面情况的基本调查材料。这类文件都有着限制利用的规定。

（8）家庭名誉文件

许多国家，特别是拉丁美洲国家的档案立法中，普遍有限制利用家庭名誉文件的条文。法国把遗传病的文件也列入了家庭名誉文件，规定封闭 150 年。大多数国家对此都规定了 100～120 年的封闭期。

（9）警察机关的文件

这类文件长期被禁止自由利用。

3. 与企业或行业机密有关的档案

涉及工商业产品制造或销售机密的档案，往往因有时效性而受到法律保护，只有当期限已满时方可提供利用。

4. 与国家领导人或公众人物有关的档案

这些人物的特殊身份或影响往往决定了档案性质和内容的特殊性，往往也需要限制利用。

对哪些人属于国家领导人和公众人物，国际上并没有统一认可的定义。每个国家都有自己的规定。如美国把部长、高级官员、联邦和地方的高级行政官员的文件都列入了这一类。这个范围中的人物的私人信件，无论是家庭的还是朋友之间的，都是重要的原始材料，因为这些文件、信件体现的既是这些人物的私人生活，又是公务活动，有些具有高级机密的性质。然而，由于社会制度的原因，国家领导人物或公众人物的文件又都是所有者的私人财产，后代可以继承。这就需要由国家制定相应的保护措施。法国曾规定，高级外交官和军官的文件，在他们去世后，一律由国家档案馆负责保存。总统的文件寄存在国家档案馆，总统或他的后代可以提出限制要求。

5. 出于保护实体而限制利用的档案

近 30 年来，各国大多对珍贵的、脆化的和经常利用的文件制作了缩微照相复制件，向利用者提供复制本。限制向公众提供利用脆化和已经受到损伤的原始档案，已成为多数国家的普遍规定。

6. 与著作权有关的文件

著作权也称版权，是指作者及其他权利人对文学、艺术和科学作品享有的人身权和财产权的总称。发达国家对著作权的重视程度相当高，因此与著作权相关的文件也被列入限制利用的档案类型。欧洲 12 个国家，包括爱沙尼亚、西班牙、克罗地亚、列支敦士登、卢森堡、挪威、波兰、瑞典、丹麦、捷克共和国、乌克兰和匈牙利都设立了 70 年的封闭期，其他国家一般没有限制性规定。

（四）限制利用争议的解决

既然存在限制利用，在现实中很容易发生利用能否限制以及限制多久的纠纷。国外在解决限制利用争议方面采取了三种做法：

第一种是由法院处理。如美国由联邦和地方法院负责处理；澳大利亚由行政法院受理；芬兰由最高行政管理法院受理。

第二种是设立专门机构处理。如法国成立了利用行政管理文件委员会，专门负责处理因利用公共文件而引起的纷争；挪威在最高司法机关设立了一个专门委员会负责处理；加拿大是经参议院同意由议长任命的信息官员负责检查和处理因实施信息自由法而引起的争议。

第三种是由档案解密委员会处理。俄罗斯联邦政府规定凡是对保密限制的文件提出的异议，均由档案解密委员会负责受理，并由其负责在一个月内对异议作出继续限制或取消限制的答复。

（五）限制利用的新趋势——缩短封闭期

2010 年，英国政府修改《信息自由法》，将公共档案向国家档案馆移交并解密开放的期限从 30 年缩短为 20 年，旨在通过及时开放档案，促进更广泛的公开和问责，使公众对政府政策和决策的监督更加民主。2011 年 3 月，英国国家档案馆公布了 2011—2015 年度的战略计划，明确提出自 2013 年 1 月 1 日起，英国政府将解密档案的期限从 30 年缩短为 20 年，并设定 2013—2022 年为十年过渡期。

1. 封闭期缩短的原因

公民权利意识的增强、专业立法的推动、政府问责的需求，以及国际潮流的影响，都是推动英国缩短档案封闭期的原因。

当今世界不再封闭，信息技术与网络技术的普遍应用促进了信息的共享与利用，公众对政府信息公开的要求不断增长。正如学者所说，“公众有权知晓政府的所作所为，缩短档案封闭期可重塑选民与政府之间的信任，这有利于选民理解民选政府的行政实践从而成为更具责任感的公民”。英国于 2007 年召开了听证会并开展民意测验，绝大多数民众赞成缩短档案封闭期。缩短封闭期的结果在很大程度上是由公民知情权意识不断增强导致的。

英国缩短档案封闭期至 20 年，《信息自由法》的实施功不可没。2005 年生效的《信息自由法》对原有的 30 年封闭期造成冲击，推动大量公共档案未满 30 年封闭期就要公开，因为政府部门不断针对近期发生的各种事件向公众及时提供历史档案的访问途径，这就在实践上推动了档案封闭期从 30 年向 20 年缩短，最终由修改后的《公共档案法》加以确定。

由于信息获取便捷，公众了解信息的数量越来越多，速度越来越快，公众对牵涉自身利益的政府信息更加关注，对政府不当行政的问责需求日益增强。要想对政府政策和决策进行监督和约束，避免某些政府官员不当行政或不作为，或者是发生问题需要追究责任，都需要及时公开档案，提供问责的依据。缩短档案封闭期的促进因素就来自政府问责的需求，档案的及时公开有利于公众监督政府的决策和行为，促进政府合理、规范行政，实现政府与公众之间的和谐。

从国际范围而言，多数国家普遍采用 25～30 年的档案封闭期。但从 20 世纪 90 年代起，一些国家已开始缩短档案封闭期。以美国为例，1995 年时任总统的克林顿签署 12958 号总统行政令，规定除外交档案实行 30 年封闭期外，其他一般性档案的封闭期调整为 20 年，而且期满即自动解密。如有特殊情况需要延长封闭期的，也不得超过 25 年。除美国外，其他国家诸如荷兰、丹麦等从 2004 年起也实行的是 20 年封闭期。

2. 缩短档案封闭期的积极影响与潜在风险

国外缩短档案封闭期的潮流对公众、政府和社会发展均会产生积极影响。

第一，对公众而言，缩短档案封闭期有利于进一步保障知情权，增强档案利用意识。

2013 年英国国家档案馆正式实行 20 年档案封闭期。2013 年 8 月 1 日，国家档案馆公布了一批 1983 年的政府机密档案，其中最受关注的是英国政府当年为女王拟定的一份演讲稿。因为 20 世纪 80 年代东西方处于冷战格局，英国政府决定一旦冷战升级，爆发大规模核战争——“第三次世界大战”，女王就向英国全民发表该演讲。“女王的演讲稿”从形成到公开封闭了 30 年，公民知情权的实现较困难。缩短档案封闭期有利于进一步保障公众的知情权，激发他们对国家档案馆解密历史档案的关注，借助档案来了解历史，探寻真相。

如果说英国实施《信息自由法》推动了政府信息公开，那么缩短档案封闭期有利于增强公众的档案利用意识。根据英国政府官方数据，自《信息自由法》生效以来，仅中央政府每年收到的查看信息的申请就达 3 万份。2005 年该法生效的第一个季度，中央政府在 20 个工作日内，对公众申请的回复比例达到 69%，在第三个季度达到 81%。2005 年的前 9 个月中，中央政府向公众公开的信息达到 1.6 万条。这些数据表明，《信息自由法》的实施大大推动了英国政府的信息公开，对增强公众的信息公开意识和档案利用意识均有帮助。缩短档案封闭期更是直接利于提高公民档案意识，促进他们利用档案。因为公众会借助及早开放的档案寻找利益关切点，满足其各种需求。

第二，对政府而言，缩短档案封闭期有助于信息公开，增加透明度，并向公众提供问责的依据和途径。

缩短档案封闭期会促使政府的决策和行为及时得到公众监督。一旦缩短封闭期，公众查看档案会更加及时，这样一来，公共部门就难以掩盖其不合格的表现，也无法通过编造或者是具有误导性的陈述来逃避责任。

第三，对社会发展而言，缩短档案封闭期有助于提高民主程度，促进社会和谐发展。

档案因其原始记录的本质属性带给人们强烈的真实感，一些重要的档案及时公开，可以更早地让人们感知当时，反省现在。如“女王的演讲稿”公开让人们身临其境地领略到当年冷战格局的紧张和残酷，真切体会到当下和平生活的可贵和美好，促使人们珍惜现在，避免战争。

档案的开放与封闭是辩证统一体，没有档案开放，档案的利用限制就无所凭依；而对档案不加限制地开放也不可取，这样可能会危害国家及社会组织的利益，侵犯个人隐私。任何事物都有两面性，缩短档案封闭期也存在潜在风险。

第一，存在秘密销毁政府档案的风险。档案封闭期缩短了 10 年，政府出于隐藏秘密决策和行为的考量，官员出于利益考虑，就会顾虑一些档案过早公布。这样一来，政府或工作人员就可能会擅自或秘密销毁档案。类似情况已在美国发生，中情局要求美国国家档案与文件署授权销毁离职员工的电子邮件，此事件曝光后招致各界批评。

第二，存在引发社会动荡的风险。档案封闭期缩短，档案的内容与现实生活更加贴近，若公开档案的内容有损公众利益，一旦公众知晓，就可能导致公众的反感、批评甚至抗议，特别是涉及少数群体利益或是敏感事件档案的公开，可能就会引起公众的强烈关注，甚至引发社会的动荡。

第三，存在影响个人名誉及生活的风险。档案是社会实践活动的原始记录，人又是社会实践活动的主体。之前实施 30 年封闭期，档案封闭年限较长，一些特定档案在相对人逝世后才得以面世。而如今缩短档案封闭期，可能会造成这种情况：档案被公开后，档案所涉及的相对人仍然在世，人们可能会对此人产生好奇和关注，过多的关注可能对其名誉及生活造成负面影响，甚至是干扰。例如，2014 年英国解密了米特罗欣的克格勃档案，揭示了克格勃的内部工作方式、其对外情报行动以及苏维埃的外交政策，公开的内容包括潜伏在各国的克格勃特工名单，其中有一位被曝光时已 87 岁的“奶奶间谍”。这些涉密档案的公开无疑对相对人的安全和生活造成了严重影响。档案封闭期的缩短可能会使更多人面临这种“尴尬”。

英国缩短档案封闭期的积极意义值得肯定，潜在风险也不能忽视。尽管在《信息自由法》的推动下，国际范围出现了缩短档案封闭期的潮流，但封闭期并非越短越好。早在 2005 年，英国福尔克纳勋爵就在报纸上撰文发出忠告：“信息自由的本意是要赋予民众权利，而不是满足记者头脑发热的好奇心。”可见，人们享受知情权并不意味着滥用这种权利。如果档案封闭期过短，就会对档案的形成和利用带来不利影响，失去档案合理封闭的积极意义。

三、档案利用类型

1980 年，国际档案理事会在英国伦敦举行了第九届国际档案大会。大会以“档案利用”为中心议题，从理论上全面总结了档案利用的类型，并阐述了每一种利用类型的含义和特点。这些阐述成为外国档案利用理论的重要内容。

（一）档案的学术利用

1. 学术利用的含义和目的

档案的学术利用，是指利用者利用档案进行学术研究，通过查找和选择馆藏资料来获取和传播知识。瑞典档案学者丁·林德勒夫指出，学术利用是指研究者直接利用档案进行的学术研究活动。阿根廷国家总档案馆馆长加西亚·贝尔逊斯也指出，学术利用主要与思想有关，是一种推理性利用。

学术利用的目的，是查找和选择馆藏档案来获取和传播知识。例如，一个研究人员在档案馆查阅馆藏档案资料并进行反复思考，是为了理解和领会一个事件或一种现象的过去和现在，他思考和研究的最终目的是为了获取知识，传播知识。

2. 学术利用的特点

学术利用具有如下特点：

第一，利用者主要是学术研究人员，以历史学者居多；

第二，利用者的人数占首位，尤以家谱、族谱利用者居多；

第三，利用者对馆藏比较熟悉，要求档案人员的帮助相对较少；

第四，利用的目的是从事学术研究，主要产生社会效益；

第五，利用的档案数量多，特别是对专题类档案的利用率较高。

（二）档案的实际利用

1. 实际利用的含义和目的

实际利用是指利用者利用档案为实际工作服务，通过查找和选择馆藏资料来直接帮助工作决策。实际利用是一种实用性利用，主要与行动有关。阿根廷国家总档案馆馆长加西亚·贝尔逊斯指出，实际利用主要发生在商业、公共行政管理、文化卫生等领域。如果说，学术利用主要与思想有关，那么实际利用则主要与行动有关。

实际利用者在档案中查找资料不是为了获取知识，而是为了解决工作中的实际问题。

2. 实际利用的特点

实际利用具有如下特点：

第一，利用者主要是行政管理人员、专业人员、技术人员等在职工作者；

第二，利用者对馆藏不太熟悉，要求档案人员的帮助相对较多；

第三，利用的目的主要是解决工作中的实际问题；

第四，利用的时效性较强，往往希望立即满足需求；

第五，利用效果最能检验档案馆的服务质量和水平。

（三）档案的普遍利用

1. 普遍利用的含义和特点

普遍利用是指档案馆向普通公民宣传档案或是提供主动服务。

普遍利用的特点包括：

第一，利用者多为普通公民，成分比较复杂；

第二，利用者一般没有明确目的，往往是出于兴趣或闲暇来到档案馆；

第三，是一种主动服务形式，可以起到宣传档案、提高档案馆知名度、增强社会档案意识的作用，成为连接档案馆与社会大众的一座“桥梁”。

2. 普遍利用的开展原因

普遍利用得以开展，既是因为社会对档案自身价值的认识更加深刻，也有社会环境的因素。由于社会发展，历史课程受重视的程度有下降的势头，但关于历史题材的各种影视节目又吸引着人们去探索历史的真谛。家谱学的发展带动了欧美国家民众“寻根求源”的愿望，甚至产生了对传统文明和往昔生活的留恋。这种文化需求促使国外档案学者从文化和教育的角度思考档案的作用和价值。他们认为，档案应当有助于人们对社会事物和现象进行判断。因为档案是一种信息和文化资源，涉及社会生活的方方面面，记述着每一种社会形态的政治、经济、历史、文化、风土人情的起源和演变。只有档案才能把各种事件置于其发生时期的社会环境之内，只有档案才能使人们了解事件的意义，了解那些推动或阻碍事件的大人物和小人物，名人和无名之辈，了解国家的、宗教的和地方的机构的目标和宗旨。基于这种认识，国外档案学者提出，应当采取各种方式向普通民众提供和介绍档案史料来扩充民众的知识。这些因素推动了普遍利用的开展。

3. 普遍利用的影响

普遍利用的开展，产生了积极影响。

首先是丰富了社会大众的知识，拓宽了大众寻求知识、获取知识的新渠道。

其次是增强了社会档案意识。普遍利用的开展，使社会民众加深了对档案的了解和认识，进一步理解了档案的价值和作用。

最后是提高了档案馆的知名度和档案工作的社会影响。长期以来档案封闭利用的传统导致许多普通民众对档案馆望而生畏，不懂或不愿接触档案。普遍利用的开展，促使档案馆为社会大众主动提供服务，提高了档案馆的知名度，也增强了档案工作的社会影响。

4. 普遍利用的形式

(1) 档案博物馆

目前这是一种较普遍的永久性档案陈列形式。为了加强效果和保护陈列品的安全，许多国家采用了先进技术。比如用有机玻璃覆盖陈列品，用声像技术对陈列品进行形象解说等。美国还采用电子升降技术将最重要的固定性陈列品连同陈列柜在开馆时从地下保险库送到陈列大厅，闭馆时再送回地下。

(2) 档案展览

这是最常用的，也是被认为效果最好的一种形式。它的主题、形式、规模、内容都可因时、因地、因人而异，还可与国内外文化团体、艺术单位、学术界联合举办。

(3) 教育活动

利用档案进行教育活动，20世纪50年代初始于法国，到70年代已成为许多国家档案馆的一种制度。法国、苏联、加拿大、美国等国家将这种活动称之为教育的第二课堂。由档案馆与教师合作在档案馆开辟实物教学课堂，以弥补学校课堂之不足。

（4）出版活动

主要是出版价廉而又美观的通俗读物，如配有插图的档案馆介绍，重要历史档案介绍，档案馆入门等小册子。这有利于扩大利用者的范围。

（5）参与公共活动

主要指在重大纪念活动时，举办档案馆“开放日”“档案周”，或者安排一些漫话档案的广播和电视节目，或者按活动主题组织见面会、座谈会、访谈会等。

四、休闲利用观

（一）档案休闲利用观的提出

国外档案学者曾经基于档案馆的文化性质提出了档案的休闲利用观，如英国档案学者迈克尔·库克曾经指出，整个社会应该把档案馆看做是一个文化机构，即便是贴上“文化娱乐”甚至“消遣”的标签也是无可厚非的。虽然档案馆像博物馆和图书馆一样，与纯娱乐性机构相比有更严肃的目的，但它们有一个共同点：如果人们愿意，闲来无事时，就可以去这些由社会建立起来的机构，按照兴趣进行活动。这可以看成是档案休闲利用观的萌芽。

2000年在西班牙举行的第十四届国际档案大会对档案休闲利用服务展开了集中研讨，这是国际档案界形成休闲利用观的起点。哥斯达黎加档案学者提交的《档案在休闲社会中的作用》作为主报告之一将档案休闲利用提升到理论高度。它与《档案用户的教育》《档案和市场营销》《档案馆在社会中的形象：以新加坡为例》和《档案馆与公众交往的策略》四篇辅助报告配套，从不同方面阐述面对休闲社会的来临，档案作用发生了变化——从保存信息的“珍宝”演变成“文化产品”，档案利用作为一种文化活动，发展成休闲文化的组成部分。这篇报告肯定了档案在休闲社会中具有重要作用，倡导档案机构借助科学技术的发展，更好地开展档案的休闲利用和服务。由于大会的国际影响，档案休闲利用观得到了国际档案界的普遍重视。一些国家，特别是发达国家的档案机构已经把它应用于档案利用实践，在休闲利用和服务方面摸索出了有效的措施，也取得了一定的成效。

（二）档案休闲利用观的定义

国际档案界虽通过研讨初步形成休闲利用观，但因偏重实践，国外学者并未解读休闲利用。笔者查证，英文专业文献尚无“休闲利用”专有概念，多采用“在休闲时间利用档案”（use archives in ieisure time）这种提法。为更好理解休闲利用观，现依据第十四届国际档案大会报告，结合相关认识，对“休闲”及“休闲利用”进行解读。

中外皆有休闲概念，释义虽形形色色，却共同体现出鲜明的文化内涵和精神底蕴。在我国，“休”被《辞海》释为“吉庆、欢乐”。“闲”通常引申为范围，多指道德、法度；也有限制、约束之意。“闲”通“娴”，具有思想纯洁与安宁之意。这种词义组合表明休闲具有文化内涵，表现了人类生存中劳作与休憩的辩证关系，喻示物质生命活动与精神生命活动的平衡。休闲使精神休整与身体颐养浑然一体。休闲在英文中对应“leisure”，其源于拉丁文，意为休闲和教育，通过娱乐从中得益，并与文化水平的提高相辅相成。这种词源也说明休闲具有精神文化底蕴。《西班牙皇家学院辞典》中的“休闲”“特别指人们沉醉于能体现个人才智的创作时所得到的欢娱和占用的时间”。《大英百科全书》对休闲的描述是：“这是一段在我们履行社会义务的闲暇能使我们尽情享受美好生活的愉快时光，我们可以利用它去塑造个人的才华和去实现对生活的某个奇思妙想，这样，当有一天我们不得不放弃生活离开这个世界的时候，曾经做过的这许多有益的事情将成为我们心中最美好的回忆和最大的慰藉。”国外的解释也揭示出休闲的文化特点和精神价值。所以休闲的定义可总结为：旨在鼓励人们在精神世界中提高创造力和鉴赏力，促进人们思考生活本质和生命意义，推动个人全面发展和个性成熟，真正赢得身心自由的活动。休闲的价值是为人类构建意义的世界，守护精神家园，使心灵有所安顿和归依。休闲传递的文化品位和精神底蕴为档案休闲利用铺垫了文化色彩。

国内档案界虽未形成对休闲利用的统一认识，但也有一些代表性观点。有学者认为是“档案利用者在闲暇时间，为了满足自身的爱好和兴趣，以放松愉悦与自我发展为目的，主动参与档案馆提供的档案公开项目，对档案及其开发产品进行利用”。有的认为“休闲利用是人们在基本需求得到满足的前提下，利用自由时间去档案馆查询档案以满足个人的兴趣和爱好，达到休息、消遣的目的，并使自身素质得到提高的活动”。引用上述观点意不在评价，而是想说明不管如何解读，休闲利用的关键点是把休闲之文化特点与档案馆之文化功能结合起来，满足人们娱悦精神和提升素质的需求。

（三）档案休闲利用观的特点

分析休闲利用的特点离不开与相近概念——普遍利用的比较。从用户看，普遍利用的用户不像学术和实际利用局限在特定人群，范围相对更广泛，利用目的也更多样化。从档案馆看，普遍利用突出档案馆的主动性甚至主导性，成为档案馆宣传档案、普及文化的服务方式。休闲利用与普遍利用存在共性，比如：二者都是档案馆服务社会化的体现；二者用户范围和需求都有广泛性和多样化特点；二者对档案馆服务质量要求都比较高；档案馆对二者提供的服务手段大体相同；等等。当然二者也存在显著的不同，表现在休闲利用的着眼点已从档案馆向用户转移。换言之，普遍利用强调档案馆主导性，而休闲利用强调用户主导性。休闲利用是公众基于自身休闲需求产生的自发行为，更强调用户利用的自觉性。若说普遍利用是用户被档案馆的主动服务吸引来档案馆，休闲利用则是用户自觉来档案馆文化休闲。相比普遍利用，档案馆在休闲利用中的作用被削弱。

除用户主导性外，休闲利用还另具两点特征：一是利用休闲色彩突出，因为休闲利用基于人们休闲的需求，无论是利用目的，还是档案馆的服务环境和内容，都有鲜明的休闲色彩。休闲利用与人们节假日上博物馆、图书馆一样，都是文化休闲活动的一种选择。二是参与方的高素质较明显。休闲利用的用户有较高文化素质和档案意识。文化水平不高、档案意识薄弱的人士很难产生文化休闲需求，更谈不上主动到档案馆休闲。同时，为档案休闲利用服务的档案馆工作人员也应具备更高专业素质和文化素养。休闲利用虽由用户主导，但服务人员需了解用户心理需求，满足其休闲需要甚至个性化需求。从文化休闲角度编制检索工具，熟练运用高科技软硬件搭建网络服务平台，营造富有吸引力的文化休闲氛围，这些工作都离不开高素质的档案人员。

（四）档案休闲利用观的实践特点与表现形式

1. 理念先行：普遍树立休闲利用理念

发达国家普遍具有良好社会档案意识，民众利用意识和公共档案馆服务理念均较为突出。第九届国际档案大会研讨“普遍利用”和第十四届国际档案大会关注“休闲利用”都反映出国外档案利用目的呈现多元化特点。从学术研究、实际工作发展到满足个人兴趣，档案利用的文化色彩和休闲功能日渐加强。国外档案馆针对利用目的日趋休闲化的现实，普遍树立了休闲利用理念，强化自身的文化休闲功能。

2. 环境建设：凸显文化色彩和休闲氛围

国外档案馆环境建设主要涉及馆舍选址和建筑设计，均显现出浓郁的文化色彩和休闲氛围。

一些国家档案馆舍选址注重环境优美和舒适：日本国立公文书馆位于东京北之丸公园，风景优美；瑞士沃州档案馆也建在公园，与公园美景融为一体。一些国家选择历史悠久的建筑作为档案馆舍，凸显档案馆的历史意味和文化气息。如法国国家档案馆坐落于苏比兹宫，是著名的人文胜景；德国纽伦堡档案馆是1 600多年的老建筑，花岗石墙，气势不凡；意大利佛罗伦萨档案馆是由中世纪教堂改建而成，哥特式建筑风格与其历史档案相得益彰；墨西哥国家档案馆由有110年历史的旧监狱改造而成；智利国家历史档案馆建筑也有近百年历史；新加坡国家档案馆则选择1934年的老建筑作为馆舍。

国外档案馆多遵循人性化理念，营造文化氛围和休闲气息浓厚的阅档环境，既悦目，又养心。英国国家档案馆由气势雄伟的建筑群构成，大门外的喷水池中，几只天鹅在闲游。加拿大多伦多市档案馆大厅宽敞典雅，四周环设专题展览。日本各级档案馆的外观设计和内部装修都力求精美实用，富有特色。档案馆与图书馆、博物馆一样，没有围墙和警卫，利用者身处优雅环境，轻松愉快地享受利用。在澳大利亚和新西兰，档案馆多建在宽旷地，绿树成荫，花草连片；庭院式的建筑宽敞明亮，还设有庭园，园内树荫下、草坪旁摆放圆桌和椅子供用户休憩。笔者曾亲临美国国家档案馆新馆，其阅览大厅宽敞明亮，窗外是马里兰大学的高尔夫球场，蓝天白云，绿草如茵，疲劳时放眼窗外，顿觉心旷神怡。

3. 馆藏建设：贴近民众、满足休闲

国外将档案馆视为文献遗产和社会记忆保存地，馆藏建设力求反映社会生活的方方面面，故馆藏数量和门类相当丰富，政治、经济、军事、科学、文化、艺术、体育档案无所不包，纸质档案、声像档案、电子文件也均有收藏。丰富的馆藏为休闲利用奠定了基础，美国、加拿大、澳大利亚等国家均依托丰富馆藏开展休闲利用服务实践，成效明显。

美国国家档案馆是全球馆藏数量最大的档案馆之一，十年前就有国内学者感叹其馆藏丰富——“纸质文件 631 534 立方英尺①，制图与建筑文件 45 000 立方英尺，电影和声像片 38 000 立方英尺，照片 15 000 立方英尺，电子文件 1 400 立方英尺。内容涉及政治、经济、军事、科学、文化、体育等各个领域，馆藏十分丰富，其载体形式也多种多样，包括纸质品、录像带、广告片、电影、照片、幻灯、电子文件等，其中仅图片就有 800 多万幅”。据档案馆统计，利用率最高的档案中，二战时期照片位居前列。以家谱、历史照片为代表的档案迎合了休闲需要，广受民众欢迎。

加拿大国家档案图书馆藏有 71 000 多小时的长短胶片、250 多万张建筑图纸、3 180 万兆电子信息、上百万册多语种书籍、21 300 多万盒影像档案、数以亿计的文本文档和印刷品、270 000 小时的录像和录音资料、343 000 部艺术作品，还有邮政档案、乐谱、宣传海报、人物肖像等多种特色档案。这些丰富馆藏吸引了大量民众，笔者调研时了解到该档案图书馆已成为加拿大民众文化休闲的常去场所。

澳大利亚国家档案馆也保管有大量文件、照片、海报、图纸、胶片、乐谱和录音。其浩瀚馆藏是研究澳大利亚历史、社会和人民的丰富资源，也深受民众欢迎。

一些国家还重点收集特色馆藏，满足休闲需求。法国国家档案馆注重收藏私人档案，已有全宗 600 多个，包括中世纪以来政治家、经济学家、新闻工作者、科学家等个人及其家族的档案，其中有拿破仑、蓬皮杜、密特朗等名人的档案。新加坡国家档案馆注重收集口述档案，并将访谈录音整理成文稿，或印刷出版，或制成视听教材。由于访谈录音直观性强，吸引了广大民众。法国巴黎市档案馆重点收集户籍档案，普通百姓和名人的户籍档案都在其中。著名作家雨果的户籍档案记载了其出生、死亡的时间，上面还有巴黎市市长签名。这些档案对市民休闲也很有吸引力。

4. 服务内容和方式：以人为本、方便快捷

国外档案馆一向注重用多种手段为民众提供优质服务，近年来为满足休闲需求，它们积极向图书馆、博物馆学习，突出服务内容和方式“以人为本”和“方便快捷”，在开放时间、利用程序、宣传手段、配套服务、服务技术等方面均采

① 1 立方英尺≈0.028 立方米。——编者注

取了有效措施，强化服务的休闲色彩。

第一，开放时间考虑休闲需求。国外档案馆常设展览全年开放，英国国家档案馆珍品展常年免费开放；加拿大国家档案馆展览大厅早 9 点到晚 10 点开放，阅览室周一到周六开放。有的虽规定法定假日不开放，但用户有特殊需要可提前预约。这种时间安排有利于民众休闲。

第二，利用手续尽量简化和降低门槛，创造愉快的利用体验。一些档案馆逐步放宽用户的年龄限制，从 16 岁降为 14 岁；利用手续也尽量简化，凭阅览证即可进入。英国国家档案馆规定年满 14 岁即可办理阅览卡，有效期 3 年。用户在有效期内可持卡直接进入阅览室。美国、加拿大规定与英国类似，对国内外用户一视同仁。

第三，提供配套服务，将档案馆打造为休闲场所。英国国家档案馆内设网吧，供喜欢电子文件的人阅览；内设书店，方便用户购买与档案有关或档案馆编辑的图书。美国国家档案馆备有不同文字的介绍材料，提供导览。馆内设有档案商店，销售与档案有关的商品，有以档案馆建筑为设计元素的饰品；依据馆藏内容设计的陶器；还有相册、档案盒等。档案馆还提供档案复制、档案出版物订购、展览信息邮件订阅等多项服务，进一步满足民众的休闲需求。

第四，联合各种媒介，开展商业式宣传。国外档案馆适应休闲需要，加大了宣传力度。最典型的当数美国国家档案馆。华盛顿旅行指南将国家档案馆与白宫、国家博物馆等景点均收录其中，吸引国内外游客参观。档案馆网站可播放与 Discovery 频道合拍的宣传片。2006 年，Google 与档案馆签订协议，将其馆藏珍贵音像搬到互联网上，供全球用户观看。好莱坞巨制电影《国家宝藏》也在档案馆实地取景。档案馆与媒体、娱乐、IT 行业联手宣传，极大提高了影响力。目前每年有上百万人被吸引前来参观，这一数据多少能让人体会到“大众休闲”的意味。

第五，运用高科技手段，提高服务质量和效果。网络的发展、档案数字化程度的提高使远程利用档案进行休闲成为可能。作为更契合休闲社会的服务途径，在线数字化展览和教学将档案馆休闲功能进一步拓深。英国国家档案馆网站设计了虚拟展览，如“新千年档案展览”展示每一世纪的第一天；澳大利亚国家档案馆在线网展常设“Faces of Australia”（澳洲面孔）和“Pic of Week”（每周图片）栏目。数字化档案信息架设在互联网上，丰富着网虫们的休闲生活。访问各国档案网站，会发现益智与教育性质的休闲服务项目已推广至家庭。英国国家档案馆“Research, Education & Online Exhibitions”（研究、教育与在线展览）栏目可提供服务项目“儿童游戏”和“日常文件整理”等。

借助高科技支持的便捷服务，国外档案馆已成为公众休闲场所。如在英国国家档案馆，儿童看虚拟展览，老人看原件，年轻人上网、购书、喝咖啡。档案馆还积极利用面具、鬼脸和声光电等技术手段吸引公众。加拿大国家档案馆还充分考虑特殊人群的需求，为残疾人提供轮椅、盥洗室；为近视者提供放大屏幕、放大镜及放大书和单片缩影胶片的阅读器；为盲人提供盲人键盘；等等。这样一来，即使是特殊人群，也能到档案馆来尽享文化休闲。

第四节 外国档案利用服务

一、档案利用服务的含义

档案利用服务是指档案人员按照利用者的要求以其所藏档案提供的各种服务。档案利用服务是保存档案的根本目的。美国档案学者谢伦伯格指出，把有价值的文件保存下来，就是为了满足官方和学者的需要。法国档案法规定，保管文件，既是为了管理的需要，也是证明公私机构和法人权利的需要，还是为了历史研究的需要。苏联档案学者认为，档案馆工作首先要服从于提供全面利用档案财富的任务。档案馆保存档案的目的，是为思想、科学、国民经济、宣传鼓动、文化教育和教学服务，为满足公民对社会权利和财产权利的要求服务。可见，档案利用服务，是实现档案价值和作用的途径。

档案利用和档案利用服务，是两个有密切联系的客体相同而主体相异的概念。档案利用是以利用者为主体，以档案为客体的利用活动；档案利用服务是以档案人员为主体，以档案为客体的服务活动。

档案利用服务要求档案人员必须树立服务思想。正如英国档案学者詹金逊和美国档案学者谢伦伯格所说，档案人员要尽一切努力为利用者的需要服务，要成为为学者“砍柴挑水”的人。因此，他们应当无保留地贡献出自己关于档案的知识直至牺牲自己的研究兴趣，不能让自己的职业责任服从于自己的研究兴趣。对所有利用者都应当提供平等的、一视同仁的服务。

二、档案利用服务的对象

档案利用服务的对象也可以称作档案用户（archival researcher）。档案用户一般包括以下几个类别。

（一）研究型服务对象

主要包括专家、学者，编史修志机构的工作人员，以及从事有关专题研究的大学生等。他们主要来自社会上的科研部门、教学单位或某一机关。研究型服务对象的利用需求具有全面性和系统性的特点。他们要求档案馆提供完整、系统、齐全的档案资料。档案利用实践表明，这类用户在查询档案时，常常从某个主题出发，要求利用全部与之相关的档案，对查全率要求较高。

（二）事务型服务对象

事务型服务对象分为两类：一类是公共机构型的服务对象，它们对查准率的要求很高，另外要求档案馆能及时提供利用服务。另一类是私立机构型服务对象，主要是一些企业部门，它们对档案的需求主要体现在系统性和具体性方面。

（三）大众型服务对象

这种用户虽然暂时还不是档案馆的主要服务对象，但其数量在逐渐增长。他们的利用需求所涉及的档案内容范围较窄，主要是与维护公民的合法权益相关的那些档案信息；其利用需求具有偶发性，他们并不经常光顾档案馆；他们往往不能准确地表达自己的利用需求，无法有效地实施检索，需要档案人员提供相应的指导与帮助。

三、档案利用服务的形式

（一）借阅服务

借阅服务，主要指档案人员通过阅览室提供的档案利用服务，以被动地接待利用者来馆查用档案为主要特点。借阅服务是一种最普遍和最古老的档案利用服务形式，各国都积累了一套比较成熟的行之有效的借阅规章制度，有着大体相同的借阅范围和借阅规则。

1. 借阅范围

美国规定，凡已作解密处理并交到国家档案馆保存的公共档案，整理编目后，年满14周岁的国内外利用者凭身份证明登记并领到借阅证后，便可进档案馆查用。利用者急需的但尚未作解密处理的档案，只要有原始的检索工具，经特别许可也可借阅。文件中心保存的文件，除文件形成单位外，其他利用者需要专门申请，详细说明理由，经文件形成单位和文件中心所属的档案机关批准，方可借阅。

英国规定，凡是向公众开放的档案，年满16周岁的英国公民和外国人，只要出示护照、驾驶执照或者有本人签名的证件，都可以免费领取公共档案馆的借阅证。

法国规定，凡已开放的公共档案，法国公民和非法国人只要出示证件均享有免费查阅的同等权利。法国利用者出示身份证，外国利用者出示护照。

日本规定，凡年满20周岁，为进行学术研究要求借阅档案者，均可查用已开放的档案。借阅者必须填写阅览许可申请书，经批准后，领取阅览许可证，便可进馆借阅。

俄罗斯规定，凡已对外开放的档案，俄罗斯的和非俄罗斯的利用者均可来档案馆借阅。本国的利用者，如果是单位指派的，必须提交经指派单位领导人签批和加盖公章的正式介绍信；如果是公民个人，则必须呈交书面申请。在介绍信或个人书面申请上，要写明利用者的姓名、职务、职称（职名）、利用目的、研究课题及其时间跨度。大学生要持校长签批的介绍信，说明来馆利用档案的理由。外国的利用者，如果是该国科研机构派送的或者是由俄罗斯联邦某单位接待的，必须持这些单位领导签批并加盖公章的专门信函。函中除写明上述内容外，还要注明已发表的研究著作，来馆查用档案所依据的协议书或合作项目书。此外，所有利用者还必须交验身份证或护照，经审查批准后，发给有效期最长为一年的借阅证。

芬兰、智利、罗马尼亚、刚果（金）、赞比亚等国关于借阅范围的规定，与俄罗斯基本相同。

印度规定，开放的档案，只有真正的研究者——印度历史档案委员会成员、大学教师、攻读学位者以及在本部门从事研究项目的官员才可借阅。

少数国家和地区如意大利、奥地利和瑞士的个别州，对外国人借阅档案采取互惠、对等的原则。

从上述美、英、法、日、俄、印等国关于档案借阅范围的规定中可以看出如下异同点。共同点是，各国允许借阅的都是已开放或已作解密处理的文件，都没有列出可开放的具体文件类型；绝大部分国家所指的利用者都包括本国人和外国人；借阅档案一律要提供证件，一旦准予借阅，即发给有效期一般为一年的借阅证。英、法等国家新近采用了磁卡，代替传统的借阅证。英国可以发给有效期为三年的借阅磁卡。法国国家档案馆接待与利用中心规定，一个月的查阅期，照相办磁卡费为 50 法郎，一年期为 100 法郎。

不同点是，美、英、法等国家只要求出示身份证明，而俄罗斯、芬兰、意大利等国还要求提交专门的介绍信或者采取对等、互惠的外交途径；对利用者的年龄限制，美国规定 14 周岁，英国规定 16 周岁，日本规定 20 周岁，其他国家以公民资格年龄为准。为什么要对研究者设定年龄限制？国外认为这是因为单独使用和研究档案，要求具备一定的抽象思维和推理能力，年龄太小可能难以具备这些能力。

2. 借阅规则

各国的借阅规则基本相同。它对利用者和档案人员都具有约束力。

为保证借阅档案的安全，各国制定的借阅规则针对利用者的诸多要求如下。

第一，每次进入阅览室时要主动出示证件，并进行登记。因地区特点、生活习惯和管理人员能力的不同，各国档案馆开、闭馆时间不尽相同。热带国家一般只在上午开馆，因此要求利用者提前一天提交利用申请单。大多数国家的档案馆每周开馆 4～5 天，从上午 9 时至下午 5 时，中间不休息。少数国家的档案馆每周专有 1～2 天延长开馆时间至晚 10 时或午夜。

第二，禁止将外衣、公文包、卷夹、手提包、食品等带入阅览室。

第三，利用者每次可借阅档案 15 卷或者一盒，所借档案只能在阅览室查阅，而且在同一时间内只能打开一个案卷，不得打乱卷内文件的整理顺序。

第四，不得在文件上批画、涂抹，不得折角、折页、用湿手指翻页，禁止做笔记和转借给他人阅读。

第五，阅览室内禁止吸烟，禁止吃食品和喝饮料。

第六，凡向所有人开放的档案，均可引用和发表，但要注明出处、档案馆名称、全宗（组合）号、目录号、盒寸、卷号、张号。如武官报告，美国国家档案馆藏陆军部总参和特参部文件，第 165 号文件组合，第 2657 - 1 - 28 - 121 号案卷。

第七，利用者有权要求档案馆为其国籍、课题名称、研究要点、受教育程度、课题赞助者、与当局政策的关系等内容保密。对违反者，按隐私权法追究责任。

为保护档案的安全和利用者的利益，借阅规则中同时要求档案人员：

第一，要使阅览室的研究者时刻感到档案人员的存在，要使借阅者了解档案馆和版权及著作权所有者有权对损坏、偷盗以及侵犯版权和著作权的行为追究法律责任，直至起诉。

第二，档案人员对违反借阅规则者，有权暂停或长期停止其借阅。

第三，要保护研究者的工作，不泄露他们正在利用的文件和研究课题，必要时可提醒研究者避免重复劳动。

第四，借出和归还档案时要当面清点。如俄罗斯要求在阅览室闭馆前 20 分钟进行归还清点。

由上可见，阅览室是提供借阅服务的场所。阅览室必须舒适、安静和具有必要的阅读条件。通过阅览室，档案人员还可以与研究者进行沟通，根据利用者的要求和建议改进阅览服务。因此，阅览室工作人员十分重视对利用者的迎送。

（二）信息服务

信息服务是以开发档案信息资源为核心而开展的一项主动性服务，如美国称情报服务、俄罗斯称主动报道、英国称开发性服务等。各国对信息服务的称谓表明，这种服务的特点是主动提供利用馆藏档案的信息，而不是提供利用档案原件或其复制件。服务形式包括口头咨询、书面咨询、电函咨询、主动向潜在利用者报道馆藏档案信息等。英国档案学者迈克尔·库克指出，在英国之所以称信息服务为开发性服务，就在于这种服务是由档案馆主动、直接将馆藏档案信息开发出来，报道给各种利用者。

苏联档案学者认为，主动报道就是由档案馆主动与有关机关、单位、组织等潜在利用者建立联系，按他们的需要提供档案信息。方式是编制和发送情报通讯、咨询目录单、专题目录单、参考目标单。档案馆利用这些资料迅速地、有针对性地为各种利用者服务。

信息服务的性质要求档案人员必须对所提供的信息持客观态度，要求档案人员有高度的责任心和良好的职业道德。

（三）复制服务

随着科学技术的发展，复制技术也日新月异。档案馆的复制工作已从手工抄写进入了电子复印时代。复制服务因此便成了各国档案馆必不可少的一项业务。如果说借阅服务和信息服务的质量关键在人，那么复制服务离开机器便寸步难行。复制服务是指档案人员按利用者的要求，借助复制技术手段向利用者提供档案原件的复制件。复制服务涉及版权、著作权、复制件的法律效力以及经济等许多问题。因此，各国对复制服务都有具体规定。

首先，纳入复制服务范围的档案必须符合两个条件：一是档案原件的实体状况允许复制；二是没有捐赠者、版权和著作权所有者规定的复制限制以及法定的复制限制。

其次，向利用者提供的复制件必须注明出处，即注明复制件原件的保存地点（馆名）、全宗号、案卷号及档案馆的验证戳，使其具有可靠性。

再次，复制要收费，但不能以营利为目的。价格由档案馆尽可能按最低标准确定。对档案形成机关（美国规定因公务目的）免费提供复制件，其他利用者一律收费。对于过量的复制要求，要予以拒绝。

最后，凡要求复制者，必须按要求填写复制申请单，经批准后才能进行复制。复制品——缩微胶卷（平片）的正片和负片、放大的照片、静电复制件、手抄件，按不同品种收费。

（四）展览服务

展览服务，是指档案馆利用档案展览的形式宣传档案和吸引更为广泛的利用者。德国档案学者汉斯·若阿瑟·贝尔称展览服务是档案馆面向公众充当教育角色最常用的一种形式。19 世纪以来，举办各种档案展览已成为档案馆正常工作的一部分。英国档案学者迈克尔·库克指出，展览服务，从一定意义上说也是一种档案教育服务。展览服务既可在馆内进行，也在国与国之间和国际上进行。

一些国家在档案法规、条例中，对档案馆开展档案展览作了明确规定。日本、斯里兰卡、黎巴嫩、阿尔及利亚、英国和苏联等国家在制定的档案法规、条例中明确规定，档案馆可将馆藏有价值的档案、资料，采取在馆内、馆外、出借、与外国档案机关合办等多种形式，举办档案陈列或展览。如《阿尔及利亚国家档案法令》规定，国家档案局、各省档案馆应通过组织学术讨论会、参观、展览和其他相应的方式，促进公众对国家历史档案遗产的了解和历史与文化事业的发展；《英国公共档案馆法》规定，经大法官批准，公共档案馆馆长可以出借档案以供举办纪念性展览或其他特殊活动使用。

展览服务是一种多功能服务。对社会来说，它可以弘扬文化传统，展示一个国家全面的或某一领域的发展轨迹，可以进行国际和国家间双边和多边的文化交流。对档案系统来说，展览服务可以宣传档案，提高社会的档案意识，有利于在更大的范围内开发利用档案信息资源。

展览服务在各国经久不衰，其主要原因是，档案展览具有很强的灵活性、广泛性和可塑性，具有形式灵活多样，主题经常更新，内容丰富新颖，规模可大可小，时间可长可短，场所不拘一格，观众不求划一等诸多特点。近年来，科学技术的进步使国外档案展览借助网络得到了更大的发展，很多国家的档案部门经常举办网上展览，进一步提高了档案利用服务的质量。

（五）网络服务

随着现代通信技术、计算机技术以及网络技术的迅猛发展，现代档案馆普遍开辟出新的服务方式——网络服务。目前，几乎所有国家档案馆都在互联网上有自己的网站，用户可以在任何地方自由检索档案馆提供的各类信息。这些信息一般是档案馆的馆藏情况、工作职能与档案标题查询，当然有些档案网站还提供了部分档案的在线全文浏览。

网络服务的最大优势是查档便利，档案利用者足不出户，只要轻轻点击鼠标，就能跨省市、地区甚至国家查询档案信息。另外网络服务具有较强的时效性，方便利用者查找近期公布的档案。

捷克早在1998年就投入使用了PEVA系统。这是个数据库系统，它存储着15万件档案的信息，还公布了将近15万种检索工具的相关数据。网络数据库几乎涵盖了全国各个档案机构内的档案信息，利用者可以借助数据库检索，查找档案的标题、形成者、形成时间、档案占用的空间以及档案是否被处置等信息。

在美国，网络技术更是普遍地应用于各级各类档案馆。无论是在加利福尼亚州还是在华盛顿，无论是国家档案馆还是高等院校档案馆，都在互联网上建有自己的网站，对本馆馆藏进行全面和细致的介绍，并提供完善的服务。美国国家档案与文件署网站堪称国外档案网站的杰出代表。它的一级类目概括性强，涵盖了档案利用的方方面面，其下还有二级、三级甚至五级类目，并且每级类目中都有与政府网站、图书馆网站、博物馆网站等相关网站链接的内容，其设置合理，内容完备，种类齐全丰富。

（六）社交媒体与档案服务

社交媒体（social media）是一种给予用户极大参与空间的新型在线媒体，用户借助媒体平台可免费参与其中，分享、评论或反馈信息，以增强用户间的交流。最常见的社交媒体形式有博客、微博、论坛、维基百科、博客、社交网络等，如Facebook、Twitter、YouTube等都属于知名社交媒体，其用户群体十分庞大。在社交媒体的热潮下，档案工作受到社交媒体的冲击，其中，档案服务发生了重大变革，首先是拓宽档案服务渠道，扩大档案机构的影响力；其次是丰富档案服务方式，提升档案机构的服务力；最后是扩大档案用户的范围，增强档案用户黏性。

美国是国际上最先利用社交媒体开展档案服务的国家之一，由于奥巴马政府对社交媒体的重视，国家档案与文件署提出基于联合（collaboration）、引领

(leadership)、首创(initiative)、多元(diversity)、团体(community)、开放(openness)六个核心价值观的社交媒体战略。联合是指与公众共同推动社交媒体在档案界的运用;引领指在应用社交媒体方面走在政府机构与文化机构前列;首创要求档案部门负责人必须有激情、创新能力和责任感来推动社交媒体的应用;多元追求国家档案与文件署成为尊重多样性和各种意见的工作场所的目标;团体指关注政府档案工作团体、公民档案工作者及档案馆员工;开放指把国家档案与文件署建设成一个开放、具有权威性的机构。2011 年 10 月 20 日,NARA 出台了《Web2.0 背景下社交媒体平台文件管理指南》,对社交媒体平台产生的文件管理提供指导,推动着美国档案界应用社交媒体处于世界领先地位。

2011 年,美国国家档案馆在网站上专门开辟"公民档案工作者"板块,任何一个普通公民都可为网站上的档案图片和资料添加标签(用于索引、搜索)、注释说明,甚至可针对任一历史事件上传相关图像资料或撰写文章。由于使用开源代码与社交媒体平台对接,人们可自由行使公民档案工作者的权利。从档案网站到社交媒体网站的这一跳转,使得其关注人群瞬间暴增,档案文化的传播速度与影响力得到极大提升,正如网站标语所描述的:"让所有人与国家档案馆共同分享档案的知识与智慧。"

NARA 通过 Twitter、YouTube、Facebook 和 Flickr 等社交媒体开展了多种创新性档案服务,使用社交媒体的数量已超过 20 种,还开通了博客、"维基人"等多种官方社交媒体,促进档案信息的传播与利用。另外,NARA 还充分挖掘公民的力量,开辟"公民档案保管员模块",与各部门协同合作。如与网上银行合作,实现档案信息与服务的在线购买;与用户地理位置信息手机服务网站"Foursquare"等社会网络运营商签订协议,在该社会网络中建立美国档案网相关栏目的站点。

除美国外,英国、加拿大、澳大利亚、韩国等国家在利用社交媒体进行档案服务方面也有较好的代表性。英国国家档案馆于 2014 年开始进行社交媒体档案归档,该馆选择性地保存英国各中央政府部门发布的 Twitter 消息和 YouTube 视频,包括很多重大事件,如乔治王子出生、女王登基钻石庆典、2012 年伦敦奥运会和 2013 年温布尔登网球公开赛等的相关档案。这些社交媒体档案会同文件资料一起归档。据统计,目前英国"在线社交媒体档案库"已保存了 7 000 多份 YouTube 视频和超过 65 000 万份政府部门发布的 Twitter 消息。这些归档的社交媒体信息被视为公共档案永久保存,除内容信息外,社交媒体档案相关的背景信息,如发布者和发布时间等均一并保存。

加拿大档案馆一直致力于将馆藏资源数字化并发明数字工具提高馆藏的利用率。这些数字资源提高了档案馆藏的可利用性并增加了加拿大公众研究学习档案馆藏的途径。社交媒体,例如 Facebook、Twitter、Flickr、YouTube、Blog 等,都为数字化发展增添了新的应用。这些应用不仅帮助用户获取数字资源,也使用户参与到资源评论、分享以及创建信息中。

澳大利亚国家图书馆应用社交媒体推广图书馆服务也取得了卓越成效,同时还鼓励员工积极利用社交媒体，确立了官方使用、专业使用、私人使用社交媒体的行为规范，同时明确指出使用不当和违反政策的行为，提醒员工使用社交媒体存在的风险，并指导员工使用社交媒体之后如何保持记录。

韩国国家档案馆拥有韩国最丰富的历史档案馆藏以及各个政府机关的档案的完整记录，同时也拥有韩国最大的数字档案馆藏，自社交网络发展之初，韩国国家档案馆就注意利用社交媒体开展自身的档案信息服务，在充分比较各个社交网络媒体工具的基础上，自 2011 年 8 月开始，韩国国家档案馆利用 Facebook 和移动智能手机 APP 开展档案信息服务，主要是通过社交网络发布档案馆相关信息，其内容包括通告、出版发布、档案服务和档案研究的新闻。但最具特色的是一种叫“e-record”的信息推送服务，这项信息服务又被称为“今天的记录”，即在档案馆的 Facebook 上每天选择一张照片和影像文件进行发布。

四、档案利用服务的收费

服务费，一般由复制费、咨询费和借阅费组成。不过，大多数国家现在仍然只收取复制费和咨询费，少数国家收取少量借阅费。收取服务费以非营利目的为原则，具体项目包括复制费、咨询费、借阅费、手续费、邮费、运费以及证明文件真实性和可靠性的验证费等。

（一）复制费及其收取原则

复制档案要收取复制费，早在 1794 年的法国《穑月七日档案法》中就已有明文规定。

除必需的邮费、运费、验证费单独计算外，俄罗斯缩微复制品的计价公式是：日（8 小时）查档案费（60 美元）＋日缩微复制准备和操作费（60 美元）＋画面成本费（0.20 美元）＝缩微复制品的价格。

美国复制品的计价公式是：直接劳动力＋设备费＋材料费＋公用事业费＋一般管理费＝总价值÷复印数＝单位价格。直接劳动力，指档案馆复制人员在复制中所付出的劳动。设备费是购置费、维修费、更新费和辅助设备费的总和。材料费，指复制所使用的一切材料。公用事业费，包括休假和病假工资及社会保险等。一般管理费，包括直接监督费、办公费和行政管理费。

（二）咨询费及其收取原则

一般只收取函电咨询费与专题资料查询和编辑费，来馆咨询免费。

收费计价公式大多是：日查案卷基（按卷计价）＋二次性文件加工费（按条目计价）＋材料费＋工本费＋验证费＋邮费、运费（需要的话）＝总咨询费。

（三）借阅费

借阅费是指对利用者在阅览室查用档案收费。大多数国家的档案法中虽然规定利用档案是公民的权利，公民有权免费借阅档案，但是随着档案利用服务的开展，少数国家已从实践上把免费借阅变成了收费借阅。理由是：公民利用档案的权利，就如同邮寄邮件，使用公共运输工具等权利一样，并不意味着应当免费。他们建议首先应对出于好奇心来馆查阅档案者收取借阅费。这样做可以给档案利用服务带来双重利益：既可以在一定程度上缓解严重的资金短缺问题，又可以减少“无效的研究者”，有利于节约服务时间，提高服务质量。

有些国家认为，从公众的长远利益考虑，这项建议是合理、可行的，但对“好奇”不易判断。因此提出规定一个时间限制，比如 5～10 分钟不收费，超过这个时间，按占用档案人员工作时间的多少计价收费。这样做，更能体现对所有利用者一视同仁、平等借阅的原则。

据现有资料可知，美国是这样做的：在国家档案馆借阅不收费。在一些图书馆手稿部和由私人提供资金的历史协会（如马里兰州历史协会）档案馆借阅要收费。手稿部对家谱研究者按天收费，对资源研究者按小时收费。历史协会档案馆对会员和非会员区分收费，非会员每天收 2 美元，会员可从每年缴纳的 12 美元会费中享受优惠。另外，为学生规定了优惠价格。

不过从总体来看，大多数国家还是主张公共档案馆不收取借阅费。

【思考题】

1. 简述档案利用的含义和意义。
2. 简述奴隶社会外国档案利用的特点。
3. 简述封建社会外国档案利用的特点。
4. 简述档案开放原则的提出及意义。
5. 简述档案限制利用的含义和必要性。
6. 简述外国档案限制利用的类型。
7. 简述档案休闲利用观。
8. 简述档案利用服务的含义和对象。
9. 综述现当代外国档案利用的总体特点。
10. 综述封闭期制度。
11. 综述外国档案利用的类型及各自特点。
12. 综述外国档案利用服务的形式。
13. 综述外国运用社交媒体创新档案服务的做法和特点。

第四篇

管理机制篇

任何管理活动都具有一定的机制，包括管理体制、管理机构、管理制度和管理人员等方面的内容，档案管理也不例外。在这个管理系统中，体制、机构、法规制度和人员既是管理机制的体现，又是管理活动的保障条件。

档案事业管理是指对国家或地区档案事业实行有组织有计划的领导或监督、指导，并协调其内部关系的工作。近代法国档案工作改革揭开了档案工作上升为国家一项独立事业的序幕，现代苏俄档案工作改革则是现当代外国档案事业格局定型的起点。不同模式的档案事业对应实行不同类型的档案事业管理体制，不同类型的档案事业管理体制具有不同特点。档案事业管理需要借助特定的机关和一定的手段来完成。

档案管理机构包括文件管理机构和档案管理机构。文件管理机构是实现进馆前文件有序管理的组织保证。外国文件管理机构有两种形式：一种是起源于中世纪欧洲的机关登记室；另一种是起源于 20 世纪 40 年代美国的文件中心。当今世界各国文件管理机构以后一种形式居多，尽管称谓不统一，职能也有差别，但文件中心在国外得到了普遍建立，表现出诸多的优越性。档案机构有着悠久的历史，源头可上溯至奴隶社会时期。档案馆是档案管理机构的主体，当前外国档案馆发展得相当成熟和完善，类型十分丰富。

档案法规是档案法律法规的总称。近代法国《穑月七日档案法》的颁布揭开了外国档案立法建设的序幕。当前世界各国大多走上了依法治档的轨道，档案法规基本形成了体系。各国档案立法有着特定的原则，法规内容也具有很多的共同点。

档案教育是向已经或即将从事文件管理和档案管理的人员传授基础知识、专业知识和技能的专业培训。它担负着培养和造就专业人才的重任，其质量和水平是衡量档案事业发展状况的一个重要尺度。当前世界各国普遍重视档案教育。档案人员是从事档案工作的人员的统称，经历了专业化的发展过程。当前，世界各国十分重视档案人员职业道德准则或规范的建设。

本篇包括五章：外国档案事业管理、外国文件管理机构、外国档案管理机构、外国档案法规、外国档案教育和人员。

第十章

外国档案事业管理

【本章要点】

- 解释外国档案事业管理的含义。
- 总结外国档案事业管理从古至今的发展历程及各主要阶段的特点。
- 评述外国档案事业管理的模式。
- 明确外国档案事业管理体制的含义、类型及特点。
- 说明外国档案行政管理机关的含义、特点和职责。
- 分析外国档案行政管理机关的类型及各自特点。
- 明确外国档案事业管理的手段。

【关键词】

档案事业
档案事业管理
法国档案工作改革
苏俄档案工作改革
档案事业管理体制
档案行政管理机关
档案事业管理手段

第一节 外国档案事业管理的发展历程

一、档案事业管理的含义

档案事业管理是指对国家或地区档案事业实行有组织、有计划的领导或监督、指导，并协调其内部关系和外部关系的工作。它是整个国家管理系统的重要组成部分，也是档案事业系统中的主要环节。档案事业管理的基本任务是从宏观上对档案事业进行统筹规划、组织协调、监督和指导，使之与社会各部门密切联系与合作，使它的各个组成部分协调发展，为社会政治、经济、军事、科学和文化建设服务，在国家建设事业中发挥整体功能。

二、档案事业管理的发展历程

档案事业及其管理并非自古有之，而是近代以来才产生的。近代法国档案工作改革和现代苏俄档案工作改革是世界档案史上的两件大事，它们分别成为近代档案事业形成和现代档案事业格局定型的开端。

（一）近代档案事业的形成：法国档案工作改革

法国档案工作改革是法国大革命期间资产阶级政权对档案工作实行的根本性变革，是法国大革命的组成部分。1789 年 7 月 14 日，法国资产阶级在工人和农民的支持下攻陷了位于首都巴黎的巴士底监狱，从而拉开了法国资产阶级革命的序幕。这场革命彻底推翻了法国持续 1 000 多年的封建统治制度，建立了资产阶级中央集权制国家。列宁曾经高度评价了法国资产阶级革命，他说，拿法国大革命来说吧，它被称为大革命不是没有道理的。这次革命给本阶级，给它所服务的那个阶级，给资产阶级做了很多事情，以至于整个 19 世纪，即给予全人类以文明和文化的世纪，都是在法国革命的标志下度过的。19 世纪在世界各个角落里只要是做了一件事情，就是实行了、分别地实现了、做到了伟大的法国资产阶级革命家们所创始的事情。可见，法国大革命是整个近代资产阶级革命的先驱，它对封建制度进行彻底摧毁的一个重要表现就是实行了并且彻底地实现了资产阶级档案工作改革，使法国档案工作的面貌发生了根本变化，同时也成为其他欧洲国家档案工作改革效仿的榜样。

1. 改革的专业背景

法国大革命前夕，法国档案管理的总体特征是相当分散和落后。这种分散和落后主要表现在两个方面。

一方面，档案机构数量和类型多而复杂，分布相当分散，相互之间没有联系。根据法国 1770 年的统计材料，全国大约有 10 000 个形形色色的档案馆。这些档案馆中既有国王的宫廷档案馆、封建庄园档案馆、各种社团档案馆、教会档案馆、城市档案馆，也有中央机关档案馆、地方档案馆，还有军事档案馆、大学档案馆、私人档案馆等，仅巴黎就有 400 多个。这些档案馆之间既无纵向的隶属关系，也无横向的业务联系，各个档案馆各自为政，互不相干。

另一方面，由于受前一个因素的制约，档案保存十分分散，档案管理更没有统一的规章制度。尽管封建社会中期以来法国封建政权为了保护王权档案，出现了档案集中保管的趋势，建立了国王档案馆——宪典宝库，但到封建社会后期，由于机关档案馆的纷纷建立，现行文件大多分散保存在各个机关档案馆内。这样一来，宪典宝库的地位大大下降，处于一种微不足道、几乎无馆藏来源的境地。由于长期没有新的档案入库，宪典宝库逐渐沦为保护历史文件的库房。档案保存的分散导致了各保管机构都采用自己认为合适的管理制度和方法，因此无法建立起全国统一的档案管理规章制度和档案法规。

档案机构的分散、档案保存的分散、档案管理的分散等这些封建时代的产物，显然无法适应法国大革命以彻底摧毁封建制度及其上层建筑为目的的总体要求。因此，在资产阶级革命爆发仅仅半个月后，法国就迫不及待地展开了档案工作改革。

2. 改革的主要措施

法国档案工作改革的第一项措施就是在 1789 年 7 月 29 日颁布的《国民议会组织条例》中规定建立国民议会档案馆。该条例的最后一章专就档案工作作了三项规定：一是成立国民议会档案馆，负责保存国民议会的文件；二是国民议会档案馆馆长从议员中选举产生；三是国民议会档案馆配置 3 把钥匙，分别由国民议会议长、秘书、档案馆馆长掌管。8 月 4 日，议员阿曼·卡缪（A. G. Camus）当选为国民议会档案馆馆长。这项措施的实施表明，法国资产阶级当时首先关心的是保护好新生政权的档案文件。

第二项措施是在 1790 年 9 月 12 日颁布《国家档案馆条例》，建立中央级国家档案馆。该条例的主要内容包括：第一，将国民议会档案馆改名为国家档案馆，除保存国民议会的档案文件外，还集中保管与法国国家机关、行政区划、国家法律和公共规章有关的文件，以及各地方的相关的公共文件；第二，国家档案馆实行对外开放原则，每周对外开放 3 天，法国公民可以到档案馆免费查用档案文件；第三，国家档案馆馆长任期 6 年，连选可以连任，另选两名专员，必要时代行馆长职务。该条例的颁布标志着国家档案馆开始真正成为综合性的、为公众服务的档案馆，与封建时期封闭的档案馆有了根本性的区别。

第三项措施是在 1790 年 11 月 5 日颁布了《关于成立行政区档案馆的法令》，建立地方档案馆。该法令规定各行政区设立档案馆，规定行政区政府机关的档案都必须移交行政区档案馆保存。1796 年废行政区改设省之后，行政区档案馆更名为省档案馆。地方档案馆的建立，意味着法国从中央到地方已有了两级国家档案馆，但尚未形成法定的网络体系。

第四项措施，也是最重要的一项措施，就是在法兰西共和历二年颁布《穑月七日档案法》，巩固改革成果，完善档案馆的建制，建立适合法国中央集权制国家体制的档案事业管理体制。共和历是国民议会颁行的一种新历法，目的是割断历法与宗教的联系。1792 年 9 月 22 日法兰西共和国成立，该年被确定为共和元年，每一个月份的名称不用阿拉伯数字表示，而采用了与季节特点相吻合的称谓，以雨、风、芽、花、牧、穑、热、果、葡、雾、霜、雪来代指 12 个月。按公历，法兰西共和国档案法的颁布日期是 1794 年 6 月 25 日，正好是法兰西共和历二年穑月七日，故被称为《穑月七日档案法》。该法令是法国档案工作的第一部根本大法，规定了国家档案馆的机构设置和基本职责、档案的清理办法等内容，重申了开放原则。该法令也是世界上第一部专门的档案法。

3. 改革的成果和贡献

法国档案工作改革历时五年，取得了重大成果，作出了巨大的首创性贡献。

第一是在 1790 年创建并完成了中央和地方（行政区）档案馆的组建工作。如前所述，中央级国家档案馆是在 1789 年建立的国民议会档案馆的基础上建立的。建立国家档案馆的法律依据是 1790 年 9 月 12 日由法国国民议会颁布的《国家档案馆条例》，建立行政区档案馆的法律依据是 1790 年 11 月 5 日颁布的《关于成立行政档案馆的法令》(1796 年撤销行政区改设省，行政区档案馆随之改称为省档案馆并沿用至今)。《国家档案馆条例》规定国家档案馆从成立之日起实行档案开放原则，法国公民享有到国家档案馆免费查用档案的权利。这就意味着，从 1790 年起，世界上有了第一个不同于以往的全新的综合性开放性档案馆。

第二是首创并实施了从未有过的档案向公众开放的原则。1790 年到 1794 年，法国国家档案馆实行了档案开放原则。《穑月七日档案法》的颁布和实施，使档案开放原则成为法国所有公共档案馆都必须遵守的原则。法国公民可以进馆免费查用档案，从而以法的形式平息了 1790 年因实施档案开放原则在法国国民议会议员中引起的争论。事情的经过是，1790 年国民议会在审议《国家档案馆条例》时，对国家档案馆实行开放原则的条文产生了两种截然不同的意见。一种意见认为自古以来存在过众多形形色色的档案馆，可没有哪个档案馆对外开放、接待过普通民众，因此反对在条例中作出这样的规定。另一种意见则完全相反，认为既然大革命的《人权宣言》规定法国公民人人享有民主、平等的权利，档案是公共财产，法国公民就应当享有查用档案的权利。经过争论达成共识：国家档案馆实行开放原则，但每周只能开放 3 天。1794 年《穑月七日档案法》的出台，不仅完全肯定了档案开放原则，而且明确规定所有公共档案馆都必须遵行。这就从根本上改变了几千年来档案馆只为统治者、所有者等少数人服务的封闭性、垄断性机构的性质。

第三是首创了一套全新的档案事业管理体制，其中包括档案馆网络体系和档案事业集中管理原则。这是法国 1794 年《穑月七日档案法》对世界档案事业和档案学建设所作的又一重大贡献。1790 年建立的国家档案馆和行政区档案馆彼此并不存在法定的上下隶属关系，因而构不成网络体系。《穑月七日档案法》不仅规定了这两级档案馆的职责和任务，而且还赋予中央级国家档案馆以业务指导权，由该馆负责领导和监督行政区档案馆的工作。这样国家档案馆就不单是档案收藏的机构，而且还具有法定的档案行政管理机关的职能，使符合法国中央集权制国家体制的档案事业集中管理原则得以确立并得到体现，形成了有上下隶属关系的两级建制档案馆网络体系。国家档案馆所担负的业务指导权，直到 1884 年法国国家档案局建立之后才终止。

第四是开创了依法集中和清理旧政权档案的先例。《穑月七日档案法》对集中和清理旧政权档案作了具体的规定，所占篇幅之大，前所未有。看来，抢救和反抢救档案也是法国大革命中的重大战役之一，因此不得不在档案法中用相当大的篇幅对集中和清理旧政权档案作出详细规定。

4. 改革的意义和影响

法国档案工作改革是世界档案史上的一场具有划时代意义的影响深远的改革。

第一，它揭开了世界档案史近代时期的序幕。众所周知，世界通史的近代时期发端于英国1640年的资产阶级革命，而世界档案史的近代时期为什么由法国档案工作改革开创？回答这个问题，要从英国和法国反对封建制度的彻底性来分析。英国资产阶级革命是通过与封建势力妥协以建立君主立宪制国家的方式取得政权的。因此，国王仍然是国家的最高“统帅”，对上层建筑只作了些调整、变革。这样，英国就没有在革命的同时对档案工作实行改革。而法国则不同，正像本章开头列宁的评价所说的那样，法国资产阶级革命是彻底摧毁封建制度的一场大革命，在彻底推翻封建制度的同时，也彻底改革了包括档案机构在内的一切上层建筑，以至于整个19世纪都是在法国大革命的标志下度过的。法国档案工作改革所取得的重大成果和作出的巨大贡献也充分证明了法国的这场档案改革使世界档案史进入了一个从未有过的新时期。世界档案史的近代时期始于法国档案工作改革，这已被世界各国档案界所认同。

第二，开创了依法治档、依法建档的历史，同时也为世界各国特别是资本主义国家的档案立法提供了榜样。法国的做法是，先制定具体法规文件，解决档案馆建设问题，最后以颁布档案法——《穑月七日档案法》的形式来巩固和发展改革成果。

第三，作为资产阶级档案工作改革的先锋，法国档案工作改革带动了欧洲其他国家陆续开展了资产阶级档案工作改革，导致欧洲国家的档案工作也步入了新的时期，使档案工作变成了国家的一项事业，形成了符合各国国情的档案事业管理体制。

5. 改革带动档案事业的形成

法国档案工作改革不仅促使法国档案事业得以形成，还带动欧洲其他国家陆续展开档案工作改革，逐步在世界范围内确立了档案事业的形成。英国、荷兰等六个国家分别通过开展档案工作改革，形成了本国的档案事业。

英国在1640年资产阶级革命后确立了君主立宪制的资本主义制度。受这种制度的制约，未能进行资产阶级性质的档案工作改革。直到1789年，法国档案工作改革波及英国，并经议会近半个世纪的反复建议，英国才于1836年成立了档案委员会，负责研究档案工作改革和提出建立总档案馆的方案。两年后的1838年8月14日，英国议会通过了《公共档案法》，成立了英国公共档案馆，由管卷大臣掌管。这是英国第一部档案法。19世纪中期，英国对外扩张，占有了本土面积150倍的殖民地，因此于1858年将东印度公司改为印度事务部，该公司的档案馆也随之改称为印度事务部图书档案馆，专门管理殖民地档案史料。简而言之，英国在法国档案工作改革的影响下只做了两件事：一是颁布了第一部档案法；二是成立了两个档案馆，其中一个是中央级综合性公共档案馆，一个是部署专门档案馆。至于地方档案馆的建设，则是20世纪20年代以后的事了。

荷兰从1795年到1814年获得独立之前，一直由法国占领。1814年独立后立即颁布法律，对包括档案工作在内的各个领域实行改革。按法律规定，于1819年在海牙行政区档案馆的基础上，成立了王国总档案馆，并设立了11个省档案馆。1875年颁布法律，将王国总档案馆与11个省档案馆组建成国家档案馆网络体系，统一由内务部领导。

比利时与荷兰一样，1795年到1814年被法国占领，1815年到1830年又被并入荷兰。1830年11月比利时获得独立，随即将法国占领时期成立的国家档案馆更名为王国总档案馆，并把原来设立的行政区档案馆改名为省档案馆，进而将王国总档案馆与9个省档案馆组建成国家档案馆网络体系，也隶属于内务部。

意大利于1870年最终实现统一，为实施资本主义制度颁布了一系列改革法规文件，其中有关于教会与国家分离的法令等。为了推行档案工作改革，意大利于1870年成立了档案工作改革方案起草委员会，并于1874年和1875年颁布了设立中央档案局、国家档案馆和地方档案馆的法令。根据这两项档案工作法令，意大利于1874年在内务部设立了中央档案局，这是世界上最早的档案事业行政管理机关。后又于1875年成立了国家档案馆和地方档案馆，组建成了档案馆网络体系。可见，意大利的档案工作改革并没有完全照搬法国的模式。其改革与法国有相同之处，也有自己的特点。其一，意大利首创了世界上第一个档案事业行政管理机关——中央档案局，首创了以中央档案局为核心的集中式档案事业管理体制。其二，意大利根据本国统一前各诸侯国分治的历史背景，没有把历史档案全部集中到中央一级国家档案馆，而是照顾历史原因把全国划分为十个档案区，设立与之相适应的一级、二级甚至三级档案馆。一级档案馆受中央档案局领导，二级和三级为一级档案馆的组成部分，受一级档案馆领导。这些都说明，意大利在实行档案工作改革时，既注意吸收法国的经验，又充分考虑本国的历史特点，在全国建立了具有自己特点的国家档案馆网络体系以及专门的档案事业管理机关——中央档案局。

瑞典政府于1877年批准了瑞典国家档案馆条例。根据条例规定，国家档案馆摆脱了从属于国王办公厅的地位，成为一个独立机构，属国民教育和宗教部领导。从1899年起，瑞典先后建立了地方档案馆，形成了国家档案馆网络体系，地方档案馆受中央级国家档案馆领导。

丹麦档案工作改革主要是根据1889年的法律进行的。该项法律规定，将国家总档案馆与王国档案馆合并为国家档案馆，并设立地方档案馆，组成国家档案馆网络体系。国家档案馆归宗教和教育部领导，地方档案馆归国家档案馆管辖。

以上六个国家的档案工作改革说明，法国档案工作改革的影响深远，意义重大。各国几乎都是从颁布档案法规文件入手进行档案工作改革的，其改革成果主要是组建了中央和地方国家档案馆，有的国家还建成了有上下隶属关系的档案馆网络体系。意大利还首创了档案事业行政管理机关——中央档案局。这些成果都为档案事业的形成奠定了基础。

（二）现代档案事业格局的定型：苏俄档案工作改革

1917 年新生的俄罗斯苏维埃联邦社会主义共和国（以下简称苏俄）于 1918 年实行的档案工作改革，是十月社会主义革命的组成部分，也是现当代档案事业格局定型的起点，资本主义档案事业和社会主义档案事业并立的格局从此形成。苏俄档案工作改革彻底改变了沙俄时代留下的档案工作面貌，成立了全新的社会主义档案系统。第二次世界大战后，苏俄档案工作改革成了新兴社会主义国家实行档案工作改革的榜样，同时对世界其他国家也产生了重大影响。

1. 改革的背景

俄国在 1861 年自上而下地废除了农奴制度，进入资本主义时期。为了巩固资本主义制度，对司法和行政体制也进行了改革。改革不仅没有触及档案工作领域，而且进一步肯定了农奴制时代的档案机制：档案归机关所有，由机关设立档案馆保存。其结果是又增加了许多主管机关档案馆和地方性历史档案馆。如以国家旧卷总档案馆为基础建立的外交部莫斯科档案馆、世袭领地部档案馆、元老院档案馆、东正教最高会议档案馆、司法部莫斯科档案馆、外交部彼得堡总档案馆、地界勘察档案馆、宫廷部莫斯科档案馆、军事部莫斯科档案馆、基辅古代档案馆、维帖布斯克古代档案馆、哈尔科夫历史档案馆以及军事科学档案馆等。所有这些档案馆，包括农奴制时期形成的各类档案馆，既无组织上的相互联系，又无法规制度上的保证。

沙俄时代的档案人员，由于受法国档案工作改革成果的启发，曾多次提出档案改革方案，均未获批准。例如，司法部莫斯科档案馆馆长卡拉乔夫曾于 1869 年和 1871 年两次提出改革方案，均遭到沙皇政府的拒绝。后来他的继任馆长萨姆克瓦索夫怀着改革抱负到西欧各国进行考察，并于 1899 年再次提出改革俄国档案工作的方案，结果又遭拒绝。这样，十月革命前的沙俄档案工作仍停留在中世纪的水平。这种状况显然不能适应十月革命后苏维埃政权治理国家的需要。在新生的革命政权成立半年的时间里，由于政治形势还极不稳定，斗争十分复杂，曾连续发生档案馆档案被盗、被私藏甚至被烧毁的事件。情况紧急，为保护档案，必须立即对档案工作实行彻底改革。

2. 改革的主要措施

十月革命刚刚取得胜利，苏维埃政府便在列宁的领导下采取了三大措施保护档案免遭破坏，并着手进行改革。

第一项措施是向全国各机关、各部门和各地区发出通电，要求保护好旧政权的档案。同时向彼得堡和莫斯科这两个重要城市的机关档案馆派驻了档案代表，制止破坏档案的行为，从档案馆清除敌视苏维埃政权的分子。这项措施的贯彻执行有力地控制了破坏档案事件的发生。

第二项措施是制定档案法，依法对档案工作进行改革。在 1918 年 4 月 2 日成立了中央档案管理委员会，负责起草档案工作改革法令，研究改革原则、途径和组织形式。经过两个月的紧张工作，提出了《俄罗斯苏维埃联邦社会主义共和国关于改革与集中统一管理档案工作的法令》，于同年 6 月 1 日经列宁签署，发表在当日的《消息报》上，并宣布立即生效执行。该法令因由列宁亲自主持制定并签发，被称为《列宁档案法令》。这是第一部社会主义档案大法。

第三项措施是制定具体档案法规文件，进一步贯彻执行《列宁档案法令》。1919 年 3 月至 7 月，尽管战争仍在继续，条件极为艰苦，列宁仍亲自主持制定并签发了四项档案法规文件。具体包括：《关于接管旧军队档案的规定》《省档案全宗条例》《关于档案保管和销毁制度的法令》《关于废除图书馆和博物馆所藏已故俄国作家、作曲家、艺术家和学者的档案私人占有权的法令》。这些法规文件推动了改革的深化。

3. 改革的重要成果

与十月革命的性质相适应，苏俄档案工作改革是一场社会主义性质的档案工作改革。因此，改革的重要成果就是首创了一种全新的社会主义档案事业。具体表现在四个方面。

第一，确立了档案的国家所有权。苏俄档案工作改革废除了档案的机关所有权和私人所有权，通过提出“国家档案全宗”概念，将苏俄境内的档案统一规定为国家所有，从而使档案成为国家的财富。

第二，确立了社会主义的集中式档案事业管理体制和档案事业集中统一管理原则。改革中建立了档案行政管理机关——中央档案管理总局，并以它为指挥中心，对全国档案事业实行集中统一管理。

第三，实行档案开放原则，并规定将档案机构建设成为为人民服务、为科学研究和实际工作服务的科学文化机构。

第四，颁布了第一部社会主义的档案大法——《列宁档案法令》，该法令不仅成为改革的纲领性文件，而且成为后来苏联档案事业建设的法律依据。

正是由于苏俄档案工作改革开创了社会主义档案事业的新格局，因此它成为世界档案史上现当代时期的开端，也是资本主义与社会主义档案事业并存格局形成的起点。

（三）当代档案事业管理模式的确立

当代国外档案事业管理已形成了特定的模式。如果从基本性质的角度区分，可以分为资本主义与社会主义档案事业两种。这两大性质的档案事业管理的首创者分别是近代法国和现代苏俄，它们成为资本主义与社会主义国家建设档案事业的榜样和示范。如果从管理方式的角度区分，现当代档案事业管理可以分为“中心模式”和“主体模式”两种。

1. “中心模式”

这是指国家以档案行政管理机关为指挥中心，负责对整个档案事业进行管理和控制。这种模式的代表有法国、俄罗斯和美国等国家。

法国自近代档案工作改革以来陆续建立了国家档案馆、地方档案馆、档案教育机构、档案工作行政管理机关、档案科研和学术机构等，组成了较完整的国家档案事业系统。以 1884 年为分界线，之前法国由国家档案馆兼而行使档案行政管理的职能；1884 年档案局的成立标志着法国有了专门的档案行政管理机关，档案局从此成为全国档案事业系统的领导中心。

俄罗斯基本延续了苏联的档案事业管理模式。十月革命胜利后建立的俄罗斯苏维埃联邦社会主义共和国，在档案工作改革中就成立了档案行政管理机关——中央档案管理总局。1922 年加入苏维埃社会主义共和国联盟后，由于苏联档案管理总局迟至 1929 年才成立，因此俄罗斯中央档案管理总局一直行使着全苏档案事业系统最高行政管理机关的职责。1991 年苏联解体后，俄罗斯接管了苏联绝大多数的档案馆、档案行政管理机关、档案教育机构、档案科研机构等，并进行了改组或易名。1992 年更名的国家档案局就成为俄罗斯最高档案行政管理机关。

美国由于联邦制的原因，国家档案事业从一开始就是按照联邦政府和各州分权独立的原则来建设的。联邦政府的档案事业系统十分完备，由国家档案行政管理机关、国家档案馆及其地方分馆、联邦文件中心、总统图书馆等组成。在这个系统中，1949 年成立的国家档案与文件局是联邦政府档案事业的行政领导中心。1985 年该局升格为国家档案与文件署。

尽管上述三个国家都是“中心模式”的代表，但它们还是存在一定区别。法国是单一型的“中心模式”，即全国只设立了唯一的行政管理机关——档案局，负责全面领导中央和地方档案事务。俄罗斯是层次型的“中心模式”，即国家设立三级建制的档案行政管理机关——共和国国家档案局，自治共和国档案局，边疆区、州、市、自治州档案局，分级掌管档案事业建设。美国与法国虽然同属单一型的“中心模式”，但美国国家档案与文件署只能在中央范围内行使档案行政管理职权，无法像法国档案局那样统辖地方档案事务。

2. “主体模式”

这是指国家没有设立档案事业领导中心，国家档案事业系统的组成以档案馆为主体，各类档案机构各自为政；国家档案事业大多通过档案法规来约束或档案学术机构来协调。这种模式的典型主要有英国、日本和澳大利亚等国家。

与世界近代史开创国家的身份相比，英国档案事业建设的起步较晚。英国到 1838 年才建立了中央级国家档案馆——公共档案馆，到 20 世纪 20 年代末才开始建设地方档案馆。但直到现在，英国始终没有建立档案行政管理机关。由公共档案馆，各区、郡档案馆，以及其他档案机构组成的国家档案系统主要是通过《公共档案法》来约束和协调的。

日本档案事业建设起步于 20 世纪 50 年代初，主要围绕档案馆的设立来进行。1951 年成立了国立史料馆，隶属于文部省，负责保管近代档案史料。1959 年成立了第一个县档案馆——山口县档案馆，从此开始了地方档案馆建设的进程。直到 1971 年日本成立了国家级档案馆——国立公文书馆，从而使国家档案事业系统逐步形成。目前，日本的档案馆体系除了国家级的国立公文书馆、国立史料馆以外，还包括都、道、府、县分别设立的档案馆。它们构成了日本档案事业的主体。因为缺乏档案行政管理机关，日本的档案事业也是通过 1987 年首次颁布的《档案馆法》来约束和规范的。

澳大利亚在 20 世纪 60 年代之前尚未建立独立的档案机构，联邦政府和各州的档案均保存在图书馆内。1954 年美国著名档案学者谢伦伯格的成功讲学，促使澳大利亚的档案工作与图书工作开始分离。1961 年以来，澳大利亚相继建立了联邦档案馆及五个分馆，六个州也分别建立了档案馆。它们构成了澳大利亚档案事业系统的主体。与英国和日本一样，澳大利亚也没有设立档案行政管理机关。

档案事业管理的两种模式与国家的社会制度有着一定联系，通常来说，社会主义国家更多地实行“中心模式”，而资本主义国家以“主体模式”居多。然而，档案事业管理模式更多地取决于国家管理体制，中央集权制的国家大多采用“中心模式”，而联邦制的国家多以“主体模式”为主。

第二节 外国档案事业管理体制

一、档案事业管理体制的含义

档案事业管理体制指的是一个国家整个档案事业的管理方式和组织制度，包括各类档案机构的设置、隶属关系、权限划分等内容。现当代档案事业管理体制已经定型为集中式与分散式两大类型。这两大类型与一个国家档案事业的模式有着一定联系，中心模式的国家大多建立的是集中式档案事业管理体制；主体模式的国家大多建立的是分散式档案事业管理体制。这是因为档案行政管理机关的设立往往是集中式档案事业管理体制的标志。

二、档案事业管理体制的类型及特点

（一）集中式档案事业管理体制

集中式档案事业管理体制指的是全国的档案事业统一接受档案行政管理机关的领导或监督，地方档案机构接受中央档案机构的领导。承担这种行政管理职能的机构或者是专门的档案行政管理机关，或者是中央级档案馆。作为全国档案事业指挥中心的档案行政管理机关，依照法定权力对国家档案事业系统进行管理、指导和监督，从而使整个管理结构实现组织化和有序化。从国外范围看，集中式档案事业管理体制又具体以俄罗斯型、法国型、北欧型三种为代表。

所谓俄罗斯型，就是全国从中央到地方分级设立档案行政管理机关，形成一个层次化的档案行政管理机关体系，分级掌管国家档案事业建设，对应领导各级档案馆及其他档案机构，使整个国家档案事业系统在统一领导、分级管理的原则下得到有序管理。这属于层次化的集中式档案事业管理体制。

所谓法国型，就是全国从中央到地方只设立唯一的档案行政管理机关——法国档案局，统一掌管全国的档案事业建设。地方档案机构均接受法国档案局的领导或监督，这属于单一式的集中式档案事业管理体制。除法国外，罗马尼亚、菲律宾、韩国、越南、蒙古国、阿尔及利亚、塞内加尔和巴西等许多国家也都采用单一式的集中式档案事业管理体制。

所谓北欧型，就是北欧五个国家挪威、瑞典、芬兰、丹麦、冰岛建立的一种档案事业管理体制。即国家没有设立专门的档案行政管理机关，而是将档案行政管理的职能授予中央级档案馆——多为国家总档案馆。这样一来，国家总档案馆身兼档案保管机关与档案行政管理机关的双重职能，对地方档案机构实行领导或监督。这属于兼职式的集中式档案事业管理体制。

（二）分散式档案事业管理体制

分散式档案事业管理体制指的是国家不设立档案行政管理机关统一掌管全国的档案工作，中央和地方的档案工作实行分权管理、各司其职的原则。换句话说，就是中央档案机构无权过问地方档案事务，地方档案机构不受中央领导。从国外范围看，分散式档案事业管理体制也以英国型、美国型、原南斯拉夫型、瑞士型四种为代表。

英国型是一种最典型的分散式档案事业管理体制。中央政府与地方的档案工作分权管理，各自为政。中央和各地区只是分别设立档案馆保管档案，无论是中央政府，还是地方政府，均未设立档案行政管理机关。

美国型是一种全局分散但中央集中的分散式档案事业管理体制。这是因为联邦制的国家管理体制决定了全国范围内的档案工作是按照联邦政府与各州分权管理的原则来进行的，在档案工作上，联邦政府无法行使对各州的行政管理职权。但在联邦政府系统内，档案工作实行集中管理，甚至可以说是高度的集中管理。国家档案与文件署就是联邦政府档案工作指挥中心，对中央层次的档案工作进行控制和管理。

原南斯拉夫型是一种借助档案法规来制约全国档案工作的分散式档案事业管理体制。原南斯拉夫作为联邦制国家，也没有设立档案行政管理机关，全国档案工作处于分散状态。为了规范全国各档案机构的活动，原南斯拉夫规定全联邦的档案工作建设必须执行档案法的统一规定。

瑞士型是一种借助档案工作者协会来协调中央和地方档案机构关系的分散式档案事业管理体制。瑞士联邦档案工作的建立晚于地方，在全国没有设立档案行政管理机关的情况下，1922 年成立的瑞士联邦档案工作者协会承担了协调联邦政府与各州档案事务的职责。进入 20 世纪 80 年代，该协会还设立了专门的协调委员会，重点解决各档案馆馆藏重复的问题。

三、档案事业管理体制的优劣比较及发展新特点

（一）两种档案事业管理体制优劣比较

客观地说，世界各国确立档案事业管理体制是其历史文化传统、社会制度、国家体制等多种因素的综合产物，没有绝对的优劣之分。但是，集中式与分散式体制相比，还是有着一定的优越性。集中式体制的优越之处在于更利于档案事业的发展，主要表现在三个方面。

一是有利于全国范围内的档案工作实现统一规划和有序管理。如档案法规的贯彻实施、档案行政职能的贯彻执行、档案机构的合理布局都可以在国家范围内得到实现。这是分散式体制难以做到的。

二是有利于建立和协调各类档案机构之间的关系。通过档案局的设立及权限设置，各类档案机构的纵向隶属关系或是横向业务联系均可得到明确规定，这有助于档案机构实现职责分明，也利于馆藏建设的优化，避免重复。

三是有利于档案工作的标准化、规范化和现代化。集中式体制的组织和有序化使得档案工作各个环节建立的制度和标准更易于推广和实施，从而更有利于档案工作的现代化建设。

（二）档案事业管理体制的新特点

正因为集中式体制比分散式体制相对优越一些，当前国外特别是一些发达国家在档案事业建设上出现了这样的新特点——尽量向集中式体制靠拢，或者吸取集中式体制的优点来弥补分散式体制的不足。当前，美国、加拿大、英国都借鉴了集中式体制的优点来尽力弥补分散式体制的不足。

美国对联邦政府的档案事业实行高度集中统一的管理，这种集中程度丝毫不逊色于社会主义国家。尽管美国作为联邦制国家，全国实行分散式管理体制，即联邦档案机构无权领导和监督地方档案工作，也无权干涉私人企业和社会团体的档案事务，但在联邦政府系统内，档案事业是高度集中统一管理的。这表现为建立有一个联邦档案行政管理机构——国家档案与文件署（National Archives and Records Administration），它对联邦档案系统的各个组成部分——国家档案馆、联邦文件中心、总统图书馆等进行严密的控制和管理；并对联邦机构的文件管理进行有效的监督和指导。此外，建立有一个联邦档案馆网——国家档案馆及十几个分馆，它们负责接收和集中保管所有联邦机构的档案，连国防部和外交部的档案也不例外。其馆藏的门类包括行政、立法、司法、军事、外交、科技档案等。馆藏的载体既有传统的纸张，也有胶片、磁带、磁盘、光盘等各种新型载体，算得上是真正意义上的综合性档案馆。这种中央层次的档案高度集中管理可以相当程度地弥补分散式体制的不足，确保国家档案遗产的完整和安全。而且，不少州

也效仿联邦政府的做法，对本州的档案事业实行集中管理。

加拿大的公共档案系统在立法中提出了“总体档案”（total archives）的概念，加强馆藏建设和管理。从社会制度和政治体制来看，加拿大属于资本主义的联邦制国家。这就意味着加拿大的档案系统分为公共与私人两大部分，在公共档案系统内又分为联邦、省、市三个层次。由于加拿大实行的是分散式管理体制，联邦档案机构无权领导地方档案工作，也无权干涉私人企业、组织和团体的档案事务，照理说公共档案系统的收集范围只能局限于公共档案，但实际不然。从20世纪70年代初以来，加拿大就在立法中明确提出了“总体档案”的概念来指导公共档案系统的馆藏建设和管理。总体档案包括两层含义，既包含从所有权角度划分的公共档案与私人档案，也包含从载体角度划分的纸质档案与所有新型材料。根据联邦档案法的规定，所有公共档案馆都必须同时收集公共档案与私人档案。这样做的好处是可以避免私人档案的流失，确保国家档案财富的完整与安全。这表明公共档案馆既是保管政府机关业务活动证据的“官方守护者”，又是国家记忆和历史财富的“文化延续者”，大大提升了档案馆及档案工作的地位和作用。

英国主要采取了三点措施来弥补分散式体制的不足。其一，重视档案法制建设，强调全国档案工作依法行事。英国1838年颁布的第一部《公共档案法》执行了120年后于1958年重新颁布，1967年以来又不断修订。其他有关法律，比如《公司法》和《合同法》等，也都涉及对档案和档案工作的规定。各政府部门、企事业单位乃至个人的档案工作必须依法行事。其二，在公共档案馆下设立了档案管理部，负责对政府部门的档案工作进行检查和指导。该部还指定专门官员协调地方议会档案馆的活动，对其保管条件和服务状况他们有权提出意见和建议。其三，通过成立档案工作者协会，加强全国档案人员的学术交流和业务联系。1947年成立的英国档案工作者协会，会员来自全国各级、各类档案机构或专业团体。协会定期召开专业会议和出版专业刊物，增进档案人员的相互了解和交流，促进档案法规的贯彻实施、档案教育的发展和档案管理的现代化。协会虽然不是官方组织，却起到了国家档案馆无法发挥的作用。

第三节
外国档案行政管理机关

一、档案行政管理机关的含义及诞生

档案行政管理机关是国家档案事业管理的领导和指挥中心，负责对档案事业进行统筹规划、组织协调，指导和监督档案馆和其他档案机构的工作。它是近代档案工作上升为国家一项独立事业的产物，到现当代时期逐步发展成为集中式档案事业管理体制的重要标志。

法国档案工作改革的重要成果之一，是使档案工作上升为国家一项独立的事业。既然有了档案事业，就需要设立相应的行政管理机关。作为近代档案事业首创者的法国，最早开始了实行档案事业行政管理的努力。

在 1790 年建立国家档案馆和 1796 年将行政区档案馆改为省档案馆之后，法国公共档案馆网络初步建成。1841—1842 年，法国又颁布了建立市镇档案馆的法令，规定市镇档案馆是省档案馆的分馆。这意味着法国公共档案馆网延伸到了更基层的一级。为了对全国档案事业进行有效的管理和控制，法国最初是通过《穑月七日档案法》将行政管理权授予国家档案馆。这样一来，国家档案馆不仅是档案保管机构，而且肩负对地方档案馆的业务指导和监督职能。后来随着档案工作的逐步发展壮大，法国越来越感到设立专门的档案行政管理机关的必要性。为此，1884 年法国颁布法令成立了统一管理全国档案事业的专门机构——档案局，从此国家档案馆不再行使行政管理的职权，只作为单纯的保管机构。到今天，法国档案局已成为全法国档案事业的指挥中心。

在法国的影响下，比利时、荷兰、意大利、瑞典、丹麦、挪威等欧洲国家相继建立起国家档案事业。它们起初都效仿法国，由国家档案馆兼而行使档案事业的行政领导职责。后来情况发生了变化，有的国家比法国更早地感受到了设立专门的档案行政管理机关的迫切需要，典型的例子是意大利于 1874 年设立了档案局，这比法国档案局成立的时间早了 10 年。而有些国家至今仍然保留着国家档案馆作为档案保管机构和档案事业行政管理机构双重职能的传统，最典型的是瑞典、丹麦、挪威、芬兰等北欧国家。

档案行政管理机关的设立是国家档案事业开始统一领导的标志，后来发展成为集中式档案事业管理体制的象征。

二、档案行政管理机关的特点

由于各国社会制度、政治体制和历史文化传统不尽相同，档案行政管理机关具有名称多样和隶属关系各异的特点。

（一）名称多样

当今各国档案行政管理机关的名称多种多样，不尽相同。大多数国家称为“档案局”或“国家档案局”，例如法国、罗马尼亚等国家称为“档案局”，意大利称为“国家档案局”。有的国家名称几经变更，例如美国先称“国家档案与文件局”，后改称“国家档案与文件署”；俄罗斯先称“档案管理总局”，后来改为“档案事务委员会”，最后定名为“国家档案局”。有的国家将档案行政管理的职能与其他职能并列，例如西班牙称为“美术与档案总局”。有的国家则由中央级国家档案馆兼而行使行政管理职能，如瑞典、挪威、芬兰、丹麦、冰岛的国家总档案馆同时也是档案事业行政管理机关。这些名称上的差异，通常是由各国的历史传统决定的。

（二）隶属关系各异

各国档案行政管理机关的隶属关系也存在很大差异。概括起来，各国对档案行政管理机关的归口管理主要有两种形式。一种是直接隶属于国家最高行政当局，是政府的直属机构，局长由政府首脑任命。属于这种形式的包括美国、俄罗斯、罗马尼亚、越南、蒙古国、阿尔及利亚、喀麦隆等，它们的档案行政管理机关都直属总统府或国家政府。另一种是隶属于政府的某个部，是部属机构。属于这种形式的包括法国、意大利、西班牙等。法国档案局先后隶属于教育部、内政部和文化部；意大利国家档案局先隶属于内务部，后来改归文化遗产与环境保护部领导；西班牙美术与档案总局则隶属于文化部。隶属关系的差异可能对档案行政管理机关的职权范围产生一定影响。一般来说，直属于最高当局的档案行政管理机关容易更充分地行使职权。

三、档案行政管理机关的职责

档案行政管理机关的职责，一般是由国家用法律手段规定的。职责体现档案行政管理机关能够在多大范围内行使权力和履行职能。

总体而言，档案行政管理机关的职责包括：掌管国家全部档案；统筹规划国家档案事业；制定档案规章制度；领导和监督所属机关的工作；监督和指导文件管理；在档案领域内代表国家进行国际交往。

俄罗斯国家档案局依法获得的职责可以看成是国外档案行政管理机关职责的代表。1992 年 12 月颁布的《俄罗斯国家档案局条例》规定，国家档案局享有法人资格并拥有刻有国徽与档案局名称的印章。作为法人，国家档案局必须遵守俄罗斯宪法和其他有关法律，必须保证国家档案事业的协调发展。条例规定，国家档案局的具体职责包括：

第一，直接领导和监督全国档案机构——联邦中央级国家档案馆、文件保管中心和档案科研机构等；直接领导下级的档案行政管理机关——加入俄罗斯联邦的各共和国，边疆区、州、自治州和区、市的档案行政管理机关。

第二，负责全国档案事业管理和档案业务指导，包括对各部、各主管机关、联合体、企业和组织的档案工作和文件管理进行业务指导；保证俄罗斯联邦档案全宗的安全保管、不断补充和全面利用；合理解决俄罗斯联邦档案全宗内具有国家意义和地方意义的档案划分问题；采取措施将具有国家意义的档案集中到中央级档案馆和文件保管中心保存；合理调整档案的保存地点；向有关机关、组织和公民颁发在俄罗斯境内收集古老档案的专门许可证。

第三，负责掌管俄罗斯联邦档案全宗。俄罗斯联邦档案全宗是指“反映各族人民物质和精神生活的，具有历史、科学、社会、经济、政治、艺术和其他文化意义的全部文件的总和”，国家档案局需要制订和实施档案事业发展的国家计划，批准档案工作的专项计划、长期计划和短期计划；起草有关俄罗斯联邦档案全宗文件的正确补充、安全保管、统计、鉴定、利用等方面的法规和标准，并监督法规标准的贯彻执行。

第四，组织开发利用俄罗斯联邦档案全宗的档案信息资源，包括出版档案文件汇编，出版有关回溯性文件信息的成分和内容的资料；组织俄罗斯各档案机构向利用者提供有偿服务——文件的安全保管、整理档案、提供专题资料等。

第五，加强档案机构建设和完善档案体制，包括调整和完善国家档案馆网；编制档案事业预算，筹划档案馆库建设，拨发档案建筑项目经费；要求直属机关报送会计报表和统计报表并组织审计。

第六，负责研究和制定在档案工作中应用现代技术的政策，研究制定自动化信息网络和数据库建设与改进传统档案检索体系同步进行的方案；组织推广和应用档案保护、修复、防腐和复制等方面的现代技术和先进经验。

第七，提高全国档案人员和文件管理人员的业务水平，改善他们的劳动条件和社会保障。

第八，协调全国各类档案机构之间的学术合作和经验交流；发展与世界各国档案界的交往与合作，积极参加国际档案活动。

四、档案行政管理机关的类型及特点

当今各国档案行政管理机关的类型主要可分为四种——层次型、单一型、兼职型和局部型。

1. 层次型

指的是档案行政管理机关形成了等级制，共同组成从中央到地方的档案行政管理机关系统。俄罗斯就是这种类型的代表。它的档案行政管理机关形成了三级建制，最高一级是国家档案局，第二级是自治共和国档案局，第三级是边疆区、州、市、自治州档案局。它们分别对同级的档案馆进行业务指导和监督，整个国家的档案事业就通过分级设立的档案行政管理机关得到全面有效的管理和控制。

2. 单一型

指的是国家只设立一个中央级的档案行政管理机关，统管全国的档案事业。属于这种类型的包括法国、意大利、罗马尼亚、韩国、越南、蒙古国、阿尔及利亚等。它们的共同特点是全国只在中央设立档案行政管理机关，地方不再设立，中央和地方的档案事务均由单一的档案行政管理机关领导和管辖。

3. 兼职型

指的是国家不设立专门的档案行政管理机关，而由中央级国家档案馆兼而承担档案事业行政管理的职能。北欧国家就是这种类型的代表。它们没有单独的档案行政管理机关，国家总档案馆承担着双重职能，既是档案保管机构，同时也是全国档案事业的行政领导和指挥中心。

4. 局部型

指的是档案行政管理机关只能在一定地区或一定范围内行使职权。这种类型大多出现在联邦制国家，典型的有美国与德国。联邦制国家的一个共同特点就是中央和地方分权治理，美国设立的档案行政管理机关——国家档案与文件署，是只能在中央政府范围内行使档案行政管理职权的机构；而德国恰好相反，它没有中央级的档案行政管理机关，只有地方的一些州设立了档案行政管理机关，只负责在本州范围内发挥档案事业指挥中心的作用。

第四节
外国档案事业管理手段

当前，各国档案事业管理的手段主要包括行政手段、法律手段、经济手段和协调手段。档案事业管理体制的类型往往决定了一个国家档案事业管理的基本手段。集中式档案事业管理体制的国家一般以行政手段为基本手段管理国家的档案事业，以其他手段为辅助；而分散式档案事业管理体制的国家一般以法律手段为基本手段管理国家的档案事业，以其他手段为辅助。当然，在任何一个国家中，这些手段都是结合运用的。

一、行政手段

行政手段，是指档案行政管理机关遵照统一的档案法规，有计划地指挥、监督、检查所属档案机构的工作，实现对全国档案事业的行政管理。行政手段是档案行政管理机关实现其管理功能的基本手段。

行政手段具有两个突出特点。一是具有明显的权威性，档案行政管理机关作为国家的专业管理部门，其职权由国家法律所赋予，因此行政手段具有明显的权威性。二是具有一定的强制力，可以按照集中统一管理原则从宏观上对国家档案事业进行全面控制。

行政手段运用是否得当，会给档案事业管理带来不同影响，造成不同后果。苏联和法国对行政手段的运用就是不同的例证。苏联档案管理总局曾经在行政手段的运用上出现了失误，控制过死、过严，严重影响了档案机构的积极性、创造性和主动性，导致档案事业管理丧失了灵活性。相反，法国档案局较好地运用了行政手段，使法国档案事业得以稳步发展。法国档案局在行政手段的运用上具有两点成功经验：一是档案局只按照档案法规定的权限对省档案馆进行领导和监督，及时督促机关向档案馆移交档案，对这些机构的具体事务不予干涉；二是法国档案局通过与国家档案馆的合署办公，实现了对国家档案馆的行政控制和监督。

二、法律手段

法律手段，是指国家依法管理档案和档案事业。任何国家在档案事业管理上都离不开法律手段，特别是在实行分散式档案事业管理体制的国家中，法律手段是进行档案事业管理的基本手段。

法律手段也具有两个突出特点。一是具有强制力，强制力是法律法规的基本特点。法律手段是依照法律法规对档案事业进行管理，自然也具有较大的强制力。二是规范性，法律手段依照法律法规进行档案事业管理，无论是管理对象、管理职责，还是管理范围，都有着规范而明确的规定。

法律手段的运用非常普遍，即使是在采取集中式档案事业管理体制的国家中，法律手段也发挥着重要作用。

三、经济手段

经济手段，是指遵照国家有关的经济政策，合理分配与使用档案事业经费，支持档案事业发展。

经济手段的内容包括对社会实行有偿服务与无偿服务相结合的服务方式，对档案工作者实行专业技术和行政职务级别工资制度，颁发奖金和实行经济处罚等。目的是促使档案事业经费得到合理分配和使用，激发档案机构和人员的工作积极性，也增强档案机构和人员的责任感。

四、协调手段

协调手段，是指国家进行档案事业管理时对各类档案机构之间关系的协调。国外一般把档案工作者协会作为协调的组织形式。

档案工作者协会或学会是群众性档案专业团体，只要是过去、现在从事或将来希望从事档案管理、文件管理或手稿管理的人员，都可以申请加入档案工作者协会。世界上最早成立的档案工作者协会是1891年成立的荷兰档案工作者协会，其他国家都是进入20世纪之后才先后成立本国的群众性档案专业团体。这些团体中，绝大多数称为档案工作者协会，也有的叫档案学会、档案研究会、档案工作者联合会等。这些团体的级别、范围各不相同，有全国性的、地方性的、地区性的，也有国际性的；还有与图书、文献等相关学科联合的。此外，近年还出现了特定行业或类别的档案工作者协会。例如在芬兰、英国、德国等国家有商业档案工作者协会，在美国、日本等国家有企业档案工作者协会，在美国、意大利等国家有教会档案协会等。

档案工作者协会或学会并非行政或决策机构，其任务是协调档案管理的方方面面，特别是各类档案机构或人员之间的关系。在实行分散式档案事业管理体制的国家，档案工作者协会的协调作用显得格外重要。主要表现为三点：

首先，协调档案理论与实践的发展，使全国在档案管理的原则和方法上趋于一致。1936 年成立的美国档案工作者协会在这方面的贡献较为瞩目。该协会从 20 世纪 70 年代以来以“档案与手稿”为基本主题，组织出版了档案系列丛书——“档案与手稿的鉴定与接收”“档案与手稿的整理与编目”“档案与手稿的参考与借阅”“档案与手稿的安全保管”“档案与手稿的调查”“档案与手稿的自动化检索”“档案与手稿的复制”“档案与手稿的保护”“档案与手稿的公共计划”“档案与手稿的展览”“地图与建筑图”和“照片档案的管理”。这套档案丛书是美国档案理论和实践成果的集中体现，有力地推动了全美档案管理理论和方法趋于协调一致。此外，美国档案工作者协会、加拿大档案工作者协会分别把会刊《美国档案工作者》《档案》当做协调本国档案理论与实践发展的重要阵地，会刊上的重要成果甚至具有较大的国际影响。

其次，协调档案专业培训，促进档案教育和培训水平的共同提高。大多数国家的档案工作者协会都负责组织开展不同形式的档案专业培训。美国档案工作者协会一直是为美国档案界提供最为全面系统的继续教育的主要力量。它在每年的春季、秋季培训期以及夏季的年会期间，要举办 25～30 个培训班，培训内容基本上已规范化。

最后，借助协会的年会和其他会议协调各类档案机构和人员之间的关系，加强档案机构和人员之间的合作。大多数国家档案工作者协会每年都会召开年会，为各类档案机构和人员提供交流业务经验和学术观点的良好机会。与会者可提交论文和参加讨论，听取协会年度工作报告和讨论下一年的工作计划。协会还定期召开专业会议，讨论和交流档案专业某一领域的工作经验和发展状况。美国档案工作者的年会较为成功，一般选择档案界知名人士充当发言人，尽量选择富有时代特色的新问题进行研讨，例如电子文件管理就是重点问题之一。年会的形式经常求新求变，以满足会员的广泛需求和不同兴趣。近些年，美国档案工作者协会年会的规模日益庞大，不仅吸引了本国众多档案人员参加，还吸引了大量国外档案人员参加。这就促使美国档案工作者协会年会的国际影响力越来越大，也表明档案工作者协会的协调作用辐射的范围越来越广。

【思考题】

1. 简述外国档案事业管理的模式。
2. 简述外国档案事业管理体制的含义。
3. 简述外国档案事业管理体制的类型及各自特点。
4. 简述外国档案事业管理体制的新趋势。

5. 简述外国档案事业管理机关的含义和特点。
6. 简述外国档案事业管理机关的职责。
7. 简述外国档案事业管理机关的类型及特点。
8. 综述法国档案工作改革及其对近代档案事业形成的重大影响。
9. 综述苏俄档案工作改革及其对现当代档案事业格局定型的重大影响。
10. 综述外国档案事业管理的手段。

第十一章

外国文件管理机构

【本章要点】

- 总结外国文件管理机构从古至今的发展历程及各主要阶段的特点。
- 介绍外国文件中心的形成过程，评述其现状分布特点。
- 阐述外国文件中心的性质、职能和业务活动。
- 分析外国文件中心的优越性及面临的挑战。
- 阐述外国商业性文件中心的历史、现状、产生原因、含义和类型。

【关键词】

文件管理机构　　文件保管
文件中心　　文件利用
登记室　　文件处置
文件接收　　商业性文件中心

第一节 外国文件管理机构的发展历程

文件管理机构是实现文件有序管理的组织保证。它是临时保存机关现行文件，主要是半现行文件的场所。国外文件管理机构有两种形式：一种属于机关的内部机构；另一种独立于机关之外。前者起源于中世纪的欧洲，后者起源于20世纪40年代的美国。当今各国的文件管理机构以后一种形式居多，但称谓并不统一，职能也有差别。

一、封建社会中期：机关登记室

外国文件管理起源于封建社会中期欧洲的机关登记室的工作实践。当时文件管理与档案管理没有明确界限，欧洲一些国家，如德国、英国实行的是登记室制度，在机关设立登记室保管机关的文件和档案。换言之，登记室是外国文件管理机构的起源。

最早论述登记室工作的专著，是德国早期档案学者亚克伯·冯·拉明根1571年在海德尔堡出版的《综合报告——怎样才算一个完美的登记室》和《论登记室及其机构和管理》。在前一本书中，拉明根提出了登记室文件分类的方法，即分为君主事项类、臣民事项类和外交事项类；在后一本书中，拉明根强调了登记室的重要性，他认为登记室应当是与办公室、财务室并列的管理机构，是机关及其一切权力、利益和财产的首脑，因为它保存着这些主管事项的文字根据。

德国的登记室是行政机关的内部机构。在一个行政机关内，如政府某部内，下设有若干个司，每一个司就设有一个登记室。登记室从一个中心办公机构接收该司的文件，进行登记、编制索引，并加上附件送到文件承办人手中，等文件承办完毕后再送回登记室进行分类、整理和保存，登记室在登记和整理文件的工作中会形成“文件登记簿”“人名索引”“主题索引”“案卷目录”等，以便机关工作人员查找文件。当文件在登记室保存一定时间后，其中一小部分要移交到档案馆保存。由此可见，登记室承担了机关文件管理的职能。

英国的登记室，也像德国一样，在司的基础上分散建立。它们通常从机关内的中心办公室接收发来的文件，负责登记、分类、编制索引并保存文件。

1806年德国创办了档案刊物——《档案馆学和登记室学》，刊名中使用了“登记室学”这个概念。这也表明人们已认识到登记室和档案馆是两个不同概念。

美国档案学者厄恩斯特·波兹奈尔（Ernst Posner）在论述德国登记室制度时指出，登记室是办公室和档案机构之间的中间环节。这表明登记室的职责是从事机关的文件管理，可以说是机关内部的文件管理机构。

国际档案理事会最新修订的《档案术语词典》对“登记室”（registry）所作的解释是：“机关中负责现行文件和/或半现行文件的形成、管理和保存的部门。登记室可设在各级组织中，例如中央级或部门级。”从这一权威定义不难看出，登记室是机关内部的文件管理机构。

二、现当代时期：文件中心

现当代时期出现了一种不同于机关登记室的文件管理机构——文件中心。

（一）文件中心的形成和发展

文件中心（records centre）是一种独立于机关之外的新型文件管理机构。它起源于美国，后来得以在全球推广。

文件中心的形成和发展进程可以分为三个阶段。

第一是萌生阶段（20世纪40年代初）。从美国卷入第二次世界大战开始，军事机关形成的文件数量急剧增加。迫于战争需要，海军部于1941年设立了造价低廉的临时库房，集中保存平时已不常使用却不宜销毁或向档案馆移交的大量半现行文件，取得了较好的效果。这种临时性库房就是文件中心的最初形式。后来，美国联邦政府各机构纷纷仿效海军部成立了过渡性保管机构——文件中心，作为集中保存半现行文件的专门机构。

第二是定型阶段（20 世纪 50 年代）。由于文件中心对库房的要求没有档案馆那样高，很适应战后美国的经济形势，深受联邦政府机构的欢迎。据当时胡佛委员会下属文件管理工作小组的不完全统计，到 1949 年底联邦政府各机构建立了 100 多个文件中心。美国联邦档案机构感到这种做法具有相当的盲目性，决心借助行政和法律双重手段，重新调整和全盘规划文件中心的建立，并提出了分区域建立若干联邦文件中心来集中保管联邦政府半现行文件的方案。1950 年颁布的《联邦文件管理法》授权总务署在国家档案与文件局下设置 14 个联邦文件中心，确立了文件中心的法律地位。目前，美国共有 15 个联邦文件中心。

第三是扩展和普及阶段（20 世纪 70 年代之后）。美国设立文件中心的现象引起了世界许多国家的关注。这些国家受到了美国成功经验的启发，认为文件中心是一种集中保管半现行文件的经济而有效的组织形式，既适应了现代机关提高管理效率的客观需要，又符合文件的形成和运动规律，具有诸多优越性和可行性。因此，文件中心跨越了美国的疆界，逐步扩展到世界各大洲。当前建立了文件中心或类似机构的国家包括美洲的美国、加拿大、墨西哥、秘鲁；欧洲的英国、法国、俄罗斯、德国、荷兰、挪威、瑞典、瑞士、奥地利、比利时、波兰、罗马尼亚、原南斯拉夫；亚洲的印度、巴基斯坦、马来西亚、菲律宾、新加坡；非洲的赞比亚、坦桑尼亚、津巴布韦、博茨瓦纳、卢旺达、马拉维；大洋洲的澳大利亚、新西兰。

在建立文件中心或类似机构的国家中，既有中央集权制的，又有联邦制的；既有实行分散式档案工作管理体制的，又有实行集中式档案事业管理体制的。这就决定了各国文件中心的形式有所不同。在联邦制国家，有联邦文件中心和非联邦文件中心之分，它们都负责保管半现行文件。在中央集权制国家，有中央级和地方级文件中心之分。除此之外，也有按性质、按系统建立的文件中心。这说明，文件中心不是国家体制或档案事业管理体制的必然产物，而是文件运动规律的体现。此外，文件中心的名称，在各国也不尽相同。如在英国称“中间档案馆”，在法国叫“文件中心”“进馆前文件寄存处”或“部际档案馆”，在苏联称“机关联合档案馆”，在马来西亚称“文件服务中心”，等等。当然大多数国家还是沿用了美国的称谓——“文件中心”。

（二）文件中心的现状分布

文件中心在全球受到普遍青睐，其现状分布可以用“遍及五大洲、美欧最完备”来概括。这里介绍一些典型国家文件中心的现状分布情况。

1. 美国

美国是文件中心的发源地。它的文件中心有三种类型：其一是联邦文件中心，共15个，内含2个全国性的，13个地区性的；其二是非联邦性的文件中心，包括州文件中心、大学文件中心等；其三是商业性文件中心。这三种类型中，以联邦文件中心规模最大。

联邦文件中心是由联邦政府拨款建立的，是为联邦政府机构服务的非营利性半现行文件保管机构。它由美国国家档案与文件署领导和管理，属于联邦档案系统。华盛顿国家文件中心和圣路易斯国家人事文件中心是全国性的，另外13个地区性联邦文件中心分别是：波士顿联邦文件中心、纽约联邦文件中心、费城联邦文件中心、代顿联邦文件中心、芝加哥联邦文件中心、堪萨斯城联邦文件中心、丹佛联邦文件中心、亚特兰大联邦文件中心、沃思堡联邦文件中心、旧金山联邦文件中心、洛杉矶联邦文件中心、西雅图联邦文件中心、安克雷奇联邦文件中心。

非联邦性文件中心主要是指由各州设立的文件中心以及在一个机构内设立的文件中心，如大学文件中心等。美国各州都设有州文件中心，它们也要接受州档案部门的监督和指导。美国设立文件中心和档案馆的大学很多，如哈佛大学、耶鲁大学、密歇根大学、芝加哥大学、普林斯顿大学、哥伦比亚大学、宾夕法尼亚大学、弗吉尼亚大学，等等。

商业性文件中心是由私人创办的营利性机构，为工商企业提供现代化的文件保存设施。美国的商业性文件中心主要有：铁山文件中心、底特律文件服务中心、麦肯罗文件中心等。相对来说，商业性文件中心由于是有偿服务，因而其设施较为先进，管理手段现代化程度较高，可提供各种形式的特殊服务，尤其可为新型载体文件提供良好保管条件。例如，成立于1951年的美国商业性文件中心“铁山”（Iron Mountain），是一家提供文档管理、数据恢复等服务的跨国公司。其总部设在美国纽约州，在全球有600多个分支机构，遍及北美洲、南美洲、欧洲和大洋洲。目前它拥有12万客户，产值超过23亿美元，年收入1.2亿美元。2003年入围了美国1 000强企业，名列第887位。它是美国也是世界上最著名的商业性文件中心之一。

非联邦性文件中心和商业性文件中心不属于联邦档案系统，《联邦文件管理法》对它们没有法定的约束力。

2. 加拿大

加拿大目前有7个地区性联邦文件中心和1个全国性的人事文件中心。按照1966年颁布的《加拿大公共文件管理法》规定，它们分别属于归口的档案馆管辖。

七个地区性联邦文件中心分别是：渥太华文件中心、多伦多文件中心、蒙特利尔文件中心、温哥华文件中心、温尼伯格文件中心、哈利法克斯文件中心、埃德蒙顿文件中心。《加拿大公共文件管理法》规定，文件在文件中心的保管期限一般不超过7年。7年后只有3%左右具有历史研究价值的档案进馆永久保存。文件中心每年要答复查询120万人次。

加拿大全国人事文件中心负责保管国家文职、军职及皇家骑警队所有离职人员的人事文件。文职人员的文件保存 70 年，军职人员的文件保存 90 年。第二次世界大战的参加者以及医生、律师和副部长以上的离职人员的文件要永久保存。加拿大也有为工商企业服务的商业性文件中心。

3. 欧洲代表性国家

欧洲各国除有传统的机关内部的文件管理机构——登记室之外，在第二次世界大战后还设立了独立于机关之外的半现行文件管理机构，这种半现行文件管理机构没有统一的称谓。

英国称“中间档案馆”，用来保管政府各部门的半现行文件。如英国公共档案馆 1950 年在伦敦附近的海斯设立了中间档案馆。法国由现代档案馆兼管政府机关的半现行文件，如法国国家档案馆 1974 年在巴黎郊区的枫丹白露建造了一座大型的现代档案城。这是个部际档案馆，即由政府各部合资兴建，用来保存政府各部的半现行文件。此外，法国的许多省先后成立了文件中心，附属于省档案馆。

德国既有中间档案馆，又有文件中心。1965 年联邦德国在波恩附近的巴特戈德斯贝格建立了中间档案馆，按照规定期限保存联邦政府各部的文件。1970—1971 年建成的奥古斯廷中间档案馆取代了巴特戈德斯贝格中间档案馆，1971 年在科布伦茨又建立了文件中心。它们都是国家档案馆的组成部分，接受国家档案馆的领导。奥古斯廷中间档案馆主要负责保管中央政府机关（外交部和国防部除外）的文件。科布伦茨文件中心负责保管政府部级机关的半现行文件。

俄罗斯保管半现行文件的机构主要是机关联合档案馆，这是由苏联延续下来的。机关联合档案馆在性质上类似于文件中心，但有自己的特点。它们有的是分系统建立的，有的是分地区建立的。据统计，俄罗斯建立的机关联合档案馆达 800 多个，保存了约 45 000 个机关的 1 700 万卷文件。

4. 亚洲和非洲代表性国家

在亚洲有两个国家的文件中心较具代表性。一是马来西亚的文件服务中心，二是菲律宾的地区性文件中心。

马来西亚的文件服务中心，负责保管机关的半现行文件，并为其提供服务。它受国家档案馆的管辖，其主任、副主任和其他工作人员均为国家档案馆的雇员。

1983 年，菲律宾在宿务市成立了第一个地区性文件中心，主要用来保管该地区所有政府机构的半现行文件。此后在全国各地又设立了类似的地区性文件中心，它们均隶属于设在首都马尼拉的国家档案馆。

在非洲，赞比亚在全国建立了五个文件中心。它们是：卢萨卡文件中心、利文斯通文件中心、卡布韦文件中心、奇帕塔文件中心和穆富利拉文件中心。它们归国家档案馆领导，负责接收和保管所在地区政府机关日常工作不常使用的半现行文件。

第二节 外国文件中心的性质、职能和业务活动

一、文件中心的性质

文件中心的定义有三种代表性观点。

一是联合国教科文组织的定义——“文件中心是在档案行政管理机关管理之下的，对各个不同行政机构的半现行文件进行经济的保管和提供利用，并在这些文件被销毁或移交到档案馆之前进行系统处置的保管机构。”

二是国际档案理事会最新修订的《档案术语词典》的定义——“文件中心是为半现行文件最终处置之前进行廉价储存、保管和利用的一种机构。”

三是美国档案工作者协会主持编纂的《档案人员、文件管理人员和手稿管理人员术语手册》的定义——“文件中心是对因利用率较低而不再适宜保存在形成机关的半现行文件进行低成本集中保管的机构。”

从这些定义不难看出，文件中心的性质就是过渡性或者说中间性，它介于文件形成机关与档案馆之间，是连接机关与档案馆的“中转站”。

二、文件中心的职能

按照《现代汉语词典》的解释，职能是“人、事物、机构应有的作用和功能”。可见，职能包含了“作用、功能和任务”的内容。文件中心作为半现行文件的管理机构，总体职能可以概括为保管、服务和处置三个方面。

（一）保管

保管是文件中心最基本的职能，特色在于注重经济与有效的结合。与机关自行单独保管文件的费用相比，文件中心的保管费用大大降低，从而实现了经济上的廉价保管和规模效益。同时，文件中心的建立既能帮助形成机关避免占用昂贵的办公空间和成本来保管利用频率不高的半现行文件，又能消除档案馆过早接收历史价值尚未显现的半现行文件的烦恼，有效地解决机关和档案馆的难题。

（二）服务

服务是文件中心最具吸引力的职能，特色在于及时把服务对象的范围由单一的机关向社会扩展。形成机关是文件中心的首要服务对象，由于半现行文件的所有权仍属于机关，因此为机关提供优质和高效服务，文件中心责无旁贷。此外，文件中心在征得机关同意后，也可以满足其他用户的需求，这样有利于及早发挥

文件的历史价值，使社会受益。

（三）处置

处置是文件中心最关键的职能，特色在于兼顾形成机关与档案馆的利益，确保了文件的进馆质量。文件中心处置文件的主要依据是形成机关提交的保管期限表，为了确保鉴定文件的历史价值，文件中心同时还需要征求档案馆的意见，只有双方认可后才能执行具体的处置程序。国外把文件中心比喻为“炼狱”（purgatory），文件在这里经过精选、提炼，具有永久价值的部分升入“天堂”（paradise）——进馆永久保存；无价值的部分被打入“地狱”（hell）——销毁，这正是对文件中心处置职能的形象概括。

三、文件中心的业务活动

业务活动是职能的具体体现。文件中心的业务活动主要包括接收、保管、利用和处置四个环节。

（一）接收

文件中心的接收是指将机关的半现行文件从高成本的办公室向低成本的文件中心转移的活动。与档案馆不同，这种接收不改变文件的所有权。

文件中心对接收范围有着一定要求，换言之，文件中心并不接收所有的半现行文件。限定因素主要有四个：一是保管费用，文件在文件中心的保管费用必须低于在机关的费用，机关才会愿意移交；二是保管期限，文件中心不接收保管期限过短（低于两年）的文件；三是机密程度，机密文件一般不向文件中心移交；四是利用频率，一般情况下，文件的月利用率不超过一次，文件中心才有接收的必要。

文件中心的接收程序大致分为五步。

第一，机关移交的文件必须是办理完毕并经过系统整理的，机关自行选择分类方案，文件中心不加干涉。

第二，机关在移交文件之前必须向文件中心提交接收申请表，得到批准后才开始启动移交程序。

第三，机关应在申请表批准后 90 天内安排文件运送事宜。超过这一期限，又无正当理由，文件中心将中止接收。

第四，文件中心要求机关使用标准文件盒，纸质文件与非纸质文件不得混装。文件盒上需要标明盒号、案卷号、机构名称和文件系列的标题等，盒内的文件也必须附上保管期限表和详细目录。

第五，文件中心接收完毕后会形成两种书面文件——文件交接表和文件排架索引——存址指南。文件交接表中包括文件的接收号、排架号、文件盒的数量、移交机关的名称和地址、移交日期和处置期限等；文件排架索引——存址指南中包括文件的接收号、文件系列标题、年代和文件盒的存址号。两种表在机关和文件中心各有保存，作为交接的凭证。

（二）保管

文件中心的保管业务包括五个方面的内容。

第一，确保库房及设施的安全。良好的库房环境是确保文件实体安全的基本条件。国外文件中心的库房虽然大多是仓储式结构，但库房一般都十分干净和整洁，库房内的各种设施也得到了合理布置和精心维护，文件的安全保管不成问题。例如，美国和加拿大均制定有《联邦文件中心设施标准》《文件储存标准》和《文件中心排架标准》等，对文件中心的建筑形式、结构、地板承重、库房内的电子设备、照明设备、装卸台、天花板高度、安全防卫系统、防火灭火系统、通信系统、库房的环境条件以及装具设计和安置等方面，都作出了详细规定和要求，确保文件保管安全、有效。

第二，确保文件装具容量合理且标记清晰。文件中心内保管的文件大多要求使用规格统一的“标准盒”。例如美国规定，纸质文件盒的标准尺寸为14.75×12×9.5英寸，这一尺寸是按照美国一般文件的标准尺寸11×8.5英寸、法律文件的标准尺寸14×8.5英寸来计算的。标准盒的文件容量为：一般文件可装3 000页；法律文件可装2 400页。磁带盒的标准尺寸为14.75×11.75×11.75英寸。文件中心一般要求装具的容量适度，盒内的文件既不要过多，也不宜过少。盒上的各种标记都应清晰和醒目，便于工作人员查找。

第三，确保文件及时排架和调整。文件中心一般采取随意排架的方法，只要有空余的排架空间，就会及时将新接收的文件上架排列，以最大限度地利用存储空间，不造成浪费。文件中心还会根据规定期限及时处置文件，处置完一批文件后，会及时调整排架顺序，腾出新的排架空间。如果出现了重新排架的情况，文件中心会向形成机关及时通报。

第四，确保特殊载体文件的专门保管。文件中心一般设有专门库房，用来保管新型载体的文件，如磁带、磁盘、缩微胶卷（片）、电子文件等。这也是文件载体和记录手段多样化的必然要求。磁带库的温湿度一般要求保持在恒定状态，温度最好控制在16℃～18℃，相对湿度最好控制为30%～35%。此外，新型载体文件的装具和标签要求比较高，文件中心一般都能保证。

第五，确保外借的文件及时“回归”和上架。由于文件的所有权仍属于形成机关，机关有权向文件中心提出外借要求。文件中心将会及时催还外借的文件，做好清点和上架工作，避免文件丢失。

（三）利用

文件中心需要满足形成机关以及其他利用者对文件的利用需求。外借和阅览是最主要的利用形式。外借对象主要是形成机关，它们熟悉自己的文件，可以通过电话、传真、信函和电子邮件等多种方式来借调文件。阅览一般适用于非文件形成机关，这类用户必须征得文件形成机关的同意，文件中心才会提供利用。

利用者可通过邮政服务、商业运递、电子邮件、传真、电话或网络向文件中心提交利用申请。以美国为例，联邦文件中心系统通过“中央信息处理系统”(CIPS) 在文件中心与形成机关之间建立了电子链接。如果是利用本机关的文件，机关可借助“中央信息处理系统”调出所需文件，这是最经济而且是最快捷的利用方式。当然，对无法接入“中央信息处理系统”的机关或其他用户来说，也可采用邮政服务、商业运递、电子邮件、传真和电话等方式实现利用。

从2000年8月起，美国联邦文件中心系统实行了专门的“快递服务”，目的是为了实现美国国家档案与文件署“真正24小时利用”的承诺。这种服务不仅在每个工作日都正常提供，而且可依照用户的要求特别提供。文件中心配备了一些小型货车开展此项服务。不过，这项服务是有偿的，收费标准与利用需求的紧急程度成正比。当时只有费城、华盛顿、亚特兰大和芝加哥的联邦文件中心开展了这项服务，2004年起开始拓展到其他主要大城市。

此外，文件中心的服务内容还包括缩微复制、发布馆藏信息等，也可以向利用者提供特别服务。

(四) 处置

文件中心对文件的处置是指根据文件保管期限表对期满文件进行再鉴定和再审查，销毁无须继续保存的文件，把具有永久价值的文件移交到档案馆。向档案馆的移交不仅意味着档案实体的转移，而且意味着档案所有权的改变——从机关所有转变为政府所有或全民所有。

文件中心的处置程序主要分为四步。

首先，文件中心在距离保管期限表规定的销毁日期前90天，向移交机关寄发处置通告，通知处置事宜，列出所要处置的文件清单，提出处置意见和处置日期。

其次，移交机关联系人接到通告后，需会同本机关的有关人员协商研究。如果赞同处置意见，将由联系人签署同意书，授权文件中心进行销毁；如果不同意处置意见，机关需向文件中心提交不同意的正当理由以及处置方案新建议。对需要延长保存时间的文件，机关应在回信中说明理由，并提出适当的销毁日期。

再次，文件中心同时向国家档案馆寄发同样的通告，由档案馆馆长提出意见和要求并最后签批。

最后，文件中心在征得机关与档案馆同意后，才能开展具体的处置步骤，对于需要移交给档案馆永久保存的文件，文件中心将向原文件形成机关寄发向国家档案馆或州档案馆移交文件的协议，由机关签署完毕后实行移交。对确定销毁的文件根据其密级采取不同的销毁方式，非密级文件一般作为造纸的回收材料，机密文件则按其密级分别进行粉碎、焚烧或化浆处理。

第三节 外国文件中心的优越性及面临的挑战

一、文件中心的优越性

文件中心在国外被誉为“现代最富有生命力的新型档案机构”，具有经济实用、管理高效和服务快捷等诸多优越性。具体表现在六个方面。

（一）经济实用

这是指文件中心作为文件形成机关与档案馆的连接纽带，能够提供二者都无法提供的廉价而实用的存储空间，从而实现对半现行文件经济而有效的保管。文件中心可以为形成机关大大节省存储空间和保管费用。利用率较低的半现行文件如果滞留在形成机关，会占据大量办公空间，这对机关来说无疑是不合算的。而文件中心通常建在便宜地段，建筑设计标准较低，造价远远低于机关办公室。以加拿大为例，文件中心每平方米储存空间的平均造价为 77 加元，机关办公室则高达 198 加元。文件中心的存储密度为 7.658 直线米文件/平方米^2，机关则为 4.592 直线米文件/平方米^2。这样一来，1 直线米文件的存储费用在文件中心只需 10.05 加元，在机关则需 43.12 加元。建立文件中心每年能为机关节约经费 75%。再以美国为例，机关办公室每 1 立方英尺文件年均保管费用为 7.66 美元，而文件中心只需 0.51 美元。机关办公室储存 1 立方英尺文件的设备（主要是卷柜）费是 17.87 美元，年均为 0.44 美元，而文件中心的设备（主要是卷架）费用是 2.45 美元，年均为 0.06 美元。美国的联邦文件中心每年可为政府节约经费高达 1.43 亿美元。

（二）交接简便

形成机关向文件中心移交文件的手续十分简便。文件中心自备运输工具主动到机关接收文件。交接时只需填写文件交接表。文件运到文件中心的当天便可上架排放。

（三）三个不变

这是指半现行文件保存在文件中心里，其形成机关对文件的所有权不变；文件的原整理顺序不变；保密规定不变。这“三个不变”使机关愿意将文件移交给文件中心，又能确保机关对文件的利用。

文件的所有权不变，表明文件仍是机关的财产，未经它的授权，任何其他机关和个人都无权利用，文件中心也无权擅自作出决定。这样，机关的利益不会受到损害。

文件的原整理顺序不变，有两大好处：既可以保证机关利用其原有检索工具查找文件，做到“迅速查找，迅速利用”，又可以保持文件的有机联系，维护其原始性，避免文件中心进行不必要的重复劳动。

文件的保密规定不变，可以避免发生泄密事件，不易对机关造成损失。

（四）服务快捷

文件中心在接到利用申请后，根据利用机构的名称、地址和电话号码，一般都能做到及时服务。按照用户的不同要求，文件中心通过电话、传真、递送、邮寄、室内阅览等方式为用户服务。这些服务一般在 24 小时内必须完成。

（五）安全保管

半现行文件因利用率逐渐降低在机关“备受冷落”，有的机关将大量半现行文件胡乱堆放在办公室的角落里，甚至堆放在走廊、地下室里，保管条件差，易于丢失和损坏。如果被不加鉴定地销毁，又会损失大量有潜在价值的文件。文件中心的建立，可以避免上述现象的发生，使半现行文件得到安全保管。

（六）保证质量

文件中心要按照档案部门审定的方案，适时地处置文件，使文件的整个筛选过程能够做到以合理有序和精心规划的方式进行，保证进馆档案的质量。如前所述，文件处置既需要尊重形成机关制定的“文件保管期限表”，又需要经过档案部门的审查批准。这样就可保证对文件的鉴定既考虑到机关的业务职能因素，又考虑到档案部门的历史研究因素，从而大大提高了鉴定的全面性和科学性，确保了进馆档案的质量。

总之，文件中心的建立不仅可为形成机关提供安全、廉价的保管库房，提高机关的工作效率，维护机关的利益，确保机关对文件的快速利用，而且可为档案馆提供稳定的、高质量的馆藏来源，保证档案馆更好地利用其精良的设施和安全可靠的有限存储空间，来永久保存具有重要价值的档案。国际档案理事会对几十个成员国所做的调查表明，文件中心是各国公认的保存半现行文件的最经济、最令人满意的现代新型档案机构。

二、文件中心面临的挑战及对策

数十年来，国外文件中心的发展一直比较稳定。进入电子时代之后，文件中心面临的挑战开始凸显，例如文件数量的高速增长带来的空间压力，文件载体的多元化导致管理方法需要不断更新，以及管理人员的综合素质和团队配备需要不断提高和完善等。各国的文件中心也在努力探索应付上述挑战的方法，从规模设计、库房建设、资金渠道、人员配备等多方面寻求改进措施。但总体来看，文件中心的地位没有受到根本动摇。

（一）面临的挑战

第一，文件数量持续高速增长，对文件中心的储存空间造成压力。社会的发展与科学技术的进步导致文件增长的态势一直持续，信息技术的突飞猛进更是使文件的生成、处理和利用变得更为便捷。尽管文件中心在存储密度上具有一定的优势，但其存储空间也是有限的，因而会面临保管对象数量膨胀与保管空间相对有限之间的矛盾。

第二，文件载体日益多样化，给文件中心的保管环境、管理方法带来挑战。文件载体的多样化是科学新技术在文件、档案领域应用的必然结果，这些新载体文件的出现，特别是电子文件的大量生成，对文件中心的保管环境提出了更高的要求，对文件中心的管理方法也提出了新的要求。从库房温湿度的控制、文件装具的配备到服务设备的更新，都给文件中心增加了资金的压力，从电子文件的接收、维护到提供利用，文件中心的管理方法和技术水平也经受着新的考验。

第三，管理对象的复杂、管理方法的革新，对文件中心工作人员的知识结构带来了挑战。电子文件的出现，使文件中心需要全面考虑人员的综合配备，不仅要求现有人员及时更新知识结构，还需要引入技术人员，优化工作团队的整体质量。

（二）可能采取的对策

一是控制文件中心的规模。政府文件中心的规模不宜过大，这也符合各国政府精简机构、提高效率要求的合理做法。

二是扩展文件中心的经费渠道。当前各国的文件中心大多面临经费的压力，可以采取有效措施，增加文件中心的经费来源，包括国家经费，也可向各方集资。

三是推行文件中心的库房专门化。为了更好地保管新型载体文件，可以在文件中心内走“库房专门化”的建设道路。这在一些国家的文件中心已经开始实行。

四是加强文件中心工作人员的教育和培训。文件中心应对诸多挑战的关键性因素还是人，因此提高文件中心工作人员的综合素质，加强他们的教育和培训，是文件中心迎接挑战的根本途径。

第四节 商业性文件中心

一、商业性文件中心的发展历程

美国不仅是文件中心的发源地，也是最早建立商业性文件中心（commercial

records center）的国家。商业性文件中心出现于20世纪40年代末，至今已走过了60余年的发展历程，成为一种运用高科技手段为众多客户提供多种专业化服务的现代化企业，也形成了一种成熟的文件信息管理服务行业。

（一）20世纪40年代：起源

20世纪以来，文件数量急剧增长是各国普遍现象，美国也不例外。30年代，美国尚未出现正规的文件管理，联邦政府机构以及私人企业大多按照自有意愿保存文件。但联邦政府此时意识到有必要控制巨量文件。1934年成立的国家档案馆将鉴选需保存的政府文件作为其首要任务。为达到此目的，国家档案馆1937年开展了一次针对政府文件的全面调查，结果表明政府文件管理缺乏统一的制度和程序。

20世纪40年代，美国卷入二战后，联邦政府机构及其职能活动大量增加，政府文件也出现了史无前例的爆炸式增长。国家档案馆1941年设立"文件管理项目"（Record Management Program），用来规划、指导联邦政府机构文件管理；1945年国家档案馆在修订《1943年文件处置法》（The Records Retention Schedule 1943）时，加入了《通用文件处置表》（General Records Retention Schedule），作为政府机构系统处置文件的准则。1948年，联邦政府授权国家文件管理理事会研究并推荐政府文件管理项目的优化方案。上述努力导致文件管理成为一种专门化的管理活动。

文件大量产生也直接促成了40年代政府文件中心的建立。1941年海军部设置了造价低廉的临时库房，集中保存平时已不常使用但也不宜销毁或向档案馆移交的大量半现行文件。这就是文件中心的源起。设计文件中心方案的是国家档案馆工作人员艾默特·里赫（Emmett Leahy），时任海军部文件协作主管。他因为文件中心收效良好而受到海军部嘉奖。不久，文件中心在其他政府机构推广。

政府文件中心的成功及推广，带动美国商业界认识到建立商业性文件中心的必要性。设计海军部文件中心方案的艾默特成为"吃螃蟹的第一人"。他于1948年建立了商业档案中心（Business Archives Center），这是美国首个商业性文件中心。

（二）20世纪50至60年代：起步

20世纪50—60年代，美国商业性文件中心开始起步，中心早期主要出现在纽约和费城等东北部城市，后来扩展到其他大城市，如芝加哥和洛杉矶等。

起步阶段，商业性文件中心多以"搬运和仓储公司"（moving and storage company）的形式存在。它们向大公司和大机构提供文件保存和管理服务。搬运和仓储公司提供文件管理和保存服务具有一些优势，它们拥有库房和运输工具，并与许多大公司和大机构都建立有业务联系。后来许多成功的商业性文件中心都是从搬运和仓储公司发展起来的。不过，这些搬运和仓储公司往往设址单一，尚未成为跨地区乃至全国性的企业。

（三）20 世纪 70 年代：快速发展

20 世纪 70 年代，美国商业性文件中心快速发展。其原因主要有三：一是经济开始复苏，商业迅速发展。二是字处理软件的出现和使用加剧了文件数量增长。三是联邦、州、地方政府的法律法规不断出台，规定众多类型的文件都必须保存以满足法律和审计要求。面对经济快速发展和文件数量急剧增加的形势，许多小企业开始重视文件管理，但苦于成山的文件堆满租金昂贵的办公室。由此，商业性文件中心有很强的市场需求。Bekins 搬运和仓储公司的一个部门发展成为 Pierce-Leahy and Bekins 文件管理公司，就是当时最早一批建立起来的商业性文件中心之一。这家公司几经变迁，成为铁山公司的前身。

在快速发展阶段，中心表现出对现代化技术和设备的青睐。其业务除文件保存和检索外，还包括用电脑新技术为客户提供数据库信息。一些中心雇用数据录入人员帮助建立大型数据库，以提供文件检索、数据查考、文件和案卷盒定位查询等多项服务。

（四）20 世纪 80 年代：组建联盟

20 世纪 80 年代，美国商业性文件中心发展势头强劲，开始组建联盟组织。1980 年，商业性文件中心协会（The Association of Commercial Records Center）成立。第一批会员来自美国和加拿大，前者居多。如明尼阿波利斯市莫霍克商业文件中心（Mohawk Business Records of Minneapolis）、芝加哥文件管理公司（Records Management Service Inc of Chicago）、底特律伦纳德兄弟文件服务中心（Leonard Brother Records Service Center of Detroit）、芝加哥文件公司（File Room of Chicago）、波士顿铁山集团（Iron Mountain Group of Boston）、加拿大 STACS 文件管理公司（STACS Records Management of Canada）等。

商业性文件中心协会反过来推动了商业性文件中心进一步发展，80 年代美国几乎所有城市都建有一个或多个中心。这种势头影响了其他国家，商业性文件中心在世界各地纷纷建立。而 80 年代商业性文件中心在美国逐步成长为全国性的知名产业。

（五）20 世纪 90 年代：爆炸式增长

90 年代，美国商业性文件中心呈现爆炸式增长势头，主要表现为商业性文件中心数量的大幅增长。考察这一时期商业性文件中心协会会员数量，就能明显看出增长速度。据统计，1991 年该协会的会员公司为 380 个，20 世纪 90 年代末增加到 500 个，2004 年超过了 650 个。事实上，并非所有商业性文件中心都是协会会员，因此中心实际数量大大超过数百个。有人曾经估算，美国目前存在 2 000家商业性文件中心，当然这种估算可能包括一些小公司以及提供文件管理专门化服务的公司。

（六）21 世纪：优化整合

20 世纪 90 年代后期，美国商业性文件中心出现优化整合趋势。中心本是营利性机构，必会注重成本、讲求效率和追求利润。在全球企业重组、兼并、收购风潮盛行的大环境下，商业性文件中心也掀起了整合浪潮。大型商业性文件中心纷纷收购或并购小规模的中心，最典型的案例是 20 世纪 90 年代末、21 世纪初铁山公司对 Pierce-Leahy 公司价值 1.1 亿美元的并购。2000 年 2 月并购完成时，公司客户数量上升到了 115 000 位。

商业性文件中心整合是行业竞争优胜劣汰的必然结果，也取得了良好成效。以铁山公司为例，目前它已成为在北美洲、南美洲、欧洲、亚洲和大洋洲建有 600 多个分支机构的跨国公司，拥有 15 万客户，产值超过 30 亿美元，年收入 1.2 亿美元。2008 年在美国财富 1 000 强企业中排名第 722 位，在纽约证券交易所上市并于 2009 年成为标准普尔 500 家公司之一，2010 年在美国财富 1 000 强企业中排名第 644 位，2015 年排名第 730 位。铁山公司雇用了将近17 000名专业人士，并拥有完备的基础设施，宣称美国财富 1 000 强企业中有 94%的企业依赖其存储和管理信息。

二、商业性文件中心的演变特点

考察美国商业性文件中心 60 余年的发展历程，其演变特点可概括为起步较为迅速，扩张相对持久，稳步迈入理性发展轨道。换言之，中心经历了三个发展阶段——20 世纪 40 至 60 年代为起步阶段，70 至 90 年代为扩张阶段，21 世纪为理性发展阶段。不同阶段的演变有着具体表现及成因。

（一）迅速起步——追求文件管理经济高效的必然产物

从商业性文件中心的起源不难看出，它是由政府部门带动、以追求经济高效为目标的文件管理机构。政府机构首创文件中心的原因主要有二：一是迫于文件数量急剧增长的压力，二是希望文件管理既成本低廉又不降低管理效率。海军部的临时库房正是因为满足了文件管理经济高效的需求，才会被联邦政府推广并发展成为联邦文件中心。最早建立商业性文件中心和最早建立海军部文件中心的恰是同一人，说明商业性文件中心与联邦文件中心一样，都是追求文件管理经济高效的必然产物。

商业性文件中心起步迅速，主要是因为企业追求文件管理经济高效的动力十分强劲，甚至超过政府机构。企业基于追求利润最大化、效益最优化的本质需求，无论是实施文件管理活动，还是建立文件管理机构，都必然要求成本最为经济合算，效率最为合理优化。而且在商业社会中，市场必然发挥调节作用，影响商业性文件中心的建立速度和发展规模。这一点不同于联邦文件中心，联邦政府是借助法律和行政手段，统一规划政府系统内文件中心的设立，最终将联邦文件中心数量控制为 14 个。但商业性文件中心不受联邦政府约束，其建立和发展速度完全取决于市场需求。

商业性文件中心起步迅速表现为地域范围扩展较快，从东北部城市很快蔓延到其他地区。这种地域扩展首先集中在大城市，原因自然是大城市经济和商业发展较快，企业数量众多，因而对中心的市场需求更强烈一些。

（二）持久扩张——与经济高速增长同步和对技术高度重视

20 世纪 70 年代起，商业性文件中心呈现扩张势头。从 70 年代快速发展，到 80 年代组建联盟，特别是 90 年代爆炸式增长，表明中心扩张相对持久，跨越了数十年。造成扩张的原因众多，最重要的是得益于经济和商业的高速增长。

美国经济复苏始于 70 年代，到 80 年代进入快速发展时期。经济和商业高速增长不仅推动了企业数量增加，也导致商业活动中纸张消费和文件数量大幅增长。美国森林和纸业协会 90 年代末发布了一组 1989—1998 年商业合同和书面文件纸张使用量的统计数据：1989 年为 300 万吨，1990 年为 310 万吨，1991 年为 340 万吨，1992 年为 350 万吨，1993 年为 360 万吨，1994 年为 390 万吨，1995 年为 400 万吨，1996 年为 430 万吨，1997 年为 460 万吨，1998 年为 480 万吨。这组数据体现了商业活动纸张消费数量的持续增长，也从另一侧面反映出文件数量持续增加。商业性文件中心与经济和商业发展紧密关联，只有在经济高速增长环境下，中心才会出现较为持久的扩张。

导致商业性文件中心爆炸式增长的另一重要因素是 90 年代外包现象盛行。政府机构、企业、社会组织由于规模压缩或精简合并的要求，盛行将一些业务——打印、复制、快递、文件管理进行转包或外包。文件保管就是被普遍视为适合外包的业务或项目，越来越多的政府机构、公司和组织开始选择将文件保存在商业性文件中心，享受其专业服务，这也进一步推动了其扩张。换个角度来看，外包的盛行恰恰是商业性文件中心服务专门化和社会化的体现。

商业性文件中心 70 年代就表现出对技术的高度重视，甚至是依赖。及时引进先进技术运用于文件管理和服务，是中心的普遍做法和一贯作风。80 年代对中心影响较大的技术有条形码和光盘存储。条形码主要用于文件及其目录查询。一些商业性文件中心还运用复杂的条形码软件程序进行库房管理，效果良好。光盘存储终结了中心使用缩微胶片的历史。到 90 年代，中心采用了更多新技术——保险库、电子保险库、灾难防御与意外防备系统、计算机相关服务等开展业务和提供服务。保险库具有防火防盗、恒温恒湿功能，安全性良好。电子保险库是一种数据备份系统，借助库房的中心电脑，经客户允许，检查客户局域网的日志，并形成 30 天的紧急备份。中心还可帮助客户设计全面的灾难防御与意外防备系统，不仅提供数据备份，自身还可成为客户灾难防御计划中的一个安全地点。计算机相关服务的内容是为客户保存和运送计算机及其配件。中心通常拥有先进的条形码软件程序、安全适宜的库房以及迅捷的快递服务，这都有利于为客户保存计算机及其配件，并在客户需要时及时送达。

商业性文件中心之所以高度重视技术，主要是出于市场竞争的考虑。在扩张阶段，美国乃至全球都呈现出科技迅猛发展的态势，技术在各行各业的应用十分普遍。文件管理的技术含量也日益提高。商业性文件中心作为现代化企业，势必会充分利用先进的电子、信息、通信和网络技术，只有提供优质、高效的专业化文件管理和服务，才可能赢得客户，取得竞争胜利。而且，美国科技发展的领先地位也为中心的技术优势提供了有利条件。这样一来，商业性文件中心注重技术既有本质需求，又有保障条件，这也是其一直以来的突出特点。

（三）理性发展——稳步追求规模效益和技术优势

从 90 年代末起，美国商业性文件中心稳步迈入了理性发展阶段。之所以说是理性发展，是因为整个行业更加注重规模效益并着力保持技术优势。

商业性文件中心掀起优化整合浪潮是整个行业注重规模效益的表现。尽管中心出现爆炸式增长，但商业界认识到并非越多越好。大型商业性文件中心纷纷收购或并购小规模的中心，目的是保持中心数量和规模的稳定适宜。

进入 21 世纪，商业性文件中心依然注重新技术应用，实现自身理性发展。对中心影响较大的新技术主要有射频认证条形码和全球卫星定位技术。前者功能很多，有查询和目录控制功能。当使用计算机查询时，其条形码会发出“回应”，或对系统就文件存址、数据领域、著录内容以及其他相关信息做出反应。如果一份文件或一个案卷盒在没有登记的情况下被搬离指定地点，系统会发出警报。此外，商业性文件中心普遍使用射频认证技术进行目录控制，全球卫星定位技术也在中心广为应用，主要用于文件运输和传送。从中心出发的每一部运输车的运行位置都可以在中心计算机屏幕显示的地图上及时查找到，便于中心安排和调度运输车辆。运输车上也装有车载卫星定位系统，运输目的地会在车载液晶显示屏上及时显示。中心与运输车辆之间能保持及时联系。

尽管新技术带来了许多便利和成效，但中心对技术应用的关注更趋于理性。计算机载体的稳定性和持久性通常是其关注问题之一。早在 1998 年，美国《商业周刊》就对计算机数据丢失的现象做过报道。数字文件的长久保存已成为当前需要攻克的难题。麻省一家公司研制出名为“纸盘”的产品，在纸张上输出打印用点和符号表示的数字文件。据公司介绍，这种纸盘可像传统的高品质纸张一样保存数百年。商业性文件中心对这一变通技术表现出浓厚兴趣，尽管没有后续信息说明中心是否采用了纸盘，但计算机载体的稳定性、安全性和持久性障碍促使中心对技术的采用将更加慎重。

商业性文件中心的理性发展还表现为对自身发展前景的谨慎看待。中心已存在 60 余年，已经和正在经历很多变化和挑战。一些新技术可能会影响其发展前景。如无纸办公的实现是否会导致商业性文件中心的消失，业界和学界尚有争议。但事实证明，无纸办公对于许多公司和机构而言仍是难以实现的目标，纸张与电子载体将会并存相当长一段时间。而且，商业纸张消费量依然持续增长。只要有文件保存和管理的需要，商业性文件中心就有存在的必要。但商业性文件中心已经理性地认识到，只有着力保持技术优势、完善服务质量和提高客户满意度，自身才能赢得更大的生存和发展空间。

三、商业性文件中心产生的理论依据

商业性文件中心是文件中心的一种形式，是效仿政府文件中心的产物。政府文件中心的建立引领了商业性文件中心的起步。

文件中心的理论依据是文件生命周期理论。美国建立的海军部文件中心取得了巨大效益，后来在其他政府机构得到推广，并在美国普及，继而成为其他国家争相效仿的榜样。这种现象引起了西方档案界的普遍关注，引发了对其理论依据的思考，为了挖掘文件中心的理论根源，西方档案界提出了文件生命周期理论，这一理论经过数十年不断发展和完善，被公认为文件中心的理论基础。

商业性文件中心同样是基于文件生命周期理论的完美实践。商业性文件中心是文件中心的一种类型，具有文件中心的基本职能和作用，主要为半现行文件提供保管服务，借助高科技手段为有需要的企业、机构、组织和个人提供集成化、专业化和社会化的文件管理和信息服务，发挥过渡性保管机构的作用。与政府文件中心不同的是，商业性文件中心是一种私人创办的独立核算、自负盈亏的营利性、服务型企业，更加追求高效率和高效益。这种追求使商业性文件中心更充分地符合文件生命周期理论的要求。文件生命周期理论指出，各阶段的文件由于价值形态变化其服务对象、保管场所和管理方式等方面也产生了差异，因此必须尊重各阶段文件的区别，针对其价值形态的变化，对文件整体运动过程实施阶段性管理，为各阶段文件找到最适宜的保管场所和管理方法。商业性文件中心正是对文件实施的阶段性管理，它依托先进的科技对半现行文件提供集成化、专业化的管理，使文件在商业性文件中心内部得到安全、高效的管理，成本更低、效率更高，更加经济实用。因此可以说，商业性文件中心是企业半现行文件最佳的保管场所，符合文件生命周期理论对阶段式管理的要求。换言之，文件生命周期理论正是商业性文件中心产生和发展的理论基础和科学依据。

商业性文件中心的产生和发展不仅不符合文件生命周期理论阶段式有效管理的要求，而且更突出地体现了文件生命周期理论全过程管理的思想。由于商业性文件中心的服务对象主要是企业，企业出于效益的考虑要求商业性文件中心对其文件进行全过程管理并提供全方位服务。从文件的生成、管理和维护到最终处置，整个过程均由商业性文件中心进行高效管理。商业性文件中心的服务内容具有明确的专业性特点，从文件运送、日常管理、安全保存、鉴定销毁等传统服务到后来增加的文件数据恢复、文件管理软件设计、文件管理系统开发、信息利用、知识管理、域名托管等新型服务项目，不难发现商业性文件中心尽管名为“文件中心”，但实际上其服务范围已经涵盖了文件、信息的整个生命周期。总之，文件生命周期理论的全过程管理思想为商业性文件中心的产生和发展提供了理论依据。

四、商业性文件中心产生的实践原因

（一）满足多元化的市场需求

文件管理是政府机关、企事业单位普遍开展的一项活动。20 世纪 40 年代，美国基于联邦政府文件管理的需求，建立了联邦文件中心，以实现政府文件经济高效的管理。然而，联邦文件中心的服务对象只是联邦机构，并不包括企业和其他机构。企业与政府机构一样，具有文件管理的需求，在二战结束后，美国经济开始复苏并进入持续发展期，企业数量迅速增加，企业形成的文件数量也随之大幅增加，相应产生了强烈的文件管理需求。换言之，二战后的美国对文件管理存在多元化的市场需求，除政府机构外，企业的需求最为迫切。

美国作为一个资本主义国家，私有制是其社会制度的基本形式，企业就所有权和性质而言大多也属于私有企业。这些私有企业由于追求利益最大化的本质特点，在经济发展过程中非常重视其文件管理，希望实现文件安全、经济和高效的管理，降低企业管理和运营成本，降低企业的风险。联邦文件中心只服务于联邦机构系统，无法直接满足企业特别是私有企业的文件管理需求，这就给市场留出了企业文件管理和信息服务的服务空间。艾默特・里赫正是看到了这一商机才创建了商业性文件中心。应运而生的商业性文件中心继承了联邦文件中心的优点，为企业和有需要的机构提供文件管理和信息服务。可以说，商业性文件中心正是为满足文件管理多元化的市场需求而产生的，符合市场运行规律。

（二）体现社会分工的细化

商业性文件中心的产生体现了社会分工的细化。20 世纪 50 年代起，由于经济的快速发展和管理活动的日益复杂，社会分工日趋细化，社会生产和服务部门越来越专业化和专门化，产品和服务类型也呈现出专门化的特征，这是社会劳动生产率不断提高的必然结果。文件管理作为政府机关和企事业单位普遍开展的一项活动，在社会分工细化形势的推动下也逐渐变得更加专业化和专门化了。此时就需要有一种专门机构来独立承担这种专业化和专门化的管理和服务。商业性文件中心的产生恰恰体现了社会分工的细化，政府部门之外的企业和其他机构，它们的文件管理职能转移到商业性文件中心，由商业性文件中心独立承担。换言之，商业性文件中成为一种独立承担企业（机构）文件、信息服务职能的专业化和专门化机构。

例如，里格档案管理有限公司（Recall）致力于为各行业的中小型私营企业和大型跨国集团提供一流的专业解决方案，业务范围涵盖整个信息生命周期，包括文档管理、数字解决方案设计、数据保护和安全销毁等多项服务。里格公司已经成为全球文件、信息服务领域的引领者，通过智能化战略解决方案和成熟的专业知识，帮助众多企业和机构客户应对与文件管理、数据保护和文件销毁相关的挑战。专业化的服务使得里格公司在政府机关和企事业单位之外独立承担起文件、信息服务功能，充分体现了社会分工的细化。

（三）追求文件管理效益

商业性文件中心满足了企业重视文件管理效益的需求。二战之后，美国企业在数量增长的同时也面临着日益激烈的竞争。企业本身作为营利性机构，追求利益最大化是其首要目标。面对激烈的市场竞争，企业会更加重视管理效益。文件管理作为企业的一项重要职能，其质量高低必然影响企业的管理成本，降低企业的效益。因此，企业必须也必然重视文件管理，致力于追求文件管理的安全、经济和高效。注重效益的商业性文件中心自然会受到企业的青睐。

笔者发现，商业性文件中心在 20 世纪 40—60 年代起步，从 70 年代进入扩张阶段。对照美国的经济发展情况，无论是在经济增长阶段还是经济衰退阶段，企业对文件管理效益的追求和重视始终不变。二战结束至 20 世纪五六十年代，美国进入长期的经济发展和繁荣时期。据统计，战后 25 年中，美国经济以平均每年 3.5%的速度增长，国民生产总值由 1946 年的 2 000 亿美元增至 1970 年的近 10 000 亿美元。而进入 70 年代，美国经济形势开始恶化，出现严重的通货膨胀，1973—1975 年、1979—1980 年两次发生严重的经济危机。有统计显示，当时美国整个工业产值下降 15.3%，制造业下降 17.3%，1979 年，美国工业生产停止增长。在这种情况下，美国企业尤其是中小企业的发展异常艰难，时刻面临破产或被兼并的危险。为了能在夹缝中生存下去，企业需要比以前更加关注效益问题。文件的急剧增加使企业尤为重视文件管理效益，而自行管理文件则会增加企业的成本。因此，出于成本和效益的考虑，企业希望商业性文件中心为其提供廉价质优的文件管理和信息服务。这样一来，商业性文件中心的产生和发展也就顺理成章了。国外商业性文件中心的三大典型——铁山、里格、GRM 共同的产生背景即是满足企业文件管理效益的需求，提供廉价质优的文件管理和信息服务，降低企业文件管理成本，提高企业文件管理效益。

此外，商业性文件中心也是追求文件管理规模效益的产物。因为它对文件实行集约化、专业化管理，为客户提供规模化、专门化服务，避免每个企业单独设立文件管理机构。从整个行业乃至社会而言，商业性文件中心可以降低文件管理的成本，实现文件管理的规模效益。

（四）实现文件、信息服务的技术优势

商业性文件中心从产生起一直就对技术高度重视和充分依赖。20 世纪中期以来，以计算机技术为代表的第三次技术革命兴起，各项新技术取得了迅猛发展，新技术的出现往往会推动新的服务领域产生，而新的服务领域产生又会反过来刺激新技术的进一步应用和发展。以计算机技术为代表的新技术的开发

和应用促进了信息服务这一新兴领域的出现。商业性文件中心也可以说是文件、信息服务领域技术发展的产物，它通过充分应用各种先进技术来提高文件、信息服务的水平和质量，借助技术优势来彰显自身特色和优点，吸引更多的客户、赢得更大的市场。换言之，商业性文件中心就是凭借其自身的先进设施和技术水平区别于传统的文件保管机构，体现出其安全、优质、高效的专业形象。

商业性文件中心之所以非常重视技术，主要是因为市场竞争的需要。商业性文件中心完全是自主经营。自负盈亏的企业，要想在激烈的市场竞争中站稳脚跟，就必须有吸引客户的“秘笈”。20 世纪中期，全球都呈现出科学技术迅猛发展的态势，技术在各行各业的应用都十分普遍。文件管理也成为技术含量日益提高的一项专门活动。商业性文件中心作为现代化企业，势必充分利用先进的电子、信息服务，才可能赢得用户的满意，取得市场竞争的胜利。

还以里格公司为例，它是文件、信息服务行业中第一个将射频识别技术应用到实践中的企业，该技术极大提高了其工作效率，也增强了其准确性。此外，里格公司为工业自动化公司提供的应付账户文档管理解决方案中，其他国家和地区的分公司基本以 300 像素的分辨率（除非另行规定）将文件进行扫描，然后将数字图像安全转输到里格公司位于瑞典的中心，并通过热成像光学识别技术在 24 小时内抓取数据且通过人工检查以保证质量，将数据存储在北美数据中心同时在欧洲数据中心备份。可见，商业性文件中心十分注重先进技术的应用，充分发挥文件、信息服务的技术优势。

五、商业性文件中心的定义和性质

国际档案界对商业性文件中心较为权威的定义当属美国国际文件管理者与指导者协会的《文件与信息管理术语词汇表》给出的解释——“保存其他组织的文件并以营利为目的、提供有偿服务的文件中心。”这一定义表明商业性文件中心是文件中心的一种类型。

商业性文件中心除具有文件中心的基本性质和特点之外，还表现出一些特殊性。ARMA 的定义强调了商业性文件中心的营利性，这表明商业性文件中心是一种营利性机构。综合来看，商业性文件中心是一种私人创办的独立核算、自负盈亏的营利性、服务型企业，借助高科技手段为有需要的企业、机构、组织和个人提供商业化、专业化和社会化的文件管理服务。

理解商业性文件中心的定义可以从以下四点入手：

第一，商业性文件中心的开办主体是私人企业。商业性文件中心是满足文件管理市场需求的产物，本身是一种私人企业。笔者研究美国商业性文件中心的起源时发现，创办第一个政府文件中心和商业性文件中心的人都是美国国家档案馆的工作人员艾默特·里赫。他在离开国家档案馆后把建立海军部文件中心的成功经验引入商业领域，于 1948 年投资建立了商业档案中心，也就是美国第一个商业性文件中心。当前国外商业性文件中心都是以私人投资的方式建立的，在业务开展、经营管理、发展决策等方面享有独立自主的权利，也承担着自负盈亏的责任。

第二，商业性文件中心的服务对象以私人企业、组织和个人为主，也包括政府机构。起初商业性文件中心的主要客户是公共档案机构管辖范围之外的企业、组织和个人，这些企业、组织和个人或因为没有设立文件管理机构，或因为发现自行管理文件的成本不够合算，因此委托商业性文件中心代管文件。20 世纪 90 年代之后，由于业务外包的普遍盛行，越来越多的政府机构在精简高效的目标驱动下开始成为商业性文件中心的新客户。当然，目前商业性文件中心的服务对象仍以私人企业、组织和个人为主。

第三，商业性文件中心的服务内容是专业性的文件信息管理服务。商业性文件中心从建立伊始就确定了专业性的服务内容，包括文件的运送、日常管理、安全保存、鉴定销毁等传统服务项目。后来随着社会发展、技术进步和需求变化，又增加了文档数据恢复、文档管理软件设计、文档管理系统开发、信息利用、知识管理、域名托管等新型服务项目。目前，商业性文件中心已经发展成为一种专业性行业——文件、信息管理服务行业。

第四，商业性文件中心的基本性质是商业性和有偿性。这是商业性文件中心和政府文件中心的根本区别。商业性文件中心本身是一种服务型企业，营利是其根本目标。它作为市场主体，其运作方式、管理模式和经营特点都与市场紧密相连，目标是追求利益的最大化。同时，商业性文件中心提供的服务凝结了劳动，具有商品属性和经济价值，因此采用的是有偿提供的方式。客户需要通过付费来获得服务，这一点在 ARMA 的定义中得到了明确的体现。

六、商业性文件中心的综合特征

商业性文件中心秉承文件中心的基本优点，为众多企业、机构和个人提供了经济高效、安全可靠的文件信息管理服务。不仅如此，商业性文件中心还具有一些独特之处，因此受到企业乃至政府部门的普遍青睐。笔者对商业性文件中心进行了全面考察和典型分析，将其主要特征归纳为四个方面。

（一）机构性质：明确企业定位

商业性文件中心的性质具有明显的企业化特征。众所周知，企业是依法设立的一种营利性的经济组织，从事生产、流通、服务等活动，以生产或服务满足社会需求，实行自主经营、独立核算和自负盈亏。其基本职能是从事生产、流通和服务等经济活动，向社会提供产品或服务，满足社会需要。其本质是追求利益的最大化。商业性文件中心从一开始就是作为企业建立的，符合企业的定义和本质特征。

商业性文件中心是由私人投资、遵照法律规定登记注册的企业，无论类型和规模如何，都是一种服务型企业。对于企业而言，营利是其根本目标。铁山公司的年度报告都会提出经营目标，激励公司获得更多的利润和收益。例如，公司2007年的年度报告就提出下一个五年（2008—2013年）的经营目标是年度收入增长达到8%～13%。公司网站信息显示，2007年其产值超过23亿美元，在美国财富1 000企业中排名第780位；2010年其产值超过23亿美元，在美国财富1 000企业中排名644位；2015年，排名为730位。可见，营利的特点在商业性文件中心身上表现得相当突出。

（二）经营方式：紧贴市场需求

商业性文件中心作为独立核算、自负盈亏的企业，经营方式具有紧贴市场需求的特征。只有根据市场需求进行经营决策，商业性文件中心才能生存发展，实现利益最大化。这种紧贴市场需求主要表现在以下两点：

一是经营宗旨紧贴市场需求。企业的经营宗旨决定着其经营方式。商业性文件中心的经营宗旨就是紧贴市场需求，客户至上。作为服务型企业，商业性文件中心必须牢记只有满足客户的需求，自身才有生存和发展空间。例如，美国知名商业性文件中心之一的GRM就明确提出了客户至上的经营宗旨，宣称以负责态度、团队合作精神与创新理念为客户提供精确无误、完善周到的服务。只要客户有需求，公司就竭尽全力加以满足。

二是经营地点分布紧贴市场需求。当前，商业性文件中心在经营地点的选择和分布上也充分紧贴市场需求。从整体分布来看，截至2012年，在国际文件与信息管理服务行业协会（PRISM）登记注册的592家商业性文件中心虽然遍及全球各大洲，但主要集中在北美洲和欧洲，其中北美洲有407家，欧洲有72家，数量远远超出了亚洲（48家）、南美洲（40家）、大洋洲（17家）和非洲（8家）。这是因为北美洲和欧洲是经济发达地区，文件、信息服务的市场质量需求最为旺盛。此外，国际性商业性文件中心更是紧贴市场需求设置经营地点，例如铁山公司的600多个分支机构遍及除非洲外其他大洲的39个国家和地区，里格公司的300多个分支机构也遍及除非洲外其他大洲的25个国家和地区。这两大公司经营地点的选择和分布同中有异，共同点都是主要集中在北美洲和欧洲；不同点是铁山公司的设点分布偏重在北美洲，而里格公司的设点分布偏在欧洲。

（三）业务内容：在广泛的基础上不断扩展

商业性文件中心的业务十分广泛，从传统文件保管到现代信息服务都包含在内。综合而言，商业性文件中心的业务可以有两种划分。一是从管理对象分，可分为针对纸质文件的业务和针对电子文件的业务。前者包括文件搬运、装具或设备提供、文件清洁、文件整理立卷、影像载体保存、开放排架、库房管理、缩微复制、文件回收、文件销毁、硬拷贝、编制检索工具等业务；后者包括文件管理方案设计、文件数字化、文件管理系统开发、文件管理软件设计、数据重置、灾备计划编制、电子保存、电子文件管理、电子邮件管理等业务。二是从服务特点分，可分为基本服务和延伸服务。基本服务包括运送、保管、销毁、编制目录索引、扫描、数据备份、灾后恢复、制定保管期限表等；延伸服务包括业务外包、专业咨询、技术支持、知识产权服务、员工培训等。

(四) 服务质量：在确保安全前提下实现优化

商业性文件中心具有强烈的服务意识，特备注重服务的价廉质优。例如铁山公司的经营理念之一就是把客户文件当做自己的财产保管，确保其安全可靠。为此，商业性文件中心提供的优质服务是以安全为前提的。如果文件信息的安全缺乏保证，那么商业性文件中心的优质服务只能是“空中楼阁”。商业性文件中心对安全的重视和强调是摆在第一位的，保障安全的措施是多方面的，渗透在商业性文件中心运作的方方面面。像数据的备份系统、计算机和文件的加密技术、文件库房的防火系统、文件运输车辆的安保设备、文件操作流程的跟踪记录等都是保障文件和信息安全的重要措施。铁山公司甚至提出“安全是一种生活方式”的宣传口号，切实将维护文件信息的安全贯彻到公司的业务流程、人员考核、设备购置与库房建设等各个方面。正因为如此，到目前为止，该公司尚未发生过安全事故。可见，注重安全正是商业性文件中心受到普遍信任的原因之一。

此外，商业性文件中心的优质服务还体现在为客户提供个性化服务上。中心不仅有运作成熟的规范服务，更有为客户“量身定做”的个性化服务。除了上文提到的多种业务之外，大多数商业性文件中心都重视为客户提供个性化服务。例如，GRM 可以为每位客户量身设计文件管理方案，满足其个性化需求。铁山公司和里格公司也声称可以根据客户需求，提供个性化的方案设计、系统开发、专业咨询、员工培训等服务项目。

(五) 行业监管：组织保障与制度保障齐头并进

当前，商业性文件中心发展成为一个行业已得到国际公认。1996 年由美国商业性文件中心协会与国家安全数据保险库协会合并组成的国际文件与信息管理服务行业协会（PRISM）就是商业性信息管理行业的非营利性行业协会。商业性文件中心行业具备较为成熟的行业自律和监管，组织保障与制度保障齐头并进。

一方面，行业协会的建立为商业性文件中心行业的有序运转提供了组织保障。协会宗旨包括提供最佳行业教育；向政府机构、标准化组织、媒体和消费者持续倡导行业价值；组织论坛，用以指导和交流行业信息和经验，在会员间形成良好关系；研发对会员有回报价值的新产品、服务和信息；通过执行行业准则和业务标准，增强专业性和行业的影响力。这些宗旨清晰明确，表明商业性信息管理行业致力于为公私机构提供有效的文件和信息服务，帮助客户降低管理成本、减少诉讼和审计风险、提高业务效率，实现信息资产的良好组织和维护。

另一方面，协会制定有成熟规范的行业准则和标准制度，为行业自律和监管提供了制度保障。协会的行业准则包含针对客户、会员以及公众的内容。其中，对客户的行业准则是“拟定合同条款并严格履行；维护客户信息的秘密和安全；提供信息管理服务的最佳实践和质量控制；确保设施、员工、控制和程序都适宜履行专业职责”。对会员的行业准则是“承认对客户信息资产共同具有重要责任；加强沟通与协作以维持高标准服务；开展信息交流促进行业完善；合作提升行业整体形象”。对公众的行业准则是“虚心接受并认真解决投诉；确保会员公司遵纪守法并履行社会责任；致力于持续提高行业知识、资源、实践、产品和服务；引导其他组织和个人关注信息管理问题”。这些准则明确揭示了商业性文件中心行业的专业职责和社会责任。同时，协会还制定有一系列标准制度，包括标准协议、员工保密协议、灾害计划手册、风险转移指南、文件保管期限表、排架标准、行业术语标准等，要求会员统一执行。此外，协会还注重遵循国际、国家等层面的各种法律法规和标准，对整个行业实行有效监管。例如，商业性文件中心行业要遵循 PRISM 和 ISO 15489 的相关规定，也要遵循各国法规针对文件、信息管理的相关条款。典型例子是美国 2002 年在发生安然、世通等公司财务欺诈事件后颁布了《公司会计改革和投资者保护法案》，明确规定了篡改文件的刑事责任。美国所有商业性文件中心的经营必须遵循该法案的相关规定。当然，行业准则和标准制度尽管不像法律法规那样具有强制性和约束力，但它与法律法规共同配合，对规范行业发展起到了良好作用。

七、商业性文件中心的类型

笔者研究国内外商业性文件中心的现状发展时发现，当前商业性文件中心数量众多，分布广泛，已经遍及全球。而且，商业性文件中心的典型突出，已经形成了较为成熟的行业。对数量众多、规模不一、业务各异、特色各具的商业性文件中心进行分类并非易事。笔者将选取若干标准，对商业性文件中心进行类别划分。

（一）按市场范围分为国际型、洲际型与国内型

商业性文件中心的市场范围有大小之分。国际文件与信息管理服务行业协会（PRISM）编制会员名录时就设有“市场范围”（market area）一栏，用来区分各商业性文件中心的市场规模。最大的是跨国公司，市场范围是“全球”（worldwide）；其次是以欧洲、北美洲、南美洲、亚洲、非洲和大洋洲中的某一个州作为市场目标的公司；最小的是以本国作为市场目标的公司。如果就绝对数量来看，国内型商业性文件中心最多。如果就影响力而言，国际型商业性文件中心最强。

当今世界最具知名度和影响力的商业性文件中心当属两家跨国公司——排在首位的铁山公司和位居次席的里格公司。前者总部设在美国马萨诸塞州的波士顿，在北美洲、南美洲、欧洲、亚洲和大洋洲的 36 个国家和地区建立了 600 多

个分支机构，拥有全球 15 600 个客户（截至 2015 年）。后者总部设在美国佐治亚州的诺克罗斯，在北美洲、南美洲、欧洲、亚洲和大洋洲的 25 个国家和地区建立了 300 多个分支机构，拥有 8 万多客户。

（二）按业务内容分为传统文档保管型和现代信息服务型

商业性文件中心的业务内容有传统和现代之别。以文件保管为主要业务的属于传统型商业性文件中心，以信息管理服务为主要业务的属于现代型商业性文件中心。国际文件与信息管理服务行业协会编制会员名录时还没有“提供业务”（service offered）一栏，用来明示各商业性文件中心的业务内容。这些业务包括文件搬运、装具或设备提供、文件清洁、文件整理立卷、影像载体保存、开放排架、库房管理、缩微复制、文件回收、文件销毁、硬拷贝、编制检索工具等。这些业务的特点是劳务成分较多，偏重于文件的搬运、代存和日常管理。

现代信息服务型商业性文件中心大多借助技术和智力优势，主要开展现代色彩浓厚的业务，包括文件管理方案设计、文件数字化、文件管理系统开发、文件管理软件设计、数据重置、灾备计划编制、电子保存、电子文件管理、信息管理、文件和信息咨询、业务外包、员工培训等。这些业务的特点是智力成分突出和技术水平先进，偏重于帮助客户解决电子文件管理的诸多问题，并向客户提供文件、信息管理方面的咨询和培训服务。

商业性文件中心的业务内容偏重于传统或是现代，受到经营规模、区域分布等多种因素的影响。一般而言，跨国公司以及在发达国家或地区建立的商业性文件中心多属现代信息服务型，而国内公司以及在发展中国家建立的商业性文件中心多属传统文档保管型。当然，随着现代信息技术的发展，越来越多的商业性文件中心的业务开始向现代信息管理服务倾斜。

（三）按发展特点分为综合型和专业型

商业性文件中心的发展特点有综合和专业之异。综合型商业性文件中心一般具有较长的发展历史和较大的发展规模，拥有良好的客户关系和专业团队，业务覆盖面广，知名度和美誉度也比较高。这类商业性文件中心的综合特点表现在诸多方面，例如：管理对象具有综合性，包含纸质文件和电子文件；业务范围具有综合性，包含文件信息管理服务的各个方面。一句话，传统和现代兼顾，文件与信息共管。

专业型商业性文件中心大多是随着信息技术的发展而出现的新兴企业，其特色在于业务的针对性和专业性，大多侧重于文件管理环节中的某一环节或者某个具体方面，如文件数字化扫描、文件管理软件设计、文件鉴定方案编制、信息管理系统开发等。

【思考题】

1. 简述外国文件中心的形成和发展阶段。

2. 简述外国文件中心的性质和职能。
3. 简述外国文件中心面临的挑战及对策。
4. 综述外国文件中心的业务活动。
5. 综述外国文件中心的优越性。
6. 综述商业性文件中心的发展历程和演变特点。
7. 综述商业性文件中心产生的理论依据和实践条件。
8. 综述商业性文件中心的定义、性质和类型。

第十二章

外国档案管理机构

【本章要点】

- 总结外国档案机构从古至今的发展历程及各阶段的主要特点。
- 明确外国档案馆的设置原因和类型划分。
- 说明外国档案馆的职能。
- 阐述外国档案馆性质和职能的变化。

【关键词】

法老档案库
宰相档案库
神庙档案库
王宫档案库
王国档案图书馆
私人档案库
城邦档案库
预言书档案库
贵族档案库
平民档案库
国家档案库
皇帝档案库
庄园档案馆
教会档案馆
城市档案馆
国王档案馆
社团档案馆
机关档案馆
殖民地档案馆
国家档案馆
经济档案馆
档案馆网
公有档案馆
非公有档案馆
综合性档案馆
历史档案馆
部（专）门性档案馆
私人企业档案馆
政党档案馆
大学档案馆

第一节
外国档案管理机构的发展历程

档案管理机构是一个集合概念，有着广义和狭义的理解。广义的档案管理机构是档案领域内所有机构的总称，包括档案收藏机构、档案事业管理机构、档案教育机构、档案宣传机构、档案出版机构、档案科研机构等。狭义的档案管理机构一般多指档案收藏和保存机构。这里主要选择狭义的档案管理机构概念，对外国档案管理机构的发展历程进行评述。

一、奴隶社会时期：档案管理机构的萌生

古代东方不仅是档案的发源地，也是最早出现档案管理机构的地区。档案管理机构是开展档案工作的基础设施。各奴隶制国家的档案管理机构主要以收藏和保管档案为职责，未能像今天这样面向社会公众开放，因此算不上是真正意义上的档案馆，只能说是档案库。而且这些档案管理机构除了收藏档案以外，还保管图书、珍宝和其他物品，因此很大程度上是一种混合型机构。与档案一样，奴隶社会档案库也是通过考古发掘发现的。在埃及、两河流域、希腊和罗马等地的考古证实，奴隶社会存在过多种类型的档案库。以下按地域分别论述。

（一）古埃及

古埃及是世界四大文明古国之一，位于非洲东北部的尼罗河下游。它地跨亚、非两大洲，北濒地中海，东濒红海，西邻利比亚，南邻苏丹，东北部的西奈半岛接西亚的巴勒斯坦地区。它是最早进入奴隶社会的国家之一。从公元前3100年左右在尼罗河下游建立统一的奴隶制国家起，到公元前 30 年被并入罗马帝国为止，其奴隶制时期延续了 3 000 多年。这一期间古埃及主要出现了三种类型的档案库。

1. 法老档案库

法老的原意为“宫廷”，后来演变为对国王的尊称。他集军权、政权、财权、神权于一身，是奴隶主阶级的最高代表。法老档案库设在法老的宫殿里，主要收藏国家最重要的政治和经济档案，以及与其他国家的外交函件和来往文书。前面提到的泰尔·埃尔-阿玛尔那档案库就是一个典型的法老档案库，它设在第十八王朝法老阿蒙霍特普四世的宫殿内，考古人员从中发掘了不少楔形文字泥板档案，内容主要是两河流域一些国家，如巴比伦、亚述和赫梯的国王写给埃及法老的外交文书。

2. 宰相档案库

宰相是仅次于法老的最高行政长官。宰相档案库设在宰相的府邸内，主要收

藏国家行政管理档案。法典是宰相档案库中最重要的收藏品，这是因为宰相在处理政务或审理案件时需要随时查用法典文件。此外宰相档案库的馆藏还包括土地登记簿、土地赏赐记录、收支账簿、地方长官的报告、纳税人名册、遗嘱副本、居民申请书等。

3. 神庙档案库

神庙原是一种宗教祭祀机构，由祭司掌管。它在奴隶制国家的政治和经济生活中占有很重要的地位，因此往往也成为公务文件的保存场所。神庙档案库一般收藏神庙拥有土地的契据、神庙财产记录和祭祀活动记录等。如卡呼恩神庙档案库遗址内就出土了一些公务文件、神庙人员登记表、缴纳贡赋报表和收据等。有时神庙的墙壁也用来刻写和约之类的外交文件。如拉美赛神庙档案库的墙壁上就记载了法老拉美西斯二世与赫梯国王哈图西里三世订立的和约，时间大约是在公元前 13 世纪。

（二）古代两河流域

古代两河流域也是世界文明的发源地之一，是指亚洲西南部的幼发拉底河与底格里斯河冲积而成的广大平原地带，出现过亚述、苏美尔、阿卡德、巴比伦、埃兰、波斯和赫梯等国家。希腊语称之为“美索不达米亚”（Mesopotamia），意思是“两河之间的地方”。与古埃及一样，这里也是最早进入奴隶社会的地区之一。从公元前 3000 年左右苏美尔人建立奴隶制城邦国家开始，到公元前 538 年被波斯占领为止，其奴隶制时期也持续了约 2 500 年。这一期间古代两河流域主要出现了四种类型的档案库。

1. 神庙档案库

苏美尔人也建立了神庙这种宗教祭祀机构，掌管神庙的祭司是神的代言人。早期国王集神权与王权于一身，实际上就是最高的祭司。因此神庙档案库往往保存国家重要的行政和经济管理文件。如苏美尔统治时期的基什、拉伽什、乌尔等城邦国家都发现了神庙档案库的遗迹。

2. 王宫档案库

苏美尔统治崩溃后出现了政教分离的倾向，神庙档案库的地位开始下降。到公元前 24 世纪阿卡德王国称霸时期，出现了设在国王宫殿里的王宫档案库。前面提到的埃勃拉王宫档案库就是阿卡德王国附属的埃勃拉王国建立的，考古人员从中发掘的泥板档案数量高达 16 500 多块，内容包括行政管理文件、法律文件、财务文件和外交文件等。这表明埃勃拉王宫档案库已具有相当规模。到公元前 19 世纪古巴比伦统治时期，王宫档案库的规模进一步发展，设立地点也基本与神庙分离。

3. 王国档案图书馆

王国档案图书馆也是在阿卡德王国称霸时期出现的。阿卡德王国的创始人萨尔贡一世在今天伊拉克境内希拉城附近建立了尼普尔城和倍洛斯神庙。后来美国考古队在倍洛斯神庙的遗址上发掘了尼普尔档案图书馆，它的规模相当大，拥有库房 80 间左右，保存有大量泥板档案。到公元前 10 世纪左右亚述王国统治时期，档案图书馆的发展达到高峰，最具代表性的就是亚述国王亚述巴尼拔在尼尼微建造的档案图书馆。这里发掘出了大约 30 000 块泥板档案和图书，包括行政文件、法律文件、公务信函、外交文件、经济报表、天文观测记录、建筑报告，以及亚述巴尼拔派人从全国各地和其他国家收集到的各种图书等。

4. 私人档案库

随着经济的发展和商业活动的增多，两河流域开始出现一种以保存商业活动记录为主的私人档案库。到亚述王国和后来的新巴比伦王国（公元前 7 世纪）时期，私人档案库发展到了一定规模。如公元前 7 世纪起，有一个著名的商业世家埃吉比家族建立了本家族的私人档案库，收藏和保存前后六代从事商业和金融活动的记录。

（三）古希腊

古希腊位于欧洲南部，是在巴尔干半岛南部及爱琴海诸岛和小亚细亚西岸等地建立的 200 多个奴隶制城邦的总称。古希腊奴隶社会的起源可以上溯到公元前 2000 年左右产生的爱琴文化，由于以克里特岛和迈锡尼城为中心，也称克里特—迈锡尼文化。它的形成分别受到两种文化的影响：一是穿越地中海传播而来的古埃及文化，二是经小亚细亚传播而来的古代两河流域文化。因此，吸收了埃及和两河流域文化精华的古希腊在奴隶社会发展史上创造了辉煌成就。荷马时代（公元前 12—前 9 世纪），希腊氏族社会制度趋于解体。到公元前 8 世纪至前 6 世纪，希腊境内先后出现了许多奴隶制城邦，以斯巴达和雅典城邦最为著名。公元前 146 年希腊各城邦被罗马吞并，标志着其奴隶制的终结。古希腊可以说是欧洲文明的发源地，不仅如此，它在世界文明发展中具有重要的桥梁作用，它继承了东方文化，又为后来罗马文化的辉煌奠定了基础。这种继承性使古希腊的档案库同样包括三种类型。

1. 王宫档案库

古希腊最典型的王宫档案库是 1900 年英国考古队在克里特岛北部克诺索斯古城发掘出的米诺斯王宫档案库。它在王宫内占有两间库房，保存了大约4 000 块泥板档案，分门别类放在木筐、木箱和石膏箱内。这些泥板上有两种线形文字，一种因不是希腊语无人可以解译，另一种被证明是希腊语并于 1952 年由英国学者迈克尔·文特里斯译读成功。经解译发现，这些泥板档案大多是财产清单和租税表册。

2. 城邦档案库

整个希腊包括 200 多个城邦，即以城市为中心，包括周围乡镇构成的整体。各城邦相对独立。城邦档案库是古希腊最重要的一种档案收藏机构，实际上类似于古埃及和两河流域的神庙档案库。出于较为深厚的诸神崇拜传统，古希腊广泛建立了神庙这种宗教祭祀场所。各城邦不仅将神庙作为祭祀活动场所，也视其为政治活动中心，把国家重要的法规文件刻在神庙的墙壁或台座上加以公布。后来的城邦档案库就设在神庙里。到公元前 8—前 6 世纪，希腊各城邦逐渐分化为贵族执政的城邦和民主制的城邦两大类。贵族执政的城邦大多将档案库设在阿波罗神庙内，如德尔斐城邦，以及与之结盟的 12 个城邦都把重要文件保存在阿波罗神庙里。而民主制的城邦大多把档案库设在平民崇拜的帕特伦神庙里，如雅典城邦的帕特伦神庙就保存了国家法令、财产账簿、外交条约等。

3. 王国档案图书馆

王国档案图书馆是在希腊化时代形成的。公元前 431—前 404 年，斯巴达和雅典两大城邦发生的伯罗奔尼撒战争大大削弱了双方的实力。与此同时，位于希腊北面的马其顿强盛起来，在公元前 338 年几乎占领了希腊各城邦，并于 4 年之后大举东征，建立了版图远达印度河的亚历山大帝国。后来帝国分裂为托勒密埃及、马其顿-希腊、帕加马和塞琉西等王国。从公元前 336 年马其顿国王亚历山大即位到公元前 30 年罗马灭亡托勒密埃及为止，史称“希腊化时代”。之所以得名，是因为这一时期希腊的经济和文化对北非、西亚和地中海东部地区各国都有较大影响。

希腊化时代上述各王国纷纷建立了王国档案图书馆，最著名的是托勒密埃及王国的亚历山大档案图书馆和帕加马王国档案图书馆。亚历山大档案图书馆大约建于公元前 290 年，是当时的国际性学术研究中心之一。馆藏包括亚历山大帝国从希腊各地收集来的文献珍藏，如有著名哲学家柏拉图（公元前 427—前 347 年）和亚里士多德（公元前 384—前 322 年）的部分手稿、三大悲剧作家埃斯库罗斯（公元前 525—前 456 年）、索福克勒斯（公元前 496—前 406 年）和尤里皮底斯（公元前 480—前 406 年）的手稿等。帕加马王国档案图书馆的规模仅次于亚历山大档案图书馆，馆藏的纸草档案和羊皮纸档案约为 200 000 件。

（四）古罗马

古罗马是起源于公元前 8 世纪意大利台伯河下游原始拉丁人部落的一个文明古国，到公元前 1 世纪发展成为以地中海为中心、横跨欧亚非三大洲的奴隶制大帝国。它的发展经历了王政时期（公元前 753—前 509 年）、共和国时期（公元前 509—前 30 年）和帝国时期（公元前 30—476 年）。后来罗马帝国分裂为西罗马帝国和东罗马帝国，476 年西罗马帝国的灭亡标志着西方奴隶社会的终结。古罗马的档案工作继承了古希腊的传统，达到了奴隶社会的顶峰。这一点在古罗马档案库的五种类型上得以明显体现。

1. 预言书档案库

预言书原本是古希腊崇拜阿波罗神的产物，因为希腊人将阿波罗神视为传达天神宙斯旨意的先知。各城邦在出征或缔结外交协定时往往要求阿波罗神庙里的祭司说出专门的预言，这些预言记录保存下来就形成了一整套预言书。公元前 6 世纪末预言书传入古罗马，受到了罗马贵族的重视。他们把卡比托里亚山上的丘比特神庙作为预言书档案库的存放地，只有在发生战争或灾害等特殊情况时才允许查看预言书。预言书档案库与神庙的金库设在一起，由专门的祭司部掌管。

2. 贵族档案库

古罗马的居民由贵族和平民两大阶层组成。罗马的贵族又可分为僧侣贵族和世俗贵族，他们分别设立了自己的档案收藏机构。其中僧侣贵族档案库包括最高祭司团档案库和军事外交祭司团档案库等。最高祭司团档案库是最重要的一个，一般设在祭司长的宅第里。军事外交祭司团档案库设在卡比托里亚山上的维斯塔神庙里，主要保存军事外交条约。世俗贵族档案库主要包括国库档案库和监察官档案库。国库档案库因设在国库所在地萨图尔神庙而得名，主要收藏最高行政机构元老院的活动记录，以及国家钱币、军旗等珍宝。监察官档案库设在尼姆甫神庙里，监察官主要负责每五年一次的都市调查活动，调查活动中形成的各种记录就保存在监察官档案库里。

3. 平民档案库

平民是与贵族对立的居民阶层，原是被罗马征服的部落居民。尽管他们保持了一定的人格自由，但没有参与国家政治生活的权利，无法担任国家公职，而且由于被剥夺了与贵族在同一神庙里拜神的权利，他们只好建立自己的组织和神庙。前者的典型是“庄稼人兄弟会”，后者的典型是采累拉神庙。平民档案库就设在采累拉神庙，用来保存平民在各种活动中形成的各种记录。

4. 国家档案库

平民为了争取与贵族同等的权利不断进行斗争，最终取得了胜利。平民与贵族联合成为占统治地位的自由公民阶级。平民的文件也送到国库档案库保存，这就使国库档案库变成了统一意义的国家档案库，因为公民会议、元老院、执政官、监察官、审判官和财政官等形成的档案均保存在这里。公元前 78 年，古罗马国家档案库修建了一座具有坚固围墙和拱廊的专门建筑，从而改变了在神庙保存档案的传统。国家档案库由财政官领导，工作人员分为两种：一种是司书，负责登记文件、制作副本和答复咨询等；另一种是档案员，负责对档案的分类、整理和保管。

5. 皇帝档案库

公元前 30 年古罗马进入帝国时期。元老院的地位逐渐下降，皇帝的权力高度集中，集终身执政官、终身保民官、大祭司长、首席元老等于一身，统管国家一切事务。恺撒执政时期成立了皇帝档案库，用来保存皇帝一切活动中形成的档案，原来向国家档案库移交的档案也改向皇帝档案库移交。这就使皇帝档案库的规模日益扩大。4 世纪皇帝档案库搬迁到拜占庭，馆藏档案分为皇帝诏令、奏章、来往文书和内务文件四大类，分别设置同名的四个部门加以保管。各部均设有负责人和工作人员。皇帝档案库是奴隶社会时期规模最大、内部机构最健全的档案收藏机构，代表了奴隶制时期档案馆库发展的最高水平。

上述地区的档案管理机构尽管名称和类型不尽一致，但它们的性质和特点大体相同，而且这种性质和特点一直延续到封建社会也没有发生根本变化。

二、封建社会时期：档案管理机构的丰富

与奴隶社会相比，封建社会时期档案管理机构的性质和职能并未发生根本性变化，仍是一种档案收藏和保管机构。因没有向社会公众开放，因此同样是一种档案库。但档案管理机构的类型进一步丰富，出现了一些新型档案管理机构。由于西方国家封建社会的起始时间、发展阶段和水平存在一定差异，各国的档案管理机构的类型自然不可能完全一致。这里按照时间顺序，论述整个封建社会初期、中期和末期出现的七种类型的档案管理机构。出于习惯称谓，均称之为档案馆。

（一）初期的档案管理机构

如前所述，476 年西罗马帝国的灭亡标志着西方奴隶社会的终结，欧洲开始进入封建社会。整个封建社会可大致分为初期、中期和末期三个发展阶段。其中初期指的是 5—10 世纪，它是封建制度形成的时期，主要有两个特点：一是生产关系上，逐步建立了土地分封制度和等级制度；二是意识形态上，教会逐步成为精神支柱并拥有广泛权力。因此，封建社会初期主要出现了两种类型的档案管理机构——庄园档案馆和教会档案馆。

1. 庄园档案馆

这种档案馆是伴随土地分封制度和等级制度的实施而出现的。在封建社会，国王是最大的土地所有者，他将全国的土地分割为大大小小的领地，赏赐给高低不等的领主，这样就产生了诸多大大小小的庄园，成为统治和剥削农民的基本组织形式。各级庄园主在自己的领地上拥有行政、司法、军队甚至外交活动的特权，在履行这些特权过程中自然会产生大量的档案文件。如包括国王授予的特权证书，记录农民租种土地的地籍簿册，庄园主家族的家谱、族规、婚约和遗嘱等。庄园档案馆就是为了保管这些档案文件而产生的，庄园主们将档案文件视为占领土地和剥削农民的有力证据，往往与最珍贵的东西存放在一起，因此庄园档案馆也沿袭了奴隶社会档案收藏机构“混合性”的特点。此外，庄园档案馆是庄园主私有财产的一部分，具有继承性，可以世代相传。同时，庄园档案馆也随着庄园的消亡而消亡，档案文件就被新的庄园主接管。

2. 教会档案馆

这种档案馆是伴随基督教会组织体系的建立和完备而产生的。基督教是世界三大宗教之一，原为犹太教的一个宗派，信奉上帝和救世主耶稣。以犹太教经典作为《旧约全书》，基督教编纂的经典作为《新约全书》，合称《圣经》。基督教分为天主教、东正教和新教三大派别。基督教从 1—2 世纪开始流传于罗马帝国，自 392 年被罗马皇帝狄奥多西一世立为国教之后，很快传遍欧洲各国。当时基督教会不仅在精神领域，而且在科学、文化、教育和艺术等领域占据着统治地位，而且大多在各国占有三分之一以上的土地，因此拥有广泛的行政职能。教会在发

展过程中逐步形成了等级森严的组织体系，每个城市设一个主教管区，每个主教管区下辖几个修道院。各级教会组织为了保管在各种活动中形成的大量档案文件，设立了相应的档案馆。教皇档案馆就是其中最重要的一种。它起源于4世纪中叶（因为此时罗马城的主教得到了皇帝的支持上升为教皇，成为整个教会的最高首脑），其前身是罗马主教达马苏斯一世在圣·罗伦萨大教堂建立的档案馆，5世纪后半叶搬迁到拉特兰宫。8世纪该馆的一部分档案转移到达塔里亚城堡，建立了达塔里亚档案馆，但在11世纪诺曼底人入侵罗马时遭到破坏，后来在巴拉丁山上又重新建立了教皇档案馆。教皇档案馆负责保存教皇的命令、信件和账目，以及与教皇特权和恩赐有关的文件。从13世纪起，教皇档案馆发展成为一种馆藏国际化的档案管理机构。在教皇档案馆之下，主教档案馆和修道院档案馆分别保管本辖区内形成的档案。

（二）中期的档案管理机构

封建社会的中期指的是11—15世纪，它是封建制度巩固和发展的时期。这一时期也主要有两个特点：一是生产力的发展促使手工业与农业分离，出现了商业和手工业十分活跃的城市，这就推动封建社会进入一个新的阶段；二是经济的发展促使各国政治出现了集中的倾向，分散的国家日趋统一，王权日益巩固和加强。因此，封建社会中期除了初期的两种档案馆得到进一步加强外，新产生的档案管理机构主要有三种类型——城市档案馆、国王档案馆和社团档案馆。

1. 城市档案馆

这种档案馆是伴随自治城市的出现而产生的一种档案管理机构。自治城市是通过与庄园主或教会不断斗争，获得了一定程度的独立和自主权的城市，有的甚至逐渐发展成独立的城市共和国。比较典型的有当时意大利的威尼斯和热那亚。自治城市的权力很大，可以进行独立的行政、财政、立法、司法、军事和外交管理。相应产生的大量档案文件，包括国王发给城市的特许状、行政文件、法规条例、诉讼文件、外交文件以及地契、税册、账目等，需要妥善保管，城市档案馆因此应运而生。

2. 国王档案馆

这种档案馆是王权加强和巩固的产物。从11世纪开始，分散的国家趋向统一，君主制度进一步巩固，王权日益集中和强化，国王感到有必要建立一种可以集中保管国家和王室档案的机构，由此产生了国王档案馆。最具代表性的是英国和法国。

英国早期并没有设立保管国王档案的固定机构，国王档案与珍宝同存一处，随国王流动。后来为了确保档案的安全，英国从1302年起开始设立固定的国王档案馆。馆址地点几经变更，起初是伦敦塔堡中的白塔；1360年由于白塔改为监狱迁至守望塔，守望塔后来被称作档案塔；1377年爱德华三世下令成立了藏卷馆，负责保存国王和国家机关的现行文件。

法国在12世纪之前与英国一样没有设立固定国王档案馆的习惯，这一惯例因为1194年的一次惨痛教训才得以改变。在这一年法国为争夺土地与英国交战，法国卡佩王朝国王菲利普二世出征携带的全部档案因为弗兰德瓦尔战役的失败而变成了英王的战利品。尽管菲利普二世企图借助副本恢复损失的档案，但效果并不理想。这一教训促使法国开始在王宫内建立档案馆。到13世纪50年代，法国国王路易九世下令专门修建了一座小教堂作为国王档案馆的固定场所，命名为"宪典宝库"。宪典宝库保存了法国王室12世纪以来的内政与外交文件，成为封建社会欧洲规模最大、馆藏最珍贵的国王档案馆之一。

3. 社团档案馆

这是一个综合概念，是行会档案馆、银行档案馆和公证档案馆等多种社团组织档案管理机构的总称。这些档案馆均是封建社会中期伴随城市的兴起、手工业和商业的发展、商贸活动的频繁进行而出现的新型档案管理机构。

行会档案馆也称为公会档案馆，随着手工业和商业的发展，手工业者和商业同仁为维护自身利益和抵制封建领主的压制，从11世纪末开始联合起来成立了专门组织——手工业者行会和商业同业公会。为了保管活动中形成的档案文件，这些组织就建立了行会档案馆。

银行档案馆是商贸活动发展的产物，在交易活动中由于货币的使用导致了发行货币和经营存款、取款、信贷和汇兑业务的金融机构——银行的产生。据史料考证，1346年意大利的热那亚建立了欧洲第一家银行。此后，银行很快在欧洲各国相继出现，为了保管业务活动中形成的档案文件，银行档案馆随之建立起来。

公证档案馆是为了避免公证档案的散失而建立的。公证指的是公证机关根据当事人的申请，依照法定程序对法律行为和具有法律意义的事实与文件确认其真实性及合法性的专门活动。公证活动有着悠久的历史，可以上溯到古罗马。罗马共和国末期出现的代书人就是最早的公证人，他们精通法律知识，专门代人办理法律文书和诉讼需要的书面文件。封建社会中期，公证人的活动范围逐渐扩大，并且出现了专门的社团组织——公证管理处。公证人代为拟写的法律文书和诉讼文件虽属私人所有，但因具有法律效力而受到重视，于是在13世纪末14世纪初出现了公证档案馆。

除了上述三种档案馆之外，其他一些社团组织，如大学、医院和慈善机构等也建立有自己的档案馆。

（三）末期的档案管理机构

封建社会的末期是指16—18世纪末，它既是封建制度衰落和崩溃的时期，又是资本主义生产关系萌芽的时期。这一时期的主要特点有两个方面：一是君主政体的加强导致了国家机器的强化，结果不仅扩大了机关的原有职能，还产生了一些新的机关；二是商品经济发展中出现的"寻金"热潮促使欧洲各国积极对外寻找航路，从而揭开了殖民扩张和侵略的序幕。因此，封建社会末期新出现了两种类型的档案管理机构——机关档案馆和殖民地档案馆。

1. 机关档案馆

这种档案馆是国家机器强化和部门分工细化的产物。随着君主政体的加强，一方面原有国家机关的职能得以扩大，另一方面部门之间的分工越来越细，为此出现了一些新的独立机关。如在英国，度支局从皇家咨议院独立出来，成为专门掌管财政收支的机关。在法国，从皇家咨议院派生出首席参议院、财政参议院、国事参议院、税收局和审计院等机关，而审计院不久又分出国库局、审计局、钱币局和赈济局等机关。从16世纪开始，各国一些大的行政主管机关开始设立档案馆，如西班牙外交部设立的档案馆是成立时间最早的一个，后来法国海军部（1659年）、外交部（1671年）和陆军部（1701年）也都设立了档案馆。俄国从1702年起每一个中央和地方机关均设立本机关的档案馆，到1861年废除农奴制之前，俄国的主要大部都建立了自己的档案馆。这些档案馆属于部门性档案馆，主要职责是保管本机关或本部门的档案，为本机关服务。

2. 殖民地档案馆

这种档案馆是殖民国家对外侵略和扩张的产物。15、16世纪之交，在商品经济发展的驱动下，欧洲国家的贵族和商人阶层沉醉于“寻金”热潮之中。葡萄牙和西班牙是当时较早完成政治统一和中央集权的两个国家，它们为了达到寻找黄金的目标，率先踏上了远征非洲和美洲海岸、印度乃至整个远东的殖民之路，并建立了许多殖民据点。在此之后的几个世纪内，英国、荷兰和法国等也相继向外扩张，建立了殖民地，并成立了管理殖民地事务的机关，由此出现了保管殖民事务档案的机构——殖民地档案馆。如英国的东印度公司档案馆、荷兰的东印度公司档案馆、法国的殖民地部档案馆等都是典型的殖民地档案馆。后来随着殖民体系的崩溃，尽管这些殖民地档案馆不复存在，但其馆藏大多保留了下来。

三、近代时期：档案管理机构的变革

档案管理机构在近代发生了重大变革，主要表现在三个方面：一是法国带动欧洲各国相继建立综合性国家档案馆并设置中央和地方公共档案馆网络体系。二是档案管理机构的门类有所增加，除档案馆这种单一的收藏和保管机构外，开始设立档案行政管理机关。三是一种新型的经济档案馆开始出现。

（一）国家档案馆的建立及档案馆网的设置

法国档案工作改革是世界档案事业史近代时期的起点，建立国家综合性档案馆以及设置全国公共档案馆网既是改革的重要措施，也是改革的重要成果之一。

1790年9月12日法国颁布了《国家档案馆条例》，该条例的主要内容包括：第一，将1789年成立的国民议会档案馆改名为国家档案馆，除保存国民议会的档案文件外，还集中保管国家机关和地方机关的公共文件。第二，国家档案馆每周对外开放3天，法国公民可以到档案馆免费查用档案文件。第三，国家档案馆馆长任期6年，连选可以连任；另选两名专员必要时代行馆长职务。该条例的颁布标志着法国建立了真正意义上的综合性的、为公众服务的国家档案馆，与封建时期封闭的档案馆有了根本性的区别。法国国家档案馆成为近现代档案馆的发端。

1790年11月5日法国又颁布了《关于成立行政区档案馆的法令》，建立了地方档案馆体系。该法令规定各行政区设立档案馆，1796年废行政区改设省之后，行政区档案馆更名为省档案馆。国家档案馆和省档案馆的建立，意味着法国设置了从中央到地方两级建制的公共档案馆网。

在法国档案工作改革的带动和影响下，近代时期其他欧洲国家也先后实行了档案工作改革。这些国家效仿法国档案工作改革的重要措施一是建立国家档案馆，二是设立地方档案馆。例如，荷兰于1814年在海牙成立了联合王国总档案馆，并设立了11个省档案馆。比利时从1830年起将法国占领时期成立的国家档案馆更名为王国总档案馆，并把原来设立的行政区档案馆改名为省档案馆。意大利于1871年成立了国家档案馆，1875年开始设立省档案馆。瑞典在1877年将原来的王国档案馆改建成国家档案馆，从1899年开始设立地方档案馆。丹麦于1889年将国家总档案馆与王国档案馆合并为国家档案馆，并设立地方档案馆。

欧洲国家大多仿照法国组建了从中央到地方的公共档案馆网络体系，多隶属于某一部领导。如荷兰于1875年将王国总档案馆与11个省档案馆组成国家档案馆网，统一由内务部长领导。比利时的王国总档案馆与9个省档案馆组成国家档案馆网，也直属于内务部。丹麦的国家档案馆网是统辖于宗教和教育部的，这个档案馆网只由公共档案馆组成，不包括私人档案馆。

（二）档案行政管理机关的设立

第十章第三节已论述了档案行政管理机关在近代诞生的过程，不再赘述。档案行政管理机关的设立，是国家档案事业开始统一领导的标志，后来发展成为集中式档案事业管理体制的象征。这也是档案管理机构门类丰富的起点，表明从古代时期以来单一的档案收藏和保管机构的格局开始被打破，出现了档案保管机构与档案行政管理机构并立的崭新格局。

（三）经济档案馆的产生

20世纪初，随着资本主义向垄断阶段发展，欧洲出现了一种由资本主义垄断企业建立的新型档案馆——经济档案馆。德国是最早创立经济档案馆的国家，它的经济档案馆主要有两种类型：一是属于某一垄断企业的经济档案馆；二是区域性的经济档案馆。1905年建立的克虏伯公司经济档案馆和1907年建立的西门子公司经济档案馆就是前一种类型的代表；1906年建立的莱茵—威斯特伐利亚经济档案馆和1908年建立的汉堡经济档案馆就是后一种类型的代表。继德国之后，瑞士和荷兰等一些国家也相继建立了区域性的经济档案馆。1910年，瑞士建立了巴塞尔经济档案馆和苏黎世经济档案馆；1914年，荷兰在海牙建立了经济历史档案馆。其中，巴塞尔经济档案馆和荷兰经济历史档案馆均是当时世界上规模最大的经济档案馆之一。

经济档案馆最早出现在德国并非偶然。19 世纪末，资本主义世界经济发展发生了很大变化。原来的老牌资本主义国家，如英国、法国等的经济发展速度趋于缓慢，而新兴的资本主义国家，如德国、美国的经济发展上升势头很猛，开始超过老牌资本主义国家。比如到 20 世纪初，德国的化学工业和电气工业就位居欧洲的最前列。由于经济进一步发展的需要，德国开始出现了垄断企业，如克虏伯钢铁公司、莱茵—威斯特伐利亚煤业辛迪加、西门子电气公司等。这些垄断企业的出现成为经济档案馆产生的基础。

经济档案馆是资本主义发展到垄断阶段的必然产物。垄断企业建立经济档案馆主要基于以下四个方面的原因。

一是垄断企业实现整体控制的需要。垄断企业是一个较为庞大的经济组织，由母公司和若干子公司组成。垄断企业要想维持自身的正常运转，实现对下属子公司的有效控制，就需要将母公司与各子公司的档案集中起来统一管理，这样才能保持整个公司信息渠道的上下畅通，便于实现档案的全面查考和利用。

二是垄断企业实现全面管理的需要。垄断企业要想在激烈的市场竞争中赢得胜利，需要做到自身各项活动的良性运行，实现从生产到销售乃至售后服务全过程的有效管理。信息的及时采集和有效管理是企业良性运行的基础之一，作为企业各项活动原始记录的档案，正是一种最重要、最可靠的信息源。为此，建立经济档案馆集中保管档案是垄断企业进行信息管理和研究的必然要求。

三是垄断企业维护自身权益的需要。垄断企业为了在市场竞争中战胜对手，需要从各方面维护自身的权益，才能最大限度地追求利润。档案作为企业各项活动的原始凭证，往往是企业各项权益的有力证明和保障。一旦发生侵权行为，企业需要凭借档案来证明和维护自身的合法权益。为此，建立经济档案馆集中保管档案也成为垄断企业的必然要求。

四是垄断企业塑造企业文化的需要。企业文化是一个内涵十分丰富的概念，是一个企业管理理念和文化精神的体现。早期垄断企业建立经济档案馆更多的是为了加强对外宣传、提高企业的知名度、树立良好的企业形象，从而更好地推销产品和赢得利润。为此，垄断企业需要编写一些有关企业发展历史、产品基本性能、人物基本情况等内容的宣传介绍材料，档案作为编写上述材料的原始凭证和可靠源泉，必然导致垄断企业纷纷建立经济档案馆。

经济档案馆是现当代企业档案馆的前身。

四、现当代时期：档案管理机构的成熟与完善

进入现当代时期，档案管理机构的发展主要呈现出两个特点。一是出现了社会主义性质的档案管理机构，这是苏维埃俄国建立社会主义政权、进行社会主义档案改革的必然产物，从而形成了资本主义与社会主义性质档案管理机构并存的格局。二是档案管理机构的门类更加丰富，除了近代时期以来已有的档案

馆、档案行政管理机构、档案教育机构之外，还出现了档案科研机构、档案出版机构、档案宣传机构、档案学术团体等，从而形成了较为完善的档案管理机构体系。无论是在资本主义国家还是社会主义国家，档案馆都是档案管理机构体系的主体。

（一）社会主义国家档案馆的诞生

1918 年的十月社会主义革命，揭开了世界档案事业史现代时期的序幕。俄国建立了崭新的社会主义政权，也开展了社会主义性质的苏俄档案工作改革。改革的重要成果之一是建立了社会主义性质的国家档案馆。1922 年苏联成立后，国家档案事业获得了更大的发展，并逐步设立了一个完整的国家档案馆网。苏联在 1991 年解体之前，是世界上档案馆类型最多、数量最大的国家。它建立并建设社会主义性质档案馆的经验，被许多第二次世界大战之后独立的社会主义国家所借鉴，社会主义性质的档案馆及全国公共档案馆网在这些国家先后建立和设置。

（二）代表性国家档案馆建设的现实特点

当前各国档案馆的建设更加成熟和完善。这里选取各大洲的一些代表性国家，简要评述它们档案馆设置和发展的最新特点。

1. 英国

英国的档案馆从所有权角度主要分为官方、半官方和非官方三种类型。

（1）官方档案馆

官方档案馆主要是指由政府拨款设立的从中央到各郡市的档案馆，全国共有 130 多个。这些档案馆受同级议会领导，分别保存同级议会和政府机关的档案。

公共档案馆是英国最高层次的官方档案馆，也是全国唯一的国家级综合性档案馆。它于 1838 年成立，隶属于大法官领导，馆长由大法官任命。公共档案馆由老馆和新馆两部分组成。老馆设在伦敦市区的法院街，建于 1851 年，主要负责保管司法档案和 19 世纪之前的政府档案；后因库房容量不足，英国在伦敦郊区的丘园修建了一座现代化的、五层大楼的新馆，1977 年建成。新馆主要负责保管 19 世纪之后的政府档案及军方档案。

公共档案馆负责收集、保管英格兰、威尔士和联合王国中央政府及法院的档案并提供利用，其馆藏档案的源头可上溯至 11 世纪。最古老也最负盛名的公务档案是 1086 年形成的《末日审判书》，内容是有关全国土地、财产、牲畜和农民的调查清册。公共档案馆馆藏档案的封闭期为 30 年，年满 14 岁的国内外利用者均可前来查阅。

公共档案馆内设三个部：建制与财务部负责行政管理与财务工作，掌管政府每年下拨的 1 100 万英镑的经费；档案管理部负责与 150 个中央政府机关保持联系，指导其档案整理和移交工作，该部下设海斯文件中心；档案业务与出版部具体负责馆藏档案的整理、保管、保护、修复、借阅和编辑出版工作。

（2）半官方档案馆

半官方档案馆也是由政府拨款或给予补助的，但它们又保持相对的独立性。皇家历史手稿委员会和不列颠图书馆所属的印度事务部图书档案馆等都属于半官方档案馆。其中皇家历史手稿委员会比较有代表性。

成立于1869年的皇家历史手稿委员会是对全英公共和私人收藏档案、手稿进行调查、登记、编目、咨询和服务的全国性档案目录中心，国家档案登记局是其附属机构。委员会的委员都是英国的著名档案学者，由女王亲自任命；工作人员也都是历史学家和档案专家。它不隶属于政府部门，是完全独立的学术机构，每年由政府提供经费。其主要职能有三方面：一是收集散存在全国各地各部门的档案目录；二是编辑出版档案、手稿目录信息和档案馆指南等；三是向公众提供咨询服务，向政府和档案所有者提出有关建议，帮助用户利用档案。由于该委员会弥补了公共档案馆不能集中保管档案和全面掌握档案信息的不足，社会各界特别是学术界对其评价很高。

（3）非官方档案馆

非官方档案馆包括大学档案馆、教会档案馆、企业档案馆和私人档案馆等。英国的牛津、剑桥和利物浦三所大学都建立了自己的档案馆，但并非所有大学都有自己的档案馆。大学档案馆的馆藏主要是行政、教学、科研档案及专家学者的个人档案。教会、企业和私人档案馆收藏的档案中，也有不少是价值极高的珍品。这些档案管理机构的馆藏和管理方法各有特色。

（4）档案馆建设的新举措

当前，英国为了更全面地保管档案和更好地留存社会记忆，在档案馆建设上实行了大胆改革。2003年4月2日，英国公共档案馆和皇家历史手稿委员会合并，组建了一个新的档案管理机构——国家档案馆。国家档案馆的馆址设在公共档案馆的所在地——丘园。新成立的国家档案馆不仅保管政府部门的公共文件并提供利用，而且可全面提供与英国历史有关的私人档案信息。

英国国家档案馆成立原因包括四点。

首先，公众对电子文件的利用需求日益增多，推动了国家档案馆的建立。随着电子文件的大量产生，英国公众对电子文件的关注程度大大提高，利用需求也大大增加。许多人或者前来公共档案馆和皇家历史手稿委员会就电子文件的保管和利用问题进行咨询，或者通过网络浏览档案馆的网站。英国档案界由此提出了建立国家档案馆的设想，用以保管大量产生的电子文件，更好地留存档案财富。

其次，电子政务的广泛推行，推动了国家档案馆的建立。英国的电子政务建设目前进展很快，政府的无纸化办公已经基本实现。为了进一步加快政府部门现代化建设的步伐，英国政府在2004年年底对所有新产生的文件均用电子形式进行储存和保护。这表明英国政府力图使本国在信息社会中走在世界的前列。公共档案馆及皇家历史手稿委员会凭借出色的工作表现为政府文件电子化计划作出了重要的贡献。为了使这一计划取得更大的成果，英国政府决定在两个机构的基础上组建国家档案馆，使之成为档案馆网络建设和国家数字化建设中的“领头羊”。

再次，政府提高工作效率和服务水平的需求，推动了国家档案馆的建立。为了更好地满足公众对信息的利用需求，英国政府从 2005 年开始实施《信息自由法》。这一举措推动了国家档案馆的建立，因为国家档案馆的建立可为政府提供电子文件管理和保护的咨询服务，从而有利于中央和地方政府提高工作效率，更好地为民众服务。

最后，保护国家记忆的要求也促进了国家档案馆的建立。电子文件只有被完整地保存才能够被后代利用。以《末日审判书》为例，它已历时 900 年，实体依然保存完好。但英国广播公司 BBC 在 1986 年刻录的《末日审判书》光盘目前就面临了一些难题，由于技术的发展，当时采用的 LV-ROM 存储技术已被 CD-ROM 和 DVD 技术所取代，大部分 LV-ROM 存储格式的光盘因此变得无法识读。如何有效地保护档案、留存社会记忆成为档案界不容推卸的历史责任。在电子时代，建立国家档案馆有利于解决档案的数字化及其维护问题，它可通过国内和国际的合作寻找最好的解决方案，从而避免国家记忆出现空白。

国家档案馆成立的意义有三点。

第一，国家档案馆的成立体现了英国政府对档案事业的重视和支持，也反映了英国对档案事业集中管理的加强。国家档案馆作为一个为公众提供档案保管和服务的全国性机构，有利于协助政府实现办公现代化和融入社会的目标。

第二，国家档案馆的宗旨是关注社会各阶层、团体及个人的利用需求，倾听民众的意见，了解他们对文件和档案的期望。国家档案馆的成立为英国档案界提供了更多接近和了解用户的机会。

第三，国家档案馆的成立，也促使英国对数字档案保护及利用的研究变得更加正规。国家档案馆与世界各国档案同行可分享档案数字化保护的各种经验，及时进行总结和创新，最终将研究成果更好地服务于整个社会。

2. 法国

法国目前由国家档案馆系统和非国家档案馆系统共同组成了完整的档案馆体系。

（1）国家档案馆系统

国家档案馆系统是指由国家各级政府拨发经费、接受法国档案局统一领导的各级各类档案馆组成的网络，由法国档案局、国家档案馆、现代档案城、各省档案馆和文件中心、市镇档案馆、主管机关档案馆等组成。

法国国家档案馆是世界上第一个具有近现代意义的综合国家档案馆。馆址从 1808 年起设在巴黎的苏比兹宫，馆长由法国档案局局长兼任。国家档案馆的内部机构设置十分健全，由四个部、六个处和三个分馆组成。四个部分别是古代档案部（保存 1790 年之前的档案）；近代档案部（保存 1790 年至第二次世界大战之前的档案）；现代档案部（保存第二次世界大战以来的档案）；科学、文化、技术活动部。六个处分别是历史研究与资料处、照片与缩微胶卷处、信息处、书刊档案与地名处、培训处和出版处。三个分馆分别是海外档案中心、枫丹白露现代档案城和埃斯佩朗缩微胶片保管中心。

现代档案城又名“部际档案城”，位于巴黎郊外的枫丹白露。它主要负责接收中央政府各部的半现行文件，1977 年由各部出资建成。现代档案城整个建筑分为地上和地下两部分，地下库房是主体部分。从性质上看，它属于过渡性机构。它只对移交文件的政府各部开放，不向公众开放。

目前，法国各省都建立了档案馆，共有近百个。其中不少省档案馆建筑外形美观、内部宽敞实用，如上加龙省、塞纳滨海省、上塞纳省档案馆等。此外，各省还建立了隶属于省档案馆的文件中心，这也是过渡性的档案保管机构。

法国约有 36 000 个市镇，市镇档案馆的数量惊人。1970 年颁布的《法国市镇档案法》规定，居民不足 2 000 人的市镇，其档案馆必须将馆藏 150 年前的户籍档案和 100 年前的其他档案向省档案馆移交，但市镇对其移交档案的所有权不变。

法国一些重要机关如国防部、外交部、铁道部等都设有自己的档案馆，它们都是永久保管档案的机构。

（2）非国家档案馆系统

尽管法国实行集中式档案事业管理体制，但在国家档案系统之外还存在大量的私人档案馆、教会档案馆、大学和科研机构档案馆等。它们与国家和省档案馆没有上下隶属关系，也不受法国档案局的统一领导，彼此之间也是分散独立的。这些档案管理机构共同组成了非国家档案管理机构系统。

教会档案馆大多是从封建社会留存下来的，馆藏档案内容丰富、数量众多，是研究中世纪宗教史和文化史的宝贵史料。

大学和科研机构档案馆都有独立的档案馆，保存了丰富的科技和科研资料。大学档案馆通常与图书馆设在一起，但其管理方法与图书馆明显不同。

私人性质的档案馆包括企业、公司、财团、家族或个人档案馆等，馆藏内容涉及经济活动、财产关系、技术秘密、产业秘密等，还包括家族和个人的各种珍藏如族谱、族徽、遗嘱和手稿等，内容极为丰富、复杂，其中有不少价值珍贵的历史文件。

3. 俄罗斯

俄罗斯联邦中央国家档案馆网由 12 个中央级国家档案馆和 5 个文件保管中心组成，它们的前身大多是苏联中央国家档案馆和苏共中央档案馆。其中 12 个中央级国家档案馆分别是：

俄罗斯联邦国家档案馆，原为苏联中央国家十月革命、最高国家政权机关与管理机关档案馆，馆址在莫斯科。

俄罗斯国家古代档案馆，原为苏联中央国家古代档案馆，馆址在莫斯科。

俄罗斯国家历史档案馆，原为苏联中央国家历史档案馆，馆址在圣彼得堡。

俄罗斯国家军事历史档案馆，原为苏联中央国家军事历史档案馆，馆址在莫斯科。

俄罗斯国家海军档案馆，原为苏联中央国家海军档案馆，馆址在圣彼得堡。

俄罗斯国家经济档案馆，原为苏联中央国家国民经济档案馆，馆址在莫斯科。

俄罗斯国家文学艺术档案馆，原为苏联中央国家文学艺术档案馆，馆址在莫斯科。

俄罗斯国家军事档案馆，原为苏联中央国家苏军档案馆，馆址在莫斯科。

俄罗斯远东国家历史档案馆，原为远东中央国家俄罗斯档案馆，馆址在托姆斯克。

俄罗斯国家科学技术档案馆，原为苏联中央国家科学技术档案馆，馆址在古比雪夫，它在莫斯科还设有分馆。

俄罗斯国家录音档案馆，原为苏联中央国家录音档案馆，馆址在莫斯科。

俄罗斯国家影片照片档案馆，原为苏联中央国家影片照片档案馆，馆址在莫斯科，它在弗拉基米尔设有分馆。

此外，5个文件保管中心分别是：俄罗斯现代史文件保管和研究中心，原为苏联共产党中央档案馆，馆址在莫斯科；当代文件保管中心，原为苏共中央现行机关档案馆，馆址在莫斯科；青年组织文件保管中心；历史文件汇集保管中心；安全全宗保管中心。需要指明的是，上述文件保管中心实际上也都是档案馆。与欧美国家设立的文件中心不同的是，它们不是过渡性的保管机构，而是永久性的档案保管基地。

4. 意大利

意大利当前的档案馆主要分为两大系统——公共档案馆系统和非公共档案馆系统。

国家档案馆、中央机关档案馆和其他公共档案馆都属于公共档案系统。意大利从1874年起开始组建国家档案馆网，其核心是中央国家档案馆；在各档案区分别设立一级或二级国家档案馆，全国共有17个。比较著名的有罗马国家档案馆、都灵国家档案馆、威尼斯国家档案馆、佛罗伦萨国家档案馆和热那亚国家档案馆等。意大利比较重要的机关档案馆和公共机构档案馆有参议院档案馆、众议院档案馆、国防部档案馆、外交部档案馆和热那亚港口行政自治局档案馆等。

非公共档案管理机构的类型较多，包括教会档案馆、公证人档案馆、大学档案馆、银行档案馆和私人档案馆等。这些档案馆与档案总局虽无隶属关系，但都要接受总局的监督。

5. 美国

美国的档案馆也分为联邦档案馆和非联邦档案馆。

联邦档案馆是指由联邦政府拨款设立的，为联邦政府机构服务的非营利性档案馆。该系统的组成部分主要包括国家档案馆及其地区分馆。

国家档案馆是根据1934年国会批准的《关于建立国家档案馆的法令》成立的，成立之初是联邦政府的独立机构。1949年国家档案与文件局成立后，国家档案馆丧失了独立地位，成为国家档案与文件局的内部机构之一。国家档案馆由老馆和新馆两部分组成，老馆位于首都华盛顿的宪法路，是一座古希腊神庙式的建筑，新馆位于马里兰大学附近的学院公园。美国国家档案馆以规模宏大和馆藏丰富驰名世界，是世界上最大的档案馆之一。据统计，国家档案馆的总馆藏量已超过了 2 000 000 立方英尺。在其丰富馆藏中，有三份写在羊皮纸上的档案原件——《独立宣言》《美国宪法》和《人权法案》被视为“镇馆之宝”，存放在展览大厅的最显眼位置进行展示。

国家档案馆从 1968 年起在全国陆续设立了 12 个地区分馆，它们分别是东北、东南、西南、中央平原、五大湖、中部大西洋、新英格兰、落基山脉、太平洋沿岸西南、太平洋沿岸山岭、太平洋沿岸西北、阿拉斯加地区分馆。作为国家档案馆的组成部分，它们负责接收和保存本地区联邦政府机构的档案，其经费和人事权由国家档案与文件署掌握。档案管理活动也统一遵照国家档案与文件署的规定。

非联邦档案馆是指不受国家档案与文件署领导和管辖的档案馆，《联邦文件管理法》对它们没有法定约束力。它们自成体系，档案管理也各具特色。美国的非联邦档案馆也很多，主要包括各州和地方政府（市、县等）设立的档案馆，大学、教会、私人企业等非联邦机构设立的档案馆。

美国共有 50 个州，由于各州形成的时间和历史背景差异很大，加上它们均制定有自己的宪法，因此各州档案管理机构的性质、隶属关系和职能各不相同。从性质上看，各州档案馆主要有三种：一是独立的官方机构，二是行政机关的下属部门，三是学术文化事业机构。从隶属关系上看，有的直接由州政府领导，有的归属于州行政管理部门，有的是州教育部的下属机构。从职能上看，各州档案管理机构也主要分为三类：一是历史—档案型，即同时负责管理档案工作和史学研究；二是档案—文件管理型，即兼有管理现行、半现行文件和档案的责任；三是纯粹档案馆型，即只负责保管公共档案。

美国各州档案馆虽然不受国家档案与文件署的领导和管辖，相互之间也没有隶属关系和业务联系，但联邦与州之间，州与州之间还是相互借鉴、相互影响的。联邦档案管理机构提出的一些适合美国国情的新概念和新做法，往往被各州接受；各州之间也常常出现群起效仿某州先进经验的现象。特别是美国档案工作者协会下的各州和地方文件委员会为各州档案管理机构交流经验、探讨问题提供了有利条件，帮助各州更好地发展其档案事业。

美国的大学大多设立了档案馆，一些历史悠久、水平较高的大学，其档案馆往往拥有丰富的馆藏、良好的设施和训练有素的专业人员。哈佛大学是美国最早建立专门档案管理机构的大学之一，早在 1938 年就设立了档案馆，负责保存大学的行政档案和教学档案。美国大学档案馆的收藏范围极其广泛，大量反映美国社会、经济、政治、军事、文化和历史的档案文件都保存在这里。各大学的馆藏档案各有侧重、各有特色。如哈佛大学的著名校友档案与该校相得益彰；密歇根大学以地方历史档案为收集重点；宾夕法尼亚大学保存了价值珍贵的富兰克林手稿收藏品；杜克大学保存了较完整的社会民主党的档案材料；怀俄明大学保存着系统的油料及牲畜贸易的档案；纽约州立大学以一大批佛学经典和中国佛教典籍备受瞩目；等等。

6. 加拿大

加拿大的档案馆主要包括联邦档案馆和省档案馆。

联邦档案管理机构包括国家档案馆和联邦文件中心。加拿大国家档案馆是全国唯一的中央级国家档案馆，负责接收和保管 1867 年加拿大成为自治领以来政府各机关的档案，同时也保管 1867 年之前的殖民地历史档案，馆址在渥太华。该馆原名公共档案馆，前身是 1872 年成立的公共档案保管所。1987 年改称现名，隶属于通信部。加拿大国家档案馆的内部机构包括行政管理司、文件管理司、档案司、档案保护司、公共项目司、信息技术司、政策司等职能机构，其中行政管理司、文件管理司和档案司的地位最重要。行政管理司主要负责管理档案馆的财务、人事和设备；文件管理司负责协助政府机关确定文件管理的方针并检查文件管理情况，负责管理联邦文件中心。档案司是最大的职能机构，负责馆藏档案的收集、整理、编目、保管和提供利用，其下还设有七个处——联邦档案处、手稿处、图片处、照片处、图表处、音像档案处、电子文件处以及一个图书馆。由于馆藏的不断增长，加拿大国家档案馆 1997 年在魁北克地区的盖廷纽修建了一座现代化的大型库房，名为盖廷纽保管中心。该中心是玻璃与钢筋混凝土结合的结构，内部设施十分先进，它的建成和使用标志着加拿大国家档案馆成为世界上现代化水平最高的档案馆之一。

2004 年，加拿大国家档案馆也实行了改革。为了更好地保护加拿大的文献遗产，新成立了“加拿大国家档案图书馆”。国家图书馆和国家档案馆原来同设在一幢大楼内，利用这一条件，加拿大政府将两个机构合并为一个全新的机构。尽管档案界对这一举措尚存在争议，但加拿大希望通过档案馆与图书馆的合并，使这一机构在保存文献遗产和延续社会记忆方面发挥更大的作用，促使这一机构在知识管理和信息管理领域成为领头机构。

加拿大的十个省和两个地区都建有自己的档案馆，最早成立的是新斯科舍省档案馆，其他的还有新不伦瑞克省档案馆、爱德华王子岛省档案馆、魁北克省档案馆、安大略省档案馆、不列颠哥伦比亚省档案馆、曼尼托巴省档案馆、艾尔伯特省档案馆、萨斯喀彻温省档案馆、纽芬兰省档案馆、育空地区档案馆和西北地区档案馆。

7. 日本

日本档案馆设置的特色是公文书馆、文书馆与文化机构相邻，档案、图书、情报三位一体管理。日本的史料馆一般包括档案、图书、情报三部分。例如，日本船主协会、海事产业研究所、石川岛播磨重工业株式会社、清水建设等企业史料馆都包括这三部分；就连国立公文书馆、大阪市公文书馆也是既收藏历史档案资料，又收藏各类图书以及各种情报资料，这样的管理形式，使利用者既可查找档案资料，又可查找图书，还可获得所需的技术情报。

日本档案馆的建设，始于 20 世纪 50 年代。从中央到地方，都建立了名为“公文书馆”的机构。

（1）国立公文书馆

第二次世界大战后，由于历史研究和学术活动的开展，人们越来越认识到有必要建立一个防止分散保管和集中提供公共利用的档案管理机构。日本科学协会注意到民众的呼声，该协会主席于1959年11月向日本首相提出建立一个国家档案馆的建议，以采取必要的措施防止公文分散保存在各政府机构所造成的损失，以及方便对公众提供利用。日本政府采纳了这一建议。

日本国家档案馆的名称是“国立公文书馆”，成立于1971年7月。其宗旨是从政府各省厅和机构接收有重要价值的官方文件，作为历史资料进行长期保存，并向公众提供利用或展览。1988年6月实施的《公共档案法》对国家所有的历史资料，即重要的官方文件的保管和利用作出了规定，要求国立公文书馆将官方文件作为历史资料留给后代。

目前，国立公文书馆共有44名工作人员，设一名馆长和一名副馆长，职能机构包括办公室、档案处和内阁图书馆三个处室。该馆呈正方形，是一座地上四层和地下两层的钢筋混凝土建筑物，占地4 000平方米，建筑面积11 550平方米（地上面积为2 710平方米，地下面积为8 840平方米，其中库房区为7 000平方米）。库房温度控制在22℃，湿度为55%。地上四层建筑的具体分布为：第四层为会议室；第三层为办公室；第二层为利用室、缩微照相室；第一层为展览室。地下一层为文件接收、归档和熏蒸室；地下二层为库房区。

日本国立公文书馆目前正在筑波修建一个分馆，分馆为一座三层楼的地面建筑，建筑面积为11 000平方米。已入藏的公文书，包括日本历史上江户、明治、大正、昭和各时期中央政府形成的诏书、法律、敕令、政令、告示、规则、记事录、人事任免书、官员录、预决算书、照会等，以及一些重要的近期的公文书，如1973—1978年的天皇署名的公文书原本，也已收藏进馆。

除国立公文书馆外，日本还有两个全国性档案管理机构：一是防卫厅防卫研修战史部，负责保管国防档案；二是外务省外交史料馆，负责保管外交档案。

（2）地方档案馆

日本地方档案馆设置的起点是1959年山口县公文书馆的成立。从20世纪70年代以来，日本两次掀起设置地方公文书馆的热潮。据统计，到90年代，全国47个县和11个法定城市都拥有了自己的档案管理机构。

冲绳县公文书馆是地方档案馆中较富代表性的一个。它于1995年8月开馆，被称为亚洲第一馆。该馆占地11 935平方米，地下一层、地上四层，建筑风格为大屋檐、红瓦顶，得到日本建筑最优秀设计奖。其主要职能是广泛收集整理日本琉球王朝时代至现代政府的档案，采用先进技术保管，使其流传后代，并更好地提供档案为来馆者阅读服务。此馆十分重视对琉球王朝时代中国档案、第二次世界大战前县政府档案及美国占领时期档案的收集。

（3）国立史料馆

1951年5月成立，馆址东京。它是日本国家级历史档案馆，隶属文部省，负责管理、接收寄存和捐赠的日本江户时代（1603—1867年）档案和史料，复制其他机构收藏的重要近代史料。

（4）近代文学馆

这是日本一个影响较大、性质较特殊的档案机构。1967年建成，兼有图书馆、档案馆和博物馆的性质。其馆藏包括明治维新以来日本文学方面的图书、报纸杂志、手稿、书信、日记等，价值极为珍贵。

（5）全国历史资料保存利用机关联络协议会

简称全史料协，1988年成立，其宗旨是通过会员的相互联系，以研究协议的方式开展档案研究和学术交流，促进档案管理、利用和研究的进展。会员有团体会员和个人会员，团体会员包括档案馆、图书馆、历史资料馆、地方史编写室及一些大学的资料室；个人会员为现在及过去从事档案工作的人员。该协会在全国设部会、各地设分会。该协会每年召开一次全国年会，进行学术研讨，开展会员的联谊活动。各地的分会每月召开研讨会。

8. 澳大利亚

澳大利亚是联邦制国家，其档案馆主要分为联邦和州两级。

（1）联邦档案馆

澳大利亚国家档案馆是澳大利亚联邦政府唯一的中央级综合性国家档案馆，也是澳大利亚联邦档案管理机构中最重要的一个。成立国家档案馆的建议早在联邦政府刚刚成立时就已经提出，但它的最终建立却是由澳大利亚参与两次世界大战促成的。早在20世纪二三十年代，澳大利亚作为一个新生的政权，并不重视政府文件的管理。澳大利亚联邦政府成立后将各政府机关的文件分别保存在战争纪念馆和国家图书馆，许多重要的文件由于缺乏妥善的集中保管而永远地遗失了。1942年澳大利亚成立了战时档案委员会，为战时档案的整理、保管和销毁制定了统一的标准。1961年一个独立的档案管理机构——联邦档案馆的成立，才标志着联邦政府有了独立的中央级国家档案馆。它于1974年改名为澳大利亚档案馆，后又于1998年易名为澳大利亚国家档案馆。虽然档案馆早在20世纪40年代就已经存在，但直到1983年的档案法颁布后，其正式地位才得以确认。

1983年颁布的档案法规定澳大利亚国家档案馆隶属于文艺体育部，它的总馆设在首都堪培拉，与国家图书馆共用一个大楼。除了堪培拉以外，澳大利亚国家档案馆在六个州的首府和达尔文市均设有办事处。它的内部机构包括公众与利用服务处、政府文件保管处、馆藏管理处、社团处四个部门，每个部门设有一个副馆长分管。另设有一个顾问委员会，任务是向文艺体育部长和国家档案馆馆长提供有关档案馆职责事宜的建议。国家档案馆主要收集和保存联邦政府各部、皇家委员会、司法、军事、安全、情报、外交等部门的档案，同时也保管历任总督、首相及各部部长的个人文件。该馆成为研究澳大利亚历史、社会和人口的资源宝库。

联邦政府同时还在文艺体育部下设立了国家声像档案馆，它的职责是负责收集（而不是接收）并提供利用政府机构以外的录音、录像、电影、电视档案以及与之相关的实物、资料。其接待的用户多为普通公民。该馆还依靠其技术实力和优势，向社会各方面提供有关音像材料保护、处理的技术服务。

除以上两个档案馆外，澳大利亚还有三个重要的联邦档案馆：一是澳大利亚军事纪念馆，馆址在首都堪培拉，主要保存澳大利亚军事历史档案，包括军用地图、军事日志、军事通讯、军事照片、军事影片和战争回忆录等。二是澳大利亚国家图书馆参考分馆手稿部，它是一个重要的私人档案收藏机构，保存了关于政治史和探险活动的丰富材料。三是澳大利亚国立大学社会学研究所档案部，所藏档案多为企业和劳工运动的档案材料，因此受到政治史、经济史和社会史等方面研究学者的普遍重视。

（2）州档案馆

澳大利亚各州也均设立了档案馆。

新南威尔士州档案馆是根据该州 1960 年通过的档案法设立的，负责保存该州有价值的公共档案。该馆设在州公共图书馆大楼内，与图书馆建立了密切的合作关系。馆藏中以殖民局档案最为珍贵，因为它们是研究早期澳大利亚历史的重要史料。

维多利亚州公共档案馆也是依据 1973 年制定的《维多利亚州公共档案法》设立的，负责保存该州的公共档案，以及有重要价值的私人档案。

南澳大利亚州档案馆是在 1920 年成立的南澳大利亚州公共图书馆档案部基础上建立的，其档案建筑规模较大，设有展览室和阅览大厅。该州政府和市政机关的公共档案均在这里保管。

塔斯马尼亚州档案馆最初与该州图书馆设在一起，1949 年后档案馆成为独立机构，负责接收和保存州政府的公共档案。同时该馆还努力收集私人家族、工商企业和著名人物的档案。

西澳大利亚州档案馆又称西澳大利亚政府档案馆，设在西澳大利亚州历史图书馆内，馆址在珀斯。档案馆除接收州政府机关、企业、研究机构的档案外，还致力于收集与西澳大利亚州有关的私人手稿。

昆士兰州档案馆比上述各州档案馆建立时间要晚，它设在布里斯班的一座历史古老的楼房内。这座古老建筑原为兵站仓库，作为档案库房很难满足安全保管档案的要求，为此昆士兰州政府近年对档案馆建筑做了修缮。

第二节
外国档案馆的设置原因和类型划分

一、档案馆设置的原因

与古代和近代相比，现当代时期档案馆的类型进一步丰富。一个重要原因就是现当代社会设置档案馆的原因呈现出多元化的特点。古代设置档案馆的原因比较单一，只是为了满足统治的需要，或者说为了维护统治阶级的利益。近代除巩固国家政权这一基本原因之外，出于企业经营管理和发展经济生产的需要，还开始出现了经济档案馆。到了现当代时期，设置档案馆的原因日益多样化，既有一以贯之的巩固国家政权这一最基本的原因，又有发展经济和科学技术的需要，还包括传承历史文化、维护公民权益、丰富休闲生活等多种因素。不同的设置因素就可能导致不同类型档案馆的出现。

（一）巩固国家政权

实行阶级统治，巩固国家政权，维护国家利益，在任何时候任何国家，都是设置档案馆的基本原因。这是由档案的基本性质和价值决定的。从古至今，任何国家都把档案视为维护政权的“武器”，设置档案馆的根本目的就是建立一种国家阶级统治和行政管理的“经验宝库”。正因如此，任何国家的档案事业建设都是以综合性档案馆为主体的。

（二）发展经济和科学技术

发展经济和科学技术，也是各国设置经济或科技档案馆、企业档案馆的重要原因。在生产建设、经济发展和科学技术研究中形成和积累的档案，包含了大量对发展经济和科学技术有用的信息，是生产力的组成部分。设置档案馆保存这类档案有利于发展经济和科学技术。在以私有制为基础的国家中，经济和科技档案的收藏机构呈现多样化的特点。除了国家档案馆外，企业和科研机构都会设置档案馆收藏经济和科技档案。

（三）传承历史文化

任何国家的发展都离不开科学文化事业，而科学文化事业的繁荣，是一个国家兴旺发达的体现。档案作为一种历史记录和文化财富，是每个国家文化遗产的重要组成部分，是核心信息资源，是繁荣科学文化事业的史料源泉。换言之，档案是历史和文化的象征。设置档案馆作为保存档案的基地，正是为了满足传承历史文化的需要。有人说，档案馆的重要性不亚于国家公园、纪念碑和各种历史古迹，管理好它们是国家不可推卸的责任。

（四）维护公民权益

维护公民个人的切身权益，也是设置档案馆的原因之一。档案，尤其是人事档案、家族档案以及与公民状况有关的档案，是用来证明和维护公民应有权益无可替代的原始资料。设置档案馆保存这些档案，可以满足国家人事管理和个人开具档案证明的需要，更好地维护公民的权益。一些国家的档案查用制度规定，公民可以到供职单位或档案馆查用有关本人情况的档案，档案馆也有义务给公民制发有关工龄、受教育程度、个人事迹等个人情况的档案证明。

（五）丰富休闲生活

国外档案馆的设置原因还包括满足个人兴趣和丰富休闲生活。从 20 世纪 70 年代以来，一些国家根据公民的个人兴趣，设置了一些特色档案馆，为用户服务。例如，美国“寻根”的热潮带动了家谱、族谱研究的盛行，美国犹他州设立了家谱学会档案馆，除了满足家谱研究者的利用需要之外，还接待因个人兴趣前来寻根的普通公民。此外，2000 年第十四届国际档案大会提出了“休闲利用”概念，引发国外档案馆积极探索为丰富休闲生活而服务公众的有效举措。尽管目前尚未出现专门的休闲档案馆，但随着人们休闲时间的增多，丰富休闲生活的需要将有可能导致出现专门的休闲档案馆。

二、档案馆的类型划分

对档案馆进行类型划分的角度或标准可以有多种，比如按照档案馆的所有权，可以分为公有档案馆和非公有档案馆；按照档案馆的级别，可以分为中央档案馆和地方档案馆；按照馆藏档案的所属年代，可以分为历史档案馆和现代档案馆；按照馆藏档案的门类性质，可以分为综合档案馆和专门档案馆；按照馆藏档案的载体形式，可以分为影片档案馆、照片档案馆和电子档案馆等。这里仅选择最常用的一种角度——所有权角度，概述国外档案馆的两大基本类型——公有档案馆和非公有档案馆。

（一）公有档案馆

公有档案馆是一个综合概念，指的是所有权归属国家的档案馆，一般由国家通过法律或行政手段设立，馆藏档案均属公共财产。国外公有档案馆的类型从馆藏档案的成分来分，可以概括为综合性与部门性（或专门性）两种类型。

1. 综合性档案馆

综合性公有档案馆主要包括国家档案馆和历史档案馆两种，它们都是永久保存档案的基地，都实行开放原则；但主要区别在于国家档案馆还有着固定的馆藏移交来源，是一种“开口式”的档案馆，而历史档案馆已没有固定的接收来源，是一种“闭口式”的档案馆。

国家档案馆是公有档案馆中最重要的一种，它是各国档案管理机构体系的主体，设立最为普遍，一般都形成了从中央到地方的国家档案馆网。各国国家档案馆的共同特点主要有四个：一是中央级国家档案馆的馆址大都选在首都，如英国国家档案馆设在伦敦，法国国家档案馆设在巴黎，美国国家档案馆设在华盛顿，加拿大国家档案馆设在渥太华，日本国立公文书馆设在东京，等等。二是馆藏门类和载体的综合性，各国国家档案馆馆藏的内容从政治、经济、军事、外交到文化、科技、宗教、卫生无所不包，载体从传统的纸张到新型的胶片、磁带、磁盘、光盘等应有尽有。三是馆藏流动的终极性，各国国家档案馆作为永久保存档案的场所，除非由国家决定重新调整馆藏范围之外，其馆藏一般具有固定性特点，不再需要向其他地方移交。四是馆藏的开放性，由于国家档案馆的公有性质，其馆藏被视为国家的公共财富，因此其馆藏的利用普遍遵循开放原则。尽管具有上述共同点，但各国国家档案馆在称谓和隶属关系上也不尽相同。从称谓而言，“国家档案馆”是主流，但也有叫“联邦档案馆”“公共档案馆”“总档案馆”“国立公文书馆”等的；从隶属关系来看，隶属于最高行政当局或某一个部的是主流，但也有隶属于国家最高档案行政管理机构的。

历史档案馆是一种按照历史时期或历史断代设立的公有性档案馆，尽管其分布范围远不如国家档案馆普遍，但在不少历史悠久的国家都存在。如西班牙设有西曼卡历史档案馆和马德里国家历史档案馆等，俄罗斯设有远东历史档案馆以及从苏联接收下来的中央国家历史档案馆、古代档案馆、军事历史档案馆等。

2. 部（专）门性档案馆

部（专）门性公有档案馆主要包括机关档案馆和专门档案馆两种。

机关档案馆是一种部门性档案馆，起源于封建社会末期，是专门保管某一机关或部门的档案、一般只为本机关服务的档案馆。机关档案馆有两种类型：一种是终极性的，另一种是非终极性的。终极性机关档案馆是某一机关或部门永久性保存档案的场所，这一点类似于国家档案馆，其馆藏不再向别处移交。自 16 世纪以来，欧洲一些国家设立的外交部档案馆、海军部档案馆、陆军部档案馆、国防部档案馆等都属于终极性机关档案馆。延续到今天已成为一个传统，即很多国家的重要部门（如外交、军事、国防部门）的档案馆均属于终极性的机关档案馆。非终极性机关档案馆则类似于我国的机关档案室，尽管规模大小不一，但都只是暂时保存机关档案的场所，其馆藏还要向国家档案馆移交。

专门档案馆主要是指国家设立的、用于保存一种行业、专业或专门领域档案，或是保存特定载体档案的档案馆，包括水文、地质、气象、城建等专业部门档案馆以及音像档案馆、照片档案馆、影片档案馆、科技档案馆等。比较典型的有：俄罗斯的影片照片档案馆、录音档案馆；法国的外国影片资料馆；波兰的录音档案馆；英国的音响档案馆；等等。

在个别国家里，总统档案馆或总统图书馆也被视为专门档案馆的一种形式。美国的总统图书馆较为典型，它是集档案馆、图书馆与博物馆功能于一体的特殊类型的档案管理机构，专门用来收藏总统任职期间形成的档案文件、文物礼品和其他文献资料，以及总统的工作和生活用品，卸任后形成的涉及他的评述、传记性报刊资料等。总统图书馆由罗斯福总统创建，在他之前的 23 位美国总统在离任时均把任职期间的档案作为个人财产带出白宫。由于他们对档案的认识各不相同，对档案的处置方式也有很大差异：有的捐献给国家；有的作为遗产留给继承人；有的出售；有的甚至将档案销毁。尽管是个人财产，但总统的特殊身份使得总统的档案具有特殊价值。为此，罗斯福任总统后便决定创建总统图书馆，专门收藏总统任职以来形成的档案以及各种文献和物品。1938 年第一个总统图书馆——罗斯福总统图书馆建成。目前美国一共有 13 位总统相继建立了自己的总统图书馆。它们分别是罗斯福、杜鲁门、艾森豪威尔、胡佛、肯尼迪、约翰逊、福特、尼克松、卡特、里根、布什、克林顿和小布什总统图书馆。总统图书馆大多设在总统的故乡，在总统卸任后修建。其服务对象主要是学者和政府官员，也接待普通利用者。1978 年，卡特总统签署了《总统文件法》，规定自 1981 年 1 月 20 日起，所有总统文件均属于国家财产，联邦政府将保留并拥有总统文件的所有权、拥有权和管理权，当总统任期届满，国家档案与文件署要履行清点、整理与保管总统文件的职责。所以美国的总统图书馆虽然名称不叫档案馆，但它们都是在国家档案与文件署管辖下的机构，属于联邦档案系统的重要组成部分。

（二）非公有档案馆

非公有档案馆也是一个综合概念，指的是所有权不属于国家，而是属于私人集团、组织、家族或个人等的其他档案馆。从所有者对象来看，国外非公有档案馆的类型主要可概括为私人企业档案馆、教会档案馆、政党档案馆、大学档案馆四种。

1. 私人企业档案馆

私人企业档案馆的前身就是近代出现的经济档案馆。到了现当代时期，随着经济建设的发展，出于经营管理的需要，各国私人企业设立档案馆的现象更加普遍。这类档案馆由于受私有特点所限，馆藏一般不对外开放，只有少数档案馆开放不涉及企业机密的历史档案。

2. 教会档案馆

教会档案馆的起源更早，可以追溯到封建社会初期。它是教会组织档案收藏机构的总称，在世界各国分布相当广泛。其中，现当代时期影响最大的教会档案馆当属梵蒂冈秘密档案馆。该馆是历代罗马教皇的档案保管机构，是欧洲教会中最古老、馆藏档案最丰富的档案馆。其前身可追溯到公元 4 世纪教皇达马苏斯一世下令在圣·罗伦萨教堂建立的教皇档案库，直到 1612 年教皇保罗五世下令将分散于各处的教皇档案集中在梵蒂冈，才成立了今天的梵蒂冈秘密档案馆。

梵蒂冈秘密档案馆自成立至今，都由教皇指定一名红衣主教掌管。其馆藏始于 4 世纪，但 12 世纪末以前的档案由于天主教会的大分裂以及罗马城屡遭劫掠而损失惨重，留存下来的很少。该馆集中保存着罗马教皇活动形成和积累的所有档案，其中包括历任教皇的训谕、圣事活动和祈祷活动文书，以及国家机关、驻外机构或特使活动中产生的文书、外交信函。其中包括中国明代皇太后写在缣帛上和成吉思汗的侄子写在羊皮纸上的信函。除了教皇的公务档案之外，梵蒂冈秘密档案馆还收藏有大量有关天主教的各种活动记录、忏悔书、陈情书、授权书等，如对著名科学家伽利略作为天主教异端审判的记录，由伽利略签字的所谓忏悔书，以及英王亨利八世与情人的书信，等等。

由于馆藏的特殊性，梵蒂冈秘密档案馆从成立之初仅为教皇服务，以其“秘密”性质封闭了 200 多年。后来迫于世界各国普遍实行档案开放原则的压力，1897 年教皇利奥十三世不得不下令将时间久远且不涉及教皇利害关系的档案向研究者开放。尽管开放力度很小，但还是吸引了众多学者，许多国家还在罗马设立了研究机构。该馆实行的档案封闭期是世界上最长的，为 80 年。直到 1988 年，教皇仍规定只开放 1922 年以前的档案。

为了推动对梵蒂冈秘密档案馆馆藏的有效整理和利用，20 世纪末以来国际档案界开展了“梵蒂冈计划”，内容是吸纳各国宗教档案专家参与建设梵蒂冈秘密档案馆数据库，建议该馆缩短其封闭期，使馆藏档案能够发挥更大的作用。

3. 政党档案馆

现当代时期各国党派林立，名称各异，数量众多。这些政党在各国不同阶段的政治生活中起着不同的作用，也积累了大批档案。重视档案的政党往往设有自己的档案馆。

苏联共产党中央档案馆曾是世界上规模最大、馆藏最丰富的政党档案馆。共分两处：一处设在苏共中央马列主义研究院内，负责保管苏共中央 1952 年以前的党务档案和党的领导人的档案，以及国际共产主义运动各种组织（包括共产主义同盟、红色工会国际、青年共产国际、农民国际、工人体育国际、国际妇女联盟等）的档案。另一处设在苏共中央办公大楼内，负责保管 1952 年至 1991 年苏共大小机关的党务档案。后来这两处档案馆于 1991 年被俄罗斯联邦政府接管，分别更名为“俄罗斯现代史文件保管与研究中心”和“当代文件保管中心”。

英国的工党、德国的社会民主党、日本的自民党、美国的共和党和民主党等，都设有自己的档案馆。以英国工党档案馆为例，该馆设在伦敦，其馆藏档案的源头可上溯至工党前身——1900 年成立的劳工代表委员会时期。该馆馆藏实行 15 年的封闭期，非本党党员查用档案必须交费。

4. 大学档案馆

尽管大学档案馆的悠久历史也可以上溯至封建社会中期，但早期各大学收藏档案的机构往往与图书馆设在一起，直到现当代以来才逐渐独立出来，成立了保管大学各种档案的专门机构——大学档案馆。

目前各国大学档案馆的设立也十分普遍，例如，美国的哈佛大学和耶鲁大学，加拿大的蒙特利尔大学、多伦多大学和魁北克大学，英国的牛津大学、利物浦大学、伦敦大学、格拉斯哥大学，法国的巴黎大学，德国的科隆大学、图宾根大学和弗莱堡大学，奥地利的维也纳大学，等等，都设有自己的档案馆。各国的大学档案馆，特别是知名大学档案馆，大多以馆藏丰富、学术价值高而著称于世。无论是公立大学还是私立大学，其档案馆馆藏往往具有两个共同特点。一是私有性，即档案都属于本校财产，即便是公立大学，其馆藏也不属于国家或政府的管辖范围。二是终极性，即馆藏由本校永久保存，无须向国家或其他档案馆移交。

哈佛大学档案馆是国外大学档案馆的典型。哈佛大学是美国的第一所大学，成立于英殖民时代的 1636 年，比美国建国要早 140 年。在哈佛大学成立的前三百年中，尽管它雄踞美国高校首席，培养了众多社会政治活动家、学者和专家，但它积累的重要档案都保存在大学的图书馆手稿部。直到 1938 年，哈佛大学董事会才作出决定，成立大学档案馆，并规定档案馆的任务是在校长领导下收集保管学校成立以来的与学校成长有关的全部档案史料，为学校行政、教学、学术研究和编纂校史服务，也为校外查阅和利用档案服务。其馆藏档案非常丰富，包括大学自成立以来的全部行政、教学和学术档案。其中建校的立法文件——1650年英王最终承认哈佛大学的批准书以及使用到1846年的学校大门巨锁和配套的铜钥匙（约重1 000克），被视为哈佛大学权力的象征。从1846年起，历任校长卸任时都要转交铜钥匙以示权力交接，仪式完毕送回档案馆继续保存。为了更好地服务于广大师生、校友以及其他各界人士，哈佛大学档案馆十分注重馆藏收集的全面性，不仅重视保存学校师生的各种学术成果，包括已出版的论著的手稿和底稿，还注意积极征集已退休或去世教授的个人文稿。

第三节 外国档案馆的性质、职能和特点

一、档案馆的性质

从古至今，档案馆的性质发生了明显的变化。

（一）古代：政权的“武器库”

奴隶社会和封建社会出现的诸多类型档案馆库，可以统称为古代档案馆库。尽管其类型多种多样，但总体性质是基本相同的，即都是为所有者专有并只为所有者服务的保管机构，形象地说是一种特殊的“武器库”。因为古罗马的奴隶主阶级曾将档案比喻为“插入鞘中的剑”，如果说档案是一种武器，档案馆库就是存放武器的“仓库”，也是他们所说的“鞘”。古代档案馆库被牢牢掌握在统治者手中，成为维护统治阶级利益的有力工具。

（二）近代：向公共服务机构转变

近代法国档案工作改革推动着档案馆的性质开始发生根本性变化——从古代为统治阶级服务的一种特殊“武器库”转变为面向社会大众的服务机构。引起这一变化的根本原因就是开放原则的实施。

（三）现当代：科学文化和信息服务机构

进入现当代时期，随着开放原则在世界范围内的推广，档案馆的性质逐步发展成为一种科学文化事业机构，即为社会公众提供档案利用服务的基地。档案馆

是否具有科学文化性质，关键取决于开放原则实施与否。只有实行档案向社会开放、为公众服务，档案馆才能称得上是真正的文化机构，否则就不具备文化性或者只具有半文化性质。一般来讲，公有档案馆大多属于科学文化机构，而非公有档案馆的文化性质就稍逊一筹。

国外学者对档案馆的科学文化性质的认识具有较为明显的共性。英国现代档案学者迈克尔·库克认为，国家档案馆与国家图书馆、国家博物馆和国家文献中心具有相同的文化性质，同属科学文化机关。日本档案学者也指出，目前档案馆与图书馆、博物馆共同发挥着作用，档案馆已成为文化建设的三根支柱之一。这表明，它们具有相同的文化性质。有些国家把档案馆与图书馆或博物馆设在同一座建筑内，以显示它们相同的科学文化性质。比如，加拿大的国家档案馆与国家图书馆就设在同一幢大楼内，俄罗斯也有类似的做法。

进入信息时代之后，档案的信息属性日益凸显，档案被视为当代社会的一种核心信息资源，档案馆的性质定位也发生了细微的变化，从单纯的科学文化事业机构变成了集科学文化和信息服务于一体的机构。这两方面并非是对立和冲突的，相反是相辅相成、共同促进的。

科学文化和信息服务性质决定了当代档案馆的服务方向。档案馆既要积极开展参考服务，满足行政、科学研究的广泛需要，又要提供休闲服务，满足文化教育和娱乐的需求。前一项服务内容在各国都开展得十分普遍，后一项服务内容虽然尚处在起步阶段，但这种服务方向将为档案馆赢得更大的发展空间。国外有学者指出，档案馆与图书馆、博物馆都是文化娱乐机构，人们到这里不仅可以查阅资料，还可以看展览，看电影、幻灯片等，甚至可以到馆内的书刊亭、咖啡厅等休闲场所放松心情，体验文化娱乐的精神愉悦。

二、档案馆的职能

档案馆的职能，在当代各国的档案法规中已有明文规定。尽管表述不可能完全一致，但共性是十分明显的。概括地说，档案馆的主要职能就是对作为国家历史记录、文化遗产和信息资源的档案进行收集、安全保管，为社会组织和个人提供服务。换言之，收集、保管和提供利用，是档案馆职能的基本组成部分。

国外档案学者从理论上归纳了档案馆的职能。比较典型的有英国档案学者和苏联档案学者。

英国档案学者迈克尔·库克指出，档案馆的职能分为行政职能和研究职能。行政职能也可解释为业务职能，即接收、整理、保管档案的职能。行政职能的目的是把国家的全部重要档案，都集中到档案馆保管。研究职能是指档案馆的对外宣传和服务职能，档案馆要借助档案宣传历史，展示以往经验对现代社会良性发展的重要意义；要把馆藏档案信息最大限度地开发出来，为社会方方面面服务。库克对两种职能的关系也作了论述，他认为行政职能是实现研究职能的前提，但研究职能的充分实现才能提高档案馆的社会知名度。

苏联档案学者认为，档案馆的职能分为业务职能和社会职能。业务职能是指从档案接收到保管的全部业务工作。社会职能主要是利用档案为社会各项事业和公民个人服务。苏联把编研和出版档案史料作为档案馆社会职能的主要内容之一。各档案馆大多设有一种专门机构——文件公布处，负责档案史料的编辑出版。这种做法富有明显的特色。

尽管理论归纳不尽相同，但不难看出，国外对档案馆职能的认识具有两点共性：一是业务职能，这是档案馆的基础工作；二是社会服务职能，这是档案馆的根本目的。业务职能是社会服务职能的前提，社会服务职能是业务职能的价值体现。

三、档案馆的特点

从古至今，档案馆的特点也发生了明显的变化。

（一）古代

古代档案馆库的特点受其性质所决定，包括六个方面。

一是附属性。古代档案馆库都只是依附于特定所有者的内部机构，往往作为政府或宗教的附庸而存在，没有独立性，不具备独立的法人地位。

二是封闭性。古代档案馆库均不向社会公众开放，只有所有者或经所有者特许的人或机关才能利用馆藏档案。

三是世袭性或连续性。古代档案馆库可以世代相传，可以遵照法规或遗嘱继承，也可以按照帝位或爵位相传。

四是馆藏对象的混合性。古代档案馆库保存的不仅有档案，还包括图书、贵重实物或其他用品，大多是一种混合型的收藏机构。

五是门类的单一性。古代档案馆库都只属于档案保管机构，没有出现档案行政管理机关、档案教育机构等其他门类的档案管理机构。

六是分散性。古代档案馆库大多各自为政，彼此之间既没有纵向的隶属关系，也没有横向的业务联系。

（二）现当代

与古代档案馆库相比，现当代档案馆的特点变化主要在公有档案馆中集中体现出来。因为档案馆的特点是与性质密切相关的，只有公有档案馆因实施了档案开放原则才真正具备了科学文化性质。因此现当代档案馆的特点主要针对公有档案馆而言，集中表现在六个方面。

第一，独立性。国家档案馆不再是某一所有者的附属机构，而是具有独立地位的国家公共机构。独立的法人资格就是独立地位的明显表现。

第二，开放性。公有档案馆一般都实行对社会开放的原则，利用档案不再是少数人享有的特权，而变成普通公民拥有的权利。

第三，服务性。尽管古代档案馆库的职能包括保管和服务两个方面，但服务的对象和范围相对十分有限。档案开放原则的实施强化了现当代档案馆的服务色彩，拓展了其服务对象，增强了其服务力度。

第四，保管对象的相对单一性。这里的含义是指现当代档案馆与图书馆已有明确的界限，保管对象以档案为主体，图书、资料、实物或其他用品所占的比例相对较小。

第五，馆藏来源和成分的丰富性。国家档案馆的馆藏来源包括众多的形成者，既能依法接收各类机关移交的档案，也可向社会征集档案。同时，国家档案馆均为综合性档案馆，馆藏档案的内容包罗万象，载体形式也多种多样。

第六，档案馆的联系性或协作性。中央和地方国家档案馆在隶属关系或业务关系上一般都有着一定联系，不再像古代档案馆库那样各自为政。

第四节 外国数字档案馆的含义、类型、特点和功能

一、数字档案馆的含义

数字档案馆（digital archives）一般是指互联网上的某些站点，即网站。其含义有狭义和广义之分，狭义的数字档案馆以个体档案馆为概念主体和行为主体，是传统档案馆以数字方式实现馆藏资源和管理职能数字化的一种档案馆形态；广义的数字档案馆是一个由众多档案资源库群、档案信息资源处理中心、档案用户群构成的数字档案馆群体，多指存储和利用档案信息资源的信息空间。

二、数字档案馆的类型

数字档案馆的类型有两种：一种可称为基于信息共享的数字档案馆，是在网络环境下对分散的数字档案信息按照主题、时间、区域等某一特征进行整合、存储、展览和提供利用的虚拟档案馆。之所以称为数字档案馆，其原因在于 archives 一词也可用于表示档案信息资源，因此，digital archives 一词也用来表示网络中的“数字档案资源”，例如欧洲数字档案馆、“9・11”数字档案馆、杰斐逊数字档案馆等就属于这一类型。

另一种可称为基于实体档案馆信息化的数字档案馆，是传统档案馆（馆群）进行的数字资源保存与利用系统，其主要功能是系统而全面地保存数字档案信息资源并提供利用，如英国国家数据及数字档案馆就属于这种类型。

（一）基于信息共享的数字档案馆

该类数字档案馆又可细分为基于档案信息资源共享的数字档案馆与基于综合信息资源共享的数字档案馆。

基于档案信息资源共享的数字档案馆，是由某一机构牵头负责，通过设定一定的主题，将本机构以及其他机构相关的档案信息资源通过网络整合在一起并提供利用的一种数字档案馆。其目的不在于集中管理数字档案信息，而是在于集中利用数字档案信息。此类数字档案馆的典型是日本的亚洲历史资料中心。它成立于2001年，是日本国立公文书馆的一个附属机构，它联合日本国立公文书馆、外务省外交史料馆、防卫厅防卫研究所等多家机构，将不同部门收藏的资料中记录日本与亚洲各国部分历史的公文档案加以编排，通过同名的网上档案馆向各国研究者免费提供利用。

基于综合信息资源共享的数字档案馆，所提供的共享信息不限于档案信息，而是根据某一主题将相关的所有可收集到的信息资源，包括档案、图书等其他各式信息资源，统统整合到一个系统利用平台之上。此类数字档案馆的典型案例是美国伊利诺伊数字档案馆和西北数字档案馆。伊利诺伊数字档案馆是由该州的图书馆、档案馆、博物馆、历史研究会等15个部门联合建设与维护，主要目的是在网上为用户提供有关该州历史和现状的信息，同时为参加机构提供向伊利诺伊数字档案馆上传数据的工具。美国西北数字档案馆于2002年初由13个机构共同建立。参加该项目的13个机构除高校和历史协会之外，还包括华盛顿州档案馆和西雅图市档案馆等。最终该项目的数据库将安装在华盛顿州立大学，为各类研究人员提供在线的信息检索和服务。

（二）基于实体档案馆信息化的数字档案馆

该类数字档案馆又可分为基于服务信息化的数字档案馆与基于管理职能信息化的数字档案馆。

基于服务信息化的数字档案馆，主要侧重于数字馆藏资源的利用服务。典型案例是英国的NDAD（National Digital Archive of Datasets），它是为了保存和利用结构数据集而提供的整套系统和服务。NDAD的主要功能包括：接受、存储、保管政府部门产生的需要永久保存的数据集（比如每年的农业人口普查、犯罪统计、污染土地面积的报告等），主要侧重于数字馆藏的信息服务。

基于管理职能信息化的数字档案馆，主要是根据自身职能需要建立起来的，典型案例是美国的NARA组建的电子文件档案馆（Electronic Record Archives，ERA）。它立足于解决任何类型的电子文件（而不仅限于结构数据）对特定硬件和软件的依赖问题，其职责就是不管时间多久，只要社会需要，就能提供可读和有效的电子文件。它在实现数字资源提供利用的同时，管理、维护各种类型电子文件，保证其真实、完整和长期可读。

三、数字档案馆的特点

与传统档案馆相比，数字档案馆的特点包括：

第一，数字档案信息资源的海量与异构性。作为容量巨大的数据仓库，数字档案馆包括大量不同来源、不同格式、不同技术标准的电子文件和数字档案，其中相当一部分是非结构化数据。在数字档案馆信息系统的设计过程中需要充分考虑这些特点，借助元数据著录标准，实现高效的存储与检索。

第二，档案信息传递的网络化。网络化是数字档案馆的重要特征。数字档案馆可借助网络向用户提供 24 小时不间断的远程服务，从而降低档案信息获取的成本，扩大档案信息资源的利用范围，提高档案信息资源的利用效率。

第三，数字档案馆之间的互联性。在网络环境中，数字档案馆不仅限于一馆资源，还与其他数字档案馆和电子文件中心相互连接，形成"数字档案馆"群。

四、数字档案馆的功能

不同类型数字档案馆的功能不尽相同，从名称可以看出各类数字档案馆的功能各有侧重。其中基于实体档案馆信息化的数字档案馆，管理职能主导型的功能定位是电子文件的全程管理、馆藏档案的数字化；服务主导型的功能定位是利用网络和数据库技术提供在线档案信息的查询、浏览与阅读，但对电子文件的质量以及长期保管问题涉及不深。基于档案信息资源共享的数字档案馆的功能定位是对分布式的档案资源进行集成提供在线利用；基于综合信息资源共享的数字档案馆的功能定位是对分散在不同机构的相关信息资源进行整合，并提供在线利用。

英国建立的国家数字档案馆，其主要功能包括接收、存储、保管政府部门产生的需要永久保存的数据集，并向社会提供利用。日本数字档案馆建设的典型代表亚洲历史资料中心的主要功能是借助最新技术，帮助用户不受时间与空间限制免费阅读和打印历史资料，下载图像数据。美国 ERA 的主要功能有以下四种：首先，永久保存联邦政府电子文件。ERA 项目建设通过把技术层面与系统运转层面相结合，谨慎设计，采用文件异地备份，使用非专有界面系统，防止文件被个别软件提供商所控制，存储有足够的副本，针对不同的利用方式转存不同存储格式的电子文件副本，起到永久保存联邦政府电子文件的作用。其次，保证电子文件的真实性、凭证性、完整性。ERA 系统能够捕获证明电子文件真实性和凭证性的元数据，以便将来更好地理解该文件。再次，保障电子文件的安全。通过系统入侵监测和系统入侵拦截，使 ERA 免受黑客和恐怖分子的干扰，保障系统的安全。最后，方便用户利用。ERA 发展了一个更大的电子查询系统（Electronic Access Project，EAP），通过此系统建立一个全国馆藏档案的在线目录，提升 NARA 的公开查询服务功能。并且关注用户需求与反馈，不断扩大馆藏，改进服务，实现资源充分共享。

世界主要发达国家的数字档案馆建设都遵循这样的规律，一般走的是先建立档案网站（包括门户和独立网站），再建立档案信息资源库（包括建设目录数据库和全文数据库两个阶段），最后发展数字档案馆的道路。英美两国在数字档案馆的建设上目前处于领先地位。

【思考题】

1. 简述奴隶社会时期外国档案管理机构的类型。
2. 简述封建社会时期外国档案管理机构的类型。
3. 简述近代时期外国档案管理机构的变革。
4. 简述外国档案管理机构的设置原因。
5. 简述外国的公有档案馆。
6. 简述外国的非公有档案馆。
7. 简述外国档案馆性质的古今变化。
8. 简述外国档案馆的职能。
9. 综述外国档案馆特点的古今变化。
10. 综述外国数字档案馆的含义和特点。
11. 综述外国数字档案馆的类型。

第十三章
外国档案法规

【本章要点】

- 总结外国档案法规从古至今的发展历程和各主要阶段的特点。
- 探讨外国档案法规的总体特点和发展趋势。
- 分析外国档案法规的类型和体系。
- 阐述外国档案立法的基本原则。
- 明确外国档案法规的基本内容。
- 阐述外国电子文件管理法规、制度和标准。

【关键词】

档案法规
档案立法
《穑月七日档案法》
《列宁档案法令》
档案法规体系
档案基本法
档案行政法规
档案行政规章
档案集中管理
档案开放原则
档案所有权
电子文件法规
电子文件制度
电子文件标准

第一节
外国档案法规的发展历程

一、奴隶社会时期：档案法规的起源

奴隶社会开始出现档案立法的萌芽。但严格地说，奴隶社会尚未出现专门的档案立法活动和成文的档案法规。这一时期的档案立法和档案法规属于较明显的

非独立型，即融合在国家的整个立法活动和法规之中。最早出现档案立法萌芽的也是古代东方奴隶制国家。考古证明，这些国家已经出现了简单的档案管理章法和制度。

考古发掘证实，古代两河流域苏美尔统治时期，埃勃拉王国王宫档案库保存了大量泥板档案。这些档案由专门的司书负责保管，他们在每一块泥板上打上环形的印记。这可能是一种特殊的管理标记，表明埃勃拉王国的档案管理已有一定的章法可循。

古巴比伦王国的档案管理开始形成副本制度。著名的《汉谟拉比法典》的原件是刻写在石柱上的，出土时部分内容已被磨损。后来在尼尼微档案图书馆的遗址中发掘出了该法典的泥板副本，才使法典的全文流传后世。这一发现也证明了古巴比伦王国副本制度的存在。

亚述王国的档案立法有了进一步发展。著名的亚述巴尼拔档案图书馆除了对馆藏档案进行初步的整理和分类以外，也规定了制作副本等制度。更为典型的是，该馆已出现了司书签字和用印制度，馆藏的每一块泥板上都刻有经办司书的名字，还加盖了写有“宇宙之王、亚述之王亚述巴尼拔之宫”的印记。

古希腊继承了古代东方各国按照规章管理档案的做法，档案库也设有专门的司书，建立了档案清点、登记和封印制度。著名的米诺斯王宫档案库遗址出土的泥板档案分门别类地保存在木箱和石膏箱内，箱盖上残留着一些封印用的印泥。这表明古希腊也存在着一定的档案管理规章和制度。

作为奴隶社会档案工作发展的顶峰，古罗马的档案管理规章制度更加健全。档案库一般由政府官员领导，内部工作人员的分工进一步明确。罗马共和国时期，为了防止伪造的文件进入国家档案库，除了文件上必须附有元老院议员的证明外，国家档案库还有权要求送交档案者发誓，以进一步证明档案的真实性。到罗马帝国时期，最高统治者皇帝作出了一切公务档案必须送交皇帝档案库保存的规定。这就使皇帝档案库的馆藏有了保证。

不过，目前尚无证据表明奴隶社会已经出现成文的专门档案法规。事实上，真正意义上的档案法规是到了近代时期才产生的。

二、近代时期：档案法规的发端

从奴隶社会到封建社会漫长的历史进程中只是产生了档案立法的萌芽，尚未出现专门的档案法规。近代档案法规的重大变革是开始出现独立的档案立法活动并制定出专门的档案法规。法国档案工作改革中颁布了世界上第一部专门的档案大法，带动本国以及其他国家逐步走上了依法治档的轨道。

法国档案工作改革是通过颁布法规条例来推动改革进程的。如果说 1789 年颁布的《国民议会组织条例》还算不上是专门的档案条例，那么到 1790 年颁布的《国家档案馆条例》和《关于成立行政区档案馆的法令》就已经属于专门的档案规章。当然，集中体现法国档案工作改革思想的总纲领，还是 1794 年颁布的

《穑月七日档案法》。

《穑月七日档案法》的主要内容分为四个部分，由 48 个条款组成。第一部分是“组织基础”，包括 1～7 条。主要规定了国家档案馆的性质、机构设置和基本职责。具体包括，国家档案馆是全共和国中央级档案馆，馆内设置立法、司法和世袭领地三个档案保管部。基本职责包括收藏档案和行政管理两个方面，既负责收藏历史文件、历届国民议会和中央各机关的文件、立法文件、选举文件、国家财产文件、外交文件、人口统计文件等，又负责领导和监督所有公共档案馆。

第二部分是“文件的划分与挑选”，包括 8～14 条。主要规定了划分和处置地产文件、司法文件、地图、私人文件、纯封建文件、印刷文件等的方法。概括地说，国家产权文件、世袭领地文件、经济文件和司法文件等需集中到国家和地方档案馆保存；而历史文件等则移交至图书馆保存。

第三部分是“档案的清理”，包括 15～36 条。主要规定对各地清理机构的设置、人员组成、清理程序和完成期限。概括说来就是，对旧政权的档案必须清理，在巴黎和其他城市设立专门的清理处。巴黎清理处由九名成员组成，其他城市的清理处成员为三至九人。清理的完成期限是三至六个月。

第四部分是“总则”，包括 37～48 条。主要规定所有公共档案馆实行档案开放原则，法国公民有权查用档案馆保存的文件。

《穑月七日档案法》是法国颁布的第一部档案大法，既是法国档案工作改革的重要成果，也是推进改革的基本纲领性文件。它拉开了法国依法治档的序幕，成为法国档案工作建设的根本指导。不仅如此，它还是世界上第一部档案法，第一次将档案工作上升到国家一项独立的工作。从而为其他国家，特别是资产阶级国家的档案法规建设起到了示范作用。总之，《穑月七日档案法》的颁布标志着近代档案法规建设的发端。

在法国的带动下，从 19 世纪开始，欧洲各国也先后制定了专门的档案法规。如英国 1838 年颁布了《关于建立公共档案馆的法令》；意大利 1874 年颁布了《关于档案工作的法令》、1875 年颁布了《关于国家档案馆建设原则的指令》；瑞典 1877 年颁布了《国家档案馆条例》；等等。各国档案法规的颁布和实施表明，从近代开始，各国逐步走上了依法治档的轨道。

三、现当代时期：档案法规的成熟

与近代相比，现当代时期档案法规的建设更加成熟。这种成熟主要表现在三个方面：一是以第一部社会主义档案法规的颁布为开端，出现了资本主义与社会主义档案法规并立的局面；二是各国大多形成了一套较完整的档案法规体系；三是各国的档案法规在比较完备的档案立法原则的指导下，大多具备了比较成熟和完善的基本内容。后两个方面的内容，本章将在第二节和第三节展开论述。

（一）社会主义档案立法的开端——《列宁档案法令》的颁布

与法国类似，当时的苏俄也采取了用档案立法来指导并推动档案工作改革进程的做法。《列宁档案法令》是世界上第一部社会主义性质的档案大法。

1.《列宁档案法令》的内容

《列宁档案法令》是1918年6月1日颁布的，全称是《俄罗斯苏维埃联邦社会主义共和国关于改革与集中统一管理档案工作的法令》。该法令由12个条款组成。

（1）所有作为主管机关的政府机关档案馆一律撤销，其中所保管的案卷和文件从现在起组成统一的国家档案全宗。

（2）统一的国家档案全宗由档案管理总局负责掌管。

（3）各政府机关在1917年10月25日以前承办完毕的所有案卷和往来文书，一律归入国家档案全宗。机关日常活动尚需使用的案卷，在档案管理总局与主管机关共同商定的期限内，可以留在原机关保存，但由档案管理总局负责掌管。

（4）政府机关的全部现行案卷和往来文书，在专门条例为每个机关规定的期限内，留在原机关保存。期满后，所有已承办完毕的案卷均应归入国家档案全宗。

（5）各政府机关未经档案管理总局书面批准，无权销毁任何案卷、来往文书或单个文件。违反此规定者，将受到法律制裁。

（6）档案管理总局应立即制定国家档案全宗查用制度，并规定形成该案卷的主管机关有查用的优先权。

（7）为了更好和更科学地利用档案，以及便于保管和节约开支，应根据档案工作的集中统一管理原则，尽可能地将国家档案全宗的各个部分合并起来。

（8）档案管理总局属于教育人民委员部，是它的一个独立部门。

（9）档案管理总局局长由教育人民委员部提请中央政府批准。档案管理总局局长行使教育人民委员部部务委员的权力，是档案管理总局在中央政府中的代表，有权直接向政府提出报告。

（10）档案管理总局及其所属省档案局条例将另行颁布。

（11）自本法令公布之日起，俄国以往所颁布的有关档案工作的一切法令和决定即行废止。

（12）从1918年7月1日起，原拨给各主管机关的档案工作经费，一律转归教育人民委员部支配，以满足档案管理总局的需要。

《列宁档案法令》的内容可以概括为五个方面。

一是确立了社会主义的档案所有权。法令规定从该法公布之日起撤销所有以前的机关档案馆，废除机关对档案的所有权，改归苏维埃国家所有。凡属苏维埃国家境内的档案均视为国家财富和人民财产，组成统一的国家档案全宗。

二是确立了社会主义的档案工作集中管理体制和原则。法令规定设立中央档案管理总局作为全国档案工作行政管理机关，并由该局遵照社会主义集中统一管理原则，对全国档案事务进行统一领导和控制。

三是确定了档案的移交制度。法令规定十月革命前的档案全部归入国家档案全宗，分级集中到国家档案馆保存；苏维埃机关的档案在机关档案室保存一定时期后，须经鉴定后再向国家档案馆分级集中移交。

四是确定了档案的销毁审批制度。法令规定中央档案管理总局执掌档案销毁审批大权，未经它的书面批准，任何机关和团体不得销毁任何档案，违者将受到法律制裁。

五是确定了档案的开放原则。法令规定由中央档案管理总局制定出档案查用制度，将档案馆建设成为为人民服务、为科学研究和实际工作服务的机构，确保档案的开放利用。

2.《列宁档案法令》的意义和影响

《列宁档案法令》是苏俄颁布的第一部档案法，不仅是指导苏俄档案工作改革的纲领性文件，而且成为苏俄档案工作建设的基本法律依据。作为第一部社会主义的档案大法，它开创了“国家档案全宗”“集中统一管理原则”等社会主义国家档案工作建设的崭新模式，使历史进入了资本主义与社会主义档案立法并存的新时期。它拉开了社会主义国家依法治档的序幕，为其他社会主义国家的档案法规建设树立了榜样。

第二次世界大战之后，亚洲、非洲、拉丁美洲等的许多国家通过民族解放斗争赢得了独立，建立了社会主义制度。在《列宁档案法令》的带动下，这些新兴独立国家纷纷开展了社会主义档案法规建设，形成了与原有资本主义档案法规建设并立的新格局。

3.苏俄档案法规体系的初见端倪

如第十章第一节所述，1919 年 3 月至 7 月，列宁亲自主持制定并签发了四项档案法规——《关于接管旧军队档案的规定》《省档案全宗条例》《关于档案保管和销毁制度的法令》《关于废除图书馆和博物馆所藏已故俄国作家、作曲家、艺术家和学者的档案私人占有权的法令》。这些法规是对《列宁档案法令》的补充，从某种程度上可以说是苏俄档案法规体系的初步形成。

《列宁档案法令》强调对政府各部门档案的集中统一管理，却未明示如何处理第一次世界大战期间被解散的旧军队的档案。因此，在贯彻执行《列宁档案法令》的过程中遇到了阻力。为了妥善地解决这方面的问题，1919 年 3 月 27 日由列宁签发了《俄罗斯苏维埃联邦社会主义共和国人民委员会关于由地方军事委员会接管 1914—1918 年战争期间被解散的旧军队的部队、司令部和指挥机关的所有档案和案卷的决定》。该决定要求地方军事委员会立即就地接管这些档案并妥善加以保护，同时将档案的存放地点和简要目录迅速报送档案管理总局。这项规定的贯彻执行，有效地集中和保护了旧军队的档案。按照《列宁档案法令》的要求，这部分档案被列为统一国家档案全宗的组成部分，为国家财富，归国家所有。

1919 年 3 月 31 日，列宁又签发了《省档案全宗条例》。该条例共 10 条，对各省档案和文件的管理作了详细规定。如规定省档案全宗由两部分档案组成，即由各省及其直辖市和县的全部档案以及尚未向中央移交的其他档案组成，是统一国家档案全宗的组成部分。条例还规定：在省档案局成立之前，省档案全宗可视其档案数量多少，由档案管理总局任命官员管理或由省档案委员会掌管；省档案委员会应当由地方学术和教育机构、图书馆和博物馆选派代表组成；省档案委员会对本省档案的安全保管负责；等等。该条例的颁布执行有力地保护了各地方的档案免遭破坏。

《关于档案保管和销毁制度的法令》共 9 条，对档案管理和销毁作出了五个方面的具体规定。一是各机关承办完毕的文件，在机关留存的时间不得超过 5 年。届满后作为历史文件送交有关档案部门保存，移交时不得从案卷中抽出任一份文件。二是由档案清理委员会负责整理需要保存的档案和应当销毁的案卷。清理委员会的成员由档案管理总局指派的人员和档案形成机关的代表组成。清理工作应遵照档案管理总局下达的统一规定和专门指示进行。三是在档案管理总局成立评审委员会，负责审批报送的销毁目录。经批准后方可销毁，但必须由清理委员会主席和一名成员在场监毁。销毁目录和相关来往文书组成专门的案卷，保存在有关档案部门。四是对鉴定应当销毁的案卷规定了三条原则：对于历史研究、外交关系、政治、社会、经济以及社会生活各个方面都没有意义的案卷；完全一样的重份案卷和文件，只保存一份；应当将需要永久保存的单份文件、亲笔手迹、印章样本、带徽纹的用纸、公文格式纸从可销毁的案卷中抽出继续保存。五是需要销毁的案卷和文件，不许焚毁，应送造纸工业管理局用于再生造纸原料。档案管理总局必须派员到现场监毁。

为了贯彻执行《列宁档案法令》关于废除各机关和组织对档案的占有权，尤其是私人占有权，苏俄人民委员会于 1919 年 7 月 29 日颁布了《关于废除图书馆和博物馆所藏已故俄国作家、作曲家、艺术家和学者的档案私人占有权的法令》。该法令共三条。总体精神有两点：一是这些已故人物档案的原占有者在将这些档案送交公共图书馆和博物馆保存时提出的一切限制性条件一律废除，档案收归国有；二是向研究者提供利用的批准权和档案及摘录的第一次公布权属于教育人民委员部。该部可指定国家出版局负责印刷事宜。这项法令的贯彻实施，有力地保护了已故文学艺术家和学者的档案、书信、手稿等重要文献。

（二）现当代档案法规的总体特点

当代档案法规建设的总体特点主要表现在两个方面：一是 20 世纪 60 年代以来，国际档案理事与联合国教科文组织大力推动各国开展档案法规的理论研究，取得了一大批研究成果；二是 20 世纪七八十年代以来，各国适应档案专业实践的变化，掀起了修改或重新颁布档案法规的热潮。

档案法规在档案事业建设中具有重要意义，因此受到了国际档案界的高度重视。1950 年成立的国际档案理事会与联合国教科文组织一起积极组织开展档案法规研究，并从 20 世纪 60 年代后期组织出版了一批研究成果。比较有代表性的成果包括《示范档案法草案》《建立实施国家情报系统的法律结构》等。到 1979 年，国际档案理事会与联合国教科文组织共同制定了一项“文件与档案管理规划”，在全世界范围内进行了规模大、领域广的档案调研活动，并将调研报告结集出版。至今为止，这一项目已出版的与档案法规建设相关的研究成果包括《缩微品作为凭证的有效性的研究报告》《世界科学情报系统的准则和国际标准化组织的国际标准对档案管理和文件管理的适用性研究报告》《档案与文件管理法规调研报告》《关于档案移交的双边和多边协议和公约的范例》《在档案保留中抽样技术的使用：研究与准则》《活动图像的档案鉴定：研究与准则》《开放、利用和传播档案信息的障碍的调研报告》《国际组织文件的档案鉴定：研究与准则》《私人档案的保护和管理》等。这些成果表明档案法规的学术研究已达到相当水平，对世界各国档案法规建设的发展起到了极大的促进作用。

20 世纪七八十年代，随着档案工作实践的进一步发展，各国纷纷掀起了修改和重新颁布档案法规的热潮。比如法国于 1979 年重新颁布了《法兰西共和国档案法》，冰岛于 1985 年重新颁布了《国家档案馆法》，加拿大于 1987 年重新颁布了《国家档案法》，日本重新颁布了《国立公文书馆法》，等等。还有一些国家对原有的档案法规进行了部分修改。直到 20 世纪 90 年代，这一热潮仍在继续。比如缅甸于 1990 年新颁布了《国家文件与档案法》。

（三）档案法规的发展趋势

在世界各国的共同努力下，当代档案法规建设正朝着更加完善、更加符合时代要求的方向发展，出现了以下四个发展趋势。

第一，档案立法趋向于被纳入更广泛的信息立法体系。随着各国档案工作的发展，整个社会的档案意识进一步加强，档案已被公认为是最重要的一种信息资源，是获取原始信息的源泉。为此在档案立法上出现了一种趋势，即各国逐渐将档案立法纳入更广泛的文献遗产或信息的立法体系。目前这种趋势在某些国家已变成现实。比如西班牙把档案归入了“文献资料和图书宝库”，委内瑞拉把档案纳入了“全国图书服务体系和人文、科学、技术资料”的范畴。还有一些国家，比如美国、加拿大、澳大利亚、荷兰、日本等都把档案视为信息的一种，制定了《信息自由法》。

第二，档案立法逐渐把文件管理纳入其中。不少国家在档案法规中都涉及了文件管理的内容，规定国家档案部门有依法对文件管理行使指导和监督的权力，机关和文件中心有依法向公共档案馆移交档案的义务。

第三，档案立法日益重视把私人档案管理纳入其中。私人档案是与公共档案相对的一种特殊信息资源，也是国家文化财富的重要组成部分。许多国家的档案法规中逐渐增加了管理和控制私人档案的条款，最典型的当属 1979 年颁布的《法兰西共和国档案法》，它规定国家对私人档案有权强行登记。其他国家也越发重视这方面的问题，有的甚至还制定了专门的私人档案保护和管理条例。

第四，档案立法逐渐开始涉及新型档案，特别是电子文件管理的内容。新型档案是现代科学技术发展和应用的产物，有着许多不同于纸质档案的特点。电子文件是当前备受关注的一种新型档案，它的出现引发了传统档案管理方法的变革，对档案理论研究和实践发展都具有深刻影响。因此，各国日益重视对新型档案特别是电子文件的立法建设，力求将它们的管理纳入法制轨道。国际档案界也加快了电子文件法规建设的进程，1997 年国际档案理事会电子文件委员会颁布了《电子文件管理指南》。

第二节 外国档案法规类型和体系

一、档案法规类型

档案法规类型的划分因标准而异。这些标准主要有历史时期、社会制度、实施范围和国家管理体制。

按历史时期，档案法规可以划分为三种类型——古代档案法规、近代档案法规、现当代档案法规。原始社会尚未出现阶级和国家，也就没有体现统治阶级意志的档案法规。不同时期的档案法规具有不同的发展特点。

按社会制度，档案法规可以划分为两种类型——资本主义档案法规和社会主义档案法规。以法国《穑月七日档案法》为发端的资本主义档案法规确立了档案立法的基本原则，但资本主义档案法规的突出特点是以保证私有财产神圣不可侵犯为立法基础，严格区分公私档案及其管理。以《列宁档案法令》为发端的社会主义档案法规则以社会主义公有制为立法基础，保护对象变成全民所有的文化财富——档案，使档案的集中管理有了更大的范围。

按实施范围，档案法规可以划分为两种类型——档案法（总法）和具体法规。档案法是档案法规体系中的基本法，具体法规和规章是对基本法的补充和细化。

按国家管理体制，档案法规可以划分为两种类型——中央集权制国家的档案法规和联邦制国家的档案法规。这两种类型档案法规的主要区别是其效力范围存在差异。苏联、法国、瑞典都是典型的中央集权制国家，它们的档案法规可以在全国范围内贯彻执行，由档案法授权国家档案当局集中统一掌管国家档案事务。而美国、加拿大等联邦制国家，实行的是联邦（中央）与地方分权自治的原则，联邦档案法往往只对联邦机构具有法律效力。

二、档案法规体系

近代法国档案工作改革和现代苏俄工作档案改革分别开创了资本主义国家和社会主义国家档案立法的新起点。在它们的影响下，世界各国开始进行档案法规建设，到目前为止，基本建成了一个较为完整的档案法规体系。这个体系包括国家各级立法或行政管理机关颁布或制定的具有强制性和约束力的一切档案法规，核心是国家档案基本法。换句话说，这一体系是由档案基本法统辖，包括其他档案行政法规和规章的相互联系的统一体。

（一）档案法规体系的组成部分

档案法规体系的组成主要包含三个层次。

最高一级的是档案基本法，它是指由国家最高权力机关制定的档案工作规定性文件，是制定和实施各种档案行政法规、规章、条例和办法等文件的依据和基础。它具有最高的法律效力。其他形式的档案行政法规或规章都不得与之相抵触，因此它往往是国家档案法规体系的核心。目前大多数国家都制定了档案法。

中间一级的是档案行政法规，这类法规一般由中央行政管理机关制定或政府首脑发布，效力低于档案基本法。

最低一级的是档案行政规章，一般由最高档案行政管理机关制定或发布，必须接受前两种类型法规的制约，效力最低。

（二）各组成部分之间的区别与联系

档案法与档案行政法规之间既有区别，又有联系。

它们的区别主要有三点。一是制定主体不同，档案法的制定主体是国家的最高权力机关，而档案行政法规的制定主体是中央行政管理机关。二是约束力的范围不同，档案法比档案行政法规具有更广泛的行为约束力，档案行政法规的制定和实施均要以档案法为准绳。三是调节对象具有的特征不同，档案法所调节的对象具有一般性和普遍性的特征，而档案行政法规所调节的对象具有特定性和专指性特征。

它们的联系主要有两点。一是两者的制定与实施具有一致的根本目的，即都是为了有效地规范和调整档案工作建设和发展中的各种关系，确保档案工作正常工作秩序的建立和维护。二是它们的制定和实施均应遵守国家宪法规定的基本准则。

档案法与档案行政规章也有一定的区别和联系。档案行政规章是从属于档案法和档案行政法规的，是档案法和档案行政法规具体化的产物，更富有特定性和操作性。

档案法规体系在不同政体的国家有不同的特点。在中央集权制国家，档案法规体系是从中央到地方一统到底的，档案基本法的管辖范围遍及全国，地方必须遵循中央制定的档案行政法规和行政规章。而在联邦制国家，档案法规体系的管辖范围因中央与地方分权治理相对缩小，地方无须接受中央档案法规的约束。

第三节 外国档案立法的基本原则

档案立法的基本原则是指调整档案与社会关系的方针和思想，体现了档案法的本质。当今世界各国档案立法普遍遵循的基本原则有保护档案财富原则、档案集中管理原则、档案机关独立性原则、档案利用和开放原则。它们既密切相关，又相互制约，共同确定档案法规的基本内容。

一、保护档案财富原则

保护档案的思想，自古有之。这是因为档案作为国家管理活动的工具和记录，被历代统治者视为一种维护统治的“武器”。如前所述，古代统治者将档案比作“插入鞘中的剑”“君主的心脏、安慰和珍宝”“国家的胸甲和灵魂”，这实质上都是把档案作为一种武器来看待和保护的。近代档案开放原则的确立，使人们对档案财富性质的认识逐渐发生了变化，从“武器”转变为“文化遗产”乃至“信息资源”。这表明在人们眼中，档案的政治属性日趋淡化，而档案的文化属性和信息属性日益突出。

美国历史学家安德鲁斯曾经说过，构成国家、民族真实历史的，并不是那些偶然的插曲和浮在表面的事件，而是国家结构、社会机体的本质面貌。对这一点认识得越清楚，档案就越能得到重视和妥善保管。美国第十九任总统拉瑟福德·海斯也曾经指出，政府的案卷乃是国家最宝贵的珍藏。这说明在现当代时期，档案这种人类实践活动的历史记录已被看成是社会可共享的文化遗产和历史财富，因此保护档案财富便成为当代各国档案立法的基本原则之一。阿尔及利亚在国家档案法中明文规定，国家负责保护、保存和管理历史档案遗产。原南斯拉夫档案总法也规定，档案是文化遗产，受法律保护。类似的规定在许多国家的档案法规中都可以看到。

二、档案集中管理原则

集中管理档案的思想从古代的档案库到现当代的档案馆都有体现。在古代，这一原则只体现为设馆库对档案进行集中管理，奴隶社会和封建社会皆是如此。

到近代，这一原则不仅体现为设档案馆集中管理档案，而且体现为对整个档案事业的集中统一管理。集中管理原则不仅是档案立法的基本原则，也是国家档案事业管理的基本原则。

法国最早将集中管理原则应用于档案立法和档案工作建设。《穑月七日档案法》就明确规定，国家档案馆对地方档案馆实行指导和监督。这一规定使国家档案馆不仅成为集中保管档案的收藏机构，而且成为国家档案事业集中管理的领导机构。十月革命后颁布的《列宁档案法令》进一步确立集中统一管理原则是社会主义国家档案立法和档案事业管理的基本原则。这一原则要求分级集中管理国家全部档案，总体控制国家档案事业，统一制定档案法规、统一筹划档案管理人员队伍建设等。

三、档案机关独立性原则

这一原则产生于近代。法国档案工作改革的重要成果之一，是建立了第一个直接隶属于最高行政当局的国家档案馆，从而使档案保管机关从机关的内部机构上升为独立性机构。法国从中央到地方档案馆网络的形成，标志着档案馆事业成为国家一项独立的事业。档案馆不再属于某一个机关、组织或某一个人，而是成为属于全体国民的公共机构。

在这一原则中，档案机关是一个广义概念，既指档案事业行政管理机关，又指中央级国家档案馆。因此，档案机关独立性原则在实行集中式档案事业管理体制的国家有两种表现形式，一种是在法国、罗马尼亚、俄罗斯等国家体现为档案事业管理机关的独立性；另一种是在瑞典、挪威、芬兰等北欧国家体现为中央级国家（总）档案馆的独立地位。在分散式体制的国家也有两种表现形式，一是仅指国家（公共）档案馆的独立性，比如英国、加拿大、印度和日本等国家均如此；二是在美国体现为联邦档案事业管理机关——国家档案与文件署的独立性。

四、档案开放原则

这一原则也产生于近代。在此之前，古代的档案利用是一种封闭利用，利用者的范围局限在统治者或拥有者的狭小范围内。能够利用档案的主要是四部分人：一是国王（皇帝或君主）及其要臣；二是负责掌管档案的高级官吏；三是经过特殊批准的人；四是档案拥有者。可见在古代，档案利用是一种特权，档案法规体现的自然是对这种特权的保护。

档案开放原则由近代法国首创，是法国档案工作改革的重大成果。1790 年法国颁布的《国家档案馆条例》中规定，档案馆实行向社会开放的原则。这一原则是法国《人权宣言》的思想在档案领域的体现，不仅意味着档案利用从少数人的特权转变为公民的权利，而且体现了法国资产阶级革命彻底反封建的民主精神和权利面前人人平等的思想。到 19 世纪这一原则逐渐为欧洲各国所接受，被誉为“档案的人权宣言”。目前已成为各国档案立法的基本原则之一。

第四节 外国档案法规的基本内容

尽管各国档案法规的条款规定不尽一致，但其基本内容大致相同。概括起来，各国档案法规的基本内容包括四个方面：管理对象、管理流程、管理机构和管理人员。

一、管理对象——档案

档案是档案管理的基本对象、档案事业的物质基础，用法律手段明确管理对象并保护档案，古往今来各国都是如此。在现代档案法规中，有关管理对象——档案的条款占据相当大的比重。各国对这些条款的描述繁简不一，一般都包括档案的定义和范围、法律地位、价值、所有权等内容。

（一）档案的定义和范围

档案定义是各国档案法规首先要回答的问题。与档案学术研究不同，法规对档案定义的表述，要求明确、实用、易于接受，使执法者和守法者都能明白档案是什么，包括哪些。因此，档案法中的档案定义多是叙述性的。

各国档案法规大体采用两种方法定义档案。

第一种是在定义中揭示出文件与档案的关系。有的国家档案法规直接写出“档案是……文件”，如印度尼西亚的《档案管理基本准则》第一章第一条规定，“档案”是指：国家机关和政府机构在进行管理活动中所产生和收到的文件，包括单份文件和组合在一起的文件；私立机构或个人所产生和收到的反映国家生活的文件，包括单份的和组合在一起的。第二条规定，档案按其职能可以分为现行档案和非现行档案两类。前者是在计划、执行和完成总的国家活动中或在国家管理工作中直接使用的文件；后者是在这些工作中不再直接使用的文件。有的国家档案法规是先定义文件，再定义档案。例如，斯里兰卡《国家档案法》规定：公共文件或文件，是指政府机关在公务活动中产生的或收到的原稿、证件、函件、登记册、报告、账簿、地图、图表、计划书、图样、照片、影片、录音带等，包括原件或复制件。公共档案，是指在国家档案馆永久保存的全部公共文件、手稿等。再如，缅甸 1990 年的《国家文件和档案法》规定，“文件”是指任何政府部门或任何其他组织或任何个人书写、编纂或收到的文件，包括题铭档案、羊皮和棕榈叶文献、手稿以及用机械、电子或其他手段产生的文字、声音和图像记录。“档案”是指上述文件中经过鉴定检查认为具有凭证价值并含有涉及缅甸历史、文化遗产、国家政府等方面的信息，因而有理由作为档案永久保存的文件。

第二种方法是在定义中明确档案的范围。如塞内加尔的档案法规定，凡自然人或法人在自己的公私活动中产生或收到的文件整体，不管其性质、形成日期和制成材料如何，都是档案。档案分公共档案和私人档案。公共档案包括两部分：一部分是由国家机关和地方机关、公共事业单位、国营公司、受国家监督的公私合营公司、负责管理公共事业的私营组织以及公务助理人员和司法助理人员产生的文件整体；另一部分是指以捐献、遗赠或购买的形式被国家或地方机关获得的文件。私人档案是来源于自然人或私立机构活动的档案，但负责管理某项公共事业的私营机构不在此列。

（二）档案的法律地位

档案的法律地位一般是指档案的不可剥夺性、不受时效限制性和不可侵犯性。档案的这种法律地位必须由档案法加以规定和保护。被各国档案法规明确法律地位的档案，主要是指公共档案，因为公共档案作为公共财产或国家财产，与国家的主权和各种公共机构的职权有直接关系。档案的不可剥夺性、不受时效限制性和不可侵犯性，意味着国家对公共档案拥有不受时间限制的永久占有权，任何人不得违法转移、转让、买卖公共档案或将其据为己有；对落入他途或他人之手的公共档案，国家有收回权；对有重大价值的私人档案，国家有禁止出口、限制买卖和严加保护之权。

各国档案法规对档案的法律地位一般都有着严格的规定。例如，苏联国家档案全宗条例规定，纳入国家档案全宗的文件不能买卖，不能进行有损国家利益的对档案所有权的任何交易。又如，匈牙利和保加利亚的档案法规定，公共档案是不可剥夺的。再如，法兰西共和国档案法规定，公共档案是不受时效限制的，作为历史档案而纳入国家登记的私人档案也不受时效的约束。还如，印度尼西亚档案法规定，凡非法占有档案者，将处以十年以上徒刑。上述规定表明，谁破坏了档案的不可侵犯性，就要被追究法律责任。

（三）档案的社会意义

档案的社会意义，就是指档案有何价值，为什么要受到法律保护。档案，无论是公共档案，还是私人档案，受法律保护的价值是多方面的。各国档案法规对档案价值的规定也是全面而清晰的。

原南斯拉夫档案法中指明，档案对历史、科学、文化艺术和社会其他各个方面具有重要意义。原捷克斯洛伐克档案法规定，从历史、政治、经济和文化意义上讲，档案具有永久的文献价值。匈牙利档案法指出，从经济、社会、政治、法律、国际、科学技术、文化等角度看，档案具有历史价值。苏联国家档案全宗条例肯定了档案的政治、国民经济、科学、社会文化和历史意义。土耳其共和国国家档案条例规定得更为具体，具有文献依据意义的文件包括：本身活动已达33～50年并在活动中取得显著成果的机关、企业的各种文件；有关国家和人民生活的、反映时代精神面貌、风俗和社会特点的文件；可以用来说明和确定历史、司法、行政、军事、宗教、科学、文学、美学、文化、传记、家谱和技术题材的文件；有助于保护国际权利、国家、自然人和法人权利的文件。

（四）档案的所有权

档案的所有权，是指对档案的占有、使用直至最终处理的权利。从保护档案的角度来说，所有权是一个严肃的法律问题。不管是以私有制为基础的资本主义国家，或是以公有制为基础的社会主义国家，公共档案的所有权属国家，私人档案的所有权属个人或集团。这两种所有权的区别是，国家对档案的所有权是不能转移的，而私人对档案的所有权是可以转移的。国家可以通过政权的更迭等途径取得对档案的所有权。但是对现行制度允许存在的各种社会集团所拥有的档案以及个人所拥有的档案，不能采取强制的国有化手段，只能通过宣传和说服，采用捐献、遗赠或购买的方式来变更档案的所有权。

各国档案法规都明确规定了档案的所有权。如阿尔及利亚档案法规定，保存在国家档案馆和地区档案馆的原始文献是公有财产的一部分，国家行政机关的档案和文件是国家不可转让的财产的一部分。因此，档案的所有权，受法律保护。

二、管理流程——档案收集和利用

档案需要按照一定的管理流程进行，各国档案法规一般都明确规定了档案管理的各个环节——收集、整理、鉴定、检索、开放利用等。“管理流程篇”从第五章到第九章都已涉及了很多相关内容，这里就不再赘述。这里重点选择档案收集和利用两个环节，简要论述各国档案法规的内容。

（一）档案的收集

从古至今，各国对档案，特别是公共档案都采取了集中保管的方式。档案的收集是实现档案集中保管的主要手段。为此，各国都把档案的收集或移交纳入档案法规。

各国档案法规规定，档案的收集是一项例行的制度。对于档案形成机关而言，这项活动被称作“移交”，是指国家（公共）机关、企业、组织按档案法规规定的期限将本身活动中形成的有永久保存价值的档案向指定的档案馆移交。机关的移交被视为丰富档案馆馆藏的基本途径。例如，土耳其的档案法规定，凡移交给国家档案馆的文件都是国家的财产，不能以任何借口转为私人所有。

为了保证档案的移交，各国的现行档案法规对一般文件和有特殊限制的文件在机关的存留期限都有具体规定。一般文件从5年到50年不等，有特殊限制的文件一般都在50年以上。文件在机关存留期的长短，因国情、档案管理传统和档案价值而异。例如，比利时、瑞典地方政府机关的文件和苏联的区级机关的文件，在形成机关一般存留 5 年后移交。而苏联的边疆区、州级机关的档案一般在机关保存 10 年后移交；如果是中央机关，档案一般存留 15 年后才进行移交。其他国家档案法规规定的存留时限各不相同：喀麦隆、马来西亚规定为 20 年；斯里兰卡为 25 年；罗马尼亚、圣马利诺、英国、原南斯拉夫、刚果（金）为 30 年；意大利、伊朗为 40 年；荷兰、波多黎各为 50 年。对于有特殊限制的文件，在机关存留的期限较长。例如公证文件，波多黎各规定为 60 年，法国、荷兰、苏联规定为 75 年。有关国家内政、外交、武装力量的机密文件，喀麦隆、意大利等国规定从签发之日起至少满 50 年才能移交。

许多国家还规定，对有些档案经过批准可以提前或推迟移交。阿尔及利亚规定，出于保密和保护个人隐私，档案馆可以提前接收这类文件。保加利亚规定，根据文件的性质和考虑保护国家和公民利益的需要，档案主管部长可以规定更长或更短的移交期。推迟移交的批准权因国而异。有些国家，如荷兰、英国把批准权授予主管部长；有的国家，如坦桑尼亚，由总统批准；更多的一些国家则授权给国家档案当局。对于档案移交的范围，各国档案法规也有明确规定。

此外，各国档案法规也包含了档案征集的内容，这种方式是指国家以各种方式向国内外各种机关和个人收集对国家有重要价值的档案，一般是对例行接收或移交制度的补充。例如，阿尔及利亚规定，国家档案局可以在国内或国外征集具有历史价值的原始文献。不少国家还把征集工作的方式（复制、捐献、遗赠、寄存、购买等）写进了档案法规。如意大利在关于国家档案管理机构和管理人员的法令中规定，意大利档案管理机关除负责监督公共机关的档案外，还负责对私人以任何名义拥有、占有或保存的具有历史价值的档案进行监督。为了公共利益，凡具有重要历史价值的档案，可根据内务部长的命令予以征用。

（二）档案的开放和利用

从 18 世纪末至今，档案的开放利用一直是档案法规的重要内容之一。这是由档案利用的重要性决定的。档案开放和利用是档案馆工作的最终目的，是连接档案部门与社会的桥梁和纽带。任何国家在制定档案法规时都不能回避这项内容。

国际档案理事会在其所办杂志《档案》上公布的 120 多个国家的档案法规表明，不管是发达国家还是发展中国家都实行了档案的开放制度，并把这项制度以法规形式固定下来。有些国家，如法国、日本、加拿大、澳大利亚等还颁布了《档案利用规则》《档案开放利用法令》《关于开放公共文件的指示》等专门法规。有些国家，如美国、丹麦、挪威、瑞典等把档案开放利用纳入了《信息自由法》。芬兰制定了《文件公布法》，其中规定人们利用政府的文件若遇到阻拦，可以向法院提出公诉。

档案利用的具体条款，也可参阅第九章的相关内容。

三、管理机构——档案机关

档案机关是档案事业管理机关，档案收藏机关（档案馆），档案科研、宣传、教育和出版机关的总称。在档案法规中一般仅指档案事业管理机关和档案保管机关。在实行集中式档案管理体制的国家，其档案法规对这两种机关的性质、地位和职权范围都要作出规定。在实行分散式档案管理体制的国家，一般只规定档案保管机关（档案馆、文件中心等）的性质、地位和职权范围。

档案事业管理机关属国家专业管理机关范畴，一般称档案局。各国档案法中对它的地位和职权范围的规定不尽相同。一种规定是把档案局置于国家最高行政当局的领导之下，局长由总统或政府首脑任命。另一种是把档案局置于国家某个部的管辖之下，属部直属局。当然这两种规定并不是绝对的。在同一个国家里，也会由于各种因素，使档案局的隶属关系在不同的时期有所不同。如苏联的档案管理总局，1960 年前是部属局，1960 年起升为部长会议部级直属局，直到 1991 年底苏联解体。档案局行使职权的范围，因隶属关系不同而有很大差别。直接隶属于政府的档案局可以在全国范围内行使职权，掌管全国档案事务。虽然法律条文上也规定部属局负责掌管全国档案事务，终因其地位较低受到很大限制。

国家（公共）档案馆是各国档案事业的主体。现代档案法规中对档案馆及馆长的权力、职责等都有明确规定。仅以隶属关系来说，有的国家比较强调档案馆在行政管理方面的作用，或者比较强调为政府服务，而把档案馆置于内政部或内务部的管辖之下，如瑞士、苏丹等；有的则更强调档案馆的科学文化事业性质，把档案馆置于文化部或教育部之下，如丹麦、葡萄牙、西班牙等；还有的因历史传统，把档案馆置于大法官的领导之下，如英国的公共档案馆，从 1838 年成立至今一直隶属于大法官领导；再有是从保证经费考虑，把档案馆放在财政部的管辖之下，如缅甸国家档案馆。档案馆隶属关系的不同并不影响它依法接收和管理公共档案。

四、管理人员——档案人员

档案工作是一项涉及保守国家机密和维护国家利益的工作，因而要求档案法规对档案人员作出这方面的规定。档案人员既是执法者也是守法者，必须依法进行工作。许多国家的档案法规中除了规定档案人员的业务职责，还规定了法律责任。如《法兰西共和国档案法》规定，档案人员要履行保守机密的职责。印度尼西亚《国家档案管理基本准则》规定，负责保守档案机密的管理人员若非法将档案文件中的情报故意泄露给无权知道这些内容的第三者均为犯罪，将被判处长达 20 年的徒刑或无期徒刑。刚果（金）档案法规定，档案保管人员若泄露他所保管的档案的秘密内容，将依照刑法的有关规定受到惩处。斯里兰卡国家档案法规定，档案馆长负责管理国家档案馆和其中所收藏的公共档案，负责贯彻实施《国家档案法》，档案馆的官员应当遵守任何文字性的保密法令，对馆藏各种公共档案要严守秘密，档案人员有履行保守职业秘密的义务。英国《公共档案法》规定，每个负责保存公共档案的人员，都要对它们的安全保管负责。

第五节 外国电子文件管理法规

电子文件管理需要符合电子文件特点的规则和秩序，因而需要专门的法规、制度和标准，作为规范生成和管理电子文件行为的依据。为确保电子文件的完整、准确、安全和电子文件管理的高效和科学，近年来国际档案组织和许多国家的档案机构十分重视电子文件法律、制度和标准的研究和建设。由于各国政治、经济体制、科学技术水平的不同，以及文化传统、价值观念、文件档案管理方式的差异，迄今为止出台的电子文件法律、行政与技术规范的内容不尽相同，资源共享的共同目的又促使各国朝着与国际接轨的方向努力。

一、电子文件管理的法律规范

电子文件法律规范是由国家最高权力机关，按照一定的立法程序制定并依靠国家强制力保证实施的行为规范，表现形式一般是有关法律文件中的禁止性条文、义务性条文、授权性条文等，其除了具有国家立法的权威性、强制性外，目前还具有分散性、不配套性、间接性、模糊性等特点。下面就目前各国电子文件法律规范的一些内容予以分类介绍。

（一）电子文件的安全立法

从 20 世纪 60 年代开始，计算机安全与犯罪问题逐渐引起重视，各国政府在积极采用技术防范措施的同时，还相继对此建立法律规范。

瑞典在计算机安全立法和数据检查方面起步较早。早在 1973 年就颁布了《数据法》，对电子数据的收集、交换、复制、存储、传输、使用、修改、销毁等都作出法律规定，这是世界上第一部保护计算及电子数据的法律，它的原则受到世界各国，尤其是欧洲国家的重视。

英国有关计算机安全的立法，有 1981 年的《伪造文书及货币法》、1984 年的《资料保护法》以及 1984 年的《英国警察及刑事证据法》，前两者为实体法，后者则是规定有关计算机犯罪中所储存电子文件之扣押及其证据能力的程序法。

美国从 1965 年起关注计算机安全问题，曾由总统行政办公厅发布内部通知，要求各政府部门采取保护计算机安全的各类措施。1970 年颁布《金融秘密权利法》，对一般个人或法人利用银行、保险公司以及其他金融业的计算机所存储的电子文件信息规定了必要的限制，禁止在一定时间内把有关用户的“消极信息”向第三者转让。各州针对计算机安全与犯罪都规定了相应的法律规范。1984年10月，美国国会通过的《伪造存取手段以及计算机诈骗与滥用法》是专门针对计算机安全问题的联邦立法。1996年2月8日，当时的美国总统克林顿签署通过了《电信法》，再次对计算机安全问题予以法律规范。

欧盟关注数据保护问题长达20余年。1995年通过了《数据保护指令》（即“95指令”），为欧盟成员国立法保护个人数据设立了最低标准；第一次修正努力始于2002年，欧盟在当年7月12日发布了《隐私与电子通信指令》；2009年11月25日，欧盟对个人数据保护措施又进行了一次重要修正，通过了《欧洲Cookie指令》，并确定其于2011年5月25日在欧盟正式启用；2012年1月25日，欧洲议会公布了《一般数据保护条例》草案并希望在欧盟内部尽快通过，其主要内容发生了一系列变化，即从地域/国家划分转向基于数据内容划分、进一步严格的内控和监管、数据保护的前瞻性要求/最简化原则和数据操作的告知权、数据所有者（用户）的个人数据删除权、巨额的惩罚上限；2015年12月15日，欧盟委员会通过了《一般数据保护条例》（General Data Protection Regulation，GDPR），以欧盟法规的形式确定了对数据的保护原则和监管方式，这将真正保护大众，令数据避免陷入“裸奔”尴尬。

在国际上，国际信息处理协会（IFIP）专门设立了计算机安全技术委员会，负责制定计算机安全与犯罪的立法方法。

（二）电子文件的证据性立法

电子文件的法律凭证性是近年来法律界、档案界关注的焦点之一，对于电子文件能否作为证据，目前各国尚有不同的规定。

普通法系国家遵循传闻证据和最佳证据的规则：依据传闻证据规则，直接证人以外的人明示或默示的事实主张，以及在没有证人作证的情况下，当事人向法院提交的书面材料的事实主张属于传闻证据，不能被采纳为证明其主张事实真实性的证据，电子文件被归属为传闻证据；依据最佳证据原则，只有文件的原件才能作为书证被法院采纳。因此普通法系国家通过传闻证据和最佳证据的例外来承认电子文件的证据效力。大陆法系国家由于不存在传闻证据规则，任何证据都可被采纳。

（三）电子文件的隐私权立法

随着计算机应用的普及，政府机关的计算机中存储了大量的个人信息，每一个人不同方面的数据分别存储在不同机关的数据库中，如果把各机关的信息相互匹配，就相当于在全国范围内建立了许多个人信息资料库，同时也增大了隐私泄露的可能性。

美国关于隐私权制定了多项法规，1968年，美国国会通过一项保护电子通信隐私权的扩展法案，最初主要是针对电话窃听，1986年扩展到保护电子通信隐私权。1988年制定了《计算机比对和隐私权保护法》，规定了政府机关对个人信息进行计算机匹配所必须遵守的制度，以保护个人的隐私权，同时也兼顾政府机关对个人信息进行计算机匹配的需要。1998年，美国国会正式通过《电子通信隐私法案》，对电子通信中的隐私权加以全面限定。一些欧洲国家，如丹麦、德国、挪威、法国、瑞典等国家已建立了综合的保密法律，以保护在自动化系统中存储的个人数据。

（四）电子文件的知识产权保护立法

为规范社会信息活动，保证一切信息活动正常开展而不致侵扰国家、团体、个人的利益，发达国家研究和制定了一系列的信息法规，包括专利法、商标法、版权法等。

美国法律中最活跃的部分便是有关知识产权法律的板块；随着世界经济、信息、科技等的全球化发展，有关知识产权保护方面的诉求也相应增多，其保护难度也随之增加。可以说，美国经济的发展在很大程度上得益于美国知识产权保护法律的完善，同时美国的知识产权保护也促使美政府更加重视本国对于知识产权的立法，如已通过了1997年专利综合法（草案）的专利保护期延长法案；1997年针对互联网“骇客”制定了《反电子盗窃法》；1998年通过了主要针对互联网上知识产权的保护的《千禧年数字版权法》等。

跨太平洋伙伴关系协议（TPP）是一个12个环太平洋国家间的贸易协定，其目标之一是建立一个知识产权的共同框架，这一行动会对电子文件知识产权的保护进行更加明确的界定。

二、电子文件管理制度

电子文件制度是指国家为管理电子文件和电子文件工作所制定、批准并实施的，人们在从事电子文件工作中必须遵守的政策、指南、规定、程序、准则、方法的总称。根据电子文件制度的不同作用范围，可将其区分为综合性制度和专项制度。

（一）综合性电子文件管理制度

其旨在实现电子文件的全程管理，较全面地涉及各方面管理要求的制度，其范围可以是一个机构、一个地区、一个国家甚至国际性的，其内容既有宏观的、原则性要求，也有较具体的操作性规定。

1992年国际档案理事会成立了专门的电子文件委员会（ICA/CER：Committee on Electronic Records），该委员会在四年里出了三本管理规范性的出版物，分别是《电子文件规划：1994/1995调查报告》《电子文件：文献评述》和《电子文件管理指南》。其中以《电子文件管理指南》最具影响力。该指南明确指出：“支配档案的法律和策略应包括允许在电子文件领域中起干预作用，档案馆管理电子文件应视为管理不论其物质形态的所有文件一体化的一个组成部分。”它们成为许多国家和地区建立电子文件管理制度的重要依据和参考。

美国国家档案与文件署 1994 年 3 月发布了《电子文件管理规范》，2005 年，NARA 提出“联邦机构文件管理框架”（RMP），要求将文件管理活动与机构业务活动集成在一起。RMP 的制定和实施有坚实的法规作为基础保障，这些法规包括《美国法规 31 章——联邦机构的文件管理》等。此外，NARA 规定政府部门在依据文件处置计划处置文件后必须立即将电子文件移交给 NARA。如果不能对电子文件介质进行合理的保护和处理，或介质老化而不能将文件转移到新的介质，那么机构必须联系 NARA 以保证及时顺利移交这些需要永久保存的电子文件。

（二）专项电子文件管理制度

其指依照有关的法律规范和综合性电子文件管理制度的精神，针对电子文件及其管理的某一方面内容而制定的制度，这类制度主要涉及电子文件的管理程序、方法和技术等，内容一般较具体、详细，且有可操作性。

1991 年北欧五国国家档案馆联合组建工作组，着手研究电子文件的长期存取和信息保护问题，对软件的转换、数据库文件的可用性及电子文件载体的长期存取等问题进行了专题研究。1997 年大型研究报告《电子文件保护与存取》由北欧五国的国家档案馆共同出版。这一报告中提出了一些具体的管理要求和技术要求，被北欧五国档案机构视为可资遵循的指南性文件。

1999 年 1 月正式开始的“电子文件真实性的永久保管国际研究项目”（International Research on Permanent Authentic in Electronic Systems），由来自加拿大、美国、法国、英国、中国、中国香港等 30 多个国家和地区的档案、计算机工程专家及来自档案部门和私人机构的代表组成的跨学科的国际科研小组运作，致力于解决电子文件真实性问题。目前 InterPARES 项目已取得一些成果，如采用文件结构定义法定义电子文件的基本构成要素，这些文件要素包括：载体（medium）、内容（content）、物理和智能形式（physical and intellectual form）、活动（action）、人员（person）、档案链（archival bond）和背景（context）。

2000 年 4 月，新加坡国家档案馆制定了《电子邮件类公文归档程序与规则》，后来又制定了《政府电子文件的保管与处置》办法，对政府电子文件的定义、电子文件的鉴定和期限、政府电子文件移交国家档案馆、没有永久保存价值的电子文件的暂存和处置、电子档案的开放和利用等作出了明确规定。该办法还以《通用电子文件保管期限表》作为附录。

二、电子文件管理标准

电子文件标准是按照规定的工作程序制定，经公认的权威机构批准的有关电子文件制发和管理的规则、方法、技术等方面的规定，是电子文件管理人员应遵守的业务技术规范。电子文件具有与纸质文件不同的许多特点，文件本身的形式、特征及其管理均随着信息技术的发展而发展，传统的文件管理标准无法适应现实工作的需求，需要制定和推行一系列专门的标准，进而形成完善的电子文件标准体系。电子文件标准应该与电子文件法律规范和制度的原则保持一致，法律规范主要侧重于宏观的、原则的事物，具有强制性；制度涉及面较广，具有权威性；标准则侧重于业务、技术领域，注重对具有多样性、重复性的概念和事物加以规范，大多属于推荐性的，并具有较强的操作性。

国际档案界对于电子文件管理标准的研制成果显著，其中以美国为代表。美国档案界从保障电子文件证据效力的角度出发，认为档案工作者应该掌握数据之间的交换标准、数据结构信息的标准以及数据背景信息的标准。数据交换标准有文本文件的《美国信息交换标准代码》（ASCII），图像文件的《联合图像专家组规范》（MPGE），音频文件的调频标准或光盘标准，视频文件的《美国电视和视频标准》（VHS/NISC）、《国际电子数据交换标准》（EDI）等。背景信息的标准涉及《信息资源目录系统》（IRDS）、通用命令语言（CCL）或结构化查询语言（SQL）。至于电子文件的数据结构信息标准，其制定和实施工作目前在开展中。

【思考题】

1. 简述《穑月七日档案法》的内容和意义。
2. 简述《列宁档案法令》的内容和意义。
3. 简述外国档案法规的特点。
4. 简述外国档案法规的发展趋势。
5. 简述外国档案法规的类型。
6. 简述外国档案法规体系及其组成。
7. 简述外国档案法规体系各部分的关系。
8. 综述外国档案立法的基本原则。
9. 综述外国档案法规的基本内容。
10. 综述外国电子文件管理的法规、制度和标准。

第十四章

外国档案教育和人员

【本章要点】

- 总结外国档案教育从古至今的发展历程和各主要阶段的特点。
- 明确外国档案教育体系的形式和结构特点。
- 评述代表性国家档案教育的现状特点。
- 总结外国档案教育的共同特点和发展趋势。
- 阐述档案人员的含义和特点。
- 总结外国档案人员从古至今的发展历程和各主要阶段的特点。
- 探讨外国档案人员的角色变化及其实质。
- 评析外国档案人员的职业道德规范。

【关键词】

档案教育
法国档案学院
莫斯科历史档案学院
档案人员
档案人员职业道德准则

第一节 外国档案教育的发展历程

档案教育（archival education）是指向已经从事或即将从事文件管理和档案管理的人员传授基础知识、专业知识和技能的专业培训。它是国家档案事业的一个重要组成部分，担负着培养和造就专业人才的重任，它的质量和水平是衡量档案事业发展状况的一个重要尺度。为此，各国对它高度重视，并重点加以建设。

一、档案教育的发展进程及特点

（一）奴隶社会时期：起源

档案教育的源头可以上溯至古代东方奴隶制国家。更确切地说，应当是古代的两河流域。早在公元前 3000 年，苏美尔人就发明了楔形文字，并将楔形文字刻写在泥板上，这种文字记录就是后来所称的泥板档案。考古证明，两河流域的奴隶制国家已有专门人员从事泥板文书的办理和保管工作，他们多被称为“司书”，需要在专门的学校接受培训。美国考古队在两河流域发现的尼普尔档案图书馆具有很大规模，它不仅保存了大量泥板档案，还设有一所祭司学校，收藏了许多教学用书，包括参考书、词典、天文图表、年代表等。后来到亚述王国统治时期，设在神庙或王宫内的祭司学校已更为普遍。

司书作为办理文件和管理档案的专门人员的传统，也同样被古埃及、古希腊和古罗马继承。例如，考古学家根据对古希腊米诺斯王宫档案库遗址发掘出的泥板档案的书写形式断定，当时已有专门的司书，负责对档案进行清点和登记。再如，古罗马管理档案的人员分工更细，罗马共和国时期的国家档案库既设有对档案进行登记、收发、抄写副本的司书，也设有对档案进行整理、分类和保管的司书；帝国时期的皇帝档案库四个保管部也设有若干司书。目前虽然没有发现上述国家设立祭司学校的直接证据，但司书们要想掌握档案整理、分类、统计和保护等专门知识，没有受过专门训练是很难想象的。

奴隶社会时期的档案教育尚处在萌芽阶段，正规的档案教育是到了近代时期才产生的。

（二）近代时期：高等档案教育的开端

近代档案教育的重大变革是世界上首次出现了正规的档案高等教育。这也是法国档案工作改革的重要贡献之一，因为最早的档案高等教育机构就是由法国创办的。

法国档案改革中建立起来的国家和各省档案馆迫切需要既精通历史知识又具备档案管理技能的专门人才。拿破仑在其统治时期曾经有过创办一所学校培养原始文献研究人员的设想，但未能如愿。直到 1821 年 2 月 12 日，法国颁布了建立档案学院（École Nationale des Chartes）的命令，这才标志着世界上正规档案高等教育的开端。

法国档案学院最初成立时，学制只有两年，教师只有两位，分别来自国家图书馆和国家档案馆；学生只有 12 名，全部由内务部指派。开设的课程也只有两门——古文书学和古文字学。由于招生规模太小、培养目标不够明确、教师授课内容互无联系、学生毕业既无证书也不分配工作等多种原因，档案学院于 1822 年底就停办了，直到 1829 年才得以恢复。

1829年11月11日，法国颁布了一项法令，规定凡公共图书馆、国家档案馆以及各地文件保管机构，当有人员缺编时，必须保留半数，以备录用档案学院的毕业生。这项法令为档案学院毕业生进入图书和档案机构提供了法律保证。1830年以后改变了初期轮流在国家图书馆和国家档案馆上课的传统，课堂专设在国家档案馆；到1846年法国教育部发布了改组档案学院的命令，将其设在国家档案馆的所在地苏比兹宫内，从而使档案学院与档案部门的关系更加密切。

恢复后的档案学院学制改为四年，课程设置较早期更为丰富，除古文书学和古文字学外，还增加了拉丁语、数学、目录学、考古学、经济史、制度史、古代地理、民法、中世纪文物学、法国中世纪史等。学生前两年主要学习基础课程；第三年根据研究重点和职业定向，有选择性地学习专业课程；最后一年为实习时间，根据实习体会写出毕业论文。毕业时颁发古文字—档案学士证书，获得此证书的人，可以享有优先在档案馆工作的权利。

法国档案学院不仅是法国而且是世界上第一所档案高等教育机构，被誉为"第一代档案学院"。1854年成立的奥地利维也纳历史研究院、1894年成立的德国马尔堡档案学院分别被称做第二代、第三代档案学院。它们之所以并称为前后相承的三代档案学院，除了成立时间同属最早的一批外，还有一个重要原因就是它们具有一种共同的传统，即重视历史与档案的关系，课程设置均以历史科目为主。例如，维也纳历史研究院本身既是历史研究机构，又是培养高级档案专业人才的机构。

除三代档案学院以外，近代欧洲国家设有档案高等教育的机构还包括西班牙的古文书学院和俄国的考古学院等。西班牙的古文书学院创办于1856年，学制三年，主要为图书馆和档案馆培养人才。但到1900年，该学院被档案人员、图书人员、考古人员协会开办的研究班取代。俄国的考古学院是根据俄国早期档案学者卡拉契夫的提议于1887年创办的，以培养考古专业人员为主，但同时也开设有档案学课程，主要讲授档案馆的历史概况和档案工作基本技能。

（三）现当代时期：档案教育体系日趋完备

现当代时期档案教育的发展主要具有两个特点：一是苏联创立了社会主义高等档案教育，形成了资本主义与社会主义档案教育并立的崭新格局；二是国外建成了一个形式丰富、结构完备的档案教育体系。

尽管苏联成立初期有过创办高等档案教育的尝试，例如列宁格勒大学和莫斯科大学都曾分别开办了档案班，但社会主义高等档案教育的真正开端还是1930年莫斯科档案学院的成立。1932年该学院改称莫斯科历史档案学院。苏联自1926年以来档案工作建设取得了很大发展，从中央到地方形成了档案行政管理机关和档案馆网，这无疑加速了培养大批档案专业人才的需要。莫斯科历史档案学院正是在这种背景下建立的。

莫斯科历史档案学院从成立至1991年，经历了阶段式跃进的发展过程，每一个阶段各有特点。最初的十年（1930—1941）为创立阶段，学院确定了四年学制，建立了第一批教研室，聘请十余名著名专家任教，编写了档案学和史料学各科目的教材，并设立了夜间大学和研究生部。中间的 20 年（1941—1960）为逐步提高阶段，学制增加到五年，学院编写的教材呈现出系列化的特点，并获得了档案学专业副博士学位的授予权。最后的 30 年（1960—1991）为蓬勃发展阶段，学院发展成为苏联档案教育与科研中心，表现之一是下设文书、科技情报和博物馆三个系，并分级设立预科班（后改为进修班）、日课部、夜课部（后改为函授系）、研究生部，教育形式和结构日趋完备。表现之二是课程设置更为丰富，并逐步有配套的教材和专著出版。学院按专业设置课程，历史档案专业的课程主要有历史编纂学、苏联通史、档案工作理论与实践、声像档案管理、机读档案管理、科技档案管理、外国档案馆和档案工作、苏联档案史等；文书专业的主要课程包括文书学、行政文件、影片照片文件学等。学院出版的教材和专著涉及文书学、档案学、科技档案管理和文献编纂学等多门学科。表现之三是 1980 年起获得了博士学位授予权，包括“苏共党史和苏联历史”“文书学和档案学、历史编纂学和史料学”博士学位和“文书学和档案学”技术学科副博士。

莫斯科历史档案学院为苏联历史科学和档案工作的发展作出了重要贡献，1991 年苏联解体后，它并入俄罗斯国立人文大学，成为其下属的一个学院。人文大学以俄罗斯教育传统为主，在档案教育上保留了莫斯科历史档案学院的特色。

二、档案教育体系的形式和结构

外国现当代档案教育经过多年建设已经形成了一个体系，总体特点是形式丰富和结构完备。

（一）形式丰富

这体现在国外不仅有国际性档案培训机构，还有正规档案院校、档案馆附设的档案院校、大学或学院下设的档案专业或课程、档案工作者协会举办的培训班等多种教育形式。

1. 国际性档案培训机构

指联合国教科文组织和国际档案理事会支持举办的档案培训机构，既有培训对象面向全球的国际档案讲习班和国际档案大会会前研讨会，也包括一些地区性培训中心。

国际档案讲习班创办于 1951 年，主办者为法国国家档案馆。每年一期，为期 2～3 个月，培训内容包括档案工作的理论、方法和技术，法国档案馆的组织，法国的国家制度和政治制度等。主要面向各国的高级档案人员，受训学员遍及 95 个国家，多达 1 500 名。国际档案大会会前研讨会从 1972 年莫斯科大会起设立，由东道国在会前主办为期一周左右的研讨会，根据研讨议题邀请相关专家学者作报告，培训发展中国家的初级档案人员。

此外，地区性的培训中心主要有三个：一是国际档案理事会建立的非洲地区培训中心，包括1971年在塞内加尔首都达喀尔建立的法语国家培训中心和1974年在加纳大学的图书管理员学校建立的英语国家培训中心。二是1972年美洲国家组织在阿根廷科尔多瓦大学档案学院设立的拉美地区培训中心，名为美洲档案发展中心，每年一期，为期7个月。三是由国际档案理事会援建的阿拉伯地区培训中心，1980年成立，设在苏丹中央档案馆，名为修复与复制培训中心，负责对阿拉伯国家图书馆、博物馆、档案、文献等部门的人员提供培训。

2. 正规档案院校

这在许多国家都有设立，最好的典型就是法国档案学院和莫斯科历史档案学院。此外较具代表性的还有荷兰国家档案学院和阿根廷科尔多瓦大学档案学院。

荷兰国家档案学院是该国培养档案专业人员的基地，培养目的因对象层次差别有所不同，针对其他专业的大学毕业生提供的是高级档案员的专业培训；针对中学毕业生提供的是中级档案员的专业培训；还有专门的文件管理员培训。课程设置包括基础课程和专业课程。教学十分注重理论与实践的结合，教师大多是来自档案机构的兼职教师，学生每周有四天在档案馆实习。

阿根廷科尔多瓦大学档案学院的课程以档案专业课程为主，相关课程为辅。教学有两大鲜明特点：一是重视对学生实践能力的培养，学院每年都组织学生到档案馆实习。二是重视开展档案学术的校际和国际交流，学院曾与巴西圣玛利亚联邦大学的档案理论讲习班建立专业联系，进行学术交流；学院还经常邀请各国著名档案学者来校讲学，秘鲁、哥伦比亚、西班牙和原联邦德国的学者都曾前来作过专题报告。

3. 档案馆附设的档案院校

这在不少国家也很普遍，这种教学形式既能充分利用档案馆的设施，又能为档案馆储备人才。其中比较著名的有印度和意大利。

印度国家档案馆附设的档案学院成立于1943年，是全国唯一的专业教育和培训机构。培训形式包括档案学证书班和短期培训班。证书班每次招收20人，其中一半来自亚非其他国家，本国学员多由各邦档案馆保送。学员均要求是大学毕业生。学习课程包括档案管理、文件管理、档案保护、信息学和图书馆学等。此外，该学院开设了五种短期培训班，分别是档案管理班、文件管理班、复制班、图书、手稿与档案保护班、文件服务与修复班。

意大利早在1857年就在佛罗伦萨国家档案馆内设立了一所古文字学与古文书学学校，从1911年后，罗马和其他城市的国家档案馆内也都设立了这类学校。这些学校的招生条件很严格，考生必须有法学、政治学、文学或哲学学士学位，必须掌握相当的拉丁文知识和一门外语，还必须通过专业考试。开设的课程主要有档案管理、文件管理、档案学、政治制度史、印章学以及计算机课程等。

4. 大学或学院下设的档案专业或课程

这是很多国家档案教育的一种重要形式，欧洲、北美乃至大洋洲都不乏其例。其中以美国、加拿大和澳大利亚最具代表性。

美国的档案教育通常是在历史学、图书馆学、情报学硕士学位课程或哲学博士学位课程中，设置一系列档案专业课程。据统计，全美各地有60余所大学的历史系、图书情报学院或信息学院开设不同程度的档案专业课程。这些课程的设置没有统一标准，根据科目多少和内容深浅，可分为单课程与多课程教学计划。前者仅向学生介绍档案职业的基础知识，后者向学生传授档案理论与实践的系统知识，还开设实验课和安排教学实习。美国高校以多课程教学计划居多，典型的有马里兰大学信息学院、得克萨斯大学图书情报学院、丹佛大学历史系、密歇根大学信息学院等。

加拿大的档案教育通常是一些大学在档案领域开设常规硕士课程，最著名的有三所：一是不列颠哥伦比亚大学图书馆、档案与情报学院设立的档案学硕士和博士学位课程，学生理论学习之余还需到指定的档案馆实习。二是蒙特利尔大学开设的两种学位课程，即专门的档案学位课程和在图书情报学硕士学位课程中附加的档案课程。三是多伦多大学信息学院开设的包括档案方向的硕士和博士学位课程，内容涉及文件管理、档案管理、信息科学和技术方法等。

澳大利亚的档案人员从业之前必须学习大学开设的档案专业课程以取得专业证书，这些课程主要有：新南威尔士大学图书档案系开设的“档案管理硕士学位课程”；堪培拉大学图书情报研究中心开设的“图书情报管理学士学位课程”“图书情报管理硕士学位课程”和“信息管理硕士学位课程”，它们均包含档案专业；墨尔本大学图书情报系开设的“档案和文件研究生学位课程”；柯廷技术大学图书情报系开设的“文件管理学士学位课程”“图书和情报管理学士学位课程”；蒙纳士大学图书、档案和文件管理研究生部开设的“档案和文件硕士学位课程”；等等。

5. 档案工作者协会举办的培训班

这在很多国家都定期举办，一般由档案工作者协会主持。它们往往利用会员熟悉专业理论和实践技能的优势培训在职人员。英国、荷兰、美国、加拿大和澳大利亚等国家的档案工作者协会，每年都定期举办各种培训班，除讲授基本专业知识外，还根据工作需要和形势变化，及时增加新的内容，如商业文件管理、电子文件管理等。培训对象既有从事档案工作的新人，也有工作多年的在职人员。培训期限有长有短，从几周、几个月到一年不等。

（二）结构完备

这体现在各国大多已建成了与培养目标相适应的结构体系，包括层次结构和形式结构。层次结构一般分为初、中、高三个层次，其中高等教育又有专科、本科和研究生三个层次。形式结构指各种教育形式（学校教育、社会教育等）和办学形式（全日制、半日制、函授、夜校等）。

国外大多按照职业结构来设置档案教育结构。档案专业的职业结构一般分三级——辅助专业级、专业级和管理级。辅助专业级是最低点，多由中学毕业生担任，要想升入专业级，就必须接受大学教育，获得相应的专业学位证书。进入专业级的人员在从事一段时间的实践工作后，其中的优秀者经过选拔或任命才能上升到管理级。从整个职业结构来看，三级的分布呈金字塔形，即辅助专业级是塔基，人数最多；专业级次之；管理级是塔尖，人数最少。

档案教育结构的设置可能会受到国情制约，一些发展中国家限于资金和师资，只能提供辅助专业级的培训课程，较高层次的档案人员培养往往依赖发达国家，包括聘用外国专业管理人员或选派本国学生到国外接受高级别培训。

第二节 外国档案教育的现状、特点及发展趋势

一、代表性国家档案教育的现状、特点

（一）欧洲国家

1. 英国

目前，英国的档案教育主要有三种形式，一是大学里开设档案专业课程，二是英国各档案机构提供的在职培训，三是英国档案工作者协会提供的定期培训。

其中大学档案教育是最重要的一种形式。比如伦敦大学的伦敦学院、利物浦大学、威尔士大学的阿伯伊斯多伊学院、北威尔士大学的邦格学院、爱尔兰大学的都柏林学院等都开设了档案专业课程。除伦敦学院是由图书馆、情报和档案系提供档案课程外，其他大学或学院的档案课程均由历史系开设。这些课程除了行政史、法律史等基础课程之外，更多的是档案管理和文件管理领域的专业课程。大学档案教育的突出特点一是层次高，属于研究生教育的范畴，二是理论与实践结合明显，每门专业课程都配有实践部门的兼职教师，都要求学生到实践部门开展实习，最终的成绩都通过理论考核与实践考核给予综合评定。

英国大多数公共档案机构，比如新成立的国家档案馆、苏格兰档案馆、威尔士档案馆等都为馆内的工作人员，特别是没有实践经验的人员提供在职培训。培训时间大约需要两年，接受培训的人员在馆内的每一个部门工作一段时间，以熟悉工作程序。最终使他们对整个馆藏情况及业务流程都有充分了解，进而胜任各项工作。

英国档案工作者协会提供的定期培训是大学档案教育的补充形式。这主要是一种资格证书培训。该协会也通过开设一系列课程来为专业人员或有兴趣的非专业人员提供一种资格培训。课程多以讲座或讨论的形式来完成，学生们需要的就是根据课程内容完成作业并进行实习。协会的课程结束后会安排笔试，依据学生

们的课程作业、史学评论和笔试结果最终决定是否发放合格证书。

英国档案教育的特色可归结为三点：教育形式多元化、课程设置科学化、教学方式多样化。

教育形式多样化从上述教育形式的丰富就可以看出。

课程设置科学化表现为针对不同教学层次制定相应的课程。对学历教育，各院校依据地域特点和师资与资源优势，从硕士到博士依次提高档案学综合课程在课程体系中的比重。对在职远程继续专项教育，各院校依据不同的教育层次调整理论课和实践课的比重。

教学方式多样化表现为除传统的课堂教学外，教师会将学生直接带到档案馆、图书馆和博物馆开展实践教学，指导学生整理文件档案。教师还会安排体检式课程，地点多选在与学校签订有实习协议的实践机构。当前，网络教学也被普遍采用，像利物浦大学、班戈大学等高校把档案学课程资源上传到网上，学生只要在学校注册，就可以随时随地免费登录学习。

2. 法国

目前，法国档案教育主要有两种形式：一是颁发文凭和证书的学校教育；二是开办短期培训班。

承担学校教育的既包括传统的档案学院，也有近期开设的档案与文件技术学士证书班。法国档案学院成立以来，负责培养从事历史文献的管理、编纂和利用的专门人才。该学院的规模不大，每年招生人数不超过 20 名。学制为四年，前两年学习基础课程，包括古文书学、古文字学、拉丁语、数学、考古学、经济史等；第三年学生根据研究重点和职业定向，有选择地学习专业课程；最后一年为实习时间，学生根据实习体会，写出毕业论文。此外，法国有两所大学被授权可以颁发档案与文件技术学士证书，其招生对象主要是已取得大学历史学位的学生。牟罗兹大学主要培养市级档案人员，里昂第三大学为公共和私立机构培养档案人员。

为了对学校教育进行有益补充，法国档案工作者协会、国家和地方档案馆以及其他组织纷纷开设短期培训班，满足不同人员对档案知识的不同需求。其中既有档案机构传授实践经验的培训班，也有档案工作者协会介绍基础知识的普及培训班，还有大学或其他组织开办的专门档案管理培训班。为了统一管理短期培训班事务，法国档案局下设有专门的培训处，1984 年后又设立了档案培训中心，为在职人员提供继续教育，为那些没有受过正规档案教育的人员进行基础知识培训。

法国在国际档案培训中也作出了很大贡献。1951 年在法国档案局局长布莱邦的倡导下成立的国际档案讲习班，在为全世界特别是发展中国家培养高级档案专业人才上作出了重要贡献。

3. 俄罗斯

俄罗斯的档案教育基地是 1989 年成立的俄罗斯国立人文大学档案学院，其前身是 1930 年建立的莫斯科历史档案学院，该学院的成立是社会主义档案高等教育的开端。国立人文大学是根据时任莫斯科历史档案学院院长的阿法纳耶夫的建议成立的，档案学院后改为国立人文大学的一个组成部分。国立人文大学以俄罗斯教育传统为主，课程设置采用必修课和选修课相结合的办法。尽管国立人文大学在档案教育上保留了莫斯科历史档案学院的特色，但由于招生人数的缩减，办学规模已经大不如前。

俄罗斯的档案教育主要是通过在大专院校开设档案学专业和文件学与文件管理专业进行招生和培养，俄罗斯约有 40 所大专院校开设了档案学专业或文件学与文件管理专业，尤以文件学与文件管理专业居多。以前档案学专业或文件学与文件管理学专业多下设在人文艺术、历史或图书情报学院，如今不少大学将档案学专业或文件学与文件管理专业下设在经济管理、社会学、法学院、哲学院或信息技术学院。档案教育的层次既有博士、硕士和本科教育，也有中等职业技术（专科）教育。

俄罗斯历史最悠久、规模最大的档案教育机构是国立人文大学的历史档案学院，其前身是莫斯科历史档案学院。该学院拥有俄罗斯档案学领域的权威专家学者以及优质生源，培养档案学专业的本科、硕士和博士专门人才。学院下设 4 个系，分别是档案事业系、文件学系、历史政治和法律系、技术档案与文件系。国立人文大学建立了面向全国的档案学或文件学专业教育网络，目前已经在全国设立了约 19 个分校。

俄罗斯档案高等教育更多固守传统，保持档案学与历史、政治和文化之间的自然渊源。以国立人文大学历史档案学院为例，该学院在教研室设置、课程体系、教学内容和培养目标上，重在强调档案与历史、社会、政治和文化之间的关系，与图书馆学、情报学以及管理科学之间的交叉与融合不明显。为更好地适应社会对复合型人才的需求，近年来历史档案学院开始实施"新型大学教育模式"改革，旨在打破专业界限，加强相关专业的联合。

从 2006 年开始，历史档案学院与 г. Констанц 大学合作实施跨学科的硕士生联合培养计划，培养历史学和文化学专业的硕士生，具体研究方向为"东欧研究"，授予历史学或文化学硕士学位。此外，该学院从 2011 年起开始招收"文件学与档案学"方向的硕士生。

俄罗斯还十分重视档案职业教育和培训，如国立人文大学历史档案学院设立了档案职业教育学校，全俄文件学和档案事业科研所也设置了档案和文件管理职业技能提高中心，对在职档案人员进行教育和培训。

4. 德国

德国从 19 世纪就开展了档案教育，并设立了专门的档案教育机构来培养档案专业人才。这类档案教育机构与一般教育系统的关系并不密切，通常是作为档案馆的一部分来设置的，其招生、考试课程设置等均按照档案法而不是教育法进行。目前，德国的档案教育机构主要有三所，分别是马尔堡档案学院、慕尼黑档案学院和波茨坦专科学院档案、图书馆和情报系。其中，马尔堡档案学院的国际知名度最高。现以该学院为例，介绍德国档案教育的特色。

马尔堡档案学院的历史可上溯至 1894 年。1904 年该学院停办，普鲁士机密国家档案馆附设的达勒姆档案学与历史学进修学院接替了马尔堡档案学院的职能。第二次世界大战结束后，经档案人员的提议，德国政府决定重建马尔堡档案学院。1949 年 6 月，重建后的马尔堡档案学院正式成立。从 1949 年到 1984 年，马尔堡档案学院是黑森州档案馆的一部分；1984 年之后，该学院归属于黑森州政府，由州文化事务部领导，其办学经费主要来源于州政府的拨款。

该学院的档案有两种形式。一种是高级档案研究人员和中级档案管理人员教育。高级培训班学制有两年和两年半两种，接受高级档案研究人员教育的学员必须是大学历史专业或法律专业毕业。所学课程主要有：档案学理论，历史学和历史学辅助学科课程，有关公共政策、法律、行政管理的公共课程。中级培训班学制三年，学员必须具备完全中专或高级中学毕业的条件。中级培训班所设课程与高级培训班相似，但在课程的课时安排比重上差别较大。由于中级培训班学员的起点较低，因此学员要花费更多的课时来学习档案学理论课程、历史学和历史辅助学科课程。除了学习基础理论之外，高、中级档案员培训班的学员还要在理论学习之前和之后到档案部门进行业务实习。在实习中，学员对档案馆的具体工作有所了解，并将所学理论用之于实践。在完成高级档案研究人员教育学业并通过资格考试后，学员可获得“档案馆评估与咨询员”的头衔，取得在德国联邦档案馆或各州州际档案部门任职的资格。完成中级档案管理人员教育学业并通过资格考试后，可获得“档案员学位证书”。

另一种教育形式是档案人员的继续教育。马尔堡档案学院从 1990 年起，开展了对在职档案人员的继续教育。由于这种教育没有通过州立法，因此不授予学位。继续教育的课程根据不同的岗位需求设置，大致可分为三类：一是档案学专业理论课程，如档案馆的作用，档案的组织、收集、整理和保管方面的专业知识；二是应用技术方面的知识，如档案文件的修复、保护，档案的复制，文件的除尘及计算机的应用等；三是实习、应用方面的内容，如计算机信息和互联网技术，目的是使学员能够熟练运用和掌握最新技术和成果。

5. 西班牙

西班牙档案教育的历史较为悠久。为了培养档案馆和图书馆人员，西班牙早在 1856 年就成立了公文书学校，学制三年。毕业生可获得档案学士证书，但该校于 1900 年停办。

从 1900 年起，马德里大学历史系开始承担档案教育的职责，开始的课程主要有：古文字学、古文献学、档案学理论、档案史、法律、哲学和机关史。1936—1938 年，西班牙内战期间马德里大学的档案与图书管理教育中断了，直到 1952 年国家图书馆才开办了档案与图书管理员培训班。该培训班设有档案专业和图书馆专业两个研究班，并且实行学科考试制度。培训班的培养目标是使学生胜任档案馆和图书馆的管理工作。在 1986 年被撤销之前，这个培训班相继改名为“文件管理学校”和“档案学和图书馆学理论研究中心”，为西班牙档案机构培养和输送了许多专业人才。

当前，西班牙的档案教育主要有两种形式，一种是大学开设的档案专业。从1985年起，塞维利亚大学、格拉纳大学等都开设了硕士层次的档案专业课程。另一种是档案馆开设的短期培训班，如西班牙档案修复中心就开办了档案修复员培训班，除本国学员外，还有很多拉美国家（阿根廷、巴西、哥伦比亚等）的学员参加学习。

西班牙在档案教育上的一个特色是，由于历史原因，它一直是拉美各国高层档案管理人员的培训基地。在国际档案理事会的帮助下，从1973年起，西班牙文件管理学校开设了关于历史档案组织和管理的培训班，以提高西班牙与拉美国家档案人员的业务水平。该培训班是由西班牙政府和拉美国家共同承办的，为期4个月，每期招收10～20名学员。课程既包括理论课，又包括实践操作课程。

（二）北美国家

1. 美国

美国档案教育与培训的一个突出特点是偏重实用性和经验性，大体来看，美国的档案教育可分为三大块，即由大学提供的正规教育，由档案工作者协会提供的继续教育和由大型档案馆提供的馆内岗位培训。

（1）大学教育

美国大学设立档案教育项目始于20世纪70年代初期。目前，全美共有60余所大学在信息学院、历史系或图书情报学院开设了档案专业研究生课程，各校开设的档案课程在数量和程度上差别较大，可分为单课程和多课程教育计划。这是遵照美国档案工作者协会1994年制定的《档案学硕士学位课程设置准则》设计的。

单课程教育计划主要向学生介绍档案专业的基础知识，档案专业课程占学位课程的三分之二。其他辅助课程包括相关学科，如图书情报学、历史学和法学等学科的课程。

多课程教育计划面向学生传授档案理论与实践的系统知识，还开设实验课和安排教学实习。这种计划既提供档案鉴定、档案整理、档案编目、档案保护、档案管理现代化、档案参考咨询服务、档案公共服务等一系列专业课程，也提供法学和管理学等方面的课程。这种计划非常重视实习课程和定向研究。多课程教育计划是美国大学档案教育的主要形式，通常以硕士层次居多，有些大学还设置了档案学博士学位。

美国的档案高等教育不设档案学院和档案本科专业，而是以研究生教育为主。美利坚大学、丹佛大学、韦恩州立大学、马里兰大学、密歇根大学、北卡罗来纳大学等，都为研究生开设了档案学课程。美国的档案研究生教育没有统一的标准教材，教师自编讲义，并以美国档案工作者协会出版的档案基础知识系列丛书、重要的专业著述以及刊物为阅读材料。理论课的内容主要集中在五个方面：档案学原理、档案的收集、档案的处置、档案的利用、档案机构的行政管理。以马里兰大学信息学院为例，在该院开设的约70门课程中，有8门与档案和文件管理有关，它们是：图书档案与西方文明；档案、图书或信息专题研究；档案馆高级管理课程；与档案、图书工作相关的法规及职业道德问题；版权法、隐私法、信息自由法、国家安全法等；专门（或部门）档案馆、图书馆和信息中心馆藏的分析、利用及管理讲座；文件管理原则；手稿的保管；图书与档案保护技术。美国档案教育十分重视对学生实践操作技能的培养，重视实验课的教学是美国档案教育的重要特色之一。其档案教育通过实地参观、课堂辩论、模拟表演等，充分调动学生的参与精神。

（2）继续教育

20 世纪 60 年代中后期，美国档案专业成人继续教育有了惊人的发展。它的受众大体分为三类：一类是从业前接受过某种形式档案教育的档案专业人员；一类是未接受过任何档案训练的档案专业人员；还有一类则是对档案感兴趣的业余爱好者。

美国档案工作者协会一直是为美国档案界提供全面系统继续教育的主要力量。它在每年的春季、秋季培训期以及夏季的年会期间举办 25～30 个培训班，培训内容已基本上规范化。依据的标准是美国档案工作者协会 1997 年发布的《在职继续教育与培训发展纲要》。它把继续教育分为入门类、提高类、辅助类三种类型，设计的课程体系包括背景知识、档案专业知识、补充知识等，主要讲授档案原理和原则在实践中的具体应用、档案学科的新发展以及特殊问题。

美国国家档案与文件署也是提供档案人员继续教育的一个主要机构。国家档案与文件署下设专门的培训部，负责制定并实施在职培训。该署每年分别在冬季和夏季各办一期培训班，参加者通常是公共和私人档案馆中有一些实际经验的档案业务人员、主管本部门档案工作的管理人员、对档案工作有一定了解的其他专业人员以及准备从事档案或手稿管理的人员。

（3）岗位培训

这是一种独特的结构化岗位培训形式，是美国某些大型档案馆为本馆新聘任的档案业务人员进行的一种培训，旨在对正规或继续教育进行深度的、针对性强的补充。美国国家档案与文件署建立了国内最早的、后来发展最为完善的档案业务人员岗位培训计划。美国国家档案馆从 1940 年起开始在馆内开办在职培训，目的是训练本馆新聘任的档案业务人员。1966 年，这项培训计划得到大力发展，建立了新聘档案业务人员一年制培训制度。1978 年，培训期延长至 2 年，1985 年，又做了一番改革，形成一套全面、规范的培训方案。对于新聘的档案业务人员来说，无论是否受过档案专业教育，有无档案工作实际经验，都必须从零开始，接受为期两年的岗位培训。培训分课堂教学、岗位轮训、论文写作及考评四个方面。学员完成两年的培训后将在“双向选择”的基础上被分配到国家档案馆的各部门及所属机构任职。

2. 加拿大

加拿大档案教育领域在 20 世纪 80 年代以来取得的最大进展，是一些大学在档案研究领域创设了常规硕士课程，其中最著名的有三所：

一是不列颠哥伦比亚大学的图书馆、情报、档案学院设立的档案研究硕士学位课程。该课程创立于 1981 年，聘有专职教授进行教学。学生要想获得档案硕士学位，除完成论文外，还需到指定档案馆实习一个暑期，这种理论与实践相结合的课程效果颇佳。

二是蒙特利尔大学开设的两种学位课程：一种是专门的档案学位课程，学生完成十门档案课程后，将得到档案学位证书；另一种是在图书情报学硕士课程中附加档案课程，学生也可以取得档案学位证书。

三是多伦多大学信息学院开设的包括档案方向的硕士和博士学位课程，这种课程内容涉及档案管理、信息科学、技术方法、管理学和立法学等，着重讲述现代档案和文件的管理。

总体看来，加拿大档案教育的特色主要表现为五点：第一，档案教育的层次较高，大多在高校设立档案硕士课程；第二，档案教育强调理论与实践相结合，大力吸收国外先进经验并灵活采用；第三，档案课程设置重视文件管理与历史档案的联系，体现了文件、档案一体化管理的思想；第四，鼓励学生从事档案学研究并发表研究成果；第五，接受档案教育在加拿大被看成是提高专业技能的必由之路，也是从事专业活动的必备前提。

（三）拉美诸国

拉美诸国档案教育的历史可追溯到 20 世纪初，虽然这些国家档案事业的总体水平与发达国家相比有较大差距，但是它们对档案教育的重视程度丝毫不逊色于发达国家。阿根廷、墨西哥、委内瑞拉和巴西等国的档案教育都有其独到之处。

1. 阿根廷

阿根廷的科尔多瓦大学档案学院是拉丁美洲历史最悠久、学术水平居领先地位的档案教育机构之一。它最早附设在科尔多瓦大学的哲学与古典文学系，后来又成为图书馆学院的组成部分，直到 1961 年才从图书馆学院独立出来。

该学院学制三年，所设课程主要是档案专业必修课，包括档案工作概论、文件的产生保存、立卷和分类、编目和制卡、行政档案、历史档案、档案方法学和时间、档案馆计划的制订等。另外一些相关课程，如古文字学、古文书学和行政管理学，也是学生的必修课程。

由于该学院教学经验比较丰富，教学水平较高，美洲国家组织从 1972 年起，把拉美地区的国际档案培训中心——美洲档案发展中心，也设在科尔多瓦大学档案学院，实行合作办学。具体做法是档案学院提供教学和管理人员、教学场地等，美洲国家组织为发展中心的图书馆、照相实验室、修复室和刊物提供图书、设备、物资和资金，为中心出版教材，并为客座教师提供一切费用。该中心每年一期，招收拉美诸国的档案人员进行 7 个月的培训。该学院在美洲国家组织的资助下，定期出版《美洲档案通讯》。该杂志经常刊载档案学专业论文和专题调查报告，介绍拉美地区档案界的学术动态，对促进拉美各国档案工作者的学术交流和相互了解起到了较大的作用。

2. 墨西哥

墨西哥也是拉美诸国中较早开展档案教育的国家之一。早在 1916 年，墨西哥就开办了国立第一图书档案学校，但由于存在时间太短，该校未能发挥较大作用。1945 年，墨西哥又重新成立了国立图书档案学校，起初以档案职高教育为重点，到 1959 年，改组为大学档案专业教育，学制为两年。开设课程包括文献编纂学、档案史、古文字学、档案编目、档案管理学、古文书学、世界通史、墨西哥史等。该校还开办为期一年的档案知识讲习班，负责培训在职人员。

然而，由于学校负责人更换频繁、教学计划不切实际、经费不足、教材短缺等多种现实困难，墨西哥档案学校的教学质量难尽人意，它发给学生的毕业证书甚至得不到官方承认。因此，报考该学校的人数日益减少。

除大学档案专业教育之外，墨西哥的档案专业教育还包括档案中专。档案中专也叫技术中专，招生对象是受过九年普通教育者，主要学习基础技术知识，不少课程与大学的档案专业一样，只不过比较重视技术而不是理论。

另外，墨西哥档案教育还包括对在职档案人员进行培训，派遣有关人员参加国际档案讲习班以及到其他国家档案馆进修等。

3. 委内瑞拉

委内瑞拉的档案教育机构主要是委内瑞拉图书档案学院。1948 年成立时，它附设在委内瑞拉中央大学的哲学文学系内。1953—1954 年，学院得到充实加强，正式改为现名。从 1964 年起，该学院有了第一批硕士毕业生。

图书档案学院目前学制为四年，开设课程分为基础课、专业课和选修课三种，主要有美洲史、西班牙文学史、委内瑞拉史、英语、文件编目、档案分类、档案管理学、文集著录与出版、西班牙及拉丁美洲行政机构组织法、委内瑞拉行政机构组织法、古文字学、古文书学和试听设备的应用等。从第二学年起，学生每人每天抽一小时进行实习。可见，委内瑞拉也相当重视教学实践环节。

4. 巴西

巴西国家档案馆内附设有一个档案专科学校，学制为两年。在校学生主要学习古文书学、巴西历史、巴西行政机构组织、家谱学、纹章学、公证学、档案管理学、档案馆的组织及管理、新型档案管理等多门课程。为了提高教学水平，该校聘请外籍教师讲学，并向发达国家派遣留学生。

在巴西档案界一些著名人士的努力下，不少大学开始研究设立档案专业的可能性，如巴西利亚大学、巴伊亚大学已经有此设想，里约热内卢联邦大学也正在考虑承认国家档案馆附属档案学校的毕业生具有大专学历。此外，教育部也计划在某些大学开设档案管理学的高级课程。

(四) 亚洲国家

1. 日本

目前，日本各大学均设有图书馆、博物馆专业课程，却未建立起系统的、学术性的档案研究，很少有大学和其他教育机构开设正规的档案课程。不过，日本国立公文书馆开办了档案人员的在职培训。

1988 年以来，国立公文书馆每年举办一次培训班，学员包括各州市档案馆、各省厅公共机构档案馆的工作人员。培训班的目的是增进学员对《公共档案法》的了解，提高他们对档案保护和提供利用重要性的认识。培训班为期五天，由专家讲授档案文件的保管知识，并实地参观一些档案机构。过去十年中共有数百名档案人员参加了培训班。

1993 年起，国立公文书馆每年举办一次由高级档案人员参加的研讨会，其宗旨是更新他们的专业知识，加强他们之间的信息交流。研讨会为期三天，与会人员提交论文，交换档案保管与保护以及提供利用的经验，聘请专家授课。

当前，日本在总理府的领导下成立了研究小组讨论培训计划，最终组成了一个“建立档案培训机构的研究小组”。为实施研究小组所提出的建议，国立公文书馆从 1997 年 11 月底开始举办档案培训班，确定培训对象应为工作时间较长的现职高级人员，重点是档案馆的主要负责人。1998 年培训班正式开课，培训课程的重点是现行文件（不是古代文件）的管理知识，这是因为目前公共档案馆的主要职责是处理不断增长的现行文件。培训环节包括讲课、讨论、实习和撰写论文，开设的课程主要有五门：一是“档案馆的主要职责”，内容包括档案馆的法规制度、档案馆的社会作用、与档案馆相关的组织、档案体系与档案职业、外国的档案工作、日本的档案工作等；二是“档案资料研究”，内容包括历史资料、文件与档案管理、现代立法与政府管理史、政府机构的文件管理、文件的挑选与接收等；三是“档案资料管理研究”，内容包括档案的整理与编目、自动化、信息学、保护学等；四是“档案资料和提供信息服务研究”，内容包括档案公共服务（出版、展览等）、利用档案的法规制度；五是“总结报告”。

2. 印度

印度国家档案馆作为印度文献遗产的保护基地，从 1941 年起开设了档案管理理论及实践的培训课程。1976 年印度建立了专门的档案培训学校，此校 1980 年更名为档案研究学院。该学院建立的目的是培训学员保护档案及图书的专业知识。其课程设置是开放式的，除了理论课程之外，培训方案还包括举办一些研讨会、专题学术讨论以及邀请一些知名档案学者、环保专家和缩微技术专家开办讲座，这些形式避免了单一理论教学的不足。该学院在国际档案界有一定的影响。

在印度，接受档案培训的人员主要包括国家档案馆官员、信息官员、档案工作人员、主管科研的官员、缩微技术人员等。接受了培训的人员就业机会广阔，他们可以在国家档案馆及各邦档案馆任职，也能在学术机构、私人机构或事业单位任职。

除档案研究学院提供的教育课程外，印度国家档案馆还设有一年制档案与文件管理课程、档案管理中短期课程、复印技术中短期课程等短期培训班，以满足档案人员培训的需要。

此外，为给档案研究学院的学术问题提供指导，并为其新课程的课程内容提供体现国内外最新的现代档案趋势和培训需求的档案机构参考，国家档案馆还在1980年设立了由多名资深档案学研究者组成的教学研究组。研究组主席由国家档案馆馆长担任，其成员有档案学家、商业档案专家、档案文献学家、大学或组织的历史学教授和研究者、大学或组织的图书馆学教授和图书管理员、州档案馆馆长等。

印度由于地处热带，所以十分重视热带气候下对档案的保管、保护和修复。国家档案馆附设的档案学院还专门为其他热带国家开设了档案保护方面的培训课程，很受这些国家的欢迎。

（五）非洲国家

非洲诸国的档案教育建设大致经历了三个发展阶段。第一阶段是非洲档案人员到欧洲和北美接受培训；第二阶段是建立地区性培训中心；第三阶段是建立国家培训机构。

20世纪60年代非洲国家刚独立之时，整个非洲没有一所培训学校。各国档案人员被送到法国档案学院，伦敦图书、档案与情报研究学院，加拿大公共档案馆等地接受专业培训，学习和掌握管理档案的专业知识和技能。例如，1960年尼日利亚国家档案馆的9名高级档案员，大部分在美国和法国学习过。尽管发达国家的先进经验值得借鉴，但这些国家的培训计划并不能满足非洲档案工作者的实际需要，开设的课程也很难具有地区针对性，因此这一阶段的培训效果并不理想。

1966年，在联合国教科文组织支持下，国际档案理事会在华盛顿召开了一次特别的国际档案大会，决定对发展中国家的档案工作给予特别帮助。理事会通过调查发现，档案培训是帮助发展中国家档案工作的关键。从1971年开始，理事会在非洲建立了两个地区性培训中心——1971年在塞内加尔建立的法语国家培训中心和1974年在加纳成立的英语国家培训中心。

塞内加尔培训中心和加纳培训中心的培训活动一度开展得很有声色，但从20世纪80年代起，地区性培训中心的成效逐渐降低了，其主要原因在于1980年“联合国发展计划”撤销了，地区培训中心的资金严重不足。另外，非洲一些国家（如加纳）档案馆管理十分混乱，安排学生去档案馆实习又很难形成固定的制度。因此，国际档案理事会转而鼓励非洲国家单独建立培训机构，制订和开设适应本国实际情况的培训计划和课程。加纳大学的图书管理员学校，尼日利亚伊巴丹大学图书研究系开设档案课程，都是非洲档案教育发展到新阶段的表现。刚果（金）主要由国家档案馆定期组织为期三个月的档案人员培训班。有时还组织为期一周的档案速成培训班，向更多的人推广档案管理方面的知识，也派人到塞内加尔的达喀尔大学图书、档案与文件管理学院进修。

尼日利亚的档案教育在西非各国当中走在前列。1976年伊巴丹大学图书馆学系开设了档案管理课程，这种教育形式更加适应本国的需要。另外，尼日利亚也举办短期的档案培训班，不仅招收本国学员，还允许邻近国家的档案人员参加。

虽然非洲诸国的档案培训在联合国教科文组织和国际档案理事会的帮助下已经有了新发展，但总体而言，非洲档案教育水平还较低。经费的严重不足和师资力量的薄弱是制约非洲各国档案教育发展的重要原因。非洲国家希望与发达国家频繁、广泛地开展人员和专业的合作交流，实现提高人员专业素质、促进档案工作发展的目的。

二、档案教育的共同特点

档案教育因其重要意义受到各国的高度重视，尽管由于社会政治制度、经济文化水平和档案管理体制的差异，各国档案教育发展很不平衡，但档案教育比较完备的国家还是表现出一些共同特点。主要表现在八个方面：

其一，教育层次较高。无论是档案专业院校，还是各大学下设的档案专业，招生对象大多是其他专业的大学毕业生，开设的课程大多是硕士学位课程，这表明这种档案教育实质上多是一种研究生层次的教育。

其二，教育制度严格规范。这种严格规范从课程大纲的制定、教学活动的组织到考核方式的实施、课程质量的评估等都有明显的体现。每门课程都有统一格式的课程大纲，授课老师在开学前都必须将其在网上公布或第一次上课时发给学生，明确规定教学内容、阅读材料、讲课方式、考核方式和课堂纪律等，要求学生必须严格遵守。教学活动由授课老师主导，学生积极配合老师完成教学。学生如果有意见可以向老师提出，但在课上必须尊重老师，不能妨碍教学。考核方式和标准由授课老师规定，如果没有达到老师的要求，学生不能通过考核，没有任何通融的余地。课程质量的评估形成了严格的制度，学期结束时学生需要填写统一格式的评估表，授课老师的教学业绩直接决定其下学期上岗与否。

其三，教学内容注重实用。档案专业的应用性很强，外国档案教育的教学内容非常注重实践性。注重实习是其表现之一，两年或两年半的研究生学制中，学生至少被要求完成一个学期的全日制实习，到档案机构从事实践工作。国外也鼓励学生平时到档案机构从事兼职工作，并会提供这种机会。在教学过程中，老师也注重培养学生的实践技能，经常带学生参观档案机构，要求学生写出调查报告或评价报告。在课程设置上，档案教育十分注重理论与实践相结合，甚至实践课的比例可能超过理论课。以美国为例，其理论课的内容一般包括档案学原理、档案收集、档案处置、档案利用和档案机构的行政管理等，这些理论知识大多是针对档案工作的各个环节；为了使学生将理论知识运用于实践，除了开设大量的实验课使学生掌握各项工作技能外，还经常组织学生到档案馆实习，开展档案领域的定向研究项目。英国也是如此，有的学校规定学生每周必须抽出一天时间到公共档案馆阅览和研究档案，有的规定学生必须到档案馆考察，撰写调查或研究报告。由于教学内容和培养方式注重实用，学生一般到就业单位后可以直接上岗，学生求职的难度大大降低。此外，国外档案教育师资队伍的构成也体现出理论与实践相结合的鲜明特点。国外档案院校或专业除设置少数的专职教师外，还聘请具有丰富实践经验的档案工作者担任兼职教师。这样的师资结构有利于把理论教育和实践经验传授更好地结为一体。

其四，教学方式灵活多样。每门课程因特点不同，选择的教学方式灵活多样。有的基础课程以老师授课为主，有的实践课程以学生陈述为主，有的课程要求师生讨论相结合。灵活多样的教学方式，造就了国外自由和活跃的课堂气氛。学生可以随时提问，老师也会经常要求学生进行评论。

其五，教学质量由细节体现。注重细节是保证外国教育质量的重要原因。比如，加拿大档案专业的课程大纲规定得非常具体，前面有课程层次、学期、名称、上课时间、上课地点、老师姓名、老师办公时间、地点、电话、邮件地址等基本内容；主体部分是对课程概况的描述，包括课程的总体宗旨、具体目标、主要问题、授课形式、阅读材料、课程作业、要求、评分标准、课程进度、考核比例、补充信息等内容。这种大纲的可操作性很强。再如，教学纪律也规定得非常具体，执行起来一丝不苟。国外相当注重教学纪律，对学生迟到、旷课或没完成作业等行为，都有着严格而具体的扣分标准。老师在课上拥有绝对的权威，学生即使对老师不满，也不能妨碍老师教学。制度一旦规定就必须严格执行，没有任何通融的余地。

其六，教学节奏紧张有序。国外由于学制的原因，每一学期时间相对较短，每门课程一般都有期中、期末考试，平时老师会布置很多作业，包括阅读材料、写作报告等，教学节奏十分紧张。这从某种程度上也是教学质量的保证。

其七，继续教育日益受到重视，形式更加丰富，内容更贴近时代。档案工作是随着时代不断发展的，对档案人员的要求也在不断更新，为此各国非常重视档案人员的继续教育，开办各种定期培训班的目的就在于此。培训班大多针对不同对象需要设置不同课程，向学员讲授本专业的新知识、新技能，介绍新动态，使他们更好地适应实践工作。

其八，课程设置具有向信息领域延伸拓展的特点。随着信息技术在档案部门的广泛应用，档案的信息属性及档案管理的信息色彩表现得更为明显和突出。国外档案教育增加了很多信息管理及信息技术的课程，有的课程还成为档案专业的必修或主干课程。

三、档案教育的发展趋势

档案教育是一个不断发展和不断变化的领域，它在未来的发展趋势可能会有以下四点。

第一，以正规高等教育档案为基础，以各种短期培训为辅助，满足各国培养高层次专业人才的需要。各国档案教育的形式十分丰富，其中正规高等档案教育和各种短期培训还是未来重点建设的两个方面。档案工作的发展和档案学科的理论与实践并重的特点决定了各国必须培养大批高层次专业人才，这必然促使各国进一步发展正规高等档案教育。档案工作适应社会变化的需要和学科内容的不断更新又必然导致各国重视专业人员的继续教育，各种短期培训因其灵活多样的特点正好可以满足这种需要。

第二，课程设置上理论与实践相结合的特点将更加突出。档案学是一门理论性和实践性都很强的学科，目前各国对此已经有充分的认识，设置的课程既有专业理论课程，又有实验和实习课程。不难设想，未来档案教育的课程设置会更加注意理论与实践课程的相互渗透，保持二者的平衡，使学生兼备扎实的理论基础和过硬的操作技能，更好地满足未来档案工作发展的需要。

第三，培训内容将更加现代化、专门化。现代科技与档案工作的联系日益密切，对档案工作的影响也日益明显，大量新型档案的出现就是这种联系和影响的表现之一。面对现代科技的发展，面临新型档案带给档案领域的诸多挑战，档案人员必须提高自身素质，不断更新知识结构。作为培养专业人才的重要途径，档案教育必须接受这一挑战，在培训内容上不断增加现代科技知识、档案管理现代化知识、新型档案管理知识以及其他相关领域的知识等。各国纷纷开设计算机管理、缩微复制、电子文件等课程，就是应对这一趋势的最好反映。

第四，培训方式将向图书、档案、文献情报三个专业联合培养或协调培养的方向发展。在信息时代，随着信息产业的迅速崛起，图书、档案、文献情报三个相关领域的关系将更加密切，这促使国际档案界提出了上述三个专业实现联合培养或协调培养的设想，并制定了联合培养的初步方案。这一设想将会在未来各国档案教育中付诸实施。

第五，培养目标趋于培养复合型人才。经济全球化、世界一体化的信息社会推动档案教育趋向培养复合型人才。国外档案教育更多地要求受教育对象在掌握基本专业知识的同时，广泛知晓其他学科及行业知识，以丰富其知识结构，更好地应对各种挑战。

第六，档案教育的合作交流日趋国际化。网络时代，档案教育的合作交流更加重要，趋势也更加明显。20 世纪 90 年代以来，欧洲各国就计划建立较为一致的欧洲档案培训课程体系，甚至提出建立欧洲档案学院的构想。进入 21 世纪，美国和加拿大有 12 所高校联合开展远程教育项目，共建共享 12 所高校的核心课程教育资源。国际组织如国际档案理事会、联合国教科文组织教育处等都积极推动档案教育的国际合作与交流。如 2009 年在马耳他召开的第四十一届国际档案圆桌会议，主题就是“想象 21 世纪的档案工作者：新的教育和培训政策”。

第三节 外国档案人员

一、档案人员的含义和特点

档案人员，也称“档案工作者”，是从事档案工作人员的统称。国际档案界对其含义作了统一规定。国际档案理事会最新修订的《档案术语词典》把档案人员（archivist）的含义规定为“专门从事档案管理和档案馆管理工作的人员”。

美国对档案人员含义的解释更加详细。美国档案工作者协会主持编纂的《档案人员、文件管理人员和手稿管理人员术语手册》规定“档案人员”指的是“受过专业教育和培训，具有专业经验，从事档案管理包括鉴定、处置、收集、保存、整理、著录、提供利用、展示等环节的人员”。由于美国把档案馆、文件中心和手稿库房都视为档案机构的范畴，因此文件中心的工作人员以及手稿管理员也都属于档案人员的范围。

从以上代表性含义可以看出，档案人员是一个群体概念，是一个集合名词。这个群体主要具有以下三个特点：

一是专业性。档案人员是一种专业人员，他们专门从事档案管理和档案馆管理工作，有着具体的专业职责，涉及档案管理的各个环节。

二是资格性。档案人员并不是完全没有门槛限制的一种从业人员，成为档案人员需要首先具备一定的资格或条件，这就是接受专业教育或培训。美国、加拿大以及很多欧洲国家都规定了档案人员的从业资格，有些国家甚至设置了专门的资格证书。

三是分布的广泛性。档案人员分布的范围很广，包括在公私机构、组织中从事档案工作的所有人员。这是由档案形成领域的广泛性决定的。有的国家还把过去和现在从事档案工作的人员都包含在档案人员的范围之内，这就使档案人员的分布面更加广泛。

二、档案人员的发展历程

档案人员的发展与档案事业的发展密切相关。史料中对古代档案人员的记载较为缺乏，近现代以来也较少有学者对档案人员的发展特点进行总结，只能根据史料中的零星记载来简要归纳档案人员的发展历程及特点。

（一）奴隶社会时期：档案主管官吏的地位逐渐下降

因为档案在国家管理活动中具有重要作用和特殊地位，古代东方奴隶制各国对档案的保管都十分重视，这一点从它们对档案主管官吏的设置可以明显地看出来。这些国家一般不设专职档案官吏，而是由高级官员兼管档案。例如古埃及兼管档案的官吏是“最高法官宰相档案工部大臣”，宰相不仅拥有管理国家日常政务的权力，还掌握了土地登记和发放、审理土地纠纷等大权，这就需要以档案作为实施统治的重要工具。宰相兼管档案反映出对档案保管的高度重视。再如古代两河流域掌管档案的是名为“努班达”的高级官吏，努班达通常拥有土地分发、农具发放、粮仓管理、王室库藏管理等大权，由他兼管档案也反映了对档案保管的重视。

古罗马虽然也像古代东方奴隶制国家一样设置主管档案的兼职官吏，但官员的级别有所下降。如罗马共和国后期国家档案库由财政官领导，财政官只是一种低级官吏。而且从奴隶社会末期开始，保管档案的人员出现了专职化的倾向，如古罗马国家档案库有一类工作人员被称做“档案员”，他们具体负责馆藏档案的整理、分类和保管。

档案主管官吏地位的逐渐下降，表面上看反映出档案工作地位的降低，其实不然。这种现象实质是档案人员向专职化方向发展的一种信号。奴隶社会早期由于档案数量少，档案工作内容较为简单，一些高级官吏兼管档案不是难事。但是随着档案数量的增多和档案工作内容的丰富，档案人员需要由专职人员来承担。所以古罗马才会在奴隶社会末期出现了专门的“档案员”。

（二）封建社会时期：档案人员的专职化

尽管史料中并没有专门记载封建社会时期外国档案人员的内容，但根据这一时期档案机构和档案学理论的发展进程，可以合理推断出档案人员在封建社会时期走向专职化的特点。

从封建社会中期开始，档案保管出现了相对集中的特点和趋势。档案机构的专门化及其馆藏成分的单一化，为档案人员的专职化提供了必要的条件，因为专门化的档案机构必然需要配备专职的档案人员才能满足档案工作的需要。因此到封建社会末期，欧洲各国的档案馆普遍拥有了专职的档案人员。不仅如此，德国、意大利等国家还涌现了一批对档案管理原则和方法进行理论研究的专门人才。

（三）近代：档案人员的专业化

近代是档案事业发生重大变革的时期，档案人员也随着档案事业的变革发生了巨大的变化——发展成为一种专业人员。

近代法国档案工作改革是各国档案工作发展成为一项独立事业的起点。随着档案事业的发展，档案人员的特点也从专职化转变为专业化。专职化是指专门的一种职务、职责或岗位；而专业化具有更宽泛的含义，意味着档案人员有了自己的专业领域、专业职责、专业特点和专业范围。

由于档案开放原则的实施，近代档案人员在专业化进程中还表现出服务性的特点。在开放原则实施之前，档案利用只是少数人享有的特权，档案人员充当的是“特权保护人”的角色；实施开放原则之后，档案利用转变为社会公众拥有的权利，档案人员也就从“特权保护人”转变为“权利服务者”。这种角色的转变有利于档案人员树立服务意识，把自己视为一种专业化的服务人员。

（四）现当代：档案人员角色的多样化

现当代是档案事业成熟和完善的时期，档案人员也逐步走向成熟和完善。这种成熟和完善表现在很多方面，例如档案人员队伍的壮大，档案人员专业结构的优化，档案人员社会地位的提高，档案人员工作业绩的突出，档案人员角色的多样化，等等。这里重点评述档案人员角色的多样化。

档案人员的传统角色多被视为“保管员”，他们的职责是接收文件形成机关移交的档案进行保管。这种保管还具有较强的被动性特征，档案人员一般是坐等档案上门，较少采取措施主动干预文件的形成。随着社会的发展和技术的进步，档案人员的角色呈现出多样化的特征，不再是单一的保管员，而是转变成为“社会记忆的塑造者”“知识的提供者”“文档系统的监督者与审计员”“工作团队的合作者和参与者”“文化产业的建设者”“社群档案的辅导者”等多种崭新角色。

1. 档案人员的崭新角色

（1）社会记忆的塑造者

档案人员充当“社会记忆的塑造者”，前提是把档案的本质理解为一种更宏观、更广泛的概念——社会记忆。档案人员以档案为工作对象，对档案直接施加影响，从而塑造着社会记忆。档案人员的工作内容包括参与社会记忆的筛选、组织和分配。尽管他们不是历史的创造者，却直接参与了社会记忆的塑造。

知识社会的到来，要求档案人员积极求变。档案收集、鉴定等环节已经出现了变化的端倪。主要表现为档案收集需要“社会视角”，即档案收集应当贴近民众，力求客观、全面、完整地记录社会生活的各个方面。档案鉴定的社会性也明显增强，即档案鉴定应当进入更广阔的社会背景，档案价值与社会的运行方式、发展动态紧密相连，成为社会自身价值的反映。这些变化要求档案人员不能只是纯粹的保管员，而应充当社会记忆塑造者的角色。

（2）知识的提供者

档案的存在最终是为了利用。在知识社会中，档案人员将充当知识提供者这一崭新角色，继续实现档案的价值。

同信息相比，知识是主观认识更高一级的反映。信息是知识的原材料，而知识是信息的能动反应。充当知识提供者意味着档案人员由提供信息转到提供知识，加拿大档案学者特里·库克指出，如果我们这些信息工作者能够引导利用者从泛滥的具体的信息过程过渡到知识甚至于智慧，我们在新时代中的工作地位就会得到保证，我们就会对子孙后代作出宝贵的贡献。

档案人员充当知识的提供者，既要加强档案信息资源的深层次开发，不能仅停留在收集、整理、编目等层次，而应侧重于揭示档案中隐含的信息和知识，又要引入知识管理理念，把档案视为重要的知识资源，把档案管理视为知识管理的重要内容。

（3）文档系统的监督者与审计员

文件生命周期理论在国外得到了广泛的认可，电子文件的出现更是要求档案人员在早期介入文件管理，以确保电子文件的真实可靠、完整安全、长期可读。实现文档一体化管理，是电子文件管理的必然要求。档案管理和文件管理之间的界限也日趋模糊和淡化。这就要求建立一种文档管理系统，不是对原有文件管理和档案管理的简单组合与拼接，而是将它们作为一个统一事物，合理设计工作流程，通过文件管理与档案管理的充分整合与融合，实现系统功能的最大化。

文档管理系统的建立要求档案人员角色的转变。档案人员将担当整个文档系统的监督者与审计员。文档系统的监督与审计工作，是指对被审计单位在一定时期内文档系统的运行情况，按照一定的标准进行审核检查，收集和整理证据，以对文档工作的合规性、效益性等各方面情况进行综合评价，其目的在于促进文档管理系统的建设与完善，促进文档工作的发展。文档系统审计的主体是档案人员；文档系统审计的对象是“被审计单位在一定时期内文档系统的运行情况”；审计工作的执行和对审计对象的判断要“按照一定的标准”；审计工作的核心是“进行审核检查，收集和整理证据”。审计证据的种类可包括实物证据、书面证据、口头证据、分析证据等。文档系统的审计是文档系统顺利运行和不断改善的保证。

（4）工作团队的合作者和参与者

工作团队是指一种为了实现某一目标而由相互协作的个体组成的正式群体，大体有两种类型——综合性团队和自我管理团队。综合性工作团队中，一系列的任务被分派给一个小组，小组再给每个成员分派具体任务，并安排成员之间工作轮换。自我管理工作团队具有更强的纵向一体化特征。与综合性团队相比，它拥有更大的自主权，可以挑选自己的成员，并让成员相互评价工作成绩。

传统环境下，档案人员与外界沟通交流的机会较少。随着知识社会的到来，档案人员除需要更新知识、提高管理技能外，还应积极成为工作团队的一员，开展与其他领域人员的合作。这些领域的人员包括文件工作者、业务人员、技术人员和法律专家等。

（5）文化产业的建设者

国际档案理事会 2014 年年会的主题是“档案与文化产业”，表明国际档案界在促进档案人员将档案作为文化产业开发的对象，让档案工作与文化产业建设有机结合。国外档案馆近年来开展了众多文化产业建设活动，通过开设档案文化展览、举办档案文化遗产节、开发档案文化产品和建设档案文化旅游产业等活动来体现档案与文化产业的关联。

档案人员应更加重视档案的文化价值，积极充当文化产业的建设者。他们可借助馆藏的丰富资源，与文化机构、商业组织甚至个人展开合作，对档案进行增值开发，让档案与文化产业的关联更加紧密。

（6）社群档案的辅导者

社群档案作为国外产生的一种新类型档案，是指社群成员在其社会实践活动中形成的具有保存价值的原始信息记录。国外社群档案长期处于社会历史的边缘地位，大多未被公共档案馆接纳和保管。但随着社会发展，社群基于身份认同、归属感以及现实利益的多种需求，越来越重视档案的建立、保存和管理。为此，社群档案及社群档案馆在国外日渐流行。

加拿大著名档案学者特里·库克曾就档案范式的发展进行论述，他指出19世纪中期至今档案范式演变的四个关键词——“证据、记忆、认同、社区”。证据范式要求以维护档案的证据价值为核心，档案人员作为保管者，立场不偏不倚，其工作重点是对档案进行整理和编目，目标是确保档案作为司法证据的真实性。记忆范式要求关注档案鉴定，尤其关心历史学者型的档案工作者如何主观地创建文化记忆资源。认同范式要求档案工作者以专家身份，运用自身权利，从广泛的利用需求出发，去辨别、鉴定、收集和著录社会资源。档案由此转变为服务于认同和正义的社会资源。档案工作者作为自觉的中介人帮助社会通过档案记忆资源形成多元认同。社群范式要求档案工作者丢掉专家身份，与社群一道共建共享档案。

档案范式的演变，说明档案从司法证据扩展到文化记忆，从身份认同的工具扩展到社区构建的纽带。档案工作者的角色应从被动的保管者转型为积极的中介人、社会活动家和社群推动者，为社群档案的管理扮演辅导者的角色。

2. 档案人员角色转变的实质

当前档案人员角色的转变不是一个偶然的过程，而是档案人员适应社会和时代发展的必然之举。档案人员角色转变的实质可以归结为两点。

（1）工作方式的升华——被动到主动

档案人员传统角色整体上趋于保守和消极。这种保守与消极的工作方法使得档案职业在发展过程中不断强化着边界意识，将档案职业划定在狭小圈子内。美国档案学者杰拉尔德·汉姆形象地称这种方法为“传统被动的问答式工作方法”。这种工作方式和方法很容易使档案人员忽略参与的重要性，逐渐成为社会边缘人。

档案人员的崭新角色强调档案人员的积极性与参与意识。作为社会记忆的塑造者，要求档案人员参与整个社会记忆的形成、组织和分配，将档案工作与社会文明的延续、文化的传播紧密联系起来；作为知识的提供者，要求档案人员主动提供知识服务，积极参与单位各种事务；作为文档系统的监督者与审计员，要求档案人员参与整个文档管理系统的运行；作为工作团队的合作者与参与者，要求档案人员采取联合与参与的工作方式。可见，同档案人员传统角色相比，新角色更具有进取性和积极性。

（2）社会职能的拓展——边缘到中心

档案人员的角色转变也是档案人员进行社会职能拓展的过程。这种职能拓展既表现为从提供信息服务拓展到知识服务，又表现为从单纯的档案管理拓展到文档管理，还表现为服务对象拓展到全社会。

档案人员的职能拓展是档案人员适应新环境、寻求新发展空间的必然举措。档案独特的社会功能决定了档案人员这一职业在任何社会中都将存在。不管社会形态如何变化，档案工作“为满足公众的利用需求而保管真实可靠的社会记忆”这一基本社会功能不会发生改变。档案人员的角色转变实质上是档案人员社会职能的拓展。有学者指出，既然文件和档案正在被“重新创造”，档案职业也不必恪守原来的形象和边界。面对社会变革和技术进步的巨大挑战，文件、档案工作者与其回避，不如直面；与其抱怨，不如思变；与其苦守，不如出击。以面向现实、面向社会为主旨的职能拓展，能为档案工作者赢得生存和发展的更大空间。

只有实现了档案人员社会职能的拓展，才有利于档案人员乃至档案专业改变边缘化的现状，进入社会发展的“中心地带”。

三、档案人员的职业道德准则

职业道德是社会道德体系的重要组成部分，它是在一定职业活动中所必须遵循的、具有自身职业特征的道德准则和规范。档案人员的职业道德规范是档案人员普遍遵循的行为准则，是社会对档案人员的道德行为和道德关系基本要求的概括。当前，国际档案界以及很多发达国家都专门制定有档案人员的职业道德准则或规范。这里仅对国际档案理事会和北美国家的档案人员职业道德准则进行评述。

（一）国际档案理事会的《档案人员职业道德准则》

1996 年国际档案理事会在第十三届国际档案大会上制定了《档案人员职业道德准则》。该准则分为引言和正文两大部分，简明扼要地阐明了国际范围内档案人员共同遵循的职业道德规范。

引言部分包括六条，简要地说明了《档案人员职业道德准则》的制定意义、术语基础、制定目的和执行方式等。具体内容包括：

第一，《档案人员职业道德准则》应为档案专业活动建立高的专业标准，使档案专业的新成员了解这些标准，有经验的档案人员知道他们的专业职责，并促进公众对档案专业的兴趣和信心。

第二，本准则所使用的“档案人员”这一术语，是指所有与档案保管、保护和管理有关的人员。

第三，应鼓励所有档案保管与服务机构制定和采用有利于实施该准则的方针和实施办法。

第四，制定本准则的宗旨，是为档案人员提供一个指导性道德规范，而不是为解决某些问题提供专门的解决办法。

第五，每条准则都附有解释，准则与解释加在一起组成该准则。

第六，是否执行该准则，由各档案机构或档案专业协会自行决定；如对本准则有不清楚之处，可采用培训的方式，或建立一种提供指导的机构；如认为合适的话，可对非道德行为进行调查，实行制裁。

正文部分包括十条，提出了档案人员需要遵循的职业道德准则，每一条准则都有具体的内容解释。

第一，档案人员应确保档案的完整以及档案作为历史证据的可靠性。

档案人员的首要任务是维护所保存档案的完整性。在完成这一任务过程中，档案人员必须尊重档案保管机构、文件形成机关、文件主题和利用者过去、现在、将来的合法权益。档案人员必须做到客观和公正无私，应当顶住来自任何方面的、为隐瞒或歪曲事实而要求篡改证据的压力。

第二，档案人员应从历史、法律和行政管理的角度对档案进行筛选、鉴定和保管，遵循来源原则，保持文件的原有顺序。

档案人员应根据普遍遵循的原则开展工作和履行职责，这些职责包括：现行及半现行文件、电子文件的产生、保护和处置；挑选和收集需要永久保存的文件移交到档案馆；安全保管和保护档案；档案整理、著录、出版和提供利用；等等。档案人员应熟悉文件形成机关的行政管理史和文件收集政策，据此对接收的文件进行公正的鉴定，并遵循来源原则对馆藏档案进行整理和著录。档案人员应根据档案机构的经费和任务接收文件，接收时不能有损文件的完整和安全，并确保接收的文件保存在最适合的库房内。

第三，档案人员在开展文件整理、保护和利用中应保护文件的证据作用。

档案人员在开展鉴定、整理、著录、保管、提供利用等工作中应确保文件的档案价值。任何文件抽样调查都应根据已慎重建立起来的方法和标准进行。用其他方式代替文件原件应根据文件的法律、内在和情报价值进行。利用者利用的案卷中如有不对外提供利用的档案需要事先抽出，并向利用者说明情况。

第四，档案人员应确保档案所含信息和利用的连续性。

档案人员对文件去留的选择，首先要考虑保存那些反映文件形成机关或收文机关和个人主要活动证据的文件，但也要考虑利用者的需求变化。档案人员必须懂得，收集来源不明的文件，不管其如何重要，都可能会导致不合法的商业活动。档案人员应配合执法部门，对偷盗档案的可疑人物进行拘押和审讯。

第五，档案人员应记录其工作内容，并能对其工作进行辩护。

档案人员应对文件整个生命周期做出完好的记录，并在采用新方式和新信息管理方法时与文件管理人员合作。档案人员不仅要收集现有文件，还应保证从一开始就将现行的信息和档案制度嵌入与文件保存相关的工作程序之中。档案人员在与文件移交官员或文件所有者谈判时，应考虑文件移交、捐赠或出售的批准权，财务安排和效益，文件的整理计划，版权和利用情况等因素来作出合理决定。档案人员应永久保存有关文件接收、保护和其他活动的工作记录。

第六，档案人员应尽可能地提供档案利用，为所有利用者提供公正的服务。

档案人员应编写所保存档案的一般性和专门检索工具，利用所能得到的条件对所有利用者提供公正的服务。档案人员应礼貌地、以合作精神答复有关馆藏情况的所有合理问题，尽可能地鼓励利用者根据档案馆的规定、馆藏情况、法律规定、私人权利、馈赠协议等利用所保存的档案，并向利用者公正地解释档案限制利用的原因。档案人员应忠实地遵守和公正地履行文件收集时达成的所有协议，但为了利用的自由化，应根据情况的变化与文件移交机关就有关规定重新谈判。

第七，档案人员应遵守利用和隐私两原则，遵守有关的法令法规。

档案人员应注意保护集体和个人的隐私以及国家的安全利益，不得销毁信息，尤其是易于更新和消除的电子文件信息。档案人员应尊重文件形成人员或文件所涉及人员的隐私，不能轻易对那些文件是否提供利用或处置表态。

第八，档案人员应珍惜得到的特殊信任，不得借助职务之便为自己和他人谋私利。

档案人员应客观、公正地对待其专业特权，在工作中约束自己。档案人员不得在工作中捞取好处或从事有害于档案机构、利用者和专业同行的个人活动。档案人员不得私自搜集保管范围内的原件，或参与文件买卖的商业活动，尽量避免开展引发公众利益冲突的活动。档案人员可以借助所保存档案进行个人研究和出版，但这些工作必须与其他利用者在同等条件下进行，不得利用工作之便泄露限制利用的档案，也不得因自己的私人研究和出版活动干扰本职工作。档案人员想使用利用者未发表的馆藏史料，必须首先征得利用者的同意。档案人员可以评论他人在档案方面的工作，但不允许本专业之外的人员对自己的专业工作和职责进行干涉。

第九，档案人员应系统地、不断地更新其知识结构，卓有成效地做好本职工作，共享经验和研究成果。

档案人员应努力运用专业知识，献身于所从事的专业机构，确保它们所监督的专业培训机构设备完好，能顺利完成培训任务。

第十，档案人员应通过与档案专业和其他专业人员的合作，促进世界文献遗产的保护和提供利用。

档案人员应努力加强与专业同行的合作，避免冲突，在遵守档案标准和职业道德的基础上解决困难。档案人员应在相互尊重和理解的基础上加强与相关专业人员的合作。

（二）美国的《档案人员职业道德规范》

美国是制定档案人员职业道德规范的先行者，也是对规范修订次数最多、在这一领域最有建树的国家。自 1955 年制定世界上第一份档案人员职业道德规范以来，美国档案工作者协会先后在 1980 年、1992 年和 2005 年对规范进行了三次修订。这里对比评述 1992 年和 2005 年美国《档案人员职业道德规范》的不同版本，从中也可以看出美国对档案人员职业道德规范一以贯之的严格要求。

1.《档案人员职业道德规范》（1992 年评注版）

本规范是档案专业领域行为规范的概要指南。后附评注既是对规范内容的注释，也为规范中的要点提供了进一步讨论的基础。

本规范的第一部分是“目的”。内容包括：

美国档案工作者协会认为，道德规范是整个社会、各个机构、专家以及社会中的每一个个体共同形成的。现代社会一些最大的道德问题，往往是由个人经教育形成的道德准则与专业训练、雇佣关系的规章，机构政策以及联邦、州立法律法规之间的冲突引发的。在此订立档案业界的职业道德规范，是针对档案工作者专业行为方面的道德标准。

社会各业界的职业道德规范都有以下共同目的：指出业内现存比较严重的问题，提出相应的解决办法，确保业内人士为公众利益服务。除此之外，档案界制定道德规范还基于以下理由：使档案界的新成员了解档案工作的行为标准；提醒从业多年的档案工作者牢记自身的责任，保持高水准，同时将这些高水准的工作方法传播给其他同行；让接触档案工作的业外人士——文件的捐赠人、文件买卖商、研究者以及行政管理者对档案工作有所了解，并鼓励他们对档案工作提出高标准的要求。

职业道德规范实际包含了道德与法律的双重责任。档案工作者遵守法律，同时熟悉、了解法律中与其职责有关的条款，并遵循其他普遍的道德原则，这是实行职业道德规范的根本前提。除上述基本的道德和法律责任外，建立职业道德规范的目的在于提出档案专业领域内各方关心的问题，并为此提供行为指南。本规范指出了一些现存或可能发生利益冲突的领域，提出了平衡利益的解决办法，旨在努力推行高水平的专业行为，尽力完善档案各领域的管理工作。

制定本规范既是为了每一位档案人员，也是为整个集体。各机构制定的政策应当与本规范的原则相一致。

本规范的第二部分是“简介”。内容包括：

档案人员甄选和保管对社会组织和公众有长远保存价值的文件，并将其提供利用。档案人员依照法定授权或者机构政策履行职责，认同以适当档案原则为基础的道德规范，并促进和发扬这些道德和专业规范。

评注：简介中简单说明了档案人员的职能。由于本规范涉及多个领域的人员，包括档案人员、文件管理员、手稿管理员和磁带保管员等，本规范的有些条款可能对某些领域的人员并不完全适合。另外，本规范也旨在让非档案人员了解档案工作，同时保护这些不太了解档案工作的人，所以有必要对档案人员的基本职能进行简单介绍。具有长远保存价值的文件材料涵盖了一切具有档案价值的文件和资料，不论它是以何种载体形式记录的。

本规范的第三部分是“收集政策”。内容包括：

档案人员根据所在机构的发展方向和既定政策以及人力物力等资源条件，接收和征集有长远保存价值的文件材料。档案人员不能以危及文件材料的完整与安全为代价开展收集的竞争活动。档案人员也不能从已建有档案馆的机构中征集文件。档案人员应相互合作，以确保文件保存在能够使其得到充分整理和有效利用的场所。

评注：档案界一致认为收集政策和征集活动是最易引发矛盾的。接收和征集工作应当遵循书面政策文件，拥有充裕的来源，并符合档案馆的发展目标。私人文件往往记录了个人的整个职业生涯，所以档案人员应当建议捐赠者将所有个人文件的实体保存在同一机构中。这一条款提倡档案人员把合作而不是无谓的竞争作为解决这类问题的核心。

由于各家机构相互独立，所以合理的竞争总会存在。然而，如果捐赠者提供的文件材料不属于本机构收集政策的范围，档案人员应当向捐赠者推荐一家更合适的机构。如多家机构同时竞争的文件材料都在其收集范围内，档案人员不得诋毁和中伤其他机构的工作目的或人员。对其他机构或档案人员合理的不满，可以通过适当的渠道传达，但是向可能的捐赠者提供错误的信息或以任何形式诽谤中伤其他机构或人员，就是很不专业的行为。

有时候很难判断哪些竞争是无谓的。由于文件所有者可以向多家机构提出捐赠意向，所以可能会出现重复劳动。此类竞争在所难免。档案人员也无法避免这类活动造成的人力与物力的浪费。

本规范的第四部分是“与捐赠人的关系及限制利用”。内容包括：

档案人员需与文件材料的官方或个人所有者协商，充分考虑对方是否拥有移交、捐赠或买卖的权力，双方的经费安排和利益分配，版权问题，文件整理方案和提供利用的限制条件等，以寻求最恰当的收集方式和方法。档案人员应当劝阻捐赠者对文件利用提出无理的限制条件，但是可以接受捐赠者提出明确的保密时限作为征集文件材料的交换条件。在个别案例中，为了保护个人隐私，档案人员还应当提醒捐赠者设置利用限制。档案人员应当忠实地履行在接收和征集过程中达成的协定。

评注：很多捐赠者并不熟悉档案方面的惯例，甚至对于版权、利用、税收条款以及其他可能影响文件捐赠和利用的情况都不了解。档案人员一般应当劝阻捐赠者对捐赠的文件设置条件和利用限制，但是对有些敏感文件，档案人员应该考虑在必要时建议捐赠者为了保护自身、家人、通信者及其他相关人的权利和隐私，设置一定的利用限制。

根据国内税收机构的规定以及大学与研究性图书馆协会制定的行为准则，档案人员不得就纳税问题，为自己所在的机构评估捐赠物品。有资格的档案人员可以评估其他机构收到的捐赠物品。

特别重要的是，档案人员应当熟悉版权法的条款，并在移交前告知捐赠人与捐赠的物品相关的条款内容。

档案人员应当明确物品的所有权问题。在确定捐赠者确实具有所有权之前，档案人员不能接收任何捐赠的物品。

档案人员应当了解有很多研究项目，特别是编辑和出版工作，可能会要求文件材料只能独家使用。档案工作者应当劝阻这样的做法。如果这种情况不能完全避免，档案人员应当试图把这种对利用的限制控制在一定范围内。比如独家使用的明确期限；在文件准备出版期间，其他利用者也可以利用这些文件材料。当然提供他人利用时，不鼓励他们也从事出版活动，因为这可能不符合历史文件编辑活动的规范。

本规范的第五部分是“编目”。内容包括：

档案人员通过编制检索工具和指南对馆藏进行内部管理和提供利用。

评注：编目是档案人员的主要职责之一，也是对所有馆藏档案进行内容管理的办法。在接收文件时就应当编制一份案卷目录，进一步的整理工作可能要花费很长时间。档案人员应当根据文件材料的重要程度、利用需求以及自身的时间安排等客观情况，逐步完成细化整理。档案人员仅仅保存文件材料是不够的，还要将文件材料提供利用，使它们为公众所了解。编制检索工具、馆藏指南、出版情况报告，都是为了促进馆内外研究者对文件的利用。

本规范的第六部分是“鉴定、保护和整理”。内容包括：

档案人员应当充分掌握本机构的管理要求和征集政策，并据此对有长远保存价值的文件材料给出公正的鉴定结果。档案人员应维持并保护档案文件移交时的整理顺序，以维护档案文件及其内容的真实性。档案人员应使所藏文件保持完整，保护其不受磨损、更改、偷窃及破坏，并保证在对文件材料整理、编目、保存和利用过程中，文件的证据价值不受损害。档案人员应当与其他同行及执法机构合作，逮捕并控告窃档者。

评注：档案人员收集文件是为了利用，所以必须小心保存藏品，并将其提供利用。档案人员不仅要关注保存文件的实体，更要保护藏品所包含的内容信息。尽管有些机构在征集文件材料时，希望很快就可以筹措到文件整理的资金，但是如果过度延长文件整理的时间，不予开放，会让人质疑这些机构收集文件的资格。

根据法律规定，可能有些档案机构即使没有资金整理文件，甚至不能完好地保存文件，也必须接收移交的文件。在这种情况下，档案人员必须就如何妥善使用有限的资金作出专业的判断，同时设法修改收集政策，或者寻求更多的资金支持，以求根据现有的规定履行专业职责。

本规范的第七部分是“隐私及限制利用”。内容包括：

档案人员尊重文件形成者或文件内容涉及的个人隐私权，特别是那些对于文件的处置已不再拥有发言权的人。档案人员不能公开限制利用的文件内容，也不能通过了解其中的内容而获取利益。

评注：在工作过程中，档案人员可以接触到一些敏感文件和其中限制利用的内容。根据机构的政策，档案人员不能对外公开限制利用的文件内容，不能给予任何研究者利用的特权，也不能把这些内容用于自己的研究。在处理法律法规规定的依申请开放问题时，档案人员应当权衡开放与尊重隐私权的需求，慎重考虑公开文件的内容是否会构成对隐私权的侵犯。

本规范的第八部分是“利用与限制利用”。内容包括：

档案人员应当礼貌地回答利用者关于馆藏的问题，尽力提供帮助。档案人员应根据本机构的政策、法律规定、个人权利、捐赠协议和审慎利用档案资源等各种客观情况，尽可能地将馆藏提供利用。档案人员应当向利用者解释有关限制利用的条款，并对所有利用者一视同仁。

评注：档案材料应当尽快地提供行政管理和研究利用。为了尽量使文件能够利用，档案人员应当劝阻捐赠者设置利用限制。

一旦档案开放利用，档案人员应当确保所有研究者都能够得到文件所包含的可以利用的信息，同时平等地对待每一位利用者。如果有些文件材料暂时用于某个特殊项目而不能利用，档案人员应该告知利用者这些特殊情况。

本规范的第九部分是“研究者的信息”。内容包括：

档案人员应帮助使用同样文件材料进行同类研究的研究者相互沟通，在获得双方首肯后，可以为双方交换姓名。

评注：为了使馆藏尽可能地为公众所了解，档案人员应当将相关文件资料提供研究。提供同类研究者的信息可能帮助研究者提高研究工作的效率。此类信息应当包括以前相关研究者的姓名、地址以及大致的研究课题，但必须依照机构政策和依申请公开的法律条例提供这些信息。如果处理过程中有任何疑问，必须取得相关研究者的同意。档案人员不能透露其他研究者的研究细节，也不能限制利用其他人利用过的文件材料。档案人员也要了解哪些是需要保密的利用研究工作，比如研究文件进行诉讼。在这种情况下，档案人员就不应让进行同类研究的双方互相接触。

本规范的第十部分是“档案人员从事研究工作”。内容包括：

作为学者圈中的一员，档案人员可以从事研究、出版著作、撰写评论等活动。档案人员如果利用本机构馆藏做个人研究以及出版著作，必须经由雇主同意，并告知利用同样材料的研究者。进行个人买卖手稿活动的档案人员不能与自身所在机构竞争购买手稿，同时必须告知雇主自己进行的收藏活动，并且保存个人收藏和买卖手稿的完整记录。

评注：如果档案人员在本机构中进行研究工作，可能会产生利益冲突。他们可能不愿意向其他研究者提供其正在研究的材料。但另一方面，档案人员熟悉馆藏，可能是研究本机构藏品的最佳人选。解决这些冲突的最好办法就是让其他人明确档案人员同时也是研究者的身份。

在任职期间，或是在进行研究工作之前，档案人员应当就自己是否有权进行研究和出版活动，与上级领导达成共识。档案人员对本机构的藏品进行研究，这一事实也应该告知机构的出资人。档案工作者不能将任何文件只用于自己的研究工作。因为研究工作可以使档案人员更了解藏品，所以开展研究工作也是为了更好地为其他研究者服务。与其他研究者一样，档案人员没有必要告知他人进行研究的细节内容。档案人员与雇主就研究和出版工作达成的协议中，应当明确档案人员的研究工作是否作为其自身工作职责的一部分，能否就此收取报酬。

本规范的第十一部分是“对其他机构的不满”。内容包括：

档案人员应该避免不负责任地批评同行以及其他档案机构，也要避免抱怨有关个人、机构及档案专业组织的职业行为。

评注：各个机构和个人之间相互诋毁的情况偶有发生，特别是在多个机构竞争收藏同一份文件资料时。当然，这样的情况在档案工作的其他领域也会发生。档案人员对其他机构或个人存在的问题，应当区分是由于缺乏资金而采取的权宜之计，还是不够专业的错误行为。

本规范的第十二部分是“专业活动”。内容包括：

档案人员通过专业活动和合作项目与其他同行交流经验和专业知识，同时也帮助其他人不必通过培训和自身的实践而得到专业上的成长。档案人员有责任关注档案界高水准工作方法的进展情况，并使自己的机构管理工作和文件保管工作尽可能地采用高水准的操作方法。档案人员应当认识到合作的必要性，支持行业发展，传播行业规范和操作惯例，这是其专业职责所在。

评注：档案人员可以自由选择参加或不参加当地的、本州的、本地区的和国家的各类专业组织，但他们必须和业内同行保持联系，及时掌握档案界的发展现状。档案人员通过参加各种专业会议以及发表专业著作与同行分享专业经验。通过这些专业活动，档案人员能够在档案以及其他专业领域不断成长。

本规范的第十三部分是“总结”。内容包括：

档案人员服务于本机构以及整个档案界的利益，努力执行档案标准和道德规范，以协调各种冲突和矛盾。

评注：本规范已经涉及了档案专业关注的各种利益问题——档案利用、信息交流、恰当地使用有限的资金等。最后的条款希望档案人员努力达到这些目标。当这些目标与档案机构的政策和操作惯例发生明显冲突时，各方应当参考本规范的各项条款以及资深专家的判断。

2.《档案人员职业道德规范》(2005 年版)

与 1992 年版相比，2005 年版美国《档案人员职业道德规范》更加精练，而且具有一些新的特点。这些特点一是体现了档案信息化特别是数字化对档案工作的影响；二是体现了对个人隐私权的保护；三是体现了“9・11”事件后政治安全局势的变化对档案工作的影响。

美国《档案人员职业道德规范》(2005 年版) 主要内容如下：

序言

美国《档案人员职业道德规范》为档案从业者建立了行为准则。它既是入行新手的职业行为规范，也提醒从业多年的档案人员铭记自身的责任，同时也可以作为各公共机构制定方针的范本。本规范旨在提升社会公众对档案界的信心。

本规范只为档案界从业人员提供道德导向，并不针对具体问题提出解决方案。

本规范所指的“档案人员”，包括所有鉴选、保管、保护和管理有长远保存价值的历史文献的工作人员。

目的

美国档案工作者协会意识到，制定指导档案人员职业行为的道德原则，对于整个行业以及广大社会公众具有重大意义。本规范提供了一套档案人员共同追求的行为准则。

职业关系

档案人员鉴选、保管有长远保存价值的历史文件，并将其提供利用。档案人员应当相互合作，尊重各机构各自的工作目标和收集政策。尊重与合作是与所有同事和利用者职业关系的基础。

判断力

在收集、鉴定和整理历史文件过程中，档案人员应当作出专业的判断，他们不应该让自身的信仰或观点影响决策。

诚信

档案人员不应该借由优先利用和控制历史文件的权力牟利或以其他方式获利。

真实与完整

档案人员力求通过记录文件的产生以及使用不可更改的数据格式，维护全宗内文件的真实性。档案人员的基本职责就是维护档案文件内容与形式的完整。档案人员不能篡改、控制或销毁数据及文件以隐瞒事实或歪曲证据。

利用

档案人员根据法律法规、文化禁忌以及各机构的不同政策，力求公平、公开地提供文件利用以及其他相关服务，不得带有个人偏见和歧视。档案人员应当意识到，他们有责任将档案文件提供利用，这是建立档案馆的根本目的。档案人员可以出于保护个人隐私或文件内容保密的需要，限制部分文件的利用范围。

隐私

档案人员应当保护文件捐赠人以及文件内容涉及的个人与团体的隐私。档案人员应当尊重所有查档者的隐私权，维护研究者的保密要求，保证根据公共机构安全手续要求登记的个人信息的安全。

安全保护

档案人员有责任保护一切文件资料不被磨损、破坏和盗窃。档案人员应当与其他同事以及执法机构合作，逮捕并控告偷盗和破坏档案的人。

法律

档案人员必须拥护联邦、州立及地方的一切法律法规。

（三）加拿大的《档案人员职业道德规范》（1999 年修订版）

加拿大《档案人员职业道德规范》分为两大部分。第一部分是“原则”，第二部分是“原则的运用”。

“原则”部分的主要内容有：

第一，档案人员鉴定、甄选、收集、保管档案文件，并将其提供利用。为了当今利用者，也为了子孙后代，档案人员有责任保护所保管文件实体的安全和内容的完整。

第二，档案人员有责任确保自身及其他同事在一个没有歧视、没有性骚扰的环境中开展专业活动。

第三，档案人员在保护个人隐私、维护机密安全以及做好保管工作的同时，应尽可能地推进馆藏档案利用工作。

第四，档案人员应根据现有档案原则和操作规范，尽己所能履行自身职责，最大限度地推进和维持高水准的职业操守。

第五，档案人员应通过提升自身的知识与技能，以及与档案和其他专业成员交流信息和经验，为档案事业的发展作出贡献。

第六，档案人员应利用自身的专业知识和经验为整个社会的利益服务。

“原则的运用”部分的主要内容有五个方面，每个方面又有具体的要求。

一是鉴定、甄选和征集。

档案人员根据机构的委任和财务状况，对文件进行鉴定、甄选和收集。以上活动必须遵循保持全宗完整的原则。档案人员应当记录有关文件鉴定、甄选和收集的标准。

当竞争活动危及文件的安全时，档案人员不应竞争收藏。档案人员应当相互合作，确保文件保存于能够有效整理和利用的场所。

在收集过程中，档案人员应当充分考虑对方是否拥有移交、捐赠或买卖的权力，经费安排和利益分配，文件整理方案，版权问题和提供利用的限制条件等各方面的情况。档案人员应当劝阻捐赠者对文件利用提出无理的限制条件，但是可以接受捐赠者提出明确的限制利用时限作为征集文件材料的交换条件。为了保护个人隐私，档案人员还应提醒捐赠者设置利用限制。档案人员必须忠实地履行在接收和征集过程中达成的协定。

根据政府以及相关鉴定机构制定的原则、指南和政策，档案人员按照购买或寄存时的市场价格，对文件的货币价值进行鉴定，以确定购买价格及纳税标准。

二是保管。

档案人员应努力保护文件实体与内容的完整。档案人员对文件采取的任何专业活动都应记录在案。

在需要出售或交换藏品时，档案人员应当尽一切努力联系捐赠者或其代理人，告知他们这一决定。在销毁之前，档案人员应尽力将藏品提供给其他收藏机构。档案人员应记录所有与出售或交换藏品有关的决策和活动。

三是利用。

档案人员对文件进行整理和编目，是为了使文件得到充分利用。

档案人员应充分尊重文件形成者或文件内容所涉及个人的隐私权，特别是那些对于文件的处置已不再拥有发言权的人。档案人员不能公开限制利用的文件内容，也不能通过了解其中的内容而获取利益。

档案人员应当告知利用者文件限制利用的规定，并对一切利用者一视同仁。

档案人员应当告知利用者文件的版权限制，并让利用者知道，如需利用，应当由利用者取得版权所有人的许可。

档案人员应保护利用者的个人隐私权，保证其提供的信息和阅档内容不向他人透露。档案人员只有在获得双方首肯后，才可以为进行同类研究的利用者提供对方信息。

四是专业行为。

利用本机构馆藏做个人研究以及（或）出版著作的档案人员，必须将这些活动告知雇主及利用同样材料的研究者。在进行个人研究时，档案人员在利用他人的研究成果之前，须先告知成果所有人。

个人收藏文件的档案人员必须告知雇主自己的收藏活动，不能与自身所在机构竞争收藏，不能利用自己在工作中优先取得的信息发展个人的收藏爱好，同时应适当保存收藏记录。

五是推广专业知识。

档案人员为了彼此的专业发展，应当与其他档案工作者交流专业知识和经验。

档案人员应当与立法者以及制定政策的官员交流专业知识和经验，以帮助其制定有关文件管理方面的政策及作出正确的决断。

（四）外国档案人员职业道德准则的共同特点

从国际档案理事会的《档案人员职业道德准则》和北美国家的《档案人员职业道德规范》可以看出，国外十分重视档案人员的职业道德，详尽地规定了档案人员在职业生涯中必须遵循的行为准则。上述准则或规范在目的和内容上都表现出了很多共同特点。

1. 目的上的共同特点

概括起来，国外档案人员职业道德准则或规范制定的共同目的是让新加入和从业多年的档案人员明确自身的专业标准和职责，同时促进与档案工作相关的机构、人员以及社会公众了解档案专业及其行为准则。

2. 内容上的共同特点

国外档案人员职业道德准则或规范的内容十分丰富。概括起来，内容上的共同特点主要有四点：

第一，都明确了档案人员的专业职责。这些职责涉及档案管理的各个环节，包括：确保档案的完整与安全；遵循档案基本原则从事档案的收集、整理、著录、鉴定、保管和保护；积极提供利用；等等。

第二，都明确了档案人员的社会责任。这种社会责任主要体现为档案人员应增强社会档案意识，促进社会公众对档案的了解和利用，为社会发展提供良好的服务。

第三，都明确了档案专业与社会各方利益关系的平衡。这种平衡主要体现为作为一种专业人员的档案人员尽管有着特定的专业职责和权限，但这不能成为他们牟取私利的理由，更不能损害其他人士的权益。

第四，都明确了档案专业内部以及与其他专业的合作。档案专业内部首先需要合作，无论是档案人员还是档案机构，都需要积极合作完成自身的专业职责。

同时，档案专业也需要积极开展与相关专业以及其他专业的合作，共同为保护国家的文献遗产和留存社会的原始记忆作出应有的贡献。

【思考题】

1. 简述近代外国档案教育的发端。
2. 简述外国档案教育的形式。
3. 简述美国档案教育的现实特点。
4. 简述外国档案教育的发展趋势。
5. 简述外国档案人员的含义和特点。
6. 简述外国档案人员的发展历程。
7. 简述外国档案人员职业道德准则的共同特点。
8. 综述外国档案人员角色的转变及其实质。
9. 综述外国档案教育的共同特点。

第五篇

管理学史篇

档案学是以档案现象为研究对象，以揭示档案现象的本质和规律为目标的一门综合性学科。研究档案学的发展历史，对了解档案学的特点和成果十分必要。外国档案学从在欧洲最早萌芽至今，已经有了400余年的历史，经历了不同的发展阶段。封建社会末期是档案学萌芽阶段，以德国和意大利两国的档案学者为代表，学界就档案学的一些基本问题展开了初步探讨，从而揭开了档案学理论萌芽的序幕。近代法国档案工作改革推动着档案学步入形成阶段，档案学的学科概念和学科属性得以明确，档案学乃至档案专业的基本原则得以提出。现当代时期，档案学进入了蓬勃发展阶段，档案学的研究对象和内容更加丰富，研究方法更加全面和科学。档案学自身也逐步成熟，表现出了“后保管时代”的特征。

400年来，外国档案学的成果越发丰富和厚重。从早期德国学者拉明根和意大利档案学者波尼法西奥的专著，到近代三位荷兰学者共同完成的专著，再到现当代时期欧美档案学者的众多名著，都表明了外国档案学成果从数量到质量的跨越和提高。尽管档案学者的成果不可避免地会受到时代的局限，但这些沉甸甸的成果记录了档案学的前进和繁荣之路。

在档案学的发展进程中，不同阶段都会涌现出一批代表人物，他们或者因为专业论著而产生深远影响，或者因为专业经历和成就而扬名。档案学史册需要记录他们的贡献，因为他们的存在，档案学的发展历史才会立体而丰满。

本篇包括一章：外国档案学的发展历程与主要成果。

第十五章

外国档案学的发展历程与主要成果

【本章要点】

- 总结外国档案学从古至今的发展历程和各主要阶段的特点。
- 评述不同时期外国档案学研究的主要成果。
- 预测外国档案学研究的发展趋势。
- 评述不同时期外国档案学研究的代表人物。

【关键词】

档案学
外国档案学
档案学理论
古典档案学
现代档案学
后保管主义
《荷兰手册》
拉明根
波尼法西奥
卡缪
缪勒
斐斯
福罗英
詹金逊
卡萨诺瓦
布伦内克
谢伦伯格
波兹奈尔
戴维·比尔曼
露西娅娜·杜兰蒂
埃里克·凯特拉
特里·库克
迈克尔·库克
查尔斯·凯斯凯姆蒂
理查德·考克斯
安妮·吉尔兰德

第一节 外国档案学的发展历程

一、封建社会末期：档案学理论的萌芽

档案学理论来源于档案管理实践经验的积累和升华，是档案工作发展到一定阶段的产物。档案学理论萌芽的时间据史料考证是欧洲封建社会末期。当时以德国和意大利两国为代表，档案学者就档案学一些最基本的问题展开了初步探讨，从而拉开了档案学理论产生的序幕。这里主要评述档案学理论萌芽的条件、主要代表人物和探讨的主要理论问题。

（一）档案学理论萌芽的条件

经过奴隶社会到封建社会的漫长历程，欧洲各国的档案工作得到很大发展。档案数量的增加，档案机构类型的丰富，档案管理活动的改进，档案人员的专职化，这一切都为档案学理论的萌芽创造了基本条件。特别是到了封建社会末期，这些条件表现得更加充分，主要可归纳为四个方面。

第一，造纸技术的传入使得欧洲国家用纸普及，原来五花八门的档案载体逐步被纸张一统天下，档案数量急剧增加。档案数量的增多引发了档案机构增加、档案人员增加、档案管理活动增多等一系列后果，使得档案工作的内容更加丰富、范围更加广泛，为档案学理论的萌芽奠定了基础。

第二，档案机构的发展不仅表现为数量的增加和类型的丰富，而且表现为规模不断扩大，馆藏数量不断增多。从封建社会中期以来，欧洲各国出现了档案集中保管的趋势，不少国家的国王档案馆都已经具备了相当规模，而且馆藏成分开始转向单一的档案文件，不再包括图书和其他实物。这意味着档案馆开始与图书馆逐步分离，发展成为独立的专业部门。

第三，档案管理各项活动也取得了很大进展，表现在整理和分类开始出现理论原则的萌芽，编目从简单走向比较完备，保管从分散日趋相对集中，鉴定是从无到有，利用则是从封闭逐步向开放过渡，等等。这些管理活动的进展为档案学理论研究提供了极为丰富的实践源泉。

第四，档案人员逐渐向专职化发展。封建社会末期，欧洲各国的档案馆不仅拥有了专职档案人员，而且在德国、意大利等国家还涌现了一批对档案管理原则和方法进行理论研究的专门人才。他们针对档案工作的一些基本问题进行思考，并出版专著介绍自己的研究心得。这些论著的出版对档案学理论的萌芽起到了极大的推动作用。

（二）主要代表人物

档案学理论萌芽时期德国和意大利涌现了一批档案学者，其中最著名的代表人物是德国档案学者拉明根和意大利档案学者波尼法西奥。

亚克伯·冯·拉明根于 1571 年出版了两本专著，即《综合报告——怎样才算一个完美的登记室》和《论登记室及其机构和管理》。这里所说的登记室，指的是一种机关、团体、组织中负责形成、管理和保存现行文件或档案的部门。拉明根在第一本书里提出了档案分类原则，即按君主、臣民和外交三个项目分类。这种分类方法基于事由原则，表明拉明根开始把政权机构的职能与文件类别对应起来，对后世一个机关的文件按组织机构进行分类产生了较大影响。他在第二本书里，首次尝试从理论上阐述登记室在机关中的组织地位。他认为登记室应当是与办公室和财务室并列的职能机构，应当是“君主的心脏、安慰和珍宝”。拉明根的两本著作是欧洲档案理论研究取得的第一批成果，他本人也被誉为欧洲档案学的“鼻祖”。

巴尔塔萨·波尼法西奥是意大利档案理论先驱者，他在帕尔多瓦大学曾获民法和宗教法博士学位，曾任威尼斯科学院民法教授、主教秘书、总教士和主教等职。他学识渊博，涉猎广泛，著述甚丰。1632 年出版的《论档案馆》是他在档案领域的代表作。他在书中首先引用大量史料论证了档案馆的悠久历史，将其上溯至人类起源；其次介绍了古希腊、古罗马甚至古代中国和秘鲁的档案馆，强调档案馆的神圣性和不可侵犯性；最后着重阐述了档案的系统分类方案。他认为顺序是档案馆的“灵魂”，这种顺序必须通过分类来体现，即依次按地区、事由和时间来分类。这属于一种系统分类法。《论档案馆》是意大利第一部系统论述档案工作的杰作，显示了波尼法西奥深厚的学识功底和独创性见解，在欧洲早期档案学术史上占有重要地位。

（三）探讨的主要理论问题及其原因

1. 探讨的主要理论问题

客观地说，档案学理论萌芽时期以德国和意大利两国的档案学者的著述为代表，只是就档案学的一些最基本问题展开了初步的理论探讨。这些理论问题主要涉及三个方面。

（1）档案的价值

这一时期欧洲档案学者们非常重视档案的价值。拉明根把档案视为“一切权利、利益和财产的文字依据”以及“君主的心脏、安慰和珍宝”；斯皮斯认为档案是“一种珍宝”和“一种对付敌对邻邦的胸甲”，因此“关系到国家的安稳”。这表明他们主要还是从维护统治阶级利益的角度来认识档案价值的。

（2）档案的整理和分类

这一时期欧洲档案学者们就档案整理和分类问题提出了四种主要观点，它们都属于事由原则的表现形式。事由原则的提出是档案学理论萌芽的标志之一。所谓事由，通常是指一件事情的原委，在公文用语中特指公文的主要内容。按照国际档案界的解释，事由原则是指不按档案的来源和原始顺序，而按其主题内容进行整理的原则。

这一时期欧洲档案学者的观点从逻辑推理的手段而言可以概括为实用归纳法和合理演绎法。实用归纳法是指档案人员运用综合归纳的逻辑方法，将档案形成机关的业务活动或档案的主题内容归纳为若干类别，再把档案归入相应类别之中的整理方法。拉明根提出的职能分类法、波尼法西奥提出的系统分类法，以及木尔茨提出的归纳分类法，都属于实用归纳法的范畴。而坤特提出的演绎分类法属于合理演绎法的范畴，合理演绎法是指档案人员根据经验进行概念的逻辑演绎，预先拟定一个类目固定且包罗万象的分类系统，然后将所有档案归入固定设置、不再增加的类别之中的整理方法。

尽管当时在档案整理原则上事由原则居于主导地位，但后来以斯皮斯为代表的德国档案学者在管理实践中发现，最好的档案分类方法应当是“由案卷本身指出来的”。德国现代档案学者阿道夫·布伦内克认为，斯皮斯这种要求通过研究档案自身特点来寻找最恰当的整理和分类方法的朴素思想，为后来来源原则的诞生奠定了基础。

（3）档案馆的地位和性质

这一时期欧洲档案学者们主要倡导档案馆的独立性和公开性。拉明根提出应赋予登记室在机关中的独立地位，因为保证君主及其臣民拥有权利、利益和财产的一切书面凭据都是保存在登记室内的，因此登记室在机关应当是与办公室和财务室并列的最重要的职能机构之一。波尼法西奥强调档案馆的重要性、神圣性和公开性，对促进档案馆的开放起到了一定作用。

2. 探讨上述问题的深刻原因

档案学理论萌芽时期，欧洲档案学者们选择档案的价值、档案整理和分类、档案馆的性质和地位这三个问题进行研究和探讨，不是随意而为之的偶然现象，而是有着深刻的内在原因的。因为上述三个问题都是档案专业的基点，它们之间具有内在的逻辑关联。

档案的价值是档案专业的基点，也是档案专业存在价值的根本体现。如果档案没有价值，档案专业自身就丧失了存在的意义。因此，欧洲档案学者们首先必须从理论上探讨并阐明档案的价值和作用。他们大多从政治角度来认识档案的价值，突出档案作为政权管理工具的作用，尽管这种观点今天看来不够全面，但这表明他们对档案以及档案专业价值的认识还是比较深刻的。

档案的整理和分类也是档案专业的基点，因为它是最富专业特色的工作环节，也是真正能够体现档案与图书、情报、资料等相近事物管理方法不同点的根本途径。档案数量的急剧增长迫切要求欧洲档案学者们从理论上提出科学的整理和分类方法，他们对档案整理方法的探讨实际上也是在探索和总结档案专业特有的管理原则和方法。尽管他们当时提出的事由原则经后来实践证明并非适用于综合性档案馆，但这毕竟是一种起步，是有益的尝试。

档案馆的性质和地位也是档案专业的基点，因为这是档案专业自身地位的根本体现。面对当时档案馆类型增多、规模扩大的现状，欧洲档案学者们必须从理论上探讨这些机构的性质是什么、在社会上的地位如何，从而阐明档案馆的职责和作用。他们倡导档案馆的独立性和开放性，体现了他们对档案馆性质和地位的准确把握。

二、近代时期：档案学的正式形成

近代档案学的变革主要是档案学从萌芽阶段进入了正式形成阶段。这一变化同样是法国档案工作改革重大影响的表现之一。因为法国档案工作改革开创了档案工作的崭新面貌，首次建立国家意义的综合性档案馆、首次设置公共档案馆网、首次实行档案事业的集中管理、首次颁布档案法规、首次实施开放原则，诸多的开创性贡献使近代档案事业与封建社会时期的档案工作有了“天壤之别”，同时也为档案学的正式形成奠定了基础。这里主要总结近代档案学形成的标志，近代时期的主要研究成果将在本章第二节阐述。

近代档案学的形成主要有两个标志。

（一）提出了“档案学”概念并明确了学科的独立性

德国档案学者最早提出“档案学”的概念并在论著或专业期刊中应用。奥格在1804年出版的专著《档案学的理论思想》中第一次使用了“档案学”概念；奥斯特莱尔和多林格尔在1806年创办了一份期刊，名为《档案学与文书学》；到1834年霍费尔、艾哈德、冯·麦登又创办了一份名为《档案学、古文书学和历史学》的杂志。但最早对档案学学科性质进行准确定位的是曾任法国档案局局长的历史学家郎格鲁。1885年，他在《国际档案馆、图书馆和博物馆》杂志上发表了著名论文《关于档案馆的科学》，第一次提出了档案学不是历史辅助学科而应当是一门独立学科的见解。

（二）提出并确立了档案学乃至档案专业的基本原则

1841年法国率先提出“尊重全宗原则”，要求档案馆按照档案的形成机关来进行整理和分类，这是来源原则起源的标志；1881年德国提出“登记室原则”，要求在尊重全宗的同时还必须保持形成机关整理档案的原始顺序，这使来源原则得到了初步发展；1898年荷兰三位档案学者在论著中对来源原则进行了理论论证，使来源原则逐步从欧洲国家向世界范围传播，走上了国际化的道路。1910年，国际档案界一致公认来源原则为档案专业的基本原则，从而使档案学有了自己的支柱理论。详细内容可参阅第三章。

三、现当代时期：档案学的蓬勃发展

现当代时期档案学进入了一个更高的发展阶段，各国的研究成果更加丰富，研究内容与时代发展的结合更加紧密，涌现了一大批颇有影响的知名学者。但客观地说，这些研究成果和知名学者主要集中在欧美国家。

现当代时期档案学发展的总体特点主要表现在三个方面。

（一）完成了古典档案学向现代档案学的转变

《荷兰手册》的出版意味着古典档案学理论的成型。20 世纪 20 年代，英国档案学者詹金逊将古典档案学理论推向高潮。詹金逊在坚持《荷兰手册》基本思想的基础上，进一步阐述了档案证据神圣不可侵犯的观点，突出档案的第一价值。据此，他认为文件的鉴定只能由行政官员负责，档案人员不得参与。这种鉴定观强化了档案学理论的古典特色，具有明显的局限性。詹金逊因此被视为古典档案学派的代表人物。

20 世纪 50 年代，美国档案学者谢伦伯格开创了现代档案学理论。他克服了古典学派的局限，提出了充满现代气息的档案新思想，使档案学理论的面貌焕然一新。首先，他提出了一种全面而辩证的档案定义，认为档案是文件的转化物，是具有永久保存价值的文件；而且档案定义可以在不同国家作不同的修改，以适应各自需要。这就树立了定义档案的科学指导思想。其次，他提出了一种全面而科学的档案鉴定观，要求档案部门和人员积极参与文件的鉴定，并对鉴定职责进行了合理分工——行政人员主要鉴定第一价值，档案人员主要鉴定第二价值。这就消除了鉴定的片面性，使文件的进馆质量有了良好的保证。再次，他阐释了一种灵活且富有现代特征的文件组合观。他认为文件组合的建立尽管以来源为基础，但必须结合考虑机关行政管理史、文件复杂性和文件数量等因素。这样才能符合现代行政机关组织结构和职能活动频繁变动且异常复杂的现实特点，才符合现代文件数量庞大、载体多样化的现实特点。最后，他的档案思想充分包含了文件生命周期理论的内容。他对文件和档案定义的揭示、对现行文件管理和档案管理关系的认识，无不体现了文件生命周期理论的思想。这表明他把档案实践管理和理论研究的对象都进行了扩展。

（二）现代档案学基本成熟

到 20 世纪七八十年代，来源原则与文件生命周期理论的并立成为现代档案学基本成熟的标志。

首先，它们促使档案学的研究对象得以扩展，变得更加全面。现代档案学的研究对象超越了古典档案学关注的馆藏档案，扩大为现代文件——集现行文件、半现行文件和档案于一身的广义文件。

其次，它们促使档案学的研究内容得以丰满，变得更加丰富。随着研究对象的扩展，现代档案学的研究内容不再像古典档案学那样只局限于馆藏档案的管理，还包括进馆前文件管理的所有内容——文件的收集、归档、整理、著录、鉴定和处置等。随着档案实践的发展，现代档案学不再局限于古典档案学关注的馆藏档案的整理和编目，而是全面涉及文件运动过程的一切环节——收集、鉴定、保管、检索、统计、提供利用等。随着档案载体的多元化，现代档案学不再像古典档案学那样局限于研究纸质档案，而是把各种新型载体的档案都纳入研究范围。

最后，它们促使档案学的研究方法得以改进，变得更加科学。由于文件生命周期理论是系统思维与辩证法结合运用的产物，现代档案学的研究方法克服了古典档案学片面、机械和静止等局限，表现出全面、灵活和动态的特征。

总之，具有全面研究对象、丰富研究内容和科学研究方法的现代档案学意味着档案学的基本成熟。

（三）当代档案学开始进入“后保管时代”

20 世纪 90 年代以来，电子文件的大量产生推动着档案学开始进入“后保管时代”（post-custodial era）。

“后保管时代”这一提法最早出自美国档案学者杰拉尔德·汉姆 1981 年在《美国档案工作者》上发表的论文《后保管时代的档案战略》。汉姆认为信息技术的发展导致了档案数量的增长和档案载体的革新，由此推动档案工作进入了一个新的历史时代——“后保管时代”。他当时并未解释“后保管时代”的具体含义。到 20 世纪 90 年代，北美档案界开始将电子文件与后保管时代联系起来，代表人物当属加拿大档案学者特里·库克。他在 90 年代发表了一系列阐述后保管时代档案理论与实践变革的论文，提出纸质文件对应的是保管时代，电子文件对应的是后保管时代，并全面地总结了后保管时代的特征。目前，“后保管时代”这一术语已在国际档案界广泛流传。

电子文件的出现对现当代档案学带来了巨大冲击和深刻影响。因为随着电子文件不断地涌现，具有实体形态的文件将变得越来越少，这会相应地导致档案工作的实践对象和档案学的研究对象从实态文件更多地转向电子文件。电子文件具有的非实体性、不稳定性等特点要求档案人员把关注的重点从文件自身转向文件的形成过程，从文件实体转向文件包含的信息，从个体管理转向宏观管理，从事后管理转向前端控制。只有这样，档案人员才能掌握主动权，才能真正有效地管理电子文件。也只有这样，现当代档案学才能有效地应对信息时代的诸多挑战。

第二节 外国档案学研究的主要成果和发展趋势

萌芽时期的档案学研究成果集中体现在欧洲早期档案学者拉明根和波尼法西奥的著作中，本章第一节已对这些著作的内容及成果进行了评述，这里不再赘言。

一、近代档案学研究的主要成果——《荷兰手册》

近代档案学研究最重要的成果是荷兰三位档案学者萨穆·缪勒、约翰·斐斯和罗伯特·福罗英于1898年合作出版的《档案整理与编目手册》，简称《荷兰手册》。

（一）《荷兰手册》的内容及贡献

《荷兰手册》以条目形式完成，共计100条。内容包括六章，分别是档案馆档案的来源和组成、档案文件的整理、档案文件标题的拟制、档案目录的编制、档案标题的拟制、某些术语和符号的习惯用法。《荷兰手册》的主要成果或者说重要贡献表现在三个方面。

首先，奠定了来源原则的理论基础。一方面，手册提出的"全宗是一个有机整体"的核心观点，是对尊重全宗原则和登记室原则的有力继承，贯穿了来源原则"尊重来源、尊重全宗完整性"的核心思想。手册的系统论述超越了法、德两国在档案整理条例中的零散表达，使来源原则的理论性与系统性更加厚重。另一方面，手册提出"整理系统必须以全宗原来的编制为基础"的又一核心观点，与登记室原则一脉相承，是对档案形成过程历史原貌和有机联系的有力坚持。手册对保持形成机关内部组织机构原有编制的系统论述，进一步发展了登记室原则"尊重原始顺序"的思想，使来源原则在理论上基本成熟。手册的理论建树使来源原则"羽翼丰满"，获得了对事由原则给予致命打击的理性力量，最终瓦解了事由原则的统治地位。

其次，推动了来源原则的广泛传播。手册出版后，先后被译成德文（1905年）、意大利文（1908年）、法文（1910年）、保加利亚文（1912年）、俄文（1925年）、英文（1940年）、中文（1959年）和葡萄牙文（1960年），在全世界产生了很大影响，使来源原则逐渐传播到世界各国并为它们所普遍接受，后来更是得到国际档案界的公认，被确立为档案专业的最基本原则。可以说，《荷兰手册》的出版是来源原则走上国际化道路的标志。

最后，首次对档案编目进行了较为系统的理论阐述。手册提出了档案编目的一条重要原则——编目与整理和分类相一致、与编号相统一。

（二）《荷兰手册》的局限

然而，《荷兰手册》也存在一定局限，主要表现在三个方面。

一是它只着重论述了档案的整理和编目，几乎没有涉及档案管理的其他环节，比如收集、鉴定、检索、保管等，因此研究的内容相对单薄。

二是它所论述的档案只包括政府机关的公共档案，私人档案不包含在内。它将私人档案视为图书馆的保管对象，因此研究的范围相对窄小。

三是它只是依据19世纪以及更早时期的机关登记室的档案管理经验从中总

结档案理论和原则，未能考虑到20世纪行政机关在结构、职能和活动上的新变化以及档案在数量、载体上的新特点，因此研究的方法相对简单和机械。

但这些局限并未妨碍《荷兰手册》成为近代欧洲档案学的一部名著。美国现代档案学者谢伦伯格将它誉为“现代档案工作者的圣经”。加拿大当代档案学者特里·库克也认为《荷兰手册》阐述的基本思想已成为20世纪档案理论与实践的基础。

二、现当代档案学研究的主要成果

现当代时期的档案学成果尽管十分丰富，但相对主要集中在欧美国家。根据国际档案理事会的调查，在西方档案界比较有影响的档案名著主要有以下八部，其作者的学术成就也大多得到了公认。

（一）希拉里·詹金逊的《档案管理手册》

希拉里·詹金逊是英国著名档案学者和国际知名档案活动家。他毕业于剑桥大学，1905年进入英国公共档案馆工作，历任该馆秘书、第一副馆长和代理馆长。他曾任英国档案协会荣誉秘书、英国档案工作者协会主席、皇家历史手稿委员会高级专员、伦敦大学荣誉研究员等职，因在档案领域的卓越贡献被授予爵士称号。他还积极投身于国际档案事务，曾任国际联盟档案专家委员会筹委会主席和国际档案理事会第一任副主席。他在文学、历史和档案学上都有很深的造诣，一生著述甚丰。

詹金逊在档案学上的代表作是1922年出版的《档案管理手册》。全书分四大部分，第一部分是绪论，主要阐述档案的定义和性质、档案人员的职责等；第二部分是档案的起源、形成和发展，以及档案的分类、整理和保管原则；第三部分是档案的挑选和销毁；第四部分是档案的制作和登记室工作。该书的成果主要体现为两点：一是对档案人员的职责作了全面而精辟的论述，要求档案人员尽可能地捍卫档案的安全和真实性，并尽可能地满足历史学家和其他研究者的利用需要。二是接受并丰富了来源原则的思想，创造性地提出了“档案组合”概念，作为本国档案整理和分类的基本单元，符合本国机关历史悠久和职能多变的现实。但该书的局限也有两点：一是反对档案人员参与文件鉴定，认为他们只能保管档案而不能干预档案的形成。这种鉴定观显得过于片面，不利于档案双重价值的全面把握。二是认为“档案组合”的建立必须以形成机关的稳定和结构完备为前提，这种观点过于机械和呆板，很难适应现当代行政机关组织结构和职能活动频繁变动且异常复杂的现实特点。

归纳而言，詹金逊的学术成就包括三个方面。首先，他强调证据的“神圣性”，认为档案是公正证据的“道德捍卫”，这是他最核心的思想。其次，他首创了“档案组合”概念，作为法语“档案全宗”的英语对应词，从而在尊重英国实际的基础上灵活地应用了来源原则。最后，他强调档案整理必须确切反映形成者的原始组织结构和文件保管体系，强调档案人员必须公正无私，担负起保管行政活动中自然产生的可靠性证据的职责，这就为档案实践提供了指导原则。正因为如此，詹金逊被公认为“现代英语国家最杰出的档案学家”。

（二）安根尼奥·卡萨诺瓦的《档案学》

安根尼奥·卡萨诺瓦是意大利著名档案学者。他曾任意大利国家档案局总监、国际联盟档案专家委员会主席，主编过《国际档案馆指南》，并为意大利百科全书撰写过“档案”和“档案学”条目。他是20世纪二三十年代意大利档案学理论研究最高水平的代表人物。

卡萨诺瓦在档案学上的代表作是其1928年出版的《档案学》。该书全面地论述了档案工作的理论与实践，主要成果表现在：第一，系统阐述了档案学的学科体系，将档案学划分为实用档案学（即档案技术）和本来档案学（即档案理论）两大块，这是较早对档案学科体系的科学划分。第二，消除了西欧档案学术语的混乱局面，从词源学和语义学的角度分析了档案、文件、案卷和系列等重要概念，并把影片、照片和录音档案纳入档案的范畴，较早地肯定了档案载体的多元化。第三，从登记室和档案馆的相互关系入手，首次提出机关档案馆与国家历史档案馆具有渊源关系。第四，全面论述了档案的多种整理方法，分析了各自的利弊，对实践工作很有指导价值。该书代表着当时意大利档案学理论研究的最高水平，也是一部欧美档案学名著。

（三）阿道夫·布伦内克的《档案学——欧洲档案工作的理论与历史》

阿道夫·布伦内克是德国著名档案学者。他1898年毕业于慕尼黑大学并获哲学博士学位，从1900年起进入档案馆工作，先后在蒙斯特、丹齐、汉诺威、柏林等地的档案馆任职，1930年担任普鲁士机密国家档案馆馆长。他曾在机密档案馆附设的达莱姆档案学与历史学进修学院担任兼职教师，为学生讲授德国与外国档案事业。

布伦内克的档案学代表作是1953年出版的《档案学——欧洲档案工作的理论与历史》。该书是以布伦内克在达莱姆档案学与历史学进修学院任课期间的讲稿为基础整理完成的，先后于1953年在原民主德国的莱比锡和1970年在原联邦德国的慕尼黑出版，是作者的遗著。全书除前言和索引之外共分两编九章，第一编是“档案学理论”，包括档案学基本概念、档案馆接收材料的范围、档案理论和档案学的历史、事由原则与来源原则之间的矛盾，等等。第二编是“档案通史概述”，分别论述了古代、1815年以前德国各邦国以及近现代欧美各国的档案工作。该书的主要成果表现为三点：一是从宏观角度阐述了档案史研究的重要意义，使其上升为档案学的重要组成部分和基础。二是系统总结了16世纪以来欧洲档案学理论和档案学的发展史，以大量史料论述了欧洲各国档案学理论家的主要观点，考证出档案学的创立时间。三是对法国尊重全宗原则、普鲁士登记室原则和荷兰全宗原则进行了客观评价，根据实践变化大胆提出并论证了“自由来源原则"，完成了对来源原则的修正和发展。可见，该书是一部颇有影响的欧洲档案学名著，不仅丰富了资产阶级档案学，而且提供了大量史料和许多启发性见解。

归纳而言，布伦内克的学术贡献包括两个方面。首先，创造性地提出了"自由来源原则"，他认识到普鲁士登记室原则和荷兰全宗原则的局限，要求不应完全拘泥于固定的来源，而应把来源和事由配合成一种相当的比例关系，建立两者之间的综合体。他把自由来源原则解释成"在来源共同性基础上的事由共同性"，这体现了他强调档案人员在区分全宗和全宗内文件分类时应具有灵活性和创造性，对来源原则作了部分修正，使之适应新形势的发展需求。其次，他首次系统阐述了欧洲各国档案事业发展史和档案学史，为以后研究提供了大量专业史资料。

(四) 西奥多·谢伦伯格的《现代档案——原则与技术》

西奥多·谢伦伯格是美国著名档案学者和现代档案学派的代表人物。他毕业于堪萨斯州立大学，获学士（1928 年）和硕士学位（1930 年）。1935 年起进入美国国家档案馆工作，历任该馆档案部主任、档案管理部主任、文件鉴定部主任、副馆长。1954 年他应邀赴澳大利亚和新西兰讲学，讲学引起轰动，不仅激发了澳大利亚档案人员的工作热情，还引发了一场关于档案工作与图书馆工作分与合的争论。1957 年他开始负责美利坚大学档案管理与保护暑期学院的工作。1962 年退休后，他在几所大学讲授档案管理课程。他对现代档案学理论与技术的发展作出了突出贡献。

谢伦伯格的档案学代表作是其 1956 年出版的《现代档案——原则与技术》。全书由三编组成，第一编为导论，主要阐述档案的性质、档案机构的重要性以及档案工作与文件管理和图书馆工作的关系。第二编为文件管理，包括现代文件的特点、分类、立卷和处置办法以及文件管理的原则。第三编为档案管理，主要介绍现代档案的鉴定、保管、整理、编目、出版和提供利用等。该书的主要成果体现为四点：一是从理论高度阐述了档案的"文化财富"性质和设置档案机构的重要性，指出档案是政府独有的文化财富，设置档案机构可以实现保存文化财富、提高政府工作效率和保障公民个人利益的目的。并使档案的重要性上升到"衡量国家文明水平的尺度"的重要高度。二是创造性地提出了"文件双重价值论"，认为文件具有对原形成机关的原始价值和对其他用户的从属价值，只有经过鉴定具有永久价值的文件才能作为档案保存。这是一种全面而科学的鉴定观。三是系统论述了文件和档案、文件管理和档案管理的密切关系，要求档案人员参与机关文件管理并与文件管理人员协作，从而拓展了档案管理的工作范围和档案学研究的范围，并为文件和档案一体化管理奠定了理论基础。四是最早运用比较的方法对美国和欧洲的文件管理和档案管理原则与技术进行系统研究，开创了比较档案学的先河。该书得到了西方档案界和史学界的赞赏，英国著名史学家巴勒克拉夫誉之为"现代档案科学形成的标志之一"。它不仅在美国多次再版，还被译成西班牙文（1958）、德文（1960）、希伯来文（1966）、葡萄牙文（1973）和中文（1983）等，产生了广泛的国际影响。

谢伦伯格的卓越贡献使之成为美国档案界的骄傲。《美国档案工作者》杂志曾发表文章纪念他，赞誉他“使档案工作有了尊严，为档案工作开创了新的基础”。他的影响还超越了国界，如同一个档案“使节”，使美国档案管理的基本原理和技术为全世界所认识并接受。正因为如此，他成为荣获国际档案理事会“荣誉会员”的第一位美国学者。

（五）米歇尔·迪香的《档案馆的建筑与设备》

米歇尔·迪香是法国著名档案学者和历史学家，国际知名档案活动家。他曾任法国《档案传播》总编、法国档案总监等职务。同时，精通五种语言的优势使之在国际档案事务中发挥了重要作用，他曾经当选为国际档案理事会档案建筑与设备委员会主席，也曾经担任过理事会会刊《档案》的主编。

迪香的研究领域包括档案法、档案建筑和档案利用。《档案馆的建筑与设备》是他在档案学上的代表作。该书于 1966 年以法文首次出版，1977 年以英文出版，并成为国际档案理事会组织出版的第一批档案专业书籍，入选了“国际档案理事会手册丛书”。该书内容丰富，分为三大部分：第一部分论述了档案馆新馆建设的基本条件，包括选址标准、布局等；第二部分论述了库房、办公区和服务区的布局与设备安装，包括建筑材料、防火、温湿度控制、光线、熏蒸和水电供应等方面的要求；第三部分论述了文件中心的设计与建造，以及热带国家档案馆的建设问题。该书成为西方各国修建档案馆的重要参考。

（六）休·泰勒的《档案材料的整理与编目》

休·泰勒是加拿大著名档案学者。他原籍英国，1965 年移居加拿大。曾任艾伯塔省档案馆馆长（1965—1967）、新不伦瑞克省档案馆馆长（1967—1971）和新斯科舍省档案馆馆长（1978—1982）等职务。1971—1977 年期间担任加拿大公共档案馆档案部主任，1978—1979 年期间还担任了美国档案工作者协会主席。他涉猎广泛，除档案学之外，对哲学、科技、生态学等领域都颇有研究。他根据自身的工作经验，要求档案人员以了解社会发展史和档案专业发展史为基础，呼吁档案人员跳出档案专业的狭小圈子，及早迈进信息时代，做好迎接新型档案，特别是电子文件管理的准备。他的观点在西方档案界引起了很大共鸣。

泰勒的档案学代表作是其 1980 年出版的《档案材料的整理与编目》。全书除序言外，共有三编十二章。序言的内容主要是对同类著作——《荷兰手册》、詹金逊的《档案管理手册》和谢伦伯格的《现代档案——原则与技术》等进行评价，并着重阐述了写作的目的。第一编为手稿文字材料，内容涉及接收、整理和编目。第二编为其他记录媒介，包括印刷品、录音档案、机读档案、图纸档案、照片档案、影片和录像带、油画、图画和版画等。第三编为计划的制订，内容涉及出版物、缩微品和光盘等。该书主要以加拿大公共档案馆的整理和编目方法为基础，并参照了美、英两国国家档案馆的经验，具有较强的实践性和操作性。更可贵的是，该书力求探索新型档案整理与编目的原则和方法，以适应现代文件载体多元化的新形势。尽管阐述比较简单，但这种尝试仍有许多可资借鉴之处。该书同样入选了“国际档案理事会手册丛书”，成为享有一定国际知名度的档案著作。

（七）戴维·比尔曼的《电子证据——当代机构文件管理战略》

戴维·比尔曼是美国著名电子文件研究专家，也是国际档案界研究电子文件的权威人士之一。他曾任美国档案工作者协会国家信息系统工作小组组长，现任《档案馆与博物馆信息学》杂志主编。1985 年，他与美国档案学者理查德·莱特合作发表了论文《来源原则的力量》，在北美乃至国际档案界引起了强烈反响。1990—1995 年，他主持了美国国家历史出版物和文件委员会在匹兹堡大学设立的科研基金项目——“界定文件证据价值的必要条件”，1995 年出版了电子文件管理光盘版教材。1996 年，他在第十三届国家档案大会上提交了题为《虚拟档案》的辅助报告，系统总结了他在电子文件元数据领域的研究成果，受到了与会代表的普遍关注。

比尔曼在电子文件研究领域的代表作是其 1994 年出版的《电子证据——当代机构文件管理战略》。全书除导论外，共分五大部分十章。第一部分是“电子文件管理的症结”，第二部分是“电子文件管理的指导思想”，第三部分是“电子文件管理政策的制定与实施”，第四部分是“标准的制定与完善”，第五部分是“电子文件管理模式”。该书是一部较为全面和系统地论述电子文件管理的理论、方法、标准和技术的著作，汇集了电子文件研究的最新成果与国际动态，对各国的电子文件管理均有重要参考作用。

严格地说，比尔曼并非档案专业科班出身，但他长期以来一直致力于电子文件管理的理论研究和实践应用，扎实的技术背景和丰富的实践经验使他的眼光犀利而独到，在这一领域享有“独领风骚”之美誉。因此，他被公认为“当代论述电子文件最富于想象力的学者”。

（八）特里·库克的《后保管时代的档案范式——1898 年〈荷兰手册〉出版以来档案理论与实践的相互影响》

特里·库克是加拿大著名档案学者，也是国际档案论坛上十分活跃并最具影响力的理论研究者之一。他曾任加拿大国家档案馆社会事务与自然资源文件司主管、加拿大档案工作者协会会刊《档案》主编等职务，是美国档案工作者协会会刊《美国档案工作者》编委会的外籍编委。目前在加拿大曼尼托巴大学任教。1991 年，他曾经入选联合国教科文组织与国际档案理事会主持的“文件与档案管理规划”项目，写作了题为《政策研究具有个人信息文件的档案鉴定》的报告。1992 年以来，他发表了一系列文章阐述“后保管时代”档案理论与实践的变革，引起了国际档案界的普遍关注。

库克在档案学上的代表作是1996年在第十三届国际档案大会上提交的主报告《后保管时代的档案范式——1898年〈荷兰手册〉出版以来档案理论与实践的相互影响》。这篇报告分为十大部分。第一部分是“前言：记忆、档案和档案史”，第二部分是“方法论：档案论述探讨”，第三部分是“主题回顾：本世纪的档案思想”，第四部分是“1898年《荷兰手册》：确立档案原则”，第五部分是“希拉里·詹金逊与证据的神圣性”，第六部分是“美国之声：谢伦伯格与档案利用者”，第七部分是“社会分析与职能鉴定：更广泛的视野”，第八部分是“来源的肯定：加拿大与澳大利亚”，第九部分是“重塑档案：电子文件与档案学理论”，第十部分是“结论：后保管时代的档案范式”。报告以1898年荷兰《档案整理与编目手册》的出版为起点，系统回顾了20世纪档案学理论的发展进程及其与实践的相互影响，客观评价了西方著名档案学者的著述，并就专业理论提出了独特见解。整篇报告极富学术性和思想性，全面地展示了西方百年档案思想史上竞相争辉的代表人物和丰富的学术成就，特别是对各种理论思潮的中肯评析以及提出的“后保管时代档案范式”的创见，对各国档案界都有着十分重要的启迪意义和参考价值。

概括起来，库克报告的贡献主要有三点。第一，作者准确而客观地评述了20世纪外国档案学理论的重要发展阶段及其成果。库克指出整个20世纪档案学理论走过了一条继承与超越并行的发展道路。《荷兰手册》确立了档案专业的支柱理论；詹金逊捍卫了档案证据的神圣性；谢伦伯格拓展了档案学的研究范围并改进了档案学的研究方法；以布姆斯为代表的学者所倡导的“档案社会观”为档案人员开启了更广泛的视野；加拿大和澳大利亚学者对来源原则的重新发现表明对档案专业的核心原则必须辩证坚持；电子文件对档案学理论的巨大冲击说明档案学理论只有不断完善才能有生命力。第二，作者始终坚持档案专业的核心概念和原则，并以此作为发展档案学理论的前提。库克指出来源原则始终是档案专业的核心，不管社会如何发展变化，档案人员都必须在坚持来源原则的基础上加以完善，这才是应对电子时代挑战的根本方法。第三，作者创造性地提出了“后保管时代档案范式”的思想。库克呼吁建立“后保管时代的档案范式”，将传统理论对文件实体的关注转变为关注文件形成的背景及形成过程的有机联系。只有按照这种模式构建的专业理论，才能真正从容应对电子时代和未来社会的挑战。

三、档案学研究的发展趋势

档案学400多年的发展历程表明，档案学研究的内容与时代发展紧密相关。目前，人类社会已进入信息时代，一场数字化信息革命伴随新世纪的曙光已经来临。在科学技术日新月异、档案实践飞速发展的新形势下，各国档案学研究呈现出如下四点发展趋势。

（一）研究的内容朝着全面化和细分化的两极方向发展

一方面，信息社会中档案已被纳入广泛的信息资源系统，其形式、内容、载体和记录手段都更加丰富、多元化和多样化，档案管理涉及的领域也会更加广泛，这一切必然导致档案学研究的内容更加丰富和全面。

另一方面，档案工作的深入发展及其与社会生活的广泛联系必然导致档案学的分支学科不断涌现，如新型档案、档案术语学、档案法学、档案经济学等，也就必然使档案学研究的内容更加深化、细分化和专门化。

（二）研究的借鉴与吸收特点和趋势更加明显

这种借鉴与吸收包括两方面，一是各国学术成果之间的相互借鉴与吸收，目前各国频繁开展学术交流和国际档案组织积极召集各种学术会议就是有力的证明；二是档案学与其他相关学科之间的相互借鉴与吸收，明显的例子是近年来图书馆学、情报学、计算机管理、系统论和控制论等学科的大量成果引入档案学，促使档案学更快地发展。

（三）研究的合作与集体研究特点日益突出

随着档案学科的内容更加丰富，文件与档案管理涉及的知识领域更加广泛，仅凭个人的力量从事学术研究并想取得重大学术成果已经是很困难的事情。为此，发挥集体力量进行合作研究，撰写大型或综合性的学术著作，已经成为各国档案学研究的共同趋势。典型的如法国《档案学手册》和美国《基本手册丛书——档案与手稿》，它们都是集体研究的成果。

（四）研究的中心日益向专业研究机构和高等专业教育机构转移

为了推动档案学研究的发展，不少国家建立了专门的研究机构，配备专门的研究人员，使之成为档案学研究的中心。另外，高等专业教育机构以其特有的理论研究优势在档案学研究阵地上占有重要地位，许多档案名著出自档案教育工作者之手已是不争的事实。

第三节
外国档案学研究的代表人物

如前所述，外国档案学萌芽于封建社会末期的欧洲。当时以拉明根、波尼法西奥等为代表的欧洲早期档案学者对档案的价值、档案的整理和分类、档案馆的性质和地位等问题展开初步的学术探讨。此后国外涌现了一大批学术造诣很高的著名档案学者，他们立足于自身丰富的实践经验，深入研究档案领域的诸多问题，撰写出一批颇具理论意义和实践价值的论著，对档案工作和档案学术研究均产生了积极影响。作为学术研究的代表人物，他们的学术成就在世界档案学术发展史册上熠熠生辉。本节按照历史时期系统评述其中最著名的一些学者，其中有些学者的经历和成就在本章第一节和第二节已有介绍，这里只简要提及。

一、古代时期

这一时期是外国档案学的萌芽阶段，最著名的代表人物是德国档案学者拉明根和意大利档案学者波尼法西奥。详细内容可参阅第一节。

二、近代时期

这一时期是外国档案学的形成阶段，档案学研究的代表人物主要集中在欧洲国家。

阿曼·卡缪是法国国家档案馆的创始人，他曾是一名出色的律师，精通宗教法。法国大革命期间所进行的资产阶级档案改革，建立了世界上第一个近现代意义的国家档案馆，时任国会议员的卡缪当选为国家档案馆的第一任馆长。卡缪就任期间，对国家档案馆的馆藏集中、档案整理和开放等都作了积极的努力，取得了明显成效。这主要表现在：第一，他积极筹建大型档案库房，同时保存革命政权档案和旧政权的遗留档案，以便妥善保存历史文化遗产。第二，他采用事由原则整理馆藏档案，尽管这种方法拆散了一些历史上形成的档案实体，今天看来已不可取，但他对重要档案还是做到了“原样保留”，如“宪典宝库”和巴黎高等法院的档案全宗，都未被拆散。第三，他建议国家档案馆实行开放原则，这一原则在后来制定的《穑月七日档案法》中得到明确规定，它导致档案馆性质的根本转变和档案利用工作的巨大进步，被誉为“档案的人权宣言”。卡缪的上述功绩使他成为近代档案工作发展史册上的一颗耀眼的“明星”。

萨穆·缪勒、约翰·斐斯和罗伯特·福罗英是荷兰档案学者，他们最重要的学术成果是1898年合作出版的《档案整理与编目手册》。详细内容参阅本章第二节。

三、现当代时期

这一时期是外国档案学的蓬勃发展阶段，欧美各国涌现了一批学术造诣很深的档案学者。与近代不同的是，现当代档案学者的研究领域更广，论著数量更多。需要指出的是，从20世纪80年代以来，档案学者能以一本专业论著独领风骚几十年的现象已不多见。为此，当代著名档案学者的衡量标准已不仅仅限于某一本重要论著，而是其工作经历、专业业绩和学术成果等多方面的“综合体”。

（一）现代时期的代表人物

英国著名档案学者希拉里·詹金逊、意大利著名档案学者安根尼奥·卡萨诺瓦、德国著名档案学者阿道夫·布伦内克、美国著名档案学者西奥多·谢伦伯格等都是现代时期档案学研究的代表人物，详细内容可以参阅本章第二节。

厄恩斯特·波兹奈尔是美国档案界知名人士。他原籍德国，在柏林大学获得硕士和博士学位后进入普鲁士机密国家档案馆工作，第二次世界大战时因有犹太血统被迫流亡美国，1939 年加入美国国籍。他曾任美利坚大学历史系主任、美国档案工作者协会主席等职。他为发展美国档案教育作出了巨大贡献。他在美利坚大学开办了全美第一个档案历史与档案管理培训班，主要招收国家档案馆的工作人员，培训课程后来成为美国档案教育的标准模式。他还在美利坚大学主持了 16 期暑期档案讲习班，吸收美国各地和外国档案工作者参加。他的学生遍及全美，故被尊称为“老前辈”。他的主要著作有《美国州档案馆》（1964 年）和《古代世界的档案馆》（1972 年），前者是他在调查美国各州（阿拉斯加州除外）档案馆后完成的；后者是其宏伟计划《世界档案通史》的第一卷，但后因年老多病，其余各卷未能完成。上述两本著作都荣获了美国奖励优秀档案著作的“利兰奖”。

波兹奈尔的特殊经历使他在美国和德国档案界都产生了很大影响，他在美国介绍德国档案管理方法，第二次世界大战后又应邀在德国马尔堡档案学院讲课，向德国介绍美国档案工作经验。为此被看成是德、美两国档案界的“桥梁”，促进了两国的经验交流。他也荣获了国际档案理事会“名誉会员”的称号。他去世后，美国档案工作者协会为纪念他设置了“波兹奈尔奖”，用于奖励每年在《美国档案工作者》杂志上发表优秀论文的学者。

（二）当代时期的代表人物

1. 戴维·比尔曼

美国著名电子文件研究专家，国际档案界研究电子文件的权威人士之一。他毕业于宾夕法尼亚大学，1979—1982 年，他担任了美国档案工作者协会下属的“国家信息系统特别工作组”组长。1986 年担任史密森研究院“信息资源管理研究室”主任，负责研究院的计算机化和电信管理。1987 年后创办咨询公司，专为博物馆提供世界性咨询。1987—1992 年，他担任了美国博物馆计算机网络董事会主席。从 1991 年起，他连续组织并主持了博物馆界的“超媒体互动”国际会议。

比尔曼的研究领域甚广，包括电子文件、档案、文化信息的合成、博物馆信息系统等。从 1987 年到 1996 年，比尔曼主要从事电子文件研究。1990—1995 年，他主持了美国国家历史出版物和文件委员会在匹兹堡大学设立的科研基金项目——“界定文件证据价值的必要条件”。从 1997 年至今，比尔曼主要从事博物馆研究，专攻博物馆和图书馆的电子化项目。他创立了博物馆信息计算机联合会、美术馆形象联盟，创办了档案与博物馆信息学院及季刊《档案馆和博物馆信息学》。

比尔曼在其研究领域中取得了丰硕的研究成果，迄今为止出版了博物馆和档案领域有关电子文件、档案馆信息管理、博物馆信息管理的专著和论文多达125部（篇），成为国际公认的文化遗产信息服务和电子文件管理的资深专家。他促进并推动了档案馆和博物馆领域信息融合的发展。

比尔曼在电子文件研究领域中的代表作主要有1985年与美国档案学者理查德·莱特合作发表的论文《来源原则的力量》、1996年在第十三届国际档案大会上提交的报告《虚拟档案》，以及1994年出版的专著《电子证据——当代机构文件管理战略》。该专著较为全面和系统地论述了电子文件管理的理论、方法、标准和技术，汇集了电子文件研究的最新成果与国际动态，对各国电子文件管理具有重要参考作用。扎实的技术背景和丰富的实践经验使比尔曼在电子文件研究领域"独领风骚"，被国际档案界公认为"当代论述电子文件最富于想象力的学者"。

2. 露西娅娜·杜兰蒂（Luciana Duranti）

加拿大著名档案学者。原籍意大利，1975年在罗马大学获得档案学硕士学位，1979年在罗马国家档案馆的档案、古文书、古文献学院获得硕士学位，还获得了罗马国际法语学校的法语学士学位。1974—1977年，她在意大利国家研究委员会担任项目档案保管员；1978—1982年在罗马国家档案馆担任国家档案保管员；1979—1983年，在档案、古文书、古文献学院担任助理教授；1982—1987年，在罗马大学的档案馆员和图书馆员专修学院担任研究教授。1987年移居加拿大后，一直在加拿大的不列颠哥伦比亚大学图书馆、档案和情报学院担任教授，为硕士和博士讲授档案学理论、古文献学和电子文件管理等方面的课程。

杜兰蒂的研究领域包括：档案学基础理论（尤以鉴定理论见长）；文件保管历史；现行文件策略；电子文件管理；古文书学和古文献学；等等。使她名扬国际档案界的重要原因是，她目前是"电子文件真实性的永久保管国际研究项目"（InterPARES）的主持人。该项目是由加拿大社会科学和人文研究委员会发起、世界范围内许多相关机构共同参与的一个大型、跨国、跨学科合作的研究项目，国际影响很大。该项目重点研究电子文件真实性的保障及长期保存问题，至今已取得了不少重要的阶段性成果。

杜兰蒂在档案鉴定理论和电子文件管理的研究上具有相当造诣，在加拿大、北美乃至国际档案界知名度较高。她在1998—1999年间曾任美国档案工作者协会主席，出版了多本专著，发表了大量论文。其代表性专著有1998年出版的《古文献策略：古老科学的新运用》和2002年出版的《电子文件的完整保存》（合作）。由于主持"电子文件真实性的永久保管国际研究项目"，近年来她频繁参加多个国内国际学术会议，十分活跃。

3. 埃里克·凯特拉

荷兰著名档案学者，国际知名档案活动家。他毕业于莱丁大学，获得博士学位。他曾经担任过莱丁大学法学院的助理讲师、莱丁大学历史学院兼职教授、格罗宁根省档案馆馆长、荷兰国家档案馆馆长、荷兰档案人员培训学校校长、荷兰档案工作者协会主席、荷兰档案工作者皇家协会会长，还是荷兰战争文件和总统文件管理学术委员会、荷兰信息科学协会、荷兰文献协会、荷兰皇家科学艺术学院、德国档案工作者联盟、美国档案工作者协会、欧盟档案保存和利用委员会的委员。现任阿姆斯特丹大学档案与信息研究学院教授，也是美国密歇根大学本特利历史图书馆客座教授、密歇根大学信息学院客座教授、澳大利亚莫纳西大学荣誉教授。

凯特拉在国际档案理事会任职多年，1980—1984 年，担任国际档案理事会秘书；1984—1992 年，担任国际档案圆桌会议的秘书长；1996—2000 年，担任国际档案理事会项目管理委员会主席；1998—2000 年，担任国际档案理事会的副主席和执行委员会主席。由于他对国际档案事务的突出贡献，在 2000 年第十四届国际档案大会上，他被推选为国际档案理事会的名誉主席。

凯特拉具有丰富的档案工作实践经验和档案教学经验，加上多年参与国际档案事务的经历使他的研究领域十分广泛，研究成果也十分丰硕。他发表了 250 篇论文，主编和参编了许多著述、教材和手册。他曾经担任联合国教科文组织的顾问，为联合国教科文组织编写了档案和文件管理法规的指导方针。他在 1984 年第十一届国际档案大会上提交的报告《新型档案材料的开发利用》是其代表论文之一，在国际档案界具有广泛影响。他还在西欧、中欧、中非以及世界其他地区主持举行了有关档案法规、档案鉴定和文件管理方面的学术论坛，并在许多国家的学术会议和论坛上发表演讲，论题涉及档案教育、档案法律、档案职业道德、档案标准、档案利用、档案鉴定、电子文件管理等。在担任荷兰国家档案馆馆长期间，他主持了荷兰《国家档案馆指南》（13 卷）的编写工作，因成绩卓著被荷兰档案工作者皇家协会授予“汉迪克·威金”奖章。

4. 特里·库克

加拿大著名档案学者、国际档案界最具影响力的理论家之一。他于 1969 年获得艾伯特大学的历史学士学位，1970 年获得卡里顿大学的历史硕士学位，1977 年获得皇后大学的历史博士学位。1975—1998 年，他一直在加拿大国家档案馆工作，曾任“社会事务与自然资源文件司”主任。在加拿大国家档案馆，他参与制定了很多有影响的政策，如档案宏观鉴定、档案选样、地区文件管理、文件处置、电子文件管理等，这些政策已在实践中得到运用。

1978—1982 年，他担任加拿大历史协会会刊《历史案卷》的编辑。1982—1984 年，任加拿大档案工作者协会会刊《档案》的主编。1982—1994 年，任加拿大历史协会系列历史手册的编辑。他还是加拿大、美国和欧洲很多国家档案刊物的编委会成员。

1998 年起，他在加拿大曼尼托巴大学历史学院担任客座教授，讲授档案学理论、鉴定理论、电子文件管理等课程。除了教师之外，他还有着档案顾问、自由编辑和专业作家等多种身份。1998 年以来，他为美国、加拿大、澳大利亚、葡萄牙和新西兰的国家档案馆，为马里兰大学、密歇根大学、莫纳西大学和惠灵顿大学，为加拿大档案工作者协会、安大略省档案馆、温尼伯格和多伦多市档案馆等提供了专业咨询。

特里·库克的研究领域包括档案学基础理论、档案鉴定理论与策略、档案史和电子文件等，研究成果相当丰硕。迄今为止，他出版了60多本档案著作，发表了100多篇专业论文。1991年他曾入选联合国教科文组织与国际档案理事会主持的“文件与档案管理规划”项目，发表了论文《政策研究：具有个人信息文件的档案鉴定》。1996年他在第十三届国际档案大会上，提交了主报告《后保管时代的档案范式——1898年〈荷兰手册〉出版以来档案理论与实践的相互影响》，受到了国际档案界的高度评价。近年来他重点研究后保管时代档案理论与实践的发展。

特里·库克是美国档案工作者协会和加拿大办公自动化专家协会的资深会员。他享受加拿大历史协会的特殊津贴，曾获加拿大档案工作者协会“拉姆奖”、美国档案工作者协会“波兹奈尔”奖、南非档案工作者协会奖，并获得了加拿大公共服务领域为历史学者和档案学者所设的最高级别奖。

5. 迈克尔·库克

英国著名档案学者。1954年在牛津大学获历史学士学位，1968年获得硕士学位；1998年在利物浦大学获博士学位。他有着在英国和非洲国家从事档案工作和教学的经历，曾任英国纽卡斯尔市档案馆馆长、坦桑尼亚国家档案馆馆长、加纳大学档案培训学校校长、利物浦大学档案学教授、利物浦大学文件教育中心高级研究员等职务。目前在利物浦大学文件教育中心讲授文件管理、档案管理等课程，并负责指导硕士和博士研究生。

迈克尔·库克也是一位在国际档案界享有较高知名度的档案学者。他曾任联合国教科文组织南亚、加勒比海地区档案培训计划的顾问。1984—1988年，他担任国际档案理事会教育培训委员会主席；1990—1996年担任国际档案理事会档案著录委员会委员；1990—1995年担任英国档案工作者协会信息技术小组主席。1992年，他荣获英国档案工作者协会授予的“艾利斯”奖。

迈克尔·库克是英国继詹金逊之后最有成就的档案学者，研究领域较为广泛，包括文件管理、档案著录、档案计算机管理、大学档案管理、信息管理等。其专著主要有《档案管理》（1977年）、《档案与计算机》（1980年）、《档案中的信息管理》（1986年）、《信息管理与档案数据》（1993年）和《档案著录手册》（2000年）等。作为一名档案教育工作者，他还参加编写了一系列档案专业课程指南，如《文件管理与现代档案管理课程发展指南》（1982年）、《图书馆员、文献工作者和档案工作者信息技术课程发展指南》（1986年），等等。

6. 查尔斯·凯斯凯姆蒂（Charles Kescemiti）

国际档案理事会前秘书长，著名国际档案活动家。他原籍匈牙利，毕业于布达佩斯大学的历史与档案专业，1980年获得巴黎大学的博士学位。1956年他离开匈牙利来到法国。从1962年起，他进入国际档案理事会秘书处，历任秘书、执行秘书、执行主任，1992 年开始担任秘书长，1998 年退休。

凯斯凯姆蒂对推动国际档案理事会的发展以及国际档案合作作出了重要贡献。他负责开展和协调国际档案理事会的各项活动，还负责与联合国教科文组织、欧洲理事会以及国际上其他非政府组织进行合作。多年来的积极努力使他获得了法国、德国、奥地利、塞内加尔、巴西和冰岛等国家授予的奖章，中国、意大利、波兰、斯里兰卡、瑞典、巴西和罗马尼亚等国家也分别授予他荣誉称号。

凯斯凯姆蒂不仅是位档案学者，也是位颇有造诣的历史学者。他发表了多篇档案学和历史学的论文，具代表性的有《档案利用：政策问题与思考》（1987 年）、《是解决战后欧洲档案转移问题的时机吗?》（1992 年）、《欧共体的档案遗产》（1998 年）、《保护国家记忆：分散档案的整合》（1999 年），等等。

1998 年退休后，凯斯凯姆蒂主要从事档案教育和欧洲理事会的档案管理活动。2000 年和 2001 年，他在布达佩斯中欧大学的暑期培训班讲授档案课程。目前致力于欧洲档案利用政策的推行。

7. 理查德·考克斯（Richard J. Cox，1950—　）

美国著名档案学者。1972 年获得陶森大学历史学学士学位，1978 年获得马里兰大学历史学硕士学位，1992 年获得匹兹堡大学图书情报学博士学位。目前是匹兹堡大学信息科学学院图书情报系的教授。他任职于多个行政职位，包括图书情报项目的主席，信息学院研究委员会的主席等，曾在纽约州档案记录署、亚拉巴马州档案与历史部、巴尔的摩市以及马里兰历史协会工作。

理查德·考克斯是北美档案学界公认的“最多产的作者”，他的研究兴趣非常广泛，对档案与文件管理的各个领域几乎均有涉猎。自 1973 年发表第一篇学术论文开始，考克斯在其后 40 多年的时间里共出版了 18 本著作，发表了多篇论文和评论，几乎每一本书的出版都会引起档案学界的关注与讨论，并曾三次获得美国档案工作者协会颁发的利兰奖，是北美档案学界颇具影响力的学者。

考克斯著述丰硕、观点新锐，其在档案鉴定、档案伦理、档案记忆以及个人档案管理等主要研究领域的代表性学术成果有《文献战略案例研究：纽约西区》（1989 年）、《文献战略与档案鉴定原则：一个不同的角度》（1994 年）、《记录地方：美国档案工作者和手稿保管者的一个实践模型》（1996 年）、《没有纯真的收藏：反思鉴定，构建档案》（2004 年）、《危险世界里的伦理、责任与记录保管》（2006 年）、《档案伦理：问题的真相》（2008 年）、《档案焦虑与职业使命》（2011 年）、《数字时代档案的鉴定与未来》（2011 年）、《战争、记忆与档案：构建一个框架》（2012 年）等。

考克斯学术兴趣广泛，其阅读和思考并不局限于档案与文件管理这一专业范畴，还广泛涉猎历史学、图书馆学、政治学、社会学、心理学、思想文化研究、物质文化研究等多个领域，并从中汲取营养，不断激发对于档案与文件管理的新的想法和观点。

8. 安妮·吉尔兰德（Anne J. Gilliland，1959—　）

美国著名档案学者。她出生于北爱尔兰第二大城市德利，都柏林圣三一学院文学硕士，伊利诺伊大学香槟分校图书馆与信息科学学院理学硕士，密歇根大学信息学院博士。

吉尔兰德职业经历丰富，现任加州大学洛杉矶分校教育与信息研究学院教授，信息证据中心主任。她是加州大学洛杉矶分校数字人文中心教师联盟的成员，也是档案教育与研究计划（Archival Education and Research Initiative，AERI）的主任，AERI是一个全球性合作的学术机构，旨在寻求创立档案研究领域高水平的奖学金，鼓励全球和各地区档案与文件保管教育领域的教学与课程创新，她也是美国档案工作者协会的资深会员，担任皇家墨尔本理工大学的研究员，是北欧（包括芬兰坦佩雷大学、瑞典德隆大学、丹麦皇家科学院在内）图书馆与信息/情报研究学院（School of Library and Information Study）的教授，是英国格拉斯哥大学人文先进技术与信息学院的名誉研究员，同时作为中国人民大学和克罗地亚扎达尔大学的访问学者给学生教授课程。总之，她在档案与信息研究领域收获了无数荣誉。

吉尔兰德研究兴趣广泛，涉及与档案相关的历史、自然、人类影响、科学技术、文件保管与记忆等等。她的研究领域包括文件及信息系统设计与评价、数字保存、元数据形成与管理、档案教育，最近的工作重点在于档案支持新出现的国家和冲突后的社会发展，各国多元化少数民族社区的权利维护，建设健康和可持续发展的社区，支持社会正义和维护人权及社会包容事宜，应对全球性社会挑战等。她的代表性学术成果有《元数据——我们将去向何方?》（2003年）、《社群记忆》（2005年）、《伦理与本土学术社群协作研究》（2009年）、《概念化的21世纪档案》（2014年）、《档案多元论研究》（2016年）等。

【思考题】

1. 简述外国档案学理论萌芽的条件。
2. 简述外国档案学萌芽时期档案学者探讨的主要理论问题及原因。
3. 简述近代时期档案学形成的标志。
4. 简述现当代时期档案学的总体特点。
5. 评述近代档案学研究成果《荷兰手册》。
6. 评述《档案管理手册》的贡献及局限。
7. 评述《现代档案——原则与技术》的成果。
8. 综述现当代时期档案学的知名论著。
9. 简述档案学研究的发展趋势。
10. 综述当代外国档案学最著名的代表人物。

第六篇

国际档案合作篇

国际档案合作的进程与国际档案组织的发展密切相关。尽管早在20世纪初就出现了档案领域国际合作的萌芽，但1950年成立的国际档案理事会才正式开启了国际档案合作的新纪元。半个多世纪以来，随着国际档案理事会组织机构及职能的日趋健全和完善，国际档案合作也逐渐走向成熟。国际档案理事会已发展成为宗旨明确、机构健全、会员队伍壮大的国际专业组织，在档案合作领域内发挥着不可替代的作用。在它组织开展的活动中，国际档案大会是规模最大、影响最广的综合性大会；国际档案圆桌会议是各国最高档案机构领导人定期会晤的一种会议形式。它们是两项最具特色的活动。国际档案理事会不仅取得了相当的工作成就，还在对文件管理、档案术语、私人档案、档案管理活动、档案馆、档案库房和设备、档案现代化、档案教育、国际档案合作、电子文件等问题的研讨中取得了突出的理论成果，对繁荣档案学理论和丰富档案工作实践作出了重要贡献。

本篇包括一章：国际档案合作的发展历程与主要成就。

第十六章

国际档案合作的发展历程与主要成就

【本章要点】

- 总结国际档案合作的发展历程。
- 介绍国际档案理事会的诞生和发展阶段。
- 评述国家档案理事会的性质、宗旨、会章、会员、会徽和机构设置。
- 评述历届国际档案大会和国际档案圆桌会议的主要内容和成果。
- 介绍国际档案合作的主要项目及其进展情况。
- 总结国际档案合作的工作成就。
- 评述国际档案合作的理论贡献。

【关键词】

国际档案合作
国际档案理事会
国际档案理事会地区分会
国际档案大会
国际档案圆桌会议
文件与档案管理项目
世界记忆工程
蓝盾计划
气候史档案调查项目
档案与信息立法数据库
文件管理软件通用格式

国际档案合作的发展进程实际上与国际档案组织的产生与发展密切相关。当前，代表档案工作者利益的最高国际档案专业组织是国际档案理事会（International Council on Archives）。它是在20世纪逐步产生和发展起来的。20世纪是人类社会大变革和大发展的时期，社会政治、经济和科技的迅猛发展，形成了一种国际学术交流日益频繁的大环境机制。国际历史学界首先向封闭状态下的各国档案工作发起挑战，要求它们走向世界。欧洲档案工作者率先接受挑战，开始了创建国际专业组织的艰苦努力。

第一节
国际档案合作的起步

一、国际档案合作的萌生

从现有资料来看，早在1905年档案领域就出现了国际合作的萌芽。在意大利首都罗马举行的国际历史科学会议研讨了借阅和出版国家公文的法律问题，但这次会议并没有取得实质性收获。档案领域开始国际合作的真正起点是1910年在比利时首都布鲁塞尔召开的图书与档案人员国际大会。来自英国、法国、德国、俄国、荷兰、西班牙和比利时等国的500多名与会代表中，有120多名档案工作者。他们讨论了文件移交、档案保管与修复、案卷编目、私人档案保护和档案人员职业教育等当时各国共同面临的诸多专业问题。大会取得了两项重要成果：一是首次确立了档案专业的基本原则——来源原则；二是促使各国档案人员开始认识国际合作的重要意义，从而为国际档案合作的未来发展奠定了良好的基础。

1914年第一次世界大战的爆发不仅使布鲁塞尔大会商定的每五年举行一次国际档案专业会议的设想化为泡影，而且使国际档案合作暂时中断。战争结束后，各国开展国际档案合作的呼声再度高涨。1929年国际历史科学委员会下设了档案委员会，但由于该委员会把档案学视为历史学的辅助学科，所关心的只是为历史学家提供研究所需的档案资料，因此档案委员会未能发挥预期的国际影响。1930年，国际知识分子合作委员会接受德国与意大利的建议，决定成立其下属的档案专家委员会，负责处理国际档案事务。时任英国档案工作者协会主席的詹金逊受命负责筹备工作。1931年7月，档案专家委员会正式成立，意大利档案学者卡萨诺瓦当选为主席。该委员会的主要活动及成果是1934年成功出版了第一本《国际档案馆指南》和《档案术语词典》，为促进了解和利用各国档案馆藏、实现专业术语的标准化和通用化发挥了积极作用。然而，第二次世界大战的爆发完全中止了该委员会的活动，使成立国际档案组织的计划再次搁浅。

二、国际档案合作的新纪元——国际档案理事会的产生

尽管从1910年以来，欧洲一些国家的档案人员为成立国际档案组织作出了一定努力，但真正卓有成效的努力是从第二次世界大战结束后开始的。其中功劳首推美国档案界。1946年9月，联合国教科文组织美国委员会提出“联合国教科文组织档案工作计划提案”，列举了拟将成立的国际档案组织的主要活动内容，包括拯救遭受战争破坏的档案、档案复制品的国际交换、统一档案术语、编制新

的《国际档案馆指南》等。同年年底在巴黎召开的联合国教科文组织第一次大会响应了美国的提案。1947 年夏，美国档案工作者协会主席索伦·布克向世界各国 100 多位档案学者发出倡议信，建议成立国际档案组织，并提出了该组织的纲领。同年，美国档案人员柏雷叶作为联合国教科文组织指派的档案顾问出访欧洲的一些国家档案馆，就成立国际档案理事会问题进行磋商。完成一系列准备工作之后，联合国教科文组织 1948 年 6 月 9 日在巴黎主持召开了档案专家会议，与会的美国、英国、法国等 8 个国家的档案人员代表一致同意成立国际档案理事会，并选举法国档案局局长查尔斯·萨马兰为首届主席。会议还决定在 1950 年 8 月在巴黎举行国际档案理事会的正式成立大会。

1950 年 8 月 21—26 日，宣告国际档案理事会正式成立的第一届国际档案大会在巴黎的联合国教科文组织总部如期举行，来自 35 个国家的 360 名代表出席了会议。大会通过了美国起草的会章，确定了以古罗马神话中具有双面头像的护门神（Janus）作为会徽，并讨论了对形成中的档案如何实施监督、档案与缩微照相复制的关系、私人档案、经济档案、档案出版物等一系列专业问题。此时法国档案局局长已由查尔斯·布莱邦接替，他在会上当选为国际档案理事会主席。至此，因战争延误了几十年之久的国际档案组织终于诞生。它如同一个“档案之家”，为各国档案同行交流经验、研讨共同关心的问题创造了有利条件，大大促进了档案学术和档案工作的深化和发展。

国际档案理事会的成立是国际档案合作新纪元的标志，标志着国际档案合作的领导核心开始形成。

第二节
国际档案合作的发展和成熟

国际档案合作发展和成熟的主要表现就是国际档案理事会这一组织日趋成熟和完善。到目前为止，国际档案理事会已发展成为宗旨明确、机构健全、会员队伍壮大的国际专业组织，在档案合作领域内发挥着不可替代的作用。

一、国际档案理事会的发展阶段

国际档案理事会成立至今，大大推动了世界各国档案事业的发展，其自身也经历了一个发展壮大的过程，可分为四个阶段。

第一为基础阶段，即国际档案理事会成立的最初 10 年。这一阶段国际档案理事会主要是为后来的工作打基础，尽量准备条件以帮助各国档案学者在国际范围内真正开展业务和学术交流。这一阶段的主要活动包括：1951 年，创办会刊《档案》，委托法国国家档案馆创办了国际档案讲习班；1954 年，召开了第一届国际档案圆桌会议，使之成为各国档案机构领导人会晤和交流信息的场所；1956 年为准备出版《档案术语词典》成立了术语委员会。

第二为初步发展阶段，即 20 世纪 60 年代。国际档案理事会开始发展成为真正的世界性组织，因为从此时起，第三世界国家广泛参加国际档案活动。特别是 1964 年召开第五届国际档案大会后，国际档案理事会的活动重心发生变化，由欧洲和北美国家向第三世界国家转移，发展中国家的档案工作建设开始成为国际档案理事会的关注焦点。

第三为蓬勃发展阶段，即 20 世纪 70 年代至 90 年代初。这一时期国际档案理事会蓬勃发展的主要表现是：会员不断增加，各个地区分会相继建立，有力推动了各地区档案事业的发展；以研究档案工作新技术、新方法和新问题为中心的各专业处、专业委员会先后成立，表明国际档案理事会的活动正朝着专业化和现代化方向发展，也表明国际档案理事会的组织机构更加健全；档案学理论探讨更加深入，档案培训、宣传和出版工作也发展迅速，取得了显著成绩。国际档案理事会的兴盛和壮大，说明档案工作走向世界、走向开放和合作顺应了当代发展的潮流。

第四为成熟和完善阶段，即 20 世纪 90 年代至今。这一时期国际档案理事会的发展更加成熟，不仅性质和宗旨得到进一步明确，机构设置更加精练和完善，而且组织和开展的各项活动吸引了各国的广泛参与，取得的理论和实践成果也得到了各国的肯定。当前，国际档案理事会在各国档案界的威望越来越高。

第五阶段为改革发展阶段，即指 21 世纪初至今。这一时期理事会经历了诸多改革，突出表现之一是改革了理事会主席的选举制度，由过去国际档案大会东道国最高档案领导人自然担任变为选举制，主席任期也由四年缩短为两年。改革的其他表现还包括引入项目制度、进行机构调整、建立资源中心等。理事会希望通过改革不仅增强自身应对新世纪挑战的能力，也提高自身在国际社会的影响力，最终实现更大发展。

二、国际档案理事会的性质和目标

国际档案理事会是一个中立的非政府组织，是全球文件和档案专业人员的代表，致力于文件的有效管理和世界档案遗产的保护和利用。档案作为一种珍贵的资源，是人类活动的信息记录，是历史事件不可替代的见证，是促进民主和人权、加强个人和社群认同的基础。理事会力争通过宣传、标准制定、专业发展以及开展档案工作者、决策者、档案形成者与利用者之间的交流，来确保档案的保护和利用。

理事会是一个与高层决策者广泛合作的国际组织。除与联合国教科文组织和欧洲理事会等政府间国际组织密切合作外，还与蓝盾国际委员会（Blue Shield）

等其他非政府组织保持紧密的联系。

理事会的性质寓意于会徽中。具有双面头像的护门神，就档案的功用而言，意味着一面回顾过去，另一面展望未来；就档案馆的性质而言，意味着一面服务于行政管理，另一面服务于科学研究。国际档案理事会正是本着这一精神发展和促进国际档案合作。

理事会的经费来自会员，通过各类会员的活动维持组织的运转。60 多年来，理事会联合了全球的档案机构和档案工作者，倡导有效的档案管理和记录遗产的实体保护，制定规范标准和最佳实践法，鼓励档案知识和专业技术的跨国界对话、交流及传播。

国际档案理事会的目标包括三个层次，分别是使命、宗旨和目标。理事会的使命是促进全球档案的保存和利用，致力于保护和加强世界记忆，促进专业交流以尊重文化多元性。理事会的宗旨是通过在文件、档案专业问题以及档案机构组织管理上的经验、研究和思想共享，促进文件和档案的管理和利用，保存人类的档案遗产。理事会的目标包括：(1) 倡导。鼓励和支持各国发展档案事业，与国际组织、政府机构或非政府组织加强合作。(2) 专业化。促进、组织并协调文件与档案管理领域的最佳实践、标准发展和其他活动。(3) 联系。建立、维护和加强各国档案人员、档案专业机构之间的良好关系，并促进档案人员的专业培训。(4) 促进。加强档案宣传，让档案广泛地被周知，更方便地被利用。(5) 实施。采取行动支持理事会宗旨的实现。

三、国际档案理事会的会章、会员和会徽

(一) 会章 (constitution)

国际档案理事会自成立以来，经常根据形势变化和档案事业发展的需要，对其会章进行不同程度的修改。2007 年修改生效的会章是目前的最新会章。会章分为 30 节，共 90 个条款。概括起来可分为四大部分：第一部分是“总则”，主要明确理事会的名称、目标和会员资格等。第二部分主要是介绍理事会的领导机构、选举程序、主席和副主席、执委会、各常设委员会、地区分会、各专业处及其他机构，明确国际档案大会和国际档案圆桌会议的召开时间、代表组成、议题和程序。第三部分主要规定理事会的工作语言、津贴补助、出版物、报告、版权等。第四部分是关于会章的补充规定，包括会章的实施、修改和撤销等。

(二) 会员 (membership)

国际档案理事会共有四类正式会员：甲类会员是中央档案管理部门或国家级档案机构，以及联邦制（或类似）国家各成员国的同等机构。乙类会员是涉及文件、档案管理和保护或档案教育培训的个人或法人团体组成的协会。丙类会员是

负责文件、档案管理和保护或提供档案教育培训的机构和公司。丁类会员是过去或现在从事文件、档案管理保护工作或档案教育培训工作的个人。个人会员可被授予“荣誉会员”或“优秀会员”称号。

国际档案理事会成立以来，会员队伍不断壮大。主要有三个表现：一是会员所代表的国家数目不断增加，1950 年理事会成立之初，只有 17 个国家加入该组织；到 2010 年加入该组织的国家和地区已达 195 个。二是会员数量日益增多，1952 年理事会的会员总数为 192 个，主要限于欧洲和北美；到 2010 年增至1 500 多个，会员几乎遍及世界各地。三是会员国中发展中国家的比例迅速提高，1950 年 17 个会员国中只有 6 个来自拉美、非洲和亚洲的发展中国家，到 2010 年发展中国家会员的比例已超过 75%。会员的迅猛发展，表明国际档案理事会越来越具有更广泛的代表性，在世界档案人员心目中越来越拥有崇高的威望。

（三）会徽（bedge）

1994 年以前，国际档案理事会一直采用护门神的头像作为会徽图案。如前所述，护门神具有双面头像，选用它作为会徽，寓意深刻。从档案事业的发展规律看，档案馆既要保存人们过去走过的“踪迹”，又要以今天的足迹警示后人，为此档案馆必须同时关注过去与未来。档案来源于机关的行政活动，又因其长久的历史和文化价值为社会各界利用，为此档案馆必须同时服务于行政和科学。护门神会徽正好可以形象地反映档案馆的上述双重特征。

1994 年 4 月，国际档案理事会执行委员会在瑞士伯尔尼举行会议，决定取消护门神会徽，改用新会徽（如图）。新会徽的整体图案是一个没有闭合的圆形，由两张人脸图案组成；图案边缘是人类社会曾经使用过的各种记录符号和记录手段，包括最初的象形符号，后来的拉丁字母，以及现代高科技社会中出现的集成电路块。

与原会徽相比，新会徽有着更丰富的内涵。护门神会徽虽能表达档案工作的神圣和特殊意义，但以神祇作会徽，难免会蒙上神秘色彩，形成时空距离，给人以遥远神秘、不可接近甚至封闭的感觉。这显然与国际档案组织在当前时代大力倡导档案开放和利用的精神不符，因此弃用护门神会徽是顺理成章的。新会徽构图采用不闭合的圆形，象征着档案工作不能封闭，必须开放和面向社会。新会徽通过象形符号、拉丁字母和集成电路块的集中使用，一方面表明人类社会中档案的记录形式和手段相当丰富，另一方面又寓示这些记录形式和手段还将伴随社会发展不断演变。新会徽中两张人脸互作呼唤状，不仅表明人类需要信息交流，而且寓示档案作为一种特殊文化和信息资源需要在国际范围内流通、交换和共享。可见，新会徽更深刻地揭示了现代社会档案工作的开放性特征和国际档案组织的宗旨。它反映出现代社会档案工作有着更新、更丰富的内涵，档案人员将面临更加美好、更加广阔的前景。

四、国际档案理事会的机构设置

国际档案理事会一贯重视内部机构的建设，迄今为止，它已建成了一个健全和完善的组织机构体系。这些机构密切配合，共同完成国际档案理事会的各项任务。它们可以分为四大类。

（一）领导机构（governing bodies）

理事会的领导机构包括五个——年度代表大会、执行委员会、管理委员会、项目委员会和审计委员会。

年度代表大会（annual general meeting）是国际档案理事会的最高决策机构，每年在国际档案大会或圆桌会议期间举行一次。参会者包括甲、乙类会员的代表，执委会委员，审计委员会委员，圆桌会议代表，项目委员会委员，专业委员会负责人，为了保证代表大会的广泛性，会章规定代表地域分布不能过于集中。年度代表大会负责决定理事会的战略方向和管理事宜，讨论档案大会和圆桌会议的提案，审核财政报告和审计报告，决定会员会费、会章修改、建立分支机构、荣誉会员推选等各种事宜。

执行委员会（executive committee）是常设领导机构，由会员代表大会选举产生。它在会员代表大会闭会期间享有最高领导权，通常每年召集一到两次会议，讨论与国际档案理事会有关的财政计划、会员的入会或退会、执行委员会的报告、与国际组织的合作、国际档案大会的筹备、活动计划和其他重要问题。执行委员会的人员组成比较庞大，包括国际档案理事会主席，两名副主席，下届国际档案大会东道国代表，地区分会主席，乙类、丙类和丁类会员的一名代表，秘书长，副秘书长，司库。根据会章规定，国际档案理事会主席、副主席、执行委员和司库均由代表大会选举产生，任期四年，一般不得连选连任。国际档案理事会主席一般由下届国际档案大会东道国档案界的最高领导人担任；副主席必须来自不同的两大洲，而且其中一名必须来自发展中国家；执行委员必须至少来自10个不同的国家，这是为了确保执行委员会的广泛代表性。

管理委员会（management commission）主要负责制订与实施国际档案理事会的专业与技术计划，监督国际档案理事会各专业处和委员会的活动，会同国际档案圆桌会议执行局进行对国际档案理事会的大会、会议和研讨会等专业内容的审定工作。该委员会由下列成员组成：国际档案理事会秘书长（任委员长）、司库、国际档案圆桌会议秘书、国际档案理事会副秘书长，以及国际档案理事会主席与执委会协商任命的不超过16名的委员。

项目委员会（programme commission）主要负责开展理事会的专业和技术项目，监督地区分会、专业处和专门委员会，其成员主要包括：国际档案理事会副主席（任委员会主席）、国际档案理事会秘书长和司库，以及国际档案理事会主席与执行委员会协商任命的不少于4名的委员，项目委员会的秘书由一位副理事长兼任。

审计委员会（audit commission）主要负责评估国际档案理事会项目的进展和成效，并负责评价国际档案理事会内外交流的成效。

此外，理事会日常事务由秘书处负责运作，包括与理事会各机构和会员沟通、与合作机构联系、操持理事会的各种会议。秘书处总部设在巴黎，由理事长领导。

（二）地区分会（regional branches）

国际档案理事会的地区分会是为促进发展中国家档案事业建设而成立的地区性国际档案组织。20 世纪 60 年代以来，许多第三世界国家加入了国际档案理事会，从此国际档案理事会的各项活动由欧洲扩大到世界各个地区。然而，各大洲档案工作的发展水平和要求不尽相同。鉴于此，国际档案理事会在 1964 年修改的会章中规定，在欧洲和北美以外的地区可以建立分会以加强合作，促进共同发展。

建立地区分会需要具备一定条件：第一，国际档案理事会在该地区的甲、乙类会员至少有半数以上属于这个地区分会；第二，任何希望参加地区分会的全国性档案机构必须首先是国际档案理事会的甲类会员；第三，地区分会的章程、工作计划和活动不得与国际档案理事会的章程和活动相矛盾；第四，地区分会的设立和重新建立，必须由国际档案理事会会员代表大会根据执行委员会的建议，经多数票批准。

近年来由于档案工作发展的需要，欧洲和北美地区也相继成立了地区分会。2000 年第十四届国际档案大会之后，欧洲以及欧亚地区建立了地区分会。到 2004 年第十五届国际档案大会，北美也经批准成立了地区分会。

迄今为止，国际档案理事会在全球先后建立了 13 个地区分会。

东南亚地区分会（Southeast Asia Regional Branch，SARBICA）于 1968 年建立，成员包括：印度尼西亚、马来西亚、菲律宾、新加坡、缅甸、柬埔寨、泰国、越南和老挝。

东非和南非地区分会（Eastern and Southern Africa Regional Branch，ESARBICA）于 1969 年建立，成员包括：博茨瓦纳、肯尼亚、莱索托、马拉维、莫桑比克、苏丹、斯威士兰、坦桑尼亚、乌干达、赞比亚、桑给巴尔和津巴布韦。

阿拉伯地区分会（Arab Regional Branch，ARBICA）于 1972 年建立，成员包括：阿尔及利亚、巴林、埃及、伊拉克、约旦、科威特、黎巴嫩、毛里塔尼亚、利比亚、摩洛哥、阿曼、卡塔尔、沙特阿拉伯、苏丹、叙利亚、突尼斯、阿拉伯联合酋长国和也门。

加勒比地区分会（Caribbean Regional Branch，CARBICA）原为 1965 年成立的加勒比历史协会，1975 年后改称现名。成员包括：阿鲁巴、巴哈马、巴巴多斯、伯利兹、百慕大、英属维尔京群岛、多米尼加、法属圭亚那、瓜德罗普、圭亚那、海地、牙买加、巴提尼克、蒙特塞拉特、安的列斯、波多黎各、圣·路西亚、圣·文森特、千里达-多贝哥、美属维尔京群岛。

西南亚地区分会（South and West Asian Regional Branch，SWARBICA）于1976年建立，成员包括：阿富汗、孟加拉国、印度、伊朗、尼泊尔、巴基斯坦和斯里兰卡。

西非地区分会（West Africa Regional Branch，WARBICA）于1977年建立，成员包括：贝宁、布基拉法索、佛得角、科特迪瓦、冈比亚、加纳、几内亚比绍、几内亚、利比里亚、马里、毛里塔尼亚、尼日尔、尼日利亚、塞内加尔、塞拉利昂和多哥。

太平洋地区分会（Pacific Regional Branch，PARBICA）于1981年建立，成员包括：萨摩亚、澳大利亚、贝劳、库克群岛、密克罗尼西亚、斐济、法属波尼西亚、关岛、夏威夷、基里巴斯、元帅岛、新加里东、新西兰、北马里亚斯群岛、巴布亚新几内亚、所罗门群岛、纽埃、托克劳、汤加、图卢瓦、瓦努阿图和西萨摩亚。

拉丁美洲档案协会（Asociation Latinoamericana de Archivios，ALA）于1982年建立，成员包括：阿根廷、玻利维亚、巴西、智利、哥伦比亚、哥斯达黎加、古巴、多米尼加共和国、厄瓜多尔、危地马拉、洪都拉斯、墨西哥、尼加拉瓜、巴拿马、巴拉圭、秘鲁、委内瑞拉、波多黎各、西班牙和葡萄牙。

中非地区分会（Central Africa Regional Branch，CENARBICA）于1982年建立，成员包括安哥拉、中非共和国、刚果、加蓬、卢旺达、圣多美和普林西比、乍得、刚果（金）。

东亚地区分会（East Asian Regional Branch，EASTICA）于1993年建立，成员包括：中国（包括香港和澳门）、日本、韩国、朝鲜、蒙古国。

欧亚地区分会（Eurasia Regional Branch，EURASICA）于2000年建立。

欧洲地区分会（European Regional Branch，EURBICA）于2001年建立，成员包括所有欧洲国家。

北美档案网（North American Archival Network，NAANICA）于2004年建立，成员包括美国和加拿大。

虽然上述地区分会是国际档案理事会的直属机构，受其约束，但它们都拥有较大的独立性和自主权。各地区分会可以每两年或三年召开分会会议、专业讨论会或座谈会，讨论本地区的各种专业问题。各分会的活动经费来自三个方面：一是联合国教科文组织和国际档案基金会的资助；二是各会员国缴纳的会费；三是各分会从其他渠道自筹的资金。这些地区分会的成立，不仅表明发展中国家在国际档案事务中日益发挥显著的作用，还有利于全球档案人员在地区特色的基础上，走联合与共同发展的道路。

（三）专业处（sections）

专业处是国际档案理事会为处理、研究和解决档案领域内的专门问题而成立的常设机构。其成员既可以是机构，也可以是个人，只要他们有着共同的兴趣，或从事着相似的专业活动。

目前，国际理事会一共设有 13 个专业处：

教育培训处（Section on Education and Training，SAE）；

公证文件临时处（Provisional Section on Notarial Records，SAN）；

建筑档案处（Section on Architectural Records ，SAR）；

工商档案处（Section on Business and Labour Archives，SBL）；

国际组织档案工作者处（Section on Archivists of International Organizations，SIO）；

教会和宗教档案处（Section on Archives of Churches and Religious Denominations，SKR）；

文学艺术档案临时处（Provisional Section on Literature and Art Archives，SLA）；

城市档案馆处（Section on Municipal Archives，SMA）；

文件管理和档案专业协会处（Section of Records Management and Archival Professional Associations，SPA）；

体育档案临时处（Provisional Section on Sports Archives，SPO）；

议会和政治团体档案处（Section on Archives of Parliaments and Political Parties，SPP）；

大学和研究机构档案处（Section on University and Research Institution Archives，SUV）；

印记学临时处（Provisional Section on Sigillography，SSG）。

（四）专门委员会（committees）

专门委员会是国际档案理事会主席任命的执行某项特殊任务的专家小组。目前，国际档案理事会一共设立了 16 个专门委员会：

鉴定委员会（Committee on Appraisal，CAP）；

温带地区档案馆建筑委员会（Committee on Archival Building in Temperate Climates，CAP）；

档案法律事务委员会（Committee on Archival Legal Matters，CLM）；

科学技术档案委员会（Committee on Archives of Science and Technology，CST）；

电子环境下现行文件档案委员会（Committee on Current Records in Electronic Environments，CER）；

纸质环境下现行文件委员会（Committee on Current Records in Traditional Environments，CCR）；

著录标准委员会（Committee on Descriptive Standards，CDS）；

信息技术委员会（Committee on Information Technology，CIT）；

文学艺术档案委员会（Committee on Literature Archives，CLA）；
口述史委员会（Committee on Oral Tradition，COT）；
展示与用户服务委员会（Committee on Outreach and User Service，COU）；
温带地区保管委员会（Committee on Preservation in Temperate Climates，CPTE）；
热带地区保管委员会（Committee on Preservation in Tropical Climates，CPTR）；
专业培训委员会（Committee on Professional Training，CPT）；
印章委员会（Committee on Sigillography，CSG）；
《Comma》编委会（Editorial Board）。

一般来说，专业处和专门委员会的成员均包括一名负责人、一名秘书和人数不等的委员，他们定期召集会议，研讨工作计划和活动进展情况，必要时还约请专家撰写相关论著。这些机构的设立是国际档案理事会机构设置更加健全和完善的重要体现。它们所开展的卓有成效的工作，不仅表明档案领域的研究更加深化、专门化和现代化，而且进一步推动了档案领域的国际合作。

第三节 国际档案合作的主要活动和项目

国际档案理事会组织开展的最主要活动是召集各种专业会议来进行业务交流和学术研究。其中，国际档案大会是规模最大、影响最广的综合性大会；国际档案圆桌会议是各国最高档案机构领导人定期会晤的一种会议形式。可以说它们是国际档案理事会的两项最具特色的活动。

一、国际档案大会

国际档案大会（International Congress on Archives）是国际档案理事会自1950年正式成立以来组织召开的世界性档案专业会议。起初每三年举行一次，到1956年第三届国际档案大会之后改为每四年召开一次。开会的时间和地点由国际档案理事会会员代表大会决定。国际档案理事会所有会员都可参加档案大会，联合国教科文组织、非会员国和其他组织也可派代表出席。

国际档案大会通常以目前各国档案工作共同面临的重大问题为中心议题进行讨论和交流。除此之外，大会还要接纳新会员，改选国际档案理事会的正、副主席和执行委员会委员，有时还要根据形势变化和工作需要修改会章。在大会期间，各专业处和专门委员会也可召集专业会议、讨论会和座谈会等。

历届国际档案大会的参加者都很多，近几届大会均多达上千人。会议文件一般以几种文字印发，全部会议记录在会后出版，使全世界档案工作者都有机会了解会议内容及结果，因此大会具有广泛的国际影响。

国际档案大会是国际档案理事会各项活动中规模最大、带有标志性的集学术研究、业务交流和会务决策于一体的综合性会议。它为各国档案工作者之间进行业务交流、讨论以及相互接触提供了良好的机会，同时也为大会东道国加强与各国档案工作者和档案机构之间的密切联系创造了有利条件。从某种程度上说，大会尤其对东道国的档案事业发展是一次良好的促进。大会关于档案专业问题的决议和建议具有权威性，尽管对成员国没有约束力，但对促进各国档案事业的发展具有积极的影响。

从 1950 年到 2004 年，国际档案理事会一共召开了 15 届国际档案大会。历届大会的基本情况和主要成就表现为：第一届国际档案大会于 1950 年 8 月 21—25 日在法国巴黎举行，来自 35 个国家和地区的 350 名代表参加了大会。这届大会主席是 1948—1950 年期间担任国际档案理事会主席的法国档案局名誉局长萨马兰。大会宣布国际档案理事会正式成立，通过了会章并确定了会徽。这届大会的议题有四个："对形成中的档案如何实行监督""档案与缩微照相""私人档案""档案参考资料出版物"。围绕这些议题，大会举行了四次全体会议。全体会议的程序是，在大会主席的主持下，围绕一个议题，交流一篇主报告和若干辅助报告；随后会议展开自由讨论，由报告人解答讨论中提出来的各种问题，最后由通讯员对会议进行总结。以后历届大会均如此。这届大会上，法国档案局局长布莱邦当选为国际档案理事会主席，两位副主席分别是美国的乌·格罗弗和荷兰王国档案总局局长格拉斯·温克尔。从此形成了国际档案理事会主席由大会东道国最高档案机构负责人担任的惯例。这届大会的主要贡献是宣告了国际档案专业组织的诞生，明确了国际档案理事会的性质和任务，为第二次世界大战后各国档案工作者的交往与合作奠定了良好的基础。

第二届国际档案大会于 1953 年 6 月 16—19 日在荷兰海牙举行，来自 37 个国家和地区的 300 多名代表出席了大会。这届大会举行了六次全体会议，分别讨论了"档案术语的统一""档案和查考资料""档案和美术史""历史档案陈列室""档案工作者的训练"和"可以携带出境的档案资料的交换"六个议题。会上，荷兰王国档案总局局长格拉斯·温克尔当选为国际档案理事会主席。这届大会的主要成就表现在三个方面：一是大会通过了关于成立《档案术语词典》编委会的提议，并最终促成 1956 年正式成立术语委员会，为日后出版《档案术语词典》做了良好准备。二是大会关于档案工作者培训问题的讨论，促使各国就档案工作者的知识结构和专业素质取得了共识。三是大会就可以携带出境的档案资料的交换问题所达成的协议，促进了档案资料的国际交流，为实现档案信息的全球共享打下了初步基础。这届大会是国际档案合作运动取得重大进展的一个标志。

第三届国际档案大会于 1956 年 9 月 25—29 日在意大利佛罗伦萨举行，参加大会的有 40 多个国家和地区的 600 多名代表。这届大会围绕"档案馆的新设备"

"永久保管的档案的鉴定"和"私人档案"三个议题，分别召开了三次全体会议。意大利国家档案馆总监利加多·菲朗捷里在会上当选为国际档案理事会主席。这届大会的重要成果有两点：一是大会交流了各国政府建造现代档案馆或档案库房的有益经验，就库房改建条件、馆址选择原则、库房设备要求等问题展开了热烈讨论，从而促进了各国建造和装备档案大楼的理论研究和实践工作。二是大会对私人档案的进一步讨论，使得各国更多地关注私人档案问题，有的国家在档案立法中增加了私人档案保管和保护的规定。这届大会正式通过决议，邀请我国加入国际档案理事会。

第四届国际档案大会于1960年8月17—20日在瑞典斯德哥尔摩举行，参加大会的有40多个国家和地区的480多名代表。这届大会的议题有三个："国家档案馆""1950年以来在档案修复、保管、照相复制等方面的新技术"和"档案与现代社会、经济的研究"。围绕这些议题，大会召开了三次全体会议。会上当选为国际档案理事会主席的是瑞典总档案馆馆长伊·安得逊，副主席分别是美国国家档案馆馆长乌·格罗弗和比利时总档案馆馆长萨比。这届大会的主要成就包括三点。第一，围绕"国家档案馆"议题展开的讨论，建立在对25个国家的国家档案馆的调查基础上，涉及档案馆的组织、领导、人员、馆藏、档案保管和保护、档案分类和编目、库房建设、技术应用等诸多方面，内容十分丰富。特别是对档案工作两种组织原则及其对档案馆影响的探讨，具有重要意义。第二，大会在调查基础上对新技术在档案保管、修复、照相复制等方面中的应用进行的讨论和交流，总结了各国档案保护、修复等领域内的新成就和成功经验，具有指导作用。第三，大会对档案与现代社会、经济研究关系的探讨，表明各国开始认识并重视档案对现代社会、经济发展所具有的重要价值。值得一提的是，依照上届大会向我国发出的邀请，我国派出三位代表以观察员的身份首次参加了国际档案大会，受到了与会代表的热情接待。大会还一致同意吸收我国作为国际档案理事会的甲类会员，但由于当时的国际国内形势，我国没有立即加入国际档案理事会。

第五届国际档案大会于1964年9月1—5日在比利时布鲁塞尔举行，来自50个国家和地区的580多名代表参加了大会。这届大会召开了五次全体会议，分别讨论了"档案分类的现代方法""档案工作中机械方法的引进和改进""档案出版物""教会档案"和"青年档案工作者：国家档案馆专业队伍中的'新兵'"五个议题。比利时国家档案馆馆长萨比在会上当选为国际档案理事会主席，墨西哥国家档案馆馆长伊·曼勒和西班牙档案和图书馆馆长米·麦斯当选为副主席。这届大会的主要成就有两个：一是修订了第一届国际档案大会制定的会章，决定在会员类型上增加名誉会员一类，以表彰那些在档案领域内作出过卓越贡献的专家学者或其他知名人士；二是讨论并肯定了来源原则的优越性，认为它也适用于现代文件的分类，这是继1910年布鲁塞尔大会首次确定该原则为档案专业的基本原则之后，国际档案界对来源原则的再次肯定。这届大会还有两个突出特点：一是与会代表具有浓厚的"欧洲色彩"，580多名代表中只有39名来自欧洲以外的国家和地区。二是具有明显的东西方“冷战”痕迹，表现是原民主德国拒绝参加大会。

第六届国际档案大会于 1968 年 9 月 3—7 日在西班牙马德里举行，来自 42 个国家和地区的 477 名代表出席了大会。这届大会的议题有三个：“档案开放与缩微复制政策自由化”“抢救与修复遭受 1966 年 11 月 4 日洪水灾害的意大利档案遗产”和“机关现行文件的管理”。围绕上述议题，大会举行了三次全体会议。会上当选为国际档案理事会主席的是西班牙档案和图书馆馆长卢·贝尔达。这届大会的贡献在于三个方面。第一，对促进各国档案开放、减少利用限制的规定起到了重要作用，这是继 1966 年华盛顿特别国际档案大会之后，国际档案界就档案利用和开放问题采取积极促进措施的又一重要表现。第二，对各国预防灾害、抢救和修复档案提出了指导性意见，提高了各国档案人员的安全意识，以确保档案遗产免遭毁灭性损失。第三，对加强管理机关现行文件，保证进馆档案质量提出了有效建议，为文件管理机构的推广创造了有利条件。

第七届国际档案大会于 1972 年 8 月 22—25 日在苏联莫斯科举行，来自 62 个国家和地区的 1 057 名代表出席了大会。这届大会举行了四次全体会议，议题分别是“国家档案馆与机关档案室之间的相互关系和继承性”“新技术在档案馆的应用”“为学者编制查考工具”和“档案工作者的国际合作和对发展中国家档案馆提供援助”。苏联档案管理总局局长菲利普·多尔吉赫在会上当选为国际档案理事会主席。这届大会主要取得了三个方面的成果：一是提出建立文件中心的必要性，并介绍了英、法和苏联等国的成功经验，对各国具有启发作用。二是研讨了向发展中国家档案馆提供援助的多种途径，批准设立“国际档案发展基金”，从而有利于发展中国家档案事业的发展。三是制订了建立地区性档案培训中心的计划，为培训发展中国家的档案人员，提高其专业素质和技能作出了积极贡献。根据这一计划于 20 世纪 70 年代在非洲建立的英语国家和法语国家两个地区培训中心所取得的突出成绩，充分证明了这一点。此外，这届大会还首创了“会前研讨会”作为新型培训方式，目的是通过研讨加强对发展中国家档案人员的培训。

第八届国际档案大会于 1976 年 9 月 27 日—10 月 1 日在美国华盛顿举行，来自 77 个国家和地区的 1 400 多名代表出席了大会。这是国际档案大会第一次在欧洲以外的国家举行，突破了过去只在欧洲国家召开国际档案大会的惯例。这届大会召开了四次全体会议，分别讨论了“文件管理与鉴定”“档案工作中的技术进步”“不断增长的档案用户”和“第三世界国家档案机构的扩展”四个议题。会上当选国际档案理事会主席的是美国国家档案与文件局局长詹姆斯·罗兹，副主席分别是印度的普雷塞德和英国的艾德。这届大会的重要成果表现在：一是大会探讨了新技术对档案工作的影响，提出了许多适应新技术发展要求的设想和建议，很有参考价值。二是大会进一步促进了各国档案的开放，促使不少国家开始接受互补性档案的协调利用原则。三是大会进一步讨论了对第三世界国家档案工作的协助活动，并在修订后的会章中提出国际档案理事会的一名副主席必须来自发展中国家，从而更有利于第三世界国家发展档案工作。

第九届国际档案大会于 1980 年 9 月 15—19 日在英国伦敦举行，参加大会的有 80 多个国家和地区的 900 多名代表。这届大会首次确立了中心议题“档案的利用”，开创了以后历届大会均确立一个中心议题的先例。为了全面探讨中心议题，大会召集的前三次全体会议分别就“档案的学术利用”“档案的实际利用”和“档案的普遍利用”等问题展开了热烈的讨论。此外由于这届大会恰逢国际档案理事会成立 30 周年，因此还专门安排了第四次全体会议讨论“国际档案理事会的成就和未来”，总结国际档案理事会 30 年来的工作和活动情况，展望理事会的未来发展前景。英国公共档案馆馆长马勃斯在会上当选为国际档案理事会主席，印度的马蒂妮和原联邦德国的布姆斯当选为副主席。这届大会主要探讨了适应社会和文化发展趋势而形成的档案利用的三种类型——档案的学术利用、实际利用和普遍利用，对各国档案利用服务实践经验作了理论概括，有助于各国针对不同利用类型的特点，采取有效服务措施，促进利用工作的发展。这是国际档案界首次对档案利用类型所作的明确划分，对档案利用理论的发展和深化作出了重要贡献。必须指出的是，这届大会是我国于 1980 年正式加入国际档案理事会后第一次参加的国际档案大会，原国家档案局副局长李凤楼在会上当选为理事会执行委员会委员。从此，我国更加积极地参与国际档案活动，开始在国际档案领域中享有一席之地。

第十届国际档案大会于 1984 年 9 月 17—21 日在原联邦德国波恩举行，出席大会的有 120 多个国家和地区的 1 100 多名代表。大会的中心议题是“对档案馆的挑战——日益繁重的任务及有限的资源”。这届大会举行了三次全体会议和一次特别会议。第一次会议提出了上述中心议题，第二次、第三次会议分别回答了如何应付档案馆面临的挑战。特别会议的议题是“交换档案资料复制件的国际联合行动”。原联邦德国档案馆馆长布姆斯当选为国际档案理事会主席，副主席分别由法国的法维尔和津巴布韦的坎巴女士担任。这届大会集中探讨了新形势下各国档案馆共同面临的新挑战，与会代表通过讨论达成共识：在人、财、物资源有限的条件下，档案应充分挖掘潜力，加强自身的有效管理，推广应用先进技术，加强档案工作人员的专业培训，来应付社会发展带给档案馆的诸多挑战。这些共识对各国均有重要的启发作用。这也反映出国际档案界根据档案领域形势的发展变化，及时探讨各国档案馆共同关注而且又必须面对的业务问题和专业挑战，集思广益，以尽早找出解决问题的有效途径和方法。

第十一届国际档案大会于 1988 年 8 月 22—26 日在法国巴黎举行，来自 110 多个国家和地区的 2 000 多名代表参加了大会。大会的中心议题是“新型档案材料”。这届大会举行了四次全体会议，前三次会议的议题分别是“新型档案材料的形成和收集原则”“新型档案材料的保护”和“新型档案材料的开发和利用”。第四次会议以“国际档案理事会的今天和明天”作为议题。会上当选为国际档案理事会主席的是法国国家档案局局长法维尔，副主席是加拿大的让·瓦洛和墨西哥的莫纳特里奥。这届大会针对由于档案制成材料和记录手段的日益丰富，各国档案工作者相应面临着新挑战和要求更高的新形势，集中讨论了新型档案材料的收集、保护、开发和利用等一系列问题，反映出国际档案界研究领域的日益专门化、细分化和深化。大会的讨论结果和建议很有指导和参考价值。此外，这届大会就“国际档案理事会的今天和明天”展开的讨论，不仅推动国际档案理事会迈向又一个新的高度，而且促使与会代表一致通过了一份建议书，呼吁全球档案工作者勇敢承担起应付新型档案材料挑战的责任，并将新型档案材料视为档案遗产的重要组成部分之一，切实做好对其的有效管理、保护和提供利用。

第十二届国际档案大会于 1992 年 9 月 6—11 日在加拿大蒙特利尔举行，来自 125 个国家和地区的 2 500 多名代表参加了大会。大会的中心议题是“信息时代与档案工作者”。围绕这一主题，大会举行了四次全体会议，交流了四篇主报告和 17 篇辅助报告。其中，四篇主报告分别是：《从职业到专业：档案工作者的职业特性》《档案标准的实施：信息时代的一种工具》《档案教育：做好专业准备以适应 21 世纪社会的需要》和《档案体制：共同为社会服务》。会上当选为国际档案理事会主席的是加拿大国家档案馆馆长让-皮埃尔·瓦洛。这届大会的研讨成果主要在于，面对人类社会已经进入信息时代的发展现实，与会代表一方面就档案工作者的任务达成了共识，即档案工作者不仅必须保管好传统的纸质档案，其工作还必须扩展到对电子文献信息的有效保管与保护；另一方面对档案人员专业培训的认识也进一步深化了，大会认为档案人员只有适应信息时代的要求不断更新和调整培训内容，才能昂首跨进 21 世纪。此外，在这届大会期间还举办了“档案自由论坛”和“加拿大档案沙龙”，这些都是东道国加拿大的创举。自由论坛是一种灵活而随意的交流形式，它一般是针对档案领域中的新发展、新问题，甚至是非常敏感或有争议的问题，由与会代表自由发言，进行讨论和交流。它是对大会研讨的有力补充。“加拿大档案沙龙”的目的是加大宣传加拿大档案工作的力度。它围绕公共计划、文件管理、档案处理、档案著录规则、档案自动化和光盘技术、档案保护、档案建筑与设备、档案机构、专业协会、专业培训等八个主题，向与会者介绍加拿大档案工作的最新进展。档案沙龙取得了很大成功，为本届大会增色不少。

第十三届国际档案大会于 1996 年 9 月 2—7 日在中国北京举行，来自 130 个国家和地区的 2 600 多名代表参加了大会。本届大会从一开始就备受世界瞩目。首先，因为它是 20 世纪举行的最后一届大会，肩负回顾历史、展望未来的重要使命，使档案事业的历史与未来在此百年一遇的庄严时刻相交接。其次，中国被确定为这届大会的主办国，意义更是非同寻常。因为这开创了国际档案大会史上的两个“第一”——第一次在亚洲国家举行，第一次由发展中国家充当主办国。古老神秘而又充满魅力的东方文化，悠久的档案工作历史，庞大的档案人员队伍，都为主办国增加了吸引力。最后，更令人称道的是，这届大会的中心议题定为“本世纪末的档案工作——回顾与展望”。这一主题的跨度之大、内涵之深和外延之广，在历届大会中首屈一指。从纵向来看，它纵贯古今，回顾和总结了各国档案事业发展历程和国际档案界百年合作史；从横向而言，它横跨东西，阐述了中外档案理论与实践的演变及相互影响，展望了新世纪档案工作的发展趋势和美好前景。百年一遇的时机，富于首创意义的主办国，博大深远的主题，使本届大会成为世界档案发展史册中的光辉篇章。

围绕中心议题，这届大会召开了四次全体会议，分别讨论了“自 1910 年布鲁塞尔大会以来国际档案界的合作”“档案立法、档案机构和档案基础建设的连续性与变化”“自 1898 年《荷兰手册》出版以来档案理论与实践的相互影响”和“现代技术对档案和档案工作的影响”四个议题。会上当选为理事会主席的是中国国家档案局局长王刚。这届大会的主要成果在于，通过历史回顾与前景展望的有机结合，将各国档案人员的视野从 20 世纪的档案工作延伸到新世纪的信息管理领域，为他们适应未来社会发展变化作好理论与实践准备。具体表现有四点。第一，展示了国际档案合作的百年进程，坚持将国际档案理事会视为新世纪各国档案工作的领导力量。第二，总结了档案立法、机构和基础建设的百年变迁，反映出它们作为国家档案工作的三大基石所具有的牢固的支撑作用。第三，系统阐述了档案学理论的百年演变，成功地提出了其发展的未来模式，为档案学迎接电子文件时代的挑战打下了坚实的理论基础。第四，清醒地认识到信息技术对档案领域的巨大冲击，指出新世纪档案工作将追赶信息技术的发展步伐，在辩证坚持本专业核心原则的基础上借助高科技的翅膀飞上更高的蓝天。

第十四届国际档案大会于 2000 年 9 月 21—26 日在西班牙的塞维利亚举行，来自 150 个国家和地区的 3 000 多名代表参加了大会。这是新千年的第一次国际档案大会，主题是“新千年与信息社会中的档案”。大会的主要成果在于，在宏大的主题之下，围绕“全球范围内电子文件管理的利用”“档案学科的发展”“档案在休闲社会中的作用”等多个议题进行广泛而深刻的研讨。与会代表清醒地认识到技术进步和社会变革带给档案工作的严峻挑战，一致认为应树立一种积极“应战”的态度，以拓展的职能、开放的工作方式和先进的技术手段来打造新千年档案工作的美好明天。

第十五届国际档案大会于 2004 年 8 月 23—29 日在奥地利的维也纳举行，来自 116 个国家和地区的 2 000 多名代表参加了大会。大会围绕“档案、记忆与知识”这一主题，按照“档案与记忆”“档案与知识”“档案与社会”三个议题分别展开了研讨和交流。在“档案与记忆”议题中，讨论了记忆的概念、记忆丢失的风险、虚拟记忆保存等内容；在“档案与知识”议题中，讨论了档案专业发展、档案与科学研究等内容；在“档案与社会”议题中，讨论了社会服务、宣传与利用、法律问题等内容。大会的主要成果在于，与会代表通过研讨和交流，将档案与社会记忆、知识社会紧密地关联起来，深刻地认识到档案作为社会记忆的重要价值，档案在推动知识经济发展和实行知识管理中的重要作用，使档案专业的发展方向和研究视角更加广阔。

第十六届国际档案大会于 2008 年 7 月 21—27 日在马来西亚的吉隆坡举行，主题是“档案、治理与发展：绘制未来社会的蓝图”。大会对档案、治理和发展分别进行了主题阐述，在每个主题下明确了重点议题。档案主题指向专业领域——文件和档案管理，重点议题包括电子文件、保管、文件利用的影响因素、口述史/声像档案、标准；治理主题指向行政领域，重点议题有档案人员在电子政府中的角色定位、档案人员与其他专业的联合、公众对档案价值的认识、档案与政权的关系；发展主题以专业教育为基点，重点议题包括档案在政治、经济和社会发展中的作用，档案教育核心课程，档案教育方式方法革新等。

第十七届国际档案大会于 2012 年 8 月 20—24 日在澳大利亚昆士兰州首府布里斯班举行。来自 92 个国家和地区的 1 206 名代表参加了大会，其中中国代表 32 名。此次大会的主题是中心主题与分主题相结合。中心主题是变化的环境。分主题有三，分别是可持续性、信任和身份认同。大会分别就中心主题和分主题进行阐释，中心主题主要是“基于对纸质、胶片、声像或数字形式的档案进行管理、保存和利用的需要，档案人员和信息管理专业人员面临挑战和变化”，“挑战和变化”正是当下时代和环境的主要特点。大会对分主题的解释较为详细，其中对“可持续性”解释为：为后代长远利益而保存档案是档案工作的核心。我们是否拥有履行该使命的能力和实力？能否让档案在数字时代延续？可持续性既涉及保存传统馆藏档案，也包括保存现行文件。在当下气候变化异常和人为灾难频发的世界，档案保存面临的挑战只会越来越大。最后，可持续性还表现为档案职业在信息社会一波又一波技术浪潮的冲击下如何保持可持续发展并与时俱进。对“信任”解释为：档案以提供真实、可靠、可信及有价值的信息，来辅助善治良政和问责制度。档案信息管理人员通过倡导职业道德和程序、制定标准以及创立国际认可的方法和实践，表明其对档案科学的承诺。档案馆怎样做才能获得信任？人们有哪些期待？能否把这些期待上升至更高标准？如果档案馆未能履职将对治理和问责产生怎样的影响？对“身份认同”的阐释为：档案不仅以身份证件这种显见方式提供组织和个人的身份凭证，还借助其内含信息提供特定时刻或整个时期的集体记忆、群体故事以及个人身份，帮助社会与其遗产建立联系，帮助人们维护自身权利。档案人员自身也拥有一个由自我觉醒到社会认同的身份认定过程。随着 21 世纪档案特点的变化和社会变迁，档案人员的传统角色也在逐渐演变和发展，档案人员的职业身份，无论内在还是外在，都在经历变化。我们需要强化档案人员和信息管理人员的价值和社会影响力。

第十八届国际档案大会于 2016 年 9 月 5—10 日在韩国首尔举办。会议主题是“档案、和谐、友谊”，包括 8 个方面：数字时代的档案文件管理；档案行业内外的合作；利用档案文件维护公正、宣传正义和实现和解；全球档案界的和谐与友谊；档案文化和社会多样性与和谐；韩国档案文件管理工作；新入行的档案工作者；2012 年以来国际档案理事会取得的成就。

二、国际档案圆桌会议

国际档案圆桌会议（International Round Table Conference on Archives）是各国最高档案机构领导人定期会晤的会议形式。1953 年，时任国际档案理事会主席的法国档案局局长布莱邦提出了在每届国际档案大会闭会期间召开国际档案圆桌会议的建议，这项建议得到各国档案界领导人的响应，1954 年 4 月在巴黎举行了第一次国际档案圆桌会议。在 1956 年召开的第三届国际档案大会上，各国档案领导人肯定了圆桌会议是一种交换意见的好形式，并一致同意从 1957 年起，在不召开国际档案大会的年份，每年举行一次圆桌会议。1964 年第五届国际档案大会决定将国际档案圆桌会议作为国际档案理事会的下属机构，由理事会的一名副主席直接领导，但允许其保持一定的独立性。

根据会章规定，参加圆桌会议的代表必须是理事会的甲类会员，一般限于各国国家档案馆的最高负责人、各国全国档案专业协会的负责人和理事会各专业处的主席。圆桌会议设有执行局，由主席、副主席、秘书、理事会执行秘书和下次会议东道国的一名代表组成，每四年改选一次。执行局负责日常行政和财务管理工作、会议文件集的编辑出版以及会议的筹备工作。

虽然与国际档案大会相比，国际档案圆桌会议的规模较小，但参加会议的人数也随着国际档案理事会甲类会员的增多逐年上升。1954 年第一届国际档案圆桌会议上，与会者只有来自 8 个国家的 18 名代表；到 2007 年举行第 40 届国际档案圆桌会议时，60 多个国家的与会代表已达 200 人。国际档案圆桌会议主要讨论各国档案界共同关心的重大业务问题，对发展档案学理论和档案工作起到了积极的推动作用。

到 2011 年为止，国际档案理事会一共举行了 43 次圆桌会议。历届会议的基本情况概述如下：

第一届国际档案圆桌会议于 1954 年 4 月 1—5 日在法国巴黎举行，来自 8 个国家的 18 名代表参加了会议。主要议题有：“档案与初级、中等和高等教育”，“档案复制品在教学中的应用”，“档案博物馆的文献展览”。

第二届国际档案圆桌会议于 1955 年 4 月 25—27 日在比利时那慕尔举行，来自 12 个国家的 31 名代表参加了会议。主要议题有：“档案的形成”，“档案员监督文件处置的职责”，“文件归档与销毁”。

第三届国际档案圆桌会议于 1957 年 5 月 23—25 日在原南斯拉夫萨格勒布举行，来自 16 个国家的 20 名代表参加了会议。主要议题有：“档案馆的任务”，“国家机构的内部档案库”，“档案工作者在国家中的地位”。

第四届国际档案圆桌会议于 1958 年 5 月 20—22 日在联邦德国威斯巴登举行，来自 22 个国家的 29 名代表参加了会议。主要议题有：“档案应用的新范围”，“档案与现代经济、文学和地理学”。

第五届国际档案圆桌会议于 1959 年 6 月 2—10 日在葡萄牙里斯本举行，来自 21 个国家的 37 名代表参加了会议。主要议题有：“档案为历史研究服务”，“档案馆工作计划”，“档案阅览室”。

第六届国际档案圆桌会议于 1961 年 5 月 16—19 日在波兰华沙举行，来自 25 个国家的 45 名代表参加了会议。主要议题有：“档案的国际合作”，“档案的国际归属原则”，“档案馆与各国、国际组织的关系”。

第七届国际档案圆桌会议于 1962 年 5 月 28—31 日在西班牙马德里举行，来自 24 个国家的 45 名代表参加了会议。主要议题有："档案的定义和范围"，"档案馆与图书馆、行政机关的关系"。

第八届国际档案圆桌会议于 1963 年 6 月 12—15 日在匈牙利布达佩斯举行，来自 22 个国家的 45 名代表参加了会议。主要议题有："档案与土地史"，"建筑档案馆的新发展"。

第九届国际档案圆桌会议于 1965 年 4 月 20—23 日在英国伦敦举行，来自 25 个国家的 53 名代表参加了会议。主要议题有："档案馆建筑"，"档案的现代化处理"，"国际档案圆桌会议的职能"。

第十届国际档案圆桌会议于 1967 年 5 月 9—17 日在丹麦哥本哈根举行，来自 25 个国家的 56 名代表参加了会议。主要议题有："档案调卷自动化中的问题"，"档案复制件的法律地位"，"档案所有权的新发展"。

第十一届国际档案圆桌会议于 1969 年 9 月 23—27 日在罗马尼亚布加勒斯特举行，来自 24 个国家的 39 名代表参加了会议。主要议题有："地方行政机关档案馆"，"档案文件的修复"。

第十二届国际档案圆桌会议于 1970 年 8 月 31 日—9 月 3 日在巴勒斯坦耶路撒冷举行，来自 19 个国家的 48 名代表参加了会议。主要议题有："档案出版问题"，"档案馆的使命和档案工作者的奋斗目标"。

第十三届国际档案圆桌会议于 1971 年 9 月 13—16 日在联邦德国波恩举行，来自 23 个国家的 69 名代表参加了会议。主要议题有："档案与信息"，"国际组织的档案问题"。

第十四届国际档案圆桌会议于 1973 年 5 月 15—18 日在比利时卢森堡举行，参加会议的代表有 60 名。主要议题有："档案馆保存印章、纹章和行政符号问题"，"档案馆的预算问题"。

第十五届国际档案圆桌会议于 1974 年 10 月 7—10 日在加拿大渥太华举行，来自 34 个国家的 67 名代表参加了会议。主要议题有："档案馆的国际联系"，"修订国际档案理事会会章问题"。

第十六届国际档案圆桌会议于 1975 年 9 月 2—5 日在苏联基辅举行，来自 35 个国家的 120 名代表参加了会议。主要议题有："档案与国际法"，"档案员的培训与晋升问题"，"文学和艺术档案"。

第十七届国际档案圆桌会议于 1977 年 10 月 5—8 日在意大利卡利亚里举行，来自 46 个国家的 86 名代表参加了会议。中心议题是"国际档案遗产的建立和修复"。

第十八届国际档案圆桌会议于 1978 年 10 月 10—13 日在肯尼亚内罗毕举行，来自 38 个国家的 69 名代表参加了会议。中心议题是"档案馆与行政机关的关系准则"。

第十九届国际档案圆桌会议于 1979 年 11 月 5—8 日在瓜德罗普岛举行，来自 34 个国家的 56 名代表参加了会议。主要议题有："行政机关的档案部门"，

"国家档案馆发展规划"。

第二十届国际档案圆桌会议于1981年9月4—7日在挪威奥斯陆举行，来自45个国家的77名代表参加了会议。中心议题是"向利用者提供档案信息和咨询服务"。

第二十一届国际档案圆桌会议于1982年12月在马来西亚吉隆坡举行，来自36个国家的87名代表参加了会议。中心议题是"缩微档案的政策"。

第二十二届国际档案圆桌会议于1983年10月17—20日在捷克斯洛伐克布加迪斯拉发举行，来自38个国家的94名代表参加了会议。主要议题有："档案工作者如何对付现代文件的膨胀"，"文件管理和鉴定的一般原则"，"文件抽样法"，"档案查找工具"。

第二十三届国际档案圆桌会议于1985年10月24—28日在美国奥斯丁举行，来自45个国家的85名代表参加了会议。中心议题是"档案利用和保护私人机密"。

第二十四届国际档案圆桌会议于1986年9月16—19日在芬兰赫尔辛基举行，中心议题是"档案的集中和分散保存问题"。

第二十五届国际档案圆桌会议于1987年9月21—25日在意大利加登纳举行，来自46个国家的111名代表参加了会议。中心议题是"档案遗产的保护政策"。

第二十六届国际档案圆桌会议于1989年10月2—5日在西班牙马德里举行，来自67个国家的130名代表参加了会议。中心议题是"国家/联邦档案馆的体制、问题及展望"。

第二十七届国际档案圆桌会议于1990年9月25—28日在联邦德国德累斯顿举行，来自60个国家的133名代表参加了会议。中心议题是"保护自然和文化遗产并为社会服务是档案工作者的神圣使命"。

第二十八届国际档案圆桌会议于1991年10月在荷兰哈勒姆举行，来自50个国家的122名代表参加了会议。中心议题是"为档案服务争取更多的财力"。

第二十九届国际档案圆桌会议于1993年9月22—24日在墨西哥的墨西哥城举行，来自49个国家的90名代表参加了会议。中心议题是"档案馆在政府战略策略中的作用"。

第三十届国际档案圆桌会议于1994年在希腊萨洛尼卡举行，来自81个国家的149名代表参加了会议。中心议题是"档案遗产的争端"。

第三十一届国际档案圆桌会议于1995年在美国华盛顿举行，中心议题是"战争、档案和国际礼让"。

第三十二届国际档案圆桌会议于1997年在英国爱丁堡举行，来自60多个国家的120多名代表参加了会议。中心议题是"信息的利用——法律问题"。

第三十三届国际档案圆桌会议于1998年在瑞典斯德哥尔摩举行，中心议题是"信息的利用——技术挑战"。

第三十四届国际档案圆桌会议于1999年在匈牙利布达佩斯举行，中心议题是“信息的利用——保护状况”。

第三十五届国际档案圆桌会议于 2001 年 10 月 10—13 日在冰岛的雷克雅未克举行，来自 70 多个国家的 186 名代表参加了会议。中心议题是“现代社会档案的收集与鉴定”。

第三十六届国际档案圆桌会议于 2002 年 11 月 13—15 日在法国马赛举行，来自 83 个国家的 237 名代表参加了会议。中心议题是“社会怎样认识档案”。

第三十七届国际档案圆桌会议于 2003 年 10 月 21—25 日在南非开普敦举行，来自 70 个国家的 168 名代表参加了会议。中心议题是“档案与人权”。

第三十八届国际档案圆桌会议于 2005 年 11 月 27—29 日在阿拉伯联合酋长国阿布扎比举行，来自 74 个国家的 155 名代表参加了会议。议题包括“档案文件对于善治和发展的极端重要性”，“跨国公司、政府组织间以及国际非政府组织在全球化进程中的社会责任”，“吸取全球重大事件的经验教训、应对未来挑战”。

第三十九届国际档案圆桌会议于 2006 年 11 月 21—23 日在荷属安的列斯的库拉索岛举行，来自 77 个国家的 200 余名代表参加了会议。中心议题是“通过全球化分享记忆”。

第四十届国际档案圆桌会议于 2007 年 11 月 11—17 日在加拿大魁北克举行，参加会议的有来自 66 个国家的近 200 名代表。中心议题是“合作以保持多元化”。

第四十一届国际档案圆桌会议于 2009 年 11 月 17—21 日在马耳他圣朱利安斯地区举行。中心议题是“想象 21 世纪的档案工作者：新的教育和培训政策”。

第四十二届国际档案圆桌会议于 2010 年 9 月 14—17 日在挪威奥斯陆举行。中心议题是“信息与利用：数字时代文件与档案管理的挑战”。

第四十三届国际档案圆桌会议于 2011 年 10 月 25—28 日在西班牙托莱多举行。中心议题是“数字世界里档案生命的保护：21 世纪的档案保管”。

三、国际档案理事会年会

2012 年国际档案理事会决定取消国际档案圆桌会议，改为国际档案理事会年会，在不召开国际档案大会的年份，每年举办一次年会，参会对象不再局限于圆桌会议的代表，而是面向所有的档案同行。

国际档案理事会首届年会于 2013 年 11 月 23—24 日在比利时布鲁塞尔举行，会议主题是“责任感、透明度和信息利用”。

国际档案理事会第二届年会于 2014 年 10 月 13—15 日在西班牙赫罗纳举行，会议主题是“档案与文化产业”。

国际档案理事会第三届年会于 2015 年 9 月 28—29 日在冰岛雷克雅未克举行，会议主题是“档案——证据、安全和人权：确保信息可靠”。

四、主要项目

国际理事会在联合国教科文组织的支持和协作下，开展了一系列的档案项目。其中规模和影响较大的主要有以下四个项目。

（一）文件与档案管理项目（Records and Archives Management Program，RAMP）

这一项目是由联合国教科文组织与国际档案理事会共同主持开展的，始于1979年，到目前已经持续了近30年。国际档案理事会组织各国专家、学者对档案与文件管理状况进行调查研究，用以介绍各国的实际情况和发展经验，比较各自特点和优劣。国际档案理事会定期将调研报告结集出版，目前已出版了150余部。中国档案出版社1990年出版的《文件与档案管理规划报告选编》和1995年出版的《现代档案与文件管理必读》就是RAMP的论文选集。20世纪90年代至今，RAMP的关注焦点包括：警察（治安）档案管理准则、档案著录标准、20世纪战争和国家解体引发的有争议的档案处置、档案利用规则、数据保护、电子文件等。

（二）世界记忆工程（World Memory Project）

国际档案界过去多把档案视为“历史遗产”或“文化遗产”，20世纪90年代以来转而把档案定位为“世界记忆”，这表明了各国对档案性质、地位和作用认识的深化。联合国教科文组织与国际档案理事会联手发起世界记忆工程，目的主要在于保护档案，延续人类的历史。目前项目的重点放在一些国家、地区和国际组织的重要档案或珍贵手稿的保护上。其中我国提出的西藏档案保护项目，以及俄罗斯提出的圣彼得堡档案保护项目、非洲历史档案的保护等都是世界记忆工程的重点项目。

（三）蓝盾计划（Blue Shield Program）

蓝盾计划是国际档案理事会参与的一项国际活动，总体目标是在发生武装冲突或自然灾害的情况下采取措施，保护文化遗产，并协调相关国际事务。“蓝盾”的名字源于1954年制定的《海牙公约》，是为文化遗产确定的标志符号。蓝盾计划涉及一系列与文化遗产有关的组织，包括国际博物馆理事会、国际古迹遗址理事会、国际图书馆协会联合会、国际档案理事会等。国际档案理事会于1998年11月在斯洛文尼亚的兰登西主办了一次研讨会，来自12个国家的代表接受了蓝盾计划培训。研讨会主题是面对武装冲突和自然灾害如何保护文化遗产，与会代表来自博物馆、档案馆、图书馆和历史协会。研讨会讨论了几起典型案例，如原南斯拉夫的战争破坏、波兰的洪水灾害、意大利的地震灾害等对文化遗产的毁灭性破坏，要求制定相关国际法规。同时以比利时为例，探讨制定相关准则。会后发表了《兰登西宣言》，提出四点呼吁。一是无论是在正常还是意外情况下，都要保护和尊重文化遗产。二是评估并减少风险，增强面对灾难的反应能力。三是相关机构加强抗险准备和管理。四是在紧急情况下，博物馆、档案、图书和历史部门的人员加强协作。

（四）气候史档案调查项目（Archival Survey for Climate History）

近年来全球气候的一些异常现象引起了气象学家们的关注。他们希望收集过去的气象资料进行研究，以求找到全球变暖的原因。气象档案正好能满足他们的需要。为此，世界气象组织、联合国教科文组织水文科学处与国际档案理事会联合制定了“气候史档案调查项目”，目的是从档案资源中获取相关的世界气候史知识，特别是挑出那些记载有天气异常变化的气象资料，为气候研究提供参考。目前，该项目的重点集中在中美洲和南美洲的气候史资料，用以帮助研究“厄尔尼诺”“拉尼娜”现象的成因和对策。据网上介绍，该项目小组在墨西哥和古巴的国家档案馆的研究十分成功，下一步将在厄瓜多尔、哥伦比亚、秘鲁和智利等国家继续进行研究。

（五）近期项目

根据国际档案理事会网站的最新资料，目前影响较大的专业项目主要有五个：

非洲项目（Africa Programme）。2012 年理事会针对非洲设定专业项目，主要用于支持非洲发展文件保管能力；支持非洲档案工作者和文件管理者的需要；支持理事会非洲各分会的策略目标和特权；支持非洲档案教育的发展。

电子文件保管项目（Digital Recordkeeping Programme）。理事会不会干涉专业或地区的发展和每个国家的档案保管项目，它是站在一定高度认同和支持专业人员的创新，并作为协调者给予最大便利。该项目贯穿电子文件的生成、维护、鉴定和长期保存等过程，内容包括数字保存的真实性、电子文件保管和归档工具。项目活动包含专业会议、调研以及与成员分享经验和新发现。

应急管理项目（Emergency Management Programme）。项目涵盖了许多方面，像防治、危机管理及修复等。项目的主要目标是协调相关部门的行动和交流领域内的实践经验。在灾难发生和档案资料受到重创时增强专业人员的主动性和档案界的团结。

良治项目（Good Governance Programme）。项目的目标是提供一套资源增强机构的能力，使档案部门帮助政府管理部门提高文件保管能力；提升理事会作为组织发展的可信伙伴的形象。全球最好的保管实践方法是跨国集中指导，减少重复和不必要的成本。这将会有效且经济地使用人力和财政资源。

新一代专业人员项目（Young and New Professionals Programme）。项目的目标是辅助新一代档案专业人员完善自身知识结构，鼓励他们积极参与理事会的所有活动，为实现理事会提升档案专业能力战略目标打下坚实基础。

第四节
国际档案合作的主要成就

国际档案理事会的主要成就包括两个方面：一是工作成就，二是理论贡献。

一、工作成就

国际档案理事会成立以来，内部机构日益健全，会员队伍不断壮大，活动领域日益扩展，已在国际舞台上树立了良好的形象。由于各会员国的共同努力，加上有关国际组织的支持与协助，国际档案理事会为各国档案事业的共同发展做了大量工作，取得了显著成绩。概括起来，其工作成就主要表现在四个方面。

（一）促进了各国档案机构和档案人员之间的交流与合作

按照国际组织开展活动的惯例，国际档案理事会促进交流与合作的活动方式主要有三种：一是通过会议形式，即召开国际档案大会、圆桌会议、特别会议以及各种专业会议进行研讨和交流；二是通过各种出版物，包括论著、手册、报告、杂志、会议记录和通报等来交流和推广研究成果和工作经验；三是通过广泛发放调查表或实地考察等形式开展调查研究，并将调查结果及时反馈给各会员国，促进相互了解和交流。这些活动为档案工作者提供了相互接触、相互了解的机会，从而促进了各国档案机构和档案人员之间的经验交流与国际合作。

（二）促进了档案理论与技术的传播与应用

国际档案理事会通过创办专业杂志、编纂档案术语词典和出版档案丛书等多种途径，促进了档案理论与技术的传播和广泛应用。原会刊《档案》以及新会刊《逗号》（Comma）都是传播档案工作信息和档案理论的重要工具。从 1964 年以来，国际档案理事会编写出版的《档案术语词典》不断进行更新和修订。20 世纪 70 年代以来，国际档案理事会除参加联合国教科文组织的图书档案丛书出版计划之外，还从 1977 年开始组织编写“国际档案理事会档案手册丛书”，到目前已出版了《档案修复基本标准手册》《热带档案学基本手册》《档案建筑与设备手册》《档案整理与编目手册》和《商业档案管理》等大量富有理论价值和实践意义的手册和著作。这些杂志、词典和丛书的出版，在世界范围内传播了档案理论和档案工作技术方法，其影响远远超出了国际档案理事会会员国的范围，甚至超出了档案领域。它们不仅宣传了档案的多方面作用，提高了社会档案意识，扩大了档案工作的影响，更重要的是促进了各国，特别是发展中国家档案事业的发展。

（三）促进了档案教育和培训的发展

国际档案理事会一贯重视档案教育和培训，早在20世纪50年代就接受法国档案局局长布莱邦的建议，委托法国国家档案馆创办了国际档案讲习班，到今天讲习班已成为高层次的专业培训机构。1972年，国际档案理事会在修订会章时还专门规定促进档案人员的专业培训是其任务之一，并出版了大量用于培训的实用性手册。为帮助发展中国家培训档案人员，国际档案理事会从70年代起相继在非洲法语地区和英语地区以及拉美地区创办了地区性档案培训中心，取得了明显效果。特别是1977年国际档案理事会成立了以推动档案教育和培训发展为宗旨的档案专业培训和教育委员会，它定期召集会议和相关讨论会，对促进档案教育工作者交流经验、研讨共同关心的问题以及档案人员培训的深化，作出了积极贡献。

（四）促进了档案机构与图书馆、博物馆、文献部门以及其他国际组织的合作

国际档案理事会从最初成立起就与联合国教科文组织建立了密切联系，教科文组织的代表常以观察员或顾问的身份出席国际档案理事会的档案大会和各种专业会议，还长期给国际档案理事会提供财政援助，资助会刊《档案》的出版和发行。国际档案理事会也与教科文组织合作开展档案活动，不仅从20世纪60年代以来就参加了教科文组织的“图书档案丛书”出版计划，还从1979年起与教科文组织共同发起了“文件与档案管理规划”调研活动，这项活动规模宏大、领域宽广，取得了丰硕的理论和实践研究成果，对促进各国文件和档案管理的理论研究和实践发展作出了积极贡献。除与教科文组织密切联系外，国际档案理事会还与国际图书馆协会联合会、国际文献联合会、国际影片资料馆联合会、国际博物馆理事会、国际古迹遗址理事会等组织密切合作，互派代表参加各自的国际大会。通过与上述国际组织的合作，国际档案理事会巩固和提高了在国际社会中的地位，扩大了档案工作的国际影响，还为各国档案工作的繁荣和实现文件、图书、档案、情报的一体化奠定了良好的基础。

二、理论贡献

国际档案理事会虽然不是专门的学术研究机构，但它时时刻刻都在关注档案学术研究的发展，并通过各种会议来研讨学术问题。国际档案大会是理事会集中开展学术研讨的形式之一，它在国际档案理事会的各项活动中规模最大、影响最广，因此其研讨成果可说是国际档案理事会理论研究水平的综合体现。业已举行的15届国际档案大会几乎研讨了各国档案工作者共同关心的所有理论与实践问

题，从文件管理、档案管理、档案工作管理，到专门档案、档案现代化建设、电子文件、国际档案合作等，无不涉及。

国际档案界对文件管理、档案术语、私人档案、档案管理活动、档案馆、档案库房和设备、档案现代化建设、档案教育、国际档案合作、电子文件等问题展开的学术研讨取得了突出的理论成果，具有广泛而深远的影响。其中文件管理、档案利用与开放、档案现代化建设、档案教育是国际档案大会理论研讨的重中之重，理论贡献最为突出。近年来，国际档案大会研讨的焦点延伸至电子文件，在此方面也取得了重要的理论成果。

（一）档案术语

档案术语是档案学科中规范化、标准化的专门用语，它在国际范围内的统一是各国档案界沟通和交流的前提之一。国际档案大会从第二届起就重点研讨档案术语的统一问题，并开始致力于编写国际档案术语词典。

经过多年努力，国际档案界在术语建设上作出了两点重要贡献：一是从理论上确立了术语词典的编写原则，即选用的语言不以使用人数的多少为准，而应考虑档案学的内在联系；从质量着眼而不从数量出发。二是编制了国际档案术语词典并多次进行修订，影响较大的有 1964 年英法西意德荷六种文字对照的《档案术语词典》、1984 年英法西意德荷俄七种文字对照的《档案术语词典》，以及 1990 年、1995 年的两次修订本。档案术语的研究和档案术语词典的出版，不仅有利于档案术语实现全球规范、统一和标准化，而且丰富了档案学理论。

（二）私人档案

私人档案是国际档案大会早期探讨较多的一个问题。第一届和第三届大会都将其列为专门议题。如果说第一届大会把经济档案也划作私人档案的一部分，概念上还比较笼统，那么到第三届大会对私人（有）档案的研讨就十分明确和系统了。

研讨成果主要有四点。第一，明确了私人档案的定义和性质，为各国确定私人档案的范围提供了指导原则。第二，详尽论述了私人档案的类型和特点，比较了资本主义与社会主义国家私人档案的不同范围。第三，讨论了一些国家私人档案的立法，呼吁各国依法建立私人档案的保护机构。第四，提出了对待私人档案的总体政策，要求其所有者确保对其安全保管，鼓励各国通过征集、捐赠或寄存等方式实现对私人档案的保存和保护。这些成果对后来各国对私人档案的具体处理具有重要参考价值。

（三）档案整理和鉴定

档案整理和鉴定是档案管理的两个最基本、最重要的环节，自然成为国际档案大会重点研讨的问题。第三届大会专门研讨了“永久保管档案的鉴定”，第四届大会在议题“国家档案馆”下研讨了档案整理和分类原则，第五届大会集中探讨了“档案分类的现代方法”，第八届大会也研讨了文件鉴定问题。

研讨的成果可概括为两方面。一方面，在档案整理上，对来源原则作了充分肯定：来源原则相对于事由原则具有明显的优越性，来源原则不仅适用于国家档案馆，也适用于地方和私人档案馆。上述评价表明国际档案界公认来源原则是一种科学、实用的档案整理和分类原则，不仅统一了各国的认识，还进一步巩固了来源原则作为档案专业核心原则的地位。另一方面，在档案鉴定上为各国提供了理论和实践指导，包括：从理论上阐述档案机构参与档案鉴定的必要性；提出鉴定工作应遵循的一般原则；分析鉴定中存在的问题和困难，提供相应的解决办法；等等。

（四）档案馆

档案馆是国家档案事业的主体，国际档案大会对其的研讨主要集中在第四届和第十届。第四届大会以“国家档案馆”为议题之一，根据对 25 个国家中国家档案馆的实际调查，全面论述了国家档案馆的组织、人员、馆藏、档案分类、编目、保护技术和建筑等；第十届大会以“对档案馆的挑战——日益繁重的任务及有限的资源”为中心议题，集中探讨了各国档案馆在新形势下共同面临的新挑战及应付挑战的有效方法。

研讨的主要成果有两点。首先，从理论高度概括了档案馆的设置和组织原则，全面论述了档案工作管理体制对档案馆设置及相互关系的影响，以及不同体制下国家档案馆的职权特点，从而为各国档案机构的设置提供了理论指导。其次，系统、深刻地分析了各国档案馆面临的全新而强大的挑战及带来挑战的原因，指明档案馆的有效管理和采用现代技术、开展有效的文件管理和合理开发人力资源是应对挑战的两个重要方法。这些结论对各国在新形势下建设档案馆工作具有重要参考价值和现实指导意义。

（五）档案建筑与设备

档案建筑是安全保管档案的基地，其内部设备的合理配置及现代化程度在档案管理中具有重要意义。因此，档案建筑及设备成为第三届和第七届国际档案大会重点研讨的问题。第三届大会的研讨最为集中，围绕议题“档案馆的新设备”展开讨论，内容涉及档案建筑发展史、代表性国家档案建筑及特点、档案馆内部设备配置要求等。第七届大会着重研讨的是档案建筑的设计要求。

研讨成果有四点。第一，通过交流各国建筑档案馆或库房的实际经验，提出了档案建筑合理布局的原则——库房应与其他用房相隔离。第二，提出了档案建筑选址的理想原则——安全保管与利用方便兼顾，重点考虑地价因素。第三，从理论上阐明了档案建筑内部设备的配置要求，客观评价了密集架的优缺点，要求各国根据本国情况灵活配置。第四，从功能角度提出了档案建筑的设计原则，即档案馆应当是既能保存各种载体档案，又能开展档案利用，具有良好的防火、防盗性能的综合性建筑物。这些均成为各国建筑档案馆和配置设备普遍遵循的指导原则。

(六) 国际档案合作

国际档案理事会是代表档案工作者利益的最高国际档案专业组织，促进各国，特别是发展中国家档案工作的发展，加强档案界的国际合作是其重要任务。为此，从第一届国际档案大会起，国际档案援助与合作就成为重点研讨的问题。概括起来，研讨内容主要分为四个方面。第一是档案资料编写和出版物的国际合作。第一届大会批准了创办国际档案杂志、编制国际档案清册索引、开展档案史料国际调查的建议；第五届大会规定坚持国际协作原则，开展档案史料指南的编写和出版，提倡以缩微品形式出版文件汇集，并呼吁国际组织给予资助。第二是档案资料的国际交换。第二届大会通过了一项决议，要求制定双边协定或国际协定来促进各国交流和交换档案资料；第十届大会呼吁开展“交换档案资料复制件的国际性联合行动”，并详细介绍了一些国家以缩微品形式与他国开展交换的措施、方法和成功经验。第三是档案教育与培训的国际援助。第七届大会建议在发展中国家建立地区培训中心，用于提高发展中国家档案人员的专业素质和技能；第十二届大会强调援助发展中国家档案教育是国际合作的重要方式之一。第四是档案工作的国际援助与合作。第七届大会批准建立“国际档案发展基金”，专门用来资助发展中国家的档案机构和档案工作；第八届大会着重讨论了对发展中国家的档案协助活动，要求国际组织和发达国家提供经费资助；第十二届大会全面论述了国际合作的重要意义以及开展合作的多种途径，包括向发展中国家提供经费、技术、培训等多种帮助。

研讨取得了三点重要成果，首先，有利于档案学理论和档案工作技术在世界范围内的传播。其次，促进了发展中国家档案工作的发展，特别是在档案机构建设、档案教育和培训上使它们取得了明显成效。最后，增进了各国档案界的联系与交流，为消除地区发展不平衡、促进各国档案事业共同进步创造了有利条件。

(七) 文件管理

文件管理是对文件在其形成、保存、利用和处置过程中进行的经济和有效的全面管理。其理论核心是文件生命周期理论。文件生命周期理论经历了从萌芽到比较完善的发展过程，国际档案大会对文件管理和文件生命周期逐步深入的研讨就反映了这一过程。第一届大会讨论议题“对形成中的档案如何实行监督”时，英国学者提出了“三阶段论”，即文件生命过程可分为现行、休眠和永久保存三个阶段，相应的保管场所分别是办公室、文件中心和档案馆。这表明国际档案界开始认识文件的生命阶段及其与保管场所的对应关系。第六届大会根据对欧美诸国的调查，在系统论述机关现行文件整理、鉴定和提供利用的同时，提出了文件管理的两点重要思想：一是现行文件与档案的联系要求档案人员与文件形成机关密切协作；二是文件的飞速增长给档案馆提出了如何处理大量文件并确保进馆档案质量的问题。国际档案界提出的有效干预现行文件管理，使其符合进馆要求的解决办法，表明它已认识到文件管理的重要性及其与档案管理的密切关系。第七届大会重点研讨文件管理的组织形式，与会代表通过交流美、英、法等国家文件中心的成功经验，一致认为它是经济而有效的文件管理组织形式。这种共识有力地推动了文件中心的普及，使其成为“现代最富有生命力的新型文件管理机构”。第八届大会在研讨文件管理与鉴定时，提出了三点共识：文件管理与档案管理是前后衔接的“系统工程”，实施文件管理十分必要；文件中心是与文件半现行阶段相对应的保管机构，建立文件中心势在必行；有效的文件鉴定是控制和保护馆藏档案的保障之一，档案人员参与文件鉴定是确保进馆档案质量的重要途径。这是对文件管理认识的进一步深化。第十届大会面对文件数量急剧增长的现实，提出有效的文件管理是应对当代档案馆面临新挑战的重要方法之一。大会强调文件管理是档案工作的组成部分，呼吁档案人员担负起文件管理的职责，使从现行文件到档案的整个生命过程都能得到有效控制。这表明国际档案界充分认识到文件管理对新形势下档案工作的发展具有重要影响。

国际档案界对文件管理研讨的逐步深入有着多方面原因。首先，由于现代公共机构的臃肿和膨胀以及现代办公手段的使用所造成的文件急剧增长，是引发这一研究的最直接原因。20 世纪 50 年代以来，各国普遍存在政府机构膨胀和职责范围扩大的现象，加之现代办公手段（电脑、复印机等）的普遍运用，直接后果是文件急剧增长。这一现实使文件管理的必要性和紧迫性日益突出。机关只有制订文件管理计划、探索适应文件特点和机关需求的文件管理组织形式、合理开展文件鉴定，才能缓解“文山”对机关的压力。可见，国际档案大会从第一届就研讨文件管理，与现代文件惊人膨胀有着直接关系。其次，科技进步导致的文件载体和记录手段多样化，是推动这一研究深入的重要原因。20 世纪六七十年代以来，科学技术迅猛发展，信息革命的浪潮席卷全球。科技进步对档案工作造成深刻影响的最明显表现之一是文件载体和记录手段日趋多样化。大批新型文件的出现对文件管理提出了更高要求。各国必然需要探索新型文件的管理方法以及现代技术在文件管理中的应用。国际档案大会的深入研讨正是这种形势发展的必然结果。最后，国际档案理事会从 1979 年发起的“文件与档案管理规划”调研活动，与国际档案大会的文件管理学术研讨既相互呼应，又相互促进，它们共同推进了国际档案界文件管理理论和实践研究的系统、深入和完善。

国际档案界对文件管理的研讨成果主要表现在四个方面。

第一，准确揭示了文件生命周期理论的基本内容——文件从最初形成到最终销毁或永久保存是一个完整的生命过程；这一过程因文件价值形态的变化分为若干阶段；不同阶段文件的价值形态与服务对象、保管场所和管理方式之间存在对应关系。这些是国际档案大会历年研讨的共识，对促进文件生命周期理论的发展和完善具有重要贡献。

第二，深化了文件中心的理论解释，推动其在各国的普遍建立。通过交流各国的实际经验，国际档案大会在研讨中逐步论证了文件中心的优越性，即它作为文件形成机关与档案馆之间的“中转站”，能提供二者无法提供的廉价而实用的存储空间，满足对半现行文件的经济、有效的保管。这促使各国最终公认它是现代最令人满意、最富有生命力的新型机构，有力地推动了它的普及。

第三，文件管理理论与实践在当代已融入西方现代档案学，成为其重要组成部分。国际档案大会的研讨使文件生命周期理论日趋完善，该理论奠定了文件管理的理论基础，被国外档案学者视为西方现代档案学发展与成熟的里程碑，他们甚至将其与来源原则并称为西方现代档案学的基本理论。可见，国际档案大会的研讨促进了西方现代档案学的发展和成熟。

第四，国际档案理事会开展的一系列文件管理的学术活动，相互配合和促进，使各国文件管理理论与实践进一步发展和深化。除国际档案大会的研讨外，理事会还组织了其他文件管理的学术活动。典型的如第二十二届国际档案圆桌会议在议题“档案工作者与现代文件的膨胀”下，着重讨论了文件鉴定方法，提出抽样法是鉴定庞大文件的有效方法之一，抽样标准包括时间、典型事件、机构和百分比等，永久价值文件进馆的比例以5%～15%为宜。这对各国文件管理实践颇具指导意义。再有，国际档案理事会与联合国教科文组织共同发起的“文件与档案管理规划”调研活动中产生了一大批内容丰富的调研报告，其中不少涉及文件管理，对各国启发很大。国际档案理事会通过结集出版优秀调研报告，适时展现了现代档案学研究的国际水平，也为各国文件和档案管理提供了较权威的理论指导。上述文件管理的学术活动互为补充、互相促进，共同推进了全球文件管理的发展和提高。

（八）档案开放和利用

档案开放和利用是发挥档案潜在价值、实现档案信息资源共享的必备途径。在人类发展的历史长河中，档案利用经历了从封闭到开放的演变过程——奴隶和封建社会的统治者视档案为维护政权的“武器”，利用档案只是少数人的特权；近代法国档案工作改革首创档案开放原则，使利用档案转变为全社会公民的权利；在当今信息时代，各国不仅普遍接受了开放原则，而且出现了借助高科技实现档案信息开发与共享的趋势。国际档案理事会成立以来一直十分重视对档案开放和利用的理论研究。

1966年，国际档案理事会在美国华盛顿举行特别大会，集中讨论“档案馆向学术界开放”问题，与会代表一致要求取消对档案自由利用的限制，呼吁就档案利用展开国际合作。这次大会标志着国际范围内档案开放和利用的研究进入了新阶段。第六届国际档案大会提交的主报告《档案开放与缩微复制政策自由化》集中体现了对档案利用与开放的研究成果。报告内容主要有四点：一是从理论上阐述了档案自由开放的必要性，即解决由于学术研究发展导致的利用需求日益增长与各国现存的种种限制规定之间的矛盾；二是呼吁取消不合理的利用限制，缩短档案封闭期，以30年为宜；三是强调本国与外国研究者应享有同等的利用和缩微复制的权利；四是建议对必须限制的档案采取灵活政策，把缩微复制当做档案馆的经常性任务。这大大促进了档案开放意识在全世界的普及。第八届大会总结了20世纪50年代以来档案利用的若干发展特点，即利用人数不断增加，利用目的日趋多样，利用限制逐步减少，利用范围日益扩大，利用设施、手段和条件日益先进等，高度评价了美国在促进档案开放上所做的努力，敦促各国借鉴美国的先进经验。第九届大会以“档案的利用”为中心议题，着重讨论档案的利用类型及各自特点。与会代表认为档案利用可分为学术利用、实际利用和普遍利用三种类型，不同类型具有不同特点，对档案工作的影响也有一定差异。大会最后对各国利用服务的实践经验作了理论概括，对利用工作的发展趋势作了理论预测。这些理论成果有助于各国针对不同利用类型的特点，采取有效的服务措施，提高利用服务的质量和水平。

引发并深化国际档案界对档案开放和利用的研讨有着多方面的原因。首先，人们对档案性质和价值认识的逐步深化是引发这一研究的客观前提。随着社会发展，各国不仅公认档案是一种社会文化财富，还深入认识了档案对形成者的原始价值和对其他利用者的凭证和参考价值。实践也证明档案开放和利用是发挥档案价值的唯一途径。这些共识为国际档案界的研讨奠定了客观基础。其次，社会对档案利用需求的发展变化是深化这一研究的重要原因。人类社会从20世纪60年代起进入信息时代，此时人们的档案利用需求发生了许多变化，从时间上说逐渐向近现代甚至当代转移，利用者的兴趣越来越集中在当代事件；从范围上看日益扩展，利用者的研究领域包括历史、政治、经济、科技、文化和宗教等。这些变化使国际档案界的研讨不能只停留在论证开放必要性的起步阶段，必须深入到封闭期、限制利用政策和服务方式等更多问题。再次，科学技术与档案利用的日益结合也是深化这一研究的重要因素。科技发展日新月异是信息时代的重要特征之一，它对档案利用造成了巨大影响。各国档案馆争相购置先进的利用设备，改进提供利用的手段，有的还建设档案数据库，为利用者的定量研究创造条件。第九届国际档案大会专门介绍了利用定量方法研究历史的经验。可见，科技与档案利用的进一步结合必然推进国际档案界相关研讨的深入。最后，人类社会档案信息资源共享的发展趋势是开展并持续这一研究的根本动力。档案在信息时代已被公认为一种重要的信息资源，频繁展开的国际学术交流和合作要求这种信息资源实现共享。各国档案馆接待外国利用者已十分普遍，不少国家的档案法规定国内外利用者享有同等权利。国际档案界在研讨中不仅肯定了上述做法和规定，还进一步探索促进全球档案信息资源共享的途径。由此来看，只要存在这种趋势，国际档案界的相关研讨就不会终止，相反会更加系统和深入。

国际档案理事会对档案利用与开放的研讨成果主要表现在四个方面。

第一，促进了档案开放原则的深化，使其具有更广泛的可接受性。近代法国档案工作改革首创的档案开放原则规定一切公民有权查用国家档案馆的文件，鲜明地体现了《人权宣言》的核心思想——“在权利方面，人们生来是而且始终是自由平等的”。档案开放原则也因此被誉为“档案的人权宣言”。此后各国普遍接受了这一原则。它的实施具有重大意义和深远影响，不仅彻底改变了档案馆的封闭性质，而且使利用档案从少数人物的特权转变为普通公民的权利。国际档案大会的深入研讨，不仅是对上述精神的维护和实施，而且使开放原则更加深入人心。

第二，促进“信息权”概念被接受和写入档案法规。信息权思想萌芽于1948年联合国颁布的《世界人权宣言》提出的“公民有不分国界收集和传播信息的权利”，1966年美国颁布的《信息自由法》首次正式提出了“信息权”概念，它把利用档案看成不仅是学术研究的需要，而且是公民的民主权利。国际档案大会的研讨使信息权概念逐渐传播到许多国家，如法国、挪威、澳大利亚、加拿大和日本等，它们效仿美国也将此概念写入档案法规。

第三，促进了各国档案利用及开放政策和制度的完善与统一。当代各国档案利用及开放政策和制度不尽相同，国际档案大会的研讨有利于使其协调和统一，比较典型的是确立封闭期制度和限制利用的文件类型。封闭期是指由法律规定的文件从形成到开放的期限，各国对此的规定不尽相同，短则25年，长则近100年。国际档案界的研讨使大多数国家采用了30年的封闭期制度。限制利用的档案类型也趋向共同的五大类，即涉及国家安全和社会秩序的档案；涉及私人秘密的档案；受法律保护和有时效性的档案；国家领导人和公众人物的档案；出于实体保护需要限制利用的档案。

第四，促进了各国档案利用服务的丰富和发展。利用服务的目的是档案工作者以馆藏为基础，尽可能满足利用者的需求。各国通过在国际档案大会上的经验交流，不断丰富和完善利用服务的内容和方式，包括借阅、复制、展览和信息服务等，并进一步提高了利用服务的质量和水平。

（九）档案现代化建设

伴随人类历史车轮的飞转，档案工作完成了从简单的手工操作到手工操作与自动化管理并举的跨越，并继续朝着现代化的方向迈进。20世纪中叶以来，科学技术的迅猛发展不仅为档案工作现代化提供了技术保证，而且对档案工作造成深刻影响。各种新型档案的出现就是这种影响的明显表现。国际档案大会从第一届起就关注档案现代化建设，研讨内容主要集中在档案工作中使用的现代技术与新型档案材料两个方面。

第一届大会初步探讨缩微技术在档案工作中的应用。与会代表一方面充分肯定缩微胶片具有存储密度高、节省保管空间等诸多优点，另一方面也看到了存在的问题，诸如缩微胶片造价高、其出现可能导致销毁档案原件等，这反映出国际档案界对现代技术的应用及其积极和消极影响早有清醒认识。第四届大会着重研讨1950年以来档案修复、保管和照相复制领域的新技术。大会根据实际调查，总结了各国档案保管和保护技术发展的阶段性成就：其一表现在各国库房及设备大为改进，档案装具日益丰富；其二表现在各国普遍采用了“加膜法”进行档案修复，实践证明这是一种有效的文件加固方法；其三表现在各国缩微胶片的片基材料日趋先进和耐久。这些成就表明新技术的应用推动了各国档案工作的发展。

第七届大会从理论和实践两方面探讨档案工作现代化的必然性和现实途径。代表们一致认为现代科技带给档案领域的深刻影响将波及档案自身、档案馆日常管理和提供利用等多方面，新技术的应用正是这种影响的必然结果。为了帮助各国实现现代化，他们建议设立一个专家小组，任务是研究计算机技术与档案管理相结合，并编制技术术语词典。大会采纳了这一建议。第八届大会以“档案工作中的技术进步”为议题，讨论和交流了机读文件、档案计算机管理、档案保护技术现代化等一系列问题。大会对档案工作中技术进步及其影响的具体描述，以及适应新技术发展的设想和建议，都具有重要参考价值。第十届大会面对档案馆承担的任务日益繁重与档案馆人力、物力和财力资源有限的矛盾，一致认为档案馆充分运用现代技术，包括计算机、缩微、温湿度控制和纸张去酸技术等，是解决矛盾和应对挑战的重要方法。尽管使用缩微复制、修复和自动化技术和设备的费用较高，但如果方法得当，也能“少花钱、多办事”。第十一届大会以“新型档案材料”为中心议题，展开了全面研讨。首先在明确其定义、类型和特点的基础上，归纳出其收集原则、范围和方法；其次在论述其保护要求、设备和手段的同时，补充介绍了培训其管理人员的形式和方法；最后既肯定其对开发利用档案的积极作用，又剖析其开发利用中的现实困难。与会代表经研讨达成如下共识——各国应增进对新型档案的了解，努力实现其安全保管、保护和有效利用；各国档案教育应增加新型档案的内容，提高档案人员适应其管理的能力和素质；在新型档案管理上加强国际合作，制定有关国际标准，推动各国新型档案管理的协调和标准化。

国际档案界展开对现代技术和新型档案的深入研讨也有着多方面的原因。首先，现代科技的迅猛发展是引发这一研究的直接原因。20 世纪中叶以来，科学技术取得了前所未有的发展，信息革命席卷全球。这场革命带给档案工作的影响巨大而深刻，现代技术（包括缩微、计算机、光盘存储和化学技术等）在档案领域中的应用就是影响的明显表现之一。这自然促使各国思考如下问题：怎样应用现代技术？可以应用哪些技术？应用现代技术有哪些成果？又会有哪些问题？他们迫切希望就此展开理论研讨和经验交流，而国际档案大会正好提供了相应“舞台”。其次，新型档案的产生及其对档案工作的冲击是导致新型档案专题研究的直接原因。新型档案是现代科技应用于档案工作的产物，大众传播技术的发展，导致了音像档案的问世；缩微技术的应用，产生了缩微档案；计算机的发明和普及，又导致了机读档案的出现。新型档案不仅使档案载体更加丰富，也完全改变了传统档案的面貌。它们在收集、整理、保管、保护和利用上都提出了更高和更新的要求。各国从 20 世纪 70 年代以来普遍关注新型档案研究，第十一届国际档案大会的研讨既是一次总结，也是一次深化。最后，应对各国档案馆面临的挑战、促进档案工作的生存和发展，是深化档案现代化研究的根本原因。当代档案馆面临的挑战可以归结为三个方面：如何解决不断增长的档案资源与有限的人力、物力和财力之间的矛盾？如何解决档案寿命有限与社会要求其长久保存之间的矛盾？如何解决传统的档案服务方式与不断变化的利用需求之间的矛盾？各国实践证明，解决这些矛盾的根本出路之一就是实现档案工作现代化。可见，国际档案大会的研讨是各国发展档案工作的必然需要和结果。

国际档案界对档案现代化建设的研讨成果主要有四点。

第一，促进了档案工作与现代科技的结合，推动各国走上档案工作现代化的必由之路。20 世纪中叶以来，社会环境发生重大变化，由于人口增长和政府机构膨胀而导致的档案数量剧增，由于档案重要性日益提高而要求的延长档案寿命，由于利用需求不断变化而提出的改进档案传统服务方式，都给各国带来强大挑战。现代科技的迅猛发展及其在社会生活方方面面发挥的巨大威力，使困惑的档案工作者看到了“曙光”，他们在实践中发现，档案工作只有与现代科技密切结合，采用现代化的技术、设备和科学管理方法，才能应对上述挑战。国际档案大会历年的研讨进一步坚定了他们的信念。

第二，为各国档案工作现代化提供了理论和实践指导。国际档案大会的研讨内容十分丰富，包括缩微技术的应用、缩微胶片的优缺点、档案库房及设备的现代化、修复技术的更新、档案计算机管理和提供利用、新型档案管理等。这其中既有对档案现代化建设的必要性、现代科技对档案工作影响的深刻理论阐述，也有对各国档案现代化工作经验和实际问题的讨论和交流，从而为各国档案现代化建设奠定了理论基础，提供了实践参考。

第三，专题研讨促进了档案工作现代化研究的专门化和深化。以“新型档案材料”为中心议题的第十一届国际档案大会的召开，反映出国际档案界已从对档案现代化建设的宏观研讨发展到对其中某一方面的专题研讨，以便各国在此专题上形成更系统、全面和深刻的认识。这既顺应了档案工作发展日趋专门化的要求，也提高了档案学研究的深度。

第四，与国际档案理事会组织的其他相关学术活动相呼应和促进，共同推动各国档案工作现代化的进程。除国际档案大会外，国际档案理事会还组织其他形式就档案现代化展开研究：一是在国际档案圆桌会议上研讨，据统计，议题涉及档案工作现代化的圆桌会议多达八届，内容包括档案现代化管理、自动化检索、文件修复、缩微档案、档案保护新技术等。二是国际档案理事会下属相关委员会的研讨，这些相关委员会主要有六个，即声像档案委员会、档案建筑与设备委员会、电子文件委员会、档案自动化委员会、保管与保护委员会、图像技术委员会。它们定期召集会议、组织讨论，研讨专业问题或交流工作经验。三是国际档案理事会通过出版丛书、论著和杂志等形式来展示档案现代化研究的理论和实践成果。国际档案理事会先后出版了《档案的保护与修复》《档案修复基本标准手册》《档案馆建筑与设备》和《档案自动化术语词汇》等著作和词典，在会刊《档案》《逗号》上也经常发表有关档案现代化的论文。相对而言，国际档案大会的影响最大，它带动其他学术活动，加快了各国现代化建设的步伐。

（十）档案教育

档案教育和培训是个既古老又年轻的话题。说其古老，是因为其源头可上溯至古代两河流域的奴隶制国家，1821 年成立的法国档案学院是近代档案高等教育的开端，此后档案教育在各国普及和发展。说其年轻，是因为其内容始终随着档案工作发展不断更新，始终是各国关注和探讨的“最前沿”问题之一。档案教育和培训的水平是衡量国家档案事业发展水平的一个重要标准，国际档案大会因此把它列为一个重点研讨问题。

第二届大会着重研讨档案工作者应具备的素质，与会代表经讨论一致认为档案工作者具备历史素养最为重要，此外还应略通法律、机械、化学等领域的知识。对素质的全方位要求为档案人员培训提供了指导原则。第五届大会重点讨论青年档案工作者的培训计划，青年档案工作者是档案人员队伍中的新生力量，他们的素质对档案事业发展具有直接影响，重视对他们的培训并制订卓有成效的培训计划，体现了国际档案界的战略远见。第七届大会经讨论一致认为，向发展中国家提供档案教育和培训援助是国际援助的重点形式之一，并提出了在非洲、东南亚和阿拉伯地区建立地区性培训中心的建议。这些提议后来变成现实，为提高所在地区发展中国家档案人员的专业素质和技能发挥了重要作用。第十届大会专门研讨了档案人员的培训要求、方法和课程，交流的四篇辅助报告《档案工作者协会在继续训练中的作用》《图书和档案联合训练学校》《宣传机构中档案人员的培训》和《文件管理人员的培训》一致强调了培训的必要性和迫切性，提出只有加强档案馆人力资源的开发，才能适应当今社会发展的需要和有效应对各种挑战。第十一届大会的辅助报告之一《新型档案材料和档案工作者的培训》阐述了新型档案的出现对档案培训内容的影响；之二《档案馆人力资源的发展——现状和所采取的行动方针》具体介绍了南亚、西非和太平洋地区一些国家新型档案管理人员的培训形式和课程。这充分体现了档案教育和培训内容随档案工作发展而更新的特点。第十二届大会重点研讨了档案教育和培训在信息时代的发展趋向。与会代表认识到档案教育和培训是实现信息时代档案专业由职业向专业化道路迈进的必不可少的手段之一，要求各国尊重历史环境、文化传统、档案专业水平的种种差异，灵活开展不同形式的培训，允许存在偏重理论知识和实践技能两种不同层次的培训，鼓励举办各种专题培训班。

概括起来，国际档案界对档案教育和培训的研讨主要有三个特点。首先，研讨内容注重理论与实践相结合。档案教育和培训的最终目的是让学生掌握专业理论知识和实践技能，国际档案大会既研讨了档案教育和培训的必要性、形式、课程设置和发展趋势，也交流了各国的实践经验，具有较高的理论和实践价值。其次，研讨内容与时代发展紧密结合。随着社会发展和科技进步，档案工作不断发展，档案教育和培训的内容不断更新。国际档案大会充分认识这一规律，既全面论述了信息时代赋予档案教育和培训的新特点和新要求，也专门讨论了新型档案和现代技术带给档案教育和培训的影响，还从理论高度阐述了档案教育和培训对应对未来挑战的重要意义。最后，研讨始终把档案教育和培训视为国际援助的重点之一，特别强调向发展中国家提供这种援助的特殊重要意义。国际档案大会提出的建立地区性培训中心、设立档案基金和奖学金的建议，后来都付诸实施，这无疑对提高发展中国家档案人员的素质作出了重要贡献。

国际档案界对档案教育的研讨取得的重要成果有五点。

第一，促进了各国档案教育的协调、完善和发展。既增强了各国对档案教育必要性和迫切性的认识，又增进了档案教育的通用性和一致性，还丰富了各国档案教育的形式和内容，最终促进了各国档案教育的协调和完善。

第二，促进了档案教育的国际合作和共同发展。国际档案大会始终强调向发展中国家提供档案教育援助，这种援助正是国际合作的重要方式之一，对促进全球档案教育的共同进步和发展具有重大意义。

第三，促进了各国档案事业的发展。档案事业是由档案管理、档案行政管理、档案教育和档案科研等诸多要素组成的一个有机整体，这些要素既相互依赖又相互制约，共同决定档案事业的整体质量。可见档案教育对档案事业的影响很大。国际档案大会的研讨有力地促进了各国档案教育的完善和发展，提高了档案人员队伍的业务水平，从而大大促进了各国档案事业的进步。

第四，促进了各国档案人员素质的完善和提高。档案教育的任务之一是培养和训练档案人员的专业、道德和知识素质，这些内容在国际档案大会的研讨中都有反映。

第五，敏锐地把握住了档案教育的发展趋向，并为此作出了积极努力。档案教育的发展趋向是必须适应未来社会的发展，与之紧密结合。国际档案大会的研讨根据新形势的发展，及时增加新的内容，如新型档案管理人员的培训、信息时代赋予档案教育的新特点和新要求等，这些现实针对性很强的研讨深受各国欢迎，也有利于增进档案教育对未来社会发展的适应。

（十一）电子文件

从20世纪90年代以来，电子文件开始成为国际档案界关注的重点问题之一。这是因为大量涌现的电子文件与传统的纸质档案在生成和处理方式上，在载体特点和记录手段上都有了很大的不同。而且，电子文件给档案理论和实践带来了巨大的冲击。很多国家的档案理论工作者和实践工作者都开始研究电子文件的特点、结构以及电子文件的生成、管理和利用等诸多问题。从21世纪起，国际档案理事会也把电子文件当做重点研讨的问题之一。研讨成果集中表现在第十四届国际档案大会。

第十四届国际档案大会的议题之一是“全球范围内电子文件的管理和利用”。围绕这一议题，西班牙印第安总档案馆馆长马格达莱娜·卡内亚斯·阿诺斯提交了题为《全球化背景下电子文件的管理与利用》的主报告；此外，辅助报告包括美国国家档案馆电子文件项目主任肯尼斯·蒂博多提交的《电子文件的保存和迁移》，南非国家档案馆馆长助理维恩·哈里斯提交的《法律、证据和电子文件：对世界周边国家的战略展望》，意大利威尼斯国家档案馆馆长克劳蒂亚·萨尔米尼提交的《信息技术与用户服务》，加拿大不列颠哥伦比亚大学图书馆、档案与情报学院教授露西亚娜·杜兰蒂提交的《技术变革对档案理论的影响》。这些主报告和辅助报告分别研讨了电子文件的概念、电子文件的保存和检索、电子文件的法律有效性、电子文件的利用等问题，取得了重要的研讨成果。

概括起来，第十四届国际档案大会对电子文件的研讨主要取得了三点成果：

第一，明确了全球范围内关注电子文件的重要性和迫切性。随着技术的发展，电子文件的大量产生和应用在世界各国是普遍现象。国际档案大会的研讨发出了这样一种信号：关注电子文件的管理和利用是十分重要而且迫切的。无论是从理论上研究电子文件的含义和法律有效性，还是从实践上总结电子文件的保管、检索和利用经验，都是非常必要的。各国通过交流，形成了普遍关注电子文件的一致认识。事实证明，从 2000 年第十四届国际档案大会之后，国际档案界对电子文件的关注越来越多，研究也越来越深入。

第二，统一了各国对电子文件称谓的认定。国际档案界早已开始了对新型档案的关注和研究。1988 年召开的第十一届国际档案大会就以“新型档案材料”为中心议题展开了对新型档案的全面研讨。第十四届国际档案大会实际上是国际档案界对档案现代化建设研讨的延伸，但大会在议题上没有沿用“新型档案”的提法，而是采用了“电子文件”的称谓。这也说明，各国对电子文件的概念称谓已经形成了共识，为电子文件的研究提供了统一的概念基础。

第三，强调了电子文件的档案属性。在主报告和辅助报告中，尽管不同国家的档案学者对电子文件的研究内容不尽相同，但它们都具有一个共同点，即强调电子文件的档案属性。西班牙学者对电子文件概念的界定、对电子文件法律有效性的探讨，美国学者对电子文件保管方法的总结，南非学者对电子文件法律证据的证明，加拿大学者对电子文件真实性、凭证性的倡导，都表明国外学者关注电子文件的基本出发点是档案属性。这也是国际档案界关注并深入研究电子文件的理由所在。

【思考题】

1. 简述国际档案理事会的发展阶段。
2. 简述国际档案理事会的含义、性质和宗旨。
3. 简述国际档案理事会会徽变化的启示。
4. 简述国际档案理事会的主要项目。
5. 简述国际档案理事会的工作成就。
6. 综述国际档案理事会对文件管理的理论贡献。
7. 综述国际档案理事会对档案教育的理论贡献。
8. 综述国际档案理事会对档案现代化建设的理论贡献。
9. 综述国际档案理事会对档案开放和利用的理论贡献。
10. 综述国际档案理事会对电子文件的理论贡献。

主要参考文献

论著与译著

1. [荷兰] 穆勒，斐斯，福罗英. 档案整理与编目手册. 中国人民大学历史档案系档案史教研室译. 中国人民大学内部交流资料，1959

2. [美] 谢伦伯格. 现代档案——原则与技术. 黄坤坊译. 北京：中国档案出版社，1983

3. [德] 布伦内克. 档案学——欧洲档案工作的理论与历史. 中国人民大学档案系油印资料，1985

4. [苏] 多尔吉赫等主编. 苏联档案工作理论与实践. 韩玉梅等译. 北京：中国档案出版社，1984

5. [阿根廷] 路易斯·比阿萨利. 档案管理技术实用手册. 何嘉荪，曹家驹译. 北京：中国档案出版社，1986

6. [加拿大] 休·泰勒. 档案材料的整理与编目. 黄坤坊译. 北京：中国档案出版社，1986

7. [英] 迈克尔·库克. 档案管理. 朱国斌，李宪译. 北京：中国档案出版社，1988

8. 美国档案工作者协会编. 档案工作理论与方法. 孙钢等译. 北京：中国档案出版社，1988

9. [法] 彼得·瓦尔纳主编. 现代档案与文件管理必读. 孙钢，丁志民等译. 北京：中国档案出版社，1992

10. [加拿大] 卡罗尔·库切. 文件生命——档案与文件管理的系统分析. 张照余等译. 西安：陕西人民教育出版社，1993

11. [美] 电子证据——当代机构文件管理战略. 王健等译. 北京：中国人民大学出版社，2000

12. 陈兆祦主编. 六十国档案工作概况. 北京：中国档案出版社，1995

13. 韩玉梅主编. 外国现代档案管理教程. 北京：中国人民大学出版社，1995

14. 韩玉梅，黄霄羽主编. 外国档案管理. 北京：中国人民大学出版社，1998

15. 冯惠玲，张辑哲主编. 档案学概论. 北京：中国人民大学出版社，2001

16. 冯惠玲主编. 电子文件管理教程. 北京：中国人民大学出版社，2001

17. 黄霄羽主编. 外国档案事业史. 北京：中国人民大学出版社，2004

18. 陈兆祦，和宝荣，王英玮主编. 档案管理学基础（第三版）. 北京：中国人民大学出版社，2005

19. 冯惠玲，张辑哲主编. 档案学概论（第二版）. 北京：中国人民大学出版社，2006

20. 黄霄羽. 魂系历史主义——西方档案学支柱理论发展研究. 北京：中国人民大学出版社，2006

21. 冯惠玲，刘越男. 电子文件管理国家战略. 北京：中国人民大学出版社，2011

22. 黄霄羽主编. 文件、信息商业化服务机构建设研究. 北京：中国人民大学出版社，2014

23. 黄霄羽主编. 外国档案事业史. 北京：中国人民大学出版社，2015

论文集或报告集

1. 国家档案局外事处编译. 第十届国际档案大会报告集. 北京：中国档案出版社，1986

2. 国家档案局外事处编译. 第十一届国际档案大会报告集. 北京：中国档案出版社，1990

3. 中国档案学会外国档案学术委员会编. 《文件与档案管理规划》报告选编. 北京：中国档案出版社，1990

4. 国家档案局，中央档案馆编. 第十三届国际档案大会文件报告集. 北京：中国档案出版社，1997

5. 中国首届档案学博士论坛论文集编委会编. 二十一世纪的社会记忆——中国首届档案学博士论坛论文集. 北京：中国人民大学出版社，2001

6. 国家档案局编. 第十四届国际档案大会文集. 北京：中国档案出版社，2002

7. Maygene F. Daniels and Timothy Walch，eds. *A Modern Archives Reader*：*Basic Readings on Archival Theory and Practice* Washington. D. C：National Archives and Records Service. U. S. General Services Administration，1984

8. Tom Nesmith，ed. *Canadian Archival Studies and The Rediscovery of Provenance*. Metuchen. N. J.：Scarecrow Press，1993

9. Randall Jimerson，ed. *American Archival Studies*：*Readings in Theory and Practice*. SAA，2000

10. Sarah Horton. *Social capital, government policy and public value: implications for archive service delivery*. Bradford: Aslib Proceedings, 2006

论文或译文

1. 王良城. 英国公共档案馆的电子文件管理工作. 中国档案，1998 (1): 40 - 41

2. 刘国能. 起步晚 发展快——访韩国档案工作. 档案学通讯，1998 (2): 68 - 69

3. 刘家真. 澳大利亚电子文件管理策略. 档案管理，1998 (5): 46 -47

4. 安德喜，张广智. 考察新加坡国家档案馆印象. 兰台内外，1998 (5): 50 - 51

5. 王茂法. 富有特色的日本国档案馆工作. 浙江档案，1998 (3): 33 - 34

6. 冯惠玲. 电子文件的双重鉴定——《拥有新记忆——电子文件管理研究》摘要之三. 档案学通讯，1998 (3): 33 - 36

7. 王茂法. 日本企业档案工作见闻. 浙江档案，1998 (4): 28 - 30

8. 陈素英. 赴英、法等西欧国家考察纪实. 档案学通讯，1998 (4): 69 - 70

9. 曹杰. 日本档案界论档案管理. 北京档案，1998 (10): 28 - 30

10. 刘越男编译. 加拿大国家档案馆的鉴定工作. 档案与建设，1998 (12): 41 - 43

11. 艾鸿举. 瑞典盛会丹麦行. 兰台世界，1999 (1): 7 - 9

12. 肖云，王红敏编译. 英国接收企业档案的原则和实践. 中国档案，1999 (2): 27 - 30

13. 牛金芳. 美国电子邮件文件管理发展与现状. 山西档案，1999 (4): 14 - 16

14. 李贵忠. 学习与借鉴——考察澳大利亚档案工作见闻. 兰台内外，1999 (4): 44 - 48

15. 张金安. 新加坡国家档案馆口述历史的学习和借鉴. 湖北档案，1999 (4): 44 - 45

16. 刘家真. 电子文件的捕获要求——澳大利亚电子文件管理策略. 山西档案，1999 (5): 14 - 16

17. 傅华. 法国私人档案征集中的政府行为. 中国档案，1999 (7): 40

18. 北京市赴澳档案代表团. 澳大利亚档案工作掠影. 北京档案，1999 (7): 32 - 33

19. 李音. 美国的档案教育与培训. 中国档案，1999 (8): 33 - 36

20. 肖永英. 美国企业档案馆的发展——在竞争中求生存. 北京档案，1999 (8): 36 - 37

21. 赵瑞红. 法德档案工作考察散记. 北京档案，1999（10）：34－35

22. 徐玉清. 飞速发展的韩国档案工作. 中国档案，1999（10）：42－43

23. 赵辉，姜之茂. 新加坡国家档案馆及其口述历史中心. 北京档案，1999（11）：31－32

24. 羡永宽编译. 日本国家档案馆管理状况简介. 档案学研究，2000（1）：45－47

25. 陈竞亚. 美国档案和图书信息管理掠影. 广东档案，2000（1）：31－33

26. 江苏省档案工作考察团. 意大利、法国档案工作考察印象. 档案与建设，2000（1）：20－22

27. 黄霄羽. 走向成熟的美国档案工作者协会. 北京档案，2000（2）：31－33

28. 张秋云等. 英国公共档案馆所见所闻. 上海档案，2000（2）：47－49

29. 邵正萍. 电子文件在欧洲. 中国档案，2000（2）：43－45

30. 陈忠海. 欧美现代档案鉴定理论的历史发展及启示. 档案学通讯，2000（2）：10－12

31. 林学奇. 美国的档案保护. 天津档案，2000（3）：34－35

32. 赵月琴，张秋云，吴雪生，肖淑珍. 精心保护历史瑰宝，广泛开发利用文化遗产——赴英德两国考察档案工作见闻. 天津档案，2000（4）：35－37

33. 黄霄羽，张宁. 宏观鉴定战略. 中国档案，2000（8）：44－47

34. 贾翰文. 新加坡的口述档案. 兰台世界，2000（8）：33－34

35. 安小米. 欧洲电子文件与电子信息工作最新动态综述. 北京档案，2000（9）：31－33

36. 伍爱国. 英国档案宣传工作. 北京档案，2000（10）：34－35

37. 孙成德. 走进法国国家档案馆. 兰台世界，2000（12）：34－35

38. 黄霄羽. 北美档案界对来源原则的“重新发现”. 档案学通讯，2001（2）：73－76

39. 孙森林，陈智为. 意大利档案工作观感. 档案学通讯，2001（3）：70－73

40. 刘振魁. 考察德国、荷兰档案工作随想. 中国档案，2001（4）：50－52

41. 吕红. 追求实效 服务周到——浙江省档案工作代表团赴澳大利亚、新西兰考察印象. 浙江档案，2001（10）：35－37

42. 刘维正，吴德正编译. 加拿大政府是如何应对档案信息安全的. 北京档案，2001（12）：38－39

43. 郭乃红. 不列颠哥伦比亚大学文件与档案管理工作概述. 天津档案，2002（2）：59－60

44. 林学奇. 美国档案界应对新技术挑战方略浅谈. 天津档案，2002（2）：61－62

45. 孙爱萍. 意大利私人档案管理及启示. 档案学研究，2002（4）：48－50

46. 王留时. 澳大利亚档案管理现代化见闻. 兰台世界，2002（4）：31

47. 张姬雯，薛春刚. 加拿大政务档案的宏观鉴定法. 档案与建设，2002 (5)：39－43

48. 姜之茂. 美国的特殊档案机构——总统图书馆. 北京档案，2002 (7)：32－35

49. 李金海. 休闲与利用融为一体的档案工作——赴澳大利亚、新西兰考察见闻. 浙江档案，2002 (8)：37－38

50. 刘维荣. 档案开放与利用在欧美的新趋势. 档案天地，2003 (6)：23－24

51. 周必良，高仕海. 澳大利亚档案工作考察报告. 湖北档案，2003 (12)：22－23

52. 陈立新，吴兰. 关于网络环境下的数字档案馆功能的两点思考——美国明尼苏达大学数字图书馆经验借鉴与启示. 档案学研究，2003 (4)：57－59

53. 姜龙飞. 俄罗斯联邦档案工作见闻. 档案与建设，2004 (2)：23－25

54. 张会超. 档案馆的另一道风景——中外对待外国人查档之比较. 山西档案，2004 (2)：10－12

55. 张学文. 论档案馆藏建设应当遵循的原则. 四川档案，2004 (1)：10－11

56. 李群. 美国的文件中心. 湖北档案，2004 (1)：63－64

57. 刘智勇. 论数字档案馆馆藏结构与馆藏观. 档案，2005 (1)：11－13

58. 土红莉. 关于建立商业性文件中心的设想. 陕西档案，2005 (1)：22－23

59. 陆阳. 欧美国家商业性文件管理机构研究初探. 档案学通讯，2005 (1)：74－77

60. 黄霄羽. 国外文件中心的总体职能和具体业务. 中国档案，2005 (3)：16－17

61. 王淑梅，杨贵明. 档案馆藏资料的合理建设. 北京档案，2005 (3)：35－36

62. 何伟，刘瑞华. 从现实需要出发优化国家综合档案馆馆藏. 黑龙江档案，2005 (3)：30

63. 吴品才. 从文件中心的接收原则看半现行文件的管理模式. 档案管理，2005 (4)：28－30

64. 张玮. 漫谈档案与美国总统图书馆. 档案管理，2005 (4)：76－77

65. 张敏，王霞. 美国文件中心的发展特点. 北京档案，2005 (5)：38－39

66. 汪洵. 国外商业性文件中心的产生和发展. 档案管理，2005 (6)：85

67. 陶永祥. 漫谈美国档案文献开放利用的观念变迁与现实. 档案学研究，2005 (2)：61－63

68. 佛山市档案局. 澳大利亚国家档案馆的公共服务与启迪. 广东档案，2006 (1)：45－48

69. 刘维荣. 欧美等国档案信息网站介绍. 信息管理，2006 (2)：62－64

70. 王茂法，吴新宇. 走近加拿大——赴加拿大考察档案工作. 浙江档案，2006（2）：32-35

71. 杨艳艳. 借鉴 ERP 与 CRM 理念指导档案馆馆藏建设. 机电兵船档案，2006（1）：25-26

72. 过言之. 我国档案中介机构与美国商业性文件中心几点区别的认识. 甘肃农业，2006（3）：189

73. 蓝卢婷. 美国文件中心的选址要求. 兰台世界，2006（11）：53-54

74. 李珍. 中外档案馆休闲利用比较研究. 机电兵船档案，2006（5）：24-27

75. 许茵. 意大利档案工作考察记. 民国档案，2006（11）：142-143

76. 贺佳，桑毓域. 数字档案馆馆藏结构初探. 机电兵船档案，2007（2）：56-58

77. 佛山市南海区档案局（馆）. 更新观念拓宽领域 开创档案馆藏资源建设新局面. 广东档案，2007（2）：17

78. 袁文清. 公共档案馆的馆藏资源体系建设. 档案管理，2007（3）：78-79

79. 宋宁，赵彦昌. 试论档案馆馆藏的丰富与优化. 兰台世界，2007（7）：10-11

80. 张宁. 走向前端：美国联邦机构文件管理框架概述. 兰台世界，2007（8）（下半月刊）：2-4

81. 邓音. 美国国家档案与文件署网站建设评析. 兰台世界，2007（8）：27-28

82. 穆林. 德国电子文件管理和归档标准——DOMEA. 档案学研究，2007（3）：57-60

83. 迪莉娅. 浅谈美国联邦政府电子文件管理中的问题及策略. 档案学通讯，2007（3）：57-58

84. ［澳］Simon Davis. 回顾过去，展望未来：澳大利亚国家档案馆电子文件管理 30 年. 章燕华摘译. 档案管理，2007（6）：63-64

85. 李萍. 基于中法档案教育比较视野下我国档案教育现状反思. 档案学研究，2008（1）：21-26

86. 刘国伟. 澳大利亚电子文件管理标准体系研究. 浙江档案，2008（2）：37-41

87. 安小米，张宁，叶晗，杜雅楠. 国外电子文件管理机制及借鉴研究. 档案学研究，2008（2）：58-62

88. 徐拥军. 档案后保管范式与知识管理. 档案学通讯，2008（20）：27-31

89. 刘旭光，王慧. 百年变迁——纪念荷兰手册出版 110 周年. 档案学通讯，2008（6）：19-22

90. ［加拿大］Johanna Smith. 建立信任：加拿大政府的电子文件管理. 望旺编译. 档案学通讯，2009（5）：20-24

91. 汉斯·霍夫曼，刘精精．英国和荷兰的文件管理实施问题．档案学通讯，2009（6）：13－17

92. 祝庆轩，桑毓域．中外档案管理模式对档案价值鉴定的影响．浙江档案，2009（8）：26－28

93. 张成．论美国国防部《电子文件管理标准》的结构、功能及其启示．科协论坛（下半月），2009（11）：36－38

94. 黄霄羽．国外档案鉴定实践的共同特点．北京档案，2010（1）：44－46

95. 姚迪．中美档案鉴定工作比较研究．浙江档案，2010（2）：30－32

96. 王萍．档案著录国际标准（EAD）的推广应用．档案学通讯，2010（2）：89－93

97. 蒋冠．社会记忆理论视角下综合档案馆发展探析．档案管理，2010（3）：13－16

98. 章燕华．电子文件管理规范体系框架研究．档案学通讯，2010（5）：39－43

99. 安小米．电子文件管理标准建设的国际经验及借鉴研究．电子政务，2010（6）：31－40

100. 杨扬，何一乐，王筱纶，李潭，钱嘉瑜．英国政府信息化战略变化分析——文件、知识与信息管理的相关战略及实施．北京档案，2010（6）：35－37

101. 谢丽．互为促进的发展模式：加拿大联邦政府的电子政务建设与电子文件管理．电子政务，2010（6））：41－49

102. 黄霄羽．国外档案利用服务社会化的理论认识和实践特点．档案学通讯，2010（6）：41－44

103. 马林青．加拿大联邦政府电子文件管理策略分析．档案学研究，2010（6）：86－89

104. 张美芳．国家记忆——加拿大国家档案馆珍藏．中国档案，2010（9）：61－63

105. 黄霄羽．商业性文件中心的业务内容与服务优势——以 Iron Mountain 和 Recall 为例．中国档案，2010（10）：64－67

106. 黄霄羽．商业性文件中心的专业优势、形象优势和社会价值．档案学研究，2011（1）：7－11

107. 王芳，周平平．美国政府信息公开进程中的数字档案馆建设及对我国的启示．档案学通讯，2011（2）：49－52

108. 黄建军．近十年文件管理研究国际发展动态．档案学通讯，2011（4）：49－52

109. 曹宇，赖文渊．英国国家档案法律体系概述．辽宁大学学报（哲学社会科学版），2011（5）：73－80

110. 潘未梅．宏观鉴定实践的先驱——荷兰 PIVOT 项目研究．档案学通讯，2011（5）：33－36

111. 王岚．法律与学术中的“文件”与“档案”——Documents 与 Records 关系整理．档案学研究，2011（5）：4-14

112. 张健．电子文件信息安全管理法规体系建设．浙江档案，2011（11）：34-36

113. 黄霄羽．商业性文件中心的运营模式．档案学通讯，2011（6）：89-92

114. 李音．Document、Record、Archive（s）的源语境释义．档案学研究，2011（6）：78-82

115. 黄霄羽，刘守芬．商业性文件中心国际化发展的表现与影响因素分析．档案学研究，2012（1）：26-29

116. ［美］Pual Wester. 美国联邦政府电子文件管理政策和标准发展．朱莉译．电子政务，2012（1）：2-9

117. 安小米，张维，孙舒扬．电子文件管理的国际进展、发展趋势与未来方向．档案学研究，2012（3）：82-86

118. 夏春．美国主要档案鉴定思想及理论研究．北京档案，2012（3）：38-39

119. 谢丽．文件的概念及其在数字环境中的演变：InterPARES 观点．档案学通讯，2012（3）：46-50

120. 赵屹．基于前端控制思想的电子文件形成过程研究．档案学研究，2012（3）：16-23

121. 王大青．中国档案著录标准与国际档案著录标准比较研究．档案管理，2012（4）：42-44，41

122. 徐新雨，黄新荣．从 CRO 的设置看美国政府文件管理的新变化．档案学研究，2012（4）：81-85

123. 黄霄羽，张斌．以创新应对变化 以发展追求认同——第 17 届国际档案大会评析．档案学通讯，2013（1）：4-7

124. 黄霄羽．2012 年英国国家档案馆的奥运档案工作及简评．四川档案，2013（1）：54-55

125. 黄霄羽，张斌．以创新应对变化 以发展追求认同——第 17 届国际档案大会评析．档案学通讯，2013（1）：4-7

126. 赵红艳，康蠡．近 30 年来我国档案著录研究综述．档案，2013（1）：13-16

127. 任越，倪丽娟，于元元．多元创新与互动实践——基于近十年英国档案教育模式的思考．档案学通讯，2013（2）：66-69

128. 宋魏巍．欧洲大陆国家档案鉴定理论与鉴定方法论发展述评．档案学研究，2013（3）：81-86

129. 王大青．国际档案著录标准体系研究．档案与建设，2013（3）：23-27

130. 张正强．论《国际标准——档案著录规则（总则）》的主要著录规则、特点及启示．档案学研究，2013（3）：75-80

131. 谭必勇．如何拉近档案馆与公众的距离——解读西方公共档案馆公众

教育职能的演变．图书情报知识，2013（4）：85－94

132. 宫庆新．中外档案定义研究述论．山东理工大学学报（社会科学版），2013（4）：97－102

133. 潘未梅，方昀．文件档案概念辨析——以 InterPARES 项目为例．档案学通讯，2013（4）：25－29

134. 严骏．探析美国电子文件档案馆电子文件保存经验．信息与电脑（理论版），2013（4）：77－78

135. 谢永宪，刘杭，袁晓雪．澳大利亚电子文件长期保存策略及其启示．北京档案，2013（5）：36－38

136. 张江珊．基于"开放政府"视角的美国档案信息公开探析．档案学研究，2013（6）：79－83

137. 于凤珍，张萍，席杭绸．电子文件的鉴定与归档．档案学研究，2013（S1）：82－83

138. 徐蔚．外国档案鉴定实践的几点思考．档案管理，2014（1）：83－84

139. 尚珊，高文静．国内外档案著录准则比较研究．档案学通讯，2014（2）：100－104

140. 张学斌．国外档案信息资源开发的新方式探析——以英国国家档案馆为例．档案与建设，2014（3）：15－18

141. 闫静．档案事业公众参与特点及新趋势探析——基于英国"档案志愿者"和美国"公民档案工作者"的思考．档案学研究，2014（3）：81－84

142. 徐拥军，张倩．加拿大图书档案馆的数字保存策略——可信数字仓储．档案学研究，2014（3）：90－96

143. 张江珊．美国档案信息公开社交媒体策略研究．档案学研究，2014（4）：86－89

144. 付苑．档案与社会正义：国外档案伦理研究的新进展．档案学通讯，2014（4）：4－9

145. 黄霄羽．核心概念宜立边界，支柱理论方护根基——"来源观"的演变及其特点和影响评价．档案学通讯，2014（5）：23－28

146. 李媛媛，桑毓域．汉斯·布姆斯及其社会分析和职能鉴定理论探析．档案学通讯，2014（5）：28－31

147. 王增强．档案学研究中档案实践工作者的地位——与《中外档案学研究差异之原因分析》一文作者商榷．档案学通讯，2014（5）：11－13

148. 王新才，文振兴，谢芳芳．中国的国外档案学研究．档案学研究，2014（5）：12－17

149. ［加拿大］Wendy M. Duff，Catherine A，Johnson，Joan M. Cherry. 加拿大档案馆社交媒体利用研究．沈春会，刘彩云，蔡娜译．档案，2014（6）：50－53

150. 陈艳红，宋娟．中外档案法律法规比较研究——以档案利用条款为例．

档案学通讯，2014（6）：27－30

151. 周耀林，路江曼．论社交媒体下档案服务的创新．档案学通讯，2014（6）：45－49

152. 罗亚利．社会公平视阈下国外档案价值实现研究概述及启示．档案与建设，2014（9）：4－7

153. 安小米，郝春红．国外档案多元论研究及其启示．北京档案，2014（11）：16－20，34

154. 秦蓁珍，胡明浩．NARA 利用社交媒体开展档案宣传的启示．中国档案，2014（12）：64－65

155. 程妍妍．国外数字档案馆建设及核心运行机制分析．档案与建设，2014（12）：31－34

156. 胡心悦．图书馆、档案馆和博物馆资源整合的发展趋势——基于 ICA、IFLA 和 ICOM 历届会议主题的研究．图书情报工作，2014（17）：97，136－142

157. 冯惠玲．当代身份认同中的档案价值．中国人民大学学报，2015（1）：96－103

158. 黄霄羽．2014 年国际档案界回眸．中国档案，2015（2）：70－73

159. 曹航．中美公共档案馆建设比较及其启示．档案，2015（2）：24－27

160. 曲春梅．理查德·考克斯档案学术思想述评．档案学通讯，2015（3）：22－28

161. 谭必勇，曹航．关于美国档案教育与研究联合会 AERI 的研究与分析．浙江档案，2015（3）：15－18

162. 蒋冠．“文件”与“档案”的选择——兼论“records”的翻译之争．档案学研究，2015（4）：14－18

163. 马林青．国外政府电子文件管理规划分析及经验借鉴——以美国、澳大利亚文件管理的数字转型为例．档案学通讯，2015（5）：73－77

164. 董慧珠．美国国家档案馆核心职能与启示．北京档案，2015（5）：43－45

165. 朱兰兰，裴佳勇．社交媒体环境下的档案信息资源建设探讨．档案学研究，2015（5）：82－86

166. 王焕．国外政务社交媒体文件归档研究．档案学研究，2015（6）：99－105

167. 张峻山．基于社交网络的档案信息服务新模式——韩国国家档案馆的实践．档案与建设，2015（7）：35－38

168. 朱敏，李小宁．档案开放鉴定．中国档案，2015（7）：30－31

169. 周文泓．美国政府社交媒体保管政策分析及其启示．情报理论与实践，2015（9）：134－139

170. 黄霄羽，孔冠男．应用社交媒体创新档案服务——NASA 应用 Flickr 公布阿波罗计划照片档案．中国档案，2016（1）：80－82

171. 黄霄羽．查问题　立规范　现珍藏　增趣味　舞动社交媒体——2015 年国际档案界回眸．中国档案，2016（2）：66－69

172. ［日］大谷明史．日本企业的档案管理体制．李向罡译．档案学研究，1998 (2)：76－78

173. ［美］威廉·莫斯．美国档案工作者协会．沈丽华译．档案学研究，1998 (3)：74－79

174. ［韩］李桑明．近现代韩国档案工作．刘君编译．兰台内外，2001 (5)：59－60

175. ［英］海伦·弗德．21 世纪的利用与保护：发生了什么变化．曹胜梅译．上海档案，2006 (11)：40－41

176. Gerald Ham. Archival Strategies for the Post-Custodial Era. The American Archivist 44 (Summer 1981)

177. Richard Lytle and David Bearman. The Power of the Principle of Provenance. Archivaria 21 (Winter 1985－1986)

178. Manuel Vazquez. Estudio Del Vital de Los Documentos. La Universidad National de Cordoba, 1987

179. Francis Blouin. Convergences and Divergences in Archival Tradition: A North American Perspective. Second European Conference on Archives: Proceedings (Paris, 1989)

180. Terry Eastwood. The Archival Fonds: from Theory to Practice. Bureau of Canadian Archivists, 1992

181. Terry Cook. The Concept of the Archival Fonds in the Post-Custodial Era: Theory. Problems and Solutions, Archivaria 35 (Spring 1993)

182. John Abdul Kargbo. Archives Management in the Post-war Sierra Leone: Luxury or Necessity. *Journal of the Society of Archivists* (Oct 2005)

183. Michelle Sweetser. Archives and Archivists in the Information Age. Portal : Libraries and the Academy (Oct 2005)

184. Patricia Galloway. Thirty Years of Electronic Records. *Libraries & Culture* (Fall 2005)

185. Allen Weinstein. NARA Enters new "ERA " of Electronic Records Management . *Information Management Journal* (Sep/Oct 2005)

186. Nathan Mnjama. Archival Landscape in Eastern and Southern Africa. *Library Management* (2005. Vol. 26)

187. Sarah Horton. Social Capital. Government Policy and Public Value: Implications for Archive Service Delivery. *Aslib Proceedings* (58 2006)

188. Tim Hoover. Users Swamp Death Records Internet Site: Missouri State Archives Service already has Seen More than 1 Million Searches. *Knight Ridder Tribune Business News* (June 2006)

189. Martine de Boisdeffre. The Importance of Records Management in France. *Records Management Journal* (2006. Vol. 16)

190. David Ryan. Archives：Recordkeeping in the Society. *Records Management Journal*（2006. Vol. 16）

191. Patrick Ngulube. The Management of Public Records and Archives in the Member Countries of ESARBICA. *Journal of the Society of Archivists*（Apr 2006）

192. Frank Upward. Teaching Recordkeeping and Archiving Continuum Style. Sue McKemmish. *Archival Science*（2006. Vol. 6）

193. Richard Childs. Preserving the Archives（Principles and Practice in Records Management and Archives）. *Journal of the Society of Archivists*. London（Oct 2007）

194. Abiola Abioye. Fifty years of Archives Administration in Nigeria：Lessons for the Future. *Records Management Journal*（2007. Vol. 17）

195. Elizabeth Shepherd. Freedom of Information and Records Management in the UK ：What has been the Impact? *Journal of the Society of Archivists*（Oct 2007）

网站

1. 美国国家档案与文件署：http：//www. archives. gov
2. 英国国家档案馆：http：//www. nationalarchives. gov. uk
3. 加拿大国家图书档案馆：http：//www. collectionscanada. gc. ca
4. 印度国家档案馆：http：//nationalarchives. nic. in
5. 马来西亚国家档案馆：http：//www. arkib. gov. my
6. 澳大利亚国家档案馆：http：//www. aa. gov. au
7. 新加坡国家档案馆：http：//www. nas. gov. sg

图书在版编目（CIP）数据

外国档案管理学/黄霄羽主编．—2版．—北京：中国人民大学出版社，2016.12
ISBN 978-7-300-23704-6

Ⅰ.①外… Ⅱ.①黄… Ⅲ.①档案管理-国外 Ⅳ.①G279.1

中国版本图书馆CIP数据核字（2016）第279209号

普通高等教育“十一五”国家级规划教材
新编21世纪档案学系列教材
外国档案管理学（第二版）
黄霄羽　主编
Waiguo Dangan Guanlixue

出版发行	中国人民大学出版社		
社　　址	北京中关村大街31号	**邮政编码**	100080
电　　话	010－62511242（总编室）		010－62511770（质管部）
	010－82501766（邮购部）		010－62514148（门市部）
	010－62515195（发行公司）		010－62515275（盗版举报）
网　　址	http://www.crup.com.cn		
经　　销	新华书店		
印　　刷	固安县铭成印刷有限公司	**版　　次**	2008年5月第1版
开　　本	787 mm×1092 mm　1/16		2017年1月第2版
印　　张	28.5	**印　　次**	2024年1月第3次印刷
字　　数	588 000	**定　　价**	49.80元

中国人民大学出版社　管理分社

教师教学服务说明

中国人民大学出版社管理分社以出版工商管理和公共管理类精品图书为宗旨。为更好地服务一线教师，我们着力建设了一批数字化、立体化的网络教学资源。教师可以通过以下方式获得免费下载教学资源的权限：

- 在中国人民大学出版社网站 www.crup.com.cn 进行注册，注册后进入“会员中心”，在左侧点击“我的教师认证”，填写相关信息，提交后等待审核。我们将在一个工作日内为您开通相关资源的下载权限。
- 如您急需教学资源或需要其他帮助，请加入教师 QQ 群或在工作时间与我们联络。

中国人民大学出版社　管理分社

教师 QQ 群：648333426（工商管理）　114970332（财会）　648117133（公共管理）
教师群仅限教师加入，入群请备注（学校＋姓名）

联系电话：010-62515735，62515987，62515782，82501048，62514760

电子邮箱：glcbfs@crup.com.cn

通讯地址：北京市海淀区中关村大街甲 59 号文化大厦 1501 室（100872）

管理书社　　人大社财会　　公共管理与政治学悦读坊